Kiehl · Kampfgeschwader »Legion Condor« 53

Eine Chronik

Heinz Kiehl

KAMPFGESCHWADER »LEGION CONDOR« 53

Berichte
Erlebnisse
Dokumente
1936–1945

Motorbuch Verlag Stuttgart

Einband und Schutzumschlag: Siegfried Horn
Umschlagzeichnung: Carlo Demand

ISBN 3-613-87943-947-8

2. Auflage 1996

Ein Unternehmen der Paul Pietsch Verlage GmbH + Co.

Druck: Maisch und Queck, 70839 Gerlingen
Bindung: Buchbinderei Dieringer, 70839 Gerlingen
Printed in Germany

Inhalt

Vorbemerkung

Jeder europäische Krieg ist ein Bürgerkrieg. Bei den europäischen Staaten macht der Krieg nach Verlauf einiger Jahre den Sieger beinahe ebenso unglücklich wie den Besiegten.
Die alten Römer ausgenommen, kenne ich keine Nation, die durch Siege reich geworden ist.

Voltaire
(1694–1778)

Viele Beiträge dieser Chronik sind aus der Erinnerung geschrieben und geben eine Anzahl persönlicher Erlebnisse wieder.
Sicherlich haben auch andere die Erfahrung gemacht, daß die subjektive Berichterstattung oft die ehrlichste Methode ist, der wirklichen Begebenheit oder – wenn man das große Wort gebrauchen will – der Wahrheit am nächsten zu kommen.

Der Verfasser

DANKWORT

Stellvertretend für alle, die dazu beigetragen haben, in welcher Form auch immer, diese Chronik niederzuschreiben, gilt der Dank den Herren

Generalmajor a. D. Karl-Eduard Wilke und
Oberstleutnant a. D. Fritz O. Pockrandt

Der Dank gilt an dieser Stelle auch meiner Frau Barbara, die mir bei der Zusammenstellung der Chronik, vor allem aber mit den Schreibarbeiten für das Manuskript unermüdlich zur Seite stand.

Vorwort

Dies ist die Chronik eines Kampfgeschwaders, die sich aus Dokumenten und Berichten einer Anzahl ehemaliger Angehöriger des Kampfgeschwaders ›Legion Condor‹ 53 zusammensetzt, die den Krieg überlebt haben.
Ein Kampfgeschwader (KG), etwa mit der Stärke eines Regiments zu vergleichen, setzte sich deutscherseits im allgemeinen aus vier Gruppen (vergleichbar mit Bataillonen) und diese wiederum aus Staffeln (zu vergleichen mit Kompanien) zusammen.
Die I., II. und III. Gruppe waren Einsatzverbände, jeweils gegliedert in drei Kampfstaffeln und eine Stabsstaffel, die später auf einen Stabsschwarm verkleinert wurde.
Die IV. Gruppe war eine Schöpfung im Krieg, die es im Frieden nicht gegeben hat. Sie war die Ausbildungs- und Ergänzungsgruppe.
Das Kampfgeschwader 53 war während des Krieges auf den Kriegsschauplätzen Polen, Frankreich, England und Rußland eingesetzt.
Die Bezeichnung ›Legion Condor‹ wurde dem Geschwader nach Beendigung des Spanieneinsatzes am 12. Juni 1939 in Berlin verliehen. Jeder Angehörige des Geschwaders trug das Ärmelband zur Uniform.
Diese Traditionsbezeichnung erhielten zum gleichen Zeitpunkt ein Flakartillerie- und ein Nachrichtenregiment der Luftwaffe.
Bereits vorher hatten 3 Kampfgeschwader entsprechende Traditionsbezeichnungen erhalten: KG 1 ›Hindenburg‹, KG 4 ›General Wever‹ und KG 27 ›Boelcke‹.
Die Behauptung, das KG 53 sei mit starken Teilen in Spanien eingesetzt gewesen, ist Legende. Die in Spanien eingesetzten Freiwilligen kamen aus den verschiedensten Verbänden der Luftwaffe.
Dieses Buch ist unseren Kameraden gewidmet, die nicht zurückkehrten. Wir Lebenden stehen in der Schuld unserer Toten. So soll diese Niederschrift unser Dank an sie sein, die getreu ihrem Soldateneid ihr Leben gaben.

K. Ed. Wilke
Gen.Maj. a. D.

I. Die Zeit vor dem 2. Weltkrieg

1. VERSAILLES 1919

Das ist kein Frieden, das ist ein Waffenstillstand für zwanzig Jahre.
Marschall Ferdinand Foch in Versailles

Am 28. Juni 1919 wurde von Bevollmächtigten der damaligen deutschen Reichsregierung im Spiegelsaal des Schlosses von Versailles, wo am 18. Januar 1871 die Gründung des Deutschen Reiches erfolgt war, der harte Friedensvertrag unterzeichnet.
Die wenigen Bestimmungen des Vertrages über die Luftfahrt genügten, um Deutschland auf den Status der Heißluftballone des 18. Jahrhunderts zurückzuwerfen.
Der Aufbau einer Luftwaffe war verboten. Alle Kriegsflugzeuge, die den Alliierten noch nicht übergeben worden waren, mußten zerstört werden. Für die Verkehrsluftfahrt war besonders erschwerend, daß die im Krieg erzielten Fortschritte nicht ausgenutzt werden konnten. Artikel 201 besagte:
»Für die Dauer von sechs Monaten nach Inkrafttreten dieses Vertrages ist die Erzeugung und Einfuhr von Flugzeugen, Flugzeugbestandteilen, Flugzeugmotoren und Bestandteilen von Flugzeugmotoren in ganz Deutschland verboten.«
Am 1. Januar 1920 trat der Diktatfrieden in Kraft.
Was lag näher, als in den nun folgenden Jahren immer wieder mit mehr oder weniger Erfolg der Kontrollkommission ein Schnippchen zu schlagen.
Eine bedeutende Möglichkeit hierfür bot die Gründung der Fliegerschule in Lipezk in Rußland.

2. DIE ANFÄNGE IN LIPEZK

Während der russischen Revolution hatten die Flieger der Roten Armee nicht nur gegen ihre ehemaligen Kameraden auf der weißrussischen Seite, sondern auch gegen erfahrene Flieger der R.A.F. zu kämpfen, die mit dem alliierten Expeditionskorps nach Rußland gekommen waren, um die kommunistische Revolution niederzuschlagen. Der Kanadier Raymond Collishaw war besonders erfolgreich. Die hohen Verluste lichteten die Reihen der Roten Luftwaffe so sehr, daß es dort kaum noch erfahrene Piloten gab. Angesichts dieser Situation setzte die sowjetische Führung auf enge Zusammenarbeit mit der deutschen Reichswehr, den deutschen Konstrukteuren, Technikern und Spezialisten.

Für diese Zusammenarbeit, die zugleich dem Wiederaufbau einer deutschen Luftwaffe auf fremdem Boden dienen sollte, schuf General Hans von Seeckt in Berlin die Sondergruppe R (Rußland). Chef war Oberst Nikolai, ein ehemaliger Nachrichtenoffizier.

Zu ihm kamen eine Reihe weiterer erfahrener Offiziere, wie z. B. Oberst Oskar von Niedermayer, General Otto Hasse und Major Kurt von Schleicher.

Von Seeckt entsandte eine Militärmission in Zivil und auf Ruhestand gesetzt nach Moskau, die dort wegen nicht näher bezeichneter Geschäfte weilte.

Als nächstes folgte ein Abkommen, das am 16. 4. 1920 in Rapallo unterzeichnet wurde. Der Weg war frei, aber es dauerte noch drei Jahre ehe die ersten Piloten in Rußland ausgebildet werden konnten. Bereits im Juli 1921 war Hugo Junkers in Dessau von Oberst von Niedermayer aufgesucht worden, um mit ihm die Erzeugung von Flugmotoren und Flugzeugbestandteilen zu besprechen. Nach anfänglichem Zögern willigte Junkers ein, jedoch mit der Einschränkung, keine Militärflugzeuge zu bauen, und unterzeichnete am 15. 3. 1922 einen Vertrag mit der Sondergruppe R, worauf Junkers zunächst eine kleine Fabrik in Fili, nahe Moskau, zu errichten begann. Am Ende des Jahres 1924 nahm die Junkersfabrik schließlich mit einem Mitarbeiterstab von 91 Mann die Erzeugung von Aufklärungsflugzeugen für die Rote Armee auf. Bereits am 28. 5. 1925 wurden 50 Jagdflugzeuge vom Typ Fokker D XIII im Hafen von Stettin auf den Frachter *Edmund Hugo Stinnes IV* verladen. Der Frachter nahm Kurs auf Leningrad. Von dort wurden die auseinandergenommenen Flugzeuge in Güterwagen verladen, die Waggontüren wurden versiegelt, und bewaffnete Posten kletterten auf die Dächer der Wagen um auf improvisierten Sitzgelegenheiten eine lange Fahrt unter freiem Himmel anzutreten.

Zur Lieferung bzw. Herkunft dieser 50 Jagdflugzeuge folgender Hinweis:
Die Reichsregierung hatte sich nach Inkrafttreten des Versailler Vertrages bemüht, 8 Militärflugplätze und wenigstens eine einzige Fliegerstaffel im Verband des 100000-Mann-Heeres zu belassen. Jedoch auch dies wurde von dem in Paris tagenden Botschaftsrat der Siegermächte abgelehnt, obwohl die Antragstellung nicht mit militärischen Erfordernissen, sondern mit innenpolitischen Gesichtspunkten begründet worden war.
Die Folge dieser Ablehnung war, daß auch alles fliegerische Gerät bis zum letzten Reservemotor vernichtet oder abgeliefert, und der letzte Bordwart und Flugzeugmechaniker entlassen werden mußte.
Der Versuch, über sogenannte Polizeifliegerstaffeln Material und Personal der Luftstreitkräfte zu sammeln, scheiterte jedoch, als im Jahre 1920 auch diese Polizeistaffel aufgelöst werden mußte. Einige Jahre später – es war zur Zeit der Ruhrkrise 1923 – änderte sich dieses Bild in bescheidenem Umfang.
Die Reichsregierung wollte dem drohenden französischen Einmarsch nicht tatenlos zusehen und unter Umständen militärischen Widerstand leisten. Zur Ausstattung der Armee mit Fliegerkräften wurden 100 Jagdflugzeuge aus Mitteln des sogenannten Ruhrfonds bei der niederländischen Flugzeugfirma Fokker bestellt.
Abgesehen davon, daß die Flugzeuge nicht rechtzeitig geliefert werden konnten, fand ein mit militärischen Mitteln geführter Ruhrkampf auch nicht statt.
Doch dann fand sich – gewissermaßen unvorhergesehen – doch eine Verwendung der inzwischen gelieferten Fokker-Flugzeuge: das deutsch-russische Abkommen von Rapallo. 50 Stück dieser zu damaliger Zeit zu den leistungsfähigsten Jagdflugzeugen gehörenden Fokker D XIII wurden auf den Weg nach Lipezk, der deutschen ›Fliegerschule Stahr‹, benannt nach dem ersten Leiter Major a. D. Stahr, in Marsch gesetzt. Nach kurzem Aufenthalt in Moskau ging die Fahrt nach Süden und durch die Donebene erreichte der Zug Lipezk, fast 400 Kilometer südlich Moskau, mehr als 1500 Kilometer von Berlin entfernt. In diesem entfernten Landesteil hoffte die Reichswehr, die Keimzelle einer neuen Luftwaffe zu schaffen.
Lipezk liegt am Woronesch, ist ein idyllisches Städtchen, das einst Kurort von Peter dem Großen gewesen war. Doch die deutschen Soldaten führten ein sehr asketisches Dasein.
Obwohl die Techniker bereits Anfang des Jahres 1924 in Lipezk eingetroffen waren, konnte der Flugbetrieb erst ein Jahr später aufgenommen werden.
Die deutschen Flugschüler stellten jedoch bald fest, daß Lipezk in mili-

tärischer Hinsicht nichts zu wünschen übrig ließ: zwei Rollbahnen, eine große Anlage von Flugzeughallen, Werften, Werkstätten und alle sonstige Ausrüstung verwaltungsmäßiger, technischer und medizinischer Art, sowie Funk- und Fernsprecheinrichtungen. Alles in allem: Gemessen an den Ansprüchen der damaligen Zeit war die Gesamtanlage als modern zu bezeichnen.
Die deutsche Gruppe war das ganze Jahr hindurch etwa 60 Mann stark. Dazu kamen etwa 50 Flugschüler und 70 bis 100 Mann Personal für Erprobung. Die Anlage war abgesperrt und von sowjetischer Miliz bewacht. Daneben gab es eine große Anzahl von Sowjetsoldaten, die in technischen Lehrgängen von deutschen Mechanikern ausgebildet wurden.
Unter den ersten Ausbildern waren zwei Jagdflieger aus dem I. Weltkrieg: Karl von Schönebeck und Werner Junck. Diese hatten allerdings 1919 im Freikorps gegen die Bolschewisten gekämpft und galten als politisch zuverlässig. Wie alle Reichswehrangehörigen reisten sie auf einer Geheimroute, die von Stettin über Leningrad nach Lipezk führte.
Nachdem Reichspräsident Ebert am 28. 2. 1925 gestorben war, wurde der 78jährige Generalfeldmarschall von Hindenburg sein Nachfolger. Zur gleichen Zeit begann Seeckts Stern zu sinken. Er hatte seine Position verschlechtert, weil er bei jeder Gelegenheit den Reichswehrminister Dr. Gessler zu übergehen und damit natürlich dessen Verantwortlichkeit zu untergraben pflegte.
Im Oktober 1926 demissionierte Seeckt. Die innenpolitische Lage spitzte sich noch zu, als der sozialdemokratische Abgeordnete Philipp Scheidemann in der Reichstagssitzung vom 10. 12. 1926 monierte, daß »... die Reichswehr ein Staat im Staate geworden ist ...«, und sinngemäß erklärte: »es scheint eine Sondergruppe R zu bestehen ... wir müssen diesem Skandal ein Ende setzen. Wir können nicht länger einen Zustand dulden, der der Schaffung einer wirklich republikanischen und demokratischen Armee widerspricht ...«
Das Fliegerprogramm entwickelte sich weiter. Es war nunmehr auch etwas gestrafft worden, wonach künftig jährlich 60 Flugzeugführer für die Reichswehr ausgebildet werden sollten. Davon waren die Hälfte Offiziere, wovon zehn wiederum ohne fliegerische Vorbildung sein konnten. Die übrigen waren Offiziersanwärter, die ihre Flugausbildung als Zivilisten erhielten und erst nachher die militärische Laufbahn einschlugen.
Diese 60 Flugschüler erwarben in einem einjährigen Kursus den B 2-Flugschein in Schleißheim. Die zehn besten Absolventen wurden zur Jagdfliegerausbildung nach Lipezk kommandiert.
In Lipezk bildeten den Abschluß der eigentlichen Jagdfliegerausbildung Luftkämpfe zwischen zwei Staffeln von je neun Flugzeugen. Die

›Abschüsse‹ wurden auf Grund eines Filmes der eingebauten Kamera anerkannt.
Den hohen Leistungsstand der Ausbilder, vor allem des deutschen Werkmeisters Paul, später Generalingenieur in der Luftwaffe, und den erstaunlichen Fachkenntnissen der russischen Mechaniker, Monteure und Facharbeiter war es zu danken, daß sich wenig Unfälle ereigneten.
Im Sommer 1928 besuchte der Chef des Truppenamtes, General Werner von Blomberg, Rußland zu Manövern bei Woronesch.
Mit Befriedigung sah er die Formationen der Fokker-Jagdflugzeuge und der neuen Heinkel-Aufklärungsflugzeuge He 17, die im Tiefflug über den Köpfen der russischen Infanterie und den russischen Panzern dahinbrausten.
Blomberg besuchte mit seinen Stabsoffizieren auch die Kampfwagenschule bei Kasan und fuhr weiter nach Orenburg, wo sich die Erprobungsstelle für Giftgas befand.
Nach Berlin zurückgekehrt verfaßte er einen fünfzig Seiten langen Bericht, in dem er seine Begeisterung ausdrückte über den Empfang der deutschen Offiziere durch die Russen, der überall freundlich, oft herzlich und sehr großzügig war. Kriegskommissar Woroschilow hatte Anweisung gegeben, »uns alles zu zeigen und alle Wünsche zu erfüllen«.
Die Vorteile der Zusammenarbeit mit der Roten Armee wurden nochmals unterstrichen.
Lipezk war nicht nur Ausbildungszentrum, sondern auch Erprobungsstelle für neue Maschinen der deutschen Industrie. So war am 30. 9. 1929 Fritz von Opel mit einem Segelflugzeug und aufmontierter Antriebsrakete auf der Wasserkuppe gestartet und hatte bei einem Flug von zehn Minuten – Brenndauer der Rakete – eine Geschwindigkeit von 160 km/h erreicht.
Zur gleichen Zeit verfolgte der Konstrukteur Claudius Dornier den Start seines zwölfmotorigen Flugbootes Do X, das sich mit 169 Personen an Bord, darunter neun blinden Passagieren, vom Bodensee abhob.
Am 31. Januar 1931 startete die Do X sodann als das ›erste Flugschiff der Welt‹ von Lissabon aus mit 12 Mann Besatzung zum Flug nach Südamerika, einem Goodwill-Flug von mehr als 40000 km über die Bahamas, Südamerika, Miami, New York, Neufundland. Kommandant und Leiter des gesamten Fluges war Kapitän Friedrich Christiansen, der Pour-le-mérite-Held und große Marineflieger des Krieges, der später acht Jahre lang als Kapitän der Hamburg-Amerika-Paket-Dampfschiffahrt AG zur See gefahren ist.
Führer des Flugschiffes war Flugkapitän Dipl.-Ing. Horst Merz, Marineflieger des Krieges. Er war von der Lufthansa für den Flug zur Verfügung gestellt worden.

Zweite Führer waren: Bis Las Palmas der Deutschamerikaner Clarence Schildhauer, bis Rio de Janeiro Cramer von Clausbruch, von New York dann bis Berlin Walter Diele.
Am 27. August 1931 wurde die Do X jubelnd in New York begrüßt. Die Besatzung wurde von Präsident Hoover im Weißen Haus empfangen. Am 19. Mai 1932 erfolgte der Rückflug von New York nach Berlin und endete mit einer Landung am 24. Mai auf dem Müggelsee. Weil die Do X für den europäischen Seestreckenverkehr zu groß, für den Transatlantikflug aber zu klein war, landete sie im Luftfahrtmuseum am Lehrter Bahnhof Berlin, wo sie schließlich dem Bombenhagel des Zweiten Weltkrieges zum Opfer fiel.
In Lipezk, weit entfernt vom Abrüstungskomitee des Völkerbundes und den argwöhnischen Augen einiger Reichstagsabgeordneter, wurden zwischen 1928 und 1930 neue Prototypen von Militärmaschinen erprobt.
Von den Arado Flugzeugwerken GmbH, Babelsberg bei Berlin, kamen die Arado Ar 64 und Ar 65, Jagdflugzeuge, Doppeldecker; von der Ernst Heinkel AG, Rostock-Marienehe, die He 38, ein Seejagdflugzeug, Doppeldecker (zur Erprobung mit Rädern versehen), sowie die He 45 und He 46, Nahaufklärer, Doppeldecker, und schließlich von den Junkers Flugzeug- und Motorenwerke AG., Dessau, die Junkers Ju (K) 47, ein Ganzmetalltiefdecker, Jagdzweisitzer, gebaut 1928 im Junkers Flugzeugwerk Moskau-Fili. Übrigens wurden über einen Zeitraum von 8 Jahren 50 Napier-Lion-Motore verwandt, deren Überholung auch alljährlich in England erfolgte – von Deutschen in Rußland geflogen.
Dem Gedanken des italienischen Generals Giulio Douhet (›Die Herrschaft in der Luft‹) folgend, wurden in Deutschland drei Prototypen Langstreckenbomber gebaut und nach Rußland geschickt. Beim ersten Bomber handelte es sich um den Rohrbach Roland, weiter nichts als um eine Weiterentwicklung der dreimotorigen Verkehrsmaschine der Lufthansa.
Eine Serienproduktion wurde jedoch abgelehnt. Sodann entwickelte Dornier die Do P, einen viermotorigen Bomber mit sechs Mann Besatzung. Ähnlich wie bei Do X waren die Motoren in Tandemanordnung auf der Tragfläche montiert. Auch diese Lösung erwies sich als nicht befriedigend. Schließlich der Kompromiß: Dornier baute nach dem Vorbild des erfolgreichen Frachtflugzeuges Do F die Do 11. An der Fähigkeit deutscher Konstrukteure, einen viermotorigen Bomber zu entwickeln, bestand kein Zweifel. Die ungetarnte Erzeugung eines viermot-Bombers wäre jedoch eine so flagrante Verletzung des Versailler Vertrages gewesen, daß sie u. U. den Ausschluß Deutschlands aus dem Völkerbund bedeutet hätte, was in der damaligen Lage vom Reichstag niemals gebilligt worden wäre.

So wurde die Do 11 der schwere zweimot-Bomber der Reichswehr. Im Jahre 1931 beschloß die Reichswehr, die Flieger- und Beobachterschule in Lipezk allmählich zu schließen.
Hierbei spielte eine Rolle ein Abkommen zwischen den Reichsministern für Verkehr und Auswärtige Angelegenheiten und der Reichswehr im November 1930. Streng vertraulich vereinbarten die Minister nicht länger die Bestimmungen des Versailler Vertrages zu beachten, die die Erzeugung und Bevorratung von fliegendem Material begrenzten. In der Praxis war dies gleichbedeutend mit dem Aufbau einer Luftwaffe innerhalb der deutschen Reichsgrenzen.
So wurde Lipezk innerhalb von zwei Jahren aufgegeben, nachdem es auch bereits im mecklenburgischen Rechlin eine geheime Erprobungsstelle gab, die systematisch ausgebaut wurde.
Bei den schlesischen Herbstmanövern 1931 sollte für die Truppe Luftunterstützung nur durch kleine Freiballone markiert werden. Diese Diskriminierung erregte das Mißfallen von Reichswehrminister Wilhelm Gröner. Aus Lipezk wurden zwölf Fluglehrer nach Deutschland abkommandiert. Sie bildeten drei Staffeln zu je vier Maschinen vom Typ Arado Ar 65. Diese Flugzeugführer kehrten nicht nach Lipezk zurück, sondern wurden mit ihren Flugzeugen in Berlin, Königsberg/Pr. und Nürnberg stationiert und zur Tarnung als Reklamestaffel an Firmen vermietet.
Die Beobachterschule Lipezk wurde Ende 1932 geschlossen, der letzte Jagdfliegerlehrgang fand im Sommer 1933 statt. Nachdem die deutsch-sowjetische Zusammenarbeit auf höchster militärischer Ebene besser denn je funktioniert hatte – Marschall Tuchatschewski hatte den Reichswehrmanövern des Jahres 1932 beigewohnt und war von Reichspräsident Hindenburg freundlich empfangen worden – war man über die Schließung von Lipezk keineswegs erfreut. Moskau wollte Lipezk in seinem ursprünglichen Umfang wiederherstellen, außerdem wollten die Sowjets der Vorführung eines ›nächtlichen Bombenangriffs‹ in Lipezk beiwohnen; das Ausbildungs- und Erprobungszentrum sollte unter allen Umständen weiter bestehen bleiben.
Die sowjetischen Flugzeugführer hatten dort die neuesten deutschen Typen fliegen können, die Mechaniker hatten von den deutschen Fachleuten gelernt, und ›Vorschriften‹ taktischen und technischen Inhaltes waren ihnen überlassen worden.
Nach mancher harten Auseinandersetzung gaben die Russen schließlich nach, die stationären Anlagen des Flugplatzes wurden den Luftstreitkräften der Roten Armee übergeben, während die Prototypen der deutschen Bomber nach Deutschland zurückflogen. Auf Wunsch der Sowjets wurden die restlichen Do XIII dort gelassen.
Damit endete das Unternehmen Lipezk, das zehn Jahre gedauert hatte,

von denen sechs Jahre für den Schulbetrieb zur Verfügung gestanden hatten. In dieser Zeit waren 120 Jagdflieger und 100 Beobachter ausgebildet worden.
Last not least:
Generalmajor a. D. K. Ed. Wilke, Jahrgang 1901, Verfasser des Vorwortes und Kommodore des KG 53 von November 1942 bis März 1943, kam am 1. 5. 1928 nach Lipezk. Von dieser Zeit seine Erinnerung:
»Ich gehörte der Schule vom 1. 5. 1928 bis 15. 10. 1929 an, zunächst als ›Schüler‹, ab 1. 10. 1928 als Leiter der Bildstelle.
Wir waren drei Deutsche und neun Russen. Letztere (sehr anstellig, bescheiden und fleißig) wurden nach unseren Grundsätzen ausgebildet.
Ich hatte am 1. 8. 1926 mein Patent erhalten und kam als Oberleutnant a. D. nach Lipezk. Für die Zeit dort waren wir verabschiedet, und nach Rückkehr wurde ich wieder beim 1. (Preuss.) Art.Reg. in Königsberg (Pr) eingestellt.«

3. WEITERENTWICKLUNG ALS GEHEIME LUFTWAFFE

Am 2. Februar 1933 wurde Hermann Göring durch den Reichspräsident Hindenburg zum Reichskommissar für die Luftfahrt ernannt.
Zu diesem Zeitpunkt bestand bereits das Luftschutzamt (LS-Amt), das dem Reichswehrminister direkt unterstellt war. Die Anfänge dieses Amtes lagen bereits in der Zeit des Generals von Seeckt.
Mit Wirkung ab 1. April 1933 wurden die Fliegerführungsstäbe von Heer und Marine im LS-Amt zusammengefaßt. Es gilt als sicher, daß die Gründung dieses Amtes auch ohne den Regierungswechsel am 30. Januar 1933 erfolgt wäre, genauso wie die Aufstellung von Heeres- und Marinefliegerverbänden der Reichswehr in jedem Falle erfolgt wäre. Bis zu diesem Zeitpunkt hat keinerlei Kontakt seitens irgendeiner fliegerischen Stelle der Reichswehr zu Hermann Göring bestanden. Göring selbst zeigte sich anläßlich einer Besichtigung der Luftfahrt-Erprobungsstelle Rechlin im März 1933 höchst erstaunt von dem hohen Stand der Forschung.
Am 27. 4. 1933 verfügte der Reichspräsident die Errichtung des Reichsluftfahrtministeriums (RLM), das aus dem Reichskommissariat gebildet und dem Reichswehrminister von Blomberg unterstellt wurde, der zum damaligen Zeitpunkt den Titel ›Reichsverteidungsminister‹ und Befehlshaber der Wehrmacht führte.

Diese Tatsache der militärischen Unterstellung unter von Blomberg konnte an der dienstlichen Verbindung der gesamten geheimen Wehrmachtfliegerei mit Göring und seinem Staatssekretär Erhard Milch keine Zweifel aufkommen lassen.
Mit Wirkung vom 15. 5. 1933 befahl von Blomberg die Überführung des Luftschutzamtes in das Reichsluftfahrtministerium mit Sitz zunächst in Berlin Innenstadt, später mit endgültigem Domizil in der Leipziger Straße.
Diese Verfügung durch Blomberg kann als die Ausgangsbasis der Luftwaffe bezeichnet werden, womit, wie sich später erwiesen hat, die Weichen für den dritten Wehrmachtsteil gestellt waren.
So ganz einerlei war den anderen Wehrmachtsteilen die Herauslösung der Fliegertruppe aus Heer und Marine nicht. Keitel, damals Oberst, mußte seinen Einfluß als Chef der Heeresorganisationsabteilung geltend machen, um eine rückwirkende Unterstellung der Heeresflieger abzuwenden. Auch die Marineführung beklagte sich im November 1933 über die alleinige Kommandogewalt des Reichsministers der Luftfahrt und argumentierte, daß »... eine Marine ohne Luftwaffe nicht in der Lage sei, ihre Aufgaben voll zu erfüllen ...«. Alle Einwände blieben aber erfolglos, wie sich schon wenige Jahre später zeigen sollte.
Noch bis August 1933 gliederte sich das RLM in zwei große Ministerialabteilungen, eine militärische und eine zivile.
Die militärische Abteilung war das Luftschutzamt (LS oder LA), im großen und ganzen Fliegerführung und Fliegerorganisation, die zivile Abteilung vor allem Fliegertechnik.
Mit Wirkung ab 1. 9. 1933 erfolgte eine Umbenennung des Luftschutzamtes in Luftkommandoamt sowie eine Umgliederung des Ministeriums. Diese Umgliederung bedeutete die Schaffung des getarnten Generalstabes. Der Grundstein für die Schaffung der Luftwaffe war gelegt, jetzt fehlte nur noch die Fliegertruppe.
Als militärische ›Vorposten‹ für die Fliegerausbildung existierten 1933 die drei Reklamestaffeln in Berlin-Staaken, Königsberg (Pr.) und Fürth bei Nürnberg. Militärische Einrichtungen zur Ausbildung bestanden zu dieser Zeit an den zivilen Flugschulen Braunschweig, Jüterbog, Schleißheim, Würzburg, und Warnemünde für Seeflieger..
In Rendsburg existierten zwei Schwadronen Heeres-Fahrabteilungen als Kader für Unteroffiziers- und Mannschaftspersonal der Bordmechaniker, Bordfunker, Bordschützen und Fliegerbodenpersonal.
Als erstes wurde eine Jagdgruppe aufgestellt, die aus den Reklamestaffeln gebildet wurde.
Im Oktober 1933 ging man daran, ein Behelfsbombengeschwader aufzustellen, wozu die Deutsche Lufthansa (DLH) auf Grund der ›Mobil-

machungsvorbereitung der Heeresleitung‹ Personal und Einrichtung stellte.
Mit der fortschreitenden Aufstellung weiterer Verbände reichten die Flugplätze für die Flugschüler allmählich nicht mehr aus. Deshalb wurde es ab Ende 1933 Hauptaufgabe des Luftwaffenverwaltungsamtes, neue Anlagen zu suchen.
Was lag nun näher, als die vorhandenen Land- und Seeflughäfen der Deutschen Verkehrsfliegerschule (DVS), Luftdienst GmbH, des Deutschen Luftsportverbandes (DLV), und des Reichsverbandes der Deutschen Luftfahrtindustrie (RdDLI) zu nutzen und darüber zu verfügen. Es handelte sich um die Flugplätze Neuhausen bei Königsberg, Staaken, bei Berlin, Rechlin, Tutow, Kottbus, Schleißheim, Lechfeld und Kitzingen. Hinzu kamen die Seefliegerhorste Holtenau bei Kiel, Warnemünde, Norderney, List/Sylt und Travemünde.
Das fliegertechnische Personal, das anfangs in den Werften, Betriebseinrichtungen und Produktionsstätten der zivilen Luftfahrt geschult wurde, erhielt ab Oktober 1933 als Ausbildungszentrum die Fliegertechnische Schule Jüterbog mit einer jährlichen Ausbildungskapazität von 1500 Schülern. Erster Kommandeur dieser Schule war der spätere Generaloberst Kurt Student.
Mit der gesamten militärischen Aufrüstung seit 1933 machte auch der Aufbau der Luftwaffe rasche Fortschritte.
Die am 1. September 1933 begonnene Umgliederung des RLM mit der damit verbundenen personellen Besetzung der Ämter und Abteilungen hatte zum Jahresende 1933 ihren Abschluß gefunden.
Am 1. 4. 1934 begann die Aufstellung von sechs Luftkreiskommandos in Königsberg, Berlin, Dresden, Münster, München und Kiel.
Nach wie vor bestand natürlich der Zwang zur Tarnung. Deshalb hießen diese Luftkreiskommandos Gehobenes Luftamt und aus gleichem Grunde die Befehlshaber Präsidenten. Es waren dies die Generale Wachenfeld im Luftkreis (LK) I Königsberg (Pr), Kaupisch LK II Berlin, Schweickhardt LK III Dresden, Halm LK IV Münster, Ebert LK V München und Admiral Zander LK VI (See) in Kiel.
Zum gleichen Zeitpunkt wurde die erste Fliegerdivision aufgestellt. Ihr Kommandeur wurde Oberst Sperrle.
Auch die ersten fliegenden Verbände erfuhren eine wesentliche Erweiterung. Aus der Reklamefliegerabteilung mit den drei Staffeln und dem Behelfskampfgeschwader der DLH entstanden fünf Aufklärungsstaffeln, drei Jagdstaffeln, fünf Bombenfliegerstaffeln sowie eine Seeaufklärungsstaffel, eine Seejagdstaffel, eine Seefliegermehrzweckstaffel und eine Luftdienstschleppstaffel.
Ebenfalls am 1. 4. 1934 erfolgte unter dem Kommando der 1. Fliegerdivision die Aufstellung des Jagdgeschwaders 132 in Döberitz bei Berlin.

Dieses war der erste Jagdverband der Luftwaffe. Die Ausrüstung erfolgte mit Ar 65 und He 51.
Im Laufe des Jahres 1934 wurden das Kampfgeschwader 154 in Faßberg mit drei Staffeln (1. bis 3./154) und das Kampfgeschwader 252 in Tutow mit zwei Staffeln (1. und 2./252) gebildet. Das Behelfskampfgeschwader erhielt die Nummer 172.
Drei Aufklärungsstaffeln, die ebenfalls 1934 entstanden, wurden den Heeresfliegern unterstellt. Sie lagen in Neuhausen b. Königsberg (1/121), Prenzlau (1/212) und Großenhain (1/324).
Die beiden H(Heeres)-Staffeln lagen in Kottbus (1/113) und Gotha (2/114).
Jetzt nahm auch der Ausbildungsbetrieb der Schulen beachtlichen Umfang an. Im Jahre 1934 gehörten zum Kommando der Fliegerwaffenschule bzw. Technische Schule:
die Aufklärungsfliegerschule Braunschweig und Hildesheim,
Kampffliegerschule Lechfeld und Prenzlau,
Jagdfliegerschule Schleißheim,
Fliegerschützenlehrgänge Schleißheim und Lechfeld,
Fliegertechnische Schule Jüterbog mit Nebenstellen in Berlin und Adlershof.
Außerdem bestand ein Kommando der Flugzeugführerschulen, dem die Schulen Kottbus, Neuruppin, Celle, Gotha und Kitzingen unterstellt waren.
Die erste Seejagdstaffel (1/135) wurde in Kiel-Holtenau aufgestellt, die Seefliegermehrzweckstaffel (1/286) am 1. 8. 1934 in List auf Sylt und die Seeaufklärungsstaffel (1/116) am 1. 9. 1934 in Holtenau.
Eine 4. Staffel befand sich Anfang 1935 auf Norderney in Aufstellung.
Wie für die Landflieger bestanden auch für die Seeflieger eigene Schulen.
Im Frühjahr 1935, als die bisherige Tarnung überflüssig wurde, war das Ergebnis: 20 Land- und Seefliegerstaffeln, 20 Land- und Seefliegerschulen oder -lehrgänge.
Bis zum Zeitpunkt der Enttarnung hatte das Luftwaffenverwaltungsamt 23 Land- und Seeflugplätze zur Verfügung. Im Stadium des Aufbaus befanden sich 14 weitere Flugplätze, darunter Gablingen und Schwäbisch Hall.
Es sei einmal erwähnt, welche Einrichtungen notwendig waren, damit ein fliegender Verband oder eine Fliegerschule den Übungs- und Ausbildungsbetrieb aufnehmen konnte:
Rollfeld, Start- und Landebahnen, Hallen, Tankanlagen, Reparaturwerkstätten, Flugleitung, Funk-, Peil- und Fernsprechstellen, Unterkünfte, Unterrichtsräume, Sicherungsanlagen und Gleisanlagen. Für die Bevorratung und Versorgung der Truppe mit Gerät, Waffen, Muni-

tion und Betriebsstoff entstand 1934 als Luftwaffenmagazin das Fliegerzeugamt Jüterbog.
Zu diesem Zeitpunkt taten im Luftfahrtministerium rund 60 Offiziere Dienst. Die Zugänge von Offizieren aus Heer und Marine im Jahre 1934 bestanden vor allem aus jungen Offizieren und Offiziersanwärtern, die sich freiwillig für die fliegerische Ausbildung gemeldet hatten. Im Jahre 1935 traten aktive Polizeioffiziere in größerem Umfange zur Luftwaffe über.
Besonders zahlreich erfolgte die Übernahme junger Piloten der Zivilluftfahrt, die nach kurzer militärischer Grundausbildung zum Leutnant befördert wurden. Als Staffelkapitäne und Schwarmführer wurden vorwiegend die in Lipezk ausgebildeten Fliegeroffiziere eingesetzt.
Der erste Offiziersanwärterlehrgang, noch im Rahmen der Infanterieschule Dresden, nahm seinen Lehrbetrieb 1935 auf. Am 1. 4. 1935 wurde die erste Kriegsschule der Luftwaffe in Berlin-Gatow errichtet. Im Zuge der Zusammenlegung aller Luftsportbestrebungen wurde aus den verschiedenen Verbänden und Organisationen der ›Deutsche Luftsportverband‹ (DLV) gebildet, dem Reichminister der Luftfahrt unterstellt und stellte die Luftwaffenreserve dar.

4. DIE LUFTWAFFE WIRD SELBSTÄNDIGER WEHRMACHTSTEIL

Bereits am 25. Februar 1935 ermächtigte von Blomberg den Reichsminister der Luftfahrt, ›die Enttarnung in einem von ihm zu bestimmenden Tempo durchzuführen‹.
Nach dem Tode Hindenburgs wurde Hitler als Führer und Reichskanzler oberster Befehlshaber der Wehrmacht.
Am 26. Februar 1935 unterzeichnete dieser den Erlaß, mit dem die Luftwaffe selbständiger dritter Wehrmachtsteil wurde.
Hitler hatte gewünscht, daß die offizielle Bezeichnung ›Reichsluftwaffe‹ lauten sollte. Diese Bezeichnung bürgerte sich jedoch nicht ein, und bald war der allgemeine Sprachgebrauch nur noch ›Luftwaffe‹. Der Erlaß trat mit Wirkung vom 1. 3. 1935 in Kraft.
Die Luftwaffe wurde ein besonderer Wehrmachtsteil. Diese Selbständigkeit erlangten die britischen Flieger nach dem ersten Weltkrieg erst in dreijährigem Ringen und die amerikanischen Flieger gar erst 1947.
Am 16. 3. 1935 wurde das ›Gesetz für den Aufbau der Wehrmacht‹ erlassen, dem am 21. 5. 1935 das Gesetz über die allgemeine Wehrpflicht folgte. An der Gliederung des RLM als oberste Kommandobehörde

änderte sich nach dem 1. 3. 1935 grundsätzlich nichts – es entstanden einige neue Dienststellen, das war alles.

Am 1. 6. 1935 traten die Bestimmungen über die Neuregelung der Amtsbezeichnungen in Kraft. Hierzu gehörte auch die Begriffsänderung von ›Reichswehr‹ zu ›Wehrmacht‹, analog die entsprechenden weiteren Titeländerungen.

Der Aufstellungsplan der Luftwaffe vom 29. 8. 1935 sah bis zum 1. 10. 38 die Indienststellung von 18 Gruppenstäben und 13 Geschwaderstäben von Jagd-, Kampf- und Aufklärerverbänden vor.

Als Einrichtung der Bodenorganisation wurden 126 Fliegerhorstkommandanturen und eine Reihe von Ämtern und Institutionen geschaffen.

Aus Gründen der Verschleierung wurden die Verbände durchweg als Fliegergruppe oder -Staffel bezeichnet. Deshalb hieß z. B. die Jagdgruppe I/132 Fliegergruppe Döberitz, die Kampfgruppe II/152 Fliegergruppe Greifswald und die Sturzkampfgruppe I/162 Fliegergruppe Schwerin.

Die Aufstellung der neuen Verbände konnte ab Frühjahr 1935 nunmehr zügig betrieben werden.

Aus bereits bestehenden Verbänden wurden durch Personalabgabe die Aufstellungskader für neue geschaffen. Dieser Vermehrungsprozeß lief allerorts unter dem Stichwort ›Mutterverband – Tochterverbände‹.

Drei Verbände der Fliegertruppe erhielten im Jahre 1935 Traditionsnamen: seit Mitte März wurde aus der Jagdgruppe I/132 in Döberitz das ›Geschwader Richthofen‹, ab 3. 4. 35 aus der Kampffliegergruppe I/154 in Faßberg das ›Geschwader Boelke‹; am gleichen Tage erhielt die Sturzkampffliegergruppe I/162 in Schwerin den Namen ›Geschwader Immelmann‹.

Der geschilderte Vermehrungsprozeß hielt an bis 1938, wobei das Jahr 1936 als das Jahr der Zellteilung in die Geschichte einging.

Im Juli 1936 nahmen alle neu aufgestellten Verbände ihren Flug- und Dienstbetrieb voll auf.

Von den Kampfgeschwaderstäben waren dies:

152	in Greifswald
153	in Merseburg
253	in Gotha
154	in Hannover
155	in Gablingen.

Diesen wurden bereits im Frühjahr 1936 folgende neu gebildete Kampfgruppen unterstellt:

III/152	in Barth
III/153	in Altenburg
II/253	in Erfurt

III/253 in Nordhausen
II/154 in Delmenhorst
I/254 in Wunstorf
II/155 in Gablingen und
III/155 in Schwäbisch Hall.

Insgesamt vermehrte sich so der Bestand der Kampfflieger im Jahre 1936 um 5 Kampfgeschwaderstäbe und 8 Kampfgruppen. Der Bestand belief sich nun auf insgesamt 5 Kampfgeschwader und 15 Kampfgruppen.

Damit war hinsichtlich der Kampfverbände die Hälfte des bis 1938 geforderten Aufstellungsprogramms erreicht, ein Beweis für tüchtige Aufbauarbeit.

Am 1. Juni 1936 wurden endlich die Verschleierungsmaßnahmen aufgehoben und die Verbandsbezeichnungen offen geführt – z. B. Kampfgruppe I/155. Wie im Jahre 1935 wurden auch 1936 Traditionsnamen vergeben: Das Kampfgeschwader 152 erhielt den Namen ›Hindenburg‹, das Kampfgeschwader 253 unmittelbar nach dem tragischen Fliegertode des Generalstabschefs am 3. 6. 1936 den Namen ›General Wever‹ verliehen.

Um die fliegenden Verbände von den Flugplätzen schon friedensmäßig unabhängiger zu machen, begann im Jahre 1937 die Aufstellung der Flughafenbetriebskompanien (FBK). Diese sollten ihrer jeweiligen Gruppe auf den Einsatzhäfen zur Wartung und Instandsetzung des Fluggerätes zur Verfügung stehen. Jede FBK gliederte sich in eine Werftgruppe und drei technische Betriebszüge. Sie hatten dafür zu sorgen, daß die Staffeln und Kampfgruppen zum Einsatz technisch einwandfrei versorgt wurden.

Das Jahr 1937 brachte die stärkste Steigerung des Aufbautempos, insbesondere hinsichtlich der Kampfverbände. Diese hatten am Ende des Jahres 1937 den Stand von 11 Geschwaderstäben und 30 Kampfgruppen zu je 3 Staffeln.

Im Jahre 1938 fällt die Steigerung bei allen Verbänden merklich ab. Bei den Kampffliegern wurden jedoch die Geschwaderstäbe auf 14 gesteigert. Insgesamt hatte der Aufbau der Luftwaffe im Jahr 1938 das Planungsziel erreicht.

Im Herbst 1935 bestanden 8 Flugzeugführerschulen in Celle, Kitzingen, Fürth, Ludwigslust, Magdeburg, Neuruppin, Perleberg und Salzwedel, sowie Flugzeugführerlehrgänge in Celle, Brandis und Gablingen.

Für die taktische Schulung existierten die Aufklärungsfliegerschulen Braunschweig und Hildesheim, ferner die Jagdfliegerschule Schleißheim, die Kampffliegerschulen Faßberg, Jüterbog, Lechfeld, Prenzlau

und Tutow, für Seeflieger die Seefliegerschulen Warnemünde und Travemünde.
Für das fliegertechnische Personal war die Befehls- und Steuerstelle für die Ausbildung an den technischen Schulen Jütebog und Berlin-Adlershof geschaffen.
Im Frühjahr 1938 hatten sich die Ausbildungseinrichtungen noch wesentlich vergrößert, insbesondere durch Flugzeugführer-, Kampfflieger- und Fliegertechnische Schulen.
Hinsichtlich der Luftnachrichtentruppe wird verwiesen auf den später folgenden Bericht von Heinz Waldhecker in diesem Buch.

5. ERSTE EINSÄTZE VOR DEM ZWEITEN WELTKRIEG

In den Jahren 1935 bis 1938 führte die Luftwaffe Einsätze durch, die demonstrativen Charakter hatten. Mit dem Einmarsch ins Rheinland am 7. 3. 1936 wird die entmilitarisierte Zone remilitarisiert. Nach einem Demonstrationsflug über diesem Gebiet landen Staffeln der III/JG 134 und I/Stuka 165 in Köln-Butzweilerhof, Frankfurt/Main und Mannheim.
Am 31. 7. 36 verabschiedet General der Flieger Milch in seiner Eigenschaft als Staatssekretär der Luftfahrt in Döberitz 86 Freiwillige der Luftwaffe, die unter nationalspanischer Flagge beim Bürgerkrieg in Spanien Kriegsdienst leisten werden. Es war der Grundstock für den deutschen Verband der im November 1936 den Namen ›Legion Condor‹ erhielt.
Zu diesem Zeitpunkt wurde aus der Luftbrücke eine Kampfstaffel und schließlich die Kampfgruppe K-88 aufgestellt mit rund zehn Staffeln. Außerdem gehörten zu der Legion eine Flakabteilung mit 5 Batterien, Scheinwerferbatterien, LN-Truppe und Nachschubeinrichtungen.
Befehlshaber der Legion Condor in Spanien wurde Generalmajor Sperrle, Chef des Stabes Oberstleutnant Holle, im Jahr 1937 Oberstleutnant Freiherr von Richthofen.
Nach Sperrle kommandierte ab November 1937 Generalmajor Volkmann die Legion. Schließlich war ab November 1938 von Richthofen letzter Kommandeur der Legion Condor, sein Chef des Stabes Oberstleutnant Seidemann.
Die Legion Condor unterstand dem Oberbefehlshaber der Luftwaffe. Im Durchschnitt zählte die Truppe insgesamt 5000 Offiziere, Unteroffiziere, Mannschaften, Beamte und Angestellte. Mehr als 5500 Angehöri-

ge hat die Legion zu keiner Zeit gehabt. Es fand ein laufender Austausch statt. Die Stärkung der republikanischen Truppen durch ausländische Freiwillige der ›Internationalen Brigade‹ hatte allerdings viel früher schon einen höheren Wirkungsgrad erreicht, als ihn der Einsatz der ›Legion Condor‹ darstellte.
Über den Einsatz in Spanien schrieb der Berichterstatter Hauptmann Lützow: »Der Kampf für ein fremdes Volk ... die Verantwortung für hochwertiges Personal ließen die jagdfliegerische Passion ... nie voll zur Entfaltung kommen ... Daß trotz zahlenmäßiger Unterlegenheit wenig Verluste eintraten, ist der mangelhaften Ausbildung und der planlosen Führung der Gegenseite sowie der überlegenen Geschwindigkeit der eigenen Jäger (Bf 109) zuzuschreiben ...«.
Der Einsatz der Legion Condor fand mit der Siegesparade in Barcelona am 21. Februar 1939 seinen offiziellen Abschluß.
Die Gesamtverluste betrugen 420 Mann. Es gingen 96 deutsche Flugzeuge verloren, davon 40 durch Feindeinwirkung.
Nach Rückkehr aus Spanien wurde die ›Legion Condor‹ in Hamburg von Göring empfangen. Danach fand eine Parade vor Adolf Hitler in Berlin statt, an der alle in Spanien eingesetzt gewesenen Soldaten (rund 20000) der Legion teilnahmen.
Danach hörte die Legion Condor auf zu bestehen.
Sie löste sich auf, und jeder ging zu seinem Truppenteil dem er entstammte zurück.
In diese Zeit fällt die letzte Verleihung eines Traditionsnamens an ein Kampfgeschwader. Am 12. 6. 1939 erhält das KG 53 die Bezeichnung Kampfgeschwader ›Legion Condor‹ Nr. 53. Im Laufe der Zeit ließ man ›Nr.‹ entfallen.
Außer diesen Traditionsnamen nannten sich andere Geschwader nach ihrem Geschwaderwappen z. B. KG 51 ›Edelweiß‹, KG 55 ›Greif‹.
Noch während des Spanienkrieges rüstete die Wehrmacht zu neuem Einsatz.
Am 11. 3. 1938 hatte Hitler die Vorbereitung zur militärischen Besetzung Österreichs befohlen. Die Luftwaffe mobilisierte vor allem Kampfstaffeln, die am 12. März 1938 Flugblätter über der österreichischen Hauptstadt abwarfen, während Transportflugzeuge in Wien landeten. Den Befehl über die Österreichbesetzung hatte seitens der beteiligten Luftwaffenverbände Generalmajor Wolf vom Luftkreis V. Er übernahm nach der Landung in Wien-Aspern am 12. 3. 1938 auch den Befehl über die Flugplätze Wels, Wien-Aspern, Wiener Neustadt und Klagenfurt. Als am 16. 3. 1938 die Eingliederung der österreichischen Luftstreitkräfte abgeschlossen war, ernannte Göring deren letzten Chef Löhr als Generalleutnant zum Kommandierenden General der Luftwaffe in Österreich, Chef des Generalstabes wurde Oberstleutnant

Korten. An der militärischen Aktion zum Einmarsch deutscher Heeresverbände in das Sudetenland am 1. 10. 1938 hatte die Luftwaffe mit 500 Flugzeugen teilgenommen. Schon wenige Tage später, am 10. Oktober 1938 meldete das Oberkommando der Wehrmacht, daß die Luftwaffe im ›besetzten Gebiet‹ der Tschechoslowakei die Einrichtungen und Anlagen der tschechischen Luftwaffe übernommen habe.
Diese drei Aktionen hatten sowohl in der deutschen Bevölkerung als auch im Ausland, vor allem infolge der günstigen Abläufe, einen großen Respekt erzeugt. Dies war auch beabsichtigt und erwünscht, denn die Führung des Reiches war stark interessiert an eine Überschätzung der deutschen Stärke.
Diese Beurteilung durch das Ausland half, außenpolitische Erfolge zu erzielen.
Bevor der zweite Weltkrieg begann, erfolgt am 15. und 23. 3. 1939 noch die Okkupierung der Tschechei und des Memellandes. Dabei führten am 17. 3. 1939 mehrere hundert Flugzeuge einen Demonstrationsflug über Prag durch, am 23. 3. 1939 überflogen Verbände des Luftwaffenkommandos Ostpreußen die ostpreußisch/litauische Grenze und kreisten eine Stunde lang über Memel. Am Nachmittag des gleichen Tages wiederholte sich die Luftparade über dem Memelland.
Mit Stand vom Juni 1939 zählte die Luftwaffe 12000 Offiziere und 320000 Unteroffiziere und Mannschaften. Die vom Luftwaffenpersonalamt vorgesehene Personalsteigerung bis Herbst mit 556000 Mann war allerdings nicht annähernd zu erreichen. Bevor die Truppenteile durch Maßnahmen der Mobilmachung vergrößert wurden, zählte die Flieger- und Fallschirmtruppe 208000 Soldaten, die Flakartillerie 107000 und die LN-Truppe 58000 Mann.
Die Zahl des fliegenden Personals betrug im August 1939 etwa 20000 Mann, wobei die Flugzeugführer gegenüber Beobachtern, Bordfunkern und Bordmechanikern anteilsmäßig ein gewisses Übergewicht hatten. Über rund 370000 Soldaten, davon rund 15000 Offiziere, verfügte die Luftwaffe im August 1939. Für den Fronteinsatz standen rund 1300 Kampfflugbesatzungen (Flugzeugführer, Beobachter, Bordfunker und Bordmechaniker), 160 Fernaufklärungsbesatzungen, 150 Seeflugzeugbesatzungen und 450 Transportfliegerbesatzungen zur Verfügung. Bei den Flugzeugführern handelte es sich durchweg um ELF-Piloten, d. h. diese waren im Besitz des ›*E*rweiterten *L*uftfahrerscheines‹, sie hatten also die Qualifikation für Blindflug (Instrumentenflug bei Nacht und Schlechtwetter). Analog besaßen die Beobachter und Bordfunker die gleiche Qualifikation in ihrem Aufgabengebiet.
Die Gefechtsausbildung der Kampfflieger umfaßte Navigationsflüge bei Tag und Nacht, Verbandsflug und Bombenwurf aus verschiedenen Höhen. Am Tage vor Kriegsbeginn betrug die Einsatzstärke der Luft-

waffe laut Meldung des Generalquartiermeisters der Luftwaffe

1180	Kampfflugzeuge
771	Jagdflugzeuge
336	Sturzkampfflugzeuge
408	Zerstörerflugzeuge
40	Schlachtflugzeuge
552	Transportflugzeuge
379	Aufklärungsflugzeuge (F)
342	Aufklärungsflugzeuge (H)
240	Marineflugzeuge
55	Flugzeuge bei Sondereinheiten
4333	Flugzeuge insgesamt.

Im Jahre 1938 wurde die Neuplanung der Luftrüstung für die Jahre bis 1942 befohlen; die Luftwaffe mußte jedoch schon ein Jahr später zu ihrer Bewährung antreten.

II. Aufbau der Truppe

1. AUFSTELLUNG DER NEUEN VERBÄNDE

Ab Frühjahr 1935 hatte die Aufstellung dieser neuen Verbände zügig begonnen.
Die Männer kamen vom Heer, von der Marine und von der Polizei. Gustav-Adolf Klüter liefert als Beispiel folgende Schilderung aus dieser Zeit vom ›Geyerhorst‹ in Giebelstadt bei Würzburg:
»Über 180 junge Abiturienten, Studenten und in der Ausbildung befindliche Piloten wurden vom 1. 4. 1934 bis Herbst 1936 bei der Kriegsmarine ausgebildet, um bei Errichtung der neuen Luftwaffe den Stamm der bereits vorhandenen Offiziere mit etwa gleich starken Gruppen von Heer und Polizei zu ergänzen.
Die Marine gab uns eine hervorragende harte Erziehung mit und konnte guten Gewissens die ›Göring-Kadetten‹, wie wir genannt wurden, als Oberfähnriche zur Luftwaffe entlassen. Unsere ›Crew 34‹ wurde geteilt und kam zu Beobachter- und Flugzeugführerschulen, um ihre fliegerische Grundausbildung zu erhalten. Ich kam mit ca. 40 Kameraden Oktober 35 nach Tutow in Pommern auf die Kampffliegerschule, wobei unser Erscheinen als Oberfähnriche in Marine-Uniform für nicht geringes Aufsehen sorgte. Nach Umkleidung in Luftwaffen-Uniform begann die theoretische und fliegerische Ausbildung zum Kampfbeobachter. Die ersten, sehnsüchtig erwarteten Flüge wurden zur Einweisung in einer Ju 52 durchgeführt, um die engere Umgebung ›von oben‹ kennenzulernen. Dann ging es zu Erkundungsflügen in die He 45 und He 46, wobei Zugbelegung auf nahegelegenen Bahnhöfen, Waggonzahl, Loks und Zugrichtung festzustellen und schriftlich zu melden waren. Sehr gespannt waren wir nach längeren Übungen am Bombenzielgerät auf die ersten Zementbombenwürfe aus der Do 11. Das spielte sich so ab: Der Bombenlehrer Hptm. Mehnert, wegen seiner sächsischen Herkunft ›Max Pumpe‹ genannt, beugte sich über den Schüler, der am Boden über das Zielgerät gebeugt lag, und wenn seiner Meinung nach der Abwurfpunkt erreicht war, gab es einen kräftigen

Tritt in den Achtersteven, wobei dann der Schüler sofort den Abzughebel zu betätigen hatte; die Resultate waren entsprechend! Ich hatte den seltenen Dusel, ein paar Mal mitten in den Abwurfkreis zu treffen, wodurch ich mich einer besonderen Wertschätzung bei ›Max Pumpe‹ erfreute. Im Kriege habe ich es selbst in der He 111 nicht ausprobieren können, da ich mittlerweile Flugzeugführer geworden war. Mitten in den Ablauf der Ausbildung platzte der Einmarsch in das Rheinland, wobei der Befehl erging, alle Oberfähnriche sofort auf die bestehenden Fliegergruppen zu verteilen. Wir hatten den Vorteil, daß wir unter den bestehenden Fliegergruppen wählen konnten, und ich entschied mich mit ca. 10 Kameraden als Norddeutscher für Bayern und hier für Giebelstadt bei Würzburg.
An einem herrlichen Frühlingstag kamen wir mit der Bahn in Würzburg an, ein Hochgefühl nach der winterlichen Zeit in Tutow. Natürlich wurden vor der Busfahrt nach Giebelstadt die ersten Boxbeutel am Bahnhof probiert, deren in Giebelstadt noch viele folgen sollten. Dann ging es durch das frühlingshafte Maintal mit den ersten Pfirsichblüten unserer neuen Heimat Giebelstadt entgegen, wo wir gleich auf die Staffeln verteilt wurden. Die ›Fliegergruppe Giebelstadt‹, wie sie vor der Geschwaderbildung benannt wurde, bestand aus drei Staffeln, ausgerüstet mit Do 23, einigen Ju 52 und W 34 sowie einigen Schulflugzeugen. An den Kanzeln der Do 23 prangte das ›Geyerwappen‹, bestehend aus einer Geyerkralle in rot auf weißem Grund als Zeichen der Zugehörigkeit des Bauernführers Florian Geyer zu Giebelstadt, der dort ein Schloß besessen hatte, dessen Ruinen noch heute stehen, und wo jedes Jahr im Wettstreit mit Jagsthausen ›Florian Geyer‹ aufgeführt wird.

›Wir sind des Geyer's schwarze Haufen,
Heia, hoho!‹

Dieses Trutzlied erschallte zu jeder nur passenden Gelegenheit bei fröhlichen Festen durch das damalige Behelfsoffiziersheim, ›Sperrholz-Kasino‹ genannt.
Wir wurden in den Staffeln von den Staffelkapitänen begrüßt und zur weiteren Ausbildung als Kampfbeobachter den bereits seit fast einem Jahr dort befindlichen älteren Leutnants übergeben. Ich kam mit den Crewkameraden Langer(†), Piecha(†) und Bartens(†) zur 2. Staffel des Major Heidenreich, und Leutnant Herbert Wittmann wurde bis auf weiteres unser Fähnrichsvater und Lehrer.
Die Fliegergruppe Giebelstadt gehörte organisatorisch zum bald neu gebildeten Kampfgeschwader 155 mit Stab in Ansbach, die II. Gruppe wurde in Gablingen bei Augsburg aufgestellt und verlegte nach Ansbach, die I. Gruppe lag in Giebelstadt, die III. Gruppe in Schwäbisch

Hall. Das Geschwader führte als Kommodore Oberst Dessloch, ein später im 2. Weltkrieg hoch dekorierter Luftflottenchef. Das Geschwader erhielt im Juni 1939 zusammen mit einem Flak- und Luftnachrichtenregiment den Traditionsnamen ›Legion Condor‹.
Der Gruppenkommandeur Oberstleutnant Speidel, der Februar 36 durch Major Weber abgelöst wurde, war zugleich Fliegerhorstkommandant. Die Organisation wurde wenig später geändert, als eine eigene Fliegerhorstkommandantur mit allen dazugehörigen Einheiten (Fliegerhorstkompanie, Werft, L. N. Kompanie, Truppenverwaltung) gebildet wurde. Diese Fliegerhorstgruppe unterstand zunächst noch dem fliegerischen Gruppenkommandeur, wurde aber ein Jahr später einem neu gebildeten Kommando Flughafenbereich unterstellt. Diese Kommandobehörde unterstand dem Luftgau, also bildeten sich damals schon die Befehlsstränge der Bodenorganisation (Luftgau) und fliegerischen Verbände (höh. Flieger Kdo, später FlgKorps), alles zusammen unterstand der Luftflotte 3 in München.
Die Ausbildung erstreckte sich auf theoretische Weiterbildung im Waffen- und Bombenbereich, Funkdienst, navigatorischen Unterricht und Einsatzaufgaben zur Vorbereitung für die Beobachterprüfung sowie der fliegerischen Ausbildung.
Jeden Monat wurden die Staffeln für zwei Tage nach Gelnhausen, einem E-Hafen bei Bad Orb, verlegt, um dort die Theorie in Praxis im Zementbombenwerfen und Schießen aus der Luft auf Erdscheiben umzusetzen. Die Verlegung machte uns immer viel Spaß, da das Leben im Zelt und der Flugdienst, verbunden mit neuen, selbständigen Aufgaben, uns reizvoll erschienen.
Nach der ›Führer-Geburtstagsparade‹ am 20. April 1936 wurden wir 15 Oberfähnriche zu Leutnants befördert und übernahmen die Aufgaben als Waffen-, Funk- und Bombenoffiziere sowie technische- und Ausbildungsfunktionen. Wir fingen nun auch an, selber zu schulen. Unter bewährten Flugzeugführern, die längst Blindflug hatten, wurden wir in die Geheimnisse des Fliegens eingewiesen.
Da ich in der Staffel für die militärische Weiterbildung verantwortlich war, bekam ich Sommer 36 einen Zug Reserve-Offiziersanwärter zur Grundausbildung überantwortet, denn Infanterismus hatten die ›Göring-Kadetten‹ zur Genüge gelernt. Später wurde ich zur Flieger-Ersatzabteilung 15 in Neubiberg versetzt und ahnte noch nicht, daß ich genau zwei Jahre später den ›Geyerhorst‹ wiedersehen sollte.«

2. GIEBELSTADT - GABLINGEN - ANSBACH - SCHWÄBISCH HALL

Mit Befehl des Reichsministers der Luftfahrt und Oberbefehlshabers der Luftwaffe »zur Aufstellung der Fliegerverbände im 3. Aufstellungsabschnitt« vom 18. 12. 1935 erfolgte mit Wirkung vom 1. 4. 36 die Aufstellung der Kampffliegerverbände in den Luftkreiskommandos II, III, IV und V. Innerhalb des LKK V werden aufgestellt der Stab des Kampfgeschwaders 155 in Ansbach, die Kampfgruppe II/155 ebenfalls in Ansbach und die Kampfgruppe III/155 in Schwäbisch Hall. Solange der Standort Ansbach noch nicht aufnahmefähig war, fand die Aufstellung des Stabes des Kampfgeschwaders 155, der Kampfgruppe II/155 und der Kampfstaffeln 4–6/155 in Gablingen statt.
Das neugebildete Kampfgeschwader 155 mit Geschwaderstab, Gruppenstäben II und III mit ihren Staffeln gingen aus der 3./Kampfgeschwader 252 (Tutow) hervor. Stab und Staffeln der ersten Gruppe sind in diesem Befehl zwar nicht ausdrücklich erwähnt, in der Aufstellungsphase haben sich jedoch manchmal Befehle überschnitten, und es gab Korrekturen. Eine große Anzahl von Unterlagen ging auch in den Nachkriegswirren verloren. Wir können davon ausgehen, daß ab 1. 4. 36 nicht nur die Fliegergruppe Tutow zu KG 155, sondern auch die Fliegergruppe Giebelstadt (bisher KG 455) dazu kam und die I. Gruppe bildete.
Mit Wirkung ab 1. 4. 1937 wurde das KG 155 in KG 355 umbenannt. Schließlich fand dann die endgültige Zuordnung ab 1. 5. 1939 statt, als aus dem KG 355 das KG 53 wurde. Eine Grafik (auf Seite 33) mag diese Entwicklung veranschaulichen.
Sicherlich sind im Zuge der ›Zellteilung‹, aber auch aus Verschleierungsgründen, aus den Geschwadern 252, 155 und 355 noch weitere Geschwader hervorgegangen (z. B. die KG 76, KG 2, KG 55). Für diese Chronik mag der Aufbau ausreichen wie er für das KG 53 dargestellt ist. Die mit Wirkung vom 1. 5. 1939 erfolgte Änderung der Geschwaderbezeichnung blieb bis zum Kriegsende bestehen.
Ab 1. 5. 1939 wurden die Geschwader numerisch den Luftflotten zugewiesen, und zwar:

Luftflotte 1	Geschwader Nr. 1–25
Luftflotte 2	Geschwader Nr. 26–50
Luftflotte 3	Geschwader Nr. 52–75
Luftflotte 4	Geschwader Nr. 76–100

Damit bestanden die Geschwaderstäbe der KG 1 ›Hindenburg‹, 2, 3, 4 ›General Wever‹, 26, 27 ›Boelcke‹, 51 53, 54, 55, 76 und 77. Ebenfalls als Kampfgeschwader zählte der Stab des Lehrgeschwaders (LG) 1. Unter diesen 13 Geschwaderstäben, denen jeweils eine Stabsstaffel un-

terstellt war, gab es 30 Kampfgruppen mit insgesamt 90 Kampfstaffeln. Die Standorte der Gruppen des KG 53 waren nunmehr: I. Gruppe Ansbach, II. Gruppe Schwäbisch Hall, III. Gruppe Giebelstadt.
Bevor nun wieder ein Mann des unmittelbaren Geschehens aus der Aufbauzeit berichtet, soll ein Rückblick über die Stabsstaffel des KG 53 einen Eindruck von der Funktion dieser Sonderstaffel geben.
Nach Aufstellung der Kampfgeschwader wurde 1938 allen Geschwadern eine Stabsstaffel angegliedert. Diese hatte neun Besatzungen zu je fünf Mann. Jede Besatzung war mit einem Offizier besetzt. Die Staffel hatte eigenes Wartungspersonal und einen mobilen Bildzug.
Flugzeugmäßig war die Stabsstaffel wie das gesamte Geschwader mit He 111 ausgerüstet, doch waren hier alle Flugzeuge zusätzlich mit ausgezeichneten Bild- und Funkgeräten ausgerüstet.
Die Stabsstaffel war ein Führungsorgan des Geschwaders und sollte für Aufklärung – Zielerkundung – Zielbilder im Tag- und Nachteinsatz vielseitig eingesetzt werden.
Der Einsatzraum des Geschwaders sollte ständig überwacht und die Zielunterlagen für die Einsätze erflogen und bei Bombeneinsätzen der Erfolg im Bild festgehalten und ausgewertet werden.
Staffelkapitäne waren in der Zeit ihres Bestehens: 1. 5. 38 – 1. 7. 39 Hptm. Kerber, 1. 7. 39 – 14. 10. 41 Hptm. Wittmann, 14. 10. 41 – 15. 3. 42 Hptm. von Horn (vermißt).
Wie sich ein Zugang von der Polizei zum fliegenden Verband damals darstellt, mögen die nachfolgenden Daten von Alfred Sticht verdeutlichen:

4. 4. 34–30. 9. 34	Polizei-Schule Bamberg,
1. 10. 34– 8. 5. 35	8. Landes-Polizei-Hundertschaft, Fürth,
9. 5. 35–30. 4. 36	Fliegerhorstkommandantur Fürth,
1. 5. 36–15. 10. 36	Fliegergruppe (S) Lechfeld, Stabsstaffel.

Sticht war als Unteroffizier übernommen und wurde am 1. 8. 39 zum Feldwebel befördert, nach Reserveübungen bei der Bundeswehr heute Major d. R.. Am 15. 10. 1936 hatte er den Kampfbeobachterlehrgang im Lager Lechfeld abgeschlossen und wurde nach Gablingen bei Augsburg zur 5. Staffel des KG 155 versetzt, die bald nach Ansbach verlegte.
In der Zeit bis zum 15. 2. 1937 wurden dort Überlandflüge, Navigations- und Peilflüge, Bombenübungs- und Orientierungsflüge, Bombenwerfen sowie Luftkampf mit den Typen Ju 52, W 34, Ar 66 und Fw 44 durchgeführt.
Nach seiner Versetzung zur 1./KG 355 am 13. 3. 37 wurden dort weitere Überlandflüge, FT-Flüge, Navigations- und Peilflüge, Zementbombenwurf, Luftkampf, Schießen aus der Luft und Verbandsflüge mit der Ju 52 durchgeführt.

1. 4. 1935 (Aufstellung)	3./Kampfgeschwader 252 (Tutow) – Fliegergruppe Tutow, 3. Staffel –		Kampfgeschwader 455 (Giebelstadt) – Fliegergruppe Giebelstadt –
1. 4. 1936	Stab Kampfgeschwader 155 Stab Kampfgr. II/155 Ansbach Kampfstaffel 4/155 Ansbach Kampfstaffel 5/155 Ansbach Kampfstaffel 6/155 Ansbach	Stab Kampfgruppe III/155 Schwäbisch Hall Kampfstaffel 7/155 Sch.H. Kampfstaffel 8/155 Sch.H. Kampfstaffel 9/155 Sch.H.	Stab Kampfgruppe I/155 Giebelstadt Kampfstaffel 1/155 Giebelstadt Kampfstaffel 2/155 Giebelstadt Kampfstaffel 3/155 Giebelstadt
1. 4. 1937	I. Gruppe u. Stab/KG 355 Ansbach	II. Gruppe/KG 355 Schwäbisch Hall	III. Gruppe/KG 355 Giebelstadt
1. 5. 1939	I. Gruppe u. Stab/KG 53 Ansbach	II. Gruppe /KG 53 Schwäbisch Hall	III. Gruppe/KG 53 Giebelstadt

In der Zeit vom 12. 9. 37 bis 27. 9. 37 nahm die Besatzung der Ju 52 mit FF Fw. Schimpl, Uffz. Sticht, Uffz. Schuster und Fw. Gewalt an den Wehrmachtsmanövern 1937 im Raume Merseburg – Schivelbein – Königsberg teil. Hierzu war von jeder Staffel eine Maschine abkommandiert. Bis April 1938 fanden noch weitere Navigationsflüge in Gablingen statt. Dann folgte wieder einmal Verlegung nach Ansbach. Hier war die Staffel bereits vorwiegend mit He 111 ausgerüstet; es waren jedoch auch noch 4 Ju 52, 3 Fw 58 sowie je eine W 34 und Go 145 vorhanden. In Ansbach wurde die Ausbildung erweitert und vertieft. Anfang Mai schließlich erfolgte für die Dauer eines Monats Kommandierung zur Langstreckenschule Köthen mit der Besatzung Oblt. Allmendinger, Uffz. Sticht, Fw. Schuster, Uffz. Paetau.
Zur Ausbildung des fliegenden Personals wurden seit 1938 seitens des Luftnachrichten-Versuchs-Regiments in Köthen Auslandsflüge nach Tripolis, Las Palmas (Kanarische Inseln) und Debreczen (Ungarn) durchgeführt. Diese Flüge sollten bei Versuchen mit neuen Funknavigationsmitteln Erfahrungen bringen und die Blindflugausbildung fördern. Wie sehr die Blindflugausbildung noch im argen lag, erwies sich an einem Flug zur Überprüfung der Funknavigation, den der Befehlshaber der Luftflotte 2, General der Flieger Felmy, persönlich mit besten Navigationsexperten an Bord von Ostfriesland nach der Humbermündung flog. Obwohl das Wetter gut war, verfehlte man den vorgesehenen Punkt 50 km südlich. Beim zweiten Versuch war die Abweichung noch größer.
So stellte man fest, daß es noch geraume Zeit intensiver Ausbildung für das fliegende und auch das Bodenpersonal bedurfte, bevor man auf einen Ernstfall vorbereitet war.

3. LANGSTRECKENSCHULE KÖTHEN

Über sein Kommando bei der Langstreckenschule Köthen berichtet Alfred Sticht:
»Am 21. 4. 39, einem schönen Frühlingstag werde ich durch den Staffelkapitän der 1. Staffel, Oberlt. Allmendinger, davon in Kenntnis gesetzt, daß unsere Besatzung (Oberlt. Allmendinger, Uffz. Sticht, Uffz. Paetau und Fw. Schuster) zur Langstreckenschule Köthen kommandiert sei.
Wir flogen in Zivil, als Studienreisende wie aus unserem Reisepaß ersichtlich war.

Wir starten 2. 5. 1939 um 12.15 Uhr mit der He 111 Kennzeichen 55 H 1 und landen um 13.22 Uhr in Köthen.
Einige Besatzungen waren bereits vor uns eingetroffen. Einige Tage vergingen noch mit Navigationsflügen in Verbindung mit Eigenpeilung innerhalb Deutschlands.
Dann, an einem sonnigen Maientag, es war der 12. 5. 1939, war es so weit. Auf ging's nach Debreczen in Ungarn über den Plattensee und Kescemet. Glatte Landung in Debreczen nach 3 Stunden und 15 Min. Flugzeit. Von den ungarischen Fliegern wurden wir kameradschaftlich empfangen und betreut mit Unterkunft und Verpflegung in einem Erster-Klasse-Hotel. Ein stets hilfsbereiter Leutnant wurde unser ständiger Begleiter. Für Überraschungen war immer gesorgt. Als wir mit unserem Begleiter ein Restaurant betreten, empfängt uns die Zigeunerkapelle prompt mit dem deutschen Fliegermarsch. Der nächste Tag sah uns dann wieder auf dem Rückflug.
Mit den anderen Besatzungen, die zur gleichen Zeit von Flügen nach Rom und Sevilla zurückkamen, gab es viel zu erzählen und vor allem natürlich einen regen Erfahrungsaustausch.
Am 17. 5. 1939 Flugbesprechung, neuer Flugauftrag. Mit gleicher, nun schon gut erprobter Kapitänsbesatzung, starten wir am 18. 5. um 07.10 Uhr nach Tripolis/Nordafrika, mit Zwischenlandung in Rom und Littoria. Die Flugvorbereitungen sind fast immer die gleichen, mit sorgfältiger Kartenvorbereitung über Flugwegskizzen, Kurse, Flughöhe, Peilstationen und Ausweichflughäfen. Laut LDV sind der Flugzeugführer, der Beobachter und der Bordfunker für die navigatorische Durchführung eines Fluges verantwortlich, der Bordmonteur, später Bordmechaniker, für die richtige Beladung, Betankung und Klarmeldung der Maschine. Eine Flugzeugbesatzung muß harmonisch zusammenarbeiten, der Fehler eines Einzelnen kann zum Verhängnis für alle werden.
Am 18. 5. 1939 um 07.00 Uhr sind wir startbereit. Fallschirme und Schwimmwesten sind angelegt, das Schlauchboot ist klar.
Pünktlich um 07.00 Uhr Start in den Schwarzen Kontinent, zunächst in Richtung Rom. Es gibt leichte Vereisung beim Durchziehen durch Wolken. Im Voralpenland reißt die Bewölkung auf, und wenig später zeigen sich die Alpen in ihrer ganzen Pracht. Es herrscht Föhn-Wetterlage mit ausgezeichneter Fernsicht. Nach Überfliegen der Alpen gehen wir unter 4000 Meter herunter und können nun auch die angelegten Sauerstoffmasken abnehmen. Die Po-Ebene bleibt unter uns zurück, und wir überfliegen die Ewige Stadt. Unsere Begeisterung über dieses herrliche Panorama erhielt zwar später einen Dämpfer. Kurz nach der Landung wurde uns die Beschwerde des Vatikans präsentiert. Anscheinend waren wir zu niedrig geflogen. Der italienische Dolmetscher sagte

uns dann aber, daß der Fall erledigt sei, nachdem sich die ›Sünder‹ als deutsche Besatzung herausgestellt hatten.
Bereits um 12.00 Uhr ist Start nach Tripolis. Wir gehen auf 5000 Meter Höhe. Blauer Himmel, weite Sicht, unter uns Sizilien, bald Malta, dann das Mittelmeer in seiner ganzen Pracht.
Viele Schiffe kreuzen unseren Kurs bzw. wir den ihrigen. Nach 3 Stunden Flugzeit ist die Nordafrikanische Küste in Sicht, um 15.10 Uhr Landung in Tripolis auf dem Flugplatz Castell Benito.
Im Offizierskasino werden wir von italienischen Fliegern und Einheimischen sehr freundlich begrüßt. Im Hotel Del-Mehari, was etwa Hotel zum Kamel heißt, werden wir hervorragend untergebracht. Der nächste Tag sah uns beim Bummel durch die Hauptstadt Libyens mit ihren Moscheen, dem Hafen und den arabischen Geschäften.
Um 19.00 Uhr ertönen plötzlich Böllerschüsse. Erschrocken bleiben wir stehen. Alles Leben erstarrt. Die Menschen wenden ihren Blick nach Italien und erheben die Hand zum Faschistengruß.
Am Abend sind wir noch lange im Kreis italienischer Fliegerkameraden bei einem guten Tropfen Rotwein zusammen. Dolmetscher war ein Tiroler aus Bozen, der nach Tripolis strafversetzt war, weil er sich in Rom bei einer Unterhaltung mit einer deutschen Flugzeugbesatzung als Deutscher bezeichnet hatte.
Am 20. 5. 1939 flogen wir zurück, um bis zum 31. Mai weitere Langstreckenflüge innerhalb Deutschlands durchzuführen. Am 1. Juni 39 ging es dann noch einmal zu einem Auslandsflug, diesmal nach Spanien; über Barcelona ging es nach Sevilla, der Hauptstadt Andalusiens in Südspanien, einer Stadt, die Reich an Kunst- und Bauwerken ist, mit der spätgotischen Kathedrale (15./16. Jahrh.) und dem Alcazar aus maurischer Zeit. Auch hier verlebten wir herrliche Tage. Damit war unser Lehrgang auf der Langstreckenschule Köthen beendet. Am 5. 6. 39 ging es zurück nach Gablingen.«

4. DAS LETZTE JAHR VOR DEM KRIEG

Oft, wenn man sich in einem Kreis von Kameraden, von Gleichgesinnten, einem ›Haufen‹ eingelebt hatte, hieß es Abschied nehmen. Es gab neue Aufgaben, und gerade in der Aufbauphase kamen die Versetzungen oder Kommandierungen viel zu schnell.
Gustav-Adolf Klüter, Brigadegeneral a. D., bekannt geworden als der ›Löwe‹ von Agadir und seinerzeit als Oberst der Bundeswehr in seiner

Eigenschaft als Führer der Bundeswehrtruppe bei der Erdbebenkatastrophe, schildert seine Rückkehr nach Giebelstadt und sein Wirken dort bis zum Kriegsbeginn:

»Ich hatte immer die Verbindung mit meinen Kameraden in Giebelstadt gehalten, und mancher Überlandflug von beiden Seiten ließ ein Wiedersehen zu. Mein sehnlichster Wunsch war, wieder in die alte Gruppe zurückzukommen. Nach dem Anschluß Österreichs, bei dem ich als Flugzeugführer einer W 34 eingesetzt war und die Kurierstaffel des Oberbefehlshabers A.O.K. XVII (General Ruoff) ergänzte, kam nach zwei schönen Monaten in Wien die Rückberufung nach Neubiberg. Dort eröffnete mir der Kommandeur, daß ich zum 1. 6. 38 ins KG 255 nach Leipheim bei Ulm versetzt sei. Ich nahm Abschied von München und wurde von einer Do 17 abgeholt. Dieses Flugzeug der Dornier-Werke, ›fliegender Bleistift‹ genannt, war inszwischen bei einigen Geschwadern eingeführt worden und bewährte sich gut. Da ich inzwischen aus Giebelstadt das Beobachterabzeichen erhalten, aber als Flugzeugführer auf Do 17 noch nicht geschult hatte, wurde ich als Beobachter eingesetzt. Der Staffelkapitän Oberlt. Fritz v. Schrötter war ein prächtiger Mann, voller Humor und feinfühliger Führung. Ich ließ ihn aber nicht im Zweifel, daß ich gerne wieder nach Giebelstadt zurück wollte und es über einen Onkel, der an einer maßgebenden Stelle im R.L.M. saß, zum 1. 7. 38 auch schaffte. Nach einer Verlegung nach Insterburg/Ostpreußen zum scharfen Bombenwerfen und Schießen auf Seeziele, das uns allen viel Spaß und außerdienstliche Entspannung brachte, z. B. Baden in der Ostsee bei Cranz und Rauschen, verlud man mich am 30. 6. in eine Do 17 und brachte mich nach Giebelstadt, und meine erste Fliegerheimat hatte mich wieder. Vieles hatte sich geändert, der Horst war weiter ausgebaut worden, das neue Offiziersheim fertig, überhaupt waren die damaligen Fliegerhorste, die Göring bauen ließ, hervorragend ausgestattet. Der Kreis der Kameraden hatte sich geändert, neue Kommandeure und Staffelkapitäne waren eingesetzt. Die Gruppe unterstand inzwischen dem Geschwader 355, welches dann am 1. 5. 1939 in KG 53 umbenannt wurde, mit dem Sitz in Ansbach. Der Kommodore war Oberst Stahl, und unsere III. Gruppe wurde von Oberstlt. Behrendt, mit Oberlt. Thon als Adjutant geführt. Durch Aufstellung neuer Geschwader in Österreich (KG 76) war die Hälfte des Offizierskorps versetzt worden, Teile der Besatzungen waren im Einsatz bei der ›Legion Condor‹ in Spanien. Als ich eintraf, wurde ich zur 8. Staffel versetzt, die von Major Frhr. von Falkenstein geführt wurde. Sofort hatte ich meine fliegerische Ausbildung zu vervollkommnen und schulte auf Ju 52 und auf He 111. Die Heinkel He 111 Typ B war inzwischen durch die He 111 Typ H mit Vollsichtkanzel, ein sicheres und gut zu fliegendes Kampfflugzeug, ersetzt wor-

den. Die Besetzung der Gruppe, die ich im Sommer 1938 vorfand, war nach meiner Erinnerung wie folgt: Gruppenkommandeur Oberstleutnant Behrendt, der bald als Kommodore nach Wunstorf ging und von Major Edler von Braun abgelöst wurde. Adjutant Oberleutnant Thon, dann Leutnant Gehrke, die 7. Staffel führte Hauptmann Zorn. Die 8. Staffel führte Major Frhr. v. Falkenstein, der zur Generalstabsverwendung versetzt und von Hauptmann v. Melgunoff, danach im Herbst 1938 von Hauptmann Fabian abgelöst wurde. Die 9. Staffel führte Oberleutnant v. Lösch, der von Major Franz Reuss, der aus der GenSt-Verwendung kam, abgelöst wurde.
Die Besatzungen der einzelnen Kampfflugzeuge wurden neu zusammengestellt und flogen sich ein. Verbandsübungen in der Kette und Staffel führten uns auf längere Überlandflüge und Landungen auf entfernten Plätzen. So erinnere ich mich einer Staffelübung Anfang 39, als wir früh um 05.00 Uhr in Giebelstadt starteten und im Verband über Köln – Münster – Nordsee – Helgoland – Königsberg/Ostpreußen mit dortiger Zwischenlandung flogen. Nach der Mittagspause ging es zurück über die Ostsee – der Korridor war Sperrgebiet – Stettin – Berlin – Dresden nach Ainring/Oberbayern, wo wir auf dem kleinen »Führerflugplatz« in Staffelformation landeten und nach dem Kaffee in Staffelformation wieder starteten, um punkt 18.00 Uhr in Giebelstadt zu landen. Alle Besatzungen und Flugzeuge hatten ohne einen Ausfall ihre Aufgabe erfüllt, ein Zeichen der bereits guten fliegerischen und technischen Ausbildung. Die meisten Flugzeugführer hatten Blindflug, zum Teil waren sie Blindfluglehrer, die Bordfunker und Mechaniker meist schon ›alte Hasen‹, die auf längere Erfahrung im Verband oder Einsatz bei der ›Legion Condor‹ zurückblickten.
Die Gruppe wurde auch von ›Höchsten Besuchen‹ nicht verschont. General Sperrle, der Luftflottenchef, und GenOberst Milch, der Generalinspekteur der Luftwaffe, besichtigten Herbst 1938 die Gruppe. Vom Besuch des GenOberst Milch ist mir ein nettes Erlebnis in Erinnerung. Nach erfolgreicher Besichtigung versuchte der Gruppenstab, dem Generalobersten beim üblichen Herrenabend mit Musik den Bau eines Schwimmbades abzuringen. Da das Karthäuser Bier und der Boxbeutel reichlich die Runde machten und eine fröhliche Stimmung um sich griff, stimmte Milch fast zu. In später Nacht wurde der Generaloberst im Generalszimmer zur Ruhe begleitet mit schauerlichen Gesängen von Florian Geyer und den ›alten Germanen‹, die zu beiden Ufern des Rheines immer noch eins tranken. Die frechen Leutnante feierten weiter, und da uns nichts heilig war, wurde in übermütiger Laune die Uniform des Herrn Generalobersten leise aus dem Ankleidezimmer geholt und im großen Baum vor dem Kasino aufgehängt. Das Theater am Morgen war groß, aus dem Schwimmbad wurde nichts – ein Jahr spä-

ter kam es doch – und Milch hat Giebelstadt nie wieder besucht. Er verstand zu wenig Spaß und war auch nie Leutnant in Giebelstadt gewesen!
Im Herbst 1938 wurde auch unsere III. Gruppe im Sudeten- und anschließenden Tschechei-Einsatz auf Plätze im Südosten verlegt, die Namen sind mir entfallen, aber unvergeßlich die Flüge über Eger, Brünn, Prag, und wir waren heilfroh, daß es ohne einen Schuß abging. Wir alle aber hatten das Gefühl, daß sich nicht alles mehr so friedlich anlassen würde, man merkte es auch an einer Art ›Kriegsvorbereitung‹. Nach dem Winter 38/39, der ohne weitere besondere Ereignisse verlief, wurde ab Frühjahr 39 wieder vermehrt fliegerische und Waffen-Ausbildung betrieben. Die Staffeln verlegten wechselseitig nach Bonn-Hangelar zum scharfen Bombenwerfen in der Eifel und im Juni 39 nach Wangerooge und Oldenburg zum Schießen und Bombenwerfen auf Seeziele, verbunden mit längeren Überseeflügen und Unterricht in Seekunde und Navigation durch Offiziere der Kriegsmarine unter Kapitän v. Borries. Noch genossen wir diese Verlegungen als Abwechslung, besuchten die Weinorte an Rhein und Ahr, trieben uns nach Flugdienst am Strand von Wangerooge oder in der Stadt Oldenburg umher. Nach Rückkehr wurde in Giebelstadt einiges neu gebaut. Es wurden merkwürdige Tankanlagen und ›geheime Baracken‹ errichtet, und es erschien ein Kommando unter Hptm. Mattenklodt. Einige He 111 wurden mit Wassertanks ausgestattet und gefüllt, und die ersten Flüge mit ›Krafteiern‹, Vorübung für Starthilfe auf kleinen Plätzen mit Raketen, durchgeführt. Der Start war das schwierigste, vor allem hing alles am richtigen Trimmen und daran, daß die ›Krafteier‹ auch losgingen. Nach gut erfolgtem Start und entsprechender Höhe wurden die leeren Raketen dann über dem Platz mit Fallschirmen abgeworfen und die Tanks mit Wasser abgelassen. Nach dreimaligem Start aller Besatzungen wurden diese Übungen dann eingestellt. Ich selbst habe es im Krieg nie auszuprobieren brauchen.

5. HISTÖRCHEN

Zwei Berichte sollen noch einmal einen ›Letzten Blick zurück‹ in die Friedenszeit geben:

Der Hauptmann von Köln
Die Taten des Hauptmanns von Köpenick hat der Obergefreite Reich

zwar nicht vollbracht, allein seine Eskapade ist auch nicht so ganz ohne. Uffz. Alfred Sticht schildert:
»Die I. Gruppe, damals noch im Rahmen des Kampfgeschwaders 355 liegt auf dem Fliegerhorst Gablingen bei Augsburg. Es ist Ende Juli 1937. Die Besatzungen der 1., 2. und 3. Staffel werden zu immer schwierigeren Flügen herangebildet. So werden z. B. die jüngeren, noch unerfahrenen Besatzungen in die Gegend Deutschlands geschickt, wo die Wetterlage günstig ist, während die älteren, erfahrenen Flieger, schwierigere Flüge durchzuführen haben, z. B. in Schlechtwettergebieten mit starker Vereisung. Unsere I. Gruppe ist mit Ju 52 ausgerüstet.
Im Hörsaal sind sämtliche Ju 52-Besatzungen zur Flugbesprechung versammelt. Der Meteorologe gibt die Großwetterlage bekannt und die verschiedenen Streckenwetter. Die Besatzung mit Hauptmann Lange, einem erfahrenen Blindflieger, hat den Auftrag in ein Schlechtwettergebiet hineinzufliegen mit Zwischenlandung in Liegnitz. Hptm. Lange als Flugzeugführer und Fluglehrer, Leutnant Göhring, Co-Pilot und Blindflugschüler, Feldwebel Buchholz, ein erfahrenen Kampfbeobachter und Feldwebel Vetter, ein alter, guter und gewissenhafter Bordfunker sollen Erfahrungen sammeln. Insgesamt war die Maschine mit neun Mann besetzt. Es ging anfangs alles gut und planmäßig vonstatten. Als jedoch Hptm. Lange über dem Riesengebirge mit der Schneekoppe, 1603 m Höhe, den Befehl zum Durchstoßen durch die Wolkendecke gab, um Bodensicht aufzunehmen, streifte die Maschine Baumspitzen und stürzte ab. Drei Kameraden starben den Fliegertod, nämlich Lt. Göhring und Feldwebel Buchholz, der dritte Name ist mir leider entfallen. Sechs Kameraden waren schwer verletzt.
Mein Kamerad Fritz Seiler, welcher später im Spanien-Krieg gefallen ist, und ich Uffz. Alfred Sticht, erhielten vom Gruppennavigations-Offizier, Oberleutnant Schwarz, den Auftrag, anhand des Funkbetriebsbuches, in welchem sämtlicher Funkverkehr, Fremd- und Eigenpeilung, An- und Abmeldungen usw., aufgezeichnet sind, den ganzen Flug bis zum Absturz zu rekonstruieren. Dabei stellten wir fest, daß Hptm. Lange aufgrund von Fremd- und Eigenpeilung, welche als Standortpeilung zusammen verwertet wurde, durchgestoßen war. Infolge starker Vereisung hatte sich der Peilrahmen, welcher oberhalb des Rumpfes an der Ju 52 angebracht war, um ca. 30° verdreht, wie die Bilder von der Maschine an der Absturzstelle eindeutig ergaben und somit eine um 30° falsche Peilung ergaben. Das war die Ursache des Absturzes. Unsere drei toten Kameraden haben wir mit militärischen Ehren beerdigt, während die anderen sechs Besatzungsmitglieder, darunter auch der Flugzeugführer Hauptmann Lange ihrer langsamen Genesung in Krankenhäusern und Lazaretten entgegensahen.

Einige Wochen nach dem tragischen Flugzeugabsturz kam eine Meldung der Polizei Köln: Der Fliegerhauptmann Lange hatte soeben einen Verkehrsunfall in Köln! Das muß ein Irrtum sein, war die einhellige Meinung. Nach Rückfrage in Köln bei der Verkehrspolizei wurde die Meldung bestätigt. Unmöglich, Hptm. Lange liegt doch mit schweren Verletzungen im Lazarett. Aber die Meldung aus Köln enthielt auch eine Menge Wahrheit. Der Uniform und dem Führerschein nach war es ein schneidiger junger, vielleicht etwas zu junger Fliegerhauptmann namens Lange. Unter der Uniform steckte nämlich der ›Putzer‹ vom wirklichen Hauptmann Lange, der Obergefreite Reich, ein »Köllscher Jung«, der gerne mal mit einer schneidigen Uniform mit Flugzeugführer-Abzeichen und zwei Sternen auf den Schulterstücken – wenn auch ohne Offizierspatent – in seiner Heimat glänzen wollte.
Das stellte sich aber erst später heraus, und der Kommandeur war zunächst sprachlos und konnte nur mit dem Kopf schütteln. Bald danach wurde ihm auch der ›ausgeflippte‹ Hptm. Lange, sprich Obergefreiter Reich, gegenüber gestellt. Im ganzen Fliegerhorst machte diese ›Köpenickiade‹ die Runde, wir hatten in Gablingen *unseren* Hauptmann von Köpenick. Viele lachten über den Einfallsreichtum, andere über die Frechheit, wieder andere bedauerten schon den Kumpel, wenn sie daran dachten, was jetzt kommen würde: Tatbericht mit nachfolgender Kriegsgerichtsverhandlung. Aber, es wird alles nicht so heiß gegessen, wie gekocht. Der wirkliche Hauptmann Lange, hatte wieder einmal sein gutes Herz entdeckt und von sich aus auf eine Bestrafung des Obergefreiten verzichtet. So ging alles relativ glimpflich ab. Obergefreiter Reich bekam drei Wochen geschärften Arrest. Aber das erschütterte unseren Kumpel Reich nicht weiter. Die drei Wochen sitze ich auf einer Backe ab, so soll im Kameradenkreis sein Kommentar gewesen sein.«

Die zweite Geschichte stammt von Fw. Siegfried Gaedke und begab sich kurz vor Beginn des Krieges:
»Am 24. 8. 1939 verlegt die 3. Staffel von Ansbach nach Schönwalde. Die He 111 mit dem Kennzeichen A 1 + FL, Flugzeugführer Unteroffizier Gaedke, startet in Ansbach 14.45 Uhr, Landung Schönwalde 16.09 Uhr. Am nächsten Tag liegt die Staffel in Ruhe, die Soldaten nahmen ein Sonnenbad, als der U.v.D. erscheint und Uffz. Gaedke verständigt, daß er mit einem Gefreiten als Bordmechaniker mit einer Ju 52 sofort nach Kolberg fliegen soll, um dort Ersatzteile abzuholen. Es eile, und der Start müsse unverzüglich erfolgen. Sie waren nur im Drillich und Sportschuhen, ohne Kopfbedeckung.
Mit dem Auto fuhr man Gaedke und seinen Bordmechaniker an die

Ju 52, die schon startbereit stand. Es wurde sofort gestartet. Bei der Landung in Kolberg wurden sie gleich eingewinkt in Richtung Flugleitung. Ein Oberfeldwebel im Dienstanzug gab die letzten Einweisungen vor der Flugleitung, dann das Zeichen zum Abstellen.« Uffz. Gaedke fährt fort: »Wir wunderten uns schon über diesen Service, Offiziere standen ›massenweise‹ vor der Flugleitung. Ein roter Teppich war ausgelegt. Im Hintergrund waren Soldaten im offenen Viereck angetreten. Uns wurde ganz mulmig zumute. Ich getraute die Maschine kaum abzustellen. Als mir jedoch der diensttuende Oberfeldwebel der Flugleitung das Zeichen zum Abstellen gab und ein Offizier dienstbeflissen die Tür der Ju 52 öffnete, sahen wir in ein entsetztes Gesicht. Wir waren nicht der erwartete Gast – erwartet wurde kein geringerer als der Führer persönlich. Wir brachten dem Offizier unsere Wünsche vor, Ersatzteile abzuholen. Er sagte nur noch: ›Schnellstens anlassen und wieder weg!‹ Inzwischen hatten die Offiziere vor der Flugleitung den Irrtum bemerkt und sind in schallendes Gelächter ausgebrochen.
Wir rollten schnellstens zur Werft, luden unsere bereits vorgerichteten Ersatzteile ein und verließen den Flugplatz Kolberg.«

III. Der zweite Weltkrieg

1. POLEN 1939

Für einen Kriegsfall gegen Polen war bereits am 3. 4. 1939 durch Hitler die erste Weisung ›Fall Weiß‹ als Planungsgrundlage für die Oberkommandos und der Wehrmachtteile erlassen worden.
Am 20. 5. 1939 begannen deutsch-sowjetische Geheimverhandlungen in Moskau, die am 23. 8. zum Abschluß eines Nichtangriffspaktes mit geheimem Zusatzprotokoll führten.
Am 25. 8. 1939 verschob Hitler den für den nächsten Tag vorgesehenen Angriffbeginn gegen Polen. Was hatte ihn dazu bewogen? Zunächst hatte England die Garantie an Polen durch den britisch-polnischen Beistandspakt nochmals und unmißverständlich bekräftigt. Gleichzeitig ließ Mussolini Hitler wissen, daß er für den Fall der Kriegserklärung durch den Westen an Deutschland keine militärische Hilfe leisten könne.
Am 31. 8. 1939, 12.40 Uhr erteilte Hitler dann den endgültigen Angriffsbefehl. Beginn des Angriffs: 1. September 1939, 04.45 Uhr.
Seit Tagen waren schon zwei deutsche Heeresgruppen aufmarschiert: Nord mit 4. Armee in Pommern und 3. Armee in Ostpreußen, unter dem Befehl von Generaloberst Fedor von Bock; Süd mit 8. Armee in Niederschlesien, 10. Armee in Oberschlesien und 14. Armee Mähren.
Der Oberbefehlshaber des Heeres beabsichtigte, »einer geordneten Mobilmachung und Versammlung des polnischen Heeres zuvorzukommen, um die westlich der Weichsel-Narew-Linie zu erwartende Masse des Gegners durch konzentrischen Angriff aus Schlesien einerseits, aus Pommern/Ostpreußen andererseits zu zerschlagen.«
Das Stoßzentrum Richtung Warschau lag bei der 10. Armee, deren Flanken im Norden von der 8., im Süden von der 14. Armee gedeckt wurden. Von Ostpreußen sollte die 3. Armee, deren Angriffsspitze das XIX. Panzerkorps unter Befehl von General Heinz Guderian bildete, mit der Masse einen Gegenkeil zur 10. Armee von Norden auf Warschau vortreiben, während schwächere Teile der 3. Armee und die 4.

Armee den Auftrag bekamen, quer durch den Korridor Verbindung miteinander zu suchen und den nördlichen Teil des Korridors abzukneifen. Dieser Feldzugsplan hatte zur Voraussetzung, daß die Luftwaffe in den ersten Tagen, möglichst am ersten Tag, die Luftherrschaft über ganz Polen erringen mußte, um dann voll und ganz zur Unterstützung des Heeres eingesetzt werden zu können.
Dazu waren zwei Luftflotten aufgeboten worden: Luftflotte 1 mit Luftwaffenkommando Ostpreußen unter General Albert Kesselring als Stütze der Heeresgruppe Nord; Luftflotte 4 unter General Alexander Löhr in Zusammenarbeit mit Heeresgruppe Süd.
In Ostpreußen war die Luftwaffen-Lehr-Division auf Zusammenarbeit mit der 3. Armee angewiesen. Aus Pommern operierte die 1. Flieger-Division mit der 4. Armee.
In Schlesien waren die 2. Flieger-Division Loerzer und der Flieger-Führer z.b.V. zur hauptsächlichen Unterstützung der 10. Armee aufmarschiert. Die 8. und 14. Armee sollten hier von Fall zu Fall durch die Luftwaffe unterstützt werden.
Der erste Tag der Luftwaffe stand im Zeichen einer ungünstigen Wetterlage. Nebel und fast durchweg völlig bedeckter Himmel erstreckten sich über die ganze Front.
Das von Göring geplante ›Unternehmen Wasserkante‹, ein massierter Angriff mit Kampfflugzeugen gegen Warschau, wurde abgeblasen. Die Wolkendecke lag unter 1000 m.
Im Laufe des Tages besserte sich das Wetter, und die Luftflotte 4 begann mit ihren Großangriffen gegen die Luftbasen im Süden Polens. Von Aufklärern war gemeldet, daß die Flugplätze stark belegt seien und die Sicht gut sei. Insgesamt wurden am ersten Tag dann doch 12 Plätze angegriffen, darunter Lodz, Kattowitz und Krosno. Am schwersten wurde der Flugplatz von Krakau getroffen. In der ersten Angriffsphase legten 60 Kampfflugzeuge He 111 einen Bombenteppich über das Feld.
Nach dem ersten Angriffstag sah es fast so aus, als wäre die polnische Luftwaffe am Boden zerstört. Der Irrtum bestand jedoch darin, daß es sich z. T. nicht um Frontflugzeuge, sondern um Übungs- und andere kaum einsatzfähige Flugzeuge gehandelt hatte.
Das KG 27 erschien am ersten Kriegstag mit 90 He 111 über Warschau und war bald in einen Luftkampf mit 30 polnischen P 11 verwickelt. Diesen gelang jedoch keine nennenswerte Abwehr, und 5 Jäger wurden abgeschossen. Gegen die überlegene Messerschmitt Bf 109 waren die polnischen Jäger machtlos und wurden buchstäblich vom Himmel gefegt. Immer häufiger mußten sie bei der Rückkehr feststellen, daß ihre Plätze in der Zwischenzeit von deutschen Kampfflugzeugen zerstört waren.

Auch in den Erdkampf griff die Luftwaffe ein.
Als die Nachhuten der 8. Armee im Raum Weichsel und Bzura nur sehr schwach waren und sich harte Kämpfe entspannen, forderte der Oberbefehlshaber der Heeresgruppe Süd, Generaloberst von Rundstedt, bei General Kesselring telefonisch Luftunterstützung an. Zunächst setzte dieser Richthofen mit Nahkampffliegern ein, dann folgten massiver Einsatz der Kampf- und Sturzkampfmaschinen Do 17, He 111 und Ju 87. Die Bedrohung der 30. Infanteriedivision war beseitigt. Die polnische Armee Posen wurde, auf einen Raum von ca. 30 x 40 km zusammgedrängt, zu einem Schießplatz für die Luftwaffe.
Die Polen wehrten sich mit Gewehren, Maschinengewehren und leichter Flak und schossen auch einige Flugzeuge ab; aber die von allen Seiten angreifenden deutschen Kräfte waren überwältigend.
Der polnische General Kutrzeba äußerte sich später darüber: „Die heftigen Luftangriffe auf die Flußübergänge bei Wittkowitz haben sowohl, was die Zahl der eingesetzten Flugzeuge als auch die Heftigkeit der Angriffe und die geradezu akrobatische Kühnheit der Flugzeugführer anbelangt, kein Beispiel. Jede Bewegung, jede Truppenansammlung, jeder Marschweg geriet unter ein alles zermalmendes Bombardement. Die Brücken wurden zerstört, die Furten blockiert und die sich stauenden Kolonnen dezimiert. Wir fanden Deckung in einem kleinen Birkenwäldchen außerhalb des Dorfes Myszory. Dort blieben wir, unfähig uns zu rühren, bis die Luftangriffe gegen Mittag vorübergehend aussetzten."
Vom KG 53 war nur die I. Gruppe unter dem Kommandeur Major Mehnert im Polenfeldzug zum Einsatz gekommen.
Sie war dem Kampfgeschwader Siburg zugeteilt, das im Rahmen der 2. Fliegerdivision (Loerzer) im Bereich der Luftflotte 4 „Südost" (Löhr) operierte.
Die Aufzeichnungen im Kriegstagebuch der 1. Staffel mögen für den Einsatz der gesamten Gruppe sprechen.

1. 9. 39 *Start* Schönfeld E-Hafen, ab 02.30 Uhr Startbereitschaft, 11.50 Uhr Start in der Gruppe.
Reihenfolge Führungskette, 3., 2., 1. Staffel
Auftrag Flugplätze Gnesen, Wreschen, Schroda.
Angriffshöhe 3000 m
Bombenladung 96 SD (Splitterbombe, Dickwand, 50 kg)
160 SC 50 (Splitterbombe, Cylinderisch)
Start mit 9 K-Flugzeugen,
Zeit über Ziel: Gnesen 12.34 Uhr,
Wreschen 12.58 Uhr,
Schroda 13.20 Uhr.
Wetter 8/10 Bedeckung, in 800 m starker Dunst
Keine besonderen Vorkommnisse.
Flakabwehr leichte Flak bei Schroda.

2\. 9. *Start:* 13.10 Uhr,
Auftrag: Zerstörung des polnischen Brückenbaues über die Weichsel bei Schwetz und Graudenz.

3\. 9. *Start:* 17.10 Uhr,
Auftrag: Zerstörung der Eisenbahnanlagen Zgierz – nördl. Lodz.

4\. 9. *Start:* 13.05 Uhr,
Auftrag: Munitionslager ostw. Koluski
Bahnhof Koluski, Bahnhof Widzew,
Flugplatz 25 km in 290° w. Lodz.

5\. 9. *Start:* 05.17 Uhr,
Auftrag: Bahnkreuz 5 km ostw. Kolo,
2. Einsatz: Start 10.17 Uhr,
Auftrag: wie vor

6\. 9. *Start:* 15.27 Uhr,
Auftrag: Kolonnen auf Straßen:
Dabic-Leczyca-Lowicz mit Bomben und M. G. anzugreifen.

7\. 9. *Start:* 12.35 Uhr,
zur Verlegung nach Neudorf.

8\. 9. Neudorf E-Hafen
Start: 11.20 Uhr
Auftrag: Bahnlinie Przemysl-Prezeworsk und Jaroslaw-Lubaczow.

9\. 9. *Start:* 07.35 Uhr
Auftrag: Kolonnen und Eisenbahntransporte auf Straßen und Eisenbahnen südwest. Lemberg.

Am 9. September startet die 1. Staffel zum zweitenmal um 14.25 Uhr und verlegt zum Friedensflughafen Gießen. Sie wird ausgetauscht gegen die 6. Staffel, jedoch ist am 12. 9. der Einsatz des gesamten KG Siburg und damit auch der Gruppe Mehnert beendet. Am gleichen Tag erfolgt die Verlegung in die Heimathäfen.
Die I. Gruppe, zuletzt ergänzt durch die 6. Staffel, flog 19 Einsätze und hatte einen Verlust zu beklagen.
Die übrigen Verbände in der 2. Fliegerdivision behielten ihren Kampfauftrag noch bis zum endgültigen Ende des Polenkrieges bei. Es waren dies das KG 55, das bereits am 13. oder 14. 9. nach Krakau vorverlegte, und die I./KG 77, I./ZG 2 und I./JG 77.

2. ENGLAND UND FRANKREICH ERKLÄREN DEN KRIEG

Bereits am 3. 9. 1939 erklären Großbritanien und Frankreich Deutschland den Krieg. Zu diesem Ereignis bemerkt der damalige Staffelkapitän Oberleutnant Herbert Wittmann:

»Am 3. 9. 1939 ist die Stabsstaffel zum Appell angetreten. Ich teile der Staffel mit, daß England und Frankreich Deutschland den Krieg erklärt haben. Alle sind tief betroffen, und es gibt alles andere als eine Kriegsbegeisterung.
Die I. Gruppe des KG 53 hat bereits im Kampfeinsatz gegen Polen gestanden, während die Stabsstaffel sowie die II. und III. Gruppe als Einsatzreserve gegen den Westen bereit gestanden hatten.
Die Erfolge, die die Luftwaffe in Polen errang, erfüllten uns mit Neid. Nun, wir sollten bald anderes erfahren.
Ab 4. 9. 1939 flogen wir die ersten Aufklärungseinsätze gegen Frankreich. Schon vom ersten Aufklärungsflug, bei klarem Wetter, kam die Besatzung nicht mehr zurück.
Bei diesen Einsätzen hatten wir den Auftrag, neben der Aufklärung auch Flugblätter in Frontnähe bzw. im französischen Hinterland abzuwerfen.
Die Tageseinsätze bei gutem Wetter mußten auf Grund der enorm hohen Verluste eingestellt werden und wurden auf Nacht- bzw. Schlechtwetterflüge umgestellt. Um den Anflugsweg nach Frankreich zu verkürzen, wurde die Staffel nach Schwäb. Hall verlegt. Weil in Deutschland und auch in Frankreich Verdunklung herrschte, waren die ersten Nachteinsätze mehr ein Verfliegen als exakt ein Ziel und auch wieder zurück zu finden. Es zeigte sich, daß wir im Frieden wundervoll hatten Paraden und Langstreckeneinsätze fliegen können, daß aber Funknavigation, Peilung usw. im argen lagen.
Es kam vor, daß die Flugblätter nicht über Paris oder anderen französischen Städten, sondern über der neutralen Schweiz abgeworfen waren. Eine Besatzung, die dort notgelandet war, wurde interniert und hat so in der Schweiz den Krieg überlebt.«
Die II. Gruppe verlegte nach Roth und flog von dort ebenfalls Propagandaflüge nach Frankreich.
Nach Rückkehr vom Poleneinsatz blieb die I. Gruppe bis zum 6. 2. 1940 in Ansbach.
Die III. Gruppe verlegte mit 8. und 9. Staffel auf den E-Hafen Groß-Ostheim bei Aschaffenburg, die 7. Staffel lag auf einem Nachbarplatz.
Ein Bild, das uns Gustav-Adolf Klüter aus dieser Zeit zeichnet, zeigt die Stimmung bei der III. Gruppe aus dem Jahre 1939 nach dem Polenkrieg:
»Die politischen Spannungen vermehrten sich, und am 1. 9. 1939 brach der Krieg gegen Polen aus. Frankreich und England folgten zwei Tage später mit Kriegserklärungen an Deutschland. Unsere Gruppe sollte im Westen zur Absicherung verbleiben und verlegte mit 8. und 9. Staffel auf den E-Hafen Groß-Ostheim bei Aschaffenburg, die 7. Staffel lag auf einem anderen Platz in der Nähe. Eine Gruppe des Geschwaders

wurde im Polenfeldzug eingesetzt, und alle beneideten die Kameraden, ohne zu ahnen, daß uns noch genügend Gelegenheit geboten würde, unsere erlernten Kenntnisse anzubringen. Aber was ahnte man schon im Herbst 39?! Im Westen blieb alles ruhig, und wir vertrieben uns die Zeit mit Stellungs- und Hüttenbau sowie im Suchen von Pilzen, die in ungeahnten Mengen in Waschschüsseln gebraten wurden. Unser ›Pilzmeister‹, Oberleutnant Neumaier, war so sachkundig, daß wir alle überlebt haben. Einmal die Woche gab es im Barackenflur einen Staffelabend unter Leitung von Hptm. Fabian, der sich nach kurzer Einlaufzeit als ganz prächtiger Kapitän und Kamerad entpuppte. Am 1. 10. 39 kehrte die Gruppe wieder nach Giebelstadt zurück und die Ausbildung wurde weiter betrieben. Ich nahm mit einigen Kameraden im sehr kalten Winter 1939/40 an einem Blindfluglehrgang teil, um den Blindflugschein B zu erwerben. Der Lehrgang wurde von gruppeneigenen Blindfluglehrern durchgeführt, und ich habe lange Zeit meinen tüchtigen Lehrern Ludwig Eck und Fischbach in schwierigen Situationen gedankt für das, was sie mir beigebracht haben. Die Prüfung selbst mußte ich in Manching bei dem gestrengen ›Opa Fischer‹ ablegen, nach dem das ›Fischer-Blindflugverfahren‹ eingeführt wurde. Somit war ich nun auf allen Mustern blindflugtauglich.«

Der lange Winter des Wartens war vorbei. Am 10. Mai 1940, vor Sonnenaufgang, wurden die Flieger der deutschen Luftwaffe auf den Flugplätzen entlang der Grenze alarmiert. Sie hatten sich in kürzester Frist auf den Gefechtsständen einzufinden, um zu hören, daß der Angriff gegen Frankreich, Belgien und Holland bei Tageslicht beginne.

Die vielen Schul- und Ausbildungsflüge, die Blindflugübungen über lange Strecken, das Studium tausender Aufklärungsfotos war vorbei. Die Flugzeugbesatzungen waren durchweg von dem Gefühl durchdrungen, Flugplätze, Bahnhöfe, Verkehrs- und sonstige Übungsziele zu finden und entscheidend in die Kämpfe einzugreifen.

Gustov-Adolf Klüter, damals Oberleutnant, der im Jahr 1940 das Geschwader verließ, soll an dieser Stelle noch einmal zu Wort kommen und seine Eindrücke von der Zeit Winter 1939/40 bis zum Angriff im Westen in der III. Gruppe vermitteln:

»Die gesellschaftlichen Veranstaltungen setzten wieder ein, soweit sich das mit den Kriegsereignissen vereinbaren ließ, aber nach dem Polenkrieg ereignete sich nicht viel, so daß wir auch wieder feierten und ›Florian Geyer‹ und die ›alten Germanen‹ hochleben ließen. Ich hatte meine Frau, mit der ich im Jahr 1980 das 40. Hochzeitsjubiläum feiern konnte, bei einem Tanzfest in Giebelstadt kennengelernt. Im Februar 1940 feierten wir wohl eine der letzten schönen Fliegerhochzeiten mit Bierabend nach der standesamtlichen Trauung in Giebelstadt mit der Staffel und an einem sonnigen, aber kalten Wintertag die kirchliche

Hauptstraße in Lipezk, Winter 1928/29.

Stimmungsbild vom zugefrorenen Woronesch bei Lipezk, Winter 1928/29.

Oben: v. l. Oberst Deßloch, Kommodore KG 355, Ritter von Epp, damals Reichsstatthalter von Bayern, Generalmajor Sperrle, Befehlshaber des LKK VII (später Luftflotte 3). Anlaß: Scharfes Bombenwerfen der III. Gruppe 1936.

Besatzung Lt. Klüter in Giebelstadt, 1938, mit He 111 B vor dem Gebäude der 8. Staffel.

Gleiche Besatzung mit Do 23. Die aufgemalte Geyer-Kralle war später Gruppenwappen beim KG 76.

Oben: Übergabe der Fliegergruppe Giebelstadt von Otl. Speidel (Bruder des späteren General Speidel der Bundeswehr) an Major Weber im Frühjahr 1936. Beachtenswert: Noch keine Startbahnen, Ausrüstung mit Do 23.

Erste Ausrüstung mit He 111 B. Vor dem Gebäude der 8. Staffel, Giebelstadt 1939.

Links: Besatzung Allmendinger. V. l. Sticht, Allmendinger, Peatau. Parkanlagen in Tripolis, 20. 5. 39. Langstreckenschule Köthen.

Rechts: Gustav Adolf Klüter als Oberleutnant bei der III./KG 53, Juni 1940.

Hafen von Tripolis.

Oben links: Flugkapitän Baur, Flugzeugführer Hitlers, im Gespräch mit Major Winkler, Kapitän der 1. Staffel (wurd im Frankreichfeldzug von Terroristen vor seinem Hotel erschossen). Polenfeldzug Anfang September 1939. – **Rechts:** Oberst Stahl, Kommodore des KG 53. 1939/40.

Mitte links: v. l. n. r. u. a. Major Hofmann, Otl. Mehnert, General Sieburg, GFM Göring. Feldflughafen M. Friedland, Sept. 1939. – **Mitte rechts:** v. r. n. l. General Sieburg, Hitler, Otl. Mehnert, unbek. Gefechtsstand Märk. Friedland, Sept. 1939.

Nach Angriff auf Bahnhof Kutno, Polenkrieg 1. 9.–10. 9. 1939, 1. Staffel KG 53.

Hochzeit in Würzburg mit den Offizieren der Staffel und anderen befreundeten Offizieren im ›Lämmle‹. Abends spät entdeckten meine Trauzeugen Franz Reuss (heute General a. D. in München) und Peter Gleue (gefallen im Mittelmeer) im Hotel Lale Andersen. Sie wurde natürlich dazugeholt und sang zu aller Freude zum ersten Mal das Lied: ›Vor der Kaserne‹, es ist uns unvergeßlich. Die Gruppe schenkte uns zur Hochzeit eine herrliche Silberschale, in der alle Namen der Offiziere eingraviert sind, die mir eine Rekonstruktion der damaligen Stellenbesetzung ermöglichte:

Stellenbesetzung und Offiziere der III./KG ›Legion Condor‹ 53 Giebelstadt bei Kriegsausbruch 1. 9. 1939
(Commodore: Oberst Stahl)
(Adjutant: Olt. Joachim)

	III. Gruppe
Kdr.:	Major Edler von Braun
Adj.:	Olt. Gehrke
T.O.	Lt. Gäbler
N.O.	Olt. Kallass
7. F.B.K	Olt. Pfeiffer
8. F.B.K.	Hptm. Klosinski
Truppenbeamter	OberInsp. Schulz
7. Staffel:	Hptm. Zorn
	Olt. Langer
	Olt. Repenning
	Lt. Leonhardi
	Lt. Kupfer
	Lt. Büchler
	Lt. d. Res. Lütticken
8. Staffel	Hptm. Fabian
	Olt. Klüter
	Olt. Neumaier
	Lt. Anders
	Lt. Leber
	Lt. d. Res. Woldmann
9. Staffel:	Major Reuss
	Olt. Gleue
	Olt. Wilhelm
	Olt. Meinecke
	Lt. Linke
	Lt. Huhn
Fliegerhorstgruppe:	OTL Christen
FliegerhorstKp	Hptm. Kneuer
Hptm. b. Stabe	Hptm. Bauer
N. O.	Olt. Uherek

Im März verlegte unsere Gruppe nach Schw.-Hall, die Haller Gruppe hatte schon vorher auf einen anderen Platz verlegt. Die Alarmübungen mehrten sich, und wir ahnten nicht, als der 9. Mai 1940 angebrochen war, daß es nun Ernst würde. Einige Besatzungen, darunter auch ich, hatten bereits Nachtflüge bis Paris durchgeführt und Flugblätter abge-

worfen, ein eigenartiges Gefühl, zum ersten Mal in der Nacht über Feindesland zu fliegen. Wir flogen aus Sicherheitsgründen in ca. 5000 bis 6000 m Höhe, die wenige Flak lag weit entfernt, und Nachtjäger kannte man noch nicht, so daß wir alle unbeschadet wieder Schw.-Hall erreichten. Am 9. Mai gab es wieder die üblichen Alarmübungen, die Flugzeuge wurden voll beladen, meistens mit 50- und 250-kg-Sprengbomben, die Trommeln mit scharfer MG-Munition gefüllt. Die Besatzungen hielten sich im Startgebäude auf. Meistens wurde der Alarm spät nachmittags abgeblasen, diesmal jedoch nicht, so daß wir fühlten ›es geht los!‹
Nach Besprechung der Staffelkapitäne beim Kommandeur lautete der Einsatzbefehl ›Angriff im Morgengrauen auf französische Flugplätze im Raum Sedan-Charleville, Nachtstart in der Kette, Einzelanflug auf angegebene Ziele‹.
Meine brave Besatzung (Uffz. Noe als Beobachter, Fw. Mank als Bordmonteur und ›Spezi‹ Hofbauer als Funker) und ich als F.F. und Kettenführer waren in Hochspannung des 1. Feindfluges, aber es kam ganz anders. Zum wiederholten Male habe ich eine höhere Macht mich und die Besatzung, mit der ich alle Frankreichflüge bis zu meiner Versetzung durchgeführt und heil durchgebracht habe, unter ihre Fittiche nehmen sehen. Beim Rollen zum Start ging der Scheinwerfer aus, für den Kettenführer schlecht, aber wir starteten trotzdem. Nach Abheben stotterte ein Motor und hörte dann ganz auf, und das mit voller Bombenlast und stockdunkler Nacht. Alte Fliegerregel: ›Gas raus, Knüppel an den Bauch und warten, bis es kracht. Zündung raus!‹ Es krachte, es stank, aber nach 50 Meter holpern absolute Ruhe. Ich brüllte: ›Alles heraus und auf den Bauch schmeißen‹. Fluchtartig verließen wir unsere Maschine und warfen uns auf den Boden, es geschah nichts! Nach 10 Minuten marschierten wir in Richtung Horst, wo uns der Kommodore ›Spezi‹ Stahl empfing mit den Worten: ›Ich hab's vom Turm bobachtet, Gott sei Dank, Ihr lebt, geht ins Kasino und trinkt a Flasch'n Sekt auf meine Rechnung‹. Zur gleichen Zeit war nämlich die Hiobsmeldung eingetroffen, daß in Ansbach zwei Flugzeuge beim Start zusammengestoßen und mit voller Bombenlast explodiert waren. Totalverlust. Als wir uns am anderen Morgen unseren Schaden besahen, war es eine glatte Bauchlandung, die Bomben saßen alle noch in den Schächten – sie waren ja nicht scharf – und wir standen 5 m vor einem Wald. Das Flugzeug wurde geborgen und war bei den damaligen Werftleistungen nach 8 Tagen wieder im Einsatz.
Mittags am 10. 5. erneuter Start mit einem anderen Flugzeug. Es sollte wieder nicht sein. Beim Start verloren wir eine Bombe, die ans Leitwerk sprang und es stark beschädigte. Mit völliger Umtrimmung und vollem Seitenruder landete ich wieder mit gesamter Bombenlast, was

man im Anfang noch für unmöglich gehalten hatte. Dem Werftleiter, der herausgestürzt kam, standen die Haare zu Berge, aber es wurde eine glatte Landung. So, dachten wir, jetzt fehlt noch der 3. Fall, – und er kam! Der 3. Start ging endlich in Ordnung, und er wurde unser erster Feindflug, der auf Panzeransammlungen im Raume Sedan ging. Zum ersten Mal erlebten wir Jagdangriffe französischer Moranes und reichlich Flak, die aber noch ungenau lag. Bei der Abwehr von Jagdangriffen schlossen wir enger im Verband zusammen. Die Funker und Heckschützen hatten reichlich Gelegenheit, sich zu betätigen. Ein Schuß mußte unseren rechten Motor getroffen haben, die Leistung fiel ab und die Moranes kamen näher. Aber plötzlich erschienen mehrere Me 109, und die Gefahr war vorbei. Der 3. Fall ausgestanden. Wir landeten mit verminderter Leistung als letzte zu Hause. Da sage mir nur einer, Flieger seien nicht abergläubisch! Ich kann mich nicht mehr an alle Einsätze über Frankreich erinnern, da mir leider bei Kriegsende die einmarschierenden US-Truppen mit vielen anderen Dingen mein geführtes Tagebuch und Flugbuch ›beschlagnahmten‹. Hervorheben möchte ich, daß das KG 53 und mit ihm die III. Gruppe maßgebend beteiligt war beim Durchbruch bei Sedan, vielen Angriffen auf Panzeransammlungen, Truppenbereitstellungen, Eisenbahnknotenpunkten und anderen rückwärtigen Verbindungen. Weite Flüge bis Marseille, zum Teil mit zahlreichen Jagdangriffen und schweren Gewitterfronten, die wir zum Teil im Verband durchflogen, brachten zwar die ersten Ausfälle, aber auch Erfolge. Die ersten Verluste an Menschen und Flugzeugen traten ein, aber auch die ersten Auszeichnungen mit dem EK II wurden an die Besatzungen vom II. Fliegerkorps (Gen. Loerzer) verliehen. Mit dem Vorrücken der Front verlegten wir Ende Mai auf den Flugplatz Frankfurt-Rhein/Main, wo wir zusammen mit Ju 52-Staffeln und Ju 88-Gruppen lagen. Von dort aus konnten wir im Staffelverband starten, was natürlich die Sammelzeit wesentlich verkürzte. Die Gruppe startete bei jedem nur möglichen Wetter, die Feindflüge wurden länger in die Räume um Paris, das Loire-Tal und bald auch in die weiteren Schwerpunkte Reims-Metz-Verdun. Bei der Waffenruhe am 25. 6. hatte jede Besatzung 25 bis 30 Feindflüge und war mit dem EK I (Luftflotte 3, GenOberst Sperrle) ausgezeichnet.

Schweren Herzens mußte ich nach der französischen Kapitulation mit meiner Besatzung vom KG ›Legion Condor‹ 53 Abschied nehmen, da ich als Staffelkapitän zur Umschulung auf Ju 88 in das Kampfgeschwader 30 ›Adler‹ versetzt wurde und ein neuer Abschnitt für mich begann. Damit endete meine Zeit in meinem Stammgeschwader, mit dem ich heute noch mehr verbunden bin, als den beiden anderen Geschwadern, in denen ich im Krieg noch flog, bis der Generalstabsdienst mich 1943 in eine andere Laufbahn führte. Ich bin glücklich, daß ich 1947 nach US-Kriegsgefangenschaft wieder nach Würzburg zurückkehren durfte und bald anfing, mit alten, gleichgesinnten Kameraden im Raume Würzburg die Kameradschaft ›Florian Geyer‹ zu gründen, die lange Jahre gedauert hat, bis das alte Geschwader KG 53 wieder die Reihen schloß mit denen, die sich heute noch mit Stolz zu unserem alten und bewährten Kampfgeschwader ›Legion Condor‹ 53 bekennen wollen.«

3. FLUGBLATTEINSATZ – PROPAGANDAFLÜGE IN FRANKREICH

In den Berichten von Angehörigen des KG 53 wurden bereits die Flugblatteinsätze erwähnt.
Sinn dieser Propaganda war es natürlich, die Moral der gegnerischen Truppe zu unterhöhlen und den Kampfeswillen der französischen Gegner zu zersetzen. Diese Einsätze waren zwar damals nicht so lebensbedrohend wie im späteren Kriegsverlauf. Für alle Einheiten und Geschwaderangehörigen mögen die Gefechtsberichte einiger Besatzungen sprechen, die von der I. Gruppe zugänglich sind:

Zur Abendmeldung:	Durchgegeben an das Kampfgeschwader 53 am 21. 11. 39 um 14.15 Uhr, an Uffz. Fischer.	
Besatzung:	Flugzeugfürher:	Obfw. Klaue
	Beobachter:	*Olt. Pröbst*
	Bordfunker:	Fw. Wagner
	Bordmechaniker:	Fw. Wagner
03.55 Uhr	Start 1 He 111 A 1 + CB zum Flugblattabwurf im Raume Paris – Le Havre.	
04.40 Uhr	Abbruch des Fluges zwischen Saarlautern-Metz wegen Höhenkrankheit und Herzbeschwerden des Bordfunkers in 7200 m NN. Peiler und Funkgerät ausgefallen. Orientierung nach Leuchtfeuer Hilde.	
06.32 Uhr	Landung in Illesheim	
07.10 Uhr	Landung in Ansbach	
Beladung:	8 Stangen Flugblätter (Rede Molotow – Rippentrop) Flugblätter nicht abgeworfen.	
Feindliche Abwehr:	Flak:	keine
	Jäger	keine
	Scheinwerfer:	zahlreiche Scheinwerferstellungen längs der Front in Tätigkeit (Metz), Flugzeug kam nicht in den Scheinwerferkegel.
Verluste:	keine	
Aufklärungsergebnisse:	keine.	

	Durchgegeben an das KG 53 am 23. 11. 39 um 14.45 Uhr an Uffz. Fischer.
Besatzung:	Flugzeugführer: Obfw. Zinner Beobachter: *Olt. Bäß* Bordfunker: Fw. Zickler Bordmechaniker: Fw. Eiblmeier
17.13 Uhr	Start 1 He 111 A 1 + FH zum Flugblattabwurf im Raume D (Paris-LeHavre)
19.02 Uhr	Zeit über Ziel
Beladung:	8 Stangen Flugblätter Nr. 107 Flugblätter im befohlenen Raum abgeworfen
Feindl. Abwehr:	Flak: keine Jäger: keine Scheinwerfer: keine
Verluste:	keine
Aufklärungs-ergebnisse:	keine
Besondere Vorkommnisse:	keine
21.15 Uhr	Landung in Giebelstadt

Meldung vom gleichen Tag:

23.11 Uhr	Start 1 He 111 A 1 + BB zum Flugblattabwurf im Raume D (Paris-Le Havre)
Besatzung:	Flugzeugführer: Fw. Grünke Beobachter: *Olt. Plank* Bordfunker: Uffz. Biller Bordmechaniker: Obfw. Weyers
01.10 Uhr	Zeit über Ziel
Beladung:	8 Stangen Flugblätter Nr. 107 Flugblätter im befohlenen Raum abgeworfen
Feindl. Abwehr:	Flak: bei Paris Jäger: keine Scheinwerfer: auf der ganzen Flugstrecke Scheinwerfer, Flugzeug kam nicht in den Scheinwerferkegel
Verluste:	keine
Besondere Vorkommnisse:	Durch Klemmen von 2 Stangen Flugblätter anschließend Explosion der Sprengkapsel. Keine Beschädigung an der Maschine. Peiler ausgefallen (dauernder Schnarrton). Erschwertes Bedienen der Frequenz – und der Peilkurbel (eingefroren).
03.41 Uhr	Landung in Giebelstadt

In der Folgezeit werden Flugblättereinsätze fortgesetzt. Ziele sind die Räume:

Amiens – Arras – Cambrai
Paris
Metz – Diedenhofen.

Meldungen von weiteren dieser Flüge gelangten uns noch zur Kenntnis von den Besatzungen:

FF	Fw. Burger	FF	Fw. Burger	FF	*Olt. Grosholz*
BO	*Olt. Weber*	BO	*Hptm. Schwarz*	BO	Olt. Amende
BF	Obfw. Fegert	BO	Lt. von Goertz	BF	Obfw. Müller
BM	Fw. Puth	BF	Obfw. Weidenhammer	BM	Fw. Kempgens
		BM	Uffz. Bott		
FF	*Olt. Allmendinger*	FF	Obfw. Klaue		
BO	Obfw. Seidel	BO	*Olt. Pröbst*		
BF	*Fw. Schuster*	BM	*Fw. Wagner*		
BM	*Uffz. Marbach*				

In der Zwischenzeit verlegte das Geschwader am 3. 2. 1940 auf die folgenden Plätze:

Stabsstaffel nach Schwäbisch Hall
I. Gruppe nach Roth
II. Gruppe nach Manching
III. Gruppe nach Schwäbisch Hall.

Auch von dort aus folgten Flugblatteinsätze noch bis Ende April 1940.

4. DER FRANKREICHFELDZUG

Ursprünglich hatte Hitler die Absicht gehabt, noch im Herbst 1939, nach dem Polenfeldzug, gegen Frankreich loszuschlagen. Er kam jedoch nicht dazu.
Ein Organisationsplan des OKH wurde als endgültiger Plan am 29. Oktober 1939 Adolf Hitler vorgelegt. Mehrfach wurde dann ein Angriffstermin abgesetzt, und ein früh einsetzender harter Winter zwang zur Verschiebung auf das Frühjahr 1940.
Die Planung an sich sah nur eine Neuauflage des Schlieffen-Planes von 1914 vor. Mit starkem rechten Flügel durch Belgien hindurch nach Nordfrankreich vorstoßen und dann nach Süden einschwenken und die französischen und britischen Armeen umfassend schlagen.
Es kam jedoch aus zwei Gründen anders: Ein deutsches Kurierflugzeug, das zwei Offiziere mit kompletten Organisationsplänen an Bord hatte, verflog sich und mußte in Belgien notlanden. Die Vernichtung der Pläne gelang nur teilweise.
Der zweite Grund war die Ablösung des Generals von Manstein als Chef des Stabes des Generaloberst von Rundstedt der Heeresgruppe A. Sinn und Inhalt des neuen Planes war es, den Schwerpunkt auf die

mittlere Heeresgruppe A zu legen: Diese greift mit starken Panzerkräften durch Luxemburg und das südliche Belgien hindurch von Namur aus in Richtung Sedan an, um dann die hier schwächer ausgebaute Maginot-Linie zu überwinden und in Richtung Kanalküste vorzustoßen, um die Massen der dort stehenden Alliierten zu umfassen. Erst dann sollte der Angriff auf das französische Kernland erfolgen.
Dieser Plan hat sich in der Praxis als so erfolgreich erwiesen, daß er schon zu Beginn des Frankreichfeldzuges die Erlebnisse der ersten Kriegstage in Polen weit in den Schatten stellte.
Allein der Durchbruch durch die Maginot-Linie, von der man sagenhafte Dinge gehört hatte, vollzog sich mit ungeahnter Leichtigkeit. Dem Angriffsplan des Heeres entsprach die Gliederung der Einheiten der Luftwaffe. Die Luftflotten 2 (Kesselring) und 3 (Sperrle) waren mit 1300 Bombenflugzeugen, 380 Stukas, 1200 Jägern sowie etwa 640 Aufklärern, 475 Transportflugzeugen und 45 Lastenseglern beteiligt. Die Luftwaffe hatte in diesem Feldzug drei Aufgaben: Starke Angriffe auf die feindlichen Flugplätze, insbesondere auch um Luftlandungen zu erleichtern, Störungen und Zerstörungen der Nachschubwege und Erdkampfunterstützung.
Im Morgengrauen des 10. Mai 1940 begannen die deutschen Angriffe auf die Flugplätze in Holland, Belgien und die britischen und französischen Luftflotten in Frankreich. Vom ersten Tag an sicherte sich die deutsche Luftwaffe die Luftüberlegenheit und verlor sie im Frankreichfeldzug nicht mehr.
Am 13. Mai führte die Luftwaffe zur Angriffsvorbereitung des Heeres verheerende Schläge gegen die französischen Stellungen entlang der Maas. Unter dem Schutz der Luftwaffe überschritt die erste Panzerdivision die Maas über eine hastig geschlagene Pontonbrücke und bahnte sich ihren Weg durch die Hauptkampflinie der französischen Abwehrfront. Die Überwindung der Maas zeigte sich als entscheidender Wendepunkt des ganzen Feldzuges.
Nachdem der Panzervorstoß Richtung Küste erst richtig in Gang gekommen war, konnten ihn weder Engländer noch Franzosen aufhalten. Sobald Boden- oder Luftaufklärung Widerstandsnester feststellten, wurden solche von Kampf- und Sturzkampfflugzeugen angegriffen und zerschlagen. Am Abend des 20. Mai, nur eine Woche nach dem Maas-Übergang und über 400 km hiervon entfernt, erreichte die Panzerspitze des Stoßkeils über Amiens-Abbeville den Kanal. Der Plan, die französische und britische Armee zu trennen, war gelungen; es war der Anfang vom Ende der Schlacht um Frankreich.
Doch nun kommen wieder Besatzungen des KG 53 mit Berichten zu Wort. Major d. R. Alfred Sticht, damals Feldwebel und Beobachter beim Kapitän der 1. Staffel:

»Heute ist der 10. Mai 1940, seit dem 7. Februar liegen wir auf dem Einsatzhafen Roth-Kiliansdorf. Es ist kurz nach Mitternacht, der U.v.D. weckt die Männer der ersten Staffel, Einsatzbereitschaft. Unsere ›schwarzen Männer‹, die Soldaten des technischen Personals, gehen zu den Maschinen, beladen diese mit Bomben und versorgen sie mit Munition. Dann werden die Flugzeuge getankt und startklar gemacht. Das fliegende Personal begibt sich zur Flugbesprechung: Einsatzziel, Navigationsmittel, Wetter. Jedes Besatzungmitglied versorgt sich, soweit erforderlich, mit den einsatzspezifischen Unterlagen, und ab geht es an die Maschinen.
Es ist 03.30 Uhr morgens, von allen Seiten rollen die Maschinen zur jeweiligen Startposition. Das Donnern der Motoren allein dringt durch diese nächtliche Stille.
Wir fliegen die Führungsmaschine der 1. Kette, 1. Staffel, mit Staffelkapitän Hptm. Allmendinger, BO Fw. Sticht, zusätzlich BO Fw. Seidel, BF Fw. Schuster, BM Uffz. Marbach, BS Gefr. Lehner.
Vom Startleiter erhalten wir durch grünes Licht die Aufforderung, ganz dicht an die vor uns stehende Kommandeurskette (Stabskette) heranzurollen. Die Horizontalsicht ist schlecht, wir werden blind starten. Hinter uns ist die zweite und dritte Kette herangerollt. Die Platzbefeuerung wird kurz eingeschaltet, und da gibt der Kommandeur, Major Mehnert, das Zeichen: Start frei.
Die Stabskette rollt an, startet, wird immer schneller und hebt schon fast vom Boden ab; ein letzter Blick meines Staffelkapitäns auf die Instrumente, unsere He 111 A 1 + BH ist startbereit, noch wenige Sekunden und der Start beginnt. Unsere beiden Kettenhunde links und rechts melden sich ebenfalls startbereit.
Und jetzt – Vollgas – das Donnern der mehreren 100 PS heult durch die Nacht.... Doch jetzt – was ist da vorne los? – Gas raus; wie aus einer Kehle klang der Ruf in der EiV (Eigenverständigungsanlage) der Kopfhaube. Die Bremsen quietschen. Beinahe hätten wir einen Kopfstand gemacht.
Vor uns sind zwei Maschinen zusammengestoßen. Sie drehen sich im Kreis, schon explodieren die Brandbomben der einen Maschine – schnellstens wegrollen von der brennenden Maschine. Die ganze Rollstrecke ist mit Flugzeugen vollgestopft. Blitzschnell wird auseinandergerollt, raus aus den Maschinen und volle Deckung, jeden Moment können die Spreng- und Splitterbomben losgehen.
Feuerwehr und Sankas rasen über das Rollfeld. In Roth heulen die Sirenen, Fliegeralarm. Dann detonieren weitere Bomben, den Luftdruck bekommen auch wir zu spüren.
Endlich tritt Ruhe ein, eine Maschine völlig ausgebrannt, die andere ist stark beschädigt.

Die Ursache der Panne: Der linke Motor der Kommandeursmaschine hatte ausgesetzt, und das Flugzeug war nach links ausgebrochen.«
Zu diesem Ereignis berichtet ebenfalls der damalige Oberfeldwebel Winter, Flugzeugführer der Kommandeursmaschine:
»... ich starte und plötzlich merke ich, daß der Seitenruderdruck immer stärker wird. Sofort den Blick auf den linken Tourenzähler, der geht auf Null zurück. Auch nochmaliges nachpumpen mit dem Gashebel hilft nichts. Ich wollte die Maschine durch rechtes Bremsen geradeaus halten, doch sie hatte schon Linkstrend ... Plötzlich sehe ich den linken Kettenhund direkt auf mich zukommen. Ich hoffte, daß er es noch schafft, an mir vorbeizukommen. Doch dann ging alles sehr schnell. Seine linke Flächenspitze streifte unter unserer Kanzel vorbei, der Beobachter wurde am Kopf verletzt... Die Fläche des Kettenhundes brach bis zum linken Motor ab und flog noch 50 Meter weit, seine Maschine brannte sofort lichterloh. Die brennende Maschine drehte sich noch dreimal um ihre eigene Achse, der rechte Motor lief noch auf Vollgas, dann platzten die Pneus, Drehung hörte auf, Motor kam zum Stillstand, die Maschine brannte völlig aus. Die Maschine wurde beschlagnahmt, da Sabotageverdacht bestand.
Zwei Stunden später: Neuer Start.
So ganz wohl ist mir nicht, aber lange Zeit den eigenen Gedanken nachzuhängen gibt es nicht. Der Kommandeur hat die Reservekette eingesetzt. Dann höre ich in der EiV den Bordfunker: FT klar, melde mich ab. Start Westkurs. Wir haben mit der 1. Staffel den Auftrag, den Übungsplatz Sarralbe mit Spreng- und Brandbomben zu belegen.
Die Sicht war schlecht, Flak schoß aus allen Rohren, Angriffshöhe 5000 m, Auftrag wurde ohne besondere Vorkommnisse ausgeführt. Um 09.27 Uhr Landung auf dem neuen E-Hafen Gelchsheim (südl. Giebelstadt).
Es ist der 11. Mai. Unsere I. Gruppe, im Operationsgebiet der Luftflotte 3, hat Auftrag, die Flugplätze Sommesous und Vasincourt, sowie Flakstellungen bei Metz und Verdun anzugreifen und zu vernichten. Start der Führerkette mit dem Kommandeur OTL Mehnert 05.20 Uhr, danach 3., 2. und 1. Staffel.
Kapitänsmaschine startet um 05.39 Uhr mit der Besatzung wie am 10. 5., Angriffshöhe 5100 m, bei Merzing Überflug der französischen Grenze. Nördlich Metz und Verdun bekommen wir starkes Flakfeuer, Wetterlage dunstig, schlechte Sicht. Über den Argonnen Kursänderung und direkter Zielanflug. Über uns einige Flugzeuge, die wir bald als eigene Me 110 erkennen. Sie machen freie Jagd im Raum Sedan-Verdun.
Die 2. und 3. Staffel können wir gut beobachten, nur von der Führungskette ist nichts zu sehen. Südlich und nördlich von uns können

wir noch einige Staffeln anderer Verbände auf Westkurs ausmachen – es ist allerhand los in der Luft.
Jetzt sind wir am befohlenen Ziel, Bombenschächte auf, ZSK (Zünderschaltkasten) ein, mit dem Lotfe 7 B erfasse ich das Ziel und in ständiger Absprache mit dem Flugzeugführer erfolgen Zielfanflug und Wurf. Flakabwehr liegt zu kurz. Keine Jäger, wir gehen auf Heimatkurs. Zwischen Metz und Verdun werden wir nochmal mit Flak aller Kaliber unter Beschuß genommen, der bleibt aber wirkungslos.
Doch dann plötzlich meldet der Funker: Feindliche Jäger von hinten. Es sind 6 Morane 204, sie greifen unsere Staffel an, wir schließen eng zusammen und fliegen gestaffelt, um das Abwehrfeuer zusammenzufassen. Es entwickelt sich ein Abwehrkampf auf Leben und Tod. Wir wehren uns unserer Haut. Einige MG-Treffer erhalten wir in Rumpf und Tragfläche.
Unser linker Kettenhund (A 1 + FH) ist angeschossen, der linke Motor qualmt.
Wir fliegen langsamer, um der angeschossenen Maschine Geleitschutz zu geben. Neuer Angriff der Franzosen von vorn. Die erste Morane ist genau in unsere MG-Garbe geflogen, sie beginnt zu rauchen, bäumt sich auf, brennt. Der Pilot rettet sich mit dem Fallschirm. Jetzt hört auch die Flak auf zu schießen, um ihren eigenen Mann nicht zu gefährden. Unser linker Kettenhund verliert immer mehr an Höhe und hält auf Longwy zu, um die Front oder die deutsche Grenze zu erreichen. Jetzt erhält er auch in den zweiten Motor einen Flaktreffer und muß zur Bauchlandung runter auf französisches Gebiet. Dort wurde die Besatzung später von einem deutschen Spähtrupp gerettet.
Ein Besatzungsmitglied dieses Flugzeuges berichtet hierzu:
›.... beim Überfliegen der Maginotlinie bei Longwy, noch 400 m hoch, trifft die leichte Flak auch den zweiten Motor. Sofort Bauchlandung vor einem französischen Bunker. Die Besatzung verläßt mit drei ausgebauten MG 15 und reichlich Munition das Flugzeug, die Zeit reicht nicht, um es in Brand zu setzen. Alle fünf Mann laufen einen Hang hinauf, finden oben eine kleine Mulde und gehen in Deckung. Die Einschläge vom Artilleriefeuer liegen weiter östlich und nordöstlich, wo eine Straße befahren wird. Mehrere Treffer gehen in diese Straße. Wir müssen annehmen, daß wir zwischen den Fronten liegen und gehen in Deckung. Nach vielen Stunden taucht aus östlicher Richtung ein deutscher Spähtrupp auf – wir sind gerettet.‹
Der Einsatzbefehl per Fernschreiben vom 11. Mai 1940 für das gesamte Geschwader in Faksimile veranschaulicht die Situation an diesem Tag. Ebenso gibt die Meldung über den Einsatz der I. Gruppe mit dem hier berichteten Abschuß der Maschine A 1 + FH nüchterne Zahlen wieder.«

Der Einsatz am 11. Mai sollte noch weitere dramatische Ereignisse bringen. Hierzu Hauptmann a. D. Martin Winter, damals Ofw. und Flugzeugführer beim Gruppenkommandeur:

».... der Start war wie folgt festgelegt: Die Führerkette fliegt nach dem Start sieben Minuten geradeaus, macht um 180° kehrt; dann schließen sich die nachfolgenden Staffeln mit einer Linkskurve der Führerkette an, so daß der Verband spätestens bei Erreichen des Platzes in geschlossener Formation zusammen ist. Durch Nichtbeachtung dieser Ordnung durch einen jungen ehrgeizigen Staffelkapitän ergaben sich schwerwiegende Folgen.

Am 11. 5. 1940 um 05.30 Uhr war gestartet worden, mit Ziel Trondes bei Toul, Kettenstart. Wie besprochen starte ich mit meiner Kette, fliege 7 Minuten geradeaus und wende dann um 180° zum Gegenflug. Eine Minute nach der Kehre hätten wir schon die ersten Ketten sehen müssen, doch wir sahen nichts, auch nach weiteren Minuten nichts. Also muß der Kapitän der 3. Staffel gleich auf Frontflug gegangen sein und die anderen Staffeln hinterher.

Da ich mit einer Kette schneller bin als ein ganzer Verband und eine bessere Steigrate auf die Angriffshöhe von 5100 m hatte, hoffte ich noch immer, die Gruppe zu finden. Leider vergebens.

Jetzt waren wir mit einer Kette allein. Da: plötzlich 3 Kondensfahnen – Jäger! Ich machte den Kommandeur aufmerksam, daß wir keine Chance haben; jetzt könnten wir noch wegdrücken und Besatzung und Maschine retten. Doch seine Antwort war: ›Auftrag wird ausgeführt.‹ Kaum gesagt, erschienen sechs weitere Jäger. Doch der Kommandeur war nicht zu bewegen, seine Meinung zu ändern. Jetzt hatten uns die Jäger entdeckt; unser Kampf gegen sechs Morane-Jäger begann. Unser rechter Kettenhund scherte plötzlich aus – getroffen.

In meiner Maschine knallte es, die Fahrwerkssperre war getroffen, das Fahrwerk fiel heraus, und aus war die Fahrt. Zu allem Unglück bekam der linke Motor Kühlrohrtreffer, so daß dieser ausfiel.

Ich nahm sofort Kurs auf die deutsche Grenze auf kürzestem Weg. Doch plötzlich ein scharfer Knall in unserer Kanzel, unser Beobachter war von einer Kugel tödlich getroffen. Der Kommandeur holte ihn aus der Kanzel, setzte ihn auf den rechten Sitz und nahm dessen Platz ein. Der Jäger war zwar noch in der Nähe, er schoß jedoch nicht mehr, obwohl er manchmal so dicht herankam, daß es schien, als wolle er uns rammen.

Inzwischen hatten wir soviel Höhe verloren, daß wir nur noch 150 Meter hoch waren und schnellstens einen Notlandeplatz finden mußten. Auf einem Feld, 50 Meter vor einer Straße kamen wir zum Stillstand. Bei dieser Notlandung hatten wir Berührung mit einem Pfahl bekommen, der Tank war aufgerissen und die Maschine geriet in Brand. Wir

wollten noch den toten Beobachter rausholen, doch da hatten die Franzosen, die an der Straße standen, ihre Gewehre schon im Anschlag. Wir traten unsere Pistolen noch in den Schlamm und wurden dann gefangengenommen. Die Franzosen führten uns in ein Wachlokal und brachten nach kurzer Zeit den toten Beobachter herein.
Dann gab es draußen eine fürchterliche Explosion, unsere Maschine war explodiert.
Nach dem Abtransport saß ich am ersten Pfingsttag im Militärgefängnis von Nancy, wo ich dann von einem französischen Capitaine des ersten Weltkrieges verhört wurde. Hier erfuhr ich von der Sabotage auf unserem E-Hafen. Das Versagen meiner Maschine am 10. 5. war dadurch bedingt, daß ein Saboteur (ein Ofw., der auch gefaßt wurde) in den Brennstoff-Filter eine präparierte Scheibe passend eingelegt hatte, die so eingestellt war, daß sie wohl noch das Abheben der Maschine zuließ, aber dann die Brennstoffzufuhr unterbrechen sollte. Doch ich hatte in Startposition nochmals beide Motoren auf Vollast abgebremst, damit hatte der Saboteur nicht gerechnet.« Soweit über den Grund des auf Seite 60 geschilderten Zusammenstoßes.
Der Einsatz am 12. 5. mit dem gesamten Geschwader erfolgte wieder auf Flugplätze, Bahn- und Straßentransporte.
Der Einsatzbefehl des Kommodore, Oberstleutnant Stahl, vom 12. 5. wird der Gruppe mittels Fernschreiben zugestellt. Im wesentlichen hat er zum Inhalt:

Angriffsziele für jede Gruppe,
Versammlung bzw. Sammlung der Gruppe,
Treffen des Begleitschutzes,
Rückflugroute,
Beladung, Zielbilder, Wetterlage.

Die I. Gruppe liegt auf dem E-Hafen Gelchsheim, die II. auf dem E-Hafen Ödheim, die III. auf dem Rhein-Main-Hafen in Frankfurt.
Über den Einsatz der I. Gruppe berichtet Alfred Sticht:
»Ziel: Flugplatz Mourmelon, zwei Ausweichziele,
Flugform: Staffelkolonne – Gruppenkeil,
Angriffshöhe: 5300–5800 m,
Zeit über Ziel: 07.55 Uhr,
Beladung: 50- und 250-kg-Spreng- und Brandbomben,
Abwehr: mit starker Flakabwehr und Jägern ist zu rechnen. Flugweg Gelchsheim – Kirn. Um 07.00 Uhr in Kirn Treffen mit einer Gruppe Zerstörer Me 110 des ZG 2 in 3000 m Höhe.
II. und III. Gruppe treffen sich um 07.15 Uhr in 4000 m Höhe mit einer weiteren Zerstörergruppe über Trier. Nach Aufnahme der Zerstörer direkter Kurs des Geschwaders zum Ziel. Der Geschwaderkommodore OTL Stahl fliegt in der III. Gruppe mit.

Sollte Wetterverschlechterung eintreten und die Zerstörer nicht folgen können, erfolgt Rückflug vom Ziel mit Kurs auf Stenay a. d. Maas. Dort Aufnahme durch Zerstörer und Weiterflug.
Uhrvergleich – Navigationhilfsmittel – gültige ESN (Erkennungssignalmunition) – die Einsatzbesprechung durch den Kommandeur ist beendet. Um 06.02 Uhr starten wir, die Maschine des Staffelkapitäns A1 + LH mit unseren beiden Kettenhunden. Die anderen Ketten folgen in kurzen Abständen.
Um 07.00 Uhr pünktlich sind wir in 3000 m Höhe über Kirn, der Begleitschutz ist da, wir fliegen weiter nach Trier und treffen uns auf die Minute um 07.15 Uhr mit der II. und III. Gruppe in 4000 m Höhe. In einer langgezogenen Linkskurve geht der Geschwaderverband auf Zielkurs mit dem beruhigenden Gefühl: über uns in 5000 m Höhe begleiten uns wachsam zwei Zerstörergruppen in Feindesland. Es sind noch rund 200 km bis zum Ziel. Zunächst verläuft alles planmäßig und ruhig, wir überfliegen die Maginotlinie, unter uns liegen die Befestigungsanlagen, mäßige Flak setzt ein, ohne Wirkung. Die Maginotlinie ist zwar gut getarnt, wir können aber doch beachtliche Zerstörungen durch vorausgegangene Stukaangriffe erkennen.
Jetzt passieren wir die Maas nördlich Verdun, überfliegen den Argonnerwald und nähern uns bis auf 70 km dem Ziel. Die Staffeln fliegen Staffelkolonnen, d. h. jeweils drei Ketten hintereinander, dann setzt sich die 2. Staffel in gleicher Formation rechts, die 3. Staffel links rückwärts daneben, so entsteht durch jeweils drei Staffeln der Gruppenkeil.
Schon jetzt, doch noch in einiger Entfernung vom Ziel, setzt ein heftiges Flakfeuer ein, das je mehr wir uns Reims nähern, um so heftiger wird. Doch gefährlich sind die französischen Jäger, und die ersten erscheinen auch bereits. Es sind Morane und Curtiss; sie stürzen sich auf uns, ein anderer Pulk ist mit unseren Zerstörern in Luftkämpfe verwikkelt. Doch wir haben unseren Auftrag auszuführen. Der Staffelkapitän gibt seine Befehle: Bombenschächte öffnen, ZSK einschalten, Höhe und Geschwindigkeit genau halten. Der Zielanflug beginnt. Wir fliegen in einer Höhe von 5400 m, über uns finden erbitterte Luftkämpfe zwischen Morane, Curtiss und unseren Zerstörern statt. Die weißen Kondensstreifen kreuz und quer werden immer zahlreicher. Doch unaufhaltsam nehmen die Beobachter über ihrem Bombenzielgerät Lotfe 7 B das Ziel ins Visier. Das Bombengerät läuft, zahlreiche Flugzeuge und die Flugzeughallen sind im Visier.
Keine Bewegung der eigenen Maschine mehr, kein Laut der Besatzung ist mehr zu hören, dann die auslösenden Worte des Beobachters: ›Bombe fällt‹. Die MGs und Bordkanonen schweigen augenblicklich. Die Bomben sind beim Verlassen der Maschine scharf. Es ist vorge-

kommen, daß eine Bombe vom eigenen Geschoß getroffen wurde und dadurch das eigene Flugzeug in die Tiefe gerissen wurde.
Wir können die Wirkung unserer Bomben im Abflug beobachten. Sie explodierten zwischen den etwa 50 auf dem Platz stehenden Flugzeugen. Einige versuchen zu starten, zu spät. Die Wirkung der Bomben ist verheerend. Unser Auftrag ist erfüllt, wir drehen ab, nördlich von Mourmelon erscheinen weitere feindliche Jäger, die unseren Verband angreifen. Vor allem die 3. Staffel gerät in starke Jägerangriffe. Eine weitere feindliche Maschine wird abgeschossen und stürzt brennend in die Tiefe. Der Pilot konnte sich nicht mehr retten, Aufschlag, Brand, aus!
Aber auch wir erleiden Verluste. Jetzt, in diesem Augenblick sehe ich eine Maschine, die A1 + EL der 3. Staffel, von Jägern angegriffen und getroffen. Sie zerplatzt förmlich in der Luft, es ist die Besatzung von Leutnant von Satzenhofen-Fuchsberg.
Die Maschine stürzt ab. Einige Besatzungsmitglieder wirbeln durch die Luft. Da, Gott sei Dank, wenigstens zwei Fallschirme öffnen sich, von den anderen drei Kameraden ist nichts zu sehen. In der kurzen Kampfpause gehen mir die Männer der Besatzung, die mir gestern noch so nahe und gegenwärtig waren, durch den Kopf. Es bleibt nicht viel Zeit auch unser Kettenhund hat Treffer bekommen, er schert aus. Wir rufen die Führermaschine der 2. Kette A1 + AD von A1 + LH: ›Bitte Führung der Staffel übernehmen‹. Anton Dora quittiert. Wir drücken langsam nach unten weg und begleiten unseren angeschossenen Kettenhund, dessen linker Motor ganz ausgefallen ist, zum nächsten E-Hafen Wiesbaden.«
Von diesen folgenschweren Einsätzen am 12. 5. 1940 geben die Meldungen der I. Gruppe nach dem Einsatzbefehl der Gruppe beredtes Zeugnis.«
(Faksimile)
In der Meldung vom ersten Einsatz am 12. 5. wird, wie auch im Bericht von Alfred Sticht der Abschuß der Maschine A1 + EL, Lt. von Satzenhofen-Fuchsberg erwähnt. Der einzige Überlebende war der Beobachter OA Fw. Karl Ulrich. Hier sein Bericht:
»Wir gehörten zur 3. Staffel und flogen die He 111 A1 + EL. Die Mitglieder unserer Besatzung waren: FF Lt. d. Res. E. von Satzenhofen-Fuchsberg, BO OA Fw. Karl Ulrich, BF Uffz. Georg Eisenmann, BM Fw. Georg Stadler, BS Gefr. Sigfrid Holbein. Letzterer hatte nicht einmal zur eigentlichen Besatzung gehört, sondern wollte nur einmal einen Feindflug mit fliegen.
Nach der Misere des 10. Mai, einem ›schwarzen Freitag‹ unserer ganzen I. Gruppe, flogen wir am zweiten Tage des Feldzuges Angriffe auf Sommesous und nachmittags einen Entlastungsangriff auf französische

Panzerverbände im Raum Sedan. Wir hatten inzwischen zum E-Hafen Gelchsheim verlegt.
Am Abend des 11. Mai saßen wir bei einem Glas Bier zusammen, Edi von Satzenhofen und ich, wenige Tage zuvor war er zum Leutnant d. Res. befördert worden. Auch für ihn wurde es nun bitterer Ernst. Er war erst nach dem Polenfeldzug zu uns gekommen. Während unserer Unterhaltung meinte er, ich solle meinen Teil als Beobachter gut machen, denn seine beiden Kinder wollten ihren Vater schon nochmal wiedersehen. Meine Antwort: Wegen meiner fallen wir bestimmt nicht auf die Schnauze. Zwölf Stunden später war sein Leben mit 39 Jahren zu Ende.
Pfingstsonntag, 12. Mai 1940
Start um 06.00 Uhr morgens. Angriffsziel Flugplatz Mourmelon. Wir fliegen im Gruppenverband. Die 3. Staffel hat nur acht Maschinen, also zwei Ketten und eine Rotte. Unsere A1 + EL fliegt in der Rotte. Tags zuvor flogen wir weit im Verband, heute sind wir ganz hinten. Den letzten aber beißen die Hunde, wie man so schön sagt. Dieses Sprichwort hat sich weiß Gott erfüllt. Ein Befehl lautet: Am Ende eines Kampfverbandes muß immer eine geschlossene Kette fliegen. Also flogen wir als Rotte an vorletzter Stelle des Verbandes. Nach Erreichen der Angriffshöhe erfolgte Marschvergleich, Lattenstellung 5 vor 12, Ladedruck usw. Wir flogen zunächst den Einsatzhafen Kirn in der Pfalz an. Von dort sollten uns Me 110-Zerstörer Begleitschutz geben. Es war ein herrlicher Anblick, wenn man so den ganzen Verband vor sich und nach vorne gestaffelt unter sich hat, die Spitze vorn 5500 m, wir hinten 6500 m hoch. Kirn wird überflogen, ein Rauchzeichen geworfen. Ich kann sehen, wie unten aus ihren Standplätzen heraus, kreuz und quer übers Rollfeld die Me 110 starten. Ich denke mir noch, daß dies bei uns Kampffliegern unmöglich sei.
Wird heute wenigstens der Begleitschutz klappen? Gestern klappte es leider nicht. Wir sind dicht vor der Reichsgrenze mit Kurs auf Stenay. Plötzlich fliegt die letzte Kette, mit Olt. Wegener als Kettenführer über uns hinweg und setzt sich vor uns. Wir fluchen. Die Maginotlinie wird überflogen, die feindliche Flak macht sich bemerkbar, dann Jäger im Anflug, wir atmen auf. Bis es dann einen Geschoßregen um uns gibt, es waren sechs feindliche Morane-Jäger. Wir sind bereits abgehängt. Der Verband vor uns feuert aus allen Rohren auf die uns von hinten angreifenden Jäger. Ganze Ketten von Leuchtspurgeschossen ziehen links und rechts, über und unter uns vorbei. Es war ein schaurig schöner Anblick – aber verdammt unangenehm. Ich hatte in diesem Augenblick mehr Angst vor den eigenen Geschossen, die viel zu dicht um unsere Maschine lagen. Ich konnte an den Geschoßspuren genau erkennen, ob uns die Jäger gerade von links oder rechts oben angriffen. Der Ver-

band vor uns gab zunächst massiven Feuerschutz, aber der Abstand zu ihm wurde immer größer.
Bei der Einsatzbesprechung war darauf hingewiesen worden, nicht über Diedenhofen und über Verdun zu fliegen, dort sei recht gute Festungsflak. Nun, wir hatten ja 6 französische Jäger am Hals, da würde die Flak wohl kaum schießen. Dies jedenfalls war bei der deutschen Luftwaffe die geübte und befohlene Praxis, nicht aber bei den Franzosen, wie sich schnell herausstellte. Vor, unter und über uns krepierende Flakgranaten und gleichzeitig 6 Morane in rollenden Angriffen.
Der Abstand vom eigenen Verband wurde inzwischen so groß, daß das Abwehr- und Entlastungsfeuer aufgehört hatte. Unsere Heckbesatzung schoß aus allen Rohren. Inzwischen hatte sich eingespielt, daß jeweils ein Jäger links und rechts oben in Position saß, abkippte und anflog. Ich saß mit dem Blick nach hinten, beobachtete die Jäger, wenn diese im Anflug waren und dachte, jetzt könnten diese auf den Knopf drükken und kommandierte je nach Bedarf: Links- oder Rechtskurve. Anfänglich gab ich etwas zu früh meine Kommandos und merkte, daß die Jäger mitkurvten. Man mußte nur ruhig Blut behalten und sie nahe genug herankommen lassen, um im richtigen Augenblick aus ihrem Visier herauszukurven. Und nur so konnte es uns gelingen, einem sofortigen Abschuß zu entgehen. Dieser Luftkampf dauerte rund 35 Minuten, bis etwa 25 Angriffe hatte ich mitgezählt, dann gab ich es auf.
Der Funker meldete einen Treffer in seinem Atemgerät. Ich forderte ihn auf, das tragbare Reservegerät anzulegen. Ein weiterer Schaden an einem Sauerstoffgerät hätte allerdings nun nicht mehr kommen dürfen. Kaum war dies geschehen, meldete der Bordschütze einen Treffer im Oberarm des Bordmechanikers Fw. Stadler, worauf dessen Arm furchtbar blutete und es aussah, als wenn der nur noch an einer Sehne hing. Ich riet, oberhalb der Schußverletzung den Arm abzubinden. Jedenfalls konnte ich zwischen den Bombenschächten hindurch einmal sehen, daß Fw. Stadler mit der anderen noch heilen Hand das MG zum Seitenfenster bediente und auf angreifende Jäger schoß.
Inzwischen waren wir in die Nähe unseres Angriffszieles gekommen, etwa 15 km rechts von uns sahen wir unser Geschwader ruhig und ohne Jägerbehelligung Kurs Heimat fliegen. Für uns war längst klar: Wir kommen nicht mehr zurück. Es galt wenigstens noch das Ziel zu erreichen, wir hatten ja noch unsere volle Bombenlast an Bord.
Der Funker meldet Ladehemmung. Lt. von Satzenhofen ruft mir zu: ›Funker hat Ladehemmung, was kann ich da machen?‹ Ich gebe nach hinten: ›Ladehemmung beseitigen, wenn dies nicht geht, MG ausbauen und das 7. Reserve-MG, das im Heckraum liegt, einbauen‹.
Plötzlich meldet der Funker: Linker Motor brennt. Ein Blick auf die linke Fläche zeigt eine schwarze Rauchfahne aus dem Motor. Die Flä-

Fernschreibstelle Edelheim

Geheim

Geheime Kommandosache

429
Fernschreibname Laufende Nr.

Angenommen / Aufgenommen
Datum: 11.5. 1940
um: 00.00 Uhr
von: SHL
durch: ...

Befördert:
Datum: Kampfgruppe I/53 ... Eing.: 2. 11. MAI 1940 ... 66/40 ...

Kampfgruppe I./53 Stab 11. MAI 1940 ... Abt. II

Vermerke:

Fernschreiben / Posttelegramm / Fernspruch von ++- KR - GSHL NR. 023 11.5. 0010 =

Abgangstag | Abgangszeit | AN ROEM. EINS / K. G. 53 , GELCHSHEIM =

Vermerke für Beförderung (vom Aufgeber auszufüllen) | Bestimmungsort

-- G E H E I M --

EINSATZBEFEHL FUER DEN 11.5.40 --

1.) DER VORMARSCH DER DEUTSCHEN ARMEEN AM 10.5. WURDE PLANMAESZIG DUCHGEFUEHRT UND WIRD AM 11.5. FORTGESETZT. -

2.) LUFTLAGE: DIE FEINDL. LUFTWAFFE WIURDE MIT TEILWEISE ERHEBLICHEN ERFOLG BEKAEMPFT.-
AM NACHMITTAG DES 10.5. ERHEBLICH GERINGE FLAK - UU. JAGDABWEHR. -

3 .) K. G. 53 SETZT AM 11.5. DIE ANGRIFFE GEGEN DIE FEINDL. LUFTWAFFE IM RAHMEN DER LFLM. 3 WIE FOLGT FORT. =

ROEM. EINS / K. G. 53 ZIEL 10 168 --
ROEM. ZWEI / K. G. 53 ZIEL 10 175 --
ROEM. DREI / K. G. 53 ZIEL 10 174 -
ANGRIFFZEIT FUER ALLE GRUPPEN 07.00 UHR . -

4.) JAFUE 3 SCHUETZT MIT EINER ZERSTOERERGRUPPE DEN

Unterschrift des Aufgebers — Fernsprech-Anschluß des Aufgebers

ANFLUG DER KAMPFVERBAENDE IM RAUM SEDAN - ATTIGNY - ST. MENEHOULD - VERDUN - VON 06.35 - 06.45 UHR DEN AUSFLUG DER KAMPFVERBAENDE IN DEMSELBEN RAUM MIT EINER ZERSTOERERGRUPPE VON 07.15 - 07.35 UHR .
AUSSERDEM AUFNAHME DER KAMPFVERBAENDE NACH DEM FRUEHANGRIFF DURCH JAEGER IM RAUM ARLON - LONGVY - VITRON - ROULLES .-

5.) AUFKLAERUNG: 1 HE 111 DER STABSSTAFFEL SCHLIESZT SICH DEM ANGRIFF DER ROEM. DREI / K. G. 53 AN ZUR ERFLIEGUNG VON ZIELWIRKUNKSBILDERN. -

6.) WETTER ZWISCHEN 05.00 U. 08.00 UHR VORRRAUSSICHTLICH WIE 10.5. MIT DUNST U. SCHLECHTER SICHT IST ZU RECHNEN .
- ANGRIFFSHOEHE ZWISCHEN 5 U. 6 000 M. =

KAMPFGESCHWADER 53 , ABT. ROEM. EINS / A
NR. 624/40 GEH. ++

Einsatzbefehl am 11. 5. 1940 für das Geschwader (s. S. 62).

M e l d u n g

23

Über den ..1... Einsatz der ..I./ Kampfgeschwader 53...... ...

Datum: 11. 5.1940 Flugzeuge: 20 Start: 05.30 Uhr
He 111
16 Landung 09.10 – 09.30 Uhr

Z i e l : 9 Flugzeuge griffen Flugplatz Sommesous an
5 Flugzeuge griffen Flugplatz Vasincourt an
2 Flugzeuge griffen Flak westl. Verdun an
1 Flugzeug griff Eisenbahn bei St. Menehould an

Zuladung:			abgeworfen:		
SD [illegible] kg				SD 50 kg	
SC [illegible] kg	68 Stck.		3[illegible]	SC 50 kg	68 Stck.
SC 250 kg	68 Stck.		[illegible]	SC 250 kg	68 Stck.
SC [illegible] kg				SC 10 kg	
BSK	68 Stck.		2304	BSK	64 Stck.

Munitionsverbrauch: 70 Trommeln 22704

Angriffshöhe: 5000 – 6000 m Zeit über Ziel: 07.30 Uhr

Abwehr: Flak:
Schw. Flak Metz – Verdun – Vitry le Francois

Jäger: Gegend Metz 17 Flugzeuge 3000 m tiefer im Steigen. Nähe Ziel 1 Morane und 1 zweite Morane bis auf 5 m heran. Dieser Jäger brachte Treffer bei einem Flugz der III./ K.G. 53 an.

Erfolg am Ziel

Sommesous Rollfeld eingedeckt. Treffer auf Flakbatterie am Rand wahrscheinlich. Ein Treffer in Unterkünfte. Von 3 startenden Flugzeugen eines vernichtet. (Beobachtung unbestätigt.)

Besondere Vorkommnisse:

A 1 + F H Flaktreffer zwischen Rumpf und Landeklappe.
Notlandung wahrscheinlich auf Feindgebiet.
Von der Führungskette fehlt bis jetzt jede Nachricht.

Aufklärungsergebnisse:

F.d.R.d.A.

Oberleutnant und Adjutant.

Tag	Uhrzeit der Durchgabe:	Von wem:	I n h a l t
12.5. 40	16.55	K.G. 53 Oblt. Rauer	Einsatzbefehl für den 12. 5. nachmittags: I./K.G. 53 greift an im Raum: Sedan – Le Chesne – Beaumont – Mouzon-Sedan Transportzüge und Marschkolonnen. Angriffshöhe 3000 – 3500 m, soweit es die Abwehr zuläßt. Angriffszeit über Ziel: 19.00 Uhr. Betr. Jagdschutz folgen Weisungen. Keine offenen Bahnstrecken ohne Transporte, wohl aber mit rollendem Materi al belegte Bahnhöfe angreifen. F.d. ~~R.d.A.~~ Oberleutnant und Adjutant.

Meldung der I. Gruppe vom Einsatz am 11. 5. 40.

Meldung

Über den 1. Einsatz der .... I./ Kampfgeschwader 53 ...

Datum: 12. 5.4o Start: ...o5,55.. Uhr ......18........ He 111

Landung : o9,19 - Uhr ......16........ He 111
o9.3o

Ziel: Flugplatz Mourmelon

Zuladung:				Abgeworfen:			
SC	1o kg		Stück	SC	1o kg		Stück
SC	5o kg	1o8	"	SC	5o kg	1o2	"
SD	5o kg	1o8	"	SD	5o kg	1o2	"
SC	25o kg	54	"	SC	25o kg	51	"
SBe	5o kg		"	SBe	5o kg		"
BSK			"	BSK			"

Munitionsverbrauch: 236 Trommeln

Angriffshöhe: 53oo - 58oo m Zeit über Ziel: o7.55

Abwehr: Flak: Bei Verdun - Longuyon - (schwarze und gelbe Sprengpunkte) - Mourmelon - Reims

Jäger: Suippes - Mourmelon - Somme Py - Monthois (Gesamt etwa 15 Morane und Potez).

Erfolg am Ziel: 1 Gruppe abgestellte Flugzeuge am Nordostrand gut eingedeckt. 1 Gruppe abegestellte Flugzeuge am Südrand gut eingedeckt. 1 Gruppe abgestellte Flugzeuge am Nordwestrand eingedeckt. (Zusammen mindestans 5o Flugzeuge!)

Kurz vor Ziel 1 Morane wahrscheinlich abgeschossen (kippte mir schwarzer Rauchfahne steil ab) (Besatzung: Oblt. Sauer, 1.Staffel).

Besondere Vorkommnisse: Kurz nach Ziel 1 Morane bestimmt abgeschossen (Uffz. Haas, 3.Staffel).

Uffz. Huber rechte Mittelhand Durchschuß. (Bordfunker , 3.Staffel)
1 Maschine (Lt. v.Sazenhofen - Fuchsberg) nördlich Mourmelon abgeschossen. Maschine abmontiert (2 Mann mit Fallschirm beobachtet abgesprungen).
1 Maschine kurz nach Ziel mit 1 stehenden Motor nach Norden abgedreht. Durch eigene Zerstörer aufgenommen.

Aufklärungsergebnisse: Aufklärungsergebnisse entlang Flugweg Longuyon - Mourmelon:

1.) Bahnen von S nach N westlich der Maas geringer Verkehr.
2.) Flak bei Longuyon schoß außer schwarzen auch gelbe Sprengpunkte (wahrscheinlich Richtungsschüsse).
3.) An den Maasbrücken schoß keine Flak.
4.) Stützpunkt Mourmelon mit mindestens 5o Flugzeugen belegt.

F.d.R.d.A.

Oberleutnant und Adjutant.

Meldung der I. Gruppe vom 1. Einsatz am 12. 5. 40 (s. S. 66).

Meldung

über den 2. Einsatz der I./ Kampfgeschwader 53

Datum: 12. 5.4o Start: 17.4o Uhr 12 He 111

Landung: 2o.25 – 2o.35 Uhr 12 He 111

Ziel: Bahn- und Straßentransporte im Raum Sedan – Mouzon – Beaumont – Le Chesne – Poix Terron.

Zuladung:				Abgeworfen:			
SC	1o kg		Stück	SC	1o kg		Stück
SC	5o kg	72	"	SC	5o kg	42	"
SD	5o kg	72	"	SD	5o kg	41	"
SC	25o kg	36	"	SC	25o kg	24	"
SBe	5o kg		"	SBe	5o kg		"
BSK			"	BSK			"

Munitionsverbrauch: 27 Trommeln

Angriffshöhe: 45oo – 5ooo m Zeit über Ziel: 19.o5 – 19.3o

Abwehr: Flak: Schwere Flak sehr gut liegend bei Longwy – Montmedy – Beaumont – Raum um Sedan

Jäger: 1 Morane Angriff von rechts unten auf Führerkette.

Erfolg am Ziel: 2 Volltreffer auf Straße Sedan – Vouziers. Bahnlinie Charleville – Rethel Treffer eine 5o kg Bombe.

Besondere Vorkommnisse: 1 Bombe dicht, 1 Bombe weiter ostwärts der Maas geworfen.

5 Flugzeuge Flaktreffer.

Aufklärungsergebnisse: Von 19.o5 – 19.3o

Bahnhof Mouzon wenig rollendes Material.
Straße Mouzon – Vendresse , Chemery – Sedan, Baalons – Flize einzelne Lastwagen mit etwa 2oo m großen Fliegerabständen. Fahrtrichtung nicht erkennbar.
Bahnlinie Mouzon – Sedan , Mouzon – Baalons kein Verkehr erkannt.
Bahnhof Meziers stark mit rollendem Material belegt.
Starker Stellungsbau westlich der Maas zwischen Sedan und Charleville. Heftiger Erdkampf nordostwärts Sedan. Straßen und Bahnen ostwärts der Maas unbelegt.

F.d.R.d.A.

Oberleutnant und Adjutant.

Meldung der I. Gruppe vom 2. Einsatz am 12. 5. 40.

che selbst war infolge unzähliger Einschüsse ein Reibeisen. Ein weiterer Blick auf die Öltemperaturanzeige bestätigt: der Zeiger am Anschlag bei 150°, normale Temperatur liegt bei 80°. Trotzdem dröhnt der Motor auf vollen Touren, aus der Tragfläche züngeln Flammen. Es sieht aber so aus, als wenn der Fahrtwind diese jeden Augenblick wieder auslöschen würde. Wir entschließen uns zum Aussteigen. Ich gebe das nach hinten durch. In diesem Augenblick zeigt Leutnant von Satzenhofen auf eine stark rauchende Stelle schräg vor uns. Wir sehen das bereits bombardierte Mourmelon vor uns. Wir beschließen, erst unsere Bomben noch ins Ziel zu bringen, es liegt ja bereits vor uns und dann anschließend auszusteigen.
Es ging jetzt alles Schlag auf Schlag. Ich hatte mein Lotfe 7c eingeschaltet, ein Hilfsziel anvisiert, den Reihenabwurfautomaten und den Zünderschaltkasten eingeschaltet. Dieser Vorgang fesselte und beschäftigte mich derart, daß ich zunächst das Gefährliche unserer augenblicklichen Lage verdrängt hatte. Vorher hatte mir von Satzenhofen seine Schutzbrille überlassen, weil infolge eines Treffers vorne in der Kanzel der Luftzug mir den aufgewirbelten Schmutz in die Augen wehte. Zuerst legte ich meinen Fallschirm auf das Loch, aber der Luftzug schob diesen immer wieder zur Seite.
Vor mir lagen die vier Flugzeughallen, je zwei zu zwei im rechten Winkel zueinander. Im Hallenvorfeld standen einige Flugzeuge. Dahinter einige Reihen Unterkünfte. Ich hatte alles tadellos im Visier. Die Bomben fallen, ich verfolge ihre Bahn, nehme mein Fernglas und warte auf die Einschläge. Solange die Bomben in den Schächten waren, waren wir beide vorne dadurch geschützt vor Treffern. Während dieser letzten Phase konnten wir natürlich nicht mehr Gegenkurven. Uns waren schon zahlreiche Instrumente durch Treffer ausgefallen. Die Jäger konnten jetzt ungehindert angreifen.
Jetzt, da die Bomben draußen waren, wurde dies schlagartig anders. Ich erhalte einen leichten Schlag oben am Kopf, später stellte sich heraus, daß das ein Streifschuß war, der mir am Kopf eine Art Scheitel gezogen und die Kopfhaube aufgetrennt hatte. Erst das ins Gesicht laufende Blut machte mich wieder voll wach.
Zum Heckraum wird befohlen: Sofort aussteigen. Von Satzenhofen läuft der Schweiß vom Gesicht. Er sieht starr geradeaus nach vorne. Wir sprechen uns ab, daß er solange die Maschine hält, bis wir draußen sind. Ich stehe auf, um meine Oberschenkel-Fallschirmgurte einzuklinken; aber dies klappt nicht so recht. Ich werde nervös. Die ganze Situation überkommt mich nun so richtig. Wir haben wohl zu lange gewartet. Der Zielanflug hat wertvolle Minuten gekostet, vielleicht das Leben. Nach einigem Gezerre bringe ich endlich meine Gurte zusammen und klinke meinen Fallschirm ein. In diesem Moment trifft ein

Geschoß mit Aufschlagzünder die Kanzel; wie sich später herausstellt, bekomme ich davon elf Splitter ab. Ich tippe nochmals von Satzenhofen an und versuche, nach hinten zu kommen, daran hindert mich zunächst meine Atemmaske, die im Anschlußbereich zusammengefroren war. Auch mit großem Kraftaufwand bringe ich die Schläuche nicht auseinander. An ein mühsames Aushaken aus der Kopfhaube war nicht zu denken. Trotz Pelzhandschuhen waren meine Hände klamm gefroren. Ich zwänge mich also samt angeschlossenem Sauerstoffgerät zwischen den Bombenschächten hindurch. Umzusehen traue ich mich nicht, da jeden Augenblick mit einem Abreißen des Schlauches zu rechnen ist, mir der Ring mit Metallklammer ins Gesicht schnellen und mir ein Auge ausschlagen könnte. Ich greife also nochmals zurück, ohne meinen Kopf noch dorthin zu wenden, ziehe kräftig, und irgendwie trennte sich der Schlauch. Ich erwartete, daß inzwischen die Heckraummannschaft längst die Maschine verlassen hatte; aber alle waren sie noch da und standen um die geöffnete Bodenwanne herum. Alle hatten schon einiges abbekommen. Der Bordfunker stand mit dem Rücken zu mir. Ich überlegte, ob ich ihm einen Stoß geben solle, damit endlich einer den Anfang macht. So leicht und ungefährlich ist das Aussteigen durch die Bodenluke allerdings nicht. In diesem Augenblick kippt die Maschine urplötzlich und jäh ab und trudelt. Mein erster Gedanke ist: Satzenhofen hat die Nerven verloren und die Maschine zu früh auf den Kopf gestellt. Ich stürze mit dem Gesicht voraus über den Bodenreifen des Funkersitzes mit seinen Eisenhaken in eine Ecke des Heckraumes. Ich spüre, daß ich mir am Gesicht Verletzungen zugezogen habe. Ich spüre auch, daß alle möglichen im Heckraum herumliegenden Teile mir in den Rücken fallen. Dort hinten lagen die Bremsklötze, das Reserve-MG, zahlreiche leergeschossene Trommeln usw.

Die Maschine machte im Abtrudeln recht eigentümliche ungleiche Drehbewegungen, so daß ich immer wieder in meiner ins Eck gedrückten Lage etwas entlastet, dann aber mit um so größerer Wucht wieder dorthin gedrückt werde.

Sehen konnte ich schon lange nichts mehr. Meine Augen waren von den zahlreichen Kopfverletzungen völlig voll Blut gelaufen, das dort geronnen war. Ich wußte zwar immerhin noch, was vorn und hinten, nicht aber was oben und unten war. Ich wußte auch, daß die offene Bodenluke nur unweit neben mir lag und wollte immer versuchen, mich nach dorthin zu ziehen, um aus der trudelnden Maschine herausgeschleudert zu werden, jedoch vergeblich. Die Zentrifugalkräfte waren derart gewaltig, daß ich ihnen nicht mal meine Arme entgegenstrecken konnte. Ich wußte nun, daß ich nicht mehr aus dieser Maschine herauskommen würde. Ich schloß mit meinem Leben ab, völlig ohne Angst, es war mehr Resignation: Schade, jetzt bist du ganze 21 Jahre alt, kannst nicht mehr das Ende des Krieges und den Sieg miterleben. Ja, solche Idealisten waren wir in jener Zeit.

Plötzlich ein alle Geräusche übertönender Krach, ich fühle, wie ich mit dem Körper über irgendeine Kante hinweggezogen werde und nun vollkommen frei und unbeschwert im freien Raum falle. Es war ein unwirkliches und schwer zu schilderndes Gefühl. Es kam mir vor, als wenn dieser ständig erwartete Aufschlag erfolgt, ich tot sei und meine Seele sich von mir lösen und ins Jenseits entschwinden würde. Aber bald machten sich nun doch meine Sinne bemerkbar, es kam mir allmählich zum Bewußtsein, daß ich noch lebe. Meine Arme flatterten herum, an meinen Füßen zog es und wurde furchtbar kalt. Im Gesicht hatte ich ein eigentümliches Gefühl, als wenn die Luftströmung durch meinen Mund hindurch und über ein Loch in der Backe wieder hinaus strömen würde.

Recht schnell kommen die Lebensgeister wieder. Ich stellte fest, daß ich nicht mehr in der Maschine war, sondern mich im freien Fall befand und lebte. Gleichzeitig mit dieser Erkenntnis begannen erst jene Schrecken und Ängste, die man eigentlich beim Absturz erwartet hat. Es durchzuckte mich, ich müsse doch jeden Augenblick am Boden sein. Bisher hatte ich eine Ewigkeit auf den Aufschlag gewartet, aber nachdem ich vollkommen resignierte und mein Leben längst aufgegeben hatte, hänge ich jetzt wieder fest am Leben, ich kann durchkommen, habe eine Chance.

Mit voller Gewalt kam dieser Lebenswille zurück, aber ich konnte nichts sehen, wußte nicht wie hoch ich noch bin. Ich bekam Angst, mein Schirm könnte sich nicht rechtzeitig öffnen. Wo ist der Griff zum Ziehen? Sonst wußte ich im Traum, wo dieser war. Ich suchte verzweifelt nach ihm. Mit meinen durchgefrorenen Händen konnte ich nichts fühlen. Ich hatte noch die dicken Pelzhandschuhe an und tastete nach meiner Brust, irgendwo mußte er doch sein. Da, es durchzuckte mich wie ein Blitz, ich griff zu, zog an etwas, kurz darauf ein kräftiger Ruck, und der Schirm war offen.

Mein nächster Gedanke war, jetzt die Augen unbedingt frei zu bekommen, um sehen zu können. Es kam mir der Gedanke, daß Trümmer meiner Maschine in den Schirm fallen könnten und dadurch alles umsonst sein könnte. Ich bekam meine Augen nun frei und stellte fest, etwa noch 600 m hoch zu schweben, aber – der nächste Schreck – ein Jäger kam im Anflug direkt auf mich zu. Ich erkannte bereits die Mündungen der MGs und der Bordkanone. Es wurde mir eiskalt, jeden Augenblick konnte es aus sein. Ein Gedanke durchzuckte mich: Tags zuvor hatte ich gehört, daß unweit der Schweizer Grenze eine deutsche Flugzeugbesatzung am Fallschirm von Jägern abgeschossen worden

sein soll. Die Mündungsrohre aber blieben still, die Maschine kam immer näher, als wenn sie mitten durch mich hindurch fliegen wolle. Ich bekam Angst, der Jägerpilot würde sich verschätzen und meine Schirmleinen mit der Fläche durchschneiden. Beim Vorbeifliegen winkte er mir zu, ich konnte aufatmen. Der Schirm fängt nun zu zittern an, und ich pendle an ihm. Der Jäger macht kehrt und fliegt erneut dicht an mir vorbei. Die Turbulenz des mich zweimal umkreisenden Jägers bringt mich derart ins Schaukeln, daß ich fast auf die Höhe meines Schirmes hochpendle. Der nächste Schreck kam: Was würde geschehen, wenn ich höher als der Fallschirm schweben würde und dadurch der Zug der Leinen nachließe und ich womöglich in den Schirm zurückfallen würde? Ich mußte diese Gedanken ganz einfach stoppen, nicht zu Ende denken. Dies alles geschah natürlich viel schneller, als man es hier ausdrücken kann. Bei all diesem Geschehen hatte ich auch wahrgenommen, daß außer mir und dem Jäger nichts mehr in der Luft war. Kilometer von einander entfernt sah ich brennende Flugzeugteile. Zuerst hatte ich sogar den Eindruck, als wenn noch ein weiteres Flugzeug, also ein feindlicher Jäger mit abgestürzt sei. Aber später wußte ich, daß es sich nur um die brennenden weit verstreuten Trümmer unserer He 111 handelte. Der Boden kam schnell näher, immer schneller. Ich nahm mir vor, so wie es gelehrt war, beim Aufsetzen linkes Knie, linke Schulter und abrollen. Mein schaukelnder Schirm war aber im Augenblick der Bodenberührung gerade im Hochpendeln, so daß sich der Aufschlag wohl etwas minderte. Ich war in Strümpfen und hatte meine Pelzstiefel beim Herausschleudern verloren. Bei der Bodenberührung überschlug ich mich mehrmals mit dem Gesicht nach vorn. Bei meinen Füßen hatte ich den Eindruck, diese wären abgeschlagen. Mein Vorsatz, gleich aufzuspringen und auf den Schirm zuzulaufen damit dieser zusammenfällt, blieb nur ein Vorsatz – gut, daß an diesem schönen Frühlingstag kein Wind herrschte. Es war Pfingstsonntag 07.30 Uhr, der Name des Ortes war Sommepy. Ich war tief in Feindesland, etwa 40 bis 50 km vor Paris. Mein Gesicht muß furchtbar zugerichtet gewesen sein, ich konnte keine Miene verziehen. Von den elf Splitterverletzungen waren die meisten am Kopf, das Rückgrat war beschädigt, ich konnte mich kaum bewegen. Die Füße dick aufgeschwollen und das Nasenbein gebrochen. In der rechten Backe hatte ich ein Loch, daß ich mit der Zunge hindurch konnte. Ich war in einem recht üblen Zustand. Von weitem ruft eine Stimme: ›Hallo – Englishman?‹ Mich durchzuckt der Gedanke, die wissen gar nicht, daß ich Deutscher bin und halten mich für einen abgeschossenen Engländer. Die Luftkämpfe fanden ja durchweg in großen Höhen statt und die Menschen am Boden wußten nie, wer da oben gerade auf wen schießt.
Aber dies war eben nur ein Gedankenblitz. Wenn man meine Flieger-

kombination öffnen würde, wäre ich schnell als deutscher Flieger erkannt. Ich rufe ihnen zu: ›Non, Aviateur Allemagne‹. Und prompt kam die Antwort in deutsch: ›Hände hoch‹.
Im Nu war ich von Franzosen umringt. Es kamen immer mehr Menschen hinzu, denen von weitem zugerufen wurde, man habe einen deutschen Flieger gefangen. Inzwischen waren genügend Soldaten da und auch jemand, der nun alles kommandierte. In einem Getreidefeld lag Lt. von Satzenhofen. Es war ein schauriger Anblick. Sein Körper war mit den Füßen voraus aufgeschlagen und in sich zusammengestaucht. Der Kopf war etwas in den Körper eingedrungen und dieser wiederum ein Stück tief in die Erde. Es war nur ein kurzer Anblick, aber ich werde ihn nie vergessen können.
Unter Gejohle wurde ich in einen Gendarmerieposten gebracht. Einige blaue Polizisten nahmen mich nicht gerade zimperlich in Empfang. Alle meine Abzeichen und Schulterklappen wurden abgerissen, und alles was ich in den Taschen hatte, einschließlich Taschentuch und Armbanduhr mir abgenommen. Der ganze Spuk wurde mehrfach durch Fliegeralarme unterbrochen. Schnell wurde ich in den Dorf-Prison gebracht, der nur so groß war, daß noch eine Holzpritsche Platz hatte.
Während einer Alarmpause ging die Tür auf und ein schmächtiger dunkelhaariger französischer Flieger im Range eines Unter-Leutnants streckte mir zum Gruß seine Hand entgegen. In gebrochenem Deutsch gratulierte er mir, daß ich durchgekommen sei, und daß wir uns tapfer geschlagen hätten. Er selbst sei einer der 6 Jäger gewesen und mußte hier in der Nähe notlanden, da der Sprit alle und die ganze Munition verschossen war.
Er war derjenige, der mich am Fallschirm umkreist hatte, und von ihm erfuhr ich, daß unsere brennende Maschine zuerst die linke Fläche verloren hatte, dann trudelte und schließlich in 3000 m Höhe explodierte, wobei ich herausgeschleudert worden war.
Dieser Jägerpilot erhielt als Souvenier meine Kragenspiegel, auf deren einer der beiden sich noch drei Schwingen befanden. Ich empfand das gesamte Verhalten meines Luftkampfgegners mir gegenüber seinerzeit als besonders fair und wohltuend; denn ich hatte zu diesem Zeitpunkt schon einiges an negativen Erfahrungen hinter mir, ohne allerdings zu wissen, daß alles noch viel schlimmer kommen würde. Dieser junge französische Jagdflieger blieb mir zeitlebens als ritterlicher Gegner in Erinnerung.
Ein Begleitkommando der Garde Mobile brachte mich im Laufe dieses Tages zu verschiedenen Militär- und Kommandostellen. In einem großen Citroen-Kabriolett erlebte ich eine große Überraschung. Mein Bordfunker Uffz. Eisenmann lag quer am hinteren Rücksitz und versuchte mir zuzulächeln. Er war verwundet und soll seine Beine mehr-

mals gebrochen haben. Ich habe ihn nicht mehr wieder gesehen.
Die Fahrt ging in halsbrecherischer Weise weiter. Ich saß zwischen zwei Garde-Mobilisten. Jede Erschütterung tat weh. Bei jedem Verhör gab es Schläge und Beschimpfungen. Überall wollte man mir mit dieser Methode militärische und technische Informationen herauspressen. In Châlons-sur-Marne wurde ich in eine Kaserne gebracht. Man hörte Flugzeuge dröhnen, dazwischen das dumpfe Grollen schwerer Flak. Bis auf zwei Leute waren alle in einem Bunker verschwunden. Diese zwei schleppten mich eine Treppe hoch auf ein flaches Dach. Dort ließ man mich allein liegen. Ich hörte rundherum eine Art Klimpern, von herabfallenden Flaksplittern auf den umliegenden Dächern. Hier erlebte ich den ersten deutschen Luftangriff. Nach der Entwarnung wurde ich von den drei Garde-Mobile-Soldaten heruntergeholt und wieder angezogen. Im offenen PKW ging die Fahrt weiter durch grölende Menschenmengen hindurch. Es wurden Gegenstände nach uns geworfen und es hatte den Anschein, als wenn das Auto gestürmt werden sollte. Selbst meine Begleiter zogen die Köpfe ein. Wir kamen gerade noch so hindurch. Ich hatte schon geglaubt, nun sei mein letztes Stündchen gekommen. Auf der Weiterfahrt sah ich ein Straßenschild mit dem Ortsnamen Sommesous, wo ich den Flugplatz bombardiert hatte. An diesem ersten Tag bekam ich nur einmal irgendwo von einer Krankenschwester einen Becher Kaffee eingeflößt. Mein Gesicht war derart ramponiert und blutverschmiert, daß ich schon dachte, zeitlebens entstellt zu sein. Meine zahlreichen Wunden blieben auch weiterhin unversorgt, kein Verband, keine ärztliche Hilfe. Es ging weiter von einer Vernehmung zur anderen, mit all den bereits geschilderten Begleiterscheinungen. Seelisch war ich so ziemlich fertig. Ich beneidete meine Kameraden, die alles hinter sich hatten. Dies dürfte wohl alles sagen. Denn mit 21 Jahren hängt man normalerweise am Leben, vor allem aber an einem neugewonnenen.
Es dürfte etwas nach Mitternacht gewesen sein, als man mich im Zuchthaus Nancy einlieferte. Nach einem furchtbaren Tag kam eine fürchterliche Nacht. Es begannen die Spezialverhöre durch Spezialisten.
Es war kaum zu glauben, was man hier bereits alles wußte. Die bei einzelnen Besatzungsmitgliedern gefundenen Unterlagen und Habseligkeiten lagen auf einem Schreibtisch. Wir durften niemals Heimatfliegerhorst oder Einsatzhafen bekanntgeben, aber beides wußte man hier bereits. Ich beschwerte mich bei einem Vernehmungsoffizier der RAF über die bisherige miserable Behandlung. Dieser wollte jedenfalls dafür sorgen, daß ich in ärztliche Behandlung kommen und Verbände angelegt erhalten sollte. Dies geschah dann auch bald darauf durch einen französischen Sanitätsoffizier, der mich allerdings recht flüchtig

untersuchte, deutsch mit hessischem Akzent sprach und dann seine Hauptaufgabe darin sah, mit mir über uns Deutsche, über Hitler und diesen Krieg zu diskutieren. Eine Versorgung meiner Wunden oder Verbände hatte ich nicht bekommen. Er meinte, das sei alles nicht so schlimm, meine Natur müßte sich selbst helfen.
Ein weiteres Verhör fand am folgenden Tag durch einen französischen Abwehroffizier, einen Kapitän, statt. Auch dieses verlief recht manierlich und ohne Dramatik. Sehr überrascht war ich von dessen Detailkenntnissen aus Ansbach und über sein einwandfreies Deutsch. Von ihm erfuhr ich, daß die Frau unseres früheren Staffelkapitäns Major Alarich Hoffmann vor wenigen Tagen von einem Töchterchen entbunden worden sei und es ihr bestens ergehe. Er kannte bestimmte Lokale in Ansbach, auch Katterbach, muß also dort einige Zeit tätig gewesen sein.
Am dritten Tag ging es weiter, nachdem man mir vorher meinen Kopf völlig kahl geschoren hatte. Diese Fahrt endete außerhalb der Stadt Metz in einem Vorwerk dieser alten Festung mit dem Namen Fort Deroulede. Über eine Woche sollte ich dort verbringen, eingesperrt in einem dunklen und feuchten Raum, der unter dem Festungswall liegt. Es war muffig, und es gab Ratten. Dieses Gebiet lag unter deutschem Artilleriebeschuß. Ich erlebte dort auch die fürchterliche und demoralisierende Wirkung deutscher Stuka-Angriffe. Es waren Bomben mit Heulsirenen darunter, eine zernervende grausame Sache. Ich lag völlig allein und durchgefroren, mit der Angst, von Ratten im Schlaf angenagt zu werden. Nur zuletzt war ich mit einem ebenfalls abgeschossenen Flieger kurz zusammen. Es war der Fw. Karl Kramer aus der II. Gruppe unseres Geschwaders mit Friedensstandort Schwäbisch Hall. Uns fror es nachts derart, daß wir manchmal eng aneinander lagen, um uns gegenseitig zu wärmen.
Der Schlachtenlärm wurde immer lauter, die Front rückte näher. Wir wurden eines Tages herausgeholt und in 5er-Reihe aufgestellt. Die Bewachung war enorm. Es waren 51 gefangene Deutsche, meist Flieger. In allzu engen Viehwagen ging es nach Bar-le-duc. In der Luft hörten wir das Dröhnen fliegender Verbände, daneben das ständige dumpfe Grollen der Artillerie und dazwischen das Bellen der MGs von Jägern. Nach äußerst unangenehmen 24 Stunden in Bar-le-duc ging es weiter südwärts. Rund 10 Tage war ich nun in französischer Gefangenschaft und fast immer in Einzelhaft, ehe ich zum erstenmal in ein vorbereitetes und reguläres Gefangenenlager kam.
Es war das Depot 601 bei Cravant, in der Nähe von Auxerre. Dort wurde ich registriert und bekam als Prisonnier de Guerre die Nummer 168. Auf meine Fliegerbluse und die Hosen wurde mittels einer Schablone und weißer Ölfarbe vorne und hinten PG 168 und ein großer

weißer Punkt aufgepinselt. Dann wurde ich in eine Baracke eingewiesen. An den Seitenwänden gab es hoch oben nur spärliche Oberlichter. Ein Mittelgang teilte links und rechts die holzgezimmerten Liegekojen, ähnlich einem Kaninchenverschlag, zwei übereinander, die Liegeauflage aus rohem ungehobelten Holz und dazu eine Wolldecke. Kaum hatte ich in diesem Mittelgang einige Schritte gemacht und meine Augen etwas an die Halbdunkelheit gewöhnt, als mir mit freudigen ›Karle-Karle‹-Rufen BF Fw. Gustav Fergert entgegenkam und mir um den Hals fiel. Im nu war auch der noch lebende Rest der Maschine aus der Führungskette FF Jupp Schimpl und sein BM Fritz Puth um mich versammelt. Sie waren am Tage vor mir abgeschossen worden und hatten als einzigen den BO ROA Fw. Bühler verloren. Olt. Hufenreuter war von ihnen getrennt und anscheinend in ein anderes Lager gebracht worden. Während ihres Luftkampfes und bevor man sie heruntergeholt hatte, konnte BF Fw. Fegert noch einen feindlichen Jäger abschießen. Hinzu kamen auch zwei Mann aus der Besatzung FF Fw. Leo Etzel. Es gab ein allseits freudiges Begrüßen und die gegenseitige Genugtuung durchgekommen zu sein. Jeder wollte natürlich etwas Neues über die Ereignisse draußen, über den Verbleib anderer Besatzungen und über den mir bekannten Stand der Kriegslage wissen. Unter all den um mich Versammelten entdeckte ich auch den Kameraden Boiselle, der mit mir zusammen den Kampfbeobachterlehrgang N der Fliegerwaffenschule Neuburg/Donau und die große Kampffliegerschule Lechfeld absolviert hatte, aber zu einem anderen Geschwader gehörte. Auch die Stabsstaffel des KG 53 war mit einer Besatzung vertreten.
Im Kreise dieser alten Kameraden fühlte man sich plötzlich wieder ganz anders, fast geborgen. Hier durfte ich nach einigen Tagen zum erstenmal nach Hause schreiben. Dieses Lager war für viele tausend Gefangene angelegt und umfaßte ca. 10 Einzellager mit je 3 Baracken; aber nur eines davon war durch uns mit etwa 200 Mann belegt. Unsere Hauptaufgabe wurden die dreimal täglich stattfindenden Zählappelle. Wir setzten alles daran, immer etwas Neues über den Stand des Krieges und damit unsere Chancen zu einer Befreiung in Erfahrung zu bringen. Deshalb wurde ein Nachrichtendienst organisiert, der die Aufgabe hatte, aus Gesprächen und Bemerkungen der Wachmannschaften, aus französischen Zeitungen, deren wir habhaft werden konnten, und aus Berichten neu angekommener PGs den jeweiligen Frontverlauf, Verluste auf beiden Seiten und sonstige wissenswerte Ereignisse zu sammeln. Hier und da glückte es uns, das amtliche Kriegs-Kommunique des französischen Oberkommandos der Armee aus einer Zeitung zu ergattern.
Wenn man im Lager die einzelnen Erlebnisse und Schicksale abgeschossener deutscher Flieger hörte, mußte man oft froh sein, selbst so

gut weggekommen zu sein. Andere hatten noch viel Schlimmeres erlebt und durchstehen müssen. Eines Nachts erfolgte Fliegeralarm, die beiden Barackentüren wurden verschlossen. Völlig hilflos waren wir hier eigenen Angriffen ausgesetzt. Ein Aufatmen ging durch den Raum, wenn das Motorengeräusch immer leiser wurde und die deutsche Maschine wegflog. Einmal stellte sich heraus, daß der entgegengesetzte Teil des Gefangenenlagers getroffen war, der gottlob nicht belegt war. Wir protestierten beim Lagerkommandanten, einem Kapitän, verlangten nach einer Kommission des Internationalen Roten Kreuzes und eine weithin sichtbare Kennzeichnung des Lagers gegen weitere Luftangriffe. Es wurde uns dann lediglich gestattet, mit hellen Kieselsteinen auf dem Vorfeld unserer Lagerabteilung das Wort ›Depot 601‹ auszulegen. Die Buchstaben waren etwa 2 m groß.

Die Tage selbst waren ausgefüllt mit ständigen und sich lange hinziehenden Zählappellen, die stets in strammer Haltung erfolgen mußten. Häufig hatte man sich verzählt, dann fing das ganze wieder von vorne an. Der Hauptakteur dieses sich wenigstens dreimal täglich wiederholenden Rituals war ein Sergeant, von uns ob seines rüden Umgangstones ›Schweinstreiber‹ genannt; denn wir waren ja die ›Boches‹ für diese Leute.

Diese Zeit im Lager war jedoch trotz alledem relativ gut zu ertragen. Aber bald rückte die Front näher. Der Geschützdonner wurde deutlicher, unsere Hoffnung war natürlich, von den deutschen Truppen überrannt und befreit zu werden. Jedoch von einer Stunde zur anderen mußten wir schnellstens das Lager in Richtung Süden verlassen. Jetzt begann eine schreckliche Zeit, zwischen Flüchtlingstrecks, zurückflutenden Truppen und zahlreichen Tieffliegerangriffen. Die Sonne brannte unerbittlich auf unsere kahlgeschorenen Köpfe. Wasser, Wasser war das größte Problem. Inzwischen waren wir auf rund 1900 deutsche Kriegsgefangene angewachsen. Die Ernährung blieb weiter katastrophal. Wassersuppe und ganz wenig Brot waren unsere tägliche Verpflegung. Alle waren wir stark geschwächt.

Das Ziel unserer Fahrt war das Städtchen Mazères am Fuße der Pyrenäen. In einer nahegelegenen und halb verfallenen Ziegelei wurden wir untergebracht.

Bei uns Gefangenen verdichtete sich die Hoffnung, daß Frankreich am Ende und der Krieg bald beendet sein würde. Wir merkten dies insbesondere am Verhalten der Wachmannschaften und an ihrem Aufmukken gegen Vorgesetzte. Das Ernährungsproblem war katastrophal. Eines Nachts, es mag gegen 03.00 Uhr morgens und noch völlig dunkel gewesen sein, wurde den Fliegern zugeflüstert: alle Flieger draußen versammeln und antreten. Eine jäh aufflammende Hoffnung: wir Flieger sind die ersten die nach Hause kommen.

Draußen ein ungewohnter Anblick: Abfahrbereite und bereits besetzte Omnibusse voll deutscher Flieger verlassen das Lager. Wir sollen warten und tun dies in freudiger Erregung. Aber bald erfahren wir durch Äußerungen französischer Soldaten, daß wir an die Küste zu einem Mittelmeerhafen gebracht und nach Afrika eingeschifft werden sollen. Zwischen Frankreich und seinen Alliierten sei ein Abkommen getroffen worden, wonach vor einem Waffenstillstand alle Flieger und Spezialisten anderer Waffengattungen außer Landes gebracht werden sollen. Wir begehrten auf und meuterten. Wir drohten dem Posten den Stacheldraht niederzureißen und alles kurz und klein zu schlagen, wenn wir nicht schnellstens mit französischen Kommandostellen und deutschen Truppen durch eine Delegation in Verbindung treten können.

Die Posten waren bereits derart demoralisiert, daß sie die Gewehre wegsteckten und riefen: ›La Guerre fini – Schießen nix gut‹. Wir wußten nun, daß Waffenstillstand sein mußte. Der Lagerkommandant war inzwischen herbeigeeilt, und eine Dreimann-Delegation von uns durfte ihn und seine Leute zu einer Fahrt nach Toulouse begleiten. Dort konnte eine Telefonverbindung mit den deutschen Truppen der Panzergruppe Kleist in Bordeaux hergestellt werden. Den französischen Kommandostellen wurde aufgetragen, uns an unserem jetzigen Aufenthaltsort zu belassen, für jeden fehlenden Flieger würden Repressalien erfolgen. Unsere Delegation wurde zum Lager zurückgebracht. Bald jedoch kam die Nachricht, daß wir mit einem Sondertransport Richtung Bordeaux gebracht und dann an einem bestimmten Punkt einige Kilometer vor dieser Stadt an die deutschen Truppen übergeben werden müßten.

In Eile wurde in Mazères ein Zug mit Güterwagen zusammengestellt und wir darin verladen. Plötzlich war auch genügend Verpflegung da. Es gab ausreichend Brot und Käse, und in jeden Waggon wurde ein großer Milcheimer voll Rotwein gestellt.

Irgendwo, ungefähr 40 km vor Bordeaux, fuhr unser Transport in einen kleinen Bahnhof ein. Alles war leer, kein Mensch zu sehen. Doch, da standen links und rechts Pak-Geschütze drohend auf uns gerichtet. Der Zug bekam ein Haltesignal. Plötzlich tauchten hinter den Schutzschildern deutsche Stahlhelme auf, deutsche Kommandos ertönten und ehe wir uns versahen, war der gesamte Zug umstellt. Jubel hob an. Wir wurden vor den Bahnhof gebracht, mußten uns nach Waffengattungen getrennt aufstellen und wurden sofort in inzwischen vorgefahrene Wehrmachts-LKWs aufgeteilt. Die Fahrt ging nach Bordeaux. Die französische Begleitmannschaft wurde, wie wir später erfuhren, gefangengenommen.

In Bordeaux angekommen wurden wir mit vier Mann von der 3. Staf-

fel zu jeweils zwei Mann einer Artilleriebatterie als sogenannte Patenkinder zugeteilt, dort eingekleidet und wieder etwas hochgepäppelt.
Mit vier Mann der 3. Staffel, FF Fw. J. Schimpl, BF Fw. G. Fegert, BM Fw. Puth (alle aus der Gruppenführungskette) und mir als letztem der Besatzung Lt. von Satzenhofen machten wir uns nach einiger Zeit auf eigene Faust auf den Weg zur Fliegersammelgruppe nach Brüssel, und meldeten uns bei der Front-Flieger-Sammelgruppe.
Bereits nach kurzer Zeit war unser Geschwader verständigt, wir wurden von einem Fahrzeug der I. Gruppe abgeholt und zum Gefechtsstand am Flugplatz Lille-Nord gebracht.
Unsere Odyssee durch Frankreich hatte ihr vorläufiges Ende gefunden.«
Dieser Bericht von Karl Ulrich findet seinen Abschluß 30 Jahre später, als es ihm gelungen war, seine Gegner von einst ausfindig zu machen: »30 Jahre später – lange Jahre nach dem Krieg beschäftigte ich mich immer wieder in Gedanken mit jenem ritterlichen Sous-Lieutenant. Ich konnte die Namen jener 6 Jägerpiloten ausfindig machen. Zwei von ihnen lebten noch, die zum Abschuß meiner Maschine beigetragen hatten. Allerdings derjenige, der mich am Fallschirm umkreist und mir später im Prison von Sommeby die Hand entgegengestreckt hatte, lebte nicht mehr. Es war Lt. Hebrard. Mit seinem Staffelkameraden Lt. Angiolini, dem dieser Abschuß ebenfalls zu Buche getragen wurde, entstand ein freundschaftlicher Gedankenaustausch. Der Kernsatz eines Briefes vom 9. Februar 1971 und vom 28. Juni 1971 beinhaltet die Aussage, die mit der ritterlichen Geste von damals symbolisch das heutige Verhältnis unserer beiden Völker in schlichten und bewegenden Worten zum Ausdruck bringt: › . . . der Feind von einst, entschuldigt sich beim Freund von heute . . . Sollten Sie einmal nach Frankreich kommen, würde es mir eine große Freude sein, Sie unbedingt in meinem Hause zu empfangen, denn trotz unserer einstigen Gegnerschaft werden wir uns nur des einen erinnern: Wir sind doch nur zwei Flieger, die damals nichts als ihre Pflicht getan haben . . .‹
Für mich gab es keine Frage, in meinem Antwortbrief ihm zu erwidern: › . . . es ist durchaus nicht an Ihnen, sich beim Feind von einst zu entschuldigen, vielmehr müßte und muß ich das gleiche Ihnen gegenüber tun . . . Ich würde mich freuen . . . und auch gerne mit Ihnen persönlich zusammentreffen und mit einem Händedruck eine einstige uns aufgezwungene Gegnerschaft begraben und eine neue Freundschaft beginnen, wie dies von Frankreich und Deutschland und damit auch von uns beiden schon längst geschehen ist . . .‹
Der ritterliche Geist, dessen sich die Fliegerwaffe rühmen darf, fand sich auf beiden Seiten.«
Soweit der Bericht von Karl Ulrich.

Doch der Krieg war erbarmungslos weitergegangen. Richtete sich der Einsatzbefehl für den 13. Mai auf Stellungen im Raume Sedan, so erhielten die Gruppen bereits einen Tag später die Vorinformation für den 14. Mai über den Vorstoß des XXXXI. AK:

> XXXXI. AK bei Mothermeau nördlich Charleville über Maas gegangen. Brückenköpfe NW und SW Sedan gebildet. 1. Panzerdivision ist in allgemeiner Linie Cheheris-Boullion durchgebrochen. Beabsichtigtes Vorgehen in allgemeiner Richtung mit Rethel als Tagesziel.
> *Sicherheitslinie:*
> Attigny-Stenay – nördlich dieser Linie nicht werfen.
> *Voraussichtlicher Auftrag:*
> Angriffe gegen erkannte Marsch- und Transportbewegungen auf Straßen und Bahnen südlich der Sicherheitslinie. Nach vorausgegangener eigener Aufklärung.
> Mit Einsatz im Laufe des Vormittags ist zu rechnen.
> Bereitschaft wie befohlen.
> Im Raum fast wolkenlos. Nördlich Sedan dunstig, mit durchziehen einer kleinen Störungsfront ist zu rechnen.

Der Vorbefehl für den Einsatz am 14. Mai 1940 vormittags:

1. KG 2 und KG 53 bekämpfen Transporte im Raume
   rechte Grenze:
   Montmedy – Stenay – Avennys – Rethel
   linke Grenze:
   Esch – Spincourt – Verdun.
   Trennung KG 2 (rechts) und KG 53 (links) Stenay – Dun-Varenne (Orte zu KG 2).
   Rückwärtige Begrenzung:
   Rethel – Chalerange – Verdun.
   Sicherheitslinie für Bombenabwurf:
   Maginotlinie bis Montmedy – Stenay – Rethel. Nördlich dieser Linie darf nicht geworfen werden.
2. 5./ (L.G.1) wird auf unmittelbare Zusammenarbeit mit KG 53 angewiesen.
3. Stabsstaffel klärt im Geschwaderkampfraum des KG 53 mit 1 He 111 und 5 He 111 der III./KG 53 auf.
   Es kommt darauf an, Marschkolonnen und Bahntransporte festzustellen. Angetroffene Transporte und Marschkolonnen sind anzugreifen.
   Start sofort.
4. Angriffshöhe 2000–2500 m, soweit Abwehr es erlaubt.
5. Für I., II. und III./KG 53 wird ab 12.00 Uhr Bereitschaft 1 befohlen, Staffelkapitäne und Kettenführer beim Gruppenkommandeur. Mit sofortigem Einsatz auf Grund der Aufklärungsergebnisse ist zu rechnen.
6. Zur Orientierung:
   Aufklärungsergebnisse 07.00 Uhr:
   Starker Eisenbahnverkehr von Metz und Verdun nach Norden.
   F. d. R. d. A.
   Fuchs
   Oberleutnant und Adjutant.

Nach Vorbefehl vom 17. Mai verlegt das Geschwader am 18. Mai 1940 wie folgt:

Stab mit Stabsstaffel nach Wiesbaden-Erbenheim
I. Gruppe E-Hafen Groß-Ostheim
II. Gruppe E-Hafen Zellhausen
III. Gruppe E-Hafen Rhein-Main

Die immer mehr von der Einschließung bedrohten engl.-franz. Armeen versuchten in Richtung Norden und Nordwesten der Umklammerung zu entgehen. Hier galt es, durch Angriffe auf Straßen- und Bahntransporte vor allem im Raum Amiens–Abbeville die Absetzbewegungen zu verhindern. Die Einsatzbefehle und Meldungen vom 18. 5. und 20. 5. 1940 geben noch einmal die Härte dieser Kämpfe wieder:

Einsatzbefehl für den 18. 5. 1940:

1. Zur nachhaltigen Zerstörung wird KG 53 eingesetzt.
   I./KG 53 greift an und zerstört Linie
   a) Abbeville – Boulogne bei Brücke südlich Neuyelle,
   b) Bogen nach Norden bei Beauvais bei Punkt hart südlich Aumale,
   c) Boulogne – Rouen – Amiens hart westlich Fouilloy.
2. Zerstörerschutz durch Z.G.2. Aufnahme im Hinflug in Linie Charleville – Oflize in 2500 m oder unter Wolkengrenze um 16.30 Uhr. Auf dem Rückflug erfolgt Aufnahme Reims – Chaulnes (35 km südwestlich Amiens) – Troyes (15 km südlich Chaulnes).
3. Bahnen zerstören, auch wenn nicht belegt.

Meldung der I./KG 53 vom 18. 5. 1940:

Ziel: Bahnanlagen bei Noyelles und Aumale, Nahn bei Fouilly.
Angriffshöhe: 2000 m
Abwehr: schwere Flak bei Amiens – Poix – Fouilly
Erfolg am Ziel: 7 Volltreffer im Bahnhof Fouilly. Weitere Treffer und Volltreffer auf Bahnhof Gouemirous, Vieux und Roues, Bahnhof und Straße Aumale, Straße St. Germain – Fernapon, Drehscheibe Noyelles und Bahngebäude Noyelles, Strecke Amiens – Fouilly, Strecke Noyelles – Buc, Aumale – Eu – Mers.
Aufklärungsergebnisse: Straßen von Amiens – Richtung Süden mit schwachen (mot.) Kolonnen belegt.
Rollendes Material in geringem Abstand nur in Bahnhöfen. Flugplatz Poix mit mindestens 20 mehrmotorigen Flugzeugen belegt.

Einsatzbefehl für die Maschinen zur Aufklärung am 20. 5. 40:

Start zur Aufklärung mit 5 He 111 und 1 He 111 der Stabsstaffel um 06.30 Uhr. Über Neufchâteau zur Aufnahme einer Staffel Zerstörer um 07.30 Uhr.

Geschwader – Kampfraum:

Abbeville – Le Treport – Plangy – Aumale – Abaucourt – Grandvillers – Amiens.
In diesem Raum klärt die 3. Staffel mit 5 He 111 dazu 1 He 111 von der Stabsstaffel auf. Es sind festzustellen und zu bekämpfen Truppenansammlungen und Bewegungen auf Bahnen und Straßen in jeder Richtung. Ferner ist die Belegung der Plätze Amiens – Glissy und Poix zu erkunden und bei Belegung zu bekämpfen.
Aufklärungsergebnisse sind sofort auf dem Funkweg zu übermitteln.

Start: 06.30 Uhr Einzelstart. 07.30 Uhr erfolgt Aufnahme durch eine Staffel Zerstörer über Neufchâteau. (3 rote Leuchtkugeln als Erkennungssignal schießen) Flughöhe je nach Wetterlage.
Meldung der I./KG 53 über den 2. Einsatz vom 20. 5. 1940:
Start: 10.30 Uhr mit 12 He 111
Landung: 14.15–14.30 Uhr mit 9 He 111
Ziel: Straßen- und Bahntransporte im Raume: Amiens – Abbeville.
Angriffshöhe: 2500 m
Abwehr: Starke schwere und mittlere Flak bei Amiens u. Abbeville.
Jäger: 16 Morane und 6 Potez (Potez haben nicht angegriffen).
Erfolg am Ziel: Volltreffer auf Kreuzungspunkt Straße–Eisenbahn bei Piquigny. Weitere Treffer und Volltreffer auf Bahnhof Longpré, Bahn Amiens – Abbeville, belegte Straßengabel am Südausgang Fontaine s. Somme, Truppen in Airaines, belegten Bahnhof Piquigny, belegte Bahngabel westlich Conde Folie, Bahnlinie 500 m westlich Abbeville auf der Südseite des Canal de la Somme, Straße und Ortsausgang Fontaine s. Somme, Straße in Hangest s. Somme.
Besondere Vorkommnisse:
A1 + EH 40 km ostwärts Amiens rechter Motor in Brand geschossen. Fallschirmabsprünge nicht beobachtet, Notlandung u. U. auf eigenem Gebiet möglich.
A1 + CK hart ostwärts Amiens von Jägern abgeschossen.
A1 + FK hart ostwärts Abbeville von Flak abgeschossen. Maschine trudelte ab, Fallschirmabsprünge nicht beobachtet, Aufschlagbrand dieser Maschine wurde beobachtet.
2 Morane ostwärts Amiens beschädigt abgeschossen.
Flugplatz Amiens – Glissy auf Hinflug unbelegt, auf Rückflug mit ungefähr 6 mehrmotorigen Flugzeugen (wahrscheinlich Potez 63) belegt.
Starke Truppenbewegungen auf Straße Albert – Amiens (Marschrichtung Südwest). Ebenso auf Straße Abbeville – Beauvais, Marschrichtung Süd.

Auch für den 21. Mai ist das Geschwader auf Angriffskurs gegen Transporte und Bewegungen im Raum Blangy – Rouen – Etrepagny – Poix.
Der Vormarsch ging unaufhaltsam weiter.

Geschwaderbefehl für den 24. 5. 1940: Fernschreibstelle Groß-Ostheim 23. 5. 1940 00.00 Uhr an I./KG 53 Groß-Ostheim – an II./KG 53 Zellhausen – an III./KG 53 Rhein-Main:

1. Lage: Der Ring um die eingeschlossenen engl.-franz.-belg. Armeen hat sich weiterhin verengt. Gruppe Kleist hat Boulogne – St. Qmer genommen und steht mit ihren Vorausteilen in Calais im Kampf mit Engländern.
2. Auftrag: KG 53 wird im Rahmen des Fliegerkorps II zur Sicherung der linken Flanke des rechten Flügels der 12. u. 4. Armeen in der Linie Abbeville – Amiens – Peronne – Ham – La Fère eingesetzt.
3. Kampfraum: Le Havre – Brionne – Rouen – Forges les Eaux – Poix – Le Treport (Orte zu KG).
4. Sicherheitslinie für Bombenabwurf: Le Treport – Blangy – Poix – Roye – Noyon.
5. Es werden eingesetzt: I./KG 53 1 He 111 der Stabsstaffel im ostwärtigen Kampfraum. Trennungslinie: Dieppe – Rouen (Ort einschl.). Der

Start ist so zu legen, daß Treffpunkt mit Zerstörer in 2000 bzw. untere Wolkengrenze über Neufchâteau um 07.00 Uhr erfolgt. 1 He 111 10 Min. voraus. Auftrag: Freie Jagd auf Bahn- und Transportbewegungen, sowie Aufklärung im genannten Raum. Es kommt darauf an, festzustellen, ob der Gegner Kräfte gegen unsere linke Flanke aus Richtung Paris und Rouen nach Norden und Nordwesten heranführt. Durch die He 111 der Stabsstaffel sind Aufklärungsergebnisse und Wettermeldungen durch F.T. auf der Geschwaderfrequenz durchzugeben. Falls Wetterlage geschlossenen Einsatz nicht gestattet, erfolgt neuer Befehl. II./KG 53 ab 08.30 Uhr Bereitschaftsstufe 2. Vorgesehen ist Einsatz im Geschwaderkampfraum zur Bekämpfung von Transportbewegungen auf Bahnen und Straßen auf Grund der Aufklärungsergebnisse des 1. Einsatzes III./KG 53 ab 08.30 Uhr Bereitschaftsstufe 3. Überholungsarbeiten können vorgenommen werden.
KG 53 Abt. I A Nr. 690/40 Geheim.

Eine repräsentative Übersicht der Einsätze des Geschwaders mag das Flugbuch von Alfred Sticht, der als Beobachter in der Maschine des Staffelkapitän der 1. Staffel flog, sein:

Vom 10. 5. 40–12. 5. 40 planmäßige Bekämpfung der franz. Luftwaffe und Bodenorganisationen und der franz. Verkehrsanlagen. 1. Feindflug Start Roth, Landung in Gelchsheim (in der Nähe von Giebelstadt). Weitere 6 Feindflüge der 1. Staffel von Gelchsheim aus.

10. 5. 40	Angriffe auf Maginotlinie bei Sedan-Charleville.
11. 5. 40	Angriff auf Flugplatz Mourmelon bei Reims.
12. 5. 40	Angriff 10 km südl. Chalon s. M.
12. 5. 40	Angriff auf Eisenbahn und Kolonnen bei Sedan.
13. 5. 40	Angriff auf Maginotlinie bei Sedan.
14. 5. 40	Angriff auf Eisenbahn und Kolonnen bei Verdun.
15. 5. 40	Angriff Nachteinsatz 20.40–00.15 Uhr. Notlandung A1 + LH bei Deiningen.
18. 5. 40	Verlegung: Gelchsheim – Großostheim (b. Aschaffenburg).
18. 5. 40	Angriff auf Eisenbahn und Kolonnen Aunnale – Le Treport – Eu.
19. 5. 40	Angriff auf Clermont – St. Just – Beauvais.
20. 5. 40	Angriff auf Eisenbahnlinie und Truppen Amiens – Abbeville.
24. 5. 40	Angriff auf Eisenbahnlinie und Truppen Dieppe – Rouen.
24. 5. 40	Angriff auf Eisenbahnlinie Panzertruppen Aunnale – Neufchâteau.
25. 5. 40	Angriff auf Eisenbahnlinie Durchbruch zum Meer.
25. 5. 40	Angriff Panzer im Raume Amiens – Poix.
25. 5. 40	Angriff Hafen von Dieppe und Bahnhof Blangy (Flak und Jäger).
26. 5. 40	Angriff Eisenbahn und Truppen nordöst. Paris.
27. 5. 40	Angriff Eisenbahn und Truppen Marseille/Beau Monte.
1. 6. 40	Angriff Eisenbahn-Knotenpunkt Grenoble (Schweizer ML 109).
6. 6. 40	Angriff Truppenbekämpfung SW Reims.
8. 6. 40	Angriff Truppenbekämpfung Beauvais – Clermont.
9. 6. 40	Angriff Truppenbekämpfung Stellungen nördl. Reims (Flak u. Jäger).
10. 6. 40	Angriff Eisenbahn südl. Epernay (Flak u. Jäger).
11. 6. 40	Angriff Stellungen südl. Vouziers (Flak).
13. 6. 40	Angriff Bahnanlagen Neufchâteau (Flak u. Jäger).
13. 6. 40	Angriff Bahn u. Straße (roll. Maf.) Neufchâteau-Verdun (Flak u. Jäger).

14. 6. 40 Angriff Bahn u. Straße Epinal – Nancy. (Flak u. Jäger).
14. 6. 40 Angriff Bahnhof Belfort (Flak).
15. 6. 40 Angriff Bahnlinie (roll. Maf.) Langrest-Merrey (Flak).

Am 21. 6. 40 Verlegung von Großostheim nach Evreux le Courdray. Die Panzergruppe Kleist drehte in Artois nach Norden, dann nach Nordwesten ein. Am 23. 5. schnitt sie bereits Boulogne und Calais ab, am 24. 5. schloß sie mit Front nach Osten zur Aa (Flüßchen zwischen St. Omeru/Gravelines). Die Bildung eines großen Kessels war unverkennbar. Ab 26. 5. vollendete sich das Schicksal der engl. Expeditionsarmee und Teilen der franz. Armee bei Dünkirchen. Die Panzerdivisionskommandeure drängten zum sofortigen Vorstoß, um das sich dort sammelnde Expeditionskorps vernichtend zu schlagen. Doch Hitler befahl den Panzern Halt. Die Luftwaffe werde den Engländern bei Dünkirchen den Rest geben. Über die letzten Gründe der Entscheidung von Hitler wird jedoch heute noch gerätselt.
Doch zwischen dem, was Göring wollte, und dem, was die Luftwaffe wirklich konnte, bestand eine erhebliche Diskrepanz.
Die Luftflotte 2 unter Kesselring erhielt den Auftrag, die Hafenanlagen zu zerstören und das britische Expeditionskorps zu vernichten. Kesselring trug Göring seine Bedenken telefonisch vor. Er wies Göring darauf hin, »daß er die Auswirkung der fast dreiwöchigen pausenlosen Einsätze der Flieger genau kenne, um nicht Einsätze zu befehlen, die kaum mit frischen Kräften zu leisten waren«. Er wies Göring auch darauf hin, daß die Engländer mit ihren neuen Spitfires von Flugplätzen in Südengland eingesetzt werden, wodurch schwere Verluste bei der Luftwaffe zu erwarten waren. Schließlich erklärte Kesselring, daß das Unternehmen selbst mit Unterstützung des VIII. Fliegerkorps nicht lösbar sei. Obwohl Jeschonnek die Ansicht von Kesselring teilte, scheute er sich, dies Hitler vorzutragen.
Die Engländer konnten zwar nur 200 Spitfires einsetzen, jedoch stürzten sie sich ›mit der Wut von Verrückten‹ auf unsere Kampfflugzeuge. Das II. Fliegerkorps verlor allein am ersten Tag 23 Maschinen und 64 Mann. Das waren mehr Verluste als in zehn vorangegangenen Kampftagen. Dann verschlechterte sich das Wetter, und es konnte kaum noch gestartet werden. Die Regenfälle hielten bis zum 29. Mai an. Dann klärte sich das Wetter auf, und unsere Bomber erschienen erneut über Dünkirchen. Zwar konnte durch stärkere Luftangriffe noch viel Material vernichtet werden. Den Brückenkopf zu zerschlagen und die Flucht zu verhindern, konnte jedoch von der deutschen Luftwaffe nicht realisiert werden, und die britische Armee blieb in ihrem Kern unversehrt.
Bis zum 4. 6. waren auf 848 Schiffen insgesamt 338226 Mann alliierter Truppen aus Dünkirchen abtransportiert (einschl. 123000 Franzosen).

Die Verluste betrugen 272 Schiffe, darunter 9 Zerstörer. Dünkirchen fiel am 4. 6. 1940.

Noch während der Schlacht um Dünkirchen stellten sich deutsche Großverbände an Somme und Aisne bereit, um den Angriff sobald wie möglich fortzuführen.

Die Franzosen versuchten die gebildeten Brückenköpfe einzudrücken, jedoch vergeblich. Der deutsche Angriff über die Somme begann am 5. 6., einen Tag nach dem Fall von Dünkirchen. Der französische Widerstand war immerhin noch so stark, daß es Anfangs nur gelang, aus dem Brückenkopf Abbeville auszubrechen.

Hier griff das Panzerkorps Hoth an, Rommel umging mit seiner Division den Feind und stieß tief in das Hinterland vor. Bei Amiens und Péronne kam der deutsche Angriff zunächst jedoch nicht weiter. Doch dann war der Weg frei für Operationen großer Panzerverbände.

Der Geschwaderbefehl des KG 53 vom 8./9. 6. lautet:

> Fernschreibstelle Großostheim – Geheim – vom 9. 6. 1940 an I./KG 53 Großostheim, II./KG 53 Zellhausen, an III./KG 53 Rhein-Main.
> Geschwaderbefehl für den Einsatz am 9. 6. 40
>
> 1. Fl. Korps II unterstützt den Großangriff der 2. u. 3. Armee, sowie der Gruppe Guderian, die um 04.30 Uhr die Aisne überschreitet.
> 2. Hierzu stehen bereit: II. u. III./KG 53 ab 07.00 Uhr Bereitschaftsstufe 2, I./KG 53 ab 08.00 Uhr Bereitschaftsstufe 2.
> 3. Geschwaderkampfraum: Pont Arry (23 km ostw. Soissons) – Epernay – Bergères – Pogny (12 km südostw. Chalons s. M.) – Givry en Argonne (15 km südl. St. Menehould) – Suippes – Juneville – Chateau – Persien. Im Geschwaderraum ist noch das KG 2 eingesetzt.
> 4. Beladung: 1 Schachtreihe SC 10 und 1 Schachtreihe 1/2 SD 50 und 1/2 SBE 50.
> 5. Stabsstaffel verlegt um 04.00 Uhr mit 2 He 111 nach Soissons und klärt von dort im Geschwaderkampfraum auf, Auftrag wurde mündlich erteilt.
>
> Kampfgeschwader 53

Nach drei Tagen wurde Rouen von Hoth erreicht.

Rommel drückte 12000 Engländer und Franzosen an die Küste und besetzte den großen Kriegshafen Cherbourg. Am 10. 6. fiel Reims.

Paris konnte nicht mehr verteidigt werden, die Regierung erklärte es zur offenen Stadt. Am 14. 6. rückte die 18. Armee (Küchler) dort ein. Am 17. 6. erreichte Guderian die Schweizer Grenze, der französische Zusammenbruch war perfekt, die französische Regierung bat um Waffenstillstand.

Am 22. 6. um 18.50 Uhr wurde der Waffenstillstandsvertrag unterzeichnet, am 25. Juni um 01.35 Uhr trat die Waffenruhe in Kraft.

Zum Abschluß des Frankreichfeldzuges soll ein Blick der neutralen Schweiz gelten:

Grenzverletzungen durch die kriegsführenden Mächte »rundherum«

und dazu noch wenn es sich um ein relativ kleines Land wie die Schweiz handelt, blieben nicht aus. Diese Erfahrung haben wohl alle Beteiligten gemacht. Wir müssen davon ausgehen, daß die Grenzverletzungen unbeabsichtigt waren; jedenfalls solange das Gegenteil nicht bewiesen ist.
Für diese Betrachtung soll vorausgehen der Geschwaderbefehl vom 31. 5. 40.

Fernschreibstelle Großostheim – Geheim – vom 31. 5. 1940.
Nach Eingang als ›geheime Kommandosache‹ zu behandeln. An II./KG 53 Zellhausen, I./KG 53 Großostheim, III./KG 53 Rhein-Main.
Befehl für den Einsatz am 1. 6. 40 vormittags.

1. KG 53 wird für den 1. 6. 40 dem Fl. Korps IV unterstellt.
2. Fl. Korps IV greift Bahnstrecken von Marseilles nach Norden mit dem Ziel an, durch nachhaltige Bahnzerstörungen Nachschub von Betriebsstoffen nach dem Norden Frankreichs zu unterbinden.
3. KG 53 greift mit Auftrag nachhaltiger Zerstörung an: I./KG 53 Eisenbahnknotenpunkt bei Rives (20 km nordwest. Grenoble). II./KG 53 Eisenbahnstrecke bei Aix les Bains. III./KG 53 Eisenbahnknotenpunkt und Eisenbahnstrecke Amberieu.
4. Beladung: 4 SC 250.
5. Stabsstaffel stellt mit Einsatzbereitschaftsstufe I ab 06.00 Uhr 3 Flugzeuge bereit, die mit je einer Gruppe zur Zielerkundung rechtzeitig in Marsch zu setzen sind.
6. Einsatzbereitschaft für KG 53: Bereitschaftsstufe I ab 06.00 Uhr.
7. An den Zielen ist nur mit schwacher Abwehr zu rechnen, Vorsicht beim Überfliegen Schweizer Gebietes. Mit Angriff durch schweizerische Jagdflugzeuge BF 109 ist zu rechnen.
8. Ich fliege in der Kettenführermaschine der 2. Kette der III./KG 53 mit. Von Langendiebach nach Rhein-Main in der Maschine der Stabsstaf.
9. Wetterberatung 05.00 Uhr fernmündlich durch Geschwadermeteorologen Kampfgeschwader 53 Nr. 184/40 Geh. KDOS.

Die Meldung der I. Gruppe über diesen Einsatz hat den Text:

Meldung über den 1. Einsatz der I./KG 53 vom 1. 6. 40, Start 15.30 Uhr mit 12 He 111 – Landung 19.50 bis 20.00 Uhr mit 11 He 111.
Ziel: Bahnkreuz bei Rives
Angriffshöhe: 5500 m
Abwehr: Flak: Schwere und leichte Flak bei Lyon (auf eine andere Gruppe). Schwere Flak bei Belfort – Mühlhausen – Basel (gutliegend).
Jäger: 6–8 BF 109 (mit erkannten Schweizer Nationalitätsabzeichen).
Erfolg am Ziel: Bahnkreuz nicht getroffen. 1 Bombe lag vor, die übrigen hinter der Bahnlinie und rechts davon. 1 Volltreffer auf Straßenkreuz ostwärts Rives.
Besondere Vorkommnisse: A1 + EH umgekehrt, da Kettenhund wegen Fahrwerkschaden nach Langendiebach zurückgekehrt ist.

Eigentümlich ist, daß von den Vorkommnissen in dem nun folgenden Bericht in der Meldung nichts erwähnt ist:
»Am 1. Juni 1940 werden wir um 15.00 Uhr zur Einsatzbesprechung beim Kommandeur im Gefechtsstand befohlen. Angriff auf Eisenbahnknotenpunkt Grenoble.
Um 15.36 starten wir: Hauptmann Allmendinger, Ofw. Sticht, Ofw. Schuster, Uffz. Marbach, mit der He 111 A1 + LH.
Unser Kurs ging nach Grenoble.
Nachdem wir unseren Auftrag ausgeführt hatten, befanden wir uns auf dem Rückflug entlang der franz.-schweiz. Grenze. Plötzlich rief der Bordfunker der letzten Kette durch das Kehlkopfmikrophon: ›Achtung Jäger von hinten!‹ Es mögen etwa 10–12 gewesen sein.
Die Staffel schloß eng zusammen, die Maschinen und Kanonen wurden entsichert. Wir bereiteten uns auf einen harten Abwehrkampf vor. Plötzlich erneuter Ruf des Bordfunkers der letzten Kette: ›Achtung, nicht schießen es sind Me 109, also eigener Jagdschutz‹. Gott sei Dank, denn das wäre sicherlich ein sehr ungleicher Kampf geworden und wir hätten ziemlich Federn lassen müssen.
Beruhigt sicherten wir wieder unsere Waffen. Die Me 109 kamen immer näher und näher. Nun zeigte sich ein verhängnisvoller Irrtum. Als sie ganz dicht an unseren Verband heran waren, eröffneten sie plötzlich aus allen Rohren das Feuer.
Erst jetzt merkten wir, daß es sich um Schweizer Jäger, die mit unseren Me 109 ausgerüstet waren, handelte. Wir waren nicht wenig überrascht. Als wir unser Feuer erwidern konnten, waren schon drei Maschinen von uns so schwer getroffen, daß sie Rauchfahnen hinterherzogen, Feuer schlug aus den Maschinen, sie waren verloren. Die Besatzungen mußten notlanden oder stiegen mit dem Fallschirm aus den brennenden Maschinen aus. Die überlebenden und Verwundeten gerieten in französische Gefangenschaft. Ein Zeichen, daß wir uns über französischem Gebiet befunden und die Schweizer Jäger keine Veranlassung gehabt hatten, uns anzugreifen.
Wir schworen Rache für unsere zu Unrecht abgeschossenen Kameraden. Um 19.52 Uhr landeten wir in Großostheim.
Wie wir später erfahren haben, soll auf dieses Verhalten der schweizer Piloten einige Tage später eine einzelne He 111 auf dieselbe Strecke geschickt worden sein, allerdings wurde sie diesmal von einer Staffel Me 110 von großer Höhe aus gut bewacht. Als nun die schweizer Me 109 wieder hochstiegen, um die einzelne He 111 anzugreifen, stürzten sich die als Jagdschutz eingesetzten Me 110 auf die schweizer Jäger und schossen den größten Teil davon ab. Der Rest stieß durch die Wolken und verschwand. Unsere Me 110-Zerstörer und die Heinkel 111 kehrten ohne Verluste zu ihrem Einsatzhafen zurück.«

In einer Betrachtung zum Einsatz der Stabsstaffel im Frankreichfeldzug gibt uns der damalige Staffelkapitän Oberleutnant Wittmann noch folgenden Beitrag:
»Wir hofften, vor Fortführung des unsinnigen Krieges noch auf eine politische Lösung. Doch begann am 10. 5. 1940 der Krieg gegen Frankreich.
Auch hier, am 10. 5. 1940, trifft es die Stabsstaffel. Bei Grenzüberflug über Charleville wird unser Verband von französischen oder englischen Jägern angegriffen. Eine Garbe kracht in die Kanzel, es klirrt, die ganze Kanzel ist zerfetzt und der Flugzeugführer Oberleutnant Schmitz ist mehrmals in die Brust getroffen. Es gelingt, ihn aus dem Führersitz zu nehmen und zwischen die Bombenschächte zu legen. Im Absturz gelingt es mir, das Steuer zu übernehmen und in etwa 1000 m die Maschine abzufangen. Wir brechen den Flug ab und fliegen Frankfurt/Main an, rufen durch Funk einen Sanitätswagen, alles umsonst – am Abend ist unser Oberleutnant Schmitz tot.
Einsatz auf Einsatz wird geflogen. Bildunterlagen von Zielen und bombardierten Plätzen liegen nach Landung in etwa 2 Stunden der Führung vor. Zusätzlich müssen laufend Bildpläne in Frontnähe geflogen werden, um dort Bewegungen, Artilleriestellungen und auch die Maginotlinie zu überwachen.
Aufgrund der ›Blitzsiege‹ wird die Staffel nach wenigen Tagen nach Langendiebach/Gelnhausen und bereits am 25. 5. 40 nach Lille/Nord verlegt. Wir sind auf französischem Boden, in Flandern, dort wo im Krieg 1914/18 Richthofen, Bölcke und Immelmann flogen.
Aufgrund der großen Erfolge überall ›Hochstimmung‹, und unausgesetzt werden Ziele auch in der südlichen Hälfte Frankreichs angegriffen.
Die französische und die englische Jagdwaffe waren ausgezeichnet. Die Bewaffnung unserer Bombenflugzeuge war unzureichend. Sehr bald wurde erkannt, daß Bomberverbände und auch Aufklärungsflugzeuge Begleitschutz durch unsere Jäger benötigten.
Leider konnte die Luftwaffe aufgrund der schlechten Wetterlage bei Dünkirchen nicht entsprechend eingesetzt werden, und so gelang es England, nahezu seine gesamten Truppen unter rücksichtsloser Zurücklassung des Materials einzuschiffen und nach England hinüber zu retten. Dies war eine ganz entscheidende Glanzleistung der Engländer, und wir waren nicht in der Lage, die geschlagene englische Armee zu verfolgen.
Die Kriegsereignisse überschlugen sich, Frankreich kapitulierte.
Wieder überall Hoffnung, daß vielleicht doch der Krieg entschieden sei, aber, wie wir wissen, vergebens.«

5. ZWISCHEN FRANKREICHFELDZUG UND DER LUFTSCHLACHT UM ENGLAND

Es vergingen nur wenige Tage, bis die nächste Schlacht begann, die Luftschlacht um England oder ›Battle of Britain‹.

Wir wollen aber noch einen Blick zurückwerfen auf Dünkirchen und was sich dann für Deutschland und England – vielleicht schicksalhaft – ergab. Wie war die Lage um Dünkirchen:

Hatte Rundstedt veranlaßt, daß Hitler den Haltebefehl gab? Nachdem die Engländer entkommen waren, hätte Hitler es dann sicherlich Rundstedt zugeschrieben, da er gern anderen die Schuld an seinen Fehlern gab. Bestand überhaupt ein Einfluß, könnte er wahrscheinlich nur von Keitel oder Jodl gekommen sein, als führenden Militärs in seinem Stab. Ein weiterer Grund für den Haltebefehl lag natürlich bei Göring, der die Schlagkraft seiner Truppe, der Luftwaffe, überschätzt hatte.

Es gibt aber auch Anhaltspunkte dafür, daß es Hitler gewesen ist, der bremste, zumal auch die Luftwaffe offensichtlich nicht so nachdrücklich eingesetzt wurde wie es möglich gewesen wäre.

Es ist daher naheliegend, hinter Hitlers militärischen Gründen ein politisches Motiv zumindest zu vermuten.

Blumentritt, Rundstedts Operationsplaner, brachte dieses mit merkwürdigen Äußerungen Hitlers im Hauptquartier in Verbindung.

Hitler war bester Stimmung, der Krieg in Frankreich ging zu Ende, da wird ein vernünftiger Frieden mit Frankreich geschlossen, und dann ist der Weg frei für eine Verständigung mit England.

Er überraschte darüber hinaus seine Generale, als er plötzlich bewundernd von dem britischen Empire sprach, das er mit der römisch-katholischen Kirche verglich; beide wären unentbehrliche Elemente allgemeiner Beständigkeit und wörtlich: »Ich werde von Großbritanien nur verlangen, daß es die überragende Stellung Deutschlands auf dem Festland anerkennt. Die Rückkehr unserer Kolonien wäre natürlich wünschenswert, ist aber nicht wesentlich, das wäre nur eine Prestigefrage. Ich bin auch bereit, England, wenn es in irgendwelche Schwierigkeiten geraten sollte, die Unterstützung meiner Armee anzubieten.«

Zum Abschluß erklärte Hitler, daß er mit England einen Frieden abzuschließen bereit sei unter Bedingungen, »die es als mit seiner Ehre vereinbar annehmen könne«.

Hieraus schloß Blumentritt, daß der Haltebefehl in Dünkirchen nichts anderes bedeutete, als England nicht in seinem Ehrgefühl zu kränken, wofür es dann wieder eine Genugtuung hätte haben müssen.

Doch Hitlers Rechnung ging nicht auf. Es muß auch gesagt werden, daß sein Charakter so kompliziert war, daß eine einfache Erklärung schwerlich der Wahrheit nahezubringen ist.

6. DIE LUFTSCHLACHT UM ENGLAND

a) Die Ausgangsbasis

Nach dem Fall Frankreichs hatte Udet erklärt: »Der Krieg ist vorüber, unsere Produktionspläne brauchen wir nicht mehr, sie sind nichts mehr wert!« Doch seine Euphorie schwand dahin, als die Luftwaffe in der Schlacht über England in den Zwang kam, mit taktischen Streitkräften einen strategischen Krieg zu führen.

Die Luftschlacht um England wurde dort »Battle of Britain« genannt. Sie begann am 13. August 1940 mit 485 Bomber- und 1000 Jägereinsätzen gegen die Häfen Portland und Southampton sowie gegen Flugplätze in Hampshire und Kent.

Am Ende dieses ersten Tages hatte die Luftwaffe 45, die RAF 13 Flugzeuge verloren. Zwei Tage später schon schlug die Luftwaffe kräftiger zu. Es gab 1768 Einsätze, davon 520 durch Kampfflugzeuge zur Ausschaltung der Flugplätze. Bilanz: Abschuß durch RAF 75 Flugzeuge bei 34 Verlusten der Engländer an Jagdflugzeugen. Auch weitere Angriffe brachten beachtliche Verluste. Am 16. 8. Angriff der Luftwaffe bei 16 Verlusten, am 18. 8. Verlust von 71 Maschinen.

Nach diesen Fehlschlägen der Tagangriffe wurde das Schwergewicht auf Nachtangriffe gegen England gelegt. Diese begannen am 28. 8. mit drei aufeinanderfolgenden Nachtangriffen mit starken Bomberverbänden auf Liverpool. Ab 7. 9. begann dann der sogenannte Blitzkrieg auf London. Bis zum 13. 11. flogen Nacht für Nacht durchschnittlich 130 Kampfflugzeuge mit Bomben gegen London.

Diese Luftoffensive gegen die britische Insel begann halbherzig und ohne klare Zielgebung.

Was sollte eigentlich tatsächlich bewirkt werden? Die Royal Air Force sollte ausgeschaltet, die geplante Invasion nach England vorbereitet, England politisch zum Nachgeben gezwungen werden, es sollte Vergeltung für inzwischen erfolgte Angriffe auf deutsche Städte geübt werden – fast alles gleichzeitig, einiges nacheinander.

Der Name für diesen Abschnitt des Krieges sagt wenig, tatsächlich gibt es keine Bezeichnung, die dem unübersichtlichen, improvisierten, planlosen, jedoch erbitterten, von tausend Schrecken, Luftkämpfen und

Bombenwürfen gezeichneten Kampfe zwischen Deutschen und Engländern in der Zeit von August 1940 bis Mai 1941 gerecht werden könnte. Adolf Galland nannte ihn sogar »eine verrückte, ungeordnete Schlacht«! Dieser erste Versuch in der Kriegsgeschichte, einen Gegner durch Luftangriffe zu erledigen, erfolgte in mehreren Phasen:

Phase 1: 13. 8.–23. 8. Deutsche Luftangriffe auf küstennahe Ziele in Südengland, vor allem gegen die englische Jagdwaffe, gegen Flugplätze und Werke der Flugzeugindustrie.

Phase 2: 24. 8.–6. 9. 40 Erweiterung der Angriffe bis in den Raum London.

Phase 3: 7. 9.–19. 9. 40 Tag- und Nachtangriffe gegen Ziele im Raum London.

Phase 4: 20. 9.–13. 11. 40 Jagdbomberangriffe Tag und Nacht, Schwerpunkt London.

Phase 5: 14. 11.–Mai 1941 Nachtangriffe gegen Ziele in ganz England.

In der Phase 1 wurde zunächst noch versucht die Luftherrschaft über Südengland zu erringen, was nicht gelang. So versuchte Göring alsdann das Wirtschaftspotential und die Moral der englischen Zivilbevölkerung zu treffen. Daß die Luftwaffe zum ersten Mal eine ihr zugewiesene Aufgabe nicht erfüllen konnte, bot für die beauftragten Kommandeure keine Überraschung.

Generalfeldmarschall Kesselring, der mit der Luftflotte 2 fast 1000 Flugzeuge verloren hatte, meinte dazu: »Ebenso wie wir 1939 unfertig in den Polenkrieg traten, waren wir für den Wirtschaftskrieg gegen England in seiner Tiefe und Vielfalt nicht gerüstet. Sicherlich haben wir den Engländern das Leben auf ihrer Insel erschwert, aber die Lebensadern Großbritanniens haben wir nicht abschneiden können«.

Göring hatte vor Beginn der Kämpfe vor Hitler geprahlt. Jetzt zog er sich immer öfter in die Traumwelt seines ostpreußischen Jagdsitzes zurück, um am Ende der Schlacht zu erscheinen und den überlebenden Besatzungen Vorwürfe zu machen, daß sie ihn in den Augen des Führers bloßgestellt hätten. Ein Beispiel, wie empfindlich die Truppenführung auf die Folgen der Fehleinschätzung der Lage durch die oberste Führung reagierte, sei hier angeführt: Als Generalfeldmarschall Milch, hinter dem in Wirklichkeit Göring stand, eine Einheit in Holland besichtigte, machten die Besatzungen des KG 30 keinen Hehl aus ihrem Unwillen. Die Staffelführer, selbst ständig im Einsatz, erklärten dem GFM unverblümt, daß es unmöglich sei, mit den ihnen zur Verfügung stehenden Maschinen, Bombenzielgeräten und Waffen die verlangten Ergebnisse zu erzielen; dafür seien die englischen Jäger den deutschen Bombern zu überlegen.

GFM Milch, scheinbar dankbar für diese offenherzigen Erklärungen, versprach sofortige Abhilfe. Sie bestand darin, daß eine Gruppe des Geschwaders wegen ›Meuterei und Defätismus‹ aufgelöst wurde; die Offiziere wurden versetzt und degradiert.

Während des Monats Juli wurden die Jagd- und Bomberverbände in den Luftflotten 2 und 3 entlang der Kanalküste zusammengezogen. Immerhin kam die deutsche Luftwaffe mit 1200 Kampf-, 280 Sturzkampfflugzeugen sowie 760 einmot-Jägern (meist Me 109) und zweimot (meist Me 110) sowie 140 Aufklärungsflugzeugen zum Einsatz. In dieser Zeit wurden vorwiegend Aufklärungsflüge durchgeführt.

b) Bewaffnete Aufklärung

Über einen Flug bewaffneter Aufklärung an der Ostküste Englands am 9. 7. 40 berichtet Alfred Sticht von der 1. Staffel:
»Die Besatzungen der Staffelkapitäne der 1., 2. und 3. Staffel haben den Auftrag, bewaffnete Aufklärung entlang der Ostküste Englands von Dover über den Wash bis hinauf über Scapa Flow zu den Orkney-Inseln durchzuführen.
Vom Meteorologen bekamen wir die Wettermeldung, wobei der Hinweis wichtig war, daß durch Einwirkung des Golfstromes sich rasche Wechsel der Witterung ergeben könnten.
Start 14.00 Uhr mit der AL + LH mit 36 Bomben à 50 kg. Kurs zunächst Richtung Funkfeuer 729 bei Ruddervoorde, südl. Brügge/Belgien, kurze FT (Funktelegrafie) – Abmeldung. Wir steigen mit 2–3 m/sec bis an die Wolkengrenze, die bei 3000 m liegt, Kurs 290° Richtung Harwich, englische Küste. Nach Überflug der belgischen Küste und Erreichen der Wolkengrenze ziehen wir durch die Wolken, um eventuelle Vereisungsgefahr zu prüfen. Es herrscht ein richtig schönes Kampffliegerwetter. Bei etwaigen Jägerangriffen können wir schnell in den Wolken Schutz finden.
Bei Erreichen des englischen Küstengebietes stoßen wir wieder durch, auch hier erhalten wir in 3000 m Höhe Erdsicht. Gleich drehen wir jedoch auf Kurs 50°, um nicht in den Wirkungsbereich der Flak zu geraten. Auf der Höhe von Great Yarmouth entdecken wir einen Geleitzug mit 25 Schiffen auf Nordkurs.
Über England reißt die Wolkendecke auf, wir müssen weiter auf See hinaus. Wir fliegen weiter Richtung Norden und steuern nach einiger Zeit NNW-Kurs Richtung Wash. Links unter uns liegt Grimsby mit seinen Öllagern. Mir juckt es in den Fingern, dort einige Eier hineinzulegen, aber der blaue Himmel würde einer einzelnen Maschine zum Verhängnis werden. Für schnell startende und schneller als wir fliegende Jäger wären wir ein gefundenes Fressen.
Über Hull an der Humber-Mündung, Middlesborough, Newcastle (Deckname Schornsteinfeger), geht es dann über den Firth of Forth in Richtung Scapa Flow. Bilanz unserer Aufklärung: Der gesichtete Ge-

leitzug vor Great Yarmouth. Beim Rückflug drängte sich uns die Frage auf: Wollen wir den Geleitzug, bestehend aus 23 Handelsschiffen und einigen begleitenden Kriegsschiffen, angreifen? Ist es sinnvoll, können wir es wagen oder setzen wir zuviel aufs Spiel?
Schließlich gehen wir in den Gleitflug und nehmen eine günstige Angriffshöhe ein.
Einige Minuten später die Stimme von Staffelkapitän Allmendinger: Zielanflug abbrechen, ZSK aus, Bombenklappen schließen, wir steigen wieder bis an die Wolkenuntergrenze, Kurs Heimathafen.
Die Richtigkeit dieser Maßnahme fand ihre traurige Bestätigung in dem Schicksal der Besatzung des Staffelkapitäns der 3. Staffel: FF und Staffelkapitän Olt. Kolmer, BO Olt. Fritz, BF Uffz. Huber, BM Uffz. Neuburger, BS Gefr. Stiller. Diese wurden abgeschossen, Olt. Kollmer und Olt. Fritz ein halbes Jahr später bei Norderney angeschwemmt.
Um 19.28 Uhr landeten wir auf unserem belgischen E-Hafen Wevelghen b. Courtray.«
Boten sich Angriffsziele in der Zeit bis zum Beginn der Offensive, so wurden sie natürlich angegriffen. Vorwiegend jedoch wurde Aufklärung geflogen.
Am 12. 7. verlegte die I. Gruppe nach Vitry en Artois, das übrige Geschwader nach Lille/Nord – Vonderville.
Für die Zielfindung insbesondere bei Nacht hatte jetzt das Leitstrahl-Navigationssystem seinen Wert zu beweisen.
Entlang der Küste von Frankreich-Holland bis zum hohen Norden hatten die Nachrichtenabteilungen der Luftwaffe insgesamt 9 ›Knickebein‹-Sendestationen aufgebaut. Mit diesen Sendern konnte jedes Ziel auf den britischen Inseln mit einem Leitstrahl festgelegt werden.
Als es dann endlich seine große Nützlichkeit zeigen sollte, stellte sich das ›Knickebein‹ als Versager heraus. In den hellen Nächten nach Dünkirchen hatten unsere Flugzeuge die Leitstrahlen für Probeangriffe benutzt. Der britische Nachrichtendienst hatte noch vor Beginn der Großangriffe das Geheimnis des Systems erkundet und nunmehr auch noch Zeit zum Aufbau einer Störorganisation gehabt.
Aus dieser neuen Lage entstand der Gedanke, das Ziel durch Brandbomben ausleuchten zu lassen.

c) Leitstrahlsysteme/Kritik Göring

Die Kampfgruppe 100 wurde hierfür mit einem speziellen Bombenabwurfsystem (X-Gerät) ausgerüstet und diente nunmehr als Pfadfinder und Beleuchter. In der Nacht des 14. 11. 40 hatte die Kampfgruppe 100 erstmalig ihre neue Rolle beim Angriff auf Coventry durchzuführen.

Einige Worte zu diesem Funk-Leit-System:
Das X-Verfahren hatte seine Anfangsgründe bereits 1934 (!) bei der Erprobungsstelle Rechlin. Es ist eine Abwandlung der bei den Landeverfahren nach Funkleitstrahlen verwendeten Technik.
Für das X-Verfahren waren drei Leitstrahlen erforderlich, von denen einer auf das Ziel gerichtet war, die beiden anderen schnitten den Leitstrahl fast rechtwinkelig an zwei Kreuzungspunkten vor dem Ziel. So wurde ein optimaler Punkt zur Auslösung der Bomben gefunden.
Nennenswerte Erprobung vor dem Krieg erfolgte von einer mobilen X-Station, die auf dem Feldberg im Taunus verlegt war. Als Abwurfplatz diente der Truppenübungsplatz Grafenwöhr.
Ziemlich klar war, daß die Engländer irgendwann auch das X-Verfahren stören würden, bis zur Stunde hatten sie jedoch keinen Sender mit einer Frequenz von 70 Megahertz. Dann kam ihnen ein Zufall zur Hilfe; am 6. 11. 40 mußte eine He 111 der Kampfgruppe 100 an der englischen Südküste notlanden, die X-Empfangsgeräte fielen den Briten in die Hände. Darauf sendeten im Juni/Juli 1941 die X-Baken noch als Bluff; es wurden keine Angriffe mehr danach geflogen. So endete im Juni 1941 die X-Aktion.
Der Einsatz für unsere Kampfflieger war nur mit Jagdschutz möglich. Jedoch auch die Jäger hatten erhebliche Verluste. Die Bilanz, die Göring bereits am 19. August vorgelegt bekam, war katastrophal:

1. Die britische Jagdwaffe, vor allem die Spitfires und die Hurricanes, hatten sich nicht wie erwartet den deutschen Jägern zum Kampf gestellt, sondern sich auf die deutschen Bombenflugzeuge konzentriert.
2. Unsere Luftangriffe gegen die Jägerflugplätze waren meist ein Schlag ins Wasser.
3. Die eigenen Bomberverluste waren ungeheuer hoch, die Verluste an fliegendem Personal beträchtlich. Innerhalb von nur 10 Tagen fielen 1 Geschwaderkommodore, 2 Fliegerkorps-Stabschefs, 6 Gruppenkommandeure, 13 Staffelkapitäne und 114 weitere Offiziere.

Göring donnerte ganz einfach los: »Die Jäger haben Schuld, sie haben die Bomber nicht ausreichend geschützt; sie sind bei den Kampfverbänden nicht drangeblieben, sie haben sich selbständig gemacht, um einen eigenen Luftkrieg zu führen und möglichst viele Abschüsse zu erzielen.«
Es war dies die erste, fast aber immer unberechtigte Anklage, die Göring im Verlaufe des Krieges noch öfter gegen die Jagdflieger erhob.
Und dann rollten die ersten Köpfe. Alte Geschwaderkommodore aus dem I. Weltkrieg, meist mit dem Pour le mérite, wurden abgelöst. Die Jungen kommen ran.

d) Tagangriff auf den Flugplatz Luton

Aus dem Verlauf der Luftoffensive berichtet Ofw. Sticht von einem Tagesangriff auf den Flugplatz Luton bei London am 30. August 1940: »Der Flugplatz Luton liegt ca. 40 km nördlich von London. Ausweichziel ist die Industrieanlage dieser Stadt.

Das Bodenpersonal, unsere schwarzen Männer, sind schon stundenlang an unseren Maschinen. Sie tragen die Verantwortung für die Betriebstüchtigkeit der Einsatzmaschinen und damit auch für das Leben der Besatzungen. Auf unsere Kameraden am Boden ist Verlaß, das wissen die Flugbesatzungen, das schweißt zusammen. Zwischen Boden- und fliegendem Personal besteht ein Band herzlicher Kameradschaft.

Um 14.30 Uhr wird Einsatzbereitschaft II befohlen. Wenige Minuten später stehen die eingeteilten Flugzeugbesatzungen in Fliegerkombination und Schwimmwesten abfahrbereit am Autobus, der uns zum Gefechtsstand beim Kommandeur bringt.

Die Flugbesprechung findet im üblichen Rahmen statt. Der Kommandeur, Oberstleutnant Kaufmann, beendet sie mit den Worten: ›Hals und Beinbruch, glückliche Rückkehr.‹ – An die Maschinen.

Wir wissen alle, das wird ein schwerer Einsatz, und einige von uns werden nicht mehr zurückkehren. So ist der Krieg, das wissen wir, wir sind Soldaten.

Um 15.36 Uhr starten wir, die 1. Kette der 1. Staffel. Der Start erfolgt kettenweise, den Verband führt Hauptmann Allmendinger, Staffelkapitän der 1. Staffel. FF ist Ofw. Haug, Beobachter Ofw. Sticht, Bordfunker Ofw. Schuster, Bordmechaniker Fw. Marbach, Bordschütze Uffz. Lehner. Bei den ersten Tageseinsätzen im Verband konzentrierten die Engländer ihre Abwehr stärker auf die Führungsmaschine mit dem Kommandeur. Später flog der Kommandeur in der 3. oder 4. Kette, jedoch auch dann verlor der Verband nur zu oft den Kommandeur. Deshalb verfügte die höhere Führung, daß kein Kommandeur mehr bei Tagesangriffen mitfliegen durfte, die Gruppe hatte jeweils ein Staffelkapitän zu führen, so auch heute.

Jetzt haben sich die Staffeln formiert, wir fliegen Kurs 305° – Richtung Cap Gris Nez. Dort nimmt uns der Jagdschutz auf und fliegt mit nach England.

Über Cap Gris Nez haben wir 4800 m Höhe erreicht und schon sehen wir die Me 110, Zerstörer des ›Haifisch-Geschwaders‹, die wackelnd vorbeiziehen und uns damit verständigen, daß sie unseren Jagdschutz übernehmen. Bald entschwinden sie unseren Blicken, nur um sich einige tausend Meter höher in bessere Schuß- und Angriffsposition zu begeben. Wir können sie aber auch über BzB (Bord zu Bord) Sprechverkehr erreichen. Der Rufname des Jagdschutzes ist ›Marabu‹, unser eigener ›Eule‹.

Dicht zusammengeschlossen fliegen wir im Verband der I. Gruppe über den Kanal, die Kreidefelsen von Dover leuchten herüber, südl. Canterbury am Nordrand von Chatam und nördlich von London ziehen wir vorbei.
Ab Dover erhalten wir mittleres und schweres Flakfeuer, Sperrballone stehen drohend über der Themse und London.
Im Gebiet der Themsemündung haben wir schon die ersten Spitfire am Halse. Jäger von unten, tönt es in der Kopfhaube. Wie kleine Mücken kommen sie herauf und werden immer größer. Da sind sie auch schon heran und versuchen, uns von unten anzugreifen. Kurze Feuerstöße vom Bordmechaniker, vom Heckschützen und auch von mir, dem Beobachter, aus der Glaskanzel, jagen wir den Tommys entgegen. Die Spitfire sind uns natürlich an Schnelligkeit und Wendigkeit, aber auch an Bewaffnung überlegen.
Im nächsten Augenblick rufen wir über BzB: »Marabu von Eule – erbitten Jagdschutz, 10 Spitfire im Angriff unter unserem Verband.«
Dann können wir auch schon aufatmen, unsere Zerstörer und auch Me 109 übernehmen den Kampf mit den Engländern. Die Kondensstreifen am Himmel geben Zeugnis ab von einem erbitterten Luftkampf. Einige stürzen wie brennende Fackeln vom Himmel, ob Freund oder Feind ist nicht zu erkennen. In 15 Minuten müssen wir am Ziel sein. Ich sehe jetzt nur noch, wie englische und deutsche Jäger im Sturzflug durch die Wolken verschwinden. Der erste Angriff ist überstanden, die Zerstörer vom Haifisch-Geschwader haben uns gut abgeschirmt.
Wir sind jetzt dem Ziel schon sehr nahe, durch die aufgerissene Wolkendecke ist es gut auszumachen: ein großer Flugplatz mit mehreren Startbahnen, großen Hallen, Splitterboxen und rund um den Platz eine ganze Anzahl Flakstellungen, die auch sofort bei unserer Annäherung das Feuer eröffnen.
Die Bombenschächte habe ich längst geöffnet, ZSK eingeschaltet. Das Ziel habe ich bereits weit voraus erfaßt, um die Grundgeschwindigkeit zu ermitteln, und die Abtrift der Bomben zu vermeiden. Für den Flugzeugführer heißt es jetzt genau Kurs halten, die Maschine ruhig halten, keinerlei Abwehrbewegungen mehr, auch nicht bei etwaigen Angriffen. Plötzlich stürzen sich erneut feindliche Jäger auf uns, sie kommen aus der Sonne. Verzweifelt wehren wir uns. Der Beobachter arbeitet fieberhaft am Lotfe (Bombenzielgerät).
Die Explosionen der Flakgranaten liegen gefährlich nahe, einige Jäger stürzen sich auf unsere Kette. Der rechte Kettenhund der 3. Kette zieht eine Rauchfahne hinter sich her, er ist getroffen, verliert Sprit. Und wieder tönt es durch BzB, diesmal von unserem Verbandsführer Allmendinger: ›Marabu von Eule, erbitte Hilfe für eine He 111, fliegt hinter dem Verband.‹ Sofort stürzen sich unsere ›Marabus‹ auf die Spit-

fire, und es entbrennt ein neuer Kampf auf Leben und Tod.
Die Maschine ist verloren. Uffz. Gall als Flugzeugführer, Lt. Rösler als Beobachter vermißt, später Gefangenschaft in Kanada, Bordfunker Fw. Künheim, Bordmechaniker Uffz. Saam, Bordschütze Obergfr. Fischer gefallen.
Die englischen Jäger entwickeln viel Schneid und Mut, sie fliegen zwischen unseren Ketten hindurch, so daß man zeitweise nicht zum Schuß kommt, um die eigenen Maschinen nicht zu gefährden.
Jetzt sind wir endlich über unserem Ziel. Ich rufe noch über Kehlkopfmikrofon: ›Bordmechaniker Feuer einstellen‹ und dann auch schon: ›Achtung Bombe fällt‹. In diesem Augenblick verlassen 36 Splitter- und Sprengbomben zu je 1 Zentner und eine 250-kg-Bombe unsere Maschine. Auch die anderen Maschinen haben ihre Bomben abgeworfen. Einschlag und Wirkung der Bomben kann ich gut beobachten. Rauch und Feuerpilze schießen hoch, die Hallen, die abgestellten Maschinen und das Rollfeld sind getroffen, die Bomben lagen im Ziel.
Der Luftkampf geht weiter, die englische Flak feuert dazwischen, ohne Rücksicht auf ihre eigenen Flugzeuge.
Wir drehen sofort ab und gehen auf Südostkurs.
Mit einem etwas mulmigen Gefühl nehme ich zur Kenntnis, daß uns unsere Me 109 mangels Sprit bereits verlassen habe. Gott sei Dank sind die Me 110 vom Haifisch-Geschwader noch da. Eine He 111 ist schon getroffen. Sie legt sich auf den Rücken, die Motoren brennen, sie stürzt ab, Rauch und Feuer hinter sich herziehend. Für jeden, der nicht gerade schießt, ein Anblick wie wir ihn so oft ertragen müssen.
Doch die wilde Jagd geht weiter. Verbissen kämpfen die Engländer, und wir wehren uns mit dem Mut der Verzweiflung.
Jetzt hat es wieder eine Spitfire erwischt, die wie eine brennende Fakkel zu Boden stürzt.
Aber wir haben einen hohen Blutzoll entrichtet. Inzwischen mögen es wohl zwischen 10 und 15 Maschinen gewesen sein, die brennend vom Himmel fielen. Wieviel eigene, wieviel feindliche ist in der Hitze des Gefechts nicht zu erkennen. Wir freuen uns, wenn wir einen sich öffnenden Fallschirm sehen, die wie weiße Pilze in den Himmel schießen; gleichgültig, ob Freund oder Feind.
In der Nähe der Themse-Mündung, südl. von Southend on Sea meldet die Besatzung FF Fw. Sünderhauf: ›Motorschaden, fliegen mit einem Motor, Flugzeugführer schwer verwundet‹. Wir rufen sofort die Zerstörer, erbitten dringend Jagdschutz für eine He 111. ›Fliegt mit einem Motor hinter dem Verband.‹ Wir selbst verlangsamen unsere Geschwindigkeit, um in Sichtweite zu bleiben und evtl. den Seenotdienst einschalten zu können.
Das englische Festland haben wir nun verlassen und nehmen Kurs auf

Calais. Bei St. Omer verabschieden sich die Haifisch-Zerstörer mit wackelnden Tragflächen. Wir bedanken uns über BzB für Jagdschutz, ohne ihn wäre es uns schlecht ergangen.
Nach der Landung sahen wir, daß die Engländer auch unsere Maschine ganz schön zugerichtet hatten. Personenschaden haben wir nicht, aber unser Vogel hat über 100 Einschüsse.
Eine Maschine unserer 1. Staffel hatte einen Verletzten an Bord. Bereits schwer verwundet, wehrte er bis zuletzt an der Bordkanone die englischen Jagdangriffe ab, bis er zusammenbrach. Es war der Ofw. Max Zieringer. Tagelang bemühten sich die Ärzte um ihn, bis er doch zur großen Armee abberufen wurde. Er wurde auf dem Heldenfriedhof in Arras, wo schon viele Kameraden ihre letzte Ruhe fanden, mit allen militärischen Ehren beigesetzt.
Sein Tod ging mir besonders nahe, denn wir waren alte Kameraden. Am 4. 4. 1934 waren wir gemeinsam bei der Bayerischen Landespolizei eingerückt und hatten uns gemeinsam zur Fliegertruppe gemeldet. Er war Bordmechaniker, ich Beobachter geworden. Wir flogen Seite an Seite im Krieg in Polen, Frankreich und jetzt auch England, bis uns sein Tod nach über sechs Jahren enger Verbundenheit und Kameradschaft für immer trennte. Er bleibt mir und den Kameraden der 1. Staffel des KG 53 unvergessen, in unserem Herzen lebt er weiter.«.

e) Tagangriff auf das King-George-Dock/Notlandung im Kanal

Hauptmann a. D. Martin Winter, damals Oberfeldwebel und Flugzeugführer, Stabskette I. Gruppe, konnte bei einem Einsatz am 7. 9. 40 das rettende Festland nicht mehr erreichen, er mußte im Kanal notwassern. Hier sein Bericht:
»Start 15.40 Uhr, Ziel: Das King-George-Dock an der Themse. Besatzung: FF Ofw. Martin Winter, BO Olt. Albin Weber, BF Ofw. Gerh. Müller, BM Fw. Friedr. Kempgens, BS Flg. Hans Hönig. Anflughöhe 3000 m, starker Flakbeschuß. Kurz vor dem Ziel erkenne ich ca. 15 Spitfire, die von unten heraufziehen.
Wir hatten gerade die Bomben geworfen, da höre ich auf der linken Flugzeugseite ein Prasseln und erkenne auch schon die Wirkung: eine MG-Garbe in der linken Flügelnase, an den Ausschußlöchern stehen Blechstreifen nach oben. Kurz danach sehe ich, daß die Kühltemperatur auf 140° ansteigt, wir hatten also einen Treffer ins Kühlrohr bekommen. Ich ließ den Motor leerlaufen und mußte aus dem Verband ausscheren.
Bis kurz vor Dover blieb mein linker Kettenhund an meiner Seite. Dann flog ich in niedriger Höhe in Richtung Douai, um nicht vom

englischen Radar erfaßt zu werden. Wir wurden auch nicht mehr von Jägern behelligt und sahen bald die französische Küste.
Da ruft der Funker plötzlich: »Zwei Spitfire von hinten«. Kaum gesagt, prasselt es auch schon in der Maschine. Die Jäger hielten nur auf den rechten Motor. Dann ging alles sehr schnell. In 50 m Höhe gibt es nicht mehr viel zu überlegen. Der rechte Motor fiel ebenfalls aus. Die See hatte starke Dünung. Ich fuhr die Landeklappen ganz aus und entschloß mich, senkrecht zu den Wellen zu wassern, um ein Unterschneiden der Flächen zu vermeiden.
Die erste Welle ließ ich vorbei, ging ins Wellental, gab beiden Motoren Vollgas – ich hatte sie ja im Leerlauf weiter laufen lassen – und beide zogen die Maschine am Hang der ankommenden Welle hinauf, ich drückte die Maschine auf den Wellenberg, ein kurzer Ruck und sie schwamm.
Der Bordmechaniker warf sofort das Schlauchboot ins Wasser, es blieb flach auf dem Wasser liegen. Pelzstiefel aus und hinein ins Wasser, Gott sei Dank, es war nicht kalt.
Keine Treffer im Boot, wie ich feststellte. Am Ventil mußte ich jedoch mit Entsetzen feststellen, daß die Preßluftflasche nicht angeschlossen war. Die Besatzung hatte inzwischen die Maschine verlassen. Sie sank nach fünf Minuten.
Mein Versuch, mit dem Mund das Boot aufzublasen, kostete viel Mühe, immerhin schaffte ich soviel, daß es schon ein wenig Form annahm. Dann konnte ich aber auch nicht mehr, meine Puste war alle, außerdem hatte ich auch zuviel Seewasser geschluckt.
Ich half dem Bordmechaniker in das Boot, und er konnte nun gemächlich, ohne schwimmen zu müssen, das Boot weiter aufblasen.
Beim letzten Jägerangriff hatten wir leider einen Toten zu beklagen, es war ein junger Wart vom Bodenpersonal, Sudetendeutscher. Er gehörte nicht einmal zu Besatzung, sondern hatte aber, weil der Kommandeur nicht mitfliegen durfte, von diesem die Erlaubnis zum mitfliegen erhalten.
Inzwischen war der Bordfunker verschwunden. Er wollte unbedingt zu dem Feuerschiff schwimmen, das wir kurz vor dem Wassern überflogen hatten. Er war einfach nicht zu halten. Wir haben ihn niemals mehr wiedergesehen. Etwa ein ¾ Jahr später, so erfuhr ich nach Rückkehr aus der Gefangenschaft, wurde er an der französischen Küste angeschwemmt gefunden.
Jetzt waren wir nur noch zu dritt. Das Boot war tragfähig, wir setzten uns hinein und harrten der Dinge, die da kommen sollten.
Plötzlich erscheint eine weiße Rot-Kreuz-Maschine, eine Fw 58 (Focke-Wulf ›Weihe‹ 2-mot) und umkreiste uns. Doch schon bald wurde sie von einer Spitfire vertrieben, die sich in der Nähe befand.

Es begann zu dämmern, als an der Kimm eine Wassermaschine (He 9) auftaucht. Ich schieße eine rote Kugel, wir werden tatsächlich erkannt, das Flugzeug dreht in unsere Richtung. Als es scheinbar die Richtung verfehlt, schieße ich noch einmal, und nun überfliegt sie uns in 10 Meter Höhe, wir winken uns zu. Dann versucht die Maschine zu wassern, was jedoch nicht gelingt, die Dünung war zu stark.
Noch einmal überflog sie uns, dann drehte sie ab in Richtung franz. Küste. Es war stockfinstere Nacht, wir waren aber froh, daß man uns überhaupt gefunden hatte.
Doch es vergingen 36 Stunden, und es passierte überhaupt nichts. Dann am Montag, dem 9. September um 06.20 Uhr kamen zwei Schnellboote auf uns zu. Als wir den Union-Jack am Mast sehen, war uns alles klar: Gefangenschaft.
Die Engländer haben uns sehr gut aufgenommen und uns gut verpflegt. In schneller Fahrt, die etwa zwei Stunden dauerte, ging es nach Harwich, von hier wurden wir jeder in ein anderes Lager gebracht, und im Januar 1941 sind wir dann mit einem Convoi mit ca. 20 Schiffen nach Kanada transportiert worden. Die deutschen Kriegsgefangenen fuhren auf der ›Duchess of York‹ in eine fast sechsjährige Gefangenschaft.«

f) Der spätere Kommodore Pockrandt übernimmt die 9. Staffel

Wie die Verbände und Einheiten bei dieser mörderischen England-Schlacht dezimiert wurden, läßt sich an einem Bericht von dem späteren Geschwaderkommodore Pockrandt ablesen. Fritz O. Pockrandt, Jahrgang 1911, kam im August 1935 als junger Leutnant von der Sächsischen Landespolizei Dresden zur Luftwaffe und wurde zum Flugzeugführer ausgebildet.
Im August 1940 kam er, bereits am 1. 2. 1940 zum Hauptmann befördert von der Fliegerergänzungskampfgruppe Quedlinburg zum KG 53, und zwar zur Ausbildungsstaffel in Giebelstadt.
Bereits am 1. 9. 40 kam er zur III. Gruppe nach Lille-Mouvaux, wo ihm die Führung der 9. Staffel übertragen wird. Am 11. 4. 1942 übernimmt er als Kommandeur die I. Gruppe, am 14. 4. 43 schließlich das Geschwader und wird Kommodore des KG 53, das er bis zum Kriegsende geführt hat.
Vom Hauptmann bis zum Oberstleutnant im gleichen Geschwader, in dem er als Flugzeugführer eintritt und schließlich als Staffelkapitän, Gruppenkommandeur und Geschwaderkommodore bis Kriegsende tätig ist

Und nun seine Schilderung:
»Am 1. 9. 1940 wurde ich zur III. Gruppe nach Lille-Mouvaux versetzt (Kommandeur Major von Braun) und mit der Führung der 9. Staffel betraut, die einschließlich meines Vorgängers bei einem Englandeinsatz völlig dezimiert worden war. Meine Staffel bestand aus dem allgemeinen und dem technischen Personal und einigen Beobachtern, Bordfunkern, Bordmechanikern und Bordschützen. Außer meiner eigenen Besatzung gab es keine weitere mehr. Der erste Eindruck war doch recht depremierend, aber dies mußte ich schnellstens unterdrücken, um die Stimmung der Staffel erst einmal zu heben. Viel Zeit dazu gab es eigentlich nicht; der Kontakt zu den Männern war schnell gefunden, und der erste Einsatz stand bevor.
Erster Feindflug im Geschwaderverband am 4. 9. 40. Bei der Einsatzbesprechung im Gruppengefechtsstand wurden mir je eine Besatzung der 7. (Hptm. Zorn) und der 8. Staffel (Hptm. Wienholtz) zugeteilt, so daß ich wenigstens eine volle Kette hatte. Dieser Einsatz galt Luton, einem englischen Jägerplatz nördlich London. Nach dem Sammeln der Gruppe und des ganzen Geschwaders ging es im Steigflug zum Treffpunkt mit den Jägern bei Calais, die auch pünktlich erschienen. Es war schon ein imposanter Anblick, bei dem herrlichsten Wetter das Geschwader seinen Kurs auf England nehmen zu sehen. In der Ferne waren andere Verbände in der Luft, ein Bild, das mir bis zu diesem Tage absolut fremd gewesen war. Aber es blieb keine Zeit für solche Betrachtungsweise; denn meine ganze Aufmerksamkeit mußte ich der Tatsache widmen, daß engster Verbandsflug sehr ratsam war, dies zum erstenmal in meinem fliegerischen Leben mit voll beladener und voll betankter Maschine in mehr als 5000 m Höhe. Ich muß gestehen, daß ich meine Schwierigkeiten hatte, ziemlich am Ende der Gruppe fliegend, am Vordermann dranzubleiben. Erinnern kann ich mich noch gut, die Kreidefelsen von Dover und Kap Dungeness gesehen zu haben, aber dann war auch schnell der Teufel los. Unsere Jäger waren über und unter uns, und man hätte das Gefühl haben dürfen, als könnte nicht viel passieren. Aber urplötzlich waren die Engländer da und lockten geschickt unsere eigenen Jäger vom Verband. Nachdem dies gelungen war, stürzten sich die Engländer auf uns. Von allen Seiten kamen sie, aus allen Rohren feuernd, ja sogar einzelne von vorn, um die Verbandsführer herauszuschießen. Unbeirrt flogen wir zwar weiter, um unseren Auftrag auszuführen, aber die Reihen lichteten sich bereits nach den ersten Angriffen der Engländer. Auch bei mir knisterte es gewaltig im Karton, aber es blieb vorläufig noch alles klar. Erste Bombennotwürfe und dann folgend Ausscheiden von Maschinen mit qualmendem Motor und stehender Latte. An einen direkten Abschuß einer He 111 in diesem Zeitraum kann ich mich nicht erinnern. Ich weiß nur

noch, daß, als wir uns dem Ziel näherten, meine Position sehr viel weiter vorn war. Nach dem Bombenwurf auf den Jägerplatz, der in sommerlichem Dunst lag und schwer auszumachen war, wurde schnellstens abgedreht und Kurs Richtung Heimat genommen. Ich selbst konnte nicht ausmachen, ob der Platz getroffen worden war, alle anderen meiner Besatzung hatten keine Zeit, sich um die einschlagenden Bomben zu kümmern. Auch beim Abflug Jagdangriff auf Jagdangriff, außerdem zusätzlich heftiger Flakbeschuß. Von unseren eigenen Jägern war fast nichts mehr zu sehen, sie hatten ihr Pulver verschossen, und mangelnde Reichweite hatte sie schon zur Umkehr gezwungen. So hingen wir über England, versuchten mit allen Mitteln, den Verbandsflug weiter aufrechtzuerhalten, was auch bis zur Küste einigermaßen gelang. Noch einmal heftiger Flakbeschuß über der Küste, und dann ging es in steilem Flug abwärts, um den letzten Jagdangriffen zu entkommen. Dabei ging der Verbandsflug mehr oder weniger in die Binsen. Im Tiefflug ging es über den Kanal. Selten waren noch geschlossene Ketten zu sehen, dafür um so mehr Maschinen im Einmotorflug oder mit qualmendem Motor, zerschossenen Leitwerken und großen Löchern im Rumpf oder in den Tragflächen. Meine Maschine war auch arg mitgenommen, aber edle Teile waren nicht beschädigt, so daß wir über dem Festland wieder etwas höher gingen, um alle Eventualitäten auszuschalten oder solchen zumindest rechtzeitig vorbeugen zu können. Ich kann nicht behaupten, daß wir bei diesem ersten Feindflug gefroren hätten, im Gegenteil, wir waren alle durchgeschwitzt und nun froh, uns heil auf dem Heimflug zu befinden. In der Maschine sah es wüst aus, die Munition war fast völlig verschossen, die Bodenwanne lag voll von Patronenhülsen, es roch nach verbranntem Pulver. Nach der Landung beglückwünschten wir uns erst einmal selbst und wurden dann vom Bodenpersonal herzlich empfangen. Der 1. Feindflug meines Lebens war zu Ende, es war alles gut gegangen. So mancher hat schon den ersten Einsatz gegen England nicht überstanden. Die stolze Armada, die gegen Mittag gestartet war, kam arg zerrupft nach Hause. Wenn ich mich recht erinnere, war laut Luftaufklärung der Angriff des Geschwaders sogar ein guter Erfolg gewesen.
In den Wochen und Monaten danach folgten noch insgesamt 10 bis 12 Tageseinsätze auf Flugplätze rund um London, Häfen und Dockanlagen an der Themse und Öllager. Dann Übergang zu Einzeleinsätzen auf Sonderziele bei schlechter Wetterlage und Nachtangriffe. Die Staffel war bald wieder aufgefüllt, die Stimmung stieg wieder. Nach Aufgabe der Tageseinsätze hielten sich die Verluste in Grenzen und konnten immer wieder ausgeglichen werden.
Nachteinsätze erfolgten auf London, Birmingham, Liverpool, Coventry und andere Ziele im mittelenglischen Raum.

Dann übernimmt Major Rohrbach die III. Gruppe. Es folgt meine Versetzung zur II. Gruppe – Major Steinweg – und Übernahme der 6. Staffel von Hauptmann Mundt; mit dieser Staffel weitere Nachteinsätze auf die bekannten Ziele.
Die III. Gruppe unter Major Rohrbach wird in dieser Zeit zur kurzfristigen Ausbildungsgruppe wegen der noch immer schweren Verluste, die Giebelstadt nicht mehr ausgleichen kann, zwecks Auffüllung der Staffeln und Ausbildung der neuen Besatzungen. Die Stammbesatzungen nehmen weiterhin an Nacht- und Tageseinzeleinsätzen teil.
Mitte November komme ich zur III. Gruppe und zu meiner nun schon alten 9. Staffel zurück, worüber ich sehr froh bin. Nach fast 30 Feindflügen, die alle mehr oder weniger gut überstanden wurden, kam nun bereits die Aufgabe, den Nachwuchs zu schulen und nebenbei auch noch Einsätze zu fliegen. Bei den Verlusten in diesen knapp drei Monaten war ich schon fast ein alter Hase.
Major Rohrbach verunglückte tödlich mit dem Auto und wird durch Hptm. Fabian ersetzt. Die Ausbildungsstaffel Giebelstadt wird aufgelöst.«

g) Einsatz auf Loge (London)

Der Einsatzbefehl für das gesamte Geschwader für den 14. 9. 40 zeigt nochmals den geplanten Ablauf von einem Englandeinsatz mit Jagdschutz und Navigationsmitteln:
Fernschreiben 13. 9. 40, 23.38 Uhr

Einsatzbefehl für den 14. 9. 40

eins 1. KG 53 bereitet den Einsatz auf Loge Ziel Nr. 566, 453, 565, 455 vor.
2. Führung Kommandeur zwei/KG 53
es werden eingesetzt: I./KG 53: 9 He 111; II./KG 53: 17 He 111 (6 He 111 sind bei der III./KG 53 abzuholen). III./KG 53: 6 He 111. Stabsstaffel: 1 He 111
3. Zeit gleich Angriffszeit.
4. JG 3 übernimmt den unmittelbaren Begleitschutz, außerdem JG 54
Treffpunktlinie: Aire – Boulogne.
Abflug Boulogne: X – 30 Min. in 5500 m.
Angriffshöhe: 5500–6000 m nach dem Angriff Linkskurve
5. Beladung: 6 SC 250 (davon 2 L.Z.Z.) und soweit möglich 1 Flambo.
6. Die Maschinen der Stabsstaffel, eins/KG 53 und drei/KG 53 verlegen bis 07.00 Uhr nach Vendeville. Zwei/KG 53 bereitet Beladung vor.
7. Ab 07.00 Uhr Bereitschaftsstufe 2, mit Start vor 08.30 Uhr ist nicht zu rechnen.

zwei 1. Falls Angriff Loge infolge Schlechtwetter nicht durchführbar, setzt II./KG 53 10 He 111 zu Störangriffen auf Industrieziele in Bild an (Nr. 7348, 7461, 712, 714, 7450). Entscheidung darüber trifft das Geschwader.

2. Hierzu setzt Stabsstaffel 1 He 111, Start 06.30 Uhr zur Wetteraufklärung ein.
3. Flughöhe über England nicht unter 2500 m (Ballonsperren). Grundsatz: Deckung geht vor Wirkung.
4. Navigationshilfsmittel: Knickebein 1: 07.00–20.00 Uhr auf Degen.
   Knickebein 2: 06.00–15.45 Uhr auf Bild.
   16.00–20.30 Uhr auf Loge.
   Knickebein 3: 13.50–20.30 Uhr auf Loge.
   Alle Funkfeuer laufen nach Anforderung durch die Gruppe. Die Funkfeuer sind bei Hin- und Rückflug nur mit Sicht zu überfliegen, da sie durch Flugzeuge des KG 3 und KG 26 für Störangriffe auf Loge mitbenutzt werden.
   KG 53 Abt. eins a Nr. 1520/40 Geh.

Dieser Einsatzbefehl fällt in die Zeit der ›Tag- und Nachtangriffe auf Ziele im Raum London‹.
Ein Tag später, der 15. September, wird ein schwarzer Tag für die deutschen Verbände. Über der Metropole des Empire toben erbitterte Luftschlachten, die deutschen Verluste betragen 56, die britischen 26 Flugzeuge. Noch heute feiern die Briten diesen Tag als den ›Battle of Britain‹-Tag.
Aber 65 Nächte lang schlagen in London Spreng- und Brandbomben ein. In der Nacht vom 14. auf den 15. 11. 1940 wird das Rüstungszentrum Coventry vernichtend getroffen. Birmingham, Southampton, Manchester, Liverpool-Birkenhead folgen, aber auch immer wieder London (Deckname Loge) und dann wieder geht es gegen Portland, Portsmouth und Plymouth. BBC London konnte nicht umhin, in jenen Tagen zuzugeben: ›Wann immer das Wetter günstig ist, erscheinen Wellen deutscher Bomber, von Jägern geschützt, oft 300 bis 400 gleichzeitig, über der Insel. Diese Anstrengung der Deutschen auf Luftherrschaft über England ist das Kreuz dieses Krieges!‹
Bereits am 7. September war Göring mit Kesselring und Loerzer bei Cap Blanc Nez an der Kanalküste zusammengetroffen. Den anwesenden Reportern sagte er, er habe nunmehr persönlich die Führung der Luftwaffe im Kampf gegen England übernommen.
Die Schlacht über London war entbrannt. Die britischen Jäger hatten sicherlich den Vorteil, daß sie in der Nähe ihrer Basen kämpften, sie arbeiteten unter wirksamer Leitung vom Boden aus und konnten so ihren Einsatz konzentrieren.
Bei Ansatz einer Ebenbürtigkeit deutscher und britischer Piloten konnte nach der gegebenen Lage der Ausgang des Kampfes nicht zweifelhaft sein. Es war damit eigentlich auch klar, daß, welchen Weg Göring für den weiteren Einsatz der Luftwaffe auch gehen würde, die Vernichtung der RAF nicht zu erreichen war. Die Abnutzungsschlacht, die vom 10. Juli bis zum 31. Oktober 1940 1733 deutsche Flugzeuge geko-

stet hat, konnte die Luftwaffe auf die Dauer nicht verkraften. Die britischen Verluste betrugen im gleichen Zeitraum 915 Flugzeuge.

h) Kriegstagebuch der I. Gruppe vom 21. 9. 1940–30. 5. 1941

Über den Einsatz der I. Gruppe unseres Kampfgeschwaders liegt ab Ende September 1940 das Kriegstagebuch teilweise vor. Die Angaben über die Einsätze geben einen Überblick, repräsentativ auch für die anderen Gruppen:

21. 9. 40	
Vitry	
00.48–01.12	Start von 9 He 111 zum Angriff auf London. Eine He 111 (A1 + DH) wegen Motorschaden Bomben vorzeitig geworfen.
11.20	Von KG 53: Einsatzbefehl für den 21. 9. 40: Am Tage Einzelvernichtungsangriffe durch Sonderbesatzungen.
13.26–16.20	Start der A1 + EH zum Angriff auf 7319 (Derby). Wegen Wetterlage abgebrochen.
15.28–17.42	Start der A1 + HH zum Angriff auf Birmingham. Angriff abgebrochen, Ersatzziel Geleitzug, keine Wirkung.
23. 9. 50	
Vitry	
11.55–15.53	11 He 111 Angriff auf London, abgebrochen wegen wolkenlosem Himmel.
24. 9. 40	
Vitry	
12.18–13.20	Verlegung von 9 He 111 nach Vendeville. Einzelangriffe auf Birmingham, 11 He 111 auf London.
25. 9. 40	
Vitry	
00.30–01.43	4 He 111 Angriff auf London.
27. 9. 40	Einzelangriff He 111 A1 + HH, Besatzung Olt. Leonhardi auf Morris (Werke Birmingham) Volltreffer einer SC 1000.
28. 9. 40	
02.42–03.00	Start von 5 He 111 Angriff auf London und Einzelangriffe auf 7319 (Derby).
29. 9. 40	
03.15–03.36	7 He 111 auf London
16.17	He 111 A1 + FH Besatzung Olt. von Buttlar Ziel Derby (Rolls-Royce-Motorenwerke) Ziel im Tiefflug angeflogen und die 1000 kg Bombe aus 600 m Höhe in den Südostteil des Werkes geworfen.
30. 9. 40	
Vitry	
02.30–02.51	6 He 111 auf London
1.10.40	
20.33–21.30	8 He 111 auf London und Birmingham Start der He 111 A1 + HH zum Angriff auf Birmingham, Ziel infolge Ballonsperren nicht angreifbar.

02. 10. 40	
16.34	He 111 A1 + CH zum Angriff auf Birmingham gibt im Klartext durch, muß in England notlanden, nicht zurückgekehrt, Besatzung wahrscheinlich in Gefangenschaft.
20.00	Einsatz auf London fällt wegen ungünstiger Wetterlage aus.
03. 10. 40	Einzelangriff auf Birmingham, wegen Wetterlage abgebrochen.
04. 10. 40	Einzelziele wegen Wetterlage nicht angegriffen.
15.45	15 He 111 auf London
05. 10. 40	5 He 111 auf London, verschiedene Einzelangriffe.
06. 10. 40	
Vitry	Einzelangriffe auf London, I./53 Störangriffe auf London, Regierungsviertel
07. 10. 40	Einzelangriffe auf verschiedene Ziele
08. 10. 40	
04.12–04.23	3 He 111 Angriff auf London, Regierungsviertel. Bomben lagen im Ziel, Detonation wurde beobachtet.
09. 10. 40	
03.30–03.43	5 He 111 Vergeltungsangriff auf London. 5 × 1000 kg-Bomben nach Funknavigation, Peilung und Koppelnavigation abgeworfen.
10. 10. 40	
Vitry	5 He 111 auf London, Einzelangriff
11. 10. 40	4 He 111 auf London

Die Nachteinsätze mit Schwerpunkt London und Einzelzielen in Derby, Rolls-Royce-Werke und Birmingham setzen sich in täglicher Reihenfolge fort bis zum 13. 11. 1940.

14. 11. 40	
Vitry	
11.08	Start 1 He 111 zur Wetteraufklärung und Störangriff auf London. Wegen des Wetters umgekehrt.
17.00	KG 53 greift im Rahmen eines Großangriffes Coventry (Korn) an, Zeit über Ziel: 23.00–23.45
21.24	Start von 8 He 111 zum Angriff auf Coventry. Sehr guter Erfolg, sehr viele Großbrände. Bomben einwandfrei im Ziel.
15. 11. 40	
17.00	Nachtangriff auf Korn (Coventry) in Einzelstörangriffen.
21.20–22.23 00.04–02.32	Start von 8 He 111 zum Angriff auf Coventry. Von verschiedenen Flugzeugen wurde wegen geschlossener Wolkendecke am Ziel Ausweichziele London bzw. Sherness angegriffen. Abwurf nach Funk- u. Koppelnavigation.
16. 11. 40	
16.10	Nachteinsätze in Einzelstörangriffen auf Coventry. In der zweiten Nachthälfte auf London.
19.07–23.24	Start von 1 He 111 auf Coventry und 3 He 111 auf London. Bomben lagen in Coventry. Über London wurde nach Funk- und Koppelnavigation abgeworfen.

In der Zeit danach werden die Angriffe auf London sowie – meist Einzelangriffe – auf Derby Birmingham und auf den Flugplatz Hamwell fortgesetzt. Am 26. 11. kommen als neue Ziele Liverpool (Deckname

Speisekammer) und Manchester (Deckname Kleiderschrank) hinzu, im übrigen gehen die Angriffe auf London weiter.
Ab 15. 12 kommt als neues Ziel Sheffield hinzu, das am 15. 12. mit starker Wirkung angegriffen wird, gleichzeitig werden die Angriffe auf Manchester und Liverpool intensiver.
Am 2. 1. 1941 wird Cardiff angegriffen, am 4. 1. erstmals Bristol. Am 31. 1. erfolgt ein Angriff auf eine Großtankanlage in Southampton mit großem Erfolg, der auch im Wehrmachtsbericht erwähnt wird, am 5. 2. erfolgreicher Angriff auf die Staatswerft Chatan. Wiederholt sind jetzt auch die Flugplätze West-Raynham und Hamswell Ziel heftiger Angriffe.

Die Eintragung am 16. 2. 1941 lautet:

Vitry	
11.41	Start von 3 He 111 zum Angriff auf Ziel 10242 (Hamswell) 2 Maschinen erreichen das Ziel und erzielten Treffer in Unterkünfte und Hallen. 1 He 111 mußte den Flug wegen Motorschaden abbrechen.
14.24–15.07	Start von 5 He 111 zum Angriff auf Flugplatz West-Raynham und Hamswell. 2 He 111 belegen das Ziel mit Bomben. Dabei erzielte die Besatzung Olt. Ziegler besondere Erfolge in dem 6½ Stunden dauernden Flug durch Treffer in Hallen, abgestellten Flugzeugen und auf der Haupteisenbahnstrecke. Landung wegen zerschossener Funkanlage in Antwerpen.

Den Bericht von der Besatzung Lt. Mayer, die an diesem Einsatz teilnahm, bringen wir im Anschluß.

23. 2. 41	Starker Angriff auf Hull
27. 2.	Angriff auf Great Yarmouth und Tanklager Hull
3. 3	Starker Angriff auf Newcastle, Tynemouth und South-Shields. 9 Maschinen erreichten das Ziel und warfen die Bomben aus 2500–4000 m Höhe. Es wurden kleinere anhaltende Brände beobachtet. 1 Maschine wurde beim Rückflug bis nach Merville durch Nachtjäger beschossen. Glatte Ladung mit 50 Treffern und 1 Motor. Flugzeugführer und Bordfunker leicht verletzt. 2 Maschinen mußten wegen Motorschaden bzw. Ausfall der Umpumpanlage ohne Bombenabwurf umkehren.
8. 3. Vitry u. Wittmundhafen	Teilverlegung nach Wittmundhafen
12. 3. Vitry	Nachteinsatz auf Liverpool
13. 3. Vitry	Angriff auf Glasgow
14. 3. Vitry	Starker Angriff auf Glasgow. Es wurde eine außerordentliche Brandwirkung erzielt, bis auf 100 km zu sehen.
16. 3.	Zurückverlegung nach Vitry
18. 3. Vitry	Starker Angriff auf Hull
19. 3. Vitry	Starker Angriff auf London
21. 3. bis 24. 3.	Keine Einsätze wegen Wetterlage

25. 3.	Auf Befehl des Obersten Befehlshabers der Wehrmacht sind ab sofort bis auf weiteres jegliche Angriffe auf Seeschlange (London), sowie das Überfliegen von London verboten. Kein Einsatz wegen Wetterlage.

Ab 26. 3. werden Wetteraufklärung und Einzelaufträge geflogen.
Als neue Aufgabe ab 30. 3. wurden die Gruppen zur Bekämpfung der englischen Nachtflughäfen eingesetzt. Als Schwerpunktziele werden angegeben:

Ziel 1069 Duxfort (das englische Rechlin)
10249 Flugplatz Wattisham
10107 Honnington
10218 Stradishall
10154 Newmarket
10146 Mildenhall
10152 Wyton

Noch am gleichen Tag wurden 7 He 111 auf Nachtflughäfen eingesetzt. Das brachte jedoch kaum etwas. Es folgte daher am 31. 3. wieder ein massierter Angriff auf Hull.

5. 4. 1941	Besuch durch den Chef der Luftflotte 2, Generalfeldmarschall Kesselring, zur Überprüfung der Vorbereitungen der Besatzungen auf die kommende Vollmondperiode. Nach kurzer Besprechung im Flugvorbereitungsraum am Rollfeld, wo der Kommandeur dem Feldmarschall die Vorbereitungen der Gruppe vorlegt, wohnt der Generalfeldmarschall von 16.00–17.30 einem Flugvorbereitungsunterricht der Besatzungen der 3. Staffel in Monchy le Preux bei. Der Feldmarschall ist mit den getroffenen, genauesten Vorbereitungen äußerst zufrieden und spricht sämtlichen Beteiligten persönlich seine besondere Anerkennung aus.
6. 4.	Starker Angriff auf Kanone (Nottingham) Ausweichziel Daimler (Derby).
7. 4.	Angriff auf Friedhof (Dumberton, Glasgow). Erstmals wird unser Flugplatz Vitry von einem englischen Nachtjäger angegriffen, er bewarf den Flugplatz mit Bomben und griff danach landende Flugzeuge mit Bordwaffen an, wobei 2 Maschinen durch Kanonentreffer beschädigt wurden.
8. 4.	Angriff auf Hull
9. 4.	
00.45–02.05	Start von 15 He 111 zum Angriff auf gemeldete Geleitzüge. Infolge Fehlens des Mondlichtes waren Ziele kaum zu finden. 5 Maschinen griffen an. Nur 1 Frachter wurde mittschiffs durch Volltreffer getroffen und versenkt. Besatzung Hptm. Dreher. Alle anderen Maschinen konnten die Wirkung infolge der Dunkelheit nicht erkennen. Die übrigen Maschinen griffen Ausweichziele wie Great Yarmouth, Harwich usw. nach Sicht an. 2 Maschinen brachten Bomben infolge Nichtauffindens geeigneter Ziele zurück. Starke Abwehr von den Schiffen, Hptm. Dreher erhielt einen Streifschuß an der rechten Hand.

15.00	Besuch durch den komm. General des II. Fliegerkorps, General der Flieger Loerzer.
22.30–24.00	21 He 111 Angriff auf Newcastle. 17 Maschinen bei klarer Sicht über Ziel geworfen. Guter Erfolg, mehrere Großbrände. 2 junge Besatzungen warfen weisungsgemäß ihre Bomben über Great Yarmouth einwandfrei ab. 2 Maschinen mußten infolge Jagdangriffs bzw. Motorschaden Bomben vorzeitig abwerfen.
10. 4. 1941	Starker Angriff auf Nottingham.
11. 4.	Starker Angriff auf Portsmouth. Sehr großer Erfolg.
15. 4.	Nachtangriff mit stärksten Kräften auf Belfast (Etappe)
16. 4.	Als Vergeltungsangriff gegen Bombardierung von Berlin wird zweimaliger Einsatz bei äußerst geeigneter Wetterlage auf London befohlen.
21.14	19 He 111 auf London.
01.59–02.40	15 He 111 auf London.
	34 Maschinen der Gruppe melden einen durchschlagenden Erfolg. Die letzten Maschinen zählten 80 Großbrände. Beim 2. Start Fehlstart 1 He 111 durch Fahrwerkbeschädigung, da eine vorher startende Maschine 1 SC 1000 auf der Startbahn verloren hatte. Maschine stark beschädigt. Besatzung unverletzt.
17. 4. 1941	Nachteinsatz auf Portsmouth.
18. 4.	Zweimaliger Nachteinsatz auf Portsmouth.
19. 4.	Nachteinsatz auf London in zweimaligem Einsatz
21.45	22 He 111 zum Angriff auf London.
01.50	10 He 111 zum Angriff auf London.
21. 4. 1941	Nachteinsatz auf Hull.
22. 4.	Einsatz von Sonderbesatzungen für folgende Ziele: Handelsschiffe, Versorgungsanlagen in engl. Osthäfen, Rüstungsindustrie um Nottingham und Norwich, Nachtflughäfen mit Schwerpunkt auf Flugzeuge am Boden. Dazu werden folgende Besatzungen eingeteilt:

Ziel-Nr.	1. Staffel	2. Staffel	3. Staffel
785	Lt. Leske	Uffz. Raßloff	Lt. Plank v. Bachselten
8234	Lt. Meyer	Fw. Schaper	Lt. von Sieber
2022	Ofw. Haug	Lt. Lehmann	Uffz. Endress
Schiffe	Uffz. Schliemann	Lt. Kreuzer	Uffz. Strasser

23. 4.	Angriff auf Industrieziele, Schiffsziele, Nachtflughäfen und Portsmouth. Besatzung Uffz. Raßloff führt dabei einen erfolgreichen Angriff aus 600 m gegen Flugplatz Waddington (10236) durch. Besatzung Uffz. Endress führt aus 750 m Höhe einen erfolgreichen Angriff auf Flugplatz Stradishall aus. 1 Halle stürzte ein. 4 Maschinen warfen wegen ungenügender Bedeckung nach Einbruch der Dunkelheit auf Great Yarmouth ab.
26. 4.	Nachteinsatz auf Liverpool.
29. 4.	Angriff auf Cardiff.
2. 5. 1941	Nachtangriff Liverpool. Merkliche Verstärkung der englischen Nachtjägertätigkeit.
3. 5.	Angriff von 21 He 111 auf Liverpool. 2 Maschinen kehren nicht zurück. Da nach dem Abmelden keinerlei Funkverbindung mehr bestand, liegen keine Anhaltspunkte über das Schicksal der Besatzungen vor, es besteht die Möglichkeit eines Abschusses durch Nachtjäger.

Vermißte Besatzungen:

A1 + EK	A1 + LL
FF Lt. Baller	Lt. Plank v. Bachselten
BO Uffz. Palubicki	Gefr. Regnat
BF Uffz. Stolper	Gefr. Kauhardt
BM Gefr. Donner	Uffz. Richter II (Walter)
BS Uffz. Fleischmann	–

4. 5. 1941 Nachteinsatz auf Barrow of Furness

5. 5. Nachteinsatz auf Clydemündung
Vermißte Besatzung: A1 + CK
FF Uffz. Raßloff, BO Gefr. Lernbass, BF Uffz. Simon, BM Gefr. Schmidt, BS Gefr. Quittenbaum.

7. 5. Nachtangriff mit stärksten Kräften auf Liverpool mit sehr gutem Erfolg.

8. 5. Nachtangriff auf Sheffield, Start von 22 He 111. Wegen 10/10 Bedeckung greifen 19 Maschinen das Ausweichziel Mülleimer (Hull) mit durchschlagendem Erfolg an. Sämtliche Bomben im Zielraum, mehrere Großbrände, sowie 3 große Explosionen. 2 He 111 mußten Bombenwurf infolge hartnäckiger Nachtjägerangriffe bei der sehr hellen Nacht über See durchführen.

10. 5. 1941

22.44 Als Vergeltung für den englischen Angriff auf Berlin greift die Gruppe in zweimaligem Einsatz mit stärksten Kräften London an. Start von 23 He 111 zum Angriff auf London, bei ausgezeichneter Sicht greifen diese Maschinen London mit durchschlagendem Erfolg an. 1 Besatzung kehrt nicht zurück.
Vermißte Besatzung: A1 + CL
FF Lt. von Sieber, BO Fw. Fischer, BF Uffz. Schurff, BM Ofw. Meister, BS Fw, Wylezol.

11. 5. Angriff auf Nachtflughäfen.

12. 5. Angriff von 5 He 111 auf Schiffsziele. Wegen Dunkelheit und Dunst bringt der Angriff nicht den geringsten Erfolg.

14. 5. 1941
Vitry

11.00 vom Geschw.: I./KG 53 hält 4 He 111 bereit zum Angriff auf Einzelvernichtungsziele.

11.58 Start von 3 He 111 zum Angriff auf Zerstör- und Schiffsziele. 1 He 111 warf Bomben auf Eisenbahnwerkstätte.
Nottingham. Wirkung nicht beobachtet.
1 He 111 griff ein Handelsschiff (2500–3000 BRT) an. Durch Volltreffer 1 SC 500 in der Mitte des Schiffes. Schiff innerhalb 2 Minuten versenkt. 1 He 111 (Besatzung Lt. Kreuzer) greift aus 350 m Höhe Flugplatz Waddington (10236) an und erzielt 1 Volltreffer (SC 500) in einer Halle. Durch Splitterwirkung werden wahrscheinlich in der Nähe abgestellte Flugzeuge (4motorig) beschädigt).

15.30 Start 1 He 111 auf gleiche Ziele. Flug wegen Jagdangriff abgebrochen.

ab 16.08 Infolge der sehr günstigen Wetterlage werden im Laufe des Tages noch insgesamt 12 He 111 mit den gleichen Aufträgen eingesetzt, die ganz außergewöhnliche Erfolge mit nach Hause bringen: 1 He 111 (Besatzung Olt. Jacobi) greift aus 250 m das Ziel

8234 (Eisenbahnwerk Nottingham) mit großem Erfolg an und bringt Lichtbilder von dem Flugplatz Digby, dem Ziel 8234 und 785 mit. 1 He 111 (Besatzung Ofw. Fern) greift Ziel 2022 (Nachschublager Norwich) aus 600 m mit vollem Erfolg an. Bomben einwandfrei in Flugzeug- und Lagerhallen. 1 He 111 (Besatzung Uffz. Endress) Angriff auf das gleiche Ziel aus 350 m Höhe. Bomben mitten in die Hallen. 1 He 111 (Besatzung Fw. Oelker) greift Pl. Qu. 23305 Ost 1 Handelsschiff trotz Angriffs von 2 Spitfire in dreimaligem Anflug an und schoß dabei 1 Spitfire brennend ab. Aufschlag auf See beobachtet. Bombenwirkung auf dem Dampfer nicht beobachtet. 1 He 111 wirft Bomben auf eine größere Fabrik nördlich von Colchester. 1 He 111 Bomben über Felixtone abgeworfen. Infolge Flaktreffers im Motor Rückflug im Einmotorenflug. 1 He 111 Handelsschiff ohne Erfolg angegriffen. 1 He 111 wegen Motorschadens abgebrochen.
4 He 111 Flug wegen ungenügender Bedeckung abgebrochen. Sämtlichen Besatzungen, sowie der gesamten Gruppe spricht der kommandierende General der Flieger Loerzer seine höchste Anerkennung für die erfolgreichen Einsätze des Tages aus.
Es war der erfolgreichste Tag der Gruppe bei den Einzelvernichtungsangriffen gegen England.

22.00 vom Geschw.: Lt. fernmündlichem Befehl des Geschwaders wird der Beginn der 14tägigen Ausbildungsperiode weiterhin verschoben.

22.30 vom Geschw.: Es wird der Beginn der Ausbildungsperiode am 15. 5. 1941 befohlen.

Ab 15. 5. 1941 begann eine 14tägige Ausbildungsperiode, vordringlich wird geübt: Schießen aus der Luft, Bombenwerfen und Verbandsflug. Zum Ausbildungsplan gehörte jedoch auch ein Vortrag von OTL. i. G. Dörr (Heer) vor Flugzeugführern und Beobachtern über die Gliederung der Infanterie-Division in Ruhe, auf dem Marsch und im Gefecht. Schon bald sollte offenbar werden, daß diese ›Ausbildung‹ den neuen Einsatz ankündigte, den Krieg im Osten.
Doch plötzlich, am 27. 5. beginnend, jagen sich die Befehle bis zum 30. 5.

27. 5. 1941
Vitry

09.30 vom Geschw.: Verlegung für 20 Besatzungen nach Brest vorbereiten. Abruf und nähere Angaben folgen.

14.50 vom Geschw.: Verlegebefehl nach Dinard bei St. Malo. Die Gruppe wird dort Oberstlt. von Chamier unterstellt. Vorgesehen Angriff auf die engl. Flotte und zum Schutz der *Bismarck*:
Auf Anordnung des Atlantikführers entfällt der Einsatz, da sich die engl. Flotte außerhalb der Reichweite der Maschinen befindet.

ab 20.00 Rückverlegung sämtlicher Maschinen nach Vitry.

28. 5. 41
Vitry

05.00 vom Geschw.: Sämtliche klare Maschinen zur erneuten Verlegung nach Dinard bereithalten.

14.00	Verlegung nach Dinard entfällt.
29. 5. 1941	
Vitry	
04.00	vom Geschw.: Erneute Bereitstellung der Maschinen zur Verlegung nach Dinard. Am Nachmittag wird Verlegung wieder abgesagt.
30. 5. 41	
Vitry	
07.00	vom Geschw.: Für die nächsten Tage Maschinen zur Verlegung nach Dinard bereithalten.

Am Nachmittag wird Verlegung Dinard endgültig abgesagt. Allgemeine Vorbereitungen zur Verlegung der Gruppe durch die Eisenbahn in zwei Wellen mit unbekanntem Ziel. Diese Verlegung mit unbekanntem Ziel war bald geklärt: Richtung Osten.

i) Einsatz Schlachtschiff Bismarck

Über den *Bismarck*-Einsatz liefert Alfred Sticht noch folgenden Bericht:
»Am 27. Mai 1941 um 16.20 Uhr verlegten wir plötzlich mit der Kommandeurmaschine A1 + AB von Vitry en Artois nach Dinard an der französischen Atlantikküste. Diese Verlegung kam für alle sehr überraschend. Keiner wußte, weshalb wir nach Dinard verlegen sollten, doch wir ›alten Hasen‹ ahnten, daß da sicher etwas Besonderes, etwas ganz Großes anliegt. Um 17.47 Uhr landeten wir mit dem Kommandeur der I. Gruppe KG 53, Oberstleutnant Kaufmann, in Dinard. Es waren schon einige Flugzeuge eingetroffen mit erfahrenen Besatzungen. Außerdem war dort: General der Flieger Milch, der Geschwaderkommodore Weitkuß, der Gruppenkommandeur der I. Gruppe, Oberstleutnant Kaufmann, und die Staffelkapitäne – alles was Rang und Namen hatte.
Unsere Maschinen sind vollgetankt, mit Bomben beladen, alle Führungsoffiziere sind zur Besprechung in den Gefechtsstand gerufen, die Besatzungen voller Erwartung einsatzbereit. Endlich ist es so weit, ein PKW mit unserem Kommandeur kommt angefahren. Aus dem Gesicht von OTL Kaufmann können wir schon ablesen, daß etwas schief gelaufen ist, aber was? Wir erfahren, daß unser Schlachtschiff *Bismarck*, das größte Schlachtschiff der Welt, in einem Seegefecht im Atlantik die Hood versenkt und bei diesem Gefecht selbst einen Treffer bekommen hat. Die Engländer schickten sofort sämtliche verfügbaren Seestreitkräfte in dieses Gebiet. Nachdem dieses Gefecht weit draußen im Atlantik, also außerhalb unseres Aktionsradius stattgefunden hat, versucht die *Bismarck*, in unsere Eindringtiefe einzulaufen. Sobald wir un-

ser Schlachtschiff erreichen können, werden wir sofort starten, um es zu schützen und die feindlichen Streitkräfte anzugreifen. Bange Stunden vergingen, bis endlich leider die schlechte Nachricht eintraf, daß die *Bismarck* einen Rudertreffer erlitten habe und nur noch im Kreis herumfahre. Wir können also unser stolzes Schlachtschiff nicht erreichen.
Damit war das Schicksal der *Bismarck* besiegelt. Sie ist nach heldenhaftem Kampf gegen überlegene englische Seestreitkräfte gesunken.«

j) Angriff auf Flugplatz Raynham am 16. 2. 1941

Auf Befehl des Geschwaderkommodore wurde die I./KG 53 am 2. 6. 41 unmittelbar dem 2. Fliegerkorps unterstellt und erhielt alle Einsatzbefehle direkt vom Korps. Es folgten jetzt einige Einsätze auf Manchester, Hull und Birmingham. Am 19. 6. 1941 verlegt jedoch die Gruppe staffelweise mit 23 Besatzungen nach Crojec im Generalgouvernement. Hier nun noch der Bericht der Besatzung Leutnant Meyer vom Einsatz am 16. 2. 1941 auf den Flugplatz West-Raynham, wieder von Alfred Sticht:
»Es ist der 16. Februar 1941. Die 1. Staffel, KG 53, liegt im Château Corbehem bei Douai in Frankreich. Unsere Besatzung: Flugzeugführer Lt. Meyer, BO Oberfeldwebel Sticht, BF Feldwebel Breinlinger, BM Uffz. Kriegler, BS Uffz. Lehner.
Wir hatten den Auftrag, den Flugplatz West-Raynham bei günstiger Wetterlage anzugreifen. Heute war es so weit. Um 13.40 Uhr erhielten wir die langersehnte Wettermeldung. Unsere Maschine, die He 111 mit dem Kennzeichen A1 + KH, war bereits mit Spreng-, Splitter- und Brandbomben beladen, Munition für die MG's und Kanonen war nachgefüllt. Um 14.24 Uhr heben wir schwerbeladen vom Boden ab. Wir fliegen das Funkfeuer 72a bei Ruddervoorde an und verlassen mit Rückenpeilung von Ff 72a die Küste mit Nordkurs, steigen bis an die Wolkenuntergrenze, ziehen durch die Wolken, um eventuelle Vereisungen zu erkunden. Über den Wolken stellen wir durch Querabpeilung unseren Standort über der Nordsee fest und überprüfen unsere Geschwindigkeit. Verschiedentlich sehen wir kleine Punkte, die sich am Himmel bewegen. Wir tauchen sofort in die Wolken ein, um nicht gesehen zu werden. Es interessiert uns auch nicht, ob Freund oder Feind. Wir haben jede Berührung zu vermeiden, um ungehindert den Absprunghafen West-Raynham für die engl.-amerik. Bomber zu erreichen, nachhaltig mit Bomben zu belegen und die Flugzeuge und Hallen zu vernichten.
Wir kontrollieren laufend unseren Flugweg durch ständige Peilungen,

wobei uns auch der schwedische Rundfunksender Kalundborg über Eigenpeilung dienlich ist.
Dies ist die Stunde des Beobachters. Diesen Teil unseres Angriffes haben wir so angelegt, daß wir nicht an der englischen Ostküste Bodensicht aufnehmen wollen, sondern erst 15 Minuten in das Landesinnere fliegen wollen. Nach Überflug der englischen Küste zeigt unser Höhenmesser 2500 m an, wir fliegen zwischen zwei Wolkendecken, über uns eine dünne Stratus-Decke. Die Hauptwolkenobergrenze ist bei 2450 m, wie wird die Wolkenuntergrenze sein? Das sind bange Fragen, die uns jetzt bewegen. Nach den Wetterinformationen von unseren Kameraden von den Wetteraufklärungsstaffeln soll die untere Wolkengrenze bei etwa 100 m sein und einige Wolkenfetzen noch darunter. Aber wir wissen auch als nun schon erfahrene Englandflieger, daß durch die Einwirkung des Golfstromes sich das Wetter über Großbritannien schnell ändern kann. Wir sinken mit gedrosselten Motoren, die Eigenverständigungsanlage schweigt, kein Kehlkopfmikrophon bewegt sich, die Bombenschächte sind geöffnet, der ZSK ist eingeschaltet, die Bomben sind also scharf. Der Höhenmesser zeigt jetzt nur noch 700 m an, wir sinken weiter. Die MG's vom Bordfunker und Heckschützen, sowie die zwei Kanonen vom Bordmechaniker und Beobachter sind entsichert und schußbereit, fünf Augenpaare angestrengt nach unten gerichtet. Plötzlich wird bei 200 m über Grund die Wolkendecke immer dunkler und dunkler. Gleich darauf bekommen wir Erdsicht, englischer Boden liegt unter uns. Ich liege auf dem Bauch in der Kanzel, die Karte von England in der Hand und versuche fieberhaft unseren Standort festzustellen. Alle Besatzungsmitglieder unterstützen mich, indem sie mich auf markante Punkte im Gelände aufmerksam machen, die Sicht ist sehr schlecht. Etwas links von uns sehe ich eine Eisenbahnlinie, die in Ost-West-Richtung verläuft, kurze Zeit darauf habe ich die Orientierung aufgenommen und sage meinem Flugzeugführer durch das Kehlkopfmikrophon: Der Eisenbahnlinie folgen! Er kurvt sofort ein, unmittelbar darauf überfliegen wir in 50 m Höhe einen Bahnhof. Die Leute standen dichtgedrängt am Bahnsteig und schauten zu uns herauf. Sie mögen wohl einen mächtigen Schrecken bekommen haben, als sie unser Balkenkreuz beim Vorbeiflug entdeckten. Freudig schrie ich ins Mikrophon: Die Abwehr hat uns noch nicht als feindliche Maschine identifiziert, sonst hätten die da unten Fliegeralarm, das kann uns nur recht sein.
Nach meiner Koppelnavigation müssen wir in ca. 1 Minute am Ziel sein. Wir durchfliegen einige Wolkenfetzen, die Sicht wird immer schlechter. Plötzlich – links der Flugplatz. Maschinen über Maschinen stehen am Platz. Lt. Meyer macht sofort eine Steilkurve. Ich bitte ihn, etwas auf Höhe zu gehen, da ich aus dieser Steillage meine Bomben

nicht gezielt werfen kann. Neuer Anflug. Der Flugzeugführer zieht die Maschine sofort in die Wolken, macht eine 210°-Blindflugkurve, und nach 2 Minuten überfliegen wir wieder den Platz in 50 m Höhe. Die Bomben habe ich auf mV (d. h. mit Verzögerung) eingestellt, damit unsere Maschine nicht von den eigenen Splittern getroffen werden kann. Unter uns standen mindestens 50–60 viermotorige und zweimotorige Bomber. Wir konnten die Soldaten zwischen den Maschinen und an den Flugzeughallen hin- und hergehen sehen. Bei den Worten: ›Achtung! Bombe fällt!‹ schweigen sofort die Maschinengewehre und Kanonen, damit unsere eigenen Bomben nicht getroffen werden und wir nicht mit in die Luft fliegen können.
Die Bomben liegen zwischen den abgestellten Maschinen, eine 250-kg-Bombe fällt in eine große Flugzeughalle. Das alles dauert nur einige Sekunden. Unten ist die Hölle los! Der Bordmechaniker bestätigt, daß alle Bomben im Ziel lagen. Nur Feuer und Rauch war beim Abflug zu erkennen. Die Flak schoß aus allen Rohren. Sie war genauso überrascht wie alle da unten; die Flak schoß hinterher, traf uns aber nicht. Auch meine Kameraden im hinteren Teil der Maschine schossen aus allen Rohren, es war gegen 16.00 Uhr.
Nachdem wir unsere Bomben abgeladen hatten, zogen wir sofort in die unteren Wolken. Nach Osten zu wurden die Wolken immer heller und so entschieden wir uns zunächst in südwestlicher Richtung weiter zu fliegen weil erstens die Wolkendecke dicker schien und zweitens, um die feindlichen Jäger, die jetzt sicher auf uns angesetzt wurden, auf falsche Fährte zu setzen. Doch nach 10 Minuten Flugzeit reißt die Wolkendecke auf und wir haben blauen Himmel vor uns. Äußerste Aufmerksamkeit erfordern die nächsten Minuten von jedem von uns. Wir steuern die nächste Wolke an und springen förmlich in diesen Minuten von Wolke zu Wolke. Wenn das nur gut geht. Es dauert nicht lange, da erklingt die Stimme unseres Bordfunkers: ›Achtung Jäger von links hinten oben‹. Alle unsere MG's und Kanonen sind feuerbereit. Vier Spitfire kommen immer näher. Wir versuchen zu entkommen. Mit Vollgas und leicht angedrückter Maschine versuchen wir die nächste Wolke zu erreichen, bevor die englischen Jäger in Schußposition kommen.
Nun begann ein Kampf auf Leben und Tod. Unser Flugzeugführer, ein erfahrener Blindflieger, machte die tollsten Kapriolen. Wir jagten den vier anstürmenden Spitfire die ersten Feuerstöße entgegen, als wir die nächste Cumuluswolke erreichten. In der Wolke machten wir eine 90°-Kurve. Als wir aus der Wolke herauskamen, schwirrten die feindlichen Jäger in der Nähe der Wolke herum und wollten sich sofort auf uns stürzen. Sofort kurvten wir wieder in die Wolke hinein und machten Kursänderungen in dieser Quellwolke, um unsere Gegner abzu-

schütteln. Es war ein ›Katz- und Maus-Spiel‹ mit tödlichem Ernst. Dieser Kampf mochte etwa 20 Minuten gedauert haben, für uns war es eine Ewigkeit, bis wir endlich wieder eine geschlossene Wolkenschicht erreichten und uns der Nordsee näherten. Wir flogen, so lange es noch ging ›blind‹, bis wir sicher waren, daß wir die englischen Jagdmaschinen hinter uns gelassen und unseren Jagdschutzbereich erreicht hatten. Erst dann meldeten wir freudestrahlend unseren Erfolg an unseren Heimathafen Vitry en Artois. Nach der Signaltafel funkte unser Bordfunker den verschlüsselten Text: Sonderziel mit großem Erfolg angegriffen.
Am nächsten Tag erfuhren wir durch unseren Kommandeur OTL Kaufmann, daß unser Abhördienst (mit dem Decknamen ›Meier Ostende‹) folgende Anweisung aufgefangen hatte, welche die engl. Jägerleitstelle an ihre in der Luft befindlichen Jäger gegeben hatte: ›Ausweichplatz landen. Flugplatz West-Raynham um 16.04 Uhr stärkstens bombardiert.‹
Wenige Tage später kam General Loerzer nach Vitry und sprach uns seine Anerkennung aus. Er lud die Besatzung ins Offizierskasino zum Essen ein und ließ uns noch 25 Flaschen Sekt übergeben.«

k) Wellington-Bomber landet auf unserem Platz

Bei Rückkehr vom Feindflug nachts häuften sich die Fälle, daß von feindlichen Einzelflugzeugen Störangriffe auf unsere Flugplätze geflogen wurden. Es kam vor, daß sich ein engl. Flugzeug hinter eine einschwebende deutsche Maschine setzte und diese dann beim Landemanöver unter Beschuß nahm, andere wiederum warfen einzelne Bomben.
Einem Wellington-Bomber wurde solche Kühnheit zum Verhängnis. Hierzu wiederum der Beobachter Alfred Sticht:
»Heute Nacht ist wieder Angriff auf London angesetzt. Die Werft- und Dockanlagen, die West-India-Docks und die Viktoria-Docks sind unsere Ziele. Es läuft anfangs alles planmäßig, nur eines macht mich stutzig: wir brauchen eine viel längere Flugzeit, bis wir die englische Küste erreichen. Nicht, daß wir uns nach einem tüchtigen Flakfeuer sehnen, das uns sonst beim Erreichen der Küste erwartet, nein, meine ganze navigatorische Flugvorbereitung geriet durcheinander. Die Koppelnavigation stimmte nicht mehr.
Nach Funk (Eigenpeilung) und terrestrischer Navigation ist unsere Grundgeschwindigkeit viel geringer, als ich errechnet habe. Sollte der Wind so stark aufgefrischt haben? Tatsächlich, es herrscht ein Sturm von 120 km/h aus Nordwest. Endlich, nach langer Verspätung sind wir

über dem Ziel und greifen an. Gute Sicht ermöglicht den Angriff. Trotz rasendem Abwehrfeuer aus den Flakgeschützen greifen wir unser befohlenes Ziel an. Die Bomben liegen im Ziel, und wir gehen auf Heimatkurs. Mit dröhnenden Motoren fliegen wir über die dunkle aufgewühlte See. Eisige Kälte im Winter in 5000–6000 m Höhe, die sturmbewegte Nordsee, Nebel und Wolken stellen an die Besatzung hohe Anforderungen.

Wir haben England hinter uns. Kurz darauf blitzen wie Geisterfinger unsere Scheinwerfer an der französischen Küste auf. Mit ESN (Erkennungssignalmunition) geben wir uns als eigene Maschine zu erkennen und setzen zur Landung an.

Der Kommandeur OTL Kaufmann erwartet uns schon, wir geben unsere Meldung ab.

Wir wollten gerade in den Autobus einsteigen, um in die Unterkunft zu fahren, als wir am nachtdunklen Himmel noch eine Maschine brummen hören. Unser Adjutant, Hptm. Großholz, befiehlt sofort: ›Platz an, Kirchturm an, Leuchtpfad an.‹

Die gesamte Platzbefeuerung wird eingeschaltet, und schon sehen wir eine Maschine im Anflug auf unseren Platz. Sie hat die Positionslampen gesetzt, unser Adjutant sagt: ›Die Maschine gleich vor die Flugleitung und zum Gefechtsstand einwinken, es kann sich nur um eine deutsche Maschine handeln, die Funkausfall hat oder angeschossen ist und bei Tagesanbruch sicher gleich wieder starten will.‹

Auf unser Zeichen rollt die Maschine ganz dicht an uns heran, wir geben das Zeichen zum Abstellen der Motoren.

Wir wollen gerade in den Bus steigen, als ein deutscher Landser mit Gewehr und Stahlhelm, der zur Bewachung unserer Maschinen eingesetzt war, aufgeregt auf uns zulief und rief: ›Kommt schnell, die Besatzung der Maschine, 6 Mann, sind zuerst ausgestiegen und als sie mich dann sahen, sind sie schnell wieder eingestiegen und wollen die Maschine wieder starten.‹ Doch wir sind schneller und holen 6 Tommys aus der Maschine, zwei Offiziere und 4 Feldwebel. Erst jetzt sahen wir uns die Maschine näher an. Es war ein englisches Kampfflugzeug ›Vickers Wellington‹, ein schwerer Bomber, der viel für Nachtangriffe auf weite Entfernungen mit 5 bis 6 Mann Besatzung eingesetzt wurde. Er hatte 3 bewegliche MG-Stände und eine Marschgeschwindigkeit von 340 km/h. Beim näheren Betrachten der Maschine stellten wir fest, daß sie noch 6 Bomben im Schacht hatte. Durch den unvorhergesehenen Sturm in dieser Nacht, hatte sich die Besatzung verfranzt und glaubte auf einem englischen Flugplatz zu landen.

Am nächsten Tag hörten wir im Radio, daß in der vergangenen Nacht zum ersten Mal Turin in Italien von englischen Bombern angegriffen worden sei.«

l) Notlandung in England Besatzung Hufenreuter

In der Nacht vom 10. auf den 11. Mai 1941 wurde bei einem Angriff auf London Hauptmann Hufenreuter von der 5. Staffel abgeschossen, nachdem das Flugzeug sich bereits auf dem Rückflug befand.
Zur Besatzung gehörten: FF Fw. Richard Furthmann, BO Hptm. Albert Hufenreuter, BF Uffz. Karl Gerhardt, BM Uffz. Josef Berzbach, BS Gefr. Karl Beutel, BS Uffz. Egbert Weber.
Die Besatzung konnte sich mit einer Notlandung auf einer Wiese in der Flur ›the Camp‹ am Ortsrand von Kennington, das in der Nähe von Ashford/Kent liegt, retten. Der englische Schriftsteller Richard Collier hat sich dieses Falles angenommen und in seinem Buch ›The City that wouldn't die‹ das Schicksal von Besatzung und Maschine ausführlich behandelt.
Collier hat sich als Schriftsteller und Historiker vielen Themen des letzten Krieges zugewandt. In seinen Gestaltungen ist er sehr bemüht, nach umfangreichen Sach- und Quellenstudien sowie Personenbefragungen auf beiden Seiten menschliche Züge, Stärken und Schwächen aufzuzeigen. Sein neuestes Werk ist ›A History of the Berlin Air Lift‹.
Das aus Colliers Buch entnommene Foto zeigt das Flugzeug nach der geglückten Bauch- und Bruchlandung. Der Text der Bildunterschrift lautet frei übersetzt: »Eine Windschutzhecke von Weißdorngebüsch rettete die Heinkel vor einem Aufprall auf eine Reihe von Eichenbäumen.«
Ursprünglich hatte sich die He 111 auf dem Rückflug Richtung Brigthon mit Südkurs befunden. Nachdem jedoch der linke Motor durch Beschuß ausgefallen war und die Kühltemperatur auf 160° stieg, willigte Hufenreuter in den Vorschlag des Flugzeugführers Furthmann ein, nicht mehr das Überfliegen über die fast breiteste Stelle des Kanals zu wagen. Sie flogen Ostkurs, blieben also über dem englischen Festland in Richtung auf die schmale Kanalstelle Dover–Calais. Dann nahm das Verhängnis seinen Lauf: Bei Ashford war die Maschine nicht mehr zu halten, ein Aussteigen in der geringen Höhe auch nicht mehr möglich, und so kam es zu der Bauchlandung.
Die Besatzungsmitglieder hatten sich mehr oder weniger starke Verletzungen und Verstauchungen zugezogen. Die Gefangenschaft begann. Collier: »... ein Mann kam über die Wiese auf das Flugzeug zu. Hufenreuter winkte und rief ihm auf Englisch zu: ›Where are we?‹ Verdutzt rief der Mann zurück: ›In England!‹ Von der Höhe des Flugzeuges kam dann in bescheidenem Englisch, aber doch deutlich ein ›Oh, damn!‹« Mehr im einzelnen: Die Heinkel hatte eine Bauchlandung auf einer Wiese in der Flur ›The Camp‹ oberhalb der kleinen Ortschaft Kennington bei Ashford gemacht. Eine Windschutzhecke von kräfti-

gem Weißdorngebüsch hatte die rutschende Maschine gebremst und sie vor einem alles zerstörenden Aufprall auf eine Reihe mächtiger Eichen und einer dahinter stehenden Hausgruppe bewahrt.
Der erste Mensch, der auf der Szene erschien, war der Sanitäter Frederick Huckstepp. Er wohnte gleich nebenan und hatte geglaubt, daß ein britisches Flugzeug in Bedrängnis geraten sei. Sehr bald kamen andere Leute hinzu ... Schlachter Edward Ward und seine Frau Ann, die befürchtet hatten, die Maschine würde in ihrem Hintergarten zu Boden gehen ... Charles Peters mit seinen Töchtern Joan und Joyce. Doch angesichts der Wellen von Heinkel-Bombern, die immer noch hoch über ihnen nach Norden, zur Bombardierung Londons zogen, waren die Leute unschlüssig, welchen Ton man anschlagen sollte: Entweder, die Deutschen als in Not geratene Menschen anzusehen oder sie als skrupellose Feinde zurückzuweisen. Viele aber, noch halb in Nachtkleidung mit Mänteln übergeworfen, starrten verwundert, als wenn Marsmenschen auf ihr schläfriges Dorf gefallen wären.
Andere aber gingen positiver zur Sache. Die Peters-Töchter rannten zurück ins Haus und holten Kissen und Decken. Mit großen Mühen hievten Huckstepp und einige andere den Piloten Furthmann aus seinem Sitz und legten ihn vorsichtig aufs Gras, wo dann Joan Peters ihm ein Federbett unterlegte. Später stellte sich heraus, daß diesem Mann die Wirbelsäule angebrochen war. Andere zogen den Bordschützen Weber, der beide Beine gebrochen hatte, aus seinem Sitz. Gerhardt und Berzbach waren beide durch Schock bewußtlos. Jemand telefonierte nach einem Arzt und einem Krankenwagen. Als Joan Peters gerade Furthmann etwas Wasser einflößen wollte, kam ein Artilleriehauptmann, Stahlhelm auf dem Kopf und einen Pistolengürtel über den Pyjama geschnallt, um sich der Sache offiziell anzunehmen, er war ›in charge‹. Hufenreuter bat ihn, ihm aus der Kanzel die vermißte Fliegermütze zu holen. Dieser tat es ohne zu zögern.
Da lag nun Hufenreuter, ein Kissen unter seinem Kopf. Langsam und deutlich, damit er es verstehen sollte, sagte eine Frau zu ihm: ›Soon going ambulance!‹ Er war dankbar, aber doch auch gleich wieder niedergeschlagen: Waren sie nicht um Haaresbreite ›zu Hause‹ gewesen, und nun dies ... Es begann ihm zu dämmern, daß er einige Jahre Zeit bekäme, seine Sprachkenntnisse zu vervollständigen.«
Im Jahr 1978 hat Hufenreuter seine Helfer und Augenzeugen in Kennington wiedergesehen. Beim Tee wurden lange und freundschaftliche Gespräche geführt über damals und auch über heute.
Für die Engländer bedeutete diese Offensive aus der Luft von Anfang an die Qualität eines Kreuzzuges. Von seinem Ausgang, vom Triumph oder Desaster hing für sie der Fortbestand ihres Lebens, ihres Landes, des Empires, ihre Kultur und ihre Ehre ab.

Winston Churchill, den Kriegspremier inspirierte die ›Battle of Britain‹ sogar zu seinem Ausspruch – neben der ›Blut, Schweiß und Tränen‹-Parole: Niemals in der Geschichte menschlicher Kämpfe sind so viele so wenigen so sehr verpflichtet gewesen. Hierin ist auch ein Grund dafür zu sehen, daß die englische Abwehr gegen unsere angreifenden Flugzeuge in einer Konzentration und Verbissenheit erfolgte, wie sie sich im ganzen Krieg nicht mehr wiederholte.

m) England-Einsatz der Stabsstaffel

Neben Abwehr durch Flugzeuge und Flak gab es insbesondere im Raum London Fesselballonsperren, die manch einer unserer Maschinen zum Verhängnis geworden sind.
Der damalige Oberleutnant Wittmann schildert den Einsatz der Stabsstaffel im Verlauf der Luftschlacht um England wie folgt:
»Für die Luftwaffe gibt es nach der Kapitulation Frankreichs kein Rasten und keine Erholung. Die Stabsstaffel wird mit neuen Besatzungen aufgefüllt und erhält Auftrag, die Aufklärung über Süd-England durchzuführen.
In Großverbänden werden Flugplätze und Hafenanlagen in Süd-England angegriffen. Die Verbände sammeln über Calais, und dann geht es im Bomberstrom den Zielen entgegen. Unsere Jagdverbände holen uns im Anflug ein und sollen Jagdschutz geben.
Der Engländer greift mit seiner Jagdwaffe von vorne, von oben, von hinten und von unten an. Maschine auf Maschine wird aus unserem Verband herausgeschossen. Wir erleben einen neuen, grauenvollen Luftkrieg. Trotz der hohen Verluste weicht kein Verband von seinem Weg zum Ziel ab. Die Verluste an Personal und Material sind verheerend.
Am 25. 9. 1940 werden bei einem Besuch des Reichsmarschalls wegen Tapferkeit vor dem Feind Oberleutnant Wittmann zum Hauptmann, Leutnant Bichowski zum Oberleutnant, die Feldwebel Langer und Fiedler zum Oberfeldwebel und der Unteroffizier Psdurek zum Feldwebel befördert.
Bei allen Verbandseinsätzen stellt die Stabsstaffel für Bildeinsatz eine Maschine ab, die als Rottenhund in der letzten Kette mitfliegt. Dieser Platz kann auch der Grund dafür gewesen sein, warum gerade diese Staffel die hohen Verluste hatte. Die letzte Kette wurde ja am meisten gerupft, den letzten beißen die Hunde.
Daneben wird Aufklärung bei Schlechtwetter und auch bei Nacht geflogen.
Von solch einem Tageseinsatz kehrt die Besatzung Oberleutnant Fink

zurück und meldet den Abschuß von ca. 20 Fesselballonen, die ruhig über einer geschlossenen Wolkendecke im Raume London schwebten.
Was mögen wohl die Engländer gedacht haben, als plötzlich die bis zu 3000 m langen Drahtseile, die vielleicht manches unserer Flugzeuge zum Absturz gebracht haben, nach unten sausten.
Die Einsätze in Großverbänden gehen pausenlos weiter.
Der Jagdschutz kann seiner Aufgabe nicht gerecht werden, die Eindringtiefe unserer Jagdflugzeuge ist einfach zu gering. Bei Einsätzen im Raume von London müssen unsere Jäger schon gleich wieder abdrehen, um noch irgendeinen Heimathafen zu erreichen. Wir Bomber bleiben dann den feindlichen Jagdangriffen ausgesetzt, und das zumeist beim Flug über den Kanal.
Die Zerstörer Messerschmitt Me 210 sind den englischen Jägern unterlegen.
Zur besseren Selbstverteidigung wird ein neues Maschinengewehr in unsere He 111 eingebaut, die Besatzung um einen Bordschützen verstärkt. Nicht oft, aber dann und wann haben wir das Glück, einen feindlichen Jagdangriff abzuwehren oder gar einen zu hartnäckigen Angreifer abzuschießen.
Im Raum zwischen Dover und London sind die Flugplätze zerstört und die feindliche Jagdwaffe wurde zurückgedrängt, aber der Aderlaß der Kampfverbände steht in keinem Verhältnis zum Erfolg.
Mitte Oktober 1940 wird für uns überraschend die geplante Landung ›Robinson‹ abgeblasen, für die wir Flieger die ungeheuren Opfer gebracht haben.
Nur wer die Luftschlacht um England mitgeflogen ist, kann beurteilen, welchen physischen und psychischen Anforderungen die Besatzungen ausgesetzt waren. Besatzung auf Besatzung ging verloren. Nur wenige, die auf dem Wasser notlanden mußten, wurden herausgefischt, andere gerieten in England in Gefangenschaft und verlebten den Krieg dann weiter in Kanada.
In der Stabsstaffel ist von den Männern der ersten Stunde noch eine Besatzung mit dem Staffelkapitän Wittmann und Olt. Bichowski im Einsatz. Alle anderen sind gefallen oder vermißt. Doch der Einsatzwille ist ungebrochen, der Geist und die Kameradschaft in der Staffel sind beispielgebend. Hier möchte ich auch vermerken, daß von Beginn und bis zum Ende des Krieges in allen Einsatzbefehlen nur militärische Ziele befohlen waren. Es hat auf keinem Kriegsschauplatz jemals einen Befehl für ein Bombardement auf eine offene Stadt gegeben. Natürlich sind Bombenreihen bei Angriffen zum Beispiel auf Hafenanlagen in London und Liverpool, Southampton usw. auch in die Wohngebiete hineingelaufen. Man sich doch klar machen, daß bei einer Beladung mit zwanzig 100-kg-Bomben bei 20 m Abstand von Bombe zu Bombe

die Bomben in Länge von 200 m am Boden einschlagen.
Was das Bodenpersonal geleistet hat, ist unvorstellbar und verdient allen Respekt. In Tag- und Nachtarbeit mußten die Maschinen technisch überholt, betankt und munitioniert werden, bis dann der erste Wart wieder melden konnte: ›Maschine startklar.‹
Ich habe manchen ersten Wart weinen sehen, wenn seine Besatzung, für die er selbst alles an technischer Arbeit getan hat, nicht mehr zurückkam.«
Hierzu folgender Bericht des ehemaligen Ofw. Georg Geib über seine Ausbildung und Tätigkeit aus der Sicht eines 1. Wartes bei der FBK:
»Mein Steckenpferd war die Segelfliegerei. Schon im Jahre 1931 war ich der Segelfliegergruppe Kassel-Dörnberg beigetreten. Später folgte mein Beitritt zur Fliegergruppe auf dem Fliegerhorst Katterbach.
Nach einer Lehrzeit in einem Elektro-Installationsbetrieb von 1932 bis 1936 und Ableistung des Reichsarbeitsdienstes (RAD), freiwillige Meldung zur Luftwaffe. Grundausbildung bei der 2. Kompanie Fl. Ers. Abt. in Quakenbrück. Kommandierung zur Fliegertechnischen Schule nach Jüteborg. Im Schulzentrum Unterricht durch Zivillehrer in 18 theoretischen und praktischen Fächern.
Von Zeit zu Zeit wurden Zwischenprüfungen abgehalten, nach halbjähriger Ausbildung erfolgte die große theoretische Abschlußprüfung. Zur Flugklarmeldung gehörten 52 Einzelmeldungen. Diese wurden in Friedenszeiten immer wieder praktiziert.
Über 5 Jahre lang habe ich im Krieg als 1. Wart 15mal auf meine He 111 gewartet, um dann feststellen zu müssen: alles Warten umsonst. Meine Besatzungen kamen vom Feindflug nicht mehr zurück.
Wie oft machte man sich Gedanken, hast du wirklich alles getan an deinen Flugzeugen und nichts vergessen, bist du vielleicht mitschuldig am Fernbleiben deiner Besatzung?
Im Laufe der Jahre sind viele junge Besatzungen gekommen und gegangen. Oft habe ich die Namen der Besatzungsmitglieder nicht einmal gekannt. Die Flugzeuge wurden mit Hilfe der FBK-Einheiten startklar gemacht. Jeder 1. Wart hatte die nötige Anzahl der Warte dem Flugzeugoberfeldwebel gemeldet und zugeteilt bekommen, um die Wartungsarbeiten durchzuführen. Aus diesen FBK-Einheiten kam auch der Nachwuchs für 1. Warte, auch mancher Fliegerschütze, Funker, Flugzeugführer, Waffenwart, Bombenwart, R + S Gerätewart für die Staffeln.
Wieder war meine He 111 EA vom Feindflug nicht zurückgekehrt. Eine junge Nachwuchsbesatzung hatte ihr Leben fürs Vaterland gegeben. Ich habe den Nachlaß zusammengepackt – auch das war die Pflicht des 1. Wartes – als schon die Nachricht kam, eine neue He 111 stehe für mich in Marienehe bei Rostock bei den Heinkel-Werken be-

reit. Mit einer Bf 108 wurden 4 Mann abkommandiert, um das Flugzeug abzuholen. An Ort und Stelle wurde die He 111 übernommen und nach Langendiebach bei Hanau überführt. Ich brachte das Flugzeug in die Werft.
Alle Sonderwünsche der Staffel wurden berücksichtigt, auch Bildgeräte und die Bewaffnung auf den Einsatzstand gebracht.
Zum Schluß kam das Flugzeug auf den Kompensierstand.
Als alles in Ordnung gebracht war, wurde das Flugzeug von mir auf seinen Liegeplatz gerollt. Jetzt kam der Funkwart und überprüfte die Funkgeräte mit dem Außenbordbatterie-Anlaßwagen.
Eine Stunde war vergangen, und befohlen wurde Einsatzstufe 3: Flugzeuge beladen.
Zu diesem Zweck sollte ich das Flugzeug an den Bombenladeplatz rollen. Dabei kam es zu einer Kollision.
Als ich nach hinten in den Rumpf sah, stand der Anlaßwagen zur Hälfte im Rumpfende. Oh, welch ein Schreck!
Ich habe gleich mit der Werft Verbindung aufgenommen und den Unfall an die zuständige Stelle gemeldet.
Jetzt hat sich die Kameradschaft einer Staffel und FBK bewährt! An die 20 Mechaniker standen bereit und haben noch den gleichen Tag und die ganze Nacht durchgearbeitet, um die Maschine startklar zu machen.
An Teilen wurden ausgewechselt:
Verkleidung zwischen den Spanten, Höhenleitwerk, Sporne, Segmente für die Steuerungsrohre, Höhenruder.«
Weiterhin schildert Geib einen Vorfall auf dem E-Hafen Lille-Nord:
»Rollende Einsätze gegen England. Die Flugzeuge wurden für die Nacht mit Nachtsichtschutzfarbe angestrichen und für die Tageseinsätze mit Wasser wieder abgewaschen. Da mußte alles, was Hände hatte, zulangen. Dazu kamen die hohen Verluste des Geschwaders.
Ein Tag war besonders verlustreich. Von 5 Flugzeugen der Stabsstaffel kam nur noch eine Maschine auf den Einsatzhafen zurück, und zwar mit 370 Einschüssen. 3 Besatzungsmitglieder waren verwundet. Dieses Flugzeug konnte nicht mehr repariert werden, da das Flächenmittelstück am Holm durchgeschossen war. Wir haben neue Besatzungen und Flugzeuge bekommen und waren in 10 Tagen wieder im Einsatz.
Das war zugleich eine Erinnerung an meine Heirat am 12. August 1940.
Über die Anzahl der Feindflüge, welche ich aushilfsweise bei Ausfall eines Besatzungsmitgliedes gemacht habe, kann ich keine Angaben mehr machen, da mein Flugbuch verlorengegangen ist.«
Nunmehr jedoch weiter der Bericht von Wittmann:
»Nach der Luftschlacht über England werden verstärkt Einsätze bei Schlechtwetter und Nacht geflogen.

In der jeweiligen Einsatzbesprechung, die stets vom Gruppenkommandeur oder Staffelkapitän gehalten wird, werden anhand der Zielbilder An- und Abflug, Angriffshöhe und Bombenabstand besprochen. Nach Möglichkeit erhält jede Besatzung ein von der Stabsstaffel vervielfältigtes Zielfoto. In der Zwischenzeit sind an den Technischen Offizier die Befehle für die Bombenladung und Munitionierung ergangen. Die Bordfunker stimmen nach der Tagesfrequenz ihre Funkgeräte ab, und die Beobachter und Flugzeugführer bereiten den Flugweg vor.
Das fliegerische Können, das Navigieren und Peilen ist wesentlich verbessert und macht für Zielfindung und Rückkehr kaum mehr Schwierigkeiten. Eine große Erleichterung, vor allem beim Nachtflug, bringen die Funkfeuer von Frankreich bis Norwegen. Das neue Lotfe C ist so verbessert, daß eine gute Trefferlage auch bei Nacht erreicht werden kann.
Besonders bei schlechtem Wetter werden u. a. auch Einsätze gegen Schiffe geflogen. Ein Tiefangriff auf einen Geleitzug, bei dem bis zu 60 Schiffe versammelt sind, ist eine besonders aufregende Sache, wenn von allen Schiffen die leichte Flak mit Leuchtspur aus allen Rohren ballert. Da ist man heilfroh, wenn man aus diesem Feuerzauber wieder herauskommt, und besonders stolz, wenn bei diesem Anflug auch etwas erreicht wurde.
Bei einem Einsatz auf Liverpool erwischt uns ein Nachtjäger. Bordfunker und Bordmechaniker liegen verwundet in der Bodenlafette. Ein Motor ist zerschossen und das Leitwerk beschädigt. Ja, da heißt es nun zurück und auch noch den Bach überqueren. Ohne Ausfahren des Fahrwerkes machen wir am Strand von Dünkirchen eine Notlandung. Es ist wieder mal gutgegangen.
Oh, was gäbe es da über Einsätze zu erzählen, und was hat da doch unsere He 111 ausgehalten.
Wir vertrauten nicht nur unserem hervorragenden Bodenpersonal, sondern auch unserer Maschine, die wir ja bis zum Schluß des Krieges, wenn auch in verbesserter Form, flogen.
Bei klarer Nacht wurden in Großeinsätzen die Hafenanlagen von London und Liverpool sowie Industrieanlagen in Birmingham, Manchester, Glasgow und besonders die Munitions- und Rüstungsfabriken von Coventry wirkungsvoll angegriffen.
Allmählich wurde England zum großen Flugzeugträger, von dem dann in den Jahren 1943–45 Engländer und Amerikaner die Bomberströme gegen unsere Städte führten und unserer Zivilbevölkerung größte Verluste beibrachten.
Was uns zu dieser Zeit fehlte, war der große Bomber. Bereits 1936 hatte General Wever den 4-motorigen Großbomber gefordert, mit großer Zuladung, großem Aktionsradius und starker eigener Bewaffnung. Es

ist sicher für unsere technische Entwicklung kein Ruhmesblatt, daß bei diesem Kriegsgeschehen und dieser Kriegsdauer neben der Ju 88 kein brauchbares Großflugzeug zum Einsatz kam.
Mit Neid mußten wir zusehen, wie die Engländer und Amerikaner mit ihren fliegenden Festungen unter einem wirkungsvollen Jagdschutz ihre Einsätze flogen.«

7. RUSSLAND – DER KRIEG IM OSTEN

a) Die Lage vom deutsch-sowjetischen Nichtangriffspakt bis zum Angriff im Osten

Diesem ging folgendes diplomatische Vorspiel voraus:
Am 8. Mai 1939 überreichte der britische Botschafter dem sowjetischen Außenminister Molotow Vorschläge für ein Bündnis, in welchem die Sowjets ihren Beistand leisten sollten bei einem deutschen Angriff auf Polen und Rumänien. Wobei England und Frankreich ihrerseits ihre Garantien erfüllen würden.
Die Sowjetrussen kritisierten, daß eine Garantie der Engländer und Franzosen fehle, falls die Sowjetunion bei Erfüllung eines solchen Vertrages in einen Konflikt verwickelt würde.
Ungeachtet der sich hinziehenden Verhandlungen fühlten die Sowjets bei der deutschen Regierung vor. Der sowjetische Botschaftsrat Astachow äußerte sich in Berlin dem deutschen Ministerialrat Dr. Peter Kleist gegenüber ungeniert: »Ein Staatsmann muß verstehen, über seinen eigenen Schatten zu springen. Entscheiden wir uns doch für eine gemeinsame Politik anstatt zugunsten der Interessen Dritter uns gegenseitig die Köpfe abzureißen.«
Infolge der britischen und französischen Unterstützung für Polen ergab sich für die deutsche Regierung die Lage, daß eine friedliche Regelung der Rückführung Danzigs und einer Verbindung nach Ostpreußen durch den Korridor nicht möglich war.
Um zu verhindern, daß die Sowjetunion sich der Stützung Polens anschloß, sprang Hitler über diesen eigenen Schatten.
Am 23. 8. 1939 flog Außenminister von Rippentrop nach entsprechender diplomatischer Vorbereitung nach Moskau. Auf dem dortigen Flugplatz wehten neben den roten Fahnen mit Hammer und Sichel die Hakenkreuzfahnen.
Bei den sofort beginnenden Verhandlungen verlangten die Sowjetrus-

sen lediglich die Häfen Libau und Windau zugesichert.
Wenig später wurde im Kreml in Anwesenheit Stalins feierlich von Rippentrop und Molotow der deutsch-sowjetische Nichtangriffspakt unterzeichnet.
Die wesentlichen Punkte lauteten:
»Die beiden vertragsschließenden Parteien verpflichten sich, sich jedem Gewaltakt, jeder aggressiven Handlung und jedes Angriffs gegeneinander, und zwar sowohl einzeln als auch gemeinsam mit anderen Mächten, zu enthalten. Falls einer der vertragsschließenden Teile Gegenstand kriegerischer Handlungen seitens einer dritten Macht werden sollte, wird der andere vertragschließende Teil in keiner Form diese dritte Macht unterstützen.«
Zusätzlich wurde in einem Geheimprotokoll vereinbart: »Für den Fall einer territorial-politischen Umgestaltung in den zu den baltischen Staaten (Finnland, Estland, Lettland und Litauen) gehörenden Gebieten bildet die nördlichste Grenze Litauens zugleich die Grenze der Interessenssphäre Deutschlands und der UdSSR. Hierbei wird das Interesse Litauens an dem Wilnaer Gebiet beiderseits anerkannt. Für den Fall einer territorial-politischen Umgestaltung der zum polnischen Staat gehörenden Gebiete werden die Interessensphären Deutschlands und der UdSSR ungefähr durch die Linie der Flüsse Pissa, Narew, Weichsel und San abgegrenzt.
Die Frage, ob die beiderseitigen Interessen die Erhaltung eines unabhängigen polnischen Staates erwünscht erscheinen lassen würden, und wie dieser Staat abzugrenzen wäre, kann endgültig erst im Laufe der weiteren politischen Entwicklung geklärt werden.«
Dann kam der Polenkrieg. Hitler bemühte sich, die UdSSR in diesen Konflikt hineinzuziehen.
Stalin wartete ab, bis er Gewißheit hatte über eine Schlacht der Japaner im mandschurisch-mongolesischen Grenzgebiet. Als Japan um Waffenstillstand bat und die Alliierten offenbar nur einen Scheinkrieg führten, überschritten im Morgengrauen des 17. September 1939 Einheiten der Roten Armee ›zum Schutze der Interessen der Sowjetunion und der in diesem Gebiet siedelnden Minderheiten‹ die polnische Grenze.
Erstaunlicherweise erklärten weder England noch Frankreich der Sowjetunion den Krieg, die Garantie für Polen beschränkte sich anscheinend nur auf bzw. gegen Deutschland.
Ein deutsch-sowjetischer Grenz- und Freundschaftsvertrag vom 28. September 1939 besiegelte daraufhin die 5. Teilung Polens.
Die Westmächte wichen einem Konflikt mit der UdSSR aus, als Stalin Ostpolen in die Sojwetunion eingliederte, sie schwiegen auch, als er den drei baltischen Staaten sogenannte Beistandspakte aufzwang.

Doch dann änderte sich das Bild, als Stalin ebenso wie erst kurz zuvor Hitler unter Irreführung der Weltöffentlichkeit unter Bruch des bestehenden Nichtangriffspaktes am 30. 11. 1939 das kleine Finnland überfiel.
Großbritannien und Frankreich erreichten, daß die UdSSR vom Völkerbund als Aggressor ausgestoßen wurde. Gleichzeitig wurden die Mitglieder des Völkerbundes aufgerufen, Finnland zu helfen. Es wurden auch tatsächlich einige Planungen durchgeführt, wie Bereitstellung eines alliierten Truppenverbandes, was Stalin nicht verborgen blieb. In Sorge, es könne für ihn zu einer Kriegsausweitung kommen, ließ er das finnische Abenteuer beenden.
Mit dem Sprung nach Skandinavien hatte Hitler die norwegische Küste als Flanke des Seeweges zum Atlantik in Besitz genommen. Mit dem Waffenstillstand mit Frankreich am 22. Juni 1940 beherrschte er die europäische Westküste vom Nordkap bis zum Golf von Biscaya.
Das Ergebnis des Westfeldzuges hatte die südostasiatischen Besitzungen der Franzosen, Niederländer und Briten weitgehend isoliert. Aus dieser Situation erwog man in Tokio, die für einen späteren Zeitpunkt geplante Südexpansion des Kaiserreiches schon jetzt vorzubereiten. Zu dieser Vorbereitung gehörte die Entspannung zwischen Tokio und Moskau.
Japan hatte den Grenzkonflikt mit der UdSSR beigelegt und ihr dadurch die Ausdehnung nach Westen ermöglicht.
Die Sowjetunion hatte sich bereits die baltischen Republiken einverleibt und entgegen der mit Deutschland getroffenen Vereinbarung grenznahe Gebiete mit russischen Truppen besetzt. Rumänien war von Stalin zur Abtretung Bessarabiens, der Nordbukowina und des Moldaukreises Herta gezwungen worden.
Mit den letzten beiden Schritten war Stalin über die Demarkationslinie vom 23. 8. 1939 vorgedrungen. Die auf dem Gebiet der Nordbukowina zusammengefaßten Panzerverbände konnten die rumänischen Ölfelder in einem Tagesmarsch erreichen.
Diese Westexpansion mußte für Hitler ein Störfaktor sein, da zwangsläufig hierdurch London auf einen Bruch zwischen der UdSSR und Deutschland spekulieren konnte. Churchill verstand dies zu nutzen und bemühte sich um Verständigung mit Stalin.
Die Zurückweisung deutscher Friedensangebote durch den englischen Premier bewog Hitler, Gewaltmaßnahmen gegen Großbritannien zu planen. Die Landung in England (Seelöwe) wie auch der Sprung zum Mittelmeer durch die Einnahme von Gibraltar (Unternehmen ›Felix‹) stießen nicht nur auf technische Schwierigkeiten; für Hitler war auch klar, daß ein Fehlschlag gegen Großbritannien die Konfrontation mit dem Osten erheblich belasten würde.

Die hohen Verluste bei der ›Schlacht um England‹ waren Warnung und Beispiel genug.
Stalins Vorgehen hatte den Balkan in Bewegung gebracht. Auch Ungarn und Bulgarien forderten Rückgabe von Gebieten, die Rumänien nach dem 1. Weltkrieg erhalten hatte. Durch den ›Wiener Schiedsspruch‹ konnte Hitler diese Spannungen noch einmal bereinigen.
Aus dem am 27. 9. 1940 geschlossenen Dreimächtepakt (Berlin – Rom – Tokio) konnte Japan so wenig wie Hitler Nutzen ziehen. Stalin war dieser Pakt ohnehin ein Dorn im Auge, zumal mit Artikel 1 und 2 sich die Achsenmächte und Japan wechselseitig die ›Führung‹ beim Aufbau neuer Ordnungen in Ostasien und Europa zuerkannten.
Für Rußland, das dem Vertrag beitreten sollte, waren Persien, Afghanistan und Indien als mögliche Expansionsziele übrig geblieben.
Am 12./13. November 1940 war Molotow in Berlin, um die Bereitschaft Hitlers zu neuen sowjetischen Forderungen zu erkunden.
Molotow führte ganz klar aus, daß die Sowjetunion Finnland und die baltischen Staaten enger an sich binden wolle. Die zeitweise Anwesenheit deutscher Truppen in Finnland, wegen der Versorgung der deutschen Truppen in Norwegen von Finnland gestattet, beunruhigte Moskau sehr. Hitler erklärte, daß er unbedingt einen Krieg an der Ostsee vermeiden wolle, um England keinen Vorwand zu liefern, auch Schweden hineinzuziehen.
Molotow jedoch ließ nicht nach, und Hitler wich immer wieder aus. Schließlich präzisierte Molotow in einem weiteren Gespräch mit Außenminister von Rippentrop die Gebiete, an denen die UdSSR interessiert seien: Die Meerengen des Schwarzen Meeres, die Meerengen der Ostsee, den Großen Belt, den Kleinen Belt, Öresund, Kattegatt und Skagerrak. Rippentrop schwieg; diese russischen Forderungen waren unerfüllbar.
Hitler machte noch einen Versuch, die Einflußsphären gemeinsam mit den drei Staaten des Paktes und der Sowjetunion als viertem abzugrenzen. Doch jetzt wich Molotow aus. Erst zwei Wochen später, am 26. 11. 1940 übergab der sowjetische Außenminister dem Botschafter Graf von der Schulenburg die sowjetischen Bedingungen, die Voraussetzung für einen Beitritt zu einem Viermächtepakt wären:

1. Sofortiger Rückzug der deutschen Truppen aus Finnland (mit wirtschaftlichen Zugeständnissen an Deutschland),
2. Beistandspakt in der ›Sicherheitszone Schwarzes-Meer-Grenze‹ mit Bulgarien, Schaffung einer Basis für die Streitkräfte der UdSSR im Rayon des Bosporus und der Dardanellen auf der Grundlage langfristiger Pacht,
3. Schwerpunkt der Aspiration der Sowjetunion im Raum südlich Batum und Baku in allgemeiner Richtung auf den persischen Golf,
4. Japan verzichtet auf seine Konzessionsrechte wegen Kohle und Naphtha auf Nordsachalin.

Mit anderen Worten: Deutschland sollte damit einverstanden sein, daß Finnland und die Türkei unter sowjetische Macht kämen und der Einfluß des britischen Empire im arabisch-indischen Raum zerstört würde. Hitler war hierzu nicht bereit, er wich aus, das deutsch-sowjetische Verhältnis begann zu erkalten.
Hitlers Entschluß, die Sowjetunion im kommenden Frühjahr anzugreifen, stand nunmehr fest.
Da Großbritannien nicht kapitulierte, geriet Deutschland unter Zeitdruck.
Die Vereinigten Staaten lagen außer Reichweite der deutschen Waffen, Hitler sah daher keine andere Chance, als zur Vermeidung des Zweifrontenkrieges die UdSSR niederzuringen.
Der Ostfeldzug sollte und mußte abgeschlossen sein, bevor Amerika und England mit vereinten Kräften auf dem europäischen Kontinent landen konnten.

b) Der Fall ›Barbarossa‹

Am 18. Dezember 1940 unterzeichnete Hitler die Weisung Nr. 21 für den Fall ›Barbarossa‹, siehe Faksimile. Als Angriffstermin galt der 15. Mai 1941.
Als Roosevelt und Churchill zuverlässige Informationen über Hitlers Barbarossa-Plan hatten, ließen sie Stalin warnen, wobei sie eine noch mögliche Verständigung zwischen Berlin und Moskau in Kauf nahmen. Sie erfolgte jedoch nicht, so sehr Stalin dies auch wünschte, um Zeit für eine Armeereform und den nächsten Angriff gegen Finnland zu gewinnen.
Im Morgengrauen des 22. Juni 1941 stürmten die deutschen Armeen über Pruth, Bug, Njemen und Memel gegen den mächtigsten Staat Europas. Der Fall ›Barbarossa‹ war ausgelöst.
Daß der Angriffstermin wegen des durch Mussolini heraufbeschworenen Balkanfeldzuges um fünf Wochen hinausgeschoben worden war, sollte sich später als verheerend und vielleicht auch mit kriegsentscheidend auswirken.
Die Vorbereitungen für den Agriff auf Rußland hatten schon im Oktober 1940 begonnen. Von diesem Zeitpunkt ab bis zum Frühjahr 1941 hatten Bautrupps der Luftwaffe die Flugplätze im besetzten Polen instand gesetzt, ab März 1941 wurden alle Vorbereitungen noch beschleunigt.
Im Reichsluftfahrtministerium fragte Generaloberst Rüdel beiläufig seinen aus dem Urlaub zurückgekehrten Chef, Generalfeldmarschall Milch, ob er mit der höheren Weisung einverstanden sei, daß für den

neuen Feldzug keine Winterbekleidung notwendig sei. Milch war völlig verdutzt, weil er offensichtlich hiervon noch nichts gehört hatte. Sein Kommentar: »Vollkommen verrückt!« Rüdel: »Wir haben Befehl, einen Feldzug gegen Rußland vorzubereiten, der vor Einbruch des Winters beendet sein soll.« Deshalb weigern sich Generalstab, insbesondere der Generalquartiermeister von Seidel, die Verantwortung für die Beschaffung von Winterbekleidung zu übernehmen. Milch: »Die Verantwortung übernehme ich gern, denn daß ein Krieg gegen Rußland mehrere Jahre und damit mehrere Winter dauern würde ist wohl klar.«
Milch befahl, für eine Million Luftwaffensoldaten je vier Garnituren wollene Unterwäsche, je fünf Paar wollene Strümpfe sowie Filzstiefel und Schaffellmäntel herzustellen. So kam es, daß die Fliegertruppe als einzige Kampftruppe einigermaßen durch den russischen Winter kam.
Im März 1941 gab es aber noch mehr zu tun.
Bereits im Oktober 1940 hatte Hitler den Befehl zur Höhenaufklärung, ein Novum in der Kriegsgeschichte, erteilt. Der damalige Oberstleutnant Rowehl bekam den Auftrag, einen Fernaufklärungsverband aufzustellen, der aus großer Höhe den westrussischen Raum aufklären sollte. Wörtlich sagte Hitler zu Rowehl: »Die Höhe muß so außergewöhnlich sein, daß die Sowjets nichts merken.«
Mit Ende des Winters ging es dann los. Die 1. und 2. Staffel vom ›Geschwader Rowehl‹ waren in Seerappen und Insterburg in Ostpreußen stationiert. Sie flogen umgebaute He 111 und Do 215-B2, die Höhen von 9000 Metern erreichten. Die 3. Staffel operierte von Bukarest aus, eine 4. Staffel flog von Krakau und Budapest. Bei diesen Staffeln wurden umgerüstete Ju 88 geflogen, die eine Höhe bis zu 12000 Metern erreichten. Für damalige Verhältnisse sensationell.
Es ging alles gut, die Russen merkten nichts. Die Besatzungen brachten außergewöhnliche Bilder mit, alle Plätze in Westrußland und auch die gutgetarnten Feldflugplätze der Jäger in Grenznähe waren vollgestopft mit Flugzeugen.
Diese Aufklärungsergebnisse gaben der Luftwaffe die Möglichkeit, gleich zu Beginn des Angriffs die Masse der sowjetischen Luftwaffe am Boden zu zerschlagen. Dem ersten Schlag würde somit entscheidende Bedeutung zukommen, insbesondere natürlich auch dem Angriffszeitpunkt.
Für das Heer lag der Angriffszeitpunkt beim ersten Büchsenlicht, das war 03.15 Uhr. Flog die Luftwaffe erst später los, mußte damit gerechnet werden, daß der Gegner bereits in der Luft war, ein Angriff vor 03.15 Uhr hätte dem Heer das Überraschungsmoment genommen.
General von Richthofen, General Loerzer oder Oberst Mölders, einer von ihnen fand die Lösung: Wie die Fernaufklärer schleichen sich die

Bomber hoch über unbewohnten Gebieten, Sümpfen und Wäldern so rechtzeitig an, daß sie zum Angriffszeitpunkt über dem Ziel sind.
So geschah es dann auch. Die mit Nachtflugerfahrung vertrauten Besatzungen flogen in kleinen Gruppen von 3 bis 5 Bombern; jeder Gruppe war ein russischer Feldflugplatz als Ziel zugewiesen. Fast jeder fand sein Ziel. Sie trauten ihren Augen nicht, die Rollfelder dick voller Bomber, Jäger und Aufklärer, wie zur Parade ausgerichtet.
Dann hagelte es riesige Schauer von Splitterbomben – das machte den größten Teil der russischen Luftwaffe zu Schrott.
In dem sowjetischen Buch ›Geschichte des großen patriotischen Krieges der Sowjetunion‹ heißt es hierzu: »Während der ersten Tage des Krieges führten gegnerische Bomberformationen heftige Angriffe auf 66 Flugplätze im Frontgebiet ... das Ergebnis der Angriffe und Luftkämpfe war nach den Zahlen vom 22. Juni mittags für uns ein Verlust von 1200 Flugzeugen ...« Andere Berichte sprechen von insgesamt 1811 vernichteten sowjetischen Flugzeugen. Göring kamen diese Zahlen so phantastisch vor, daß er die ausgeglühten Wracks nachzählen ließ; man kam sogar auf über 2000 zerstörte Flugzeuge.
Da die sowjetische Luftwaffe somit im großen und ganzen ausgeschaltet war, konnte sich die deutsche Luftwaffe fast ganz auf die Erdunterstützung konzentrieren.
Die Heeresgruppe Nord befehligte Generalfeldmarschall von Leeb, die von der Luftflotte 1 unter Generaloberst Keller unterstützt wurde, die Heeresgruppe Mitte unter Feldmarschall von Bock erhielt Unterstützung von der Luftflotte 2 unter Feldmarschall Kesselring, die Heeresgruppe Süd unter Feldmarschall von Rundstedt von der Luftflotte 4 unter Generaloberst Löhr. (Siehe hierzu Karte Seite 137.)

c) Verlegung des Geschwaders KG 53 und Einsatz im Mittelabschnitt

Bereits am 16. 2. hatte die III. Gruppe in den schlesischen Raum verlegt; Stab und 7. Staffel kamen nach Lübe, 8. Staffel nach Liegnitz und 9. nach Freiwaldau.
Die I. Gruppe in Vitry en Artois und die II. Gruppe in Lille/Nord blieben zunächst dort, flogen weiter Englandeinsätze und erhielten erforderlichenfalls Nachschub von der III. Gruppe, die in Schlesien Ausbildung betrieb.
Am 18. 6. 1941 ist es dann für das gesamte Geschwader soweit, es verlegt auf die neuen Einsatzhäfen in Polen (Radom, Radzyn, Grojek). Sein Einsatz ist für den Mittelabschnitt vorgesehen, Luftflotte 2, II. Fliegerkorps (Lörzer).
»Was wir nicht für möglich gehalten haben, neuer Kriegsschauplatz ist Rußland« schildert Herbert Wittmann. »Wir verlegen von Lille/Nord

nach Grojek in Polen in der Nähe von Radom. Zu dieser Zeit kursieren die tollsten Gerüchte und Latrinenparolen. U. a., Rußland gewährt freien Durchzug bis nach Baku, und über die Türkei wird der Nahe Osten aufgerollt, besetzt und die Ölfelder gesichert usw. Am 20. 6. 1941 wußten wir es: Deutschland erklärt Rußland den Krieg! Für diesen Kriegsschauplatz waren wir psychologisch am wenigsten vorbereitet. Nun kämpften wir gegen einen erbarmungslosen Gegner. Selbst heute nach 40 Jahren kann ich mich noch sehr gut erinnern, wie jeder einzelne versuchte, mit sich selbst, mit Hilfe seiner Kameraden oder seiner Einheit mit diesem Geschehen fertig zu werden. Wir flogen gegen einen neuen Feind, gegen Russen, gegen Sowjets. War dies blinder Gehorsam oder war es ein Vertrauen in die militärische und politische Führung? Wir waren zu jung und hatten auch nicht den entsprechenden Einblick, wir waren eben Soldaten . . .«
Wie sich die Situation für eine ›Volksbesatzung‹ (Fliegersprache, wenn kein Offizier in der Besatzung ist) darstellt, hat Arnold Döring, der später, am 1. 10. 43, zum Leutnant befördert wurde, in seinem Tagebuch festgehalten:
»Zu unserer Besatzung, die in der 9. Staffel flog, gehörte außer mir als Flugzeugführer Beobachter Uffz. Richard Wowarek, Bordschütze Fw. Richard Brösing, Bordmechaniker Fw. Karl Krupitza, Bordfunker Fw. Toni Grimmer und Bordfunker Georg Eberhardt.
Am 21. 6. 1941 gegen 16.00 Uhr ist Antreten der gesamten Staffel. Der Staffelkapitän, Hauptmann Pockrandt, nimmt die Meldung entgegen und breitet eine Anzahl Karten aus. Er ist ungewöhnlich ernst. Er erklärt die Lage: ›Rußland hat die Absicht – wie umfangreiche Aufklärung unsererseits ergeben hat – gegen Ostpreußen und das Generalgouvernement vorzustoßen. Auch auf unserer Seite sind umfangreiche Maßnahmen getroffen worden. Das hatten wir in den letzten Wochen und gerade in den letzten Tagen zur Genüge kennengelernt. Falls es morgen in aller Frühe losgehen sollte, haben wir folgendes Ziel anzugreifen: Flugplatz Bielsk-Pilici, südlich von Bialystok, etwa 80 km hinter der Front. Der Platz ist mit Jägern belegt. Zielverteilung: Wir greifen die Munitionsbunker und das Rollfeld an, 7. Staffel die Unterkünfte und die 8. Staffel die am Ostrand abgestellten Maschinen. Ich hoffe, daß sich die neuen und jungen Besatzungen bei diesen ersten und den folgenden Einsätzen so gut schlagen und bewähren wie die alten vor Ihnen. Flugzeugführer und Beobachter empfangen Karten und Bildskizzen; und: daß mir morgen anständig geworfen wird!‹
Zuerst herrscht tiefes Schweigen, jeder ist zu stark beeindruckt, und dann bricht die Erregung durch. Die jungen Besatzungen stehen sichtlich unter der Erwartung ihres ersten Einsatzes und ihrer Bewährung nach z. T. jahrelanger Ausbildung.

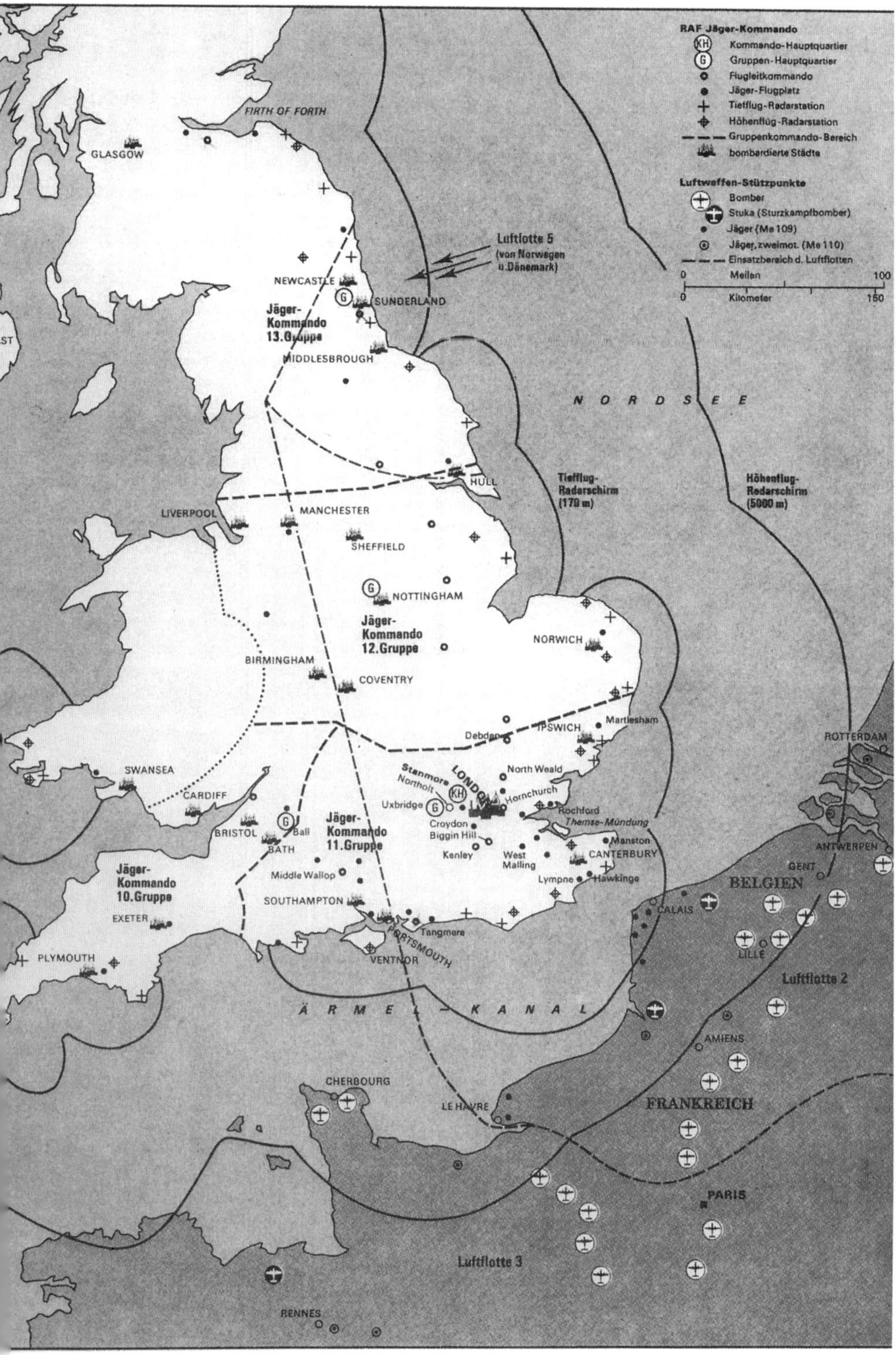

Die Phasen der ›Luftschlacht um England‹ (s. S. 95).

Der Führer und Oberste Befehlshaber
der Wehrmacht — 18. Dezember 1940.
OKW/WFSt/Abt. L (I) Nr. 33 408/40 g. Kdos. Chefsache

Geheime Kommandosache.

Weisung Nr. 21.
„Fall Barbarossa".

Die deutsche Wehrmacht muß darauf vorbereitet sein, auch vor Beendigung des Krieges gegen England Sowjetrußland in einem schnellen Feldzug niederzuwerfen („Fall Barbarossa").

Das Heer wird hierzu alle verfügbaren Verbände einzusetzen haben mit der Einschränkung, daß die besetzten Gebiete gegen Überraschungen gesichert sein müssen.

Für die Luftwaffe wird es darauf ankommen, für den Ostfeldzug so starke Kräfte zur Unterstützung des Heeres freizumachen, daß mit einem schnellen Ablauf der Erdoperationen gerechnet werden kann und die Schädigung des ostdeutschen Raumes durch feindliche Luftangriffe so gering wie möglich bleibt. Diese Schwerpunktbildung im Osten findet ihre Grenze in der Forderung, daß der gesamte von uns beherrschte Kampf- und Rüstungsraum gegen feindliche Luftangriffe hinreichend geschützt bleiben muß und die Angriffshandlungen gegen England, insbesondere seine Zufuhren, nicht zum Erliegen kommen dürfen.

Der Schwerpunkt des Einsatzes der Kriegsmarine bleibt auch während des Ostfeldzuges eindeutig gegen England gerichtet.

Den Aufmarsch gegen Sowjetrußland werde ich gegebenenfalls acht Wochen vor dem beabsichtigten Operationsbeginn befehlen.

Vorbereitungen, die eine längere Anlaufzeit benötigen, sind — soweit noch nicht geschehen — schon jetzt in Angriff zu nehmen und bis zum 15. Mai 1941 abzuschließen.

Entscheidender Wert ist jedoch darauf zu legen, daß die Absicht eines Angriffs nicht erkennbar wird.

Die Vorbereitungen der Oberkommandos sind auf folgender Grundlage zu treffen:

I. Allgemeine Absicht:

Die im westlichen Rußland stehende Masse des russischen Heeres soll in kühnen Operationen unter weitem Vortreiben von Panzerkeilen vernichtet, der Abzug kampfkräftiger Teile in die Weite des russischen Raumes verhindert werden.

In rascher Verfolgung ist dann eine Linie zu erreichen, aus der die russische Luftwaffe reichsdeutsches Gebiet nicht mehr angreifen kann. Das Endziel der Operation ist die Abschirmung gegen das asiatische Rußland aus der allgemeinen Linie Wolga–Archangelsk. So kann erforderlichenfalls das letzte Rußland verbleibende Industriegebiet am Ural durch die Luftwaffe ausgeschaltet werden.

Im Zuge dieser Operationen wird die russische Ostseeflotte schnell ihre Stützpunkte verlieren und damit nicht mehr kampffähig sein.

Wirksames Eingreifen der russischen Luftwaffe ist schon bei Beginn der Operation durch kraftvolle Schläge zu verhindern.

II. Voraussichtliche Verbündete und deren Aufgaben:

1. Auf den Flügeln unserer Operation ist mit der aktiven Teilnahme Rumäniens und Finnlands am Kriege gegen Sowjetrußland zu rechnen.

   In welcher Form die Streitkräfte beider Länder bei ihrem Eingreifen deutschem Befehl unterstellt werden, wird das Oberkommando der Wehrmacht zeitgerecht vereinbaren und festlegen.

2. Rumäniens Aufgabe wird es sein, zusammen mit der dort aufmarschierenden Kräftegruppe den gegenüberstehenden Gegner zu fesseln und im übrigen Hilfsdienste im rückwärtigen Gebiet zu leisten.

3. Finnland wird den Aufmarsch der aus Norwegen kommenden abgesetzten deutschen Nordgruppe (Teile der Gruppe XXI) zu decken und mit ihr gemeinsam zu operieren haben. Daneben wird Finnland die Ausschaltung von Hangö zufallen.

4. Mit der Möglichkeit, daß schwedische Bahnen und Straßen für den Aufmarsch der deutschen Nordgruppe spätestens von Operationsbeginn an zur Verfügung stehen, kann gerechnet werden.

III. Die Führung der Operationen:

A) Heer (in Genehmigung der mir vorgetragenen Absichten):

In dem durch die Pripjet-Sümpfe in eine südliche und eine nördliche Hälfte getrennten Operationsraum ist der Schwerpunkt nördlich dieses Gebietes zu bilden. Hier sind zwei Heeresgruppen vorzusehen.

Der südlichen dieser beiden Heeresgruppen — Mitte der Gesamtfront — fällt die Aufgabe zu, mit besonders starken Panzer- und mot. Verbänden aus dem Raum um und nördlich Warschau vorbrechend, die feindlichen Kräfte in Weißrußland zu zersprengen. Dadurch muß die Voraussetzung geschaffen werden für das Eindrehen von starken Teilen der schnellen Truppen nach Norden, um im Zusammenwirken mit der aus Ostpreußen in allgemeiner Richtung Leningrad operierenden nördlichen Heeresgruppe die im Baltikum kämpfenden feindlichen Kräfte zu vernichten. Erst nach Sicherstellung dieser vordringlichen Aufgabe, welcher die Besetzung von Leningrad und Kronstadt folgen muß, sind die Angriffsoperationen zur Besitznahme des wichtigen Verkehrs- und Rüstungszentrums Moskau fortzuführen.

Nur ein überraschend schnell eintretender Zusammenbruch der russischen Widerstandskraft könnte es rechtfertigen, beide Ziele gleichzeitig anzustreben.

Die wichtigste Aufgabe der Gruppe XXI bleibt auch während der Ostoperationen der Schutz Norwegens. Die darüber hinaus verfügbaren

… zunächst zur Sicherung des Petsamo-gebietes und seiner Erzgruben sowie der Eismeerstraße einzusetzen, um dann gemeinsam mit finnischen Kräften gegen die Murmansk-Bahn vorzustoßen und die Versorgung des Murmanskgebietes auf dem Landwege zu unterbinden.

Ob eine derartige Operation mit s t ä r k e r e n deutschen Kräften (zwei bis drei Divisionen) aus dem Raum von Rovanieni und südlich geführt werden kann, hängt von der Bereitwilligkeit Schwedens ~~ab,~~ ~~seine~~ Eisenbahnen für einen solchen Aufmarsch zur Verfügung zu stellen.

Der Masse des finnischen Heeres wird die Aufgabe zufallen, in Übereinstimmung mit den Fortschritten des deutschen Nordflügels möglichst starke russische Kräfte durch Angriff westlich oder beiderseits des Ladogasees zu fesseln und sich in den Besitz von Hangö zu setzen.

Bei der s ü d l i c h d e r P r i p j e t s ü m p f e angesetzten Heeresgruppe ist der Schwerpunkt im Raum von Lublin in allgemeiner Richtung Kiew zu bilden, um mit starken Panzerkräften schnell in die tiefe Flanke und den Rücken der russischen Kräfte vorzugehen und diese dann im Zuge des Dnjepr aufzurollen.

Der deutsch-rumänischen Kräftegruppe fällt am rechten Flügel die Aufgabe zu,

a) den rumänischen Raum und damit den Südflügel der Gesamtoperation zu schützen,

b) im Zuge des Angriffs am Nordflügel der Heeresgruppe Süd die gegenüberstehenden feindlichen Kräfte zu fesseln und bei fortschreitender Entwicklung der Lage im Verein mit der Luftwaffe ihren geordneten Rückzug über den Dnjestr im Nachstoß zu verhindern.

Sind die Schlachten südlich bzw. nördlich der Pripjet-Sümpfe geschlagen, ist im Rahmen der Verfolgung anzustreben:

im S ü d e n die frühzeitige Besitznahme des wehrwirtschaftlich wichtigen Donez-Beckens,

im N o r d e n das schnelle Erreichen von Moskau.

Die Einnahme dieser Stadt bedeutet politisch und wirtschaftlich einen entscheidenden Erfolg, darüber hinaus den Ausfall des wichtigsten Eisenbahnknotenpunktes.

B) L u f t w a f f e :

Ihre Aufgabe wird es sein, die Einwirkung der russischen Luftwaffe so weit wie möglich zu lähmen und auszuschalten, sowie die Operationen des Heeres in ihren Schwerpunkten, namentlich bei der mittleren Heeresgruppe und auf dem Schwerpunktflügel der südlichen Heeresgruppe, zu unterstützen. Die russischen Bahnen werden je nach ihrer Bedeutung für die Operationen zu unterbrechen bzw. in ihren wichtigsten nahegelegenen Objekten (Flußübergänge!) durch kühnen Einsatz von Fallschirm- und Luftlandetruppen in Besitz zu nehmen sein. Um alle Kräfte gegen die feindliche Luftwaffe und zur unmittelbaren Unterstützung des Heeres zusammenfassen zu können, ist die Rüstungsindustrie während der Hauptoperationen nicht anzugreifen. Erst nach Abschluß der Bewegungsoperationen kommen derartige Angriffe, in erster Linie gegen das Uralgebiet, in Frage.

C) K r i e g s m a r i n e :

Der Kriegsmarine fällt gegen Sowjetrußland die Aufgabe zu, unter Sicherung der eigenen Küste ein Ausbrechen feindlicher Seestreitkräfte aus der Ostsee zu verhindern. Da nach dem Erreichen von Leningrad der russischen Ostseeflotte der letzte Stützpunkt genommen und diese dann in hoffnungsloser Lage sein wird, sind vorher größere Seeoperationen zu vermeiden. Nach dem Ausschalten der russischen Flotte wird es darauf ankommen, den vollen Seeverkehr in der Ostsee, dabei auch den Nachschub für den nördlichen Heeresflügel über See sicherzustellen (Minenräumung!).

IV.

Alle von den Herren Oberbefehlshabern auf Grund dieser Weisung zu treffenden Anordnungen müssen eindeutig dahin abgestimmt sein, daß es sich um V o r s i c h t s m a ß n a h m e n handelt für den Fall, daß Rußland seine bisherige Haltung gegen uns ändern sollte. Die Zahl der frühzeitig zu den Vorarbeiten heranzuziehenden Offiziere ist so klein wie möglich zu halten, weitere Mitarbeiter sind so spät wie möglich und nur in dem für die Tätigkeit jedes einzelnen erforderlichen Umfang einzuweisen. Sonst besteht die Gefahr, daß durch ein Bekanntwerden unserer Vorbereitungen, deren Durchführung zeitlich noch gar nicht festliegt, schwerste politische und militärische Nachteile entstehen.

V.

Vorträgen der Herren Oberbefehlshaber über ihre weiteren Absichten auf Grund dieser Weisung sehe ich entgegen.

Die beabsichtigten Vorbereitungen aller Wehrmachtteile sind mir, auch in ihrem zeitlichen Ablauf, über das Oberkommando der Wehrmacht zu melden.

(gez.) A d o l f H i t l e r.

Verteiler:

....

Hitlers ›Weisung Nr. 21‹ für den Fall ›Barbarossa‹ (s. S. 133, 5. Absatz).

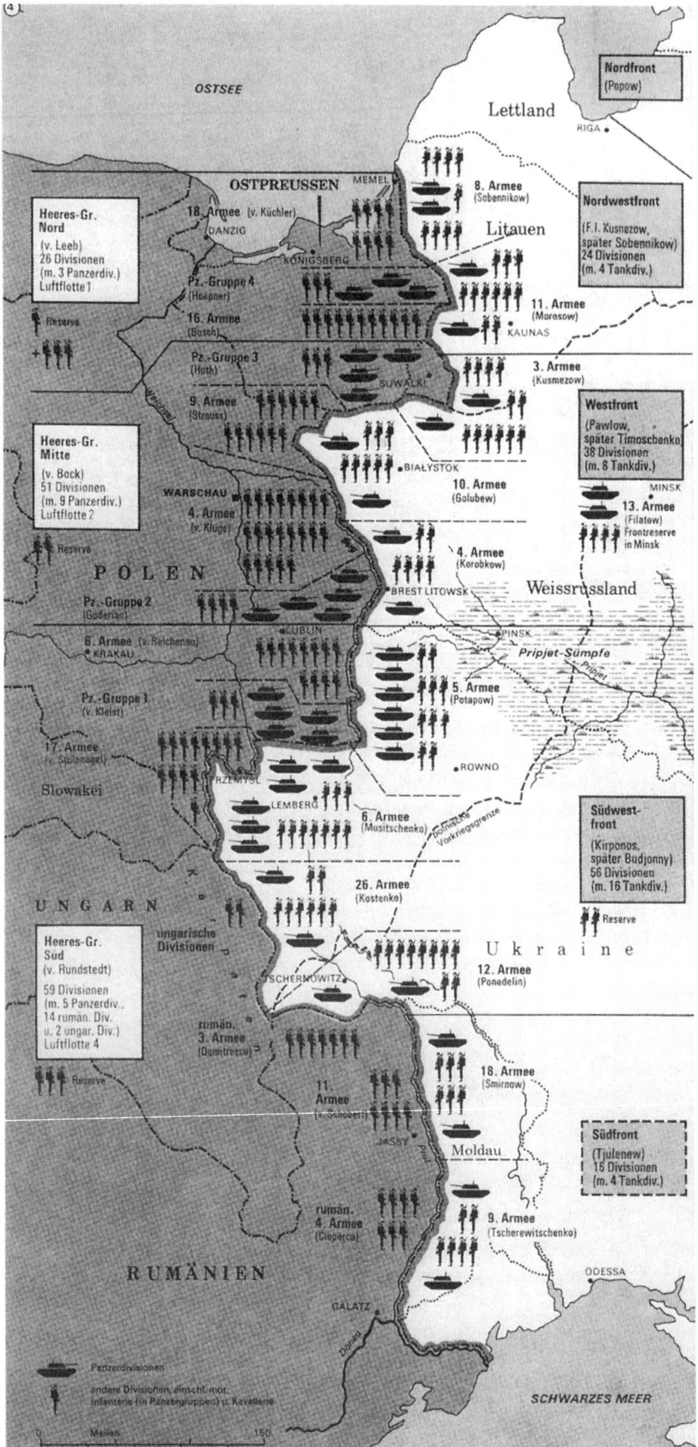

Der Aufmarsch im Osten (s. S. 135, 5. Absatz).

Abends 23.00 Uhr nochmals Antreten. Sofort ist das fliegende Personal auf dem langen Barackenkorridor angetreten. Der Kapitän gibt den Start bekannt – morgen um 03.30 Uhr soll es losgehen. Dann machen wir alles Notwendige für den Flug fertig und legen uns zu Bett; aber wer konnte vor seinem ersten Feindflug schlafen?!
22. 6. 41, 1. Feindflug. Nachts 01.30 Uhr wecken. Einige Minuten später geht's mit Karacho zum Platz. In der Ferne leuchtet ein Brand, und im Osten zeigt ein schwacher heller Streifen den nahenden Tag an. Auf dem Gefechtsstand erläutert der Gruppenkommandeur nochmals die Lage, gibt die Zielverteilung bekannt und wünscht uns dann Hals- und Beinbruch. Er selbst fliegt an der Spitze.
Jede Besatzung wird zu ihrer Maschine gefahren. Die ersten Warte melden ihren Vogel klar.
Mir geht so allerhand durch den Kopf. Wird der Start bei Dunkelheit auf diesem hundsmiserablen kleinen Platz, auf dem wir erst einige Tage liegen, auch mit beladener Maschine klappen?
Rein in die braven alten Mühlen. Alles kurz nochmals nachgeprüft, aber auf die Arbeit der Warte kann man sich 100%ig verlassen. Der Alte läßt die Motoren laufen, hebt die Hand, es ist soweit. Einen Augenblick später rollt die 1. Kette an, rumpelt polternd über den unebenen Platz. Ganz leicht läßt sich die Mühle trotz der schweren Beladung abheben. Pünktlich 03.30 Uhr sind wir gestartet.
In einer großen Linkskurve steigt und sammelt die Gruppe und zieht geschlossen dem Flugplatz Sielce zu, um unseren Jagdschutz aufzunehmen. Wer aber nicht erscheint, sind die Herren Jäger. Na, uns soll auch das recht sein. Umsonst haben wir nicht unsere Spritzen in der Mühle.
Stur zieht dann der Verband nach geringer Kursänderung dem Ziel zu. Um 04.15 Uhr wird der Bug, die Grenze, überflogen. Ganz ruhig habe ich auf meinen Pinsel geschaut und kleine Kursverbesserungen vorgenommen. Doch jetzt schaue ich raus. Unten ist es stark dunstig, aber die Ziele sind schon zu erkennen. Ich wundere mich, daß die Abwehr noch nicht eingesetzt hat. Für die wird es eine schöne Überraschung sein.
Dann gehen auch schon die Eier los. Feuerschein, Rauchpilz, Erd- und Dreckfontänen, vermischt mit Trümmern aller Art, schießen steil auf. Schade, unsere Bombenreihe liegt hart rechts von den Munitionsbunkern. Aber die Reihe läuft weiter über den ganzen Platz und reißt das Rollfeld auf. Die Startbahn erhält zwei Treffer. Da kann für die nächste Zeit kein Jäger starten, zumal die anderen Ketten unserer Staffel das gesamte Rollfeld belegt haben. In der Kurve kann ich weiter sehen, daß von den abgestellten Jagdmaschinen 15 in hellen Flammen stehen, dazu noch der größte Teil der Unterkunftsbauten. Toni ruft ›Flak!‹, aber nur ein einziger Schuß ist zu sehen und der liegt noch 1 km zu

kurz, denn längst sind wir außer Schußbereich. Dann der alarmierende Ruf in der Ei. V.: ›Jäger von hinten!‹ Schon knattern unsere MG. Der Verband schließt dicht auf. Wir bieten wohl so den Russen ein großes Ziel, aber die Abwehr ist massiert. Die Leuchtspur von 27 Maschinen spritzt den Russen um die Ohren, die es sofort vorziehen, im Sturzflug zu verschwinden.
Vor uns taucht wieder der Bug auf. Artillerieduelle, sonst ist nichts zu erkennen.
Bald kommt der Platz in Sicht, und binnen kurzer Zeit ist der ganze Verband gelandet. Ohne Verluste kehren wir heim. Der Erfolg ist so gut, daß ein 2. Start, der eigentlich vorgesehen war, nicht mehr auf diesen Platz geflogen zu werden braucht.
Gegen Abend steigt ein 2. Einsatz gegen den Flugplatz Bialystok, der schon im Laufe des Tages von anderen Verbänden angegriffen worden war.
23. 6. 1941, 2. Feindflug. Angriff auf Panzer und motorisierte Einheiten auf der Straße n. o. Brest-Litowsk über Koboyn hinaus bis zur Ortschaft Breceza-Katuska. So lautet ungefähr der Angriffsbefehl. Etwa 10 Minuten später hängt die Gruppe in der Luft und fliegt dem Ziel entgegen. Brest-Litowsk wird in 800 m überflogen. Teile der Stadt brennen. Um die Zitadelle wird noch heftig gekämpft. Hier nehmen wir auch unseren Jagdschutz auf. Mölders persönlich führt den Haufen. Auf der Straße nach Koboyn ein starker Verkehr. Unten ist alles mit Truppen vollgestopft. Zum Teil wird neben der Straße weitergefahren. Unser Vormarsch rollt weiter in das Land hinein. Die Spitze bilden unsere Panzer. Vor ihnen etwa 2 km Niemandsland, dann aber wieder feindliche Kolonnen in großer Massierung. Klobige Panzer aller Größen, motorisierte Kolonnen, bespannte Fahrzeuge, dazwischen eingekeilt Artillerie. Dies alles wälzt sich in wilder Flucht nach Osten. Unser Angriffsziel ist erreicht. Die Staffel stößt hinunter, und dann belegen wir die Straße mit MG-Feuer. Die ersten Bomben fallen. Wir fliegen hintereinander die Straße entlang und auch neben der Straße. Unsere Bomben liegen neben den Panzern, Geschützen, zwischen Fahrzeugen und inmitten der nach allen Seiten auseinander spritzenden Russen. Panik ist dort unten ausgebrochen, niemand denkt an Abwehr. Um die Straße für den eigenen Vormarsch zu schonen, werfen wir nur hart neben die Straße. Die Wirkung der Spreng- und Splitterbomben ist ungeheuer. Bei diesen Zielen geht keine Bombe daneben, Panzer werden umgekippt oder stehen nach Volltreffern in Flammen. Geschütze mit ihren Zugmaschinen sperren die Straße, dazwischen vergrößern wild um sich keilende Pferde die Panik.«
Während des stürmischen deutschen Vormarsches erfolgten pausenlos derartige Flüge gegen Truppenansamlungen, Eisenbahnstrecken, freie

Jagd auf Züge, Bahnhöfe, weitere Flugplätze, Kolonnen und belegte Ortschaften.

Da die sowjetische Luftflotte so gut wie ausgeschaltet war, konnten unsere fliegenden Verbände sich fast ganz auf die Erdkampfunterstützung des Heeres konzentrieren, und dieser Erdkampf ging mit stürmischer Geschwindigkeit voran.

Schon am 29. 6. trafen die Panzergruppen 2 und 3 westlich Minsk zusammen, in schneller Reihenfolge fielen in den großen Zangenbewegungen die Städte Brest-Litowsk, Minsk, Smolensk und Kiew. Aus Bialystok vorstoßend in Richtung Minsk hatte am 9. 7. jeglicher Widerstand aufgehört, die Rote Armee hatte allein 324000 Mann Gefangene und 3300 Panzer verloren.

Am 27. Juli hatte sich der Ring um Smolensk geschlossen, am 5. August erfolgte in diesem Kessel die Kapitulation.

Mit den vorrückenden Truppen des Heeres verlegte auch in kurzen Abständen unser Geschwader, oft schon kurz nach Einnahme einer Ortschaft mit Flugplatz.

Eine Übersicht von den Einsätzen der I. Gruppe, 1. Staffel, verdeutlicht den hier durchgeführten Einsatz des KG 53:

22. 6. 41	EH Grojec	Angriff der Gruppe auf Flugplatz Wysokie-Mazowieckie
22. 6. 41	EH Grojec	2. Angriff der Gruppe auf Flugplatz Wysokie-Mazowieckie
23. 6. 41	EH Grojec	Truppenbekämpfung im Raume Kobryn-Baranowitschi
23. 6. 41	EH Grojec	Truppenbekämpfung im Raume südlich Slonim
24. 6. 41	EH Grojec	Angriff auf Flugplatz und Straßen bei Sluzk
24. 6. 41	EH Grojec	Nachtangriff auf Bahnanlagen bei Gomel
25. 6. 41	EH Grojec	Nachtangriff auf Bahnanlagen bei Orscha
26. 6. 41	EH Grojec	Nachtangriff auf Bahnanlagen bei Smolensk
28. 6. 41	EH Grojec	Angriff auf Flugplatz Bobruisk
28. 6. 41	EH Grojec	Angriff wegen Motorschaden abgebrochen.

Am 29. 6. Verlegung der Gruppe nach Rogoznica,
am 2. 7. Verlegung nach Miedzyrzee,
am 3. und 4. 7. Absprunghäfen Baranowitschi,
am 5., 7. und 9. Juli Absprunghäfen Tschernowizi und schließlich am 9. 7. Verlegung nach Minsk-Dubinskaya, wo auch der Stab und die übrigen Gruppen eintreffen.

Die Einsätze bis zum 2. 8. von den Absprunghäfen einschließlich Dubinskaya waren:

10. 7. 41	EH Minsk-Dubinskaya	Truppenbekämpfung auf der Straße Orscha-Mogilew
13. 7. 41	EH Minsk-Dubinskaya	Truppenbekämpfung bei Gomel
14. 7. 41	EH Minsk-Dubinskaya	Dämmerungsangriff auf Brücke bei Schlobin

16. 7. 41	EH Minsk-Dubinskaya	Dämmerungsangriff auf Bahnanlagen Schlobin-Gomel
18. 7. 41	EH Minsk-Dubinskaya	wegen Motorschaden abgebrochen
18. 7. 41	EH Minsk-Dubinskaya	Tiefangriff auf Bahnlinie und Truppen Spas-Demenskoje-Suchinitschi
21. 7. 41	EH Minsk-Dubinskaya	Nacht-Großangriff auf Moskau (Klara Zetkin)
22. 7. 41	EH Minsk-Dubinskaya	Nacht-Großangriff auf Moskau (Klara Zetkin)
23. 7. 41	EH Minsk-Dubinskaya	Nacht-Großangriff auf Moskau (Klara Zetkin)
26. 7. 41	EH Minsk-Dubinskaya	Truppen und Panzer auf Straße 100 km östl. Dorogobusch
27. 7. 41	EH Minsk-Dubinskaya	Truppen und Panzer auf Straße Spas-Demenskoje-Roslawl
27. 7. 41	EH Minsk-Dubinskaya	Truppen und Panzer auf Straße 100 km nördl. von Jelnja
28. 7. 41	EH Minsk-Dubinskaya	Bahnhof Kalnkowitschi-Mosyr
28. 7. 41	EH Minsk-Dubinskaya	Angriff auf Bahnhof Kalinkowitschi-Mosyr
28. 7. 41	EH Minsk-Dubinskaya	Angriff Artillerie-Stellg. westl. Rogatschew
28. 7. 41	EH Minsk-Dubinskaya	Nacht-Großangriff auf Moskau (Klara Zetkin)
29. 7. 41	EH Minsk-Dubinskaya	Nachtangriff auf Bahnanlagen bei Bryansk
30. 7. 41	EH Minsk-Dubinskaya	Tagangriff auf Bahnanlagen Rogatschew
30. 7. 41	EH Minsk-Dubinskaya	Nachtangriff auf Bahnanlagen bei Orel
31. 7. 41	EH Minsk-Dubinskaya	Tagangriff auf Bahnanlagen Wiasma
1. 8. 41	EH Minsk-Dubinskaya	Angriff auf Truppen bei Roslawl
2. 8. 41	EH Minsk-Dubinskaya	Nacht-Großangriff auf Moskau (Klara Zetkin)

Am 4. 8. verlegt das Geschwader nach Orscha.
Die schnellen Siege waren nicht immer leicht zu erkaufen. Die Methode der Luftwaffe, alle Bombertypen für die Erdkampfunterstützung einzusetzen, hatte auch schwerwiegende Nachteile. Zu unserem Leidwesen mußten wir die Erfahrung machen, daß die russischen Erdtruppen mit allen verfügbaren Waffen auf feindliche Flugzeuge schossen und uns auf lange Sicht erhebliche Verluste zufügten.
Auch zu diesem Thema und diesen Einsätzen eine Betrachtung von Wittmann:
»Warum setzt man uns als Bomber nicht in der Tiefe des feindlichen Hinterlandes ein? Unverständlich, der Einsatz zur unmittelbaren Heeresunterstützung war falsch. Es wäre taktisch besser gewesen, mit aller Kraft Bahnhöfe, Flugplätze, Depots, Industrieanlagen usw. anzugreifen als nur Artilleriestellungen, Panzeransammlungen und Brückenköpfe in Frontnähe.

Es geht vorwärts. Neuer Platz ist Dubinskaya. Damit sind wir auf russischem Boden.
Rückblickend muß man heute noch staunen, wie nach diesem enormen Vormarsch der Armee, in kurzer Zeit fast 1000 km nach Osten, der Nachschub rollte. Das technische Bodenpersonal wird mit einer Transportmaschine nach vorne verlegt, und der Rest, so auch der Bildzug, folgt in Kraftwagen nach.
Es ist fast ein Wunder, daß nach kurzer Zeit, bei diesen überlasteten und schlechten Straßen und bei den meist zerstörten Eisenbahntransportwegen Benzin – Bomben – Munition aller Art – Verpflegung und nicht zuletzt auch unser Personal am neuen Einsatzflugplatz zur Stelle waren.
Auch für die seelische Stärkung war gesorgt, die Feldpost kam bald wieder, die Brücke zu unserer Heimat, zu unseren Angehörigen und Lieben.
Bewundernswerte Leistungen vollbrachten unsere Fernmeldetrupps ... Kaum waren wir auf einem Platz eingefallen, waren schon die Befehlsleitungen hergestellt.
Jeder Soldat, einfach alle gaben ihr Bestes, obgleich doch vielerorts unter sehr primitiven und schweren Verhältnissen gearbeitet werden mußte.
Die ärztliche Versorgung bedarf gleichfalls der besonderen Hervorhebung. Es ging doch nicht allein darum, Verwundete oder Kranke zu versorgen. Der Truppenarzt war für die gesamten hygienischen Verhältnisse verantwortlich. Man denke doch nur an Trinkwasser, Unterkünfte, Verpflegung und u. a. auch an eingestelltes ziviles, russisches Personal. Die ›Hiwis‹ waren uns oft eine große Unterstützung und sollen auch hier eine positive Erwähnung finden.
Die Stabsstaffel fliegt nun wieder im russischen Raum Aufklärung – Zielerkundung – Bildpläne nach Weisung des Geschwaders – sie ist im ständigen Einsatz.
Nachdem die deutschen Jäger gleich in den ersten Tagen die Luftherrschaft errungen hatten, flogen wir wieder Einzeleinsätze am Tage.
Die Auswertung der Luftbilder war für das Geschwader und die höhere Führung besonders wertvoll.
Was wir in England besonders gefürchtet hatten, waren die englischen Jäger gewesen. Was wir jetzt in Rußland fürchteten, war die russische Flak. Deren Zielgenauigkeit in allen Höhen war beängstigend.
Dubinskaya ist ein russischer Feldflugplatz in der Nähe von Minsk. Uns Fliegern stehen zum ersten Mal keine Gebäude für Unterkunft zur Verfügung. Gleich ob Staffelkapitän oder 1. Wart, ob Flugzeugführer oder Kraftfahrer, wir verkriechen uns alle in ein ungewohntes Zelt. Wir besuchen auch die Stadt Minsk, die macht keinen schlechten Eindruck,

und die Bevölkerung, soweit wir Berührung und Begegnung hatten, verhielt sich ruhig.«
Am 21. Juli 1941 erfolgte der erste Luftangriff auf Moskau. Stalin gab hierzu einen Tagesbefehl heraus.
Die Neue Zürcher Zeitung vom 23. 7. 1941 berichtet:
»Am Dienstag abend gab Stalin in seiner Eigenschaft als Oberster Verteidigungskommissar einen Tagesbefehl zum Angriff der deutschen Luftwaffe auf Moskau heraus. Er lautet:
›In der Nacht zum Dienstag unternahm die deutsche Luftwaffe ihren ersten Großangriff gegen Moskau. Dank der Wachsamkeit unseres Beobachtungskorps wurden die feindlichen Staffeln, lange bevor sie die Hauptstadt anflogen, trotz der Dunkelheit festgestellt und sofort von Nachtjägern angegriffen. Die Abwehrbatterien in Moskau schossen eine wirksame Sperre, ausgezeichnet unterstützt durch Scheinwerferabteilungen. Als Ergebnis dieser Abwehrmaßnahmen wurde die aus mehr als 200 Maschinen bestehende deutsche Formation aufgelöst, und nur wenige deutsche Bomber vermochten Moskau zu überfliegen. Einige Feuer konnten schnell von den Brandwehren gelöscht werden.
Das Verteidigungskommissariat spricht der Bevölkerung seine Anerkennung für ihre Ruhe und Disziplin aus. Mit Sicherheit ist festgestellt worden, daß die russischen Nachtjäger und Abwehrbatterien insgesamt 22 deutsche Bomber abgeschossen haben.‹«
Der Bericht aus der ›Life‹ vom August 1941 war schon etwas bissiger:
»Moskau war auf Krieg vorbereitet. Nichts zeigt dies besser als Margret Boruke-Whites schöne und erschreckende Fotos der deutschen Luftangriffe vom 23. und 26. Juli. Der erste Luftangriff erfolgte in der Nacht zum 21. 7., nach einem Monat Krieg. An dem Angriff vom 26. Juli nahmen Berichten zufolge 100 deutsche Maschinen teil, von denen sechs abgeschossen wurden. Doch die Moskauer Schau ertönte gewaltiger. Offensichtlich versuchten die Nazis, Stalin persönlich zu bombardieren. Das zeigte die Konzentration von Leuchtbomben über dem Kreml. Die Russen hatten schweren Flakschutz um diese Zitadelle des Kommunismus massiert.
Solche Bilder wie diese über die Bombardierung und Verteidigung von Moskau wurden während der Luftschlacht von England niemals von britischen Zensoren freigegeben. Zweifellos ist der kommunistische Staat, wenn auch von seinen Idealen in Friedenszeiten weit entfernt, zur Kriegsführung wie geschaffen. Die Feuerbekämpfung funktionierte so gut wie in London nach einer Bombennacht. Die Leute waren sogar ruhiger. Tagsüber schwammen sie in der Moskwa, abends saßen sie mit hochgekrempelten Hemdsärmeln in ihren Luftschutz-Posten.«
Und so erlebte der damalige Ofw. Alfred Sticht den 1. Angriff auf Moskau am 21. Juli 1941 bei der Besatzung des Ofw. Willi Haug:

»Es ist Sonntagnachmittag. Die Besatzungen liegen in ihren Zelten. Die Sonne brennt glühend heiß auf den russischen Boden hernieder. Es ist der 21. Juli 1941. Minsk-Dubinskaya ist unser Einsatzhafen. Keiner wagt sich aus dem Zelt. Hitze, Durst und Stechmücken sind unsere ständigen Begleiter. Das Moskitonetz liegt griffbereit zur Hand. Unsere Kraftfahrer, Feldwebel Panizzi und Uffz. Methner stehen schon seit drei Stunden an der einzigen Wasserstelle und warten vergebens auf das köstliche Naß. Wir müssen warten um jeden Preis. Trotz allem herrscht eine feierliche Stille in unserer ›Zeltstadt‹. Der Gruppenkommandeur, Oberstleutnant Kaufmann, besucht am Nachmittag die fliegenden Besatzungen und gibt bekannt, daß wir wahrscheinlich heute noch zum Feindflug starten werden. Meine Besatzung sitzt besinnlich im Zelt, der eine oder andere denkt an seine Lieben in der Heimat. Das Wunschkonzert, das gerade im Radio erklingt, stellt den bindenden Kontakt zwischen Front und Heimat her. Unser jüngstes Besatzungsmitglied, der Lehner Martin, Unteroffizier und Bordschütze, schreibt gerade seiner Mutter in Wien, daß er bald auf Urlaub kommen werde, als der U.v.D. Einsatzbereitschaft III bekanntgibt. Jetzt wird es lebendig in den Zelten. Die Besatzungen machen sich fertig. Fallschirme werden sichtbar, Fliegerkombinationen, Kopfhauben, Kartenmaterial, Navigationsgeräte, Pelzstiefel, das Höhenatmungsgerät und am Koppel die Pistolen, für alle Fälle, vor allem wenn man abgeschossen werden sollte und man sich bei Nacht und Nebel durch das Feindgebiet durchschlagen müßte. Die Gesichter sind ernster geworden. Ich studiere die Karten und bereite den Flugweg vor. Unser Bordmechaniker, Ofw. Höfler, der ›Fürther‹, packt den Notproviant ein, um für den Notfall Vorsorge zu treffen, und Martin Lehner, der Sorgloseste von allen, stimmt noch ein ›Weaner Liedl‹ an. Unser Flugzeugführer Willi Haug reinigt noch seine Pistole, und Hannes Dünfelder, unser Bordfunker, bereitet die Bratkartoffeln für die Besatzung vor. Er hat sich inzwischen zum ›Bratkartoffel-Spezialisten‹ hochgedient.
Zehn Minuten später gibt der U.v.D. Bereitschaftsstufe II bekannt. Jeder weiß, in ca. einer halben Stunde geht's los.
Als wir gerade unser ›fürstliches Mahl‹ beendet haben, kommt der Staffelkapitän, Hauptmann Allmendinger, ein wackerer Schwabe (im Kameradenkreis Emil genannt) vom Gefechtsstand zurück und läßt die Flugzeugbesatzungen zur Flugbesprechung rufen. Der Einsatzbefehl wird bekanntgegeben: Nachtangriff mit starken Kräften auf Moskau (›Klara Zetkin‹).
Klara Zetkin ist der Deckname für Moskau. Jetzt herrscht reges Leben auf dem Flugplatz. Unser 1. Wart, Uffz. Retschek, meldet die Maschine startklar.
Wir sind schon seit Kriegsbeginn (Polen, Frankreich, England) die

Staffelkapitäns-Besatzung und eine verschworene Gemeinschaft. Einer kann sich auf den anderen 100%ig verlassen. Wir rollen als erste Maschine an den Start. Noch einen Blick auf die Uhr und Start. Schwerbeladen rast unsere He 111 A1+AB über die Startbahn in die Abenddämmerung. Wir überfliegen das leichte Funkfeuer am Platz und gehen auf Ostkurs. Smolensk liegt hinter uns. Wir fliegen entlang der Rollbahn, die nach Moskau führt. Wjasma wird passiert. Ruhig zieht unsere Heinkel He 111 ihre Bahn nach Osten über das weite Rußland gegen Moskau. Unser Angriffsziel ist der Groß-Flughafen von Moskau und das in der Nähe befindliche Flugzeugwerk.
Unsere Besatzung mit dem Flugzeugführer Ofw. Willi Haug, Beobachter Ofw. Alfred Sticht, Bordfunker Hans Dünfelder, Bordmechaniker Hans Höfler und unser jüngstes Besatzungsmitglied Unteroffizier Martin Lehner (unser Wiener) hat schon auf verschiedenen Kriegsschauplätzen in über 200 Feindflügen ihren Mann gestanden und zählt zu den ältesten Besatzungen des Kampfgeschwaders 53. Unsere Fronterfahrung verlieh uns eine gewisse Sicherheit. Trotzdem war stets äußerste Aufmerksamkeit, Gewissenhaftigkeit und eine große Portion Soldatenglück ausschlaggebend für die Durchführung des Kampfauftrages.
Eben geht die Sonne unter. Die Front ist überflogen, unter uns ist Feindgebiet. Unsere Kanonen und MG-Stände sind besetzt, die Waffen sind entsichert und feuerbereit. Angespannt suchen 5 Augenpaare den Himmel nach feindlichen Jägern ab. Dabei sehen wir einen herrlichen Sonnenuntergang. Gschazk ist passiert. Vor uns in Dunkel gehüllt liegt Moskau. Einige Scheinwerfer bohren uns ihr Licht wie scharfe Nadeln in die Augen.
1200 m zeigt der Höhenmesser an. Es ist wenig Abwehr zu erwarten. Die ersten Scheinwerfer im Vorfeld von Moskau blitzen auf. Aufgeregt fingern sie durch die dunkle Nacht. Noch haben uns die Scheinwerfer nicht gestreift. Immer mehr blitzen auf, je näher wir an Moskau herankommen. Unter mir sehe ich die Rollbahn, wie sie sich durch die dunkle Landschaft nach Moskau zieht. Ich zähle 50–100 Scheinwerfer. Wenn das nur gutgeht. Noch schweigt die Flak. Es ist wenig Abwehr zu erwarten, wurde uns bei der Einsatzbesprechung angegeben; dennoch wird mir diese Masse von Scheinwerfern langsam unangenehm. Vorsichtshalber steigen wir mit 2 m/sek nun in größere Höhe. Da, was ist das, da vor uns? Von einem Scheinwerfer erfaßt, grell erleuchtet fliegt eine Maschine. Blitzartig stürzen sich mehrere Scheinwerfer auf das Flugzeug. Mit dem Fernglas erkenne ich, daß es eine He 111 ist, also ein Kamerad von uns. Er macht wilde Abwehrbewegungen, um sich aus der Umklammerung der Scheinwerfer zu lösen. Vergeblich.
Die ›Pulle‹ rein und steigen so schnell es geht, war unsere Devise. Weitere 5 Maschinen sind von einer unzähligen Masse von Scheinwerfern

erfaßt. Inzwischen sind wir auf 1700 m gestiegen und haben den Stadtrand von Moskau erreicht. Wild feuert die Flak aus allen Rohren in alle Höhen.
Ein Scheinwerfer streift uns, er verliert uns, kommt wieder und hat uns erfaßt. Schnell setzen wir unsere Schutzbrillen auf und beginnen zu ›kurbeln‹. Mit normalen Abwehrbewegungen kommen wir nicht mehr heraus. Mehr als 30 Scheinwerfer werfen ihr grelles Licht auf uns. Die Flak schießt was die Rohre hergeben. Vor uns, über uns, links und rechts neben uns krepieren die Granaten. Unsere Maschine hat nicht den üblichen dunklen Anstrich auf der Unterseite des Rumpfes und der Tragflächen. Wir verfluchen unseren Gruppen-TO, Hauptmann Buder, weil er nicht rechtzeitig die schwarze Farbe für unsere Maschinen aus Jüterbog herbekommen hat. Wenn wir diesen Hexenkessel gut überstehen, haben wir Glück. So starke Flak-Abwehr haben wir über London nicht erlebt.
Ein Krach, ein Feuerstrahl, unsere Maschine schüttelt sich, wir sind getroffen. Ich mache die Bomben scharf und ziehe den Notzug. Unter uns eine riesige Feuersäule. Wir drehen nach Südwesten ab. Das Variometer zeigt 10 m/sek sinken. Der Fahrtmesser steigt auf 500 km/h. Die Motoren heulen auf. Es rauscht mir in den Ohren. Ist jemand verwundet? frage ich durchs Kehlkopfmikrophon. Alle melden sich als nicht verwundet. Inzwischen sind wir durch den Sturzflug auf 300 m gesunken und durchbrausen die Metropole des Ostens. Die Scheinwerfer haben uns verloren, wir haben das Weichbild Moskaus verlassen und liegen auf Südkurs. Nach 5 Min. drehen wir nach Westen ab mit Kurs auf Minsk. Langsam, wundgeschossen zieht unser braver Vogel gen Westen. Kaum ein Wort wird gesprochen, und jeder denkt das gleiche: werden die Motoren durchhalten, bis wir heimkommen? Noch laufen sie ›rund‹ und haben keinen größeren Touren-Abfall. Der Blick des Flugzeugführers kontrolliert ständig das Armaturenbrett. Wir atmen auf, als wir die Front erreichen. Nach fast 5stündigem Einsatz landen wir, wenn auch abgekämpft, aber wohlbehalten in Minsk-Dubinskaya. Unsere brave Heinkel 111 hat uns wieder mal, wenn auch wundgeschossen, gut nach Hause gebracht, obwohl sie die einzige ›Verwundete‹ war. Deutsche Wertarbeit!«
Der erste Angriffschwung hatte die Heeresgruppe Mitte entlang der napoleonischen Route bis nach Smolensk gebracht. Bei der Heeresführung besteht Einigkeit: Hauptziel ist Moskau.
Doch Hitler erscheint plötzlich Leningrad wichtiger. Erst wenn Leningrad gefallen ist, will er entscheiden, ob das nächste Ziel Moskau oder die Ukraine wird. Er ordnet Umgruppierung der Kräfte an, widerruft diese schließlich, und am 23. August 1941 fällt dann seine Entscheidung: Nächstes Ziel ist die Ukraine.

Es folgt eine Siegesserie, die alles Vorangegangene übertrifft: Die Kesselschlachten bei Roslawl, Uman und Kiew. Hitler, von diesen Erfolgen überwältigt, befiehlt im Oktober, nunmehr endgültig zu spät, den Angriff auf Moskau – das Ziel vor Augen bleiben die Truppen im Schlamm stecken.
Hitler hatte aber auch bereits Ende August erkannt, daß im Osten ›blitzschnell‹ keine dauerhaften Ergebnisse zu erreichen waren. Am 26. August schon mußte er sich eingestehen, daß der Ostfeldzug im Jahre 1941 nicht zu beenden war. Stalin konnte jetzt auch Divisionen aus Sibirien abziehen, nachdem er durch den deutschen Spion Dr. Sorge über die japanischen Planungen unterrichtet worden war.
Am 4. 8. 1941 verlegte das Geschwader nach Orscha. Die Einsätze bis zum 28. 9. geben hiervon eine Übersicht:

4. 8. 41	EH Orscha	Nacht-Großangriff auf Moskau (Sonderziel)
7. 8. 41	EH Orscha	Nacht-Großangriff auf Moskau (Sonderziel)
9. 8. 41	EH Orscha	Nacht-Großangriff auf Moskau
10. 8. 41	EH Orscha	Nacht-Großangriff auf Moskau
11. 8. 41	EH Orscha	Dämmerungseinsatz auf Bahnhof Brjansk
12. 8. 41	EH Orscha	Dämmerungseinsatz auf Bahnhof Brjansk
12. 8. 41	EH Orscha	Nachtangriff auf Bahnhof Wjasma
14. 8. 41	EH Orscha	Tagangriff auf Slobin (Schlobin)
14. 8. 41	EH Orscha	Tagangriff auf Artillerie-Stellg. 2 km NO Slobin
15. 8. 41	EH Orscha	Tagangriff auf Truppen auf Straße nördl. Gomel
15. 8. 41	EH Orscha	Tagangriff auf Artillerie-Stellg. nördl. Jelnja
16. 8. 41	EH Orscha	Tagangriff auf Truppen bei Uschtscherpje bei Klinzy
16. 8. 41	EH Orscha	Tagangriff Nowossybkow (70 km ostwärts Gomel)
21. 8. 41	EH Orscha	Tagangriff Bahnlinie Gomel-Snowsk und roll. Material
22. 8. 41	EH Orscha	Tagangriff Bahnlinie 10 km nördlich Snowsk und roll. Material
22. 8. 41	EH Orscha	Tagangriff Bahnlinie Gomel-Snowks
23. 8. 41	EH Orscha	Tagangriff auf Bahnhof Bachmatsch
23. 8. 41	EH Orscha	Tagangriff Bahnlinie Njedantschitschi-Tschernikow
23. 8. 41	EH Orscha	Nachtangriff auf Bahnhof Tschernikow
24. 8. 41	EH Orscha	Tagangriff auf Bahnhof Krolewez
24. 8. 41	EH Orscha	Tagangriff auf Bahnhof Tschernikow
25. 8. 41	EH Orscha	Tagangriff auf Bahnlinie Konotop-Putiwl
25. 8. 41	EH Orscha	Tagangriff auf Bahnlinie Konotop-Krolewez
26. 8. 41	EH Orscha	Tagangriff auf Bahnhof Cholmetschi
28. 8. 41	EH Orscha	Tagangriff auf Bahnhof Cholmetschi und Züge
30. 8. 41	EH Orscha	Tagangriff auf Bahnhof Paliki und Bahnhof N-Brjansk
1. 9. 41	EH Orscha	Tagangriff auf Bahnhof Komarischi
6. 9. 41	EH Orscha	Nachtangriff auf Versorgungsanlagen von Brjansk
7. 9. 41	EH Orscha	Tagangriff auf Bahnhof und Bahnlinie Klimoska-Sumy

8. 9. 41	EH Orscha	Tagangriff auf fahrende Züge Bachmatsch-Konotop
9. 9. 41	EH Orscha	Tagangriff auf Bahnhof und Bahnanlagen Romny
10. 9. 41	EH Orscha	Tagangriff auf Bahnhof und Bahnanlagen Pirjatin
10. 9. 41	EH Orscha	Tagangriff auf Truppen und Panzer bei Jtschija
12. 9. 41	EH Orscha	Tagangriff auf Truppenansammlungen und Panzer bei Razmany
13. 9. 41	EH Orscha	Tagangriff auf Truppenansammlungen und Panzer bei Tschernychi-Pirjatin
14. 9. 41	EH Orscha	Tagangriff auf Truppen bei Priluki
15. 9. 41	EH Orscha	Tagangriff auf Truppen und Panzer Priluki-Pirgatin
16. 9. 41	EH Orscha	Tagangriff auf fahrende Züge Klinowka-Sumy
17. 9. 41	EH Orscha	Tagangriff auf Bahnhof Komaritschi
19. 9. 41	EH Orscha	Tagangriff auf Bahnhof Smorodino
20. 9. 41	EH Orscha	Tagangriff auf fahrende Züge bei Kirikowka
24. 9. 41	EH Orscha	Tagangriff auf Bahnlinie Brjansk-Orel-Kursk-Lgow
26. 9. 41	EH Orscha	Tagangriff Bahnkreuz 10 km nordwestl. Kaluga
27. 9. 41	EH Orscha	Tagangriff auf fahrende Züge bei Kaluga
28. 9. 41	EH Orscha	Tagangriff auf fahrende Züge wie am 27. 9.

»Keine Pause – es geht weiter nach Osten! Wir verlegen nach Orscha«, setzt Herbert Wittmann seine Schilderung als damaliger Kapitän der Stabsstaffel fort, die immer im Brennpunkt des Geschehens stand.

»Dieser russische Fliegerhorst war zeitgemäß modern und hatte in etwa die gleichen Einrichtungen wie unsere neuen komfortablen Horste in Deutschland. Wir lebten wieder in festen Unterkünften.

Der Russe muß Orscha überstürzt verlassen haben, technische Einrichtungen, Schulflugzeuge usw. waren unzerstört, und auch die Unterkünfte ließen erkennen, daß hier nicht mehr planmäßig geräumt werden konnte.

Von Orscha aus hatten wir einen besonderen Einsatz, der unter ›streng geheim‹ lief. Zwei Besatzungen erhielten den Auftrag, jeweils fünf russische Agenten weit in das Hinterland zu fliegen und dort abzusetzen. Kein sehr schöner Auftrag. Über dem Absetzgebiet wurde die Bodenwanne geöffnet, und soweit die Russen nicht gleich springen wollten, haben Bordmechaniker und Bordschütze kräftig nachgeholfen. Der Einsatz soll für die Armeeführung Erfolge gebracht haben.

Bei Schlechtwetter werden auch Einsätze in das feindliche Hinterland geflogen und neben Aufklärung wichtige Bahnhöfe und Industrieanlagen, in einer Art ›freie Jagd‹ angegriffen und auch im Bild festgehalten.

Die Verluste sind im Verhältnis zu dem Luftkrieg gegen England geringer, aber um so schmerzhafter. Der Gegner ist erbarmungslos. Und wie

wir wußten, sind abgesprungene Besatzungen kaum in Gefangenschaft geraten.
Enttäuschend sind die Einsätze zur unmittelbaren Heeresunterstützung. Wie bereits erwähnt, wäre es richtig gewesen, Angriffe weit im Hinterland gegen Bahnhöfe, Depots, Flugplätze, Industrieanlagen usw. zu fliegen.
Die russische Front hätte vom Nachschub abgeschnitten werden müssen. Zur Zeit war die Bomberluftwaffe stark und durchaus in der Lage, auch am Tage im Verband weit in das feindliche Hinterland einzudringen. Der Einsatz verpuffte, und so konnte sich der Russe, der zweifelsohne zu dieser Zeit stark angeschlagen war, wieder stabilisieren und sogar in den nachfolgenden Monaten die Wende im Krieg herbeiführen.
Die Wahnidee zu dieser Zeit im Oktober 1941, die russische Front stünde vor dem Zusammenbruch, täuschte. Ich erinnere mich noch sehr gut an ein Vernehmungsprotokoll des gefangenen Sohnes von Stalin, in dem es sinngemäß hieß: ›Rußland wird siegen, auch wenn Moskau fallen sollte, der russische Raum ist groß.‹
Wir fliegen in den Räumen Kursk – Orel – Rschew – Tula – Kaluga und bei Nacht auch nach Moskau. Die Flakabwehr über Moskau war bei Nacht schlecht. Die zahllosen Scheinwerfer suchten in einem wirren Durcheinander den Himmel ab und haben uns in unserem Angriff wenig behelligt. Dies wurde jedoch bald anders.
Nachdem Japan mit den Russen einen Nichtangriffspakt abgeschlossen hatte, konnten wir bei der Aufklärung feststellen, daß neue Truppen aus dem Ostraum der Front zugeführt wurden. Leider wurden auch hier die mit Truppentransportzügen vollgestopften Bahnhöfe nicht angegriffen.
Was das Bodenpersonal in dieser Zeit leistet, verdient Beachtung und Hervorhebung.«
Dazu schreibt Georg Geib:
»Zum Rußlandfeldzug wurde der Stabstaffel ein eigener Werkstattzug mit Prüfmeister zugeteilt. Der Vormarsch ging in Richtung Moskau. Wir hatten die Aufgabe, die Panzergruppe Guderian aus der Luft zu unterstützen. Brest-Litowsk, Minsk, Orscha, Smolensk, Tula und Moskau waren das Ziel.
Schon der Verlegungsflug nach Osten stand unter einem schlechten Stern. Eine unserer He 111 hatte im Riesengebirge Bodenberührung gehabt. Elf Mann waren tot. Dazu gehörten unter anderem der Fallschirmwart, der Funkwart, der Koch, der Bekleidungsunteroffizier und ein Schreiber. In Dubinskaya bei Minsk angekommen, fanden wir nur Faßbenzin auf einer Wiese vor. Um die Flugzeuge zu betanken, mußten die 200- bis 300-Liter-Fässer auf die Flugzeuge hinaufgerollt wer-

den. Die LKW-Transportkolonne für Bomben, Nachschub usw. war noch nicht eingetroffen, und so konnten Feindflüge nur mit Bordwaffenunterstützung durchgeführt werden.
Beim Früheinsatz in Dubinskaya bei Minsk am 26. 7. 41 überraschte mich die Botschaft einer zurückkehrenden Maschine, daß meine He 111 GA soeben in der Luft zusammengestoßen sei. Es waren die He 111 vom Hptm. Wittmann und die He 111 CA von Fw. Häußler. Die Besatzung Wittmann konnte sich mit dem Fallschirm retten, während Fw. Häußler und vier Mann den Tod fanden.
Der Winter 1941/42 machte uns sehr zu schaffen. Am 11. Oktober 41 hatten wir über Nacht plötzlich minus 22 Grad Celsius.
Die Flugzeugmotoren waren nicht ausreichend mit Frostschutzmitteln gefüllt, so daß die Kühler und Kühlstoffpumpen einfroren. Auch fehlte die Winterausrüstung. Den Leuten froren Füße, Ohren, Nasen und Finger ab. Die Notdurft im Freien zu verrichten, war schon ein Risiko. Das Übernachten ohne Bewegung konnte bei dieser Kälte den Tod bedeuten. Mehr-Stunden-Flüge in großer Höhe waren ein Risiko, weil die Innenheizung für solche Temperaturen nicht ausreichte. Die Sauerstoffatemgeräte froren ein, Höhenkrankheit und Erfrierungen waren die Folge.
Unsere Verluste in diesem mehr als strengen Winter 1941/42 waren so groß, daß die Geschwaderstaffel in einen Geschwaderschwarm umgewandelt werden mußte.«
Soweit Geib, doch nun Wittmann:
»Tag und Nacht im pausenlosen Einsatz erfolgt die technische Wartung der Maschinen, die Munitionierung nach Einsatzbefehl, die Betankung, die Überwachung der Bild- und Funkgeräte, kurzum alles was zu der Einsatzbereitschaft der Staffel gehört. Nicht vergessen möchte ich auch unsere Männer von der Küche sowie unseren Fourier, die eng mit der Truppenverwaltung des Geschwaders zusammenarbeiten. Es ist mir heute noch ein Rätsel, wie die Küche das Essen gezaubert hat. Es mußte doch unter recht primitiven Verhältnissen gekocht werden.
Bei einem Einsatz gegen Artilleriestellungen in der Nähe von Orel wird uns der linke Motor von der Flak und auch die linke Tragfläche zerschossen, wobei die Maschine zu schlingern beginnt und flugunfähig wird. Befehl an alle: ›Sofort abspringen!‹ Ich konnte feststellen, daß dies nicht geübt werden muß. Wir waren alle im Nu, wer zuerst oder zuletzt sprang, kann man nicht sagen, aus der Maschine, hingen am Fallschirm in der Luft und harrten unserem Schicksal am Boden entgegen. Als der Fallschirm sich öffnete, verlor ich durch den Ruck meine beiden Fliegerstiefel. Es war ein heißer Augusttag, und bei brennender Sonne landete ich in einem Kornfeld. Kaum heil am Boden angekom-

men, war ich von einer Menge russischer Zivilisten, jung und alt, beiderlei Geschlechts, umringt. Ich merkte keine Feindseligkeit und schenkte in meiner Not den Frauen meinen Fallschirm und hatte damit vielleicht die Sympathie aller gewonnen. Ein Russe bot sich auch an, mich zu begleiten. Mein Ziel war die in deutscher Hand befindliche Vormarschstraße. Man hätte mir auch den Kragen umdrehen können; aber ich denke, daß die Russen sich untereinander nicht einig waren. Noch war die deutsche Armee im Vormarsch. Nun, nach 10stündigem Fußmarsch kam ich mit meinem Russen an eine Straße, wo auch zufällig ein deutscher VW-Kübel vorbeikam. Die Soldaten betrachteten mich in meiner Fliegerkombination und hielten mich eher für einen Russen, bis sich alles aufklärte und sie mich mitnahmen. Dem hilfsbereiten Russen gab ich meine Kopeken, die ich ihm fast aufdrängen mußte. Ja, Glück gehört zum Soldatenhandwerk. Auch die anderen Besatzungsmitglieder kamen heil zurück.

Bei einem Einsatz auf ein Ziel vor Moskau wurde ein Flugzeug der Stabsstaffel abgeschossen, wobei unser lebensältester Hauptmann Küster sich mit dem Fallschirm rettete und von einem russischen Bauern auf dessen Hof in einer Futtertruhe wochenlang versteckt wurde. Nach etwa 6 Wochen konnte sich Hauptmann Küster mit einem russischen Schafpelzmantel verkleidet mit Unterstützung des russischen Bauern zur deutschen Front durchschlagen. Von der übrigen Besatzung haben wir nichts mehr gehört.

Nachdem es bei diesem Schnellvormarsch keinen Heimaturlaub gegeben hatte, kam ein Angehöriger der Staffel mit dem Anliegen, sich ferntrauen zu lassen. Als Staffelkapitän war ich Standesbeamter, zwei Kameraden waren Trauzeugen, und die gesamte Staffel war zugegen. Sicher ein besonderes Ereignis an der Front. Wie mir heute noch bestätigt wird, wurden diese beiden Ferngetrauten ein besonders glückliches Paar.

Zwei von russischer Flak abgeschossene Besatzungen haben wir auf dem Heldenfriedhof in Orscha zur letzten Ruhe gebettet, auf dem neben deutschen Gefallenen auch russische Soldaten ruhten.«

Einen Eindruck von der Schwere dieser Einsätze mag die Tagebuchaufzeichnung von Arnold Döring über seinen Flug am 15. 8. 41 geben, bei dem Hauptmann Pockrandt, der damalige Staffelkapitän mitflog:

»15. 8. 41. Dieser 30. Feindflug wird mir stets in Erinnerung bleiben. Die ganze Gruppe wird auf eingeschlossene Truppen bei Jelnja eingesetzt. Im Gruppenverband wird aus 1200 m Höhe angegriffen. Ich fliege mit dem Alten als Führermaschine der 3. Kette. Über Jelnja selbst empfängt uns heftiges Flakfeuer. Es sind eine Unmenge Maschinen aller Gattungen unterwegs. Alles wirft auf die im Umkreis von etwa 4–5 km zusammengedrängten russischen Divisionen. Unter uns krib-

belt es wie in einem Ameisenhaufen. Etwa an die 300–400 Bombenmaschinen aller Art kreisen über dem Ziel. Überall eigene Jäger, die uns gegen russische Jagdangriffe decken.
Die Gruppe zieht staffelweise auseinander, die Staffeln vergrößern ihre Abstände, damit möglichst der ganze Zielraum mit Bomben belegt wird. In kurzen Abständen fällt eine Bombenreihe nach der anderen. Heute wirft bei uns der Alte. Kaum hat er die Bombenklappen aufgedreht, als ein heftiger Ruck die Maschine erbeben läßt. Langsam legt sie sich auf die linke Seite und schmiert ab. Das Ruder ist mir aus der Hand geschlagen worden und reagiert kaum auf Bewegungen. Ein schneller Blick auf die rechte Tragfläche läßt mich erkennen, daß ein Teil der Fläche fehlt und das Querruder fortgerissen ist. Ein anständiger Treffer der russischen Flak. Ehe ich die Maschine wieder in meine Gewalt bekomme, vergehen bange Augenblicke. Der Verband fliegt hoch über uns. Wir sind über 500 m gefallen.
Vorsichtig bewege ich das Querruder. Es läßt sich nur schwer bedienen. Der Fahrtverlust infolge der aufgerissenen Fläche ist beträchtlich. Auch durch den Rumpf scheint durch zahlreiche Löcher die Sonne. Hinten ist alles heil geblieben. Etwas bleich sind wir im ersten Augenblick doch geworden. Ich kann die Maschine kaum halten. Die Trimmung ist schon voll ausgeschlagen. Um das Gleichgewicht wenigstens einigermaßen wiederherzustellen, pumpe ich Sprit von rechts nach links um. So geht's einigermaßen. Trotzdem halte ich schon das Querruder in seiner äußersten Stellung. Der Fahrtwind reißt große Risse in die zerfetzte Beplankung. Jedesmal, wenn das dünne Blech weiter aufreißt, geht ein Ruck durch das Querruder. Die Maschine will dann immer nach rechts abkippen. Ein Glück, daß man die gute He 111 auch mit dem Seitenruder wieder aufrichten kann. Das größte Glück aber ist, daß der Flug am Abend stattfindet, wo die Luftmassen in Ruhe sind. Wenn es böig geworden wäre, ich glaube kaum, daß wir je den Platz wieder erreicht hätten.
Neben uns fliegen die beiden Kettenhunde. Auch sie haben einige Splitter abbekommen. Mit wenig Fahrt fliegen wir heimwärts. Nach bangen Minuten wird endlich der Platz erreicht. Das Landekreuz liegt gerade in Flugrichtung. Also Gas und Fahrwerk raus. Die Landeklappen wage ich kaum zu betätigen, da die brave Maschine sowieso schon stark rechts hängt. Erst kurz über dem Boden fahre ich sie aus. Die Maschine legt sich sofort weit nach rechts über, setzt mit dem rechten Rad zuerst auf und rumpelt dann wie ein Betrunkener von einer Seite zur anderen. Kurz vor der gegenüberliegenden Platzgrenze kommt der Vogel zum Stehen. Langsam rolle ich zum Liegeplatz. Das gesamte ›Technikum‹ und sämtliche anderen Leute aus dem nahen Zeltlager sind schon da, alarmiert durch zwei vom Alten abgeschossene rote Leucht-

patronen. Der Sanka ist ebenfalls zur Stelle, braucht aber niemanden aufzunehmen. Ich stelle die Motoren ab und klettere dann auf die Fläche, um mir den Schaden von oben zu betrachten. Der Alte folgt mir und drückt mir vor allen Leuten die Hand und verspricht eine gute Pulle zur ›Geburtstagsfeier‹.
Das Loch ist so groß, daß man sich bequem der Länge nach durchfallen lassen könnte. Wüst ist die Beplankung durch Splitter zerfetzt. Überall in Fläche, Rumpf und Leitwerk sind die Einschläge zu sehen.
Der 1. Wart rollt die Maschine zur Werft, wo sie eine neue Fläche erhält und alle Splitterspuren zugenietet werden. In 2 Tagen ist der Vogel wiederhergestellt.
Am Abend spendiert der Alte eine Pulle Rotwein, überreicht mir das EK I. Also ein weiterer Grund zum Feiern.
In der Nacht erscheint der Iwan. Die Flak knallt wie verrückt, und wir müssen vor herabfallenden Splittern Deckung suchen. Einige Zelte sind durchschlagen. Die Bomben fallen außerhalb des Platzes und richten weiter keinen Schaden an. Eine Bombe setzt eine Baracke in Brand, die aber tags zuvor wegen Ungeziefer vom Arbeitsdienst geräumt worden war.
Da es die einzige russische Maschine ist, die uns zur Abwechslung besucht hat, gehen wir bald schlafen.«
Am 1. 10. 1941 verlegt das Geschwader nach Schatalowka, wo Hauptmann Herbert Wittmann am 15. 10. 41 das Geschwader verläßt. Von der Stabsstaffel und ihrem weiteren Schicksal berichtet er:
»Wir verlegen nochmals weiter nach vorne – Schatalowka-Ost, dies ist und bleibt für uns der am weitesten im Osten gelegene Einsatzhafen. Ebenfalls ein eindrucksvoller Fliegerhorst.
Die Einsätze werden noch weiter verstärkt. Für die oberste Führung ist das große Ziel Moskau. Es soll noch vor Einbruch des Winters fallen und auch den Krieg zu unseren Gunsten entscheiden.
Hier endet meine Zeit als Staffelkapitän der Stabsstaffel. Mein letzter Einsatz ist ein Angriff auf den Flugplatz Maloja Roslawez unmittelbar vor Moskau.
Am 15. 10. 1941 übergebe ich nach über 150 Feindflügen meine Staffel an meinen Nachfolger Oberleutnant von Horn, der im Februar 1942 von einem Einsatz nicht mehr zurückkehren sollte.
Im März 1942 wird die Staffel aufgelöst. Beim Geschwader bleibt nur eine Führungskette.
Es war richtig, daß das Geschwader eigene Aufklärung – Zielerkundung und Einsatzerfolg betreiben konnte. Grundfalsch war jedoch, für diesen Zweck die Staffel mit der schwerfälligen He 111 auszurüsten.
Was diese Staffel geleistet hat, dafür bin ich legitimiert, ein Urteil zu sprechen. Fliegendes Personal und Bodenpersonal waren eine Einheit,

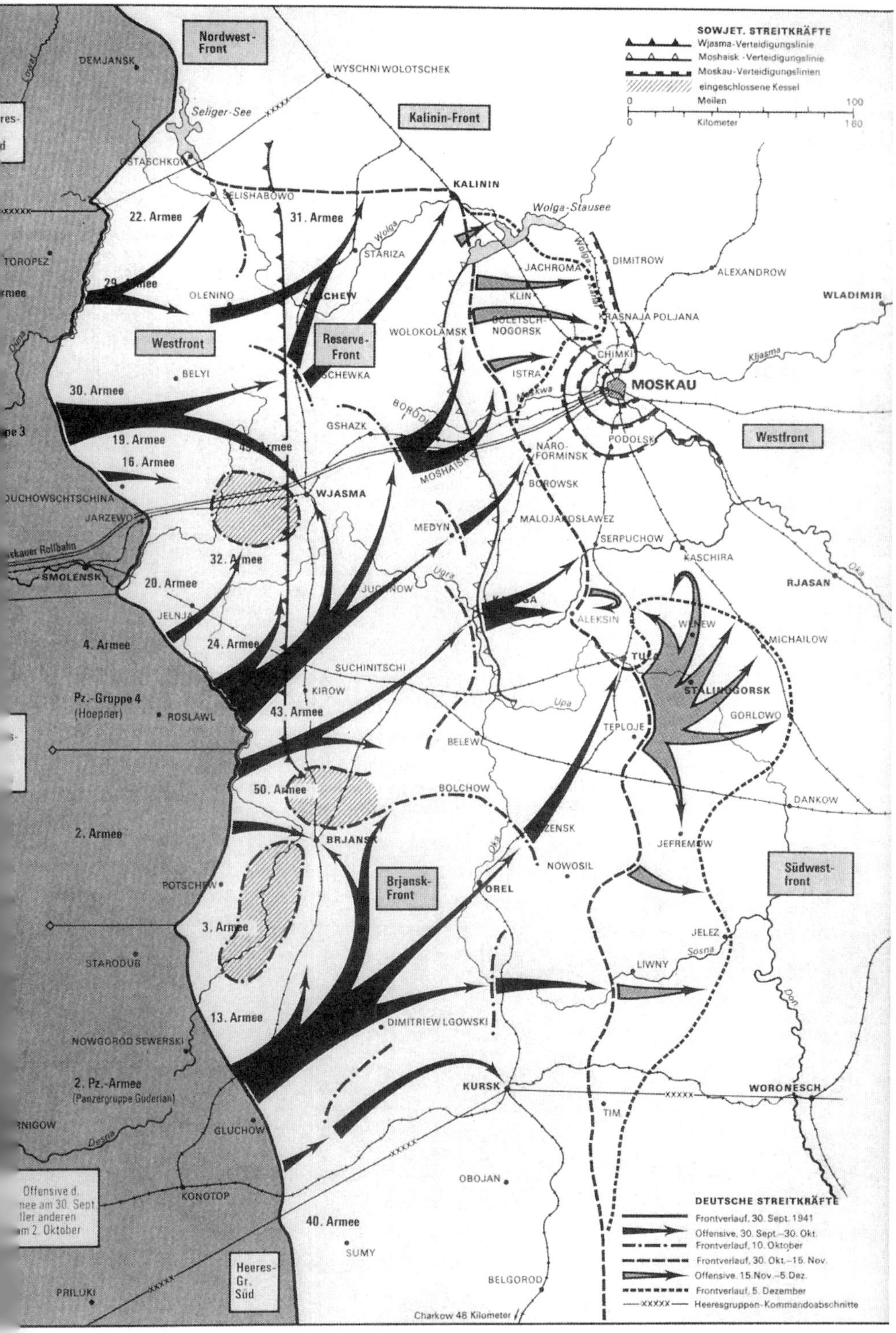

Einsatzräume Kursk – Orel – Rschew – Tula – Kaluga und Moskau (s. S. 152, 4. Absatz).

Gruppenbild Unteroffiziere der 8. F.B.K., November 1939.

Bei der 3. Staffel, Kriegswinter 1939/40, Fliegerhorst Katterbach/Ansbach. V. r. n. l. Major Hofmann, Staffelkapitän, Olt. Rauer, Uffz. Siebold, Fw. Ulrich, Uffz. Angermeier.

Fliegerhorst Roth, März 1940. V. l. n. r. Otl. Mehnert, Kdr. I./KG 53, Feldwebel von Satzenhofen-Fuchsberg, Major Hofmann, St.Kp. 3./KG 53.

General Lörzer im Gespräch mit Hauptmann Seidel, Vitry en Artois, Sept. 1940.

Großostheim, Mai 1940. V. l. Olt. Allmendinger, Lt. Müller, Olt. Sauer, Olt. Seidel.

Besatzung Lt. von Glasow vor ihrer He 111 H-6 mit 1000-kg-Bombe. Rußland Nov. 1941. V. l. n. r. Köster, von Glasow, Knopping, Graf, Breuer.

Gleiche Besatzung vor einer He 111 H-5. Oben rechts am Flugzeug ein Seiten-MG, das Köster bediente. Nov. 1941, Rußland.

Oktober 1941, Platzrand von Schatalowka. Zerstörte russische Kriegsflugzeuge. Teilweise hatten die Maschinen Stoffbespannung, aus denen sogar Einbände für unsere Flugbücher gebastelt wurden.

eine verschworene Gemeinschaft. (Bei Geschwadertreffen ist die Stabsstaffel prozentual am meisten vertreten. Ein Beweis, wie stark auch heute noch diese Kameradschaft lebt.)«

Generalarzt a. D. Dr. Ernst Ebeling war Absolvent der Heereskriegsschule und kam als junger Leutnant am 1. Kriegstage zur Luftwaffe. Er begann seine Flugzeugführerausbildung an der Luftkriegsschule Werder/Havel, wo die A/B-Schulung bis Mai 1940 dauerte. Mit der C-Schulung in Neubrandenburg, Blindflugschule Königsberg-Devau bzw. Ausweichplatz Grießlienen b. Hohenstein war seine Ausbildung zum Flugzeugführer im Oktober 1940 abgeschlossen.

Über die große Kampffliegerschule Tutow und Ergänzungsgruppe Quedlinburg erfolgte im März 1941 seine Versetzung zu der neu aufgestellten IV. Gruppe des KG 53. Es war die Ausbildungs- und Nachschubgruppe für das Geschwader. Sie lag zu dieser Zeit in Lille-Nord. Das Einsatzsoll für die im Einsatz befindlichen I., II. und III. Gruppe betrug je 36–45 Besatzungen. Nach ihren bei dem stürmischen Vormarsch erlittenen Verlusten drängten jene auf Ersatz, und es wurden die ältesten Besatzungen der IV. Gruppe nach Rußland in Marsch gesetzt.

Der damalige Leutnant Ernst Ebeling erinnert sich:

»Als Oberfähnrich Lorenz und ich Ende August 1941 uns beim Gruppenkommandeur der III. Gruppe, Major Fabian, in Orscha meldeten, war dieser wenig erbaut zu erfahren, daß wir mit unserer Besatzung weder Bomben geworfen hatten noch Nachtflugerfahrung besaßen. Von seiner Mitteilung, daß er mit solchen Besatzungen seinen Auftrag nicht erfüllen könne und sie zunächst nur im rückwärtigen Gebiet zu Transportflügen einsetzen werde, enttäuscht, faßten wir wieder Mut nach Gesprächen mit gleichfalls vom Heer gekommenen Kameraden, dem Gruppenadjutanten Leutnant Gobert, dem Technischen Offizier Leutnant Kindt und dem väterlichen Reserve-Offizier (Pilot aus dem ersten Weltkrieg als Leutnant) Kürten, der als Major beim Stabe eingesetzt war. Als unser Staffelkapitän, Hauptmann Pockrandt, uns mit in die Staffelunterkunft nahm und uns neue Hoffnung gab durch seine Mitteilung, daß sich bei den augenblicklichen 4-Stunden-Einsätzen mit nur 20 Minuten über Feindgebiet schon alles zurechtlaufen würde, sah die Welt schon wieder besser aus. Da würde man den Verbandsflug üben und ebenso wie den Bombenwurf im Staffel- und Gruppenverband schnell lernen können.

Wir bezogen unser ›Bett‹ (Strohschütte am Fußboden), machten uns in der Staffel mit den anderen Offizieren bekannt, lernten die übrigen Besatzungen und Funktionsfeldwebel kennen und wurden nach ein oder zwei ›Ersatzteilabholflügen ins Hinterland‹ zum 1. Feindflug in den Kiewer Kessel eingesetzt. Der Verbandsflug, den ich lieferte, besonders

beim Durchziehen durch Wolkenbänke, ließ nicht nur mir zeitweise die Haare zu Berge stehen, sondern brachte mir Drohgebärden des Staffelkapitäns ein, bei dem ich als Kettenhund eingeteilt war. Aber in den zwei Stunden des Anfluges zum Ziel verbesserten sich die Leistungen offenbar so, daß ich vor Frontüberflug nicht zurückgeschickt wurde und den Einsatz auch glücklich beendete.
Nach zehn weiteren Einsätzen in den gleichen Kessel auf Straßen, Eisenbahnen, eine Eisenbahnbrücke, Kolonnen von Lastwagen und Bahnhöfe galten wir dann als einsatzklar. Der Abstand zu den alten Besatzungen mit EK I und II, mit Frontflugspangen in Bronze, Silber und Gold (20, 60 und 100 Einsätze) wich einer zunehmenden Kameradschaft.«
Die Schilderung des 1. Feindfluges der Besatzung Leutnant von Glasow, ›der Kleine‹, durch seinen Bordfunker, damals Gefreiter Rudolf Graf, mag ein plastisches Bild über diese Einsätze geben und speziell, wie sie sich aus der Sicht eines jungen Bordfunkers darstellen. Grafs Bericht spricht die einfache klare Sprache des Frontsoldaten:
»Dann war es soweit!
Am 26. September 1941 begann für die Besatzung Leutnant Dieter von Glasow der Ostfeldzug. Der UvD kam in unsere ehemalige Wanzenbude und sagte: ›E 1 für die Besatzung Glasow.‹
›E‹ war die Abkürzung für Einsatzbereitschaft.
Wenn es ›E 3‹ hieß, durften wir den Flugplatzbereich nicht verlassen. Sagte man uns ›E 2‹, mußten wir in der Unterkunft bleiben und auf weitere Befehle warten.
Bei ›E 1‹ nix wie rein in die Flieger-Kombi, Fallschirm über'n Ast, Funkerkladde und Navigationstasche geschnappt, die Treppe runter in den bereits wartenden LKW, der uns zur Flugbesprechung in den Gefechtsstand fuhr. Dort standen bereits fünf Besatzungen à 5 Mann mit mächtig viel Orden an den Fliegerblusen. Davor machten wir uns klein wie Zwergmäuse. Für diese ›alten Hasen‹ waren wir ›junge Spunde‹! Bordschütze Breuer hatte für unseren ersten Feindflug kein ›E 1‹ bekommen. Für ihn flog Kriegsberichterstatter Feikert mit, um später in der Luftwaffen-Illustrierten ›Der Adler‹ einen Situationsbericht zu schreiben. Er bekam seinen Bericht.
Hier ist meiner, fährt Graf fort: Ich beschönige nichts und übertreibe nicht. Mein nun folgender Bericht über unsere Frontflüge hat nur einen Fehler: Ich kann sie gefühlsmäßig nicht so schildern, wie wir sie erlebt und empfunden haben.
Man gab uns täglich die Chance zu sterben. Wir nahmen sie nicht wahr, haben sie ignoriert.
Der Gefechtsstand, ein großer Raum mit Feldtelefonen und Landkarten der Ostfront an den Wänden, befand sich im ersten Stock eines

Steinbaus am Flugfeld. Unser Kommodore, Oberst Weitkus, betrat das Zimmer. ›Angriffsziel ist Belew an der Oka. Es liegt zur Zeit etwa 100 km hinter der russischen HKL (Hauptkampflinie). Zu zerstören ist die dortige Eisenbahnbrücke über die Oka, über die der Russe Kriegsmaterial an die Südfront bringt. Ihre Maschinen sind mit je 8mal 250-kg-Minenbomben beladen. Die Zünder sind mV (mit Verzögerung) geschaltet, also Tiefflug. Kettenstart, Sammeln über dem Platz und Anflug in 2000 m Höhe. Gemeldet ist eine schwache Wolkendecke in 1000 Metern über Belew. Flakabwehr ist kaum zu erwarten, Jäger sind möglich. Kurz vor dem Ziel – Auflösen des Verbandes für Einzelangriff im Tiefstflug. Die Sicht zueinander nicht verlieren und genügend Abstand zum Vordermann halten, also gestaffelt fliegen. Nach dem Angriff wieder sammeln und Heimflug. Die A1 + ES gibt über KW Treffergebnisse nach hier. Hals und Beinbruch!‹
Die Maschine hatte das Bodenpersonal schon startklar gemacht. Die A1 + LS hat lauter kleine Blechflicken auf Rumpf und Tragflächen. Uns war nicht gut. Mit einem so ramponierten alten Vogel sollten wir unseren ersten Frontflug machen. Doch nach jedem Flug mehr wurde uns klar, was die Heinkel 111 alles an Einschüssen und Granatsplittern vertrug, ohne runterzufallen. Man gab uns die A1 + LS für unseren ersten Flug. Jede Besatzung, die mit ihr geflogen war, behauptete, daß es der Glücksvogel der 8. Staffel sei – man könne mit ihr gar nicht abstürzen. Andere Maschinen der Staffel stürzten ab oder gingen zu Bruch, die A1 + LS überlebte.
Das Treffen in 2000 Metern hatten wir erst nach 15 Minuten geschafft. Das Gewicht der 2000 Kilogramm Bomben war zu spüren. Und ab gings Richtung Belew. Wir flogen in der zweiten Kette als rechter Kettenhund.
Die Sicht nach allen Seiten war gut. Wir durchflogen riesige Haufenwolken und überflogen die HKL. Es wurde ernst. Wir waren gerade in einer massiven Wolkenbank. Als wir rauskamen, fehlte eine Maschine. Sie hatte umkehren müssen wegen Motorschadens, erfuhren wir später. Um uns herum klarer Himmel – ein Fressen für Jäger und Flak. Ich hatte Gefühle, die nichts mit Weihnachten zu tun hatten. Unter uns war Feindgebiet. Die Augen suchten den Horizont nach Gegnern ab. Eine halbe Stunde lang passierte nichts. Dann ging alles sehr schnell. Köster und Feikert standen unter mir in der Wanne an ihren MGs. Der Kleine zog die Mühle nach rechts, der Verband löste sich laut Anweisung auf, wir kippten ab nach unten in den Tiefflug. Rechts von mir kamen Häuser in Sicht, viele Häuser, und ich erkannte Straßen, in denen Menschen geduckt und hastig umherliefen. Unter mir in der Bodenwanne begannen Maschinengewehre zu rasseln. Ich sah Leuchtspurfäden nach unten führen. Jetzt sah ich den Fluß, aus dem Wasserfontänen

hochschlugen, die Bomben der vor uns fliegenden Maschine waren ins Wasser gefallen. Dann machte unsere He einen Ruck nach oben: Walter hatte Bomben geworfen! Jetzt sah auch ich, auf was die beiden unter mir schossen, russische Soldaten beim Üben und Exerzieren. Die liefen in alle Richtungen auseinander, einige warfen sich flach auf die Erde. Ich ballerte einige Feuerstöße nach unten. Eine gewaltige Kraft preßte mich plötzlich in den Sitz: Der Kleine zog die Mühle steil nach oben. Nun konnte ich die Eisenkonstruktion der Oka-Brücke ausmachen. Vor dem Damm neben dem Kopf schossen schwarze Erdfontänen hoch, dann ein paar gewaltige Blitze auf der Brücke, dahinter die restlichen Bombenexplosionen, die Eisenträger des Brückenbogens sackten zusammen, Walter hatte getroffen.
In etwa 3000 Metern durchflogen wir eine dünne Wolkenschicht. Dann war blauer Himmel über uns, und wir suchten die anderen vier. Nichts zu sehen. Auch im Funksprechverkehr war nichts zu hören. Der reichte nur bis 1000 Meter Entfernung. Kaum auf Westkurs, sahen wir vor uns eine He. Sie flog nur noch mit einem Motor. Wir holten auf. Sie hatte mehrere Gewehrschüsse abbekommen, einen in die Motorzündung. Der Kleine flog nun auch halbe Leistung und schob sich an die Seite des Lahmen. Ich schaltete auf Heimatplatzfrequenz und funkte unsere Treffer nach dort. Dann verlangte Knoppig vom Flugplatz eine Peilung. Also umschalten auf Langwelle, Flugsicherungsverkehr. Unser Peiler meldete sich, er gab mir noch die Kurszahl zum Platz durch, dann fiel mir vor Schreck mein Schreibgerät von den Knien runter in die Bodenwanne. Knapp neben uns zischten drei russische Jagdmaschinen vorbei. Übergroß leuchteten die roten Sterne an ihren Rümpfen. In Steilkurven drehten sie hinter uns ein und näherten sich in Schußposition.
Trommelwechsel in Null Komma nichts und das MG in Richtung Jäger gedreht. Unsere beiden Maschinen flogen nun auf ›Tuchfühlung‹. Ich bekam keinen Sprechverkehr mit dem anderen Funker zustande. Er war ein alter Hase und gab mir mittels Zeichensprache zu verstehen ›erst schießen, wenn ich schieße‹. Sein Plexiglasdach hatte er ganz aufgedreht, ich tat desgleichen. Der erste Russe flog an. Entfernung etwa noch 500 m. In der Eigenverständigung war der Teufel los. Alle quatschten durcheinander: ›Wo sind sie? wie viele sind es . . .‹. Das machte mich nervös, ich schaltete mich ab. Köster und Feikert in der Bodenwanne konnten die Angreifer nicht sehen, aber deren Geschosse hätten sie als erste erreichen können. Beide standen hinter den Panzerplatten, die rechts und links an der Innenseite des Rumpfes angebracht waren und schauten zu mir hoch, wohin ich den MG-Kranz drehen würde, von dort mußte der Russe auf uns im Anflug sein.
Ich ließ die Russen nicht aus den Augen. Sie flogen Einzelangriff. Bei

einem geschlossenen Angriff hätten wir keine Chance gehabt. 300 Meter – 200 Meter – noch näher!
Ich linste zu meinem Kollegen rüber. Warum schießt er denn nicht endlich? Wie sagte doch gleich unser Waffenlehrer: ›. . . wenn Euch die Muffe geht, dann ballert los, auch wenn Ihr noch nicht in Schußposition seid, . . . das beruhigt . . .‹. Der Funker dort drüben lächelt zu mir rüber, als säße er im ›Moulin Rouge‹ in Paris. Er fühlte sich in der gegebenen Situation überlegen – das wurde mir später klar. Mit seinem schon fast mokanten Lächeln wollte er mir zeigen, wie sich ein alter Luftkämpfer zu verhalten habe, und als wollte er mir zu verstehen geben, daß auch ihm beim ersten Male ›der Frack in aller Frische geweht‹ habe.
Dann sah ich Mündungsfeuer des Jägers. Zum ersten Mal sah ich unsichtbare Geschosse auf mich zu kommen. Endlich flirrt der Leuchtspurfaden meines Nachbarn in Richtung Russe, verschwindet in dessen bulligem Sternmotor (Rata). Der Jäger bockt in die Höhe und fällt, hinter sich eine weiße Rauchfahne, in Steilkurve und verschwindet nach unten. Getroffen! Mein Dauerfeuer verschwand trefferlos in der Luft. Schon kam der zweite angerauscht. Trommelwechsel, Finger krumm, Dauerfeuer, alle Scheu und Nervosität war weg. 150 Schuß waren in einer Trommel. Eine dritte Rata setzte sich in Angriffsposition, machte ein paar Feuerstöße und drehte bereits in 200 Metern ab zu neuem Anflug.
Mein MG schwieg, Ladehemmung. Verschluß auf, Patrone raus, weiterschießen. Jetzt kamen nur noch drei Schuß aus der Flinte. Dann stieß ich auf etwas Hartes, der Hülsensack, der die leeren Hülsen aufnahm: Ich hatte vergessen, ihn zu leeren. Knopfverschluß auf, und die Hülsen prasselten runter in die Bodenwanne. Hinter einer bläulichen Wand von Pulverdampf sah ich die ratlosen Gesichter von Köster und Feikert. Mußten ein Scheißgefühl haben, zu wissen und nichts zu sehen. Wir ballerten weiter. Albert reichte mir die Munitionstrommeln hoch. Die Iwans vergrößerten ihren Abstand. Noch einer zog mit weißer Rauchfahne ab.
Ich atmete auf und wurde keck, erst mal einen herankommen lassen. Die dritte Rata kam, feuerte aus gut 200 Metern, kam näher, feuerte wieder, – ich ducke mich hinters Visier meines MGs, da fliegen die Fetzen von meinem Plexiglasrolldach, ich spüre Glassplitter zwischen den Zähnen, von meiner Oberlippe fließt Blut in den Mund, an meiner FT-Kopfhaube fehlt die linke Ohrmuschel und die Fliegerkombi zerfetzte an der Schulter. Mehrere Geschosse hatten keine 5 Zentimeter neben meinem Kopf das Rolldach meines MG-Standes zertrümmert. Das war knapp, sehr, sehr knapp!
Noch ein Schußwechsel mit dem Russen. Dann drehte er ab. Wir hat-

ten unsere Munition fast verschossen. Noch etwa 10 Minuten, dann kam die HKL und der Russe mußte zu seinem Absprunghorst zurück. Wir konnten bis zu 10 Stunden in der Luft bleiben, er nur 45 Minuten! In unserer Wanne sah es wüst aus. Um den Hülsensack nicht dauernd leeren zu müssen, ließ ich ihn offen und die Hülsen fielen runter. Der Funker von drüben mußte einen Funkspruch nach Orscha gegeben haben. Als wir nämlich den Platz überflogen, standen unten Feuerwehr und Krankenwagen an der Landebahn. Wir ließen erst den Lahmen herunter. Dann kletterten wir aus unserer Maschine. Walter spendierte ›Junos‹, die ihm sein Berliner Mädchen stangenweise schickte. Das Bodenpersonal schlug die Hände über dem Kopf zusammen, als sie unsere Ludwig-Siegfried inspizierten. Der Lauf meines MGs war von dem vielen Dauerfeuer ausgeglüht, das Rolldach war zerfetzt und Rumpf und Tragflächen hatten Einschußlöcher.
Der Gruppenkommandeur gratulierte zu unserem Erfolg.«
Ebeling fährt fort:
»Am 1. Oktober 1941 verlegte die Gruppe von Orscha nach Schatalowka-Ost. Im Gegensatz zu Orscha waren auf diesem weiter vorn liegenden Platz in den Kasernen bereits Betten und anderes Unterkunftsgerät vorhanden. Wasserleitung und Heizung funktionierten jedoch wie die WC nicht, so daß wieder Latrinen im Freien errichtet werden mußten und Wärme in den kommenden Monaten ein rarer Artikel blieb. Auch als nach und nach einzelne Kanonenöfen eintrafen, blieb Heizmaterial Mangelware.
Die Einsätze vom neuen Platz aus dienten der Unterstützung des Heeres beim Vormarsch in Richtung Moskau auf Truppen- und Panzer-Bereitstellungen, auf Bahnhöfe und Bahnlinien im Raum Suchinitschi, Kaluga, Kirow, Medyn, Tula, Naroforminsk und schließlich auf Klin und Moskau selbst. Der Winter kam, die Kälte. Schnee und tiefe Wolken zwangen uns in niedrige Höhen. Bei den Angriffen auf Truppen und auf Bahnhöfe gab es Abwehr, die zu Verlusten unter den Besatzungen führten.
So blieben Ende Oktober beim gleichen Einsatz die Staffelkapitäne der 7. und 8. Staffel, Oberleutnant Gäbler und Major Haster weg, nachdem etwa zwei Monate vorher Oberleutnant Leonhardi als Chef der 7. Staffel über Feindgebiet abgeschossen worden war. Dessen Beobachter und der Bordfunker, Fw. Seufert, und Schnerr, hatten sich aus der brennenden Maschine durch Fallschirmabsprung retten können, und es gelang ihnen trotz der erlittenen Verbrennungen, sich in einem tagelangen Fußmarsch zu den eigenen Linien durchzuschlagen. Nach einem Genesungsurlaub wurden sie Besatzungsmitglieder bei mir, dem die Führung der 7. Staffel anvertraut worden war. Die 8. Staffel übernahm Leutnant Berkemann.«

Als Beispiele für das, was so manche Besatzung in diesem ersten Rußlandwinter erlebte, und das Leben unserer Männer neben und zwischen den Einsätzen lassen wir wieder den Bordfunker Graf an Hand seiner Tagebuchaufzeichnungen berichten:

»Ein Feindflug.
Am 2. 10. 41 kam das ›E 1‹ um 09.00 Uhr. Es roch nach ›Großkampftag‹. Im Gefechtstand summte es wie in einem Bienenstock. Mindestens 20 Besatzungen standen dort mit den Fallschirmen am Arm und nahmen Einsatzbefehle entgegen: Angriffs-Unterstützung für unsere Infanterie und Panzer im Raum Medyn. Jede russische Uniform, die sich dort sehen läßt, wird bekämpft. In den Maschinen hängen je 24 Stück 50-kg-Splitterbomben mit Aufschlagzünder. Sicherheitshöhe 500. Start erfolgt kettenweise. Die HKL ist sehr nahe. Nach 10 Minuten Flugzeit ist mit leichter Flak und Jagdabwehr zu rechnen. ›Hals- und Beinbruch!‹, sagte der Gruppenkommandeur Major Fabian.
Die Ostfront am 2. Oktober 1941, ein Glückstag für die Besatzung Dieter von Glasow.
Unser Kettenführer war Leutnant Gade, rechter ›Hund‹ Feldwebel Grave und wir linker. So hatte man uns auf dem Gefechtsstand eingeteilt. Wegen der Kettenstarts herrschte hinter dem Landekreuz ein heilloses Durcheinander. Die Kettenführer standen dort gestaffelt und warteten auf ihre Kettenhunde. Wir rollten links an einen ran, im Glauben, es sei Gade. War es aber nicht. Der stand daneben, also waren wir beim Start sein rechter Hund. Grave und unser Kleiner einigten sich per Sicht auf den Tausch. Schließlich war es ganz egal, auf welcher Seite man flog.
Dieses Mal aber war es nicht egal.
Schulmäßig gaben die ›Emils‹ Gas – die Heinkel machten Fahrt – hoben die Leitwerke und donnerten los, – hoben gleichzeitig ab und stiegen auf 1500 Meter. Ganz oben standen leichte Cirren, unter uns brannten Dörfer. Sehr gut konnten wir das Duell beider Artillerien beobachten.
Dann krachte es einige Male über uns. Blakende Explosionen, die in schwarzen Wölkchen endeten: 10-cm-Flak. Noch eine ›Lage‹ kommt hoch – der rechte Motor von Grave brennt. Eine lange Feuerwelle wabert nach hinten, reißt ab und bildet sich von neuem. So brennt Benzin, wenn es aus einem Tank fließt. Die Maschine bleibt zurück und fällt nach unten. Ich sehe noch, wie sich vier Fallschirme aufblähen, dann den fünften. Wie eine brennende Fackel stürzt die He nach unten, und ich sehe noch, wie sie in einem Rauch- und Feuerpilz explodiert. Und dann verschwinden auch die fünf Fallschirme hinter einem Wald.

Wenn wir korrekt an den Start gerollt wären, hingen wir jetzt dort unten an den Schirmen über russischem Feindgebiet.
Während dieses ganzen Absturzes von Grave hatten die Iwans keinen Schuß nach oben gefeuert. Die Kerle mußten fasziniert zugesehen haben. Dann aber begannen sie einen gewaltigen Feuerzauber, ein höllisches Inferno umgab uns. Ohne Unterbrechung krepierten die Flak-Granaten mit häßlich peitschendem Knall um uns herum. Überall standen schwarze Wölkchen am Himmel. Wir durchflogen diese ›Kleckse‹, und in unserer Maschine roch es nach Pulver. Die Explosionswellen hörten sich an wie Gewitter und schüttelten die Maschine. Die Luft um uns war ›eisenhaltig‹. Sehen konnten wir die Granatsplitter nicht, nur vermuten. Ein einziger Eisenfetzen kann tödlich sein. Da saß ich nun mit dem entsicherten MG im Heckstand und konnte mich nicht wehren. Dem Kleinen hatte man auf Schulen eingebleut, bei Flakbeschuß stur weiterzufliegen und die Drehzahl der beiden Motoren zu verstellen. Damit würde dem Richtkanonier unten am Boden das Zielen mittels Horchgerät erschwert. Auf der Erde sah ich deutlich das Mündungsfeuer der Kanonen. Am liebsten hätte ich runtergeschossen.
Dann war Stille. Wir waren aus dem Flakbereich. Zu unserem Kettenführer, zu dem der Abstand größer geworden war, schlossen wir enger auf.
Wir befanden uns weiter im Zielanflug nach Osten, als hinter uns zwei Punkte auftauchten und schnell näher kamen.
›Jäger von hinten!‹, rief ich durch die Ei.V.
Schon waren die beiden Ratas da. Eine schwingt sich unter unser Leitwerk, die andere greift unseren Kettenführer an. Ich sehe die Leuchtspur von dessen Funker, drehe mein MG rüber und beginne ohne Hast und mit Überlegung gezielte Feuerstöße zu geben. Und treffe! Meine Leuchtspur verschwindet im Rumpf des Russen. Unvermittelt dreht er ab und läßt sich nach unten fallen. Unter mir in der Bodenwanne beginnt Jakob zu schießen. Er beharkt die Rata Nr. 1, die unter uns flog. Albert stand einmal links, dann wieder rechts hinter den Panzerplatten. Er konnte wieder nicht sehen, was draußen vorging.
Dann geschieht etwas ganz Komisches. Wie ein gewaltiger Koloß taucht die Rata neben uns auf und zieht im Messerflug, nur wenige Meter entfernt, zwischen Tragfläche und Rumpf in die Höhe, bleibt so für Sekunden – ich sehe den Piloten lachen, fast könnte ich ihn greifen, ich rufe noch ›Albert schau‹ – der donnert mit seinem Seiten-MG kurz los, hat dieses Scheunentor von einem Ziel auch kurz getroffen, dann zieht der Russe, immer noch im Messerflug, hoch, keine 2 Meter mit seiner Tragflächenspitze über uns weg und läßt sich mit dem Rücken voraus in die Tiefe fallen. Ein toller Hecht, dieser Iwan.
Warum hat er nicht auf uns geschossen?

Unsere Bomben hingen noch in den Schächten. Knoppig warf sie auf eine Brücke, die sofort in sich zusammenfiel. Der Kleine kurvte auf westlichen Heimatkurs und kletterte auf ›Ritterkreuzhöhe‹, mindestens 5000 Meter. Noch einmal gerieten wir in den Flakbereich. Diesmal schossen die Iwans aber sehr ungenau. Jetzt begann plötzlich unser linker Motor zu husten und blieb schließlich stehen. Rumpf und Tragflächen hatten größere Flaksplitter abgekriegt. Der Vogel von Lt. Gade sah wüst aus: Hunderte von Splittern hatten ihn durchlöchert. War schon ein kleines Wunder, daß niemand verletzt wurde.
Über das Schicksal der Besatzung Grave berichtet uns drei Tage später deren Funker. Er und sein Bordmechaniker kamen als einzige zurück, die anderen drei gerieten in russische Gefangenschaft. Der Bordschütze und er kamen in einer Waldlichtung zu Boden. Sie rollten die Schirme zusammen, versteckten sie in einem großen Laubhaufen und krochen dann etwa 20 m getrennt in einen Reisighaufen. Kaum waren sie drin, als auch schon aus einer Waldschneise Russen mit Karabinern und aufgesetzten Seitengewehren auftauchten. Man hatte sie also schon gesucht. Der Funker berichtete, daß die Iwans noch 15 m vom Versteck des Bordschützen entfernt waren, als dieser, dem wohl die Nerven durchgegangen sind, mit seiner Pistole 08 zu schießen begann. Zwei Russen gingen in die Hocke und fielen zu Boden, die anderen begannen ungezielt zu schießen; sie wußten noch immer nicht, woher sie beschossen wurden. Bald kam ein LKW mit Verstärkung. Wieder begann sein Kumpel zu ballern. Jetzt entdeckten die Russen sein Versteck. Als sie zu schießen begannen, kroch er aus dem Haufen und hob die Hände. Wütend drangsalierten die Russen ihn mit Schlägen und Stichen. Er schrie fürchterlich. Sie warfen ihn auf den LKW und fuhren davon. Unser Funker verhielt sich still und wartete die Dunkelheit ab. Dann lief er nach Westen auf die HKL zu, deren Kanonendonner und Feuerzauber nicht zu übersehen waren. Geschickt wich er in unbesetztes Gelände aus, durchschwamm zwei eisigkalte Flüsse und traf in der Nacht des nächsten Tages auf deutsche Infanterie. Als er nach 4 Wochen Sonderurlaub in die Heimat nach Schatalowka zurückkam, wurde er der Besatzung Kunzmann zugeteilt. Von seinem ersten Flug mit dieser kam er nicht mehr zurück. Ihre Maschine geriet bei einem Tiefangriff ins Feuer der ausgezeichnet schießenden russischen mittleren Flak und explodierte noch in der Luft. So hat es einer seiner Kettenhunde gesehen.«
Von der Notlandung der Besatzung von Glasow hinter den russischen Linien und ihrer Rettung berichtet Graf ausführlich:
»Am 23. November traf ich Butzer wieder. Man hatte ihn uns als festen Beobachter zugeteilt. Es war sein erster Frontflug. Warum er mit einer Besatzung nicht klarkam, weiß ich nicht. Er war Gefreiter wie wir drei

anderen auch. Ein großer, schlanker und schweigsamer Asket. Er zog vormittags zu uns auf die Bude. Nein, Skatspielen konnte er nicht, nur Doppelkopf und Binoggeln. War ein Schöngeist, schwärmte für Wagneropern und überhaupt für Musik. Und für Gänsebraten. Uns überreichte er als Einstand 3 Flaschen litauischen Wodka von der besten Sorte. Wir genehmigten uns ein paar Runden, mehr war nicht erlaubt, wir hatten ›E 2‹ und jederzeit konnte ›E 1‹ kommen. Hatten uns sowieso abgewöhnt, mit benebelten Köpfen Einsatz zu fliegen. Auch Knoppig tat so. Die Flüge hier an der Ostfront verlangten mehr von uns als jene Übungsflüge in Lille und Bourges.
Ob unser Neuer auch so ein guter Navigator war wie Walter? Die Wolkenuntergrenze dürfte bei 500 Metern gelegen haben. Anzugreifen war eine große Truppenbewegung auf einer Straße südwestlich von Wenev. Per Koppelnavigation ging's über den Wolken bis zum Ziel, und Butzer meinte, daß wir jetzt runtergehen könnten, um für den Bombenwurf Bodensicht zu haben. Wir kamen zu früh aus den grauen Wolkenmassen. Unter uns ein friedliches Häusermeer: Tula! Schon gab unser Kleiner Gas auf beide Motoren und zog den Knüppel an den Bauch, um schnell wieder in den ›Wolken vom Dienst‹ zu verschwinden. Mittlere Flak begann schon ihre Brocken nach uns zu spucken. Endlich waren wir am Stadtrand in den Wolken. Hinter uns zischten noch ein paar glühende Geschosse hoch und explodierten mit sanftem Knall in der Watte um uns. Nach einer Weile tauchten wir wieder runter. Bald schon kam die Straße in Sicht mit kilometerlangen russischen Kolonnen. Butzer warf die 500 Kilo und 8 mal 50 Kilo, wieder rein in die Wolken. Acht Eier hingen noch in zwei Schächten, also nochmal runter, Kehrtwendung und Anflug. Eine unheimliche Menge von Leuchtspur fingerte nach uns, zwei peitschenhiebartige Explosionen über uns. Der Kurzantennenmast, 2 Meter vor mir, flog als Fetzen nach hinten. Auf meiner Kurzwelle war es still geworden. Endlich warf Butzer die restlichen Bomben. Geschoßdetonationen erreichten mich im offenen Heckstand, dann ein gewaltiger Knall in der Tragfläche. Aus dem linken Motor flogen Fetzen in die Höhe und wirbelten nach hinten. Der Motor begann zu qualmen. In der Kanzel drehte man den Brandhahn zu, der Qualm war weg. Wir sanken merklich tiefer. In der Ei.V. hörte ich, daß auch der rechte Motor nicht mehr richtig laufen wollte. Wir flogen über verschneites flaches Gelände. Vorsichtig drehte der Kleine die Heinkel auf westlichen Heimatkurs, um dann nördlich an der Flak von Tula vorbeizukommen. Die Schraube des linken Motors drehte sich immer noch. Beide Motoren quietschten und rasselten, noch hingen wir 100 m hoch, 50 km Luftlinie hinter der russischen HKL, schon bald müßten wir sie überfliegen. Wir sanken, das Leitwerk hing schräg nach unten. Ich sah, daß Schnee durch den Propellerwind aufwirbelte.

Ob's noch reichte für die Heimat? Kaum, ich gab auf!
In niedriger Höhe überflogen wir einen großen Wald, die Motoren rüttelten und schüttelten. Hinter dem Wald erschien eine Telegraphen- oder Lichtleitung quer zu unserer Flugrichtung. Der Kleine gab der He mittels Höhenruder nochmals die Sporen. Ich sah, wie sich das Leitwerk in den Drähten verfing und diese von den Masten riß. Sekunden später rasselten wir über hartgefrorenen Ackerboden, daß es krachte, wirbelte und staubte. Nochmals hob sich das Leitwerk unserer Heinkel, schien sich zu überschlagen, sank zurück, dann war es unheimlich still um uns. Einfach verrückt diese Stille, wenn plötzlich die Motoren schweigen. Unter mir standen Köster und Breuer auf einem Haufen Schnee- und Erdgemisch, das infolge der Bauchlandung durch die Bodenwanne hereingequollen war, und drängten mich halblaut, doch endlich auszusteigen. Ich sprang runter in den Schnee. Als nächster kam Breuer hoch und stützte sich dabei auf mein nicht festgezurrtes entsichertes MG und geriet dabei wohl an den Abzugsbügel. Ein Feuerstoß knatterte in den Schnee neben mir. Köster kroch noch durch den Gang der Bombenschächte nach vorne in die Kanzel, schnappte sich die dort plazierte Brandbombe, um weisungsgemäß die notgelandete Maschine in Brand zu stecken. Vergeblich schlug er sie mehrmals auf den Rumpf, um sie zum Zünden zu bringen, und sprang von der Tragfläche runter. Breuer hatte mein MG abmontiert, Butzer oder der Kleine brachte ein paar Munitionstrommeln angeschleppt, und ich zog meine ›Parabellum‹ 08 aus der Tasche. Wenn wir uns heute an unsere damaligen Reflexreaktionen erinnern, unüberlegt, das Ganze! Wir wollten wohl einen Kleinkrieg hinter den russischen Linien anfangen.
Etwa 200 Meter weg sah ich einen Mann und ein Kind stehen, die zu uns herschauten. Ich lief mit gezogener Pistole geduckt auf ein 50 m entferntes Schilf zu. Durch die Schilfhalme sah ich in 200 m zwei Männer mit umgehängten Gewehren stehen. Ich hastete geduckt zu den anderen zurück.
Die waren schon unterwegs zum Wald, den wir vorhin überflogen hatten. Breuer trug immer noch das MG. Plötzlich bekamen wir Feuer von den beiden Russen aus etwa 300–400 m. MG und Munitionstrommeln fielen in den Schnee. Wir liefen um unser Leben, und je näher der für uns sicher scheinende Waldrand kam, desto mehr wuchs in mir die Angst, daß man uns dort schon erwartete. Und da überfiel es mich wieder, dieses wurstige Gefühl, dieser Situation gegenüber. Vielleicht geht's gut, dann ließ ich mich in den Schnee am Waldrand fallen.
›Weiter, kommt weiter!‹ mahnte der Kleine, ›rein in den Wald, auseinandergehen und auf Rufweite bleiben!‹
Da drinnen lag der Schnee manchmal knietief. Mit Köster erreichte ich eine riesige Fichte, deren Äste bis unter die Schneedecke reichten. Wir

krochen runter, dort war kein Schnee, richtig mollig-gemütlich.
›Hast Du noch Zigaretten?‹ Ich hatte noch 2 Attikah. Wir rauchten und warteten auf die Nacht.
›Meinst Du, daß wir den Rückweg schaffen?‹ ›Weiß nicht recht.‹ ›Der Kleine hat doch einen Handkompaß.‹ ›Wir hängen hier doch mindestens 40 Kilometer hinter der russischen HKL.‹ ›Vielleicht hocken wir hier mitten im Tula-Kessel.‹ ›Dann verpaßt man uns eine Fahrkarte nach Sibirien.‹ ›Warum sollten wir diesmal keinen Massel haben?‹
Es mag gegen 16.00 Uhr gewesen sein. Die anbrechende Dämmerung machte uns Mut. In der Dunkelheit werden wir nach Hause rennen. Werden schon nicht überall Russen stehen. Irgendwo gibt es eine Lükke. Dürfen uns nur nicht auffällig bewegen. Den Wald erhellten jetzt mächtige Feuerpilze. Das war schwerste russische Artillerie. Es dauerte nicht lange, dann feuerten die Iwans die zweite Salve nach Westen. Wir zählten mit, bis in der Stille die leise wummernden Einschläge zu hören waren. ›Sind mindestens 60 Ka Em, wo die Brocken einschlagen,‹ meinte Albert.
Die russischen Batterien ballerten weiter. Alle fünfe trafen wir uns in einer kleinen Lichtung. Der Kleine hatte den Kompaß schon am Handgelenk und wir trabten los nach Westen, kamen an den Waldrand und sahen in freiem Gelände Gestalten und Laternen umherhuschen. Da lag unsere Heinkel, an der sich Russen zu schaffen machten. Wir waren wohl im Kreis gelaufen. Nahe des Waldrandes hasteten wir weiter im Schnee und erreichten nach einer Stunde freies Gelände. Hier war der Schnee nicht so tief. Wir kamen zügig voran. Von links kam eine Gestalt auf uns zu. Ein Reiter. Blieb etwa 30 m seitwärts vor uns stehen – Butzer imitierte eine Handgreiflichkeit uns gegenüber und krakeelte in russischer Sprache auf uns ein, und der Reiter wendete sein Pferd.
Wir lösten die Kinnriemen unserer Kopfhauben und banden sie oben zusammen. Jetzt sahen wir in der Dunkelheit aus wie Russen mit ihrer Winterkopfbedeckung. Der Schnee brachte etwas Helle. Ein Wald nahm uns auf. Kaum waren wir drin, hörten wir Pferde wiehern, also wieder raus und in eine Fichtenschonung, wo wir uns zum Verschnaufen eine Weile in den Schnee legten. Dann nach rechts einen Steilhang runter, über einen gefrorenen Fluß, die andere Seite wieder hoch in eine Buchenschonung, in deren Reihen wir entlang liefen und uns vor einem plötzlich auftauchenden Erdbunker in den Schnee fallen ließen. Dieser war in weitem Umkreis festgetreten. Wir hüpften drei Buchenreihen weiter nach links und gingen in Hocke hinter den laublosen Stauden. Vor uns bewegte sich allerlei. Wir wechselten noch zwei Buchenreihen nach links, als ein Trupp Russen über die Stelle marschierte, wo wir eben noch gelegen hatten, und in dem Erdbunker ver-

schwand. Wir lagen flach unter den Stauden. Das war mal wieder knapp, sehr knapp gewesen. Oh, Schreck! Keine 15 Meter entfernt stand ein Russe mit Schirmmütze und schaute zu uns rüber. Ob er uns erkannt hatte? Wenn der die Gegend alarmierte, dann ist der Krieg für uns Fünfe zu Ende. Ob er weiß, daß Deutsche vor ihm standen? Meine Faust spannte sich fester um den Griff meines Messers: Wenn er kommt, muß es schnell und lautlos gehen, wir wußten doch, was die mit abgeschossenen deutschen Fliegern anstellten.
Der Russe verschwand in der Dunkelheit. Die Spannung löste sich. Wir wetzten los in die andere Richtung. Wieder sahen wir vor uns Gestalten. Wir rochierten nach links und bei Bedarf nach rechts und erreichten eine baumlose Fläche. Von irgendwoher kam das Tuckern eines Maschinengewehrs, Leuchtkugeln stiegen hoch und verpufften. Dazwischen kurze, trockene Explosionen, die Abschüsse von Feldartillerie. Über uns hinweg zogen dicke Schnüre Leuchtspur in die Ferne. Im Schein der Leuchtkugeln sah der Kleine auf seinen Kompaß. Wir liefen nach Süden. Ein unendlich langes, dachartig gestelltes Schneegatter gegen Schneeverwehungen kreuzte unseren Weg. Eine Weile liefen wir gebückt darunter durch in der Annahme, daß man uns beim Leuchtkugelschein nicht sehen könne. Wir trabten weiter über die brettebene Schneefläche. Rechts von uns war das Wummern und Donnern der Front zu hören. Dort mußten wir durch.
Gegen 20.00 Uhr erreichten wir lose Sträucher. Weiter vorne hörten wir Lärm, schlichen näher, kleine Fichten boten Schutz. Wir lagen flach unter ihnen im Schnee. Keine 100 Meter quer vor uns mußte eine Straße verlaufen. Zwei Kettenfahrzeuge kamen von links und verschwanden in der Düsterkeit nach rechts. In der Ferne blakten Brände auf und tauchten den Horizont in Gelb-Rosa. Die beiden Fahrzeuge kamen wieder zurück. Jetzt begann da vorne reger Betrieb. Lastwagen kamen, Panjewagen, leichte Panzer, Reiter und dazwischen viel Fußvolk, das laut krakeelte. Fluchen, Husten, Schreien, Schimpfen. Nach einer Stunde war der Spuk nach rechts entschwunden. Ich fror und schwitzte. Lutschte etwas Schnee. Wollte schon aus der Fichtenreihe rausrollen, als ich hinter mir eine Gestalt kommen sah, verdammt nahe. Sein Oberkörper hob sich gegen den Horizont in der Schneehelle gut ab. Vor der Brust hatte er eine Kabeltrommel hängen und rollte ein Kabel auf, über das wir fast gestolpert wären. Ich lag steif auf dem Rücken, eine Dreckstellung, mir sauste der Frack in seltener Frische. In der übernächsten Reihe blieb der Russe stehen, langsam fingerte ich nach meiner Nullacht, fangen lasse ich mich nicht, acht Schuß waren drin, mit dem Reserve-Magazin waren es 16, fünfzehn davon auf die Russen, den letzten in den eigenen Kopf, ehe ich mich traktieren lasse, wie damals die beiden Bordschützen von Besatzung Grave. Wieder ergriff

das ›El-Em-A-Gefühl‹ von mir Besitz, entkrampfte meinen Körper, der Russe ging weiter, die Parabellum blieb in der Tasche.
Plötzlich war Stille um uns. In der Ferne waren noch ein paar Detonationen zu hören, dann schwieg der Frontabschnitt. Wir liefen los, überquerten die Straße, kamen in freies Gelände mit sanften Steigungen. Scheußlich dieses Laufen in Pelzstiefeln über den Schnee, der hier nicht hoch lag, die Zehen schmerzten, wir trabten in Reihe hintereinander, wechselten ab und zu die Spitze als ›Vortreter‹, so liefen wir wieder nach Westen. Der Durst meldete sich, wir lutschten Schnee, ich bekam Hunger. Der Kleine war wohl Gedankenleser. Wir hielten an, und er verteilte seine Dose Scho-Ka-Kola, die er als Nichtraucher immer in seiner Kombi hatte. Weiter gings in leichtem schwingenden Trab, so weit dies der Schnee zuließ. Leuchtkugeln kamen hoch, gelbliche und weiße, und verglühten. In der Front vor uns begann es wieder zu rumoren und zu donnern, nun schon viel näher. Die Detonationen schienen direkt körpernah, Leuchtgranaten zogen über uns weg und verpufften in der Ferne. Von rechts waren schwere Maschinenwaffen zu hören, dicke Leuchtspuren zogen in flachen Bahnen am Horizont entlang. Wieder einmal krochen wir in einen Schneegitterzaun, der vor uns in Laufrichtung auftauchte. Immer dichter kamen die Leuchtkugeln hoch und erhellten das gesamte Gelände. Fast dachte ich schon, die suchen uns fünf. Der Schneezaun war unheimlich lang. Als wir an seinem Ende rauskamen, begannen von rechts MG's zu knattern. Wir liefen wieder im Zaun zurück und weiter nach Süden. Irgendwo entstanden Brände, deren Schein sich am Horizont abzeichnete. Wir liefen an frisch aufgeworfenen Schützenlöchern vorbei, dunkle Kolosse tauchten auf, Panzer! Der erste lag hochkant, also lauter abgeschossene. Keine Gefahr für uns, wäre auch schon zu spät gewesen. Dann wieder nach Westen. Mechanisch zockelten wir über glattgefahrene Straßen, das Gefühl für irgendwelche Gefahren schien mir abhanden gekommen. Manchmal lief ich mit schläfrig-geschlossenen Augen, Durst plagte mich, die anderen wohl auch. Seit Stunden hatten wir kein Wort gesprochen. Butzer begann zu hinken. Abwechselnd schleppten wir ihn am Arm mit. Das ließ sich dieser Naturbursche aber nicht lange gefallen. Unwillig schüttelte er uns ab. Er hatte auch sehr gute Zähne, die sich vor Schmerz zusammenbeißen ließen.
02.00 Uhr morgens. Auf sanft abfallendem Gelände kam quer vor uns ein langgestrecktes Dorf in Sicht. Wir hockten uns in den Schnee und beratschlagten. Außen herumgehen wollten wir nicht. Der Kleine wollte warten, bis es hell würde, und dann weiter sehen. Wir vier Gefreite waren dagegen (!).
Wenn russisches Militär im Dorf ist, so argumentierten wir, ist es besser, nachts durchzugehen. Am Tag hätten wir keine Chance mehr ge-

habt zu entkommen. Schließlich hatten wir Butzer mit seinen russischen Sprachbrocken in petto, mit denen er die Iwans täuschen konnte. Am hellen Tag wären wir ohne weiteres als deutsche Flieger zu erkennen gewesen. Wir zogen los.
Lässig schlenderten wir auf die Dorfstraße. Ich kann es nicht beschreiben, dieses Gefühl, das mich dabei anfiel. Gewiß, jeder von uns hatte am Koppel 16 Schuß Munition hängen und ein Kappmesser in der Kombi.
›Stoi!‹, Keiner von uns hatte den Russen rechts mit dem Gewehr auf der Schulter gesehen. Geistesgegenwärtig ließ Butzer ein paar russische Sprachbrocken fallen, und wir anderen gingen scheinbar unbeeindruckt die Dorfstraße nach links weiter.
Also, eine J-61 wäre mir jetzt lieber gewesen. Die hätte ich wenigstens mit dem MG-15 beharken können. Keiner von uns sah sich nach dem Russen um. Und das war sehr, sehr gut. Dessen Mißtrauen schien erloschen zu sein. Wieder einmal waren wir davongekommen.
Wir rasten los, die Straßenböschung runter, in freies Feld und standen plötzlich in einer Gasse eines gewaltigen Zeltlagers – weiß in weiß wie Schnee.
Langsam gingen wir weiter. Jeden Augenblick konnte irgendwo ein Russe auftauchen. Das wäre diesmal unweigerlich das Ende für uns gewesen. Oder lagen keine Iwans in den Zelten? Vielleicht enthielten sie Waffen, Munition, Fahrzeuge, die man gegen Fliegersicht tarnte. Der Posten vorhin hatte wohl das Ganze zu bewachen. Das Herz klopfte mir bis zum Hals. Es waren die längsten 100 Meter, die ich in meinem Leben gegangen bin. Wir passierten die letzten Zelte und standen dann vor einer hoch aufragenden Böschung. Wie Käfer krabbelten wir rauf. Vereinzelte niedrige Sträucher, an denen wir uns festhalten konnten, verhinderten, daß wir abrutschten. Kaum waren wir oben, als unten bei den Zelten Maschinenpistolenfeuer zu hören war. Hechelnd rannten wir weiter, durchquerten ein kleines Wäldchen, weiter über freies Feld. Dann durchschritten wir ein ungemähtes Haferfeld, über Hunderte von aufgeschreckten Mäusen. Erstmals klagte Butzer über massive Schmerzen im Fußknöchel. Alle 10 Minuten schaute der Kleine auf den Kompaß.
›Wir gehen jetzt nach Süd-West. General Guderian wollte doch mit seinen Panzern südlich um Tula und Wenev herum. Die russischen Kolonnen, die in der Nacht an uns vorbeigezogen waren, kamen vom Süden und gingen nach Norden. Alle Straßen und Eisenbahnen verlaufen hier in Nord-Südrichtung. Also haben sich die Iwans nach Norden in Sicherheit gebracht. Vielleicht treffen wir auf die Unseren, wenn wir uns mehr nach Süden halten.‹ Soweit unser Kleiner. Und es stimmte, was er vermutete.

Weiter im leichten Trab. Müdigkeit kroch mir durch die Glieder. Schläfrig sank mir der Kopf auf die Brust. Durst plagte mich. Wir aßen Schnee, und prompt meldete sich wieder der Hunger. Schweigsam liefen wir hintereinander her, kamen an frischen Schützenlöchern vorbei, dann in ein Gelände, das Panzerfahrzeuge plattgewalzt hatten. Weit vor uns erkannten wir die Umrisse eines großen Fahrzeuges. Wir horchten, nichts. Also weiter. Uns war als würde die Nacht heller. Es war schon nach 5 Uhr morgens, als wir an eine ausgefahrene Straße kamen, die nach Westen führte. Furchen, Löcher und Fahrrinnen erschwerten uns das Laufen. Auf einer kleinen Anhöhe verschnauften wir und ließen uns zu Boden fallen.
›Los, los! kommt hoch‹, mahnte der Kleine, ›sonst kriegt Ihr eine Müdigkeit in die Knochen, die das Laufen zur Hölle macht.‹
In großer Entfernung hinter uns begann der Feuerzauber des Krieges wieder. Leuchtkugeln, Artillerie, Leuchtspurbahnen, Grollen, Rollen, Donnern, Detonationen.
Nach zwei Stunden, zaghaft hatte die Morgendämmerung begonnen, kamen wir an ein dickes Kabel, an dem wir entlang liefen, bis wir mitten im Gelände auf die Streckenverbindung stießen. Wir lasen: ›Siemens‹ und die Worte ›Anfang, Ende‹.
›Mensch, wir sind durch,‹ sagte einer. Ein Jubel war es nicht. Alle Müdigkeit überfiel uns und ließ uns in den Schnee fallen. Auch den Kleinen hielt's nicht mehr auf den Beinen. Wir lagen auf den Bäuchen und waren fast schon am einschlafen, als uns Köster hochjagte. ›Guckt mal da drüben!‹ Wie elektrisiert sprangen wir auf, sahen ein kleines Gebäude und Bewegungen von Pferden und Menschen. Neben uns tat sich das Loch einer angefangenen Rübenmiete auf, in das wir uns kauerten. Drüben hantierte ein alter Mann mit zwei Pferden. Wir zogen los. Seit gestern abend 17.00 Uhr erkannten wir uns zum ersten Mal wieder. Die Fliegerpelzstiefel waren völlig durchnäßt und hingen zermatscht an den Beinen, und mit den hochgestülpten FT-Hauben, an denen noch die Verbindungskabel hingen, sahen wir wie Halb-Russen aus. Die Reißverschlüsse unserer Kombis standen offen bis zum Koppel; unsere deutschen Fliegerblusen waren unter der Kombi zu sehen. Etwas ängstlich, schien mir, sah uns ein Russe kommen. Ein alter Muschjik mit dichten Runzeln im Gesicht und grauem Stoppelbart hielt ein kleines Pferdchen am Halfterstrick. Er wußte kaum, wer wir waren, ob Freund oder Feind. Butzer fragte: ›Wo Germansky, wo Russky?‹ Er zeigte zu einem Dorf, das etwa in 500 m in der Morgenhelle auftauchte und sagte mehrmals ›Germansky‹. Mehr wollte oder konnte er nicht sagen.
Wir erreichten ein Straßenstück, das auf das Dorf führte. Vor den ersten Blockhäusern türmten sich links und rechts große Schneehaufen, hinter denen plötzlich zwei Gestalten mit Maschinenpistolen im An-

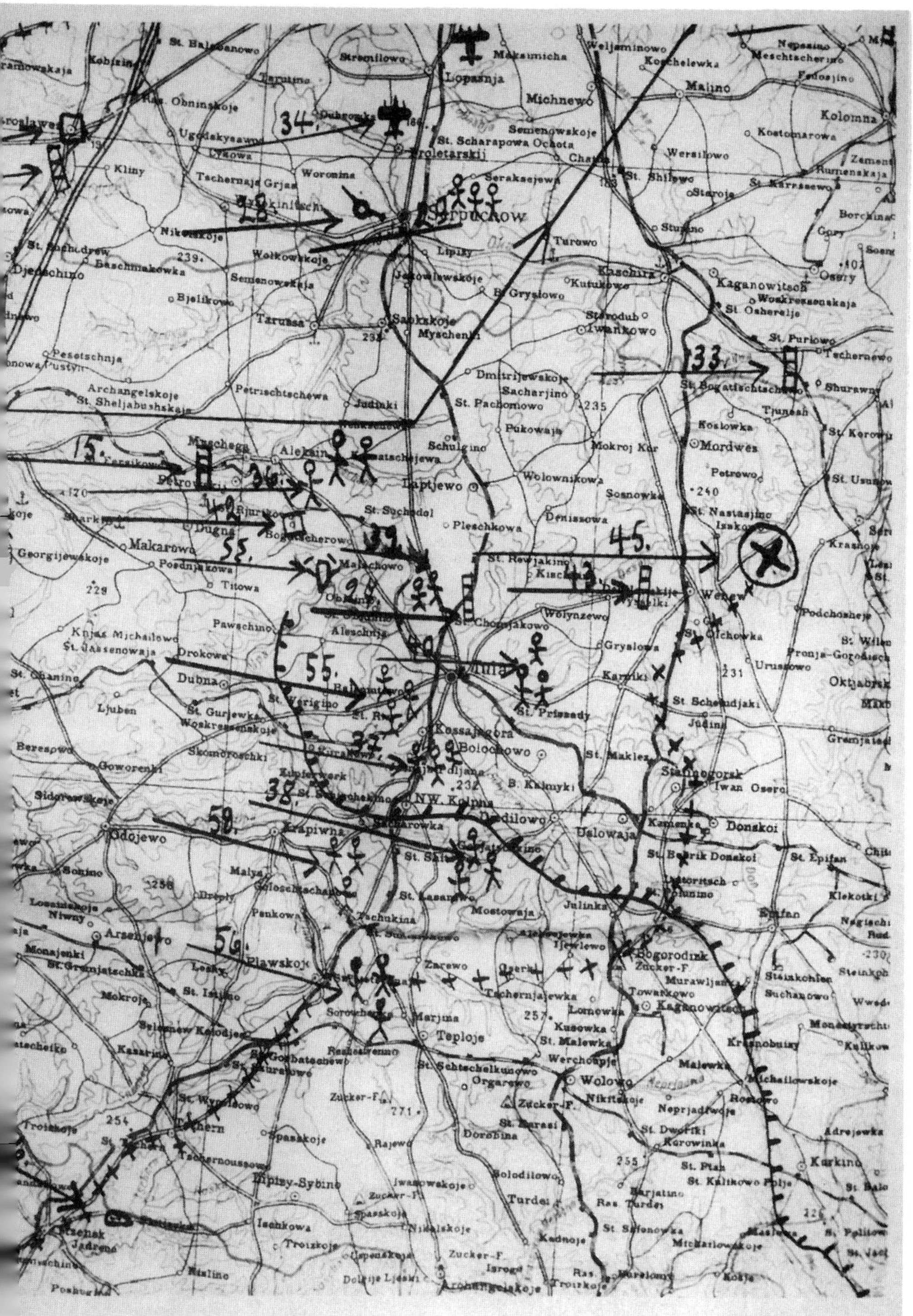

Fußmarsch der Besatzung Lt. von Glasow durch die russischen Linien.
Markierungen: ⓧ = Abschußstelle, ⊥⊥⊥⊥⊥ = Frontverlauf 23. 11. 41, xxx = gelaufene Strecke (s. S. 171ff.).

Links: OTL Bader, Kdr. II. Gruppe, 1941. – Rechts: Orscha September 1941, GFM Kesselring besuchte die III./KG 53.

Links: Sommer 1941. Kommodore OTL Weitkus (l.) mit Hauptmann Küster, der nach sechs Wochen (von einem russischen Bauern versteckt gehalten) sich nach Abschuß durch die feindlichen Linien durchschlug. – Rechts: Wi ter 1941/42, Schatalowka-Ost, Otl. Schulz-Müllensiefen.

Flugzeugmechaniker bei der Arbeit. Schatalowka 1941.

Die Stabsstaffel. Übergabe von Hauptmann Wittmann an Oberleutnant von Horn am 15. 10. 1941.

Angehörige des KG 53 in kanadischer Gefangenschaft.

Wie Bild oben, in einem anderen Camp.

Offiziere des KG 53 in kanadischer Gefangenschaft in sommerlichem Zivil. V. l. n. r. Lt. Leber, Olt. Meinecke, Lt. Zipse, unbekannt, Lt. Lüttecken.

schlag auftauchten. ›Stoi!‹ Ich blieb stehen und hob langsam die Hände. Aus! Unser Weg zurück war umsonst gewesen.
Ich weiß nicht mehr, wer von uns sich als erster die Fliegerkombination herunterriß, sich als deutscher Flieger zu erkennen gab und die beiden vor uns als Leutnant und Obergefreiten deutscher Grenadiere erkannte. In unserem Aufzug mußten sie uns für Russen gehalten haben.
Immer noch mißtrauisch, ließen sie uns herankommen. Wir zeigten unsere Frontausweise. Sie wiesen uns ins Dorf. Mit bleischweren Beinen latschten wir weiter und gingen ins erste Blockhaus. Zwei Ferkel, etliche Hühner, viele Kinder und eine ältere Russin lächelten, quietschten, gackerten und schrien uns entgegen. Und eine ungewohnte wohlige Wärme, die vom großen weißgekachelten Ofen im Hintergrund herrühren mußte, auf dem ein hustender Opa lag. Wir zogen die Kombinationen aus. Die Russin schaute zu und rief: ›Ah, Hakenkreuz, gut, seeer gutt‹, als sie dieses Emblem auf unseren Uniformen sah.
Als ob sie auf uns gewartet hätte, brachte sie einen Topf mit heißen Pellkartoffeln und dunkelbraunes Brot. Auf dem Tisch stand eine Holzschale mit grobkörnigem Salz. Zaghaft begannen wir die Kartoffeln zu schälen, bestreuten sie mit Salz und schlangen sie gierig in uns hinein. Das Brot schmeckte phantastisch. Vergnügt sahen uns die Anwesenden beim Schmausen zu. Nur die Viecher nahmen keine Notiz von uns. Ungeniert rekelten sie sich am gestampften Lehmboden. Die Russin hatte gute Augen. Freude stand in ihnen, weil sie eine Gefälligkeit erweisen konnte. Für sie waren wir keine Feinde, nur Menschen. So war es gar nicht wichtig, daß sie wußte, was hinter uns lag. Butzer war kaum in der Stimmung, zu palavern. Wozu auch?
In einer plötzlichen Eingebung hob er seine Kombination vom Boden auf, fingerte in ihr herum, brachte eine Handvoll Eisbonbons zum Vorschein und legte sie auf den Tisch.
Laß mich doch verrückt werden! Wir fressen 10 Stunden lang Schnee von russicher Erde, und der vergißt diese durststillenden Lutscher! Er muntert die Kinder auf, davon zu nehmen. Kaum hatten sie deren Süße wahrgenommen, als eine Balgerei um die Brocken entstand. Ein gutturales Gezeter vom Ofen runter brachte sie zur Räson, und sie kuschten sich in die Ecken.
Und auf diese Menschen und deren armselige Behausungen hatten wir Bomben geworfen!
War für mich nicht einfach, solche Tatsachen mit den Pellkartoffeln zu verdauen.
Das Essen und die Wärme hatten unsere Glieder wieder geschmeidig gemacht. Wir trabten wieder los. Ein LKW nahm uns mit bis Borogodisk, das wir um 11.00 Uhr vormittags erreichten. 18 Stunden waren

wir gelaufen. In einem Steinbau der Panzergruppe IV Guderians bekamen wir reichlich zu essen und schliefen anschließend wie Murmeltiere bis 20.00 Uhr. Ein Küchenbulle brachte Gulasch.
Nachts kam ein Funkspruch, der uns befahl, bis Orel zu marschieren. Dort würde man uns abholen.
Von wegen marschieren! Wir ließen uns ins 60 Kilometer entfernte Orel per LKW fahren. Uns fror erbärmlich. Seit 3 Tagen steckten wir in den Klamotten, die Bartstoppeln sprossen ungehemmt, der Dreck klebte am Körper.
Am 28. 11. holte uns in Orel eine Maschine der achten Staffel ab und brachte uns nach Schatalowka zurück.
Man begrüßte uns wie verlorene Söhne mit Hallo und so weiter. Wir aber waren um Jahre gealtert.
Unser Hauptfeldwebel Schratter hatte einen Tisch auf unserer Bude decken lassen. Für unsere Geburtstagsfeier. Zwei gebratene Hühnchen lagen da, Zigaretten, Kekse, Schokakola und 2 Flaschen echter Cognac. Urlaub, sagte der Schratter, sollten wir auch kriegen, vier Wochen.
Wir aßen das Zeug vom Tisch und ließen den Weinbrand hinterherlaufen. Doch in mir machte sich eine ›Leere‹ breit, für die es keine Worte gab. Die anderen fragte ich gar nicht, ob es ihnen genauso ging.
Urlaub gab's keinen. Die Gruppe hatte starke Verluste gehabt. Jede Besatzung wurde gebraucht.
Doch dichter Nebel, Rauhreif, dazwischen Schneefall und eine hundsgemeine Kälte ließen keine Starts zu. Mehr als 15 Grad hatte unser kleiner Herd auf unserer Bude kaum geschafft. Mit zwei Paar Wollsokken in den Lammfellstiefeln und einer Wolldecke umgehängt saßen wir beim Kartenspiel. Seit Tagen waren unsere beiden Fenster dicht mit Eis bedeckt, das zwar keine Sicht nach außen zuließ, aber die Rahmen perfekt gegen einströmende Kälte abdichtete. Das Essen wurde reichhaltiger und schmeckte besser.«
In den Kesselschlachten von Bialystok-Minsk, Smolensk, Uman, Gomel war die Rote Armee erheblich geschwächt worden.
Als östlich Kiew, bei Brjansk und Wjasma ganze Heeresgruppen zugrunde gingen, hatten 1,3 Millionen Russen die Waffen gestreckt. Aber auch die deutsche Wehrmacht hatte einen hohen Blutzoll entrichtet. Von 3,6 Millionen Soldaten waren 767415 gefallen oder in Gefangenschaft geraten. Nur ein Teil mit 450000 Mann vom Ersatzheer konnte ausgeglichen werden.
Der frühzeitig hereinbrechende Winter und Gegenstöße sowjetischer Verbände hatten die deutsche Heeresmitte vor Moskau zum Stehen gebracht.
Jetzt hatte Hitler erkannt, daß er den Krieg nicht mehr gewinnen konn-

te. Eine geringe Hoffnung setzte er wohl noch auf den großen Schlag der Japaner. Doch die Amerikaner ließen sich durch den japanischen Überfall auf Pearl Habour am 7. 12. 1941 nicht irritieren, Roosevelt und Churchill erneuerten und bestätigten bei einem ›Atlantiktreffen‹ ihre Strategie ›Europe first‹.

Die Generale ›Schlamm und Winter‹ hatten hart zugeschlagen. Die Luftwaffe brauchte dringend eine Atempause. Die extremen, ungewohnten Umweltbedingungen, Überbeanspruchung in der intensiven Einsatzzeit, die dezimierten Verbände hatten ihre Spuren hinterlassen. Jedoch, es gab kein Verschnaufen, am 5. Dezember begannen die Russen ihre Gegenoffensive. Die Luftwaffe mußte unter verzweifelten Bedingungen ihre Einsätze fortsetzen.

Die Anfangserfolge der Russen drohten zeitweise die gesamte deutsche Front zum Einsturz zu bringen. Bei Demjansk gelang es den Russen, sechs deutsche Divisionen mit rund 100000 Mann einzukesseln. Der notwendige Nachschub von täglich 300 Tonnen Versorgungsgütern war von der Luftwaffe einzufliegen. Das war die erste Luftversorgung, und es sollten noch weitere folgen.«

Arnold Döring schreibt unter dem 16. 12. 41 in sein Tagebuch: »Versorgungsflug für Infanterie steht auf dem Programm. Gegend ist Klin, südlich Kalinin. Wetter saumäßig. Lange müssen wir rumkurbeln, bis wir den Abwurfort finden. Endlich finden wir ihn. Eine Menge Panzer und LKWs stehen auf einem Haufen. Da ist der Sprit bitter nötig, und so werfen wir dicht daneben unsere Ladung ab. Der Sprit wird in Panzer gefüllt, die 3–4 LKWs ins Schlepptau nehmen und Richtung Winterstellung abhauen. Einige brennende Panzer werden vernichtet.

Unsere Landser winken dankbar hoch, wir wackeln, fegen nochmals zwischen die nachdrängenden Russen und verschießen alle Trommeln. Dann hauen auch wir ab.«

Eine Karte veranschaulicht den Vormarsch bis zum 31. 10. 1941.

Zum Schluß dieses ersten Kriegsjahres in Rußland ein Beitrag aus den Erinnerungen von Fritz Pockrandt, der zur damaligen Zeit als Hauptmann die 9. Staffel führte:

»Bald beginnt die Schlammperiode, die uns sehr zu schaffen macht, da es bei Start und Landung Wasserschlag an Luftschrauben und Tragflächen gibt.

Unterstützung Angriff Panzergruppe Guderian auf Tula und Nordzange Richtung Kaluga. Bei oft schlechter Wetterlage mit bis zu 10/10 Bewölkung bei Untergrenzen von unter 1000 m Verbandseinsätze über die Kette höchstens noch Staffel hinaus nicht möglich. Starke Flakabwehr aller Kaliber bringt Verluste an Mensch und Material.

Plötzlicher Wintereinbruch fast über Nacht bringt ersten Vorgeschmack auf das, was noch auf uns zukommen sollte. Lage des Heeres

wird schlagartig miserabel. Das im Schlamm steckende schwere Gerät friert nun ein, der Angriff an der ganzen Mittelfront kommt zum Erliegen, Schnee fällt in riesigen Mengen vom Himmel, der Rückzug beginnt. Die Truppe am Boden ist darauf in keinster Weise vorbereitet. Auch wir nicht! Kalte Unterkünfte, das technische Personal ohne entsprechende Bekleidung und ohne Hallen muß bei schnell eintretenden Temperaturen von minus 15 bis 20 Grad und noch darunter an den Maschinen arbeiten. Das Heer schreit nach Unterstützung aus der Luft, aber gegen diesen Wintereinbruch sind wir fast machtlos. Einsätze mit allen Kräften sollen geflogen werden, aber oftmals sind wir froh, wenn zum befohlenen Startzeitpunkt auch nur eine Maschine in die Luft kommt. Fahrzeuge springen nicht an, um die Besatzungen an die weit auseinandergezogenen Maschinen zu bringen. Meist sind wir bis auf die Haut durchgeschwitzt, bis wir zu Fuß an die Flugzeuge kommen. Und dann geht es in die Höhe, wo z. T. das Thermometer bis zum Anschlag, d. h. etwa –50 Grad, ausschlägt. Trotz Pelzkombination und -stiefeln frieren wir erbärmlich, und die Kälte kommt durch alle Ritzen. Die Heizung konnte es nicht schaffen. Oft sind es nur einzelne Maschinen oder Ketten, die von der gesamten Gruppe in die Luft kommen. Und dies vielfach bei absolutem qbi (Schlechtwetterbedingungen sind in Kraft), da durch Sturm der vollkommen trockene Schnee über dem Rollfeld auf eine Höhe bis zu 20 oder auch 30 m aufgewirbelt wird. Darüber dann strahlender Sonnenschein. Bei Rückkehr ist der Platz nur an dem hohen Wasserturm zu erkennen, der über die Schneewolke hinausragt. Die ersten Erfrierungen treten beim technischen Personal auf, das mit äußerster Hingabe an den Flugzeugen, auch bei Nacht, im Schichtdienst arbeitet, um einen besseren Klarstand zu erreichen. Ganz, ganz langsam kommen Pelzbekleidung und Filzstiefel, Ohrenklappen und Handschuhe für die Männer und auch Wärmegeräte für die Motoren. Es wird Unglaubliches geleistet in dieser Zeit von allen Angehörigen der Staffel und der Gruppe. Aber wie sieht es an der Front aus? Welche Aufträge erwarten uns täglich? Heeresunterstützung und nochmals Heeresunterstützung. Eine geschlossene Front gibt es schon lange nicht mehr. Einzelne Stützpunkte halten sich bis zum letzten Mann in der Schneewüste. Erfrierungen dezimieren die Truppe, Verpflegung und Versorgung der Truppe ist oft kaum mehr vorhanden. Und der Russe greift mit völlig frischen Kräften aus Sibirien an. Auf Schiern, auf Schlitten, mit Pferden beweglich gemacht, und die Panzer rollen trotz des tiefen Schnees. Bekämpfung der Angriffsspitzen der Russen und des Nachschubs ist unsere tägliche Aufgabe, aber es ist schwer, sie überhaupt auszumachen in ihren weißen Tarnbekleidungen.
Erster Transport von frischen Infanteriekräften, die mit Sommerbe-

kleidung aus Frankreich kommen, teilweise mit Rodelschlitten, die wir in den Kessel Demjansk fliegen sollen. Wir helfen mit Bekleidung aus, soweit die Gruppe und das Geschwader nur können.
Erster Versorgungseinsatz in den gleichen Kessel mit Munition und Verpflegung. Vorgeschmack von den Leiden der Truppe im Erdeinsatz. Wir kamen immer noch in unsere festen Unterkünfte zurück, für die es auch langsam Kanonenöfen gibt. Der technische Einsatzstand bleibt auch weiterhin unbefriedigend trotz aller Bemühungen. Mäuse zerfressen die Leitungen, und es brauchte eine Weile, bis wir dahinterkamen. Bekämpfung der vordringenden Russen bleibt Schwerpunkt. Von Angriffen auf das Hinterland ist keine Rede mehr. Bei –30 bis –35 Grad am Boden sinken die Einsatzstärken mehr und mehr ab.«

d) 1942 – Das zweite Kriegsjahr im Osten

Ab Herbst des Jahres 1942 begannen sich die Soldaten des Heeres, vor allem aber die Flieger zu wundern: Soviel russische Flugzeuge am Boden, durch Jäger, Flak und andere Bodenwaffen auch vernichtet wurden: es wurden nicht weniger, es wurden immer mehr.
Am meisten jedoch wunderte sich die deutsche Führung, die in ideologischer Verblendung das Kräftepotential der Sowjetunion total unterschätzt hatte. Nach den schweren Verlusten ihrer Luftwaffe in den ersten Kriegswochen kurbelten diese ihre Flugzeugproduktion zu Höchstleistungen an.
Im zweiten Halbjahr 1941 konnten sie so schon 3160 Jagdflugzeuge, 1300 Schlachtflugzeuge und rund 1900 Bomber an die Front liefern. Was wir zu dieser Zeit an Ersatz bekamen, wurde mit dieser Leistung der Russen um ein Mehrfaches übertroffen. Auch ihre Pilotenausbildung erfolgte in großer Zahl weit hinter dem Ural und ungestört. Bis zu Beginn der Schlamm- und Frostperiode schaffte unsere Luftwaffe die Abriegelung des Schlachtfeldes durch rollenden Einsatz. Tag für Tag wurden Straßen und Bahnlinien abgeflogen, fahrende Transporte angegriffen und zerbombt.
Die Russen entwickeln erstaunliche Fähigkeiten, zerstörte Bahnhöfe wieder in Betrieb zu bringen. Wirksamer wäre es gewesen, die Verschiebebahnhöfe und Verkehrsknotenpunkte mit massiven Bombenteppichen zu zerstören, doch für derartige massive Einsätze ist die Luftwaffe schon im Herbst 1941 nicht mehr stark genug.
Mit dem Beginn der Frostperiode geht die Einsatzstärke der Gruppen bei den Geschwadern rapide zurück, statt 40 Maschinen je Gruppe sind oft nur noch 3 oder 4 Maschinen einsatzfähig. Der Fuhrpark der Luftwaffe liegt bei Temperaturen um minus 20 Grad zu 80 Prozent

lahm. Die einschlägigen Dienstvorschriften waren auf russische Temperaturen nicht eingerichtet.
So fliegen in der zweiten Novemberhälfte 1941 nur ein paar Fernaufklärer, die östlich von Moskau große Truppentransporte in westlicher Richtung melden. Der Chef der Luftflotte 2, GFM Kesselring, zu der die Aufklärer gehören, schreibt später, daß man aus dieser Entdeckung hätte weitgehende Schlüsse ziehen müssen. Doch solche unterblieben, und angesichts der Lage hatte die Luftwaffe kaum noch wirkungsvoll eingreifen können. Jene Transporte brachten die kältegewohnten, bestausgerüsteten sibirischen Elitedivisionen heran, die den Angriff vor Moskau stoppten und sofort selbst zum Angriff übergingen. So gelang es ihnen, mit wuchtigem Vorstoß westlich Moskau das ganze II. Armeekorps unter General Graf Bockdorf-Ahlefeld einzuschließen.
Hitler befahl, den Kessel unter allen Umständen zu halten, und die Luftwaffe mußte fliegen.
Die Temperaturen sanken auf minus 40 Grad, den Warten friert das Werkzeug an den Händen und an den Maschinen fest. Sie müssen mit Heißluft aufgetaut werden, das Leben der Kameraden im Kessel aber hängt von ihnen ab.
Die bereits stark reduzierte Einsatzstärke sinkt bis auf 25% herab, aber sie schaffen es. Der Kessel von Demjansk, aus der Luft versorgt, hält drei Monate lang, dann wird er von außen aufgebrochen.
Die Luftwaffe hat in diesen 3 Monaten 25000 Tonnen Verpflegung, Munition und Waffen in den Kessel geflogen, ferner 15000 Tonnen Sprit und auch rund 15000 frische Soldaten. Aus dem Kessel sind mit auf dem Rollfeld aus fest gestampftem Schnee gelandeten Maschinen 23000 Verwundete herausgeflogen worden.
Gleiches gilt für die Versorgung des Kessels südl. Cholm, in dem 3500 Mann der 281. Inf. Div. unter Generalmajor Scherer eingeschlossen waren. Zur Versorgung wurde außer Ju 52- und anderen He 111-Verbänden die I. Gruppe des KG 53 eingesetzt. Als die Einschnürung immer enger wird, werden schließlich durch Ju 87 Versorgungsbehälter punktgenau abgeworfen. So kann die Kampfgruppe Scherer Cholm bis Anfang Mai halten und wird vom Grenadierregiment 411 befreit.
Demjansk und Cholm, zwei erfolgreiche Luftversorgungsunternehmungen um einen hohen Preis: 265 Versorgungsmaschinen gingen verloren.
Der Plan zur Winteroffensive 1941 und deren Zusammenbruch im Dezember 1941 wird deutlich durch zwei Skizzen des Buches ›Im Wehrmachtsführungsstab‹ von Bernhard von Loßberg.
Bis zum April 1942 hielt der Druck durch die Russen an. Dann setzte Tauwetter ein, und der Schlamm brachte alle Kampfhandlungen für Freund und Feind zum Stillstand.

Im Sommer wurde deutscherseits die Offensive wieder aufgenommen, Ziel waren jetzt die Ölfelder im Kaukasusgebiet.
Eine wesentliche Operation hierzu war die Eroberung der Halbinsel Krim mit der Festung Sewastopol.
Das VIII. Fliegerkorps unter Generaloberst von Richthofen unterstützte mit 600 Flugzeugen das Heer. Luftwaffe und Artillerie waren im Raum Sewastopol im Dauereinsatz.
Nachdem die Krim erobert war, begann am 28. Juni der Durchbruch bei Kursk. Am 6. Juli bereits erreichte er den Don bei Woronesch und rollte dann südostwärts weiter. Hervorragend durch die Luftwaffe unterstützt, standen die Panzerkolonnen am 10. August tief im Kaukasus, an der Ostflanke erreichten deutsche Vorhuten die Außenbezirke von Stalingrad.
Vielleicht hätten sich die Armeen von zwei großen Völkern nicht so verbissen auf Stalingrad konzentriert, wenn es nicht im Jahre 1925 von Zarizyn auf diesen Namen umgetauft worden wäre. Nach der Verdammung Stalins im Jahre 1961 wurde die Stadt wiederum umgetauft, jetzt heißt sie Wolgograd.
Die strategische Bedeutung dieser Stadt stand jedenfalls nicht im Verhältnis zu diesem gigantischen Kampf, bei bem Hitler und Stalin im August 1942 die Kräfte zusammenzogen, und bis zum November standen sich mehr als eine Million Soldaten gegenüber.
Dann schlugen die Russen zurück. Am 19. November durchschritten russische Armeetruppen eine Linie nördlich und südlich der Stadt, an einer Stelle, wo ihnen relativ schwache Kräfte gegenüberstanden. Bereits am Nachmittag dieses Tages trafen sich die Zangenarmeen und schlossen 22 deutsche Divisionen mit rund 330000 Mann im Kessel ein. Die Russen mußten ihre Kräfte natürlich noch ordnen, und es gibt keinen Zweifel, daß zu diesem Zeitpunkt die in der Falle steckenden deutschen Truppen noch hätten ausbrechen können.
Hitler fragte Göring, ob die Luftwaffe den Kessel genauso wie in Demjansk versorgen könne. Göring, der niemals zugeben konnte, daß etwas über seine Kraft ginge, sagte, er könne die Aufgabe durchführen, was er niemals verantworten konnte.
Jetzt befahl Hitler, auf Göring vertrauend, dem Oberbefehlshaber der eingeschlossenen Armee, Generaloberst Paulus, durchzuhalten und das Einfliegen der Versorgung durch die Luftwaffe abzuwarten.
Insgesamt wurden 500 Flugzeuge für die Luftbrücke eingesetzt. Aber das Versorgungsunternehmen lief von Anfang an schlecht. Statt 500 Tonnen Versorgungsgüter pro Tag konnten durchschnittlich nur 100 Tonnen geschafft werden. Die Kälte des russischen Winters, das fürchterliche Flugwetter, die langen Hin- und Rückflüge über Feindgebiet, die dauernde Bombardierung der Flugplätze im Kessel, alle diese Un-

bilden verhinderten eine ausreichende Versorgung.
Die Russen drückten weiter, und der Kessel wurde enger. Am 16. Januar 1943 ging der wichtige Flugplatz Pitomnik verloren, der verbleibende Platz Gumirak war völlig unzureichend. Nunmehr blieb nur noch die Möglichkeit, das Versorgungsgut abzuwerfen. Das war der Anfang vom Ende. Vom Hunger geschwächt, waren die Soldaten nicht mehr imstande, die Versorgungsbehälter aus dem Schnee aufzunehmen.
Dagegen mögen einige Zahlen über die amerikanischen Lieferungen an die Russen im zweiten Kriegsjahr eine Vorstellung geben:

7000 Panzer,
15000 Flugzeuge,
430000 Jeeps und LKW,
710 Kriegs- und andere Schiffe usw., usw.

Am 2. Februar 1943 hatte sich das Schicksal von Stalingrad erfüllt. Der letzte Funkspruch ging um 05.15 Uhr aus Stalingrad an das FHQ (Führerhauptquartier): »Die 6. Armee hat getreu ihrem Fahneneid für Deutschland bis zum letzten Mann und bis zur letzten Patrone die Position bis zuletzt gehalten. gez. Paulus.«
Von den 120000 Mann, die in Gefangenschaft gingen, überlebten nach vorsichtigen Schätzungen weniger als 6000. Die Luftwaffe hatte 488 Flugzeuge verloren, davon 165 He 111, die niemals als Transportflugzeuge gedacht gewesen waren.
Das Verhalten Görings während dieser Katastrophe hat General Paul Deichmann geschildert: „Am Abend des 21. Dezember 1942, als ich das Führerhauptquartier Wolfsschanze bei Rastenburg in Ostpreußen besuchte, meldete ich mich bei Göring im Führerbunker. Ich klopfte an der Tür des Raumes, der für Göring vorgesehen war. General Bodenschatz öffnete und fragte, was ich wollte. Hinter ihm sah ich Göring an seinem Schreibtisch, den Kopf tief gebeugt und laut weinend. Göring forderte mich auf, einzutreten und, ohne mich zu beachten, gab er sich weiter seinem Schmerz hin. Dann stellte er mir, wiederholt von Weinkrämpfen unterbrochen, einige Fragen und entließ mich, um sich weiter seiner Verzweiflung hinzugeben.
Die Flugzeugverluste gingen an die Substanz, schlimmer aber noch waren die Verluste an Besatzungen, zumal die Ausbildung von Besatzungen an den Schulen infolge Mangels an Flugzeugen und Lehrern schon sehr eingeschränkt war.
Zur Versorgung von Stalingrad stellte das KG 53 Anfang 1943 ihre II. Gruppe. Der Bericht hierzu von Gilbert Geisendorfer folgt im nächsten Abschnitt.

e) Die Einsätze des KG 53 im Jahre 1942

Der Geschwaderstab und die II. Gruppe fliegen zu Beginn des Jahres 42 weiterhin Einsätze im Mittelabschnitt. Die I. Gruppe fliegt Versorgung Cholm, Demjansk, Wolchow-Kessel sowie U-Boot-Bekämpfung und Bekämpfung von Seezielen im finnischen Meerbusen. Die III. Gruppe liegt vorübergehend im Westen auf dem Platz Chartres und fliegt dort zeitweise Tag- und Nachtangriffe auf Industrieziele in England.

Ab August ist das gesamte Geschwader wieder im Osten zusammen und fliegt Heeresunterstützung an der Nordfront, Angriffe auf Leningrad, Eisenbahnziele, und vermint den Seekanal westl. Leningrad. Zum Jahresende schließlich fliegen Geschwaderstab, I. und III. Gruppe mit Schwerpunkt Versorgung Welikije-Luki, die II. Gruppe wird herausgezogen und auf die Versorgung von Stalingrad vorbereitet.

Im Januar 1942 wird die III. Gruppe zur Auffrischung und Auffüllung nach Ansbach zurückverlegt. Das bedeutet für alle Besatzungen Urlaub nach einem Jahr schwerster Einsätze.

Fritz O. Pockrandt berichtet:

»Laut Geschwaderbefehl übernehme ich die I. Gruppe am 11. April 1942, nachdem der bisherige Kommandeur, Major Wienholtz, am 30. 3. 42 über dem Wolchowkessel gefallen ist. Erstmals nun an der Nordfront bei Luftflotte 1 (Keller).

Schlammperiode. Riga als einziger Platz weit und breit mit fester Startbahn ist völlig überfüllt, Ju 52, He 111, Do 17 – fast alles ist vertreten.

Staffelkapitäne sind Hptm. Rauer, Hptm. Lehmann und Hptm. Grözinger, Adjutant Olt. Fuchs.

Auftrag der Gruppe: Versorgung des Kessels Demjansk und der Festung Cholm. Während der große Kessel Demjansk ohne große Schwierigkeiten versorgt werden konnte, war der Auftrag ›Cholm‹ eine der großen Herausforderungen für das fliegende Personal, das wußte, wie es in der Festung aussah, wobei unter ›Festung‹ eine russische Kleinstadt zu verstehen ist, die unter allen Umständen von der Besatzung zu halten war. Tiefflüge bei schlechtem Wetter, bei Tag und bei Nacht mit Versorgungsbehältern aller Art waren unser tägliches Brot. Laufende Verluste, wenn auch nicht immer total, was die Besatzungen anbelangte. Dafür um so mehr Maschinenschäden durch Flak und Infanteriebeschuß. Wenigstens hatte die Gruppe und sicher auch alle anderen beteiligten Verbände die Genugtuung, daß Cholm letzten Endes entsetzt wurde. Kessel Demjansk wird nach harten Kämpfen nach Westen geöffnet, so daß die Versorgung aus der Luft erst einmal eingestellt werden kann.

Verlegung nach der Schlammperiode nach Korowje-Selo südlich Ples-

kau – ein richtiger schöner Platz ohne Startrollbahnen, dafür aber mit Knüppeldämmen, über die der gesamte Verkehr läuft.
Auftrag für die Gruppe lautet weiterhin Unterstützung des Heeres bei der Offenhaltung der Landverbindung zum Kessel Demjansk, auf russische Truppen an den Flanken dieses Kessels, Bekämpfung der im Wolchowkessel eingeschlossenen Wlassowarmee bis zu deren Kapitulation. Angriffe auf Leningrad, Unterstützung des Heeres beim Durchbruch zum Ladogasee, Wolchowstroy, Öllager am Ladogasee, die der Versorgung Leningrads dienten.
Im Juni Verlegung auf einen Platz westlich des Kessels von Leningrad.
Auftrag: Verhinderung des Durchbruchs von russischen U-Booten in die Ostsee. Ein verrückter Auftrag durch die zeitlichen Begrenzungen, die der Gruppe auferlegt wurden. Es durfte tags geflogen werden. Bestimmte Sektoren westlich Kronstadt waren verboten wegen eigener Minenfelder. Nachtflugverbot wegen eigener Marinetätigkeit. Ausweichziel war ein russischer Flugplatz auf der Insel Lavaasari, der mit Jägern belegt war. Meist Einsatz in der Kette oder Rotte. Wochenlang ohne jeden Erfolg, die Bomben wurden immer auf Lavaasari abgeworfen. Merkwürdigerweise gab es meiner Erinnerung nach kaum Berührung mit russischen Jägern. Waren es vielleicht nur Attrappen? Eines Tages traf ich endlich überhaupt auf ein Schiff. Es war wohl ein Schnellboot oder Minensucher, den wir zu Gesicht bekamen. Wir gingen sofort in einem steilen Gleitflug zum Angriff über. Noch bevor wir die Bomben werfen konnten, kamen wir in die volle Brause einer Vierlingsflak. Und dies in ca. 200 m Höhe. Die Kanzel ging in Trümmer, es brannte in der Maschine und beide Motoren fielen fast gleichzeitig aus. Das Feuer konnten wir dadurch löschen, daß der Funker seine Haube aufriß. Im Nu verschwand der Feuerball nach hinten aus der Maschine. Aber es hatte mich und meinen Flugzeugführer doch recht angesengt, wie wir später feststellen mußten. Mit stehenden Motoren landeten wir gerade noch vor der Küste auf dem Wasser und rutschten mit der letzten Fahrt an den Strand. Gott sei Dank waren wir auf finnischer Seite notgelandet, wurden bestens ärztlich versorgt und kamen nach 5 oder 6 Tagen über Helsinki wieder nach Korowje-Selo zurück. Zwischenzeitlich war dieses läppische Unternehmen endlich abgeblasen worden, die Gruppe wieder auf ihrem ›Heimat-Horst‹. Wer mag sich wohl einen solchen Einsatz ausgedacht haben? Anstatt eine voll einsatzfähige Kampfgruppe, hätten sicher ein paar Aufklärer genügt, die das Seegebiet unter diesen Umständen überwachen konnten.
Die I. Gruppe KG 53 wurde in dieser Zeit sicher anderweitig dringender gebraucht.
Nach dieser Episode weiterhin Heeresunterstützung an allen Teilen der Nordfront: Leningrad, Ladogasee, Wolchow, Ilmensee, Kessel Dem-

jansk bis zu dessen Auflösung. Angriffe auf Nachschubbahnhöfe mit Schwerpunkten Ostaschkow und Bologoje. Ostaschkow sollte ausradiert werden (nach Keller). Angriffe z. T. sehr erfolgreich, aber nach kurzer Zeit lief der Eisenbahnverkehr immer wieder. Ein Witzbold hatte im Gruppengefechtstand eine große Karrikatur an die Wand gemalt mit Keller am Himmel mit einem Riesenradiergummi und unten den Bahnhof. Wir sollten täglich daran erinnert werden. Selbst der Generaloberst mußte herzlich lachen, als er diese Zeichnung einmal aus nächster Nähe sah. Es waren wieder endlich einmal z. T. Feindflüge nach unserem Geschmack. Trotz stärkster Flak- und teilweise auch Jagdabwehr hielten sich die Verluste erfreulicherweise in Grenzen. Dank der vorzüglichen Deckung durch das Jagdgeschwader Trautloft hatten wir wochenlang keine Verluste durch russische Jäger. Der Russe öffnet den Abschließungsring um Leningrad von Osten her südlich des Ladogasees. Um möglichst viele Angriffe täglich fliegen zu können, Vorverlegung auf Platz Gostkino. Angriffsziele vermehrt Heeresunterstützung vor allem an der Durchbruchsfront.
Die zweite Winterschlacht der Russen beginnt mit Schwerpunkt Waldaihöhen. Durchbruch auch bei Welikije-Luki und folgende Einkesselung. Wird zur Festung erklärt mit allen uns nun schon vertrauten Folgen. Wieder Versorgung mit allen Kräften und bei jeder Wetterlage, die sich von der des ersten Winters nicht wesentlich unterscheidet. Wir sind nur besser vorbereitet. Die Tiefflüge bringen personell und technisch erneut große Verluste. Zur Zusammenfassung der eingesetzten Verbände wird Oberst Wilke Gefechtsverbandsführer von Welikije-Luki, worüber sein später folgender Bericht eine umfassende Darstellung gibt. Trotz größter Anstrengungen wird der Kessel immer mehr zusammengedrückt und zerfällt schließlich in zwei Teile, Bahnhof und Zitadelle. Einsatz von Lastenseglern, somit Selbstaufopferung der Piloten. Entsatz durch das Heer von Südwesten her mißlingt, die Einsatztruppe kommt bis auf wenige Kilometer an die Reste der Eingeschlossenen heran, bleibt dann aber wegen Spritmangels liegen. Trotz befohlener Ruhe, weil der Entsatz angeblich gelungen war, kommt mitten in der Nacht noch Einsatzbefehl. Wir hatten wegen der Befreiung der Eingeschlossenen schon gefeiert und bekamen nun die kalte Dusche, die uns schnell munter machte. Welikije fiel nach heldenhaftem Widerstand. Die Stimmung der Gruppe ist mehr als deprimiert. Die Frage kommt hoch: ›Wer hat hier versagt? Wie sieht es entgegen der täglichen Meldungen wirklich bei der Fronttruppe aus?‹ es gibt keine Antworten.«
Über den Einsatz der II. Gruppe ab Mai 1942 berichtet der damalige Leutnant und Flugzeugführer Gilbert Geisendorfer, der zunächst in der 6., später in der 4. Staffel flog:

»Mit einer Reihe anderer junger Offiziersbesatzungen, wie Lt. Kornblum, Lt. Dreher, Lt. Lucherig, Lt. Blieweis, Lt. Boresch und Lt. Klinkel, wurde ich im Mai 1942 von der IV. Gruppe in Lille zur II./KG 53 an die Front nach Rußland versetzt. Wir trafen in Schatalowka, einem Feldflugplatz im Mittelabschnitt, südlich von Smolensk, ein. Kurz darauf wurde jedoch der Verband nach Korowje-Selo, südlich von Pleskau, in den Nordabschnitt zur Luftflotte 1 verlegt. Kommandeur der Gruppe war Oberstleutnant Schulz. Die Staffelkapitäne der 4., 5. und 6. Staffel waren Hptm. Klein, Hptm. Köhler und Hptm. Thierig. Ich wurde der 6. Staffel zugeteilt, kam jedoch später in die 4. Staffel. Zu meiner Besatzung gehörten insgesamt Beobachter Fw. Sepp Schmauz, Funker Uffz. Robel, Uffz. Alfons Dürrnagel, Uffz. Wunderlich, Uffz. Fürbeth, Bordmechaniker Uffz. Hermann Kern, Bordschütze Gerhard Stubbe.
Hier sollten wir unsere erste Feuertaufe erhalten, auf die wir, durch die Ausbildung bedingt, so lange gewartet hatten. In unserem Idealismus und der Begeisterung, die damals die meisten jungen Menschen erfaßt hatte, waren wir schon besorgt, am großen Kampfgeschehen nicht mehr teilhaben zu können. Aber nun waren wir eingereiht in die kämpfende Front und sollten bald erfahren, wie hart dieser Kampf auch unter extremen Bedingungen geführt werden mußte.
Im Nordabschnitt hatte sich zwar die Front zwischen Ladogasee – Ilmensee – Kessel von Demjansk – Welikije-Luki – wieder stabilisiert, aber der Druck der russischen Streitkräfte auf unsere Truppen war stark. Südlich des Ladogasees wurde der Versuch unternommen, durch einen Vorstoß das eingeschlossene Leningrad zu entsetzen, und nördlich des Ilmensees war es den deutschen Truppen gelungen, einen russischen Durchbruch über den Wolchow-Fluß abzuriegeln und einzukesseln. Hier war unser Operationsgebiet mit dem Ziel, durch Bombenangriffe auf russische Bereitstellungen und eingekesselte Einheiten die deutschen Truppen zu entlasten.
Wir flogen bei schönem Wetter meist im geschlossenen Verband, abgeschirmt von deutschen Jägern des Grünherz-Geschwaders unter Major Trautloft, aber auch viele Einzeleinsätze im Tiefflug, wenn die Frontlage es erforderte, auch bei schlechtem Wetter.
Dichte Wälder bedeckten den Wolchow-Sumpf. Hier hatten die Russen im Kessel ihre Knüppeldämme angelegt. Man konnte sie deutlich erkennen wenn man im Tiefangriff darüber flog. Erikaschneise und Friedrichschneise sind mir noch gut in Erinnerung. Diese Angriffe mußten aber aus den Wolken schnell erfolgen, denn gezieltes Gewehr- und MG-Feuer brachte gleich zu Anfang zwei unserer Maschinen zum Absturz.
Auch ich erhielt Treffer durch die Kanzel und einmal einen Treffer in

die Kühlstoffleitung, konnte aber mit abgestelltem Motor noch den Flugplatz erreichen. Ein Einsatz aus dieser Zeit ist mir noch lebhaft in Erinnerung. Wir flogen im Verband der ganzen Gruppe einen Angriff auf den Bahnhof der Stadt Wolchowstroj südlich vom Ladogasee. Es war mein 40. Feindflug, ohne zuvor eine besonders aufregende Situation erlebt zu haben. Wir jungen Besatzungen hatten noch keine Maschine fest zugeteilt erhalten und mußten, da nicht genügend Flugzeuge vorhanden waren, im Einsatz abwechseln. An diesem Tag erwischte ich eine besonders lahme Mühle und hatte Mühe, mich am Verband zu halten. Schlimmer wurde es aber, als ich in 3000 m die Höhenlader einschalten mußte. Die Motoren schafften es einfach nicht, und ich blieb immer weiter zurück. Der Verband flog zunächst Kurs NO, östlich an Wolchowstroj vorbei, um im Gegenkurs das Ziel anzusteuern. In Zielnähe setzte die ganze feindliche Flakabwehr ein, die sich nun voll auf den vor mir fliegenden Verband konzentrierte und mich vorerst unbehelligt ließ. Feindliche Jäger wurden von unserem Jagdschutz ferngehalten.

Aufgrund meiner mißlichen Situation wollte ich im Angriff meinem Verband zuvor kommen und schwenkte in Höhe der Stadt nach links ein, um das Ziel von Ost nach West anzusteuern. Dabei überflog ich das Kraftwerk und den Wolchowstaudamm, wurde von der dortigen Flak unter Feuer genommen, erreichte schließlich das Ziel gleichzeitig mit dem Gros unseres Verbandes, der aber über mir flog und zum gleichen Zeitpunkt seine Bomben auslöste. Je Maschine lösten sich 16 Stück 50-kg-Bomben. Wir, meine Besatzung und ich, waren zunächst starr vor Schreck, zogen unwillkürlich die Köpfe ein, als ob uns dies retten könnte, aber es passierte nichts.

Kurz nachdem sich die Spannung wieder gelöst hatte, ertönte plötzlich ein Krachen, die Anzeige-Instrumente des rechten Motors fielen aus, wir mußten einen Treffer abbekommen haben. Ich stellte sofort die Luftschraube auf Segelstellung, um den Motor abzustellen, das seitliche Trimmruder wurde zur Entlastung des Seitenruders betätigt, so wie ich es oft in Gedanken durchexerziert hatte, alles klappte. Aber die Maschine, von Haus aus leistungsschwach, konnte sich mit einem Motor nicht halten. Wir verloren ständig an Höhe, steuerten, begleitet von einem deutschen Jäger den Jagdflugplatz Krassnogwardajsk östlich Leningrad an und landeten gut.

Am Motor war von außen kein sichtbarer Schaden zu erkennen. Erst bei genauer Untersuchung sah man am Ansaugstutzen des Höhenladers außen einen kleinen Riß, verursacht durch einen Granatsplitter, der in den Höhenlader eingedrungen war, das Laderrad zerfetzt und somit den Motor beschädigt hatte. Ein Zufallstreffer mit großer Wirkung.

Gleich nach unserer Notlandung tauchte eine weitere Maschine unseres Verbandes auf, brauste ganz niedrig über die Hallen hinweg und machte eine Bauchlandung. Sie war schwer beschädigt, hatte einen Toten und Verwundete an Bord. Die Besatzung ist mir nicht mehr in Erinnerung. Am 10. Juni 1942 erfolgte durch General Keller, dem Chef der Luftflotte 1, in einem feierlichen Akt auf dem Flugplatz Korowje Selo die Verleihung des Ritterkreuzes an Fw. Teige. Er war der erste Ritterkreuzträger der II./KG 53 und nach dem Kommodore Oberstltn. Weitkus sowie Hptm. Wittmann, dem Staffelkapitän der Stabsstaffel, der dritte im Geschwader. Bei diesem Anlaß wurden auch wir jungen Staffeloffiziere durch General Keller mit dem EK II ausgezeichnet.

Einsatz Mittelabschnitt Luftflotte 6:

Am 5. August 1942 verlegte die II./KG 53 nach Smolensk-Nord und gleich darauf nach Seschtschinskaja, einen großen Flugplatz zwischen Smolensk und Brjansk, auf dem auch noch andere Kampfgeschwader stationiert waren.

Unser Einsatzraum konzentrierte sich zunächst um Rschew, einen Eisenbahn- und Verkehrsknotenpunkt ca. 200 km nordwestlich Moskau, wo starke russische Kräfte für eine bereits angelaufene Offensive zusammengezogen wurden. Es erfolgten Angriffe auf den Bahnhof Rschew, auf Panzeransammlungen östlich von Rschew, auf Truppenansammlungen und Artilleriestellungen bei Stariza nordöstlich von Rschew und auf verschiedene Dörfer, die durch Aufklärer als Nachschubzentren erkannt wurden. Es war ein breitgefächerter Raum, der nun zu unserem Kampfgebiet wurde und der sich beginnend in Kalinin, ca. 200 km nordwestlich Moskau, über Rschew – Wjasma – Suchinitschi – halbkreisförmig um Moskau bis in die Gegend nördlich von Orel hinzog.

Die Lage erforderte es, daß wir oft 3 bis 4 Einsätze am Tage flogen.

Um den Nachschub zu stören, wurde die Bahnlinie Suchinitschi – Kaluga durch bewaffnete Aufklärung überwacht und Züge mit Bomben und Bordwaffen angegriffen. Die Bahnhöfe Pogoreloje und Wolokolansk wurden mit Bomben belegt. Nachts griffen wir den Flugplatz Kalinin und Serpuchow, ca 100 km südlich Moskau an der Oka gelegen, mit Erfolg an (durch Brände und Luftaufklärung bestätigt).

Es war ein hartes Ringen, und die russische Abwehr war stark und gefährlich, denn wir mußten vielfach in niedriger Höhe anfliegen. Verluste stellten sich ein. Unter anderem kehrte auch die Besatzung Lt. Klinke nicht mehr zurück. Ich geriet bei einem Tiefangriff auf Stellungen bei Nowogryn unter starken Beschuß durch leichte Flak, erhielt Treffer in der rechten Tragfläche mit Beschädigung des Querruders und Einschüsse über der Bodenwanne. Mein Funker Uffz. Dürrnagel und Bordschütze Uffz. Stubbe wurden dabei verwundet.

Aber auch die russischen Flieger blieben uns gegenüber nicht untätig. Wir hatten Ruhetag und feierten gerade ein Gruppenfest im Freien mit Musikkapelle und allem, was sonst noch dazu gehört. Plötzlich detonierten Bomben, die Flak begann zu schießen, und der Boden zitterte. Wir liefen in überdeckte Splittergräben. Ein Inferno brach los, das 3 Stunden dauerte. Danach glaubten wir von unseren Flugzeugen und Hallen nichts mehr vorzufinden, aber es war nicht so schlimm. Nur ein paar Maschinen waren beschädigt bzw. brannten. Die russischen Flieger flogen immer nur einzeln an und wurden so von der Flak, die pausenlos schoß, zum größten Teil abgedrängt.
Eines Nachts aber, es war mondhell, gab es wieder Alarm. Der Angriff auf unsere Abstellplätze war nur kurz und die Explosionen nicht allzu stark, nichts brannte. Doch am Tage sahen wir die Bescherung. Der Feind hatte flächenartig kleine Splitterbomben geworfen. Fast alle unsere Maschinen waren durch unzählige Splitter beschädigt und nicht mehr einsatzfähig. Mein Flugzeug war gerade in der Werft und hatte nichts abbekommen. Zu diesem Zeitpunkt war aber der Nachschub noch intakt. Die Besatzungen wurden am selben Tag in Ju 52 verfrachtet und nach Rostok zu den Heinkelwerken geflogen, wo sie neue Maschinen übernahmen. Einige Tage späger waren wir wieder vollzählig im Einsatz.
Nun ging es wieder zurück in den Nordabschnitt zur Luftflotte 1. Am 9. September verlegten wir auf den Flugplatz Korowje Selo, unseren vorherigen Einsatzplatz, und von dort starteten wir z. T. über den Flugplatz Gostkino – an einem See bei Luga gelegen – zu Fronteinsätzen im Raum Leningrad. Eine Woche lang erfolgen Angriffe auf Stellungen, Kraftwagenkolonnen und Truppenansammlungen südöstlich von Schlüsselburg. Hier wurde von den russischen Verbänden immer wieder versucht, südlich des Ladogasees eine Verbindung zur Einschließungsfront westlich Leningrads herzustellen.
Bei einem dieser Einsätze verloren wir am 3. 10. 42 unseren Ritterkreuzträger Ofw. Teige. Die schwer angeschossene Maschine kam noch auf deutsches Gebiet. Die Besatzung sprang mit dem Fallschirm ab. Hierbei blieb Teige am Leitwerk hängen. Wir haben ihn auf dem Soldatenfriedhof Pleskau beerdigt.
Bis Dezember 1942 flogen wir von Korowje Selo und von dem nur einige Kilometer weiter nordwestlich gelegenen größeren Flugplatz Pleskau aus unsere Einsätze bis weit ins Hinterland im nördlichen Frontabschnitt. Es ging vor allem darum, den Nachschub der russischen Kräfte empfindlich zu stören, und so erfolgte Angriffe auf die Bahnhöfe Tichwin im Norden, Firowo und Ostaschkow im Süden unseres Frontabschnittes. Insbesondere Ostaschkow wurde wiederholt angegriffen. Der Bahnhof war stets voll belegt mit Transportzügen und

durch Eisenbahnflak geschützt. Bei Tagesanbruch griffen wir im geschlossenen Verband mit 1000-kg-Bomben an, erzielten vollen Erfolg. Das Verlangen General Kellers, als Chef der Luftflotte 1, in unserem Gefechtsstand ›Der Bahnhof Ostaschkow muß vernichtet werden‹ wurde damit erfüllt.
In der Heimat.
Im Dezember 1942 wurde unsere II./KG 53, die infolge der großen Verluste nur noch aus wenigen Besatzungen bestand, aus dem Kampfgeschehen abgezogen und zur Auffrischung in die Heimat verlegt. Das fliegende Personal bekam als Stützpunkt den Fliegerhorst Greifswald zugewiesen und erhielt über Weihnachten Urlaub.
Das technische Personal wurde unter der Leitung von Olt. Wolf, unserem T.O., zum Fliegerhorst Insterburg in Ostpreußen in Marsch gesetzt. Hier wurden fabrikneue He 111 von unserem Personal in der dortigen Werft für den Fronteinsatz umgerüstet, das heißt mit Bombenzielgeräten versehen und mit den neuentwickelten Maschinengewehren MG 131 bestückt. Ich war mit einem Teil meiner Besatzung Olt. Wolf zugeteilt, um mit meiner Maschine für Ersatzteilbeschaffung zur Verfügung zu stehen. Mit Hochdruck wurde in der Werft gearbeitet, auch an den Feiertagen.
Ein besonderes fliegerisches Erlebnis hatte ich, als ich kurz vor Neujahr einen Abholauftrag beim Luftpark Sagan in der Niederlausitz auszuführen hatte. Beim Rückflug ab Posen eine dichte, geschlossene Wolkendecke. Da ich ohne Beobachter flog und nur den Bordmechaniker und den Funker dabei hatte, war ich ganz auf letzteren angewiesen und mußte nebenbei die Koppelnavigation selbst erledigen.
Mit Fremdpeilung flogen wir den Fliegerhorst Insterburg an. Als wir aber unsere Landeabsicht anzeigten, erhielten wir qbi, qgo, das hieß Landeverbot wegen Schlechtwetter mit Ausweichflughafen Allenstein. Doch ich wußte, wie dringend die Ersatzteile gebraucht wurden. So steuerte ich weiterhin den Platz an, erhielt noch die Meldung vom Peiler ›Platz überflogen‹, worauf ich den Funker auf Eigenpeilung schalten ließ und nach dem ILS-(Instrument-Landungs-System-)Verfahren zum Landeanflug ansetzte.
Seit der Blindflugschule hatte ich keine Gelegenheit mehr gehabt, dieses Verfahren zu praktizieren, denn im Fronteinsatz hieß es bei schlechtem Landewetter in rascher Folge zu landen. Meist wurde im geschlossenen Verband durchgestoßen und bei niedriger Wolkendecke nach Sicht gelandet. So war ich zunächst etwas skeptisch, zumal am Platz noch dichter Nebel herrschte. Aber ich mußte es versuchen und es klappte gleich beim ersten Anflug. Leitstrahl, Voreinflugzeichen, Haupteinflugzeichen nach Funksignal und Instrumentenanzeige gaben mir die Sicherheit, daß es klappen würde. Mit ausgefahrenem Fahr-

Besatzung Hauptmann Hufenreuter. Nach Angriff auf London in der Nacht vom 10./11. 5. 41 Notlandung in England (nähe Ashford/Kent).

Moskau. Deutscher Luftangriff am 26. 7. 1941. Aus: ›Life‹, August 1941.

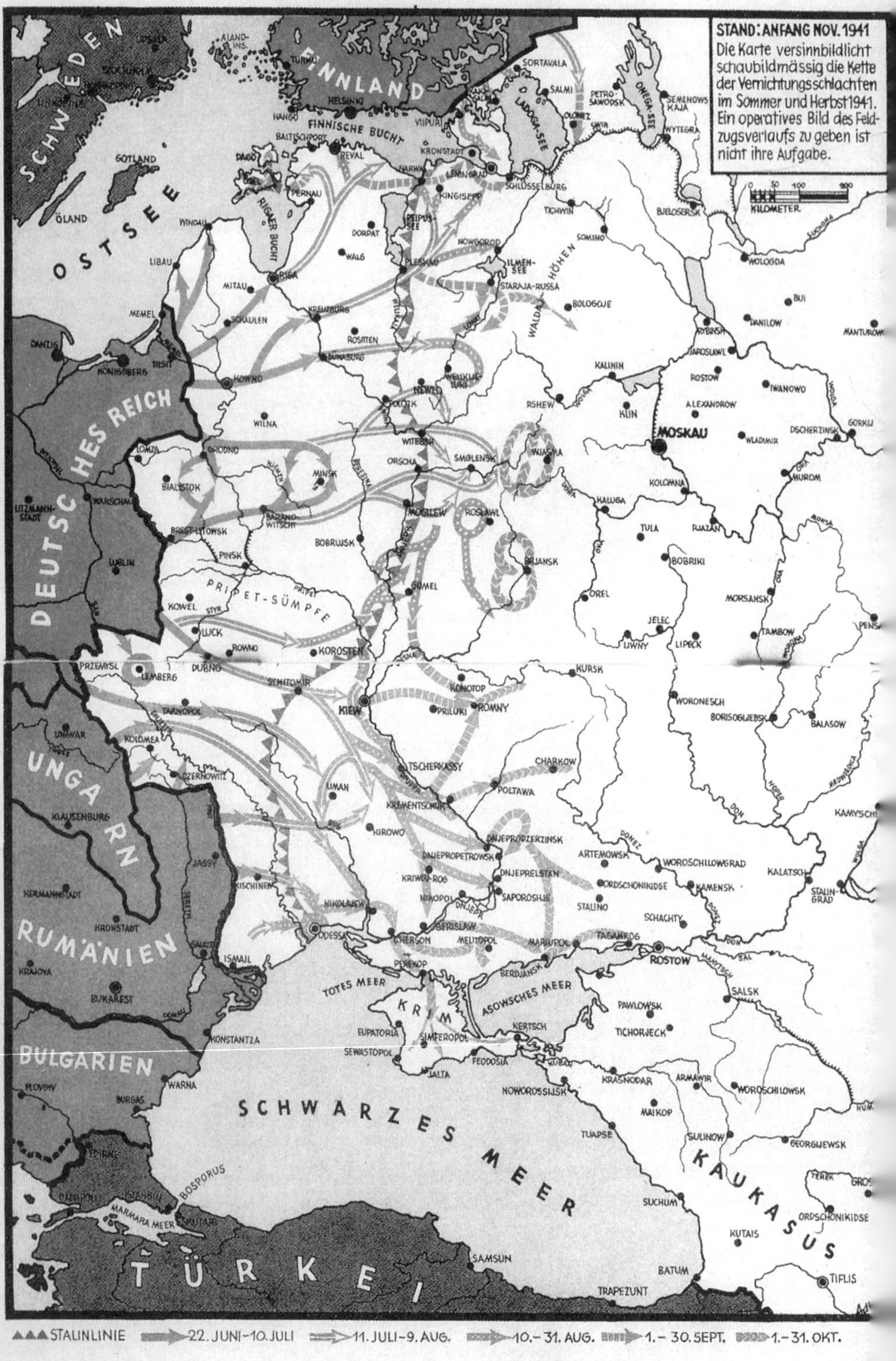

Vormarsch bis 31. 10. 1940 (s. S. 183).

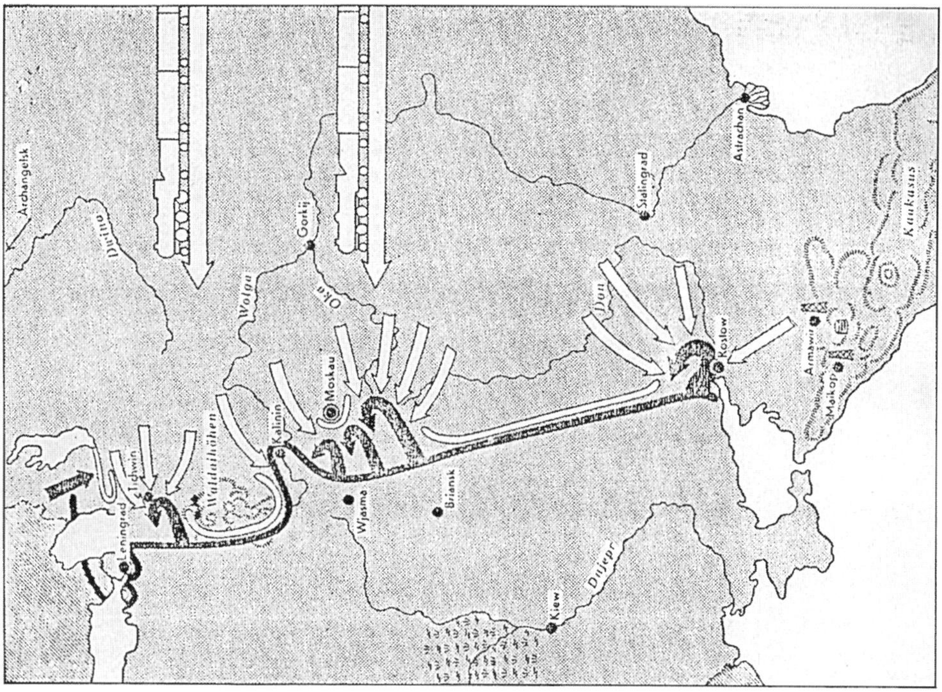

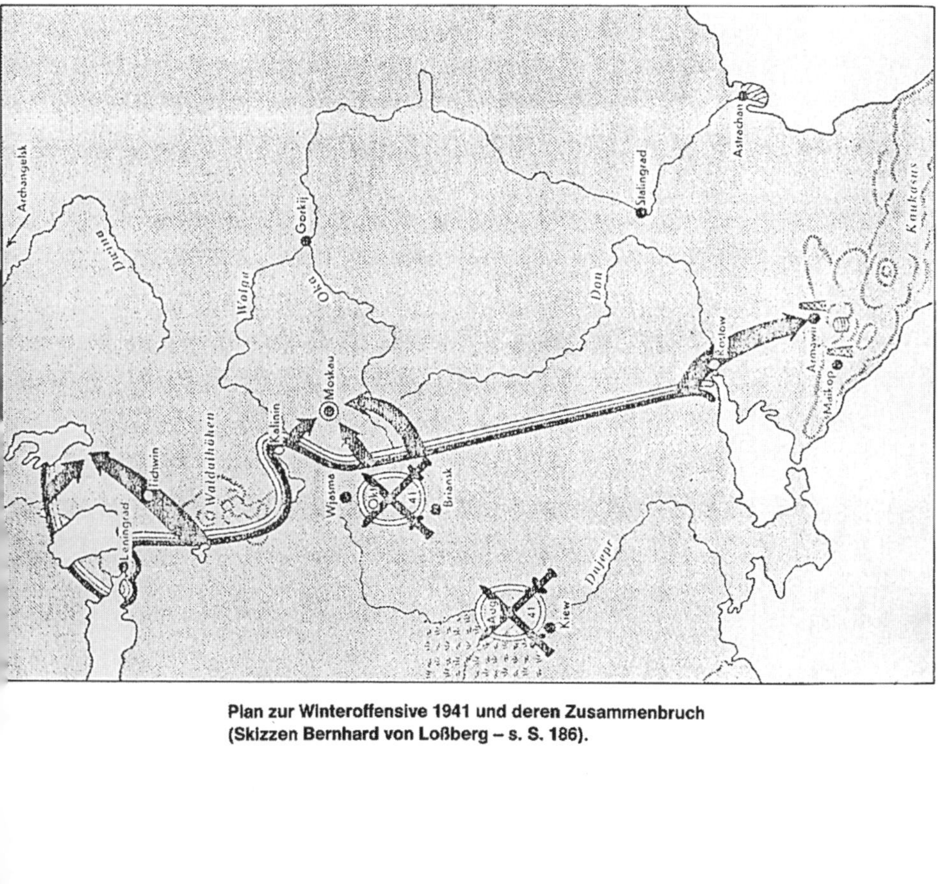

Plan zur Winteroffensive 1941 und deren Zusammenbruch
(Skizzen Bernhard von Loßberg – s. S. 186).

Erfolgsmeldung Nr. 147
vom 31.12.1942

1.) Lfl.Kdo. 1
2.) I./K.G.53
3.) Zahl: 3 He 111 (2 H 6 und 1 H 14)
4.) Start: 1o.52 - 1o.55
5.) Landung: 12.15 - 13.35
6.) Zeit über Ziel: 12.o5 - 11.4o
7.) Flughöhe: 3oo m
8.) Auftrag: Versorgung Welikije Luki (Zitadelle)
9.) Erfolg: 1 He 111 abgebrochen wegen Wetterlage (Ab Nowosokolniki 2-4/1o um 6oo m, Sicht 1o - 15 km)
1 He 111 nicht geworfen, da Ziel nicht gefunden.
1 He 111 Abwurf über befohlenem Ziel, 3 Behälter sicher im Ziel. Alle Schirme haben sich geöffnet.
1o.) Abgebrochen: 2 He 111
11.) Ausweichziel: Bahnhof Welikije Luki
12.) Behälter: 5
Munition: 5 Tr.MG., 1 MG./PF.
13.) Abschüsse: --
14.) Verluste: --
15.) Abwehr: MG. und leichte Flak westl. Werner
16.) Jagdschutz: --
17.) Wetter: Auf Strecke dünne Dunstschicht in etwa 3oo - 4oo m, ab Nowosokolniki aufgerissene Wolkendecke zwischen 3oo und 8oo m. Sicht etwa 5 km.
18.) Aufklärung: --
19.) Lichtbild: --

I.A.
[Unterschrift]
Leutnant

Erfolgsmeldung Nr. 148
vom 31.12.1942

1.) Lfl.Kdo. 1
2.) I./K.G.53
3.) Zahl: 6 He 111 H 6
4.) Start: 1o.55 - 11.1o
5.) Landung: 12.36 - 13.57
6.) Zeit über Ziel: 11.4o - 13.1o
7.) Flughöhe: 2oo - 3oo m
8.) Auftrag: Versorgung Welikije Luki (Bahnhof)
9.) Erfolg: 4 He 111 haben abgeworfen. Auftreffende Bomben konnten wegen sehr schlechter Sicht nicht beobachtet werden. 1 Behälter nicht aufgegangen.
Bei einer der 4 He 111 (A1+BL) hat sich infolg Beschuß der elektrischen Leitungen nur 1 Behäl gelöst.)
2 He 111 konnten infolge der schlechten Sicht das Ziel trotz viermaligen Anfluges erst so spät erkenn daß ein Abwurf der Behälter nicht mehr möglich
Sämtliche Behälter, die nicht abgeworfen wurden, wurden wieder zurückgebracht.
10.) Abgebrochen: --
11.) Ausweichziel: --
12.) Behälter: 16 Verpflegungsbehälter B 250
Munition: 93 MG.15, 2 MG./PF.
13.) Abschüsse: --
14.) Verluste: 2 He 111 (A1+BL) 1 Treffer in Kanzel, Hilfskompaß zerst Treffer im Instrumentenbrett, künstlic Horizont und Variometer ausgefallen, Zündleitungen durchschossen.
15.) Abwehr: Mittlere und schwere Flak aus SW. von Welikije Luki.
16.) Jagdschutz: --
17.) Wetter: Über Ziel 5/1o Schleierwolken in 1oo m, nach Norden zune im Süden und Westen auflösend. Sicht etwa 1 km.
18.) Aufklärung: Krischino Quadr.BR 32 größeres Truppenlager und Stel
~~Um 11.o9 im Quadr.88651 r.u. 4 He 111 am Boden liege~~
19.) Lichtbild: --

I.B.
[Unterschrift]
Leutnant und Adjutant

Erfolgsmeldung Nr. 1 1070
vom ~~31.12.~~ 1.1.43

1.) Lfl.Kdo. 1 2.) I./K.G.53
3.) Zahl: 9 He 111 H 6
4.) Start: o8.5o - o9.o5 5.) Landung: ~~1o.25~~ 1o.25-1o.5o
6.) Angr.Zeit: o9.43 - 1o.o5 7.) Angr.Höhe: Tiefstflug - 2oo m
8.) Auftrag: Versorgung Welikije Luki

9.) Erfolg: 20 Behälter wurden über dem Bahnhof abgeworfen. (4 He 111)
1 Fallschirm öffnete sich nicht.
Lage der Behälter im Bahnhof Welikije Luki.
Dabei 1 Maschine, die ~~konnte~~ wegen Wetter die Zitadelle nicht ausmachte. Die beiden andern Maschinen, die die Zitadelle versorgen sollten, konnten den Auftrag nicht durchführen.
(1 Maschine wegen Motorschaden abgebrochen, 1 Maschine überfällig).
Außerdem brachen noch 2 Maschinen wegen plötzlichen Absinkens der Wolkenuntergrenze auf 2oo m und Sichtrückgang auf 5o - 2oo m ab.
Die letzte Maschine dieses Einsatz ist auch überfällig.

1o.) Ausweichziel: --

11.) Abgebrochen: 3 Maschinen , 1 wegen Motorschadens, 2 wegen Wetter.

12.) Bomben: 2o Vers.Behälter (Verpflegung und Munition)
Munition: 55 Trommeln MG , 6 MG/PF

13.) Abschüsse --
14.) Verluste: 2 Maschinen überfällig (Besatzung Lt.Schalke, BB) Ofw. Donhauser , FL), 1 Maschine Flaktreffer.
15.) Abwehr: leichte Flak und Inf.Abwehr, heftig und gut liegend

16.) Jagdschutz: --- 19.) Lichtbild: --
17.) Wetter: Wolkenuntergrenze stark wechselnd, zwischen 7o und 2oo m, Bodennebelfelder, Sicht 1-5 km , vereinzelt Schneeschauer.
18.) Aufklärung: --

I.A.
[Unterschrift]
Leutnant

3 Meldungen der I. Gruppe vom 31. 12. 42 und 1. 1. 43, **Kesselversorgung Welikije Luki** (s. S. 223).

werk und ausgestellten Landeklappen zogen wir uns an den Platz heran. Trotzdem legte sich der Bordmechaniker in die Kanzel und versuchte, die Augen nach unten gerichtet, den Nebel zu durchdringen. Plötzlich dicht unter uns die asphaltierte Landebahn. Gas weg und schon setzten wir auf, glücklich und erleichtert.
Wir rollten zum Flughafengebäude und waren stolz. Aber was kam auf uns zu? Ein wütend dreinblickender Major mit drohenden Fäusten, der Platzkommandant. Als ich ausstieg, hörte ich nur die Worte ›Ich bringe Sie vors Kriegsgericht‹. Dann war der Spuk vorbei.
Ich hätte ja auf Anweisung in Allenstein landen sollen. Aber der T.O. (Techn. Offizier) brachte die Sache in Ordnung, telefonierte mit dem Kommandeur in Braunschweig, sprach von der Dringlichkeit des Auftrages, und so bekam ich schließlich noch eine Anerkennung ausgesprochen. Wie wichtig dies war, sollte sich bald zeigen.«
Die III. Gruppe wurde im Januar 1942 zur Auffrischung herausgezogen und zum Friedensstandort der I. Gruppe nach Ansbach verlegt. Hier erfolgte eine personelle Umgruppierung, auch wurde Erprobung mit dem neuen Bombenzielgerät Lotfe D 7 geflogen. Insgesamt war die III. Gruppe im Juli 1942 wieder einsatzfähig. Jetzt wurde sie zunächst aber nicht zu den anderen Gruppen nach Rußland in Marsch gesetzt, sondern vorübergehend zum Englandeinsatz nach Frankreich, um dann ab Mitte August wieder an die Ostfront verlegt zu werden.
Ernst Ebeling, dessen folgender Bericht auch die Schilderung von Rudolf Graf von Abschuß, Notwasserung im Kanal und Gefangenschaft der Besatzung des damaligen Leutnant von Glasow enthält, fährt fort:
»Auch bei uns stiegen die Verluste an Mensch und Material bei den meist im Tiefflug und bei schlechtem Wetter notwendigen Einsätzen unaufhörlich. Die Unerkünfte waren nur spärlich warm, der Verpflegungsnachschub mangelhaft, Marketenderwaren und Feldpost wurden selten oder blieben ganz aus. Auch die Weihnachstage und der Jahreswechsel ließen keine Ruhe zu. Die weiter verlustreichen Einsätze wieder bei Tula, Kaluga, Naroforminsk, Medyn, Juchnow und Rschew – nun auf dem Rückzug – dezimierten den Bestand an Besatzungen und Flugzeugen weiter, so daß die Gruppe in den letzten Januartagen 1942 nach Ansbach, dem Friedensstandort der I. Gruppe des Geschwaders, zurückverlegt wurde.
Einsatzfähige Flugzeuge und junge Besatzungen wurden an die weiter im Einsatz bleibenden beiden anderen Gruppen abgegeben. In jeder Staffel blieben neben der Besatzung des Chefs nur zwei weitere, alle mit dem EK I und mindestens der silbernen Frontflugspange ausgezeichnete Besatzungen als Stamm für die neuen, die in Ansbach ebenso wie neues Gerät zulaufen sollten. Dieser Nachschub ging jedoch langsamer als erhofft vor sich. Nach dem z. T. seit über zwei Jahren fälligen

Urlaub für alle liefen nur schleppend Flugzeuge und Besatzungen zu. Die He 111 wurde auf das neue und verbesserte Bombenzielgerät Lotfe 7D umgerüstet, mit dem gerade aus Höhen zwischen 4000 – 7000 m erstaunlich gute Zielwürfe möglich waren. Die Übungsbombenwürfe mit diesem Gerät wurden einzeln und im Verband in den Monaten Mai bis Juli in Anklam in Pommern durchgeführt. Die neue Gruppe wuchs durch diese intensive theoretische und praktische Ausbildung zusammen.

Während es zunächst hieß, daß als Staffelkapitäne für die 7. und 8. Staffel ältere, erfahrene Offiziere kommen würden, erfolgte nunmehr eine völlige Neubesetzung der Spitzenstellungen. Major Fabian, der Gruppenkommandeur, wurde zur Weitergabe seiner Erfahrungen an die Große Kampffliegerschule nach Tutow versetzt. Hauptmann Pockrandt, seit 1. 9. 1940 Kapitän der 9. Staffel, wurde im April 42 Gruppenkommandeur der I. Gruppe des Geschwaders. Sein Nachfolger als Kapitän der 9. Staffel wurde Oberleutnant Kindt, bisher Technischer Offizier der Gruppe. Kapitän der 8. Staffel wurde Oberleutnant Eicke, vielen schon als Lehrbesatzung aus der IV. Gruppe bekannt mit Frankreich- und Englanderfahrung. Die 7. Staffel wurde endgültig mit Oberleutnant Ebeling besetzt.

Mitten in diese Umbesetzungen hinein erfolgte überraschend im Juli die Verlegung der Gruppe nach Chartres in Frankreich. Man fürchtete in der obersten Führung schon damals eine Invasion von England nach Frankreich. Da alle verfügbaren Kräfte im Osten im Einsatz standen, sollten wir dort unsere Ausbildung für die neuen Besatzungen abschließen und als Reserve zur Verfügung stehen. Als aber Ende Juli eine Mondscheinperiode günstige Wetterlage für Einsätze gegen England brachte, die mit schwachen Kräften zur Beunruhigung des englischen Festlandes immer noch durchgeführt wurden, werden neben Fluglehrern von Ausbildungseinheiten dazu plötzlich auch unsere alten Besatzungen herangezogen. Bei der starken Abwehr durch Flak und vor allem durch das Zusammenspiel von Scheinwerfern und Nachtjägern rechneten wir damals auf der für den Westen viel zu langsamen He 111 nur mit einer Überlebens-Chance von im Durchschnitt 5 bis 10 Einsätzen. So verlor die Gruppe denn auch bei nur wenigen Nachteinsätzen zwischen dem 25. Juli und dem 15. August 42 neben dem eben erst eingetroffenen neuen Kommandeur, Major Brautkuhl, aus allen drei Staffeln die beiden Stammbesatzungen, während die drei neuen Staffelkapitäne überlebten.

Die Nachtflüge dauerten 6 bis 7 Stunden und führten bei Funkstille von Chartres um die Scilly Inseln an der Südwestecke Englands herum im Tiefstflug bis in den St. Georgskanal. Hier Steigflug auf 4000 bis 5000 m und dann in leicht angedrücktem Sinkflug zum Ziel, mehrfach

Birmingham, Swansea u. a., von dort weiter Sinkflug bis zur englischen Ostküste, Tiefflug über die Nordsee und Landung in Holland (Gilze-Rijen oder Tilburg), nach dem Frühstück und Auftanken Rückflug nach Chartres.

Nach kurzem Schlaf hatten die Staffelkapitäne die Briefe an die Angehörigen der vermißten Besatzungen zu schreiben und waren schon am Abend wieder in Bereitschaft für den nächsten Einsatz. Auch die Überlebenden waren besonders im St. Georgskanal, den Nachtjägern begegnet und ihnen nur mit Mühe und Glück entkommen.

Auch für die jungen Besatzungen kamen die ersten Feindflüge als Tageseinsätze bei bedecktem Himmel: Anflug über den Kanal in den Wolken, an der englischen Südküste kurz vor dem befohlenen Ziel aus den Wolken heraus, Zielanflug, Bombenwurf und Rückkehr in den Wolken zum Starthafen. Bei Aufreißen der Wolkendecke über dem Kanal war der Autrag abzubrechen, da die He 111 der englischen Tagjagd von der Geschwindigkeit, der Wendigkeit und der Bewaffnung her in keiner Weise mehr gewachsen war.

Beim Einsatz am 8. 8. 42 brachen alle Besatzungen wegen des wolkenlosen Kanals wie befohlen den Auftrag ab, nur der Unteroffizier Menzel, bei seinem ersten Feindflug, fehlte. Erst 1 oder 2 Stunden später, als wir ihn schon aufgegeben hatten, landete er mit seiner von Maschinengewehrgarben und anderen Kalibern völlig durchsiebten Maschine in Chartres. Zur Rede gestellt, warum er dem Abbruchbefehl nicht gefolgt sei, erklärte er, als Rheinländer könne er es nicht einsehen, daß nur die deutschen Städte durch die Engländer dauernd angegriffen würden. Er habe es deshalb riskiert.

Der Anschiß mit dem Hinweis, daß es unsinnig sei, eine Besatzung zwei Jahre auszubilden, um sie dann beim ersten Einsatz wahnwitzig in den fast sicheren Tod zu schicken – zusammen mit seinen Erlebnissen mit Flak und feindlichen Jägern ließen ihn einsehen, daß er ›Mist‹ gebaut hatte. Die jungen Soldaten waren schweißnaß, blaß und mitgenommen. Wir alle waren froh, daß sie es mit großem Glück und Schneid geschafft hatten, zu uns zurückzukehren. Leider ist die Besatzung im späteren Einsatz in Rußland nicht sehr alt geworden und vor dem Feind geblieben. So erlebten auch die jungen Besatzungen sehr schnell die Härte der Anforderungen dieses Krieges.

Es war eindrucksvoll, mit welchem Geschick der Chef des Stabes der uns einsetzenden Luftflotte die zu seinen Ehren angetretene III./KG 53, die er aus der Paradeaufstellung formlos im Halbkreis um sich versammelte, für die bevorstehenden Englandeinsätze motivierte. Es war der Oberst i. G. Herhuth von Rhoden, der zu Soldaten zu sprechen verstand.

Vor dem Szenenwechsel wieder nach Rußland möchte ich ein letztes

Mal den Bordfunker Graf zu Worte kommen lassen. Unter ihrem Kommandanten, Lt. von Glasow, hatte diese Besatzung seit Oktober 41 aber auch fast alles, was einem als Kampfflieger im Osten zustoßen konnte, durchlebt: leichte, mittlere und schwere Flak in allen ihren Abstufungen und Wirkungen, russische Jäger, Tote und Verletzte in der eigenen Besatzung, Einmotorflüge nach Treffern bei Tag und bei Nacht, Notlandung im Feindgebiet mit glücklicher Rückkehr. Und nun der Einsatz gegen England mit Abschuß über dem St. Georgskanal, der für zwei Kameraden den Tod im Wasser bedeutete, für die drei anderen die Rettung aus Seenot durch die Engländer mit daraus folgender englischer und später kanadischer Gefangenschaft. Diese Schilderung an Hand von Graf's Tagebuch gibt wieder, was viele andere Besatzungen – wir alle – in ähnlicher Form in unserem Kampffliegerdasein erlebten:

»Notlandung im Feindgebiet am 4. 8. 1942.

Ab 22.00 Uhr warteten wir 30 Mann auf dem Gefechtsstand auf unsere Starts. Man brachte uns in Feldflaschen heißen, starken Bohnenkaffee, Schokakola und Schiffszwieback.

Mir war nicht gut.

Schon der Einsatz dieser Nacht konnte unwiderruflich unser letzter sein. Hatte ich Angst?

Weiß nicht so recht. Hat der Frosch Angst, wenn ihn die Kreuzotter fixiert? Auch für uns dreißig gabs kein Entrinnen. Und dann glaubten wir immer noch mit einem schwachen Schimmer an den Endsieg. Der ›Völkische Beobachter‹ sprach von Zuversicht, Hoffen und vom ungebrochenen Mut des deutschen Soldaten an allen Fronten, also auch an der gegen die Insel.

23.30 Uhr. Mit abgedunkelten Scheinwerfern rollten wir auf die grüne Startlampe zu. Auf der Kathedrale von Chartres leuchteten rote Warnlampen auf, dann eine kleine Reihe weißer Startlampen, Start frei, wir brausten los, hoben ab, und bis zum Start der nächsten Maschine erlosch der Lichtzauber wieder.

Wir stiegen auf drei komma drei und Direktkurs über Exeter. Der Kanal war gut zu erkennen. Dann kam Land. Unten blitzten Mündungsfeuer auf, Flak, die fantastisch schlecht schoß, weil die Explosion der Granaten nur schwach zu hören war. Dann wieder Wasser, der Bristol-Kanal. Nun mußte der Hafen von Swansea kommen. Ich starrte nach Nachtjägern. In der Ei.V. hörte ich, wie sie das Ziel suchten. Mit nachtwandlerischer Sicherheit hatte Knoppig wieder einmal das Ziel gefunden. Beim Zielanflug machte er noch etliche Kurskorrekturen, dann ließ er den Brandbombensegen nach unten rauschen.

›Nachtjäger unter uns‹, brüllte Sekunden später Rudi Breuer in die Ei.V. Impulsiv zieht der Kleine die Heinkel in die linke Steilkurve, na-

türlich mit enormem Höhenverlust und läßt sie dann wieder bretteben weiterfliegen. Ich bin hellwach, starre nach hinten, keine 20 Meter hinter uns, steigt eine zweimotorige Maschine, ein klotziger Fahrstuhl, hoch, pendelt sich hinter unser Leitwerk. Ich rufe: ›Jäger von hinten‹. Der Kleine zieht die He in eine kriminelle Rechtskurve, die Fliehkraft verdammt mich zum Nichts-machen-können. Jetzt liegen wir wieder flach, die englische Beaufighter kam jetzt von links. Ich dachte, in der Dunkelheit sieht mich der doch nicht, von wegen! Ich gab dann doch Dauerfeuer, der Kleine gab Seitenruder, mein Gegner etwas Höhenruder und begann zu schießen. Aus seiner Rumpfspitze blackte es rötlichgelb, und an seinen Tragflächenprofilen zuckten gelblich-grün die Mündungsfeuer seiner Kanonen und Maschinengewehre. Eine gewaltige Feuerkraft! Von der Ostfront her war ich ja allerhand gewöhnt, aber angesichts dieses Geschoßhagels, der da in der Nacht auf mich zu kam, wollte ich schon resignieren. Mit meinem mikrigen MG-15 fühlte ich mich verraten. In der Ju 88 hatte man schon die Doppellafette des MG 42 eingebaut.
Ich bekam eine Gänsehaut. Schon zwei Sekunden sind eine Ewigkeit.
Ich begann zu schießen, Trommel rauf, die leere runter, Dauerfeuer, Feuerstöße. Geschmeidig versuchte der Tommy immer wieder hinter unser Leitwerk zu kommen. Der Kleine vorn wußte Bescheid, was da hinten bei seinem Bordfunker los war und drückte das Seitenleitwerk nach rechts und links, um mir freie Schußbahn zu geben. Die Beaufighter kam dadurch nicht so richtig zum Schuß. Plötzlich nahm der Kleine beide Gashebel zurück, die He fiel wie ein Sack nach unten. Wieder brüllten die beiden Jumos auf, und Glasow zwang den Schinken im Steilflug wieder nach oben. Nur Könner wie unser Dieter konnten diese fantastische Heinkel 111 so fliegen. Wie eine Briefmarke klebte ich bei seinen Abwehrbewegungen im Sitz.
Der eklige, feuerspuckende Jäger war nicht mehr zu sehen. Unten sehe ich im Mondschein Wasser glitzern. Mein Höhenmesser zeigt 3000 Meter. Aber das besagt nicht, daß die Höhe stimmt. Dazu müßte ich eine englische Bodenfunkstelle rufen und fragen, wie hoch der Luftdruck da unten ist. Die Q-Gruppe dafür habe ich vergessen.
In der Ei.V. hörte ich Glasow und Knoppig über den Heimatkurs beratschlagen. Entweder über Exeter und die Kanal-Inseln oder Scilly-Inseln über Brest in der Bretagne nach Chartres. Die Route über Brest wäre jäger- und flakfrei.
Keine 10 Meter hinter uns kam der ›Fahrstuhl‹ hoch. Ich schoß sofort. Meine Leuchtspur verschwand in seiner Kanzel, sprang wie ein Glühwürmchen an den wohl gepanzerten Teilen des Rumpfes ab und zischte in die Finsternis. Der Kleine ließ die He sofort fallen. Der Jäger kam hinterher, kaum daß wir wieder eben flogen. Wir fielen bis auf 2000

Meter, wie eine Klette kam die Beaufighter mit runter, wir standen uns gegenüber: Ich, Gefreiter Rudi Graf von KG ›Legion Condor‹ 53, wohnhaft in Oberbayern, bewaffnet mit einem MG-15. Und Du, wer bist Du? Pilot der Royal Air Force? Bist Du verheiratet? Liebst Du ein Mädchen? Haßt Du mich? Man hat Dir vier Kanonen und sechs Maschinengewehre gegeben, um mich zu vernichten. Wirst Du schießen? Wir begannen aufeinander zu feuern. Ein ungleicher Kampf! Der Engländer gewann.
Ich gab Dauerfeuer auf die Motoren der Beaufighter, traf wiederholt, in seiner Kabine wurde es sekundenlang hell. Dann flogen unter einem gewaltigen Blitz die Fetzen aus unserem linken Motor. Ich roch Benzin, der Engländer kam näher, schoß nicht mehr, hing dümpelnd hinter unserem Leitwerk. Mein leergeschossenes MG entglitt meinen Händen, und ich erwartete den Feuerstoß meines Gegners.
Für mich war nichts mehr drin. Das Ende.
Es kam nicht. Entweder hatte er Ladehemmung, oder er hatte sich verschossen oder ich hatte seinen Funker getroffen, so daß er nach Hause fliegen mußte.
Wie ein Schatten verschwand er hinter uns nach unten.
Durch Öffnen des Brandhahnes brachte Glasow den leicht brennenden Motor zum Verlöschen. Die Schraube stand still. Nicht einmal der Fahrtwind bewegte sie.
Ich schob eine volle Muni-Trommel aufs MG, mochte nicht so recht glauben, daß der Tommy schon nach Hause flog. Unseren Abschuß konnte er jedenfalls nicht bestätigen. Als er abdrehte, flogen wir noch weiter. Aber er konnte eine andere Beaufighter zu uns lotsen. Ich starrte in die dämmerige Finsternis. Breuer und Birkmeier lauerten unter mir an ihren MG's. In der Ei.V. hörte ich Walter nach Landorientierungspunkten suchen. Mein Höhenmesser zeigte 1500 m. Unten glitzerte eine riesige Wasserfläche. Die Nadel des Höhenmessers zitterte weiter nach unten. Der gesunde Motor lief volle Last. In Rußland erreichten wir auf diese Weise zweimal noch die eigenen Linien.
Knoppig markierte einen Leuchtturm auf seiner Karte und war nun ohne weiteres in der Lage, unseren lahmen Schlitten nach Hause zu lotsen.
Der Zeiger stand bei der Zahl 500. Der Kleine meldete sich: ›Also, hört mal zu. Wir müssen runter. Am besten aufs Wasser. Über Land brechen wir uns beim kleinsten Hindernis das Genick. Geht aus der Bodenwanne raus. Nicht abspringen. Ich versuche so nah wie möglich an Land zu fliegen‹. An der Ostfront liefen wir nach Hause. Hier unten aber war Wasser. Es war Nacht, 02.00 Uhr am 5. 8. 42. Wie Blitze durchzuckten mich Gedanken: Aus? Also nicht mehr heim! Mama, Papa, meine Schwester Hedi und Mia, werd sie wohl nimmer wieder

sehen? Helene, bestimmt liegt in Chartres ein Brief von ihr.
Die Wasserfläche kam näher, viel schneller als der Kleine wollte, die Nadel stand längst auf Null. Ich streckte beide Beine hoch unters FuGe 42, die Hände an dem MG-Kranz, festhalten!
Ein gewaltiger Schlag erschütterte unsere A 1 + AS, als sie die erste Welle des Atlantik streifte. Dann ein Krachen, Donnern, Zischen und Brechen, dem eine unheimliche Stille folgte. Mir war, als wäre ich tot. Im Mund hatte ich Wasser. Es schmeckte nach Salz und Benzin. Ich spuckte aus, bewegte vorsichtig meine Glieder und stellte fest, daß ich noch lebte. Die Bauchlandungen in Rußland auf gefrorenem Boden verliefen sehr viel sanfter als diese hier aufs Wasser. Die Öffnung meines Heckstandes hatte der Aufprall zu einem Oval gestaucht, der Rumpf war an der Sollbruchstelle durchgetrennt, das Leitwerk schaukelte auf den Wellen und der Rumpfstummel hob sich langsam in die Höhe.
Breuer unter mir riß mich aus meinen Betrachtungen. ›Los, Raus!‹ Jakob, schieb das Schlauchboot rauf!, rief ich runter. Ein fürchterlicher Schrei kam von dort: ›Mein Fuß, mei Hax! Helfts mir!‹ Es war Birkmeier. Der Nachtjäger konnte ihn nicht getroffen haben, sonst hätte Hans schon vor der Landung etwas gesagt. Ich vermute, daß er beim Aufsetzen aufs Wasser noch zu weit in der Bodenwanne stand, und daß ihm ein Holm oder Spante das Bein unterhalb des Knies abgequetscht hatte.
Ich war schon draußen, hielt mich mit der Linken an meinem MG fest und zog mit der rechten an dem Fallschirmgurt von Birkmeier, den Breuer durch den Heckstand schob. Der rutschte am Rumpf längs auf die Tragfläche. Meinen Körper überzog eine Gänsehaut, als ich den lose baumelnden Pelzstiefel an seiner Kombi sah.
›Halt Dich fest, wir holen das Schlauchboot raus!‹ Das Wasser stieg an mir hoch oder richtiger, die Maschine sank langsam in den Atlantik. Breuer hatte das Schlauchbootpaket schon im Heckstand, ich zerrte daran, konnte es jedoch nicht rauskriegen, es mußte sich irgendwo festgehakt haben. Der Rumpfstummel der He ragte schon senkrecht nach oben. Breuer war noch drin. Eine Welle schlug über meinem Kopf zusammen, ich ließ mich nach hinten fallen. Um mich wurde es Nacht. Meine Kapok-Schwimmweste, die jeder von uns trug, hob mich an die Wasseroberfläche. Ein fahler Mond beleuchtete die Szene. Von der Heinkel war nichts mehr zu sehen. Nur das Leitwerk sah ich noch kurz auf den Wellen dümpeln. Ich tanzte wie ein Seepferdchen in der bewegten See, hielt mich mit Schwimmbewegungen in der Vertikalen und schloß rechtzeitig den Mund, wenn eine Welle mich zudeckte. Wo sind bloß die anderen vier? Ein paar Meter neben mir tauchte ein Körper aus der Tiefe. Das Gelb seiner Weste leuchtete auf. Ich hörte ein gur-

gelndes Kotzen und hinterher einen Urschrei. Es war Breuer. Was er schrie, konnte ich nicht feststellen. Jakob war Nichtschwimmer. Wie gefährlich ein solcher sein kann, noch dazu, wenn er mit bulliger Kraft ausgestattet ist, sollte ich gleich mitkriegen. Gerade dachte ich noch, wie er wohl aus der sinkenden Maschine rausgekommen sein mag, da hing er schon an mir und drückte mich unter Wasser mit dem Bestreben wohl jedes Ertrinkenden, oben zu bleiben. Ich tauchte weg, kam wieder hoch, schon griff er von hinten nach mir. Mit gestrecktem Armen griff ich nach seiner Weste und klappte seinen Kapokkragen hoch. Mach den Mund zu, wenn Wasser kommt. Du kannst ja gar nicht versaufen, die Weste bleibt immer oben! Er wurde ruhiger. Über die Wasserfläche hörte ich ein Krähen: ›Heeh! Rudi, Jakob, wo seid Ihr? Hier bin ick!‹ Also Walter existierte noch. Wo ist bloß Birkmeier? Der Kleine meldet sich: ›Habt Ihr das Schlauchboot?‹ ›Nein es ist weg, Verflucht!‹ Dann Schmerzensschreie, die bis an das englische Festland dringen konnten. ›Hilfe! Mein Fuß. Kommt helfts mir!‹ Ich dachte an die Wirkung, die dieses ölig-salzige Meerwasser auf seine Wunde haben mußte.

Für Sekunden sah ich auf einer Welle einen dunklen flachen Gegenstand schaukeln. Das mußte ein Benzintank sein! Es war reine Glückssache, daß er innerhalb einer Minute auf mich zutrieb. Meine Schwimmbewegungen zu ihm konnten mich bei diesem Seegang kaum einen Meter ranbringen. Doch hielt ich das geschlossene Schlauchboot in den Armen. Aufgeregt schrie ich meinen Fund übers Wasser. Und jetzt, wie war das nun gleich damals im Hallenbad von Lille bei der Schlauchbootübung vom Sprungturm? Rasante französische Badenixen schwammen rum und irritierten uns. Nur eine Tatsache war davon in meinem Hirn hängengeblieben: Man mußte den Kopf einer kleinen Preßluftflasche aufdrehen und das Boot füllte sich automatisch mit Luft.

Aber wo ist der zu finden? Ich hatte das Paket zwischen die Beine geklemmt, damit es nicht mehr wegschwimmen konnte, und fummelte an den umhüllenden Verpackungsgurten. Wollte sie aufknüpfen, entfernen, griff wohl an einen Verschluß, zerrte wie verrückt daran und dann drückte mich Breuer wieder einmal nach unten. Ich soff ein Maul voll Atlantikbrühe, strampelte erschrocken nach oben – das Paket war mir entglitten. Mit aller Kraft fuhr ich mit der flachen Hand in Breuers Gesicht und drückte ihn weg. Wie Bleiklumpen hingen die vollgesogenen Pelzstiefel an meinen Beinen. Neben uns tauchte der Kleine auf, eine Welle mußte ihn herangetragen haben.

›Wo ist das Boot?‹ Darauf war von meiner Seite aus nichts zu sagen. Doch, das Glück verließ die Besatzung Dieter von Glasow auch jetzt nicht.

In unmittelbarer Nähe von uns Dreien schoß etwas Dunkles aus dem Wasser, unser Schlauchboot, das sich langsam mit Luft füllte. Sollte ich also doch die Flasche erwischt haben? Ich weiß es wirklich nicht.
Breuer klammerte sich an den prallen Wulst. Sofort kippte das Boot um und begrub ihn unter sich. Wir brachten es wieder in Normallage, der Kleine hielt das Boot fest, und ich hob auf der anderen Seite den Breuer rein. Dann versuchten der Kleine und ich einzusteigen. Immer wieder mußte ich die vollen Stiefel unter dem Boot nach hinten strampeln. Der Kleine zog seine einfach aus und war im Nu drin. Dann half er mir rein.
Daß Breuer und das Boot überhaupt noch da waren, ist uns heute noch ein Rätsel.
Ich traf den Breuer nach dem Krieg zweimal und fragte ihn nach seinen Eindrücken. ›Ich weiß es nicht, es war schwarz um mich. Ich kann nicht einmal sagen, daß es furchtbar war, daß ich Schmerzen gespürt hätte. Ich muß eine unheimliche Mattscheibe gehabt haben.‹
Wir hörten Birkmeier brüllen und Knoppig rufen. Es mag so drei Uhr morgens gewesen sein. Wir öffneten die verlöteten Blechbehälter im Boot, entdeckten darin Weinbrand, Schiffszwieback, Schokakola, Verbandszeug, einige Leuchtpistolen und die Munition dazu. Ich schob die erste Patrone rein und schoß sie ab. Gleißende Helle lag über dem Wasser, und während ihr Licht langsam verlöschte, sahen wir die beiden gelben Schwimmwesten von Knoppig und Birkmeier auf den Wellen schaukeln. Wie weit die von uns entfernt waren, konnten wir nicht bestimmen. Aber der Kleine und ich begannen nun mit den beiden Paddeln, die das Schlauchboot enthielt, zu rudern. Ich schoß wieder eine Leuchte hoch. Diesmal war's eine grüne, dann eine rote, dann eine Heulpatrone, wieder eine weiße und so weiter. Wie verrückt ruderten wir weiter, die Wellen hoben uns rauf und runter, Wind kam auf, die Dämmerung begann, wir montierten das Segel. Der Wind drohte uns zu zerdrücken – wir paddelten weiter, wie lange weiß ich nicht mehr. Dann entglitt mir das Paddel. Im Boot standen 20 cm Wasser. Die Wulste des Bootes fühlten sich matschig an. Luft war entwichen. Der Kleine holte den Blasebalg vor und pumpte Luft durchs Ventil. Das Wasser im Boot war eisig-kalt, jenes draußen warm. Breuers Gesicht war schneeweiß, ich schlug rein, er grunzte und begann Wasser zu kotzen. Ich hatte schon Angst gehabt, neben einer Leiche zu sitzen. Wir aßen Schoka und tranken Weinbrand, Jakob wollte nicht. War verständlich bei seinen geschluckten Wassermengen.
›Der Birkmeier, Rudi, hörst Du den Birkmeier noch?‹ Da sagte doch der Leutnant zu seinem Funkgefreiten tatsächlich ›Rudi‹ und ›Du‹.
Tatsächlich, Hans Birkmeier aus Ansbach schwieg für immer. Eine Mattscheibe erlöste ihn von allen Schmerzen und ließ ihn untergehen.

Wir paddelten weiter. Sinnlos, denn wir sahen nichts mehr. Die beiden gelben Schwimmwesten waren verschwunden. Der Kleine vermeinte aber noch das Rufen von Knoppig zu hören.
Es mag so gegen vier Uhr gewesen sein, als uns ein Knall einer deutschen Parabellum 08/15 9 mm erreichte. Es war das Letzte was wir von unserem Beobachter Walter Knoppig, dem Berliner, hörten und wir fühlten uns allein gelassen und froren in der unendlichen Einsamkeit des Wassers um uns und der Atem des Geheimnisvollen rührte uns an, auf daß wir wohl das Unabwendbare unseres Schicksals verstehen und uns ihm beugen lernen sollten. Diesen Tod hatte Walter nicht verdient. Warum verzapfte er solchen Stuß? Noch dazu in den eigenen Kopf? Der mit seinen Nerven und seiner Ruhe!
An der englischen Westküste bei Ifracombe fanden Krabbenfischer die Beiden. Ich las dies später in einer Kriegsgefangenen-Zeitung in Schottland. Ich wollte mehr wissen, wurde dieserhalb beim englischen Lagerkommandanten vorstellig und erfuhr die ganze Wahrheit. Knoppig hatte einen Kopfdurchschuß und Birkmeier ein völlig zerquetschtes Knie. Ihren Müttern wurde ihr Tod mitgeteilt, jedoch nicht die Art, wie sie gestorben waren. Beide Mütter schrieben wiederholt an meine Eltern, um näheres über mich zu erfahren. In meinen Antwortbriefen machte ich nur vage Andeutungen, die jedoch keine Schlüsse zuließen. Die englische Briefzensur hatte meine Zeilen gestrichen.
06.00 Uhr morgens, stark aufkommender Wind, die Wellen trieben uns drei im Boot weiter, rauf und runter, nach Westen und wieder in die aufgehende Sonne. Ich schaufelte Wasser aus dem Boot, der Kleine pumpte Luft hinein, und die nässende Kälte weckte schließlich wieder die Lebensgeister von Breuer. Mich fror. Wie Eis blies der Wind durch unsere völlig nassen Klamotten.
Wir schwiegen uns an. Was nun? Der Kleine erzählte uns was, wie wir uns bei der Gefangennahme zu verhalten hätten. Ich glaubte nicht daran, dachte, daß uns der Wind an die französische Küste treiben könnte. Breuer fand Gefallen an den letzten Schlucken Weinbrand, war wieder ansprechbar und lutschte den harten Schiffszwieback. Zum ersten Mal sah ich Möven. Blöde Vögel. Sperlinge und Buchfinken sind netter. Auch das Gelände über das sie fliegen.
Der Kleine sah ihn zuerst.
›Da drüben ist ein Leuchtturm. Wir treiben auf Land zu. Das ist noch England. Aus, Jungs, für uns ist der Krieg zu Ende, schieß die letzten Leuchtpatronen hoch, damit sie uns finden.‹
Ich ballerte alle Farben und Geräusche in die Höhe.
Seit 03.00 Uhr, als ich die ersten Leuchtkugeln hochließ, hatten uns die Engländer gesucht. Das erfuhr ich viele Jahre später.
Um 09.00 Uhr etwa sichteten wir einen kleinen Kutter. ›Dort kommen

sie schon!‹ Wir zogen die Reißverschlüsse unserer Fliegerkombinationen auf, hakten die Koppel auf und warfen sie mitsamt unseren Pistolen ins Wasser: fini la Guèrre. Der Kutter kam näher, umkreiste uns, unser Boot tanzte auf den Wellen. Der weiße Rettungsring kam näher. Dann konnte ich ihn greifen. Jemand zog uns heraus – in die Gefangenschaft.

An der Reeling des englischen Lebensrettungsbootes stand ein schmächtiger Zivilist und hielt einen Karabiner auf uns gerichtet. (1975 sollte es mir vergönnt sein, mit ihm shake-hands zu machen). Unser Kleiner beherrschte etwas Englisch. Wir seien doch unbewaffnet und er möchte doch das Gewehr weglegen. Mit geübten Handgriffen zogen uns kräftige Hände an Bord. Wir krochen aus den nassen Kombis und hingen sie über die Schulter zum Trocknen. Einer der Männer versuchte vergeblich den stillstehenden Motor in Gang zu bringen, bis plötzlich dicke Qualmwolken aus dem Motorraum drangen und drei von der Besatzung einen Mast aufstellten und ein Segel setzten. Es mag so neun Uhr gewesen sein. Ein steifer Wind brachte den Kutter auf flotte Fahrt. Der Kleine sagte ihnen, daß noch zwei von uns da draußen schwimmen würden, und sie möchten sie doch suchen. Darauf steuerten sie aufs Land zu, das rechts von uns auftauchte. Ein Haus war zu sehen, aus dem 2 Männer kamen. Einer der Crew rief durch sein Megaphon etwas rüber. Dann drehten wir wieder ab, das Segel hing ohne Wind am Mast. Der Kahn dümpelte auf der Stelle. Einer brachte uns heißen Grog und ein Paket erstklassiger Butterkekse. Wir tauten auf. Auch Breuer wurde munter.

Neben uns ging ein großes Motorboot längsseits. Keiner von uns Dreien hatte es kommen sehen. An der Reeling standen englische Flieger von der Royal Air Force und glotzten uns an.

Sie nahmen unser Boot in Schlepp, und so gegen 14.00 Uhr liefen wir in eine kleine Bucht ein.

Auf einer hohen Kaimauer aus großen quadrigen Felsen stand eine Menge Leute, Urlauber und Badegäste, der Kleidung nach zu urteilen. Alle schauten sie auf uns runter. Das also sind Engländer. Mich irritierte die Stille von dort oben. Die mußten uns doch als deutsche Flieger erkannt haben, die ihre Städte bombardierten. Bestimmt hat man ihnen im Ort gesagt, daß heute Nacht ein *damned german plane* abgeschossen wurde und daß man jetzt die *german Krauts* an Land brachte. Kein Wutgeheul empfing uns. Nur eine Stille, wie man sie Toten entgegenbringt, die zu Grabe getragen werden.

Die Menge ging lansam auf den ›slip-way‹ zu, auf dem unser Boot nun auflief. Ich sprang runter in die Gefangenschaft.

Ein hochgewachsener Bobby mit schwarzem Helm legte mir die Hand auf die Schulter und sagte was. Mit Glasow und Breuer verfuhr man desgleichen. Durch eine schmale Gasse eines pittoresken Dorfes (Clovelly) brachte man uns zu einem kleinen Steinbau auf der Kaimauer, die wir als erste beim Einlaufen bemerkt hatten. Ein Sergeant im Khaki des englischen Heeres übernahm uns. Sein gepflegter Bart à la Kaiser Wilhelm ›es ist erreicht‹ schillerte in einem Ziegelrot, wie ich nie mehr einen sah. Er versuchte sich in ›Deutsch‹: ›Wuill jou habben Koko or Caffee or tea?‹ Wir bestellten Kakao.

Der Schnurrbart ging ins Häuschen zurück und begann wie wild zu telefonieren, ohne uns drei aus den Augen zu lassen.

Der Kleine: Schaut mal nach, ob Ihr außer Euren Frontausweisen noch andere Papiere dabei habt, die verraten könnten, wo wir gestartet sind. Wenn man Euch verhört, sagt einfach, Ihr wißt es nicht, oder ›kann ich nicht sagen.‹

Der Rotbart stellte sich neben uns. Ihm gefiel unsere Unterhaltung nicht. Er tat so, als verstünde er Deutsch, dies erschöpfte sich jedoch in ›Habben tea or Caffé‹. Einen Krankenschein von einem Zahnarzt aus Chartres puhlte ich noch aus meiner Fliegerbluse und ließ ihn zu einer Kugel geknüllt über die Kaimauer ins Meer fallen. Die fünf Fotos in meiner Innentasche bekam ich viel später serviert.

Der Engländer kam aus einer Steinbude mit einem massiven Eichenstock mit Kugelknauf, den er wie Danielo in der Lustigen Witwe elegant in der Luft herumzwirbelte und orderte uns Drei in Richtung von drei schwarzen Limousinen, die 100 Meter weiter vorgefahren waren. Hier trennte man uns. Ich stieg ein. Ein dunkelgekleideter Zivilist quatschte mich in bestem Deutsch an. Wie es mir ginge und ob ich Beschwerden hätte? ›Hat man Sie schlecht behandelt?‹ ›Nein.‹ ›Zigarette?‹ ›Danke.‹ Ich nahm sie trotzdem, machte die Bekanntschaft dieser Players-Navy-Cut, deren Aroma einen süchtig machen konnte. Es nahm mir die anstehende Müdigkeit der vergangenen Nacht. Wie in einem schnellaufenden Film spulte sich das Geschehen der letzten Stunden in meinem Hirn ab: Start – Flug – Bombenwurf – der Nachtjäger – Luftkampf – Bauchlandung im Wasser – Knoppig, Birkmeier tot? – das Schlauchboot-Desaster – und jetzt rauche ich eine englische Zigarette auf englischem Boden!

Die Limousine ruckte an, mein Weg in eine 4½jährige Gefangenschaft nahm seinen Anfang.

Ich war ›Prisoner of War‹ und erhielt die Nummer 20 7 21.«

Ebeling schreibt weiter über die III. Gruppe:

»Wieder nach Rußland. Ganz überraschend kam am 14. August 1942 nach einem einsatzfreien Abend der Verlegungsbefehl für den nächsten Vormittag über Hildesheim zum Zwischentanken nach Warschau-Okeczie und am nächsten Tag weiter nach Smolensk-Nord.

Neuer Gruppenkommandeur wurde Hauptmann Waldforst, bis dahin nach früherer Fronterfahrung Staffelkapitän in der IV. Gruppe, der von Smolensk aus nun seine Gruppe in täglich mehrfachen, teilweise bis zu viermaligem Einsatz im Verband auf feindliche Truppen in der Abwehrschlacht von Rschew, Wjasma und Subzow führte. Auch Versorgungseinsätze und Angriffe auf Bahnhöfe waren zu fliegen.
Die deprimierenden Verluste bei den wenigen Einsätzen gegen England hatten ihre Wirkung auf die verbliebenen Besatzungen nicht verfehlt. Hier gelang es dem Kommandeur und den Staffelkapitänen bei den staffel- und gruppenweise durchgeführten erfolgreichen Zielwürfen mit dem neuen Zielgerät das Selbstvertrauen der Männer zu stärken, zumal die Abwehr hier mit der in England nicht zu vergleichen war und die Verluste zunächst gering blieben.
Aber schon nach der Verlegung Ende August nach Gostkino bei den Einsätzen zur Unterstützung der Heeresverbände in der Abwehrschlacht südlich des Ladogasees wehte der Wind wieder härter. Die russische Flak an der Wolchowfront, an den Bahnhöfen Mga, Shum u. a. war massiert und selbst die mittleren Vierlinge reichten bis über 4000 m, so daß die Flugzeuge oft beschädigt zurückkehrten, einzelne Besatzungsmitglieder verwundet wurden und gelegentlich auch Totalverluste durch Flak oder Jäger zu beklagen waren.
Trotzdem nahmen die Besatzungen die schlechteren Unterkunftsbedingungen, fehlende Betreuungseinrichtungen, schwierigeren Verpflegungsnachschub und entsprechend geminderte Qualität des Essens u. a. m. gern hin, in dem Gefühl, hier mit Erfolg als Horizontalbomber richtig eingesetzt zu werden, wenn auch meist noch auf Truppen in Frontnähe, nur gelegentlich auf Bahnhöfe, Brücken, Depots und andere Versorgungseinrichtungen, die eigentlichen Ziele für Kampfflieger.
Die erfolgreiche Bombenwirkung in den Bahnhöfen Mga, Schum und Wolchow, auf die Bahnlinien Schum – Wolchow, am Newa-Übergang bei Putilowo und Dubrowka, auf die Öldepots auf der Halbinsel Kobona erschwerten den russischen Nachschub in den Raum Leningrad und brachten mit den zahlreichen Angriffen auf Truppenbereitstellungen und Artilleriestellungen des Gegners wie auf den Panzerzug bei Poliano dem Heer Entlastung und Unterstützung.
Mit anderen Besatzungen verlor die Gruppe bei diesen Einsätzen auch ihren neuen Kommandeur, Major Waldforst, der vor Leningrad mit seiner Besatzung abgeschossen wurde und nicht mehr zurückkehrte. Oberleutnant Eicke mußte die Gruppe kommissarisch führen.
Trotz der Notlage unserer Truppen in diesem Raum, denen die Einnahme Leningrads nicht gelungen war und die nun selbst in schweren Abwehrkämpfen standen, machte die noch größere Notsituation an der Landbrücke von Demjansk die Verlegung der Gruppe nach Dno

notwendig, von wo aus ab 20. Oktober neben Angriffen im Raum südlich und südostwärts von Leningrad vor allem Truppenbereitstellungen südostwärts Staraja Russia und Angriffe auf den Bahnhof Ostaschkow und die von dort wegführenden Bahnlinien in Richtung Firowo und Belokoje zu fliegen waren. Es folgten wieder Einsätze auf die Ölraffinerie in Leningrad, auf den Bahnhof Wolchow und auf die Halbinsel Kobona selbst. Die Flak in Leningrad übertraf alles bisher Erlebte an Massierung und Treffgenauigkeit. Wir waren oft verwundert, daß wir ohne oder mit nur wenigen Treffern von Splittern nach Hause kamen, obwohl die 8- und 10-cm-Granaten zu Hauf in unserer unmittelbaren Nähe detonierten. Wahrscheinlich zerlegten diese Granaten nicht in genügend kleine Teile. Trotzdem gab es Verwundete und Notlandungen. Doch bei der Frontnähe gelang es den Besatzungen meist, auf frontnahen Jägerplätzen oder, selbst bei Ausfall beider Motoren, wenigstens auf eigenem Gebiet notzulanden.
Kurz vor der neuen Krise und Einschließung von Welikije Luki, das wieder einmal auf höchsten Befehl nicht rechtzeitig geräumt werden durfte, traf bei der Gruppe der neue Kommandeur, Major Mönch, ein. Während wir zunächst noch meist feindliche Truppen westlich von Welikije Luki anzugreifen hatten, waren nach einer kurzen Weihnachtsfeier am Heiligen Abend ab ersten Feiertag bis zum 5. Januar täglich mehrfach Versorgungsflüge für die in Welikije Luki eingeschlossenen deutschen Truppen zu fliegen. Um die Abwurfbehälter ins Ziel zu bringen, flogen wir meist und oft zu mehreren gleichzeitig aus verschiedenen Richtungen kommend im Tiefflug auf die eingeschlossene Festung zu und mußten im Abwehrfeuer, das rings um den Ort auf uns einschlug, auf 200 m hochziehen, um dann die Behälter unter Berücksichtigung des Windes abzuwerfen und danach schnell wieder auf Tiefflug zu gehen. Trotz schwerer Verluste bei diesen Einsätzen haben die Besatzungen der Gruppe auch bei Welikije Luki ihr Bestes gegeben, wenngleich sie den Mangel der Eingeschlossenen an Munition, Verpflegung und Treibstoff sicher nur lindern konnten und so mancher Behälter – vom Wind abgetrieben – nicht geborgen werden konnte. Der vom Boden aus versuchte Entsatz der Festung erreichte sein Ziel nicht.«
Von 300 geflogenen Einsätzen bei der 1. Staffel mögen zwei Tagebuchaufzeichnungen von Ernst August Lorenzen, der als Beobachter bei der Besatzung des Flugzeugführers Georg Juditzke flog, einen Eindruck vermitteln:
»16. 8. 1942, Seschtschinskaya 06.40–08.20 Uhr, Auftrag Eisenbahnjagd Strecke Koselsk – Tula.
Um 06.40 Uhr starten wir in Seschtschinskaja, beladen mit 8 SC 250, Wetter im Zielraum 7-8/10 Kumulus, Wolkenuntergrenze 1600–

1700 m. Nach dem Start steigen wir auf etwa 2000 m und fliegen blind in den Zielraum. Kurz davor fallen wir, um Sicht aufzunehmen. Weit voraus ein Transportzug Fahrtrichtung Westen, Klappen auf Bombenvorwahl am RAB 14, kurzer Abstand 20 m, noch etwas tiefer wegen der Sicht, Anflug direkt von vorn. Ziel liegt konstant im Fadenkreuz. Etwa 10 Sekunden vor dem Abwurf beginnt vom Zugende leichte Flak heftig zu feuern, verdammt nahe. Aber die Bomben fallen. Klappen zu, Pulle rein, hoch in die Wolken. Drei Minuten geradeaus, 180° Blindflugkurve links nach etwa 2½ Minuten vorsichtig nach unten. Bei Sichtaufnahme links ein etwa 500 m hoher Rauchpilz, darunter 7–8 umgekippte Wagen, z. T. brennend, die Flak schweigt, um 08.20 Uhr landen wir unbeschädigt in Seschtschinskaja.«
Zweiter Bericht:
»27. 12. 42, Korowje Selo, 12.15–14.00 Uhr. Auftrag: Angriff auf feindliche Salvengeschützstellungen Südrand Welikije Luki. Schneefall, Wolkenuntergrenze 100 m, Beladung SD 2 in Behältern. Start 12.15 Uhr. Wir fliegen einen Navigationshilfspunkt südwestlich Welikije Luki an, Tiefflug mit Sicht, von dort blind in ca. 200 m Höhe Richtung Ziel, nach entsprechender Flugzeit von knapp 4 Minuten stoßen wir durch, in etwa 100 m bekommen wir etwas Bodensicht. Sehr starke Abwehr. Flaktreffer in Kanzel macht weiteren Anflug unmöglich. Werfe Bomben im Notwurf. Nach Landung 14.00 Uhr und Versorgung durch Dr. Mehlhorn Abtransport Lazarett Pleskau mit Oberschenkelsteckschuß.«

Zwei Erfolgsmeldungen der I. Gruppe über Angriffe im Raum Demjansk und auf den Bahnhof Ostaschkow zeigen in nüchternen Zahlen den Ablauf solcher Einsätze.
»Erfolgsmeldung Nr. 22 vom 1. 10. 1942, Fliegerführer, I./KG 53, 15 He 111 H 6, Startzeit: 09.35–10.00, Landezeit: 11.15–11.45, Angriffszeit: 10.10–11.00, Angriffshöhe: 200–2200 m. Auftrag: Bewaffnete Aufklärung im Raum südl. Landbrücke.
Erfolg: 1. Kette: Qu. 581 b–c 3 u. 4, 117f 4 auf 3–4 Lkw, besondere Wirkung nicht beobachtet.
2. Rotte: Qu. 581 a–c 3, b–c 4
3. Kette: Qu. 581 a, b, c 4 u. 5, 117f 4 – 118 a 5 auf 4–5 Fahrzeuge am Weg, Nahtreffer an Fahrzeugen, Treffer mit SD 250 auf Brückenkopf.
4. Rotte: Qu. 591 b–c 4–5
5. Kette, 6. Rotte: Qu. 581 b c 3 4, d e 3. Besondere Wirkung wurde nicht beobachtet.
Ausweichziel: –, abgebrochen: –, Bomben: 15 SD 250, 112 SD 50, 64 SC 50, 64 SBe 50, Munition: 46 TR.MG., 1 Tr. MG/FF auf Ziel-

raum, Abschüsse: –, Verluste: –, Abwehr: leichte Flak, wenig, schlecht liegend aus Zielraum. Sonstiges: 2 Me 109 über Ziel. Wetter: Ziel wolkenlos, dunstig, Sicht 10 km. Aufklärung: Im Qu. 579 d–f 4 Stellungen. Im Qu. 579 fertige Brücke bei Lipno. Im Qu. 173 b 6–117f 1 4–5 Panzer. Im Qu. 559 c 4 d Übersetzverkehr in Richtung West. Im Qu. 574 e 6 c am Waldrand weißes Hakenkreuz. Im Qu. 572 d 5 u. 6 Stellungen an der Lowat. Im gesamten Zielraum geringer Lkw.-Verkehr.«

»Erfolgsmeldung Nr. 32 vom 4. 10. 42, Fliegerführer, I./KG 53, 14 He 111 H6, Startzeit 14. 10–14.15, Ldg. Zeit 16.20–16.30, Angriffszeit 15.15, Angriffshöhe 3800–4000 m, Auftrag: Ostaschkow. Erfolg: Bomben lagen in den gesamten Bahnhofsanlagen deckend. Im Bahnhof selbst etwa 5 Züge auseinandergezogen. 1 Zug nach W. fahrend, Flakzug in Gleisanlagen NW. Bahnhof. Mehrere Treffer auf abgestellten Zügen, Geleisanlagen und Schuppen. 1 Zug in Brand geworfen. 1 Explosion und starke Rauchentwicklung nach Volltreffer auf Schuppen. Nach Abflug 3 Brände mit starker Rauchentwicklung beobachtet. Ausweichziel –, Abgebrochen 1 He 111 wegen Motorschaden, Bomben 112 SC 50, 112 SD 50, 14 SC 250. Abwehr: schwere Flak aus Gegend Medwodowo, schwere Flak aus Ziel (Flakzug). Jagdschutz 4 Me 109, Wetter: gute Sicht ca. 1400–2300 m, 1/10–5/10.«

f) Schlacht bei Welikije Luki

Während die II. Gruppe ab Dezember sich zunächst zur Auffrischung in Greifswald befand, begann für die I. Gruppe sowie die III. bereits ab Ende November der Kampf- und Versorgungseinsatz von Welikije Luki, der bis zum 19. Januar 1943 anhalten sollte und mit der Aufgabe des Kessels endete. Generalmajor a. D. K. Ed. Wilke, damals Oberst und Kommodore des KG 53 und gleichzeitig Gefechtsverbandsführer von Welikije Luki, hat das Geschehen um diese Schlacht aufgezeichnet. Seine Erinnerungen geben aus erster Hand ein eindrucksvolles und erschütterndes Bild von diesen Kampfhandlungen wieder:

»Die Schlacht bei und in Welikije Luki am Nordflügel der Heeresgruppe Mitte dauerte vom 24. 11. 42 bis zum 19. 1. 1943. Nicht umsonst schreiben und sprechen Historiker von einem kleinen Stalingrad, das sich hier abgespielt hat. Ich habe als Gefechtsverbandsführer diese Winterkämpfe unter Beibehalt der Geschwaderführung auf dem Gefechtsstand am großen Iwansee ca. 11 km westlich von Welikije Luki miterlebt. Die I. Gruppe (Pockrandt) sowie die III. Gruppe (Mönch) waren an fast allen Tagen entweder als Versorgungsgruppen oder als Kampfgruppen auf Ziele in und bei Welikije Luki eingesetzt, während die II. Gruppe (Schulz-Müllensiefen) als Versorgungsgruppe in der

Korowje Selo: . . . das ging noch mal gut. Flaktreffer.

Korowje Selo, Ordensverleihung am 10. 6. 1942. V. l. n. r. vorne Otl. Schulz, Lt. Kornblum, Lt. Klinkel, General Keller, Lt. Bileweis, Lt. Geisendorfer, Lt. Dreher.

Absprungplatz Gostkino (bei Luga), Sept. 1942. Gefechtsstand.

Oben links: Zur Auffrischung in Greifswald.
V. l. n. r. Hptm. Klein, St.Kp. 6. Staffel, gefallen 26. 1. 43 Stalingrad, Lt. Geisendorfer, Lt. Luchesig, vermißt Stalingrad, Lt. Klunker, vermißt Stalingrad.

Oben rechts: Besatzung Lt. Geisendorfer. V. l. n. r. Uffz. Stubbe BS, Fw. Schmauz BO, Lt. Geisendorfer FF, Uffz. Kern BM, Uffz. Dürrnagel BF.

Mitte: Woroschilowgrad, He 111 mit Winter-Tarnanstrich, Januar 1943.

Unten: Pleskau April 1943. Kommodore Oberst Wilke verabschiedet sich von den Offizieren. V. l. Olt. Zabel, Adj. II.Gr., Olt. Wolf TO, Lt. Kornblum FF, Lt. Geisendorfer FF, Lt. Dreher FF.

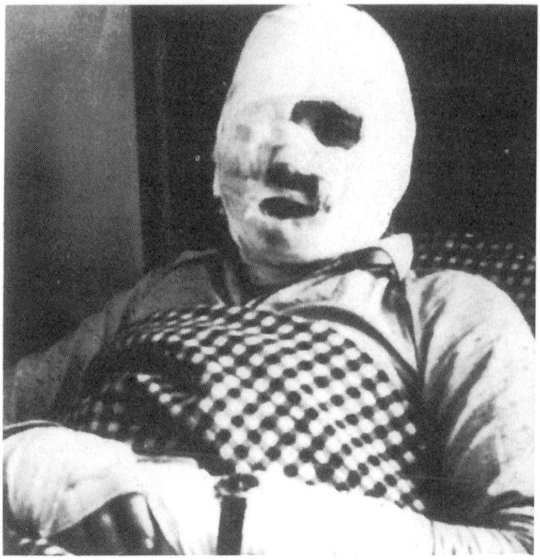

Oben links: Woroschilowgrad Januar 1943. Wegweiser in die Heimat.

Oben rechts: Olt. Spelling, schwer verwundet nach Abschuß und Notlandung, Frühjahr 1943.

Mitte: Sommer 1943. Unterkunft am Flugplatz Olsufjewo mit Soldatenfriedhof.

Unten: Pleskau Frühjahr 1943. Übergabe des Geschwaders durch Oberst Wilke an Major Pockrandt.

Oben links: Ofw. Teige, der erste Unteroffizier des Geschwaders (6. Staffel), der das Ritterkreuz erhielt. Verleihung 10. 6. 42 Koroje Sselo. Erhalten für den nächtlichen Abschuß von 12 feindlichen Versorgungsflugzeugen mit der He 111. Bis dahin hatte er 220 Feindflüge.

Oben rechts: Major Pockrandt mit Verbrennungen nach Abschuß durch russisches Schnellboot westlich Kronstad Sommer 1942.

Unten links: Generaloberst Keller, Befehlshaber Luftflotte 1, im Gespräch mit dem neuen RK-Träger Fw. Teige un seiner Besatzung.

Oberst Weitkus, Kommodore 15. 12. 40 – 31. 10. 1942.

letzten Phase bei Stalingrad vorübergehend aus dem Geschwaderverband ausgeschieden war. Die IV. Gruppe (Grözinger) lag um diese Zeit im Westen in Orleans-Bricy.
Die Erd- und Luftlage wird hier ausführlicher geschildert. Es wird der Beweis erbracht, daß zwar die schwer ringende Erdtruppe zu ihrer Versorgung unsere Hilfe mehr als dringend nötig hatte, daß aber der Erfolg in keinem Verhältnis stand zu den Verlusten an Personal und Material für einen Einsatz, der ursprünglich nie beabsichtigt gewesen war und nur als Ergebnis der damaligen Notlage an der Ostfront zu werten ist.
Erinnert sei hier an die Großversorgung von Stalingrad, aber auch an erfolgreiche Versorgungen von Cholm, Demjansk, Kuban-Brückenkopf, bei der Räumung der Krim und Versorgungen der 1. Pz. Armee aus der Luft.
Die Schlacht um Welikije Luki vom 24. 11. 1942 bis zum 19. 1. 1943 (nach dem Gefechtsbericht des Lw. Kommandos OST v. 26. 3. 1943): Entwicklung der Erdlage: Die operative Absicht des Feindes war es, aus dem Großraum Toropez mit starken Kräften zur Erde und in der Luft den linken Flügel der Heeresgruppe Mitte (9. Armee) tief nach Westen in Richtung Witebsk zu durchstoßen und deutsche Kräfte zu binden, die am Don und in und bei Stalingrad zur gleichen Zeit dringend benötigt wurden. Um dieses Ziel zu erreichen, mußte die aus dem 17. Jahrhundert stammende Stadt und Festung Welikije Luki genommen werden. Unter Führung des Oberstleutnant von Sass war Welikije Luki stützpunktartig ausgebaut und Feldbefestigungen beiderseits der Stadt angelegt worden. Das Kernstück des Stützpunktes bildete die alte Zitadelle oberhalb der Stadt.
Plan der Russen war es, mit Einbruch des Winters unter Einsatz starker Artillerie den Stützpunkt weich zu schlagen und zu beseitigen. Nach Wegnahme der beiderseits Welikije Luki liegenden Feldbefestigungen griff die 3. sowjetische Stoßarmee die Stadt mit der gut ausgebauten Zitadelle an, die von fast 8000 deutschen Soldaten gehalten wurde. Beim Zurückgehen aus ihren Feldstellungen waren in die ›Festung‹ geraten: Grenadiere, Artilleristen, Pioniere, Trosse und San.-Einheiten der 83. Inf.-Division, hinzu kamen: Bautruppen, Nebelwerfer, ein Sicherungsbataillon, eine leichte Beobachtungsabteilung, ein estländisches Freiwilligenbataillon, Heeres- und Lw.-Flak in Batteriestärke und Teile der Regimenter 183 und 70.
Alsbald begann die Versorgung Schwierigkeiten zu machen. Die zunehmende Spannung der ernsten Lage bei Welikije Luki verlangte auf Grund hoher Verluste und Ausfälle an Waffen und Gerät durch ständiges Artl.- und Granatwerferfeuer umgehenden Entsatz. Die Munitionslage war angespannt.

Heeresgruppen und Armee taten was sie konnten, um Welikije Luki zu entsetzen. Aber – wie so oft erlebt – die Kräfte reichten nicht aus. Während sich die eingeschlossene Truppe verteidigte, bis Mitte Dezember alle Angriffe zurückschlug, mußten am 23. 12. 1942 wegen Fehlens von Reserven und völliger Entkräftung der übermüdeten, ständig dem starken Frost und hoher Schneelage ausgesetzten Truppe die Entsatzangriffe vorübergehend eingestellt werden. Auch die Kraft der Verteidiger begann zunehmend zu erlahmen.
Feindluftlage – Feindflugtätigkeit: Während der Dauer der Kämpfe um Welikije Luki war trotz teilweise schlechter Wetterlage eine starke Feindflugtätigkeit festzustellen. Infolge zu geringer Anzahl von Abwehrwaffen und sparsamen Muni-Einsatz war es dem Russen möglich, die Masse seiner Einsätze im Tiefflug durchzuführen. Massierte Einsätze auf die eigenen Angriffsspitzen behinderten deren Vorgehen.
Starke feindliche Nachtangriffe richteten sich vornehmlich gegen Stadt und Bahnanlagen Newel. Hier entstanden erhebliche Verluste – vornehmlich an Material.
Für die Härte und Hartnäckigkeit der Kämpfe, aber auch für die politische Einstellung der Sowjet-Menschen sei ein Beispiel angeführt. Mitte Dezember 1942 mußte ein zweisitziges russisches Aufklärungsflugzeug in der Nähe meines Gefechtsstandes notlanden. Als sich unsere Soldaten, darunter ich selbst als Gefechtsverbandsführer, dem Flugzeug näherten, um die Besatzung gefangenzunehmen, erschossen sich angesichts unserer Leute die beiden Russen. Das Flugzeug blieb unbeschädigt und lieferte Unterlagen über den Auftrag der Besatzung.
Luftabwehr: Im Gegensatz zu früher gemachten Erfahrungen erwies es sich, daß die feindlichen Jäger ihre Angriffe äußerst zäh durchführten und schwer abzuschütteln waren. Um den Stützpunkt Welikije Luki bildete der Feind einen Abwehrschwerpunkt in Form von Abwehrschneisen, der bei den niedrigen Abwurfhöhen von Versorgungsgütern zu hohen Verlusten und Beschußschäden führte und die Versorgung erheblich erschwerte.
Eigene Luftlage: Die Führung des Abwehrkampfes ab 25. 11. 42 oblag dem Gefechtsverband. Das Lw. Kommando Ost hatte vorausschauend die Flugplätze Isotscha, Idriza und Derrun für den Winterbetrieb einrichten lassen. Außerdem stellte der große Iwansee einen idealen Lande- und Startplatz auch für unsere He 111 dar.
Unterstellte Verbände: 25. 11. 42–KG 53 mit I. und III. Gruppe, 16. 12. 42–III./StG 1, 8. 1. 43 9./StG 77, 4. 1. 43–JG 51 mit I. und Teilen III. Gruppe, 6. 1. 43–II./JG 54, 2. 1. 43–2. Störkampfstaffel; zeitweise unterstellt: II./KG 4, III./KG 4, Verb.Kdo.(S)V.
Kampfverbände: Die ungünstige Wetterlage verhinderte an 11 Tagen jeglichen Einsatz und ließ an 7 Tagen nur bewaffnete Aufklärung zu.

An den verbliebenen 37 Tagen und Nächten des 55tägigen Ringens wurden durch den unermüdlichen Einsatz der Verbände gute Erfolge erzielt und der Erdtruppe Entlastung gebracht. Im Gefechtsbericht des Lw.Kdo.Ost heißt es, »daß die Besatzungen höchsten Anforderungen bei unermüdlicher Einsatzfreude gerecht wurden«.
Erstmalig wurden bei Welikije Luki Stuka Ju 87 – mit Versorgungsbomben ausgerüstet – eingesetzt. Der immer enger werdende Abwurfraum zwang zu dieser Maßnahme mit guten Erfolgen.
Die eigenen Jagdverbände konnten sich starken fdl. Jagdkräften gegenüber durchsetzen. Bei freier Jagd blieb im wesentlichen die Luftüberlegenheit im Großraum Welikije Luki erhalten. Am 6. 1. 43 wurden allein über den eigenen Angriffsspitzen ca. 30 Feindflugzeuge abgeschossen. Vorsorgung der Kampfverbände: Bei jeder nur möglichen Wetterlage bei Tag und Nacht wurden Versorgungsbehälter über der Stadt, später auf Zitadelle und im Raum des Ostbahnhofes mit dringend benötigtem Versorgungsgut wie Waffen, Munition, San.Material, Verpflegung abgeworfen. Nicht alle Güter erreichten ihre Ziele. Ein Großteil ging verloren oder kam dem Russen zugute. Mit der Einrichtung von Abwehrschneisen und dem Einsatz aller Kaliber bis zum Schnellfeuergewehr traten nicht nur erhebliche Verluste auf, sondern auch eine Verunsicherung durch Anblenden der Kampfflugzeuge durch kleine und mittlere Scheinwerfer. Trotzdem heißt es im Gefechtsbericht des Lw.Kdo.Ost: Alle zum Abwurf von Versorgungsgut eingesetzten Besatzungen von Kampf- und Sturzkampfverbänden vollbrachten einmalige Leistungen durch ihre bei stärkster Abwehr vom Boden her durchgeführten Einsätze.
Zwei Meldungen in Faksimile der I. Gruppe vom 31. 12. 42 und eine vom 1. 1. 43 mögen den Eindruck dieser Luftversorgung vertiefen.
Es zeigte sich, daß der Abwurf der Behälter auf kleinflächige Ziele wie der der Zitadelle (250 × 150 m) im Horizontalflug eine nicht zu lösende Aufgabe war. Alle Möglichkeiten, wie Abwurf unter Ausnutzung der unteren Wolkendecke bis zum Zielanflug mit Hochziehen kurz vor dem Ziel, Dämmerungs- und Nachtabwurf (der Schnee erleichterte das Auffinden des Stützpunktes) wurden ausgeschöpft.
Der damalige Gruppenkommandeur der I./KG 53, Major Pockrandt, berichtete:
›Nachdem der Russe festgestellt hatte, daß wir uns beim letzten Anflug auf das Ziel im wesentlichen an Feuerzeichen des Stützpunktes Welikije Luki orientieren mußten, steckte er selbst im Umkreis von Zitadelle und Ostbahnhof immer mehr Feuer an, so daß eine Zielfindung fast unmöglich wurde. Vor den Leiden der eingeschlossenen Erdtruppen mußten unsere Leistungen verblassen. Auch der letzte Einsatz kommt mir wieder in Erinnerung. Wir lagen in Bereitschaft. Plötzlich gegen

Abend kam der Befehl ›Ruhe‹, weil der Entsatz durch die Kampfgruppe ›Wöhler‹ gelungen und die Besatzung freigekämpft sei. Wir freuten uns wie die Kinder und feierten in allen Einheiten diese Tatsache. Ich kann nicht umhin zu gestehen, daß wir bereits alkoholisiert waren, als doch noch der Einsatzbefehl kam, weil die Angriffsgruppe ›Wöhler‹ bis auf einige wenige durchgebrochene gepanzerte Fahrzeuge und Panzer kurz vor dem Ziel liegengeblieben war. Das war eine furchtbare Geschichte, die Enttäuschung war groß. Der Einsatz wurde geflogen, war aber erfolglos, weil sich unten nichts mehr regte außer beim Russen. Gott sei Dank ging dieser letzte Einsatz ohne Verluste vor sich.‹
Lastensegler-Einsatz (dem Lw.Ost unmittelbar unterstellt.): Der Vollständigkeit halber – dem Geschichtsbild entsprechend – muß dieser Einsatz mit gutem Ergebnis bei der Landung und Versorgung der Stadt auf der Jahrmarktstraße in Welikije Luki erwähnt werden. Nicht umsonst heißt es im Gefechtsbericht des Lw.Kdo.Ost, ›daß es 17 LS (Lastensegler) in rücksichtslosem Einsatz gelang, Panzerabwehrgeschütze mit Bedienung, Stoßtrupps, MG-Munition, Flammenwerfer, Verpflegung, San.Gerät und (wichtig genug) Feldpost einzufliegen. In heldenhaftem freiwilligen Einsatz haben LS-Flugzeugführer den auf der Erde kämpfenden Einheiten materielle und moralische Unterstützung zur weiteren hartnäckigen Verteidigung bringen können.‹
Das lange Aushalten der Besatzung von Welikije Luki unter härtesten Kampf- und Witterungsbedingungen wurde durch die mit Schneid und Einsatzbereitschaft durchgeführte Luftversorgung der Kampf-, Transport- und Lastenseglerverbände ermöglicht. Ohne diesen bravourösen Einsatzwillen wäre die Abwehrkraft sehr bald vorzeitig zum Erliegen gekommen. So aber bewährte sich der Stützpunkt Welikije Luki als Wellenbrecher. Die Absicht des Feindes, den großangelegten Durchbruch zu erzielen, konnte diesmal noch vereitelt werden.
Einsätze: In der Zeit vom 25. 11. 42 bis 19. 1. 43 waren a) kampfmäßig eingesetzt: 298 Aufklärer, 1393 Kampfflugzeuge, 46 Störkampfflugzeuge, 403 Sturzkampfflugzeuge und 1554 Jagdflugzeuge. Zur Versorgung eingesetzt: 310 Kampfflugzeuge, 94 Stuka, 25 Lastensegler, 1 Ju 52, insgesamt 4124 Flugzeugeinsätze.
Erfolg (aus der Luft): 232 Abschüsse, 2 Panzerzüge getroffen, 9 Züge getroffen, 2 Loks beschädigt, 9 Panzer zerstört, 3 Panzer beschädigt, 5 Pak vernichtet, 25 Geschütze zum Schweigen gebracht, 1 Vierlings-MG vernichtet, 49 Kfz vernichtet, 61 besp. Fahrzeuge vernichtet, Flakartl. meldet außerdem 49 Abschüsse, 14 Panzer vernichtet, 26 MG und Grantwerfer durch Flak erbeutet.
Materialverluste (nur fliegende Verbände): Totalverlust 1 Ju 87, 1 Ju 52, 6 Bf 109, 1 Fw 190, 17 He 111, 4 Fw 189, 6 LS DFS 230, 11 LS 242 – insgesamt 47 Flugzeuge. Brüche: 60–100% – 2 Ju 87,

2 Bf 109, 3 He 111, 1 Hs 126; unter 60% 3 Ju 87, 19 He 111, 3 Bf 109, 1 DFS 230. Gesamtausfälle an Flugzeugen 81.

Personalverluste:

Fl. Personal:	a) Offiziere	gefallen	4
		verwundet	2
		vermißt	11 = 17
	b) Uffz.	gefallen	11
		verwundet	23
		vermißt	59 = 93
	c) Mannsch.	gefallen	3
		verwundet	3
		vermißt	34 = 40

Zusammenfassung: Durch die wochenlange Verteidigung von Welikije Luki wurde die Absicht des Feindes, den linken Heeresgruppenflügel nach Westen zu durchstoßen, vereitelt. Wenngleich der Entsatz mit den verfügbaren eigenen Kräften – bis auf etwa 180 Mann, die unter Verlusten ausbrachen – nicht mehr möglich war, blieb dem Russen bei hohen Verlusten an Menschen und Material der beabsichtigte operative Erfolg versagt. Hieran haben nicht zuletzt die Lw.Verbände großen Anteil an dem – im ganzen gesehen – erzielten Abwehrerfolg.

Nach dem Fall des Stützpunktes Welikije Luki nahm der Russe fanatisch anmutende Rache. Am 29. 1. 1946 wurden je ein Dienstgrad vom General angefangen bis hin zum Schützen insgesamt 12 deutsche Welikije-Luki-Kämpfer in öffentlicher Massenveranstaltung auf dem Marktplatz der Stadt gehängt. Nur 11 von den bei Welikije Luki in Gefangenschaft geratenen Soldaten überstanden die russische Gefangenschaft und kehrten zwischen 1953 und 1955 nach Deutschland zurück.

Das war die Winterschlacht um den Brennpunkt Welikije Luki – nur noch überschattet von dem, was sich etwa zur gleichen Zeit in und bei Stalingrad abspielte.

Versorgungsflug nach Welikije Luki: Um mir selbst von den zunehmenden Schwierigkeiten und Problemen der Luftversorgung auf dem engen Raum der Zitadelle ein Bild zu machen, startete ich am 2. Januar 1943 von Isotscha nach Korowje Selo, dem Flugplatz der I./KG 53. Dieser Platz hatte eine Größe von ca. 1000 × 1000 m, besaß keine Hallen, nur Behelfsunterkünfte, keine Startbahn, schlechte Zufahrtsstraßen, war aber hindernisfrei. Er lag etwa 30 km ssw von Pleskau entfernt und hatte außer der I./KG 53 noch den Geschwaderstab unweit des Platzes aufgenommen.

Nach eingehender Flugvorbereitung anhand des Einsatzbefehls vom gleichen Tage startete die He 111 A 1–AA mit dem bewährten Flugzeugführer Unteroffizier Schüpstuhl um 17.00 Uhr zum Versorgungsflug. Anstatt der sonst üblichen Bombenzuladung hängen in den Abwurfschächten Versorgungsbehälter mit den als besonders dringlich be-

zeichneten Gütern wie Verpflegung, san.Material, Munition und Handfeuerwaffen.
Das Wetter ist hochwinterlich bei etwa minus 10 Grad. Ein an sich idealer Wintertag, kein Schneegestöber, keine Wolken, kaum Wind und gute Sicht. Schüpstuhl kennt die Flugstrecke von manchem Flug her. Er und seine Kameraden sind erprobte Flieger. In 1000 m Höhe liegt die He 111 wie ein Brett. Aus der weißen Winterlandschaft, die unter uns wegzieht, schaut hier und da ein Dorf heraus, sonst sind nur aufgelockerte Waldflächen und die eine oder andere Eisenbahnlinie zu erkennen. Wir wissen, daß lt. Einsatzbefehl weitere 9 He 111 das gleiche Ziel, den gleichen Auftrag haben und hinter uns liegen.
Nach ca. 70 Minuten Flugzeit ist das Ziel erreicht. In der verschneiten Landschaft sind Stadt und Zitadelle, von Bränden umgeben, gerade noch auszumachen. Das Auge sucht das Ziel festzuhalten und schon hat Schüpstuhl die Flughöhe gewechselt, um aus etwa 200 m über Grund den Hof der Zitadelle anzusteuern. Wir liegen jetzt auch auf der von NW nach SO verlaufenden Anflugschneise, um für den Abwurf der Behälter freien Raum zu haben. Wütendes Abwehrfeuer schlägt uns entgegen, das die He 111 die letzten 1200 m begleitet. Erkennen können wir nur die Bahnen der Leuchtspurgeschosse. Schnell kommt der Hof der Zitadelle uns entgegen. Auf Knopfdruck sind die Versorgungsbomben frei. Schüpstuhl fliegt Zickzackkurs, und die von ihrer Last befreite Maschine gehorcht wie der Schüler dem Meister. Ich bin im 1. Weltkrieg Infanterist gewesen. Ich kannte die Erdschlacht mit all ihren Schrecknissen und den so verschiedenen Geräuschen, die ein Großkampf mit sich bringt. Hier in der Luft ist das ganz anders. Nicht das Ohr beherrscht die Szenerie, sondern allein das Auge und das Gefühl. Nur Nahtreffer sind beim Zerknall dicht an der Maschine zu hören, oder Volltreffer, von denen wir verschont blieben. Sonst nimmt das Auge nur das Aufblitzen der detonierenden Geschosse wahr, die wie ein gelungenes Feuerwerk die He 111 umsprühen. Das ganze dauert nur Sekunden. Ist man durch das Tal des Todes gerast, hat man den befohlenen Auftrag erfüllt, atmet die Brust freier, und eine wohltuende Stille umgibt uns, die wir der Nacht entgegenfliegen. Nur das sonore immer wieder gern gehörte Geräusch der beiden starken Motoren umgibt uns. Fragen bewegen uns: Gelang der Abwurf? Konnten die Kameraden unten die Versorgungsbehälter bergen? Wo mögen jetzt die übrigen Angriffsmaschinen sein? Haben auch sie das Ziel erreicht?
Nach $2^1/_2$ Stunden Flug, gegen 20.00 Uhr, landen wir wohlbehalten in Korowje Selo, wo sofort die He 111 auf Treffer untersucht wird. Schüpstuhl als Kommandant der Maschine erstattet Meldung und wir erfahren bald, daß 2 der gestarteten He 111 überfällig sind. Auch be-

nachbarte Flugplätze können keine Auskunft geben. Bangigkeit befällt uns. Wissen wir doch, was es heißt, bei Dunkelheit weit hinter der Front notlanden zu müssen, falls es dazu noch gekommen sein sollte. Das war bei der He 111 mit der Besatzung, deren Namen mir entfallen ist, nicht der Fall. Das Flugzeug muß bereits beim Zielanflug abgeschossen worden sein. Die Besatzung gilt als vermißt, wobei wir wissen, daß Vermißtsein schlimmer sein kann, als totgemeldet.
Nach zwei bangen Tagen, bis dahin ohne Nachricht vom Verbleib der zweiten überfälligen Maschine, meldet sich auf dem Gefechtsstand am Großen Iwansee die Besatzung Hauptmann und Staffelkapitän Lehmann nach einem 40-km-Marsch zurück. Die Hälfte des Weges hat die Besatzung mit einem requirierten Panje-Wagen zurücklegen können, inmitten des Partisanengebietes. Leider mußte ein toter Kamerad zurückgelassen werden, während die übrige Besatzung mit leichteren Verwundungen davongekommen ist. Die Strapazen der nächtlichen Notlandung und des Fußmarsches sind den jungen Gesichtern anzusehen. Unsere Kameraden haben großes Glück gehabt. Sie sind an einer Stelle notgelandet, wo die Linien mehr als dünn besetzt gewesen sind, so daß ein Durchkommen möglich war. Die Pelzstiefel, Winterkombination, Notverpflegung, Verbandspäckchen und Kompaß waren Retter in der Not. Aber ohne den festen Vorsatz, sich durchzuschlagen, wäre es nicht gegangen. Überglücklich empfangen wir die Kameraden. Das Telefon gibt die gute Nachricht weiter, und ein baldiger Heimaturlaub winkt. Keineswegs habe ich gleiches Glücksempfinden gespürt, als wir – der Gefechtsverband – am 19. Januar 1943 mittags von den zwei Tage zuvor auf Befehl ausbrechenden ca. 180 Soldaten des Stützpunktes Welikije Luki zur 4 km entfernt festliegenden Angriffsspitze der Entsatzgruppe (darunter Verwundete aller Waffengattungen) 5 Mann zur ersten Betreuung zugewiesen bekamen. Selbstverständlich handelte es sich dabei um unverwundete Soldaten. Es ist nicht mehr zu begreifen, was diese Männer in den hinter ihnen liegenden Wochen durchgemacht hatten. Ohne Schlaf, ohne die geringste Körperpflege, verlaust, verdreckt, hungernd und immer frierend kämpften sie – auf Entsatz hoffend. Etwa 3000 Granaten aller Kaliber krachten täglich auf sie herab in der Zitadelle und auf dem Gelände des Ostbahnhofes. Zwischen den sich häufenden Trümmern lagen zahlreiche Verwundete, nur notdürftig versorgt. Ich gestehe, so elend aussehende junge Menschen nie vorher im Leben gesehen zu haben. Sie waren nicht ansprechbar. Nur das Grauen schaute aus ihren Augen, und tiefste Erschöpfung kennzeichnete jeden einzelnen. Wir taten, was wir konnten. Ärztliche Versorgung, Waschen, Einkleiden und als einzige Nahrung Pferdefleischbrühe – mehrmals am Tage – das war alles, war wir zunächst tun konnten. Schlafen, schlafen und sich dem Gefühl der Freiheit hingeben war

alles, was diese Welikije-Luki-Kämpfer beseelte. Nach zwei Tagen kamen Sankas, um die dem Leben wieder gegebenen abzuholen. Als sie uns nachwinkten – immer noch todmüde – hatten die Augen neuen Glanz erhalten. Es ging weiter in Richtung Newel. Wir wissen nicht, was aus ihnen geworden ist.«

Eine Zeichnung veranschaulicht die Lage des Kessels am 25. 11. 42 und am 10. 1. 43.

Der im Original erhalten gebliebene Tagesbefehl des Generals von Greim, kommandierender General und Befehlshaber des Lw.Kdo. Ost vom 22. 1. 43 würdigt die Schwere der Kämpfe.

Abschließend noch drei Erfolgsmeldungen aus dem Kriegstagebuch vom 16. 12. 42, 25. 12. 42 und 11. 1. 43, die für viele Einsätze in Welikije Luki sprechen mögen:

»Erfolgsmeldung Nr. 131 vom 16. 12. 1942 Lfl. Kdo 1, I./KG 53, 11 He 111 H 6, Start: 10.10 Uhr–10.20, Landung 11.35–11.50, Angriffszeit: 10.55–11.15, Angriffshöhe 1450–3000 m, Auftrag a) Angriff auf Nordwestteil Welikije Luki, b) Bekämpfung von Art. Stellungen westl. Welikije Luki. Erfolg a) 5 He 11 griffen den Nordwestteil von Welikije Luki an. Sämtliche Bomben lagen in dem befohlenen Zielraum. Besondere Wirkung wurde nicht erkannt, b) 4 He 111 warfen auf erkannte Art. Stellungen: am Südwestrand Patjanio, im Ort Melenka, Bitelewa, Grizkowo und westlich Polchowa. Die Stellungen konnten durch Aufblitzen erkannt werden, die Masse der Bomben lag in den Stellungen, besondere Wirkung konnte nicht erkannt werden. Abgebrochen 2 He 111 wegen Motorschaden, Munition: Bomben 2 SD 500, 1 SC 500, 5 SD 250, 64 SD 50, 32 SC 50, 64 AB 23, 22 Trommeln MG auf Jäger und Ziel. Abschüsse keine, Abwehr mittlere Flak gut liegend aus Zielraum, etwa 8 MiG 3, Jagdschutz z. T. 2 Bf 109, Wetter wolkenlos, Sicht 40 km, Aufklärung keine, Lichtbilder: 5 Maschinen. I. A. Leutnant (Unterschrift).«

»Erfolgsmeldung vom 25. 12. 1942 Lfl. Kdo. 1, I./KG 53, 12 He 111 (11 H 6, 1 H 14) Start 11.58–12.10, Landung 13.21–13.50, Zeit über Ziel 12.35–12.55, Höhe: Anflug im Tiefflug, Abwurfhöhe 200–250 m, Auftrag Versorgung von Welikije Luki, Erfolg 61 Behälter abgeworfen (55 Artilleriemunition, 4 Infanteriemunition, 2 Leuchtmunition) 53 Behälter gingen einwandfrei auf. Bei 2 Behältern öffneten sich die Schirme erst unmittelbar über dem Boden, 1 Behälter fiel in die Nähe eines brennenden Hauses, 4 Behälter öffneten sich nicht, 1 Behälter explodierte bei Aufschlag. Lage der Behälter auf Hauptstraße (Abwurfziel) hart westl. und etwa 200 m südostw. davon. Ausweichziel –, Abgebrochen –, Behälter: 61 Behälter, Munition: 152 Tr. MG. 15, 44 Mg./FF auf Flak und Truppen und Jäger, Abschüsse: 1 Abschuß (1 angreifende Lag 3) Aufschlagbrand hart nördl. Welikije Luki wurde beobachtet,

Verluste: 7 Maschinen Treffer durch Jäger und Abwehr, davon 1 Maschine Bauchlandung auf Platz, 1 Maschine glatte Notlandung im Quadr. 9762 oder 3. Abwehr: 3 Jäger z. T. im Angriff (Lag 3), südl. Ziel gutliegende leichte Flak, Artillerie- und Infantriewaffen. Wetter Strekke dunstig, 10/10 qbb 150–500, Sicht 2–8 km, Ziel qbb etwa 800–1000 m, dunstig, Nebelfetzen. Aufklärung: Rings um Welikije Luki stark belegte feindliche Stellungen. Südlich Ziel auf den Straßen starker Verkehr, einzelne Panzer im Quadr. 07594, l. o. eine fahrende schwere Batterie. Größere Truppenlager im Quadr. 8 AR 87 und 88. Ein Panzer im Angriff aus SO. auf Stellung in der Bahnschleife südl. Welikije Luki. I. A. Leutnant (Unterschrift).«
»Erfolgsmeldung vom 11. 1. 43 Lfl. Kdo. 1, I./KG 53, Zahl 8, Start 12.00, Landung 13.30–14.50, Angriffszeit 12.40–13.15, Höhe 200–400 4 He 111, 1300–3100 4 He 111, Auftrag Angriff auf erkannte Bereitstellungen und Artl. Stellungen im Raum NW Welikije Luki, Schwerpunkt Masslowa, Kamenka. Erfolg 4 He 111 warfen auf und um Dorf Masslowa auf erkannte Stellungen. Besondere Wirkung konnte nicht beobachtet werden. Bomben 1 He 111 lagen NO Kamenka zwischen Stellungen, 1 He 111 griff Stellungen im Ostausgang des Dorfes Sarjanina an. Im Anflug 4 kleine Brände beobachtet. 1 He 111 warf auf erkannte Stellungen hart ostw. Ort Ilino. Ausweichziel –, abgebrochen 1 He 111 infolge 2 Flakvolltreffer in Flächen und MG-Treffer im Tank. Bomben: 12 SD 250, 80 SD 50, 6 SD 500, Munition: 14 MG auf Stellungen im Zielraum, Abschüsse –, Verluste: 5 He 111 durch Flak- und MG-Treffer in Flächen und Rumpf. Abwehr starke MG- und leichte Flakabwehr, Jagdschutz 2 Bf 109, Wetter 6/10 Hochnebel 200 m, Obergrenze um 350 m, Sicht 10–20 km, Aufklärung 1 He 111 (die abgebrochen hat) hat Bomben NO des Platzes ca. 2 km N Starosselje-Ussi Qu. 88541 blind abgeworfen. Lichtbilder –, A. B. (Unterschrift) Leutnant und Adjutant.«

g) Stalingrad

Am 25. November 1942 war die 6. Armee im Kessel von Stalingrad eingeschlossen. Sofort begann die Luftversorgung vom Flugplatz Tazinskaja, 240 km vor Stalingrad unter dem Lufttransportführer Oberst Otto-Lutz Förster mit Ju 52. Von dem 200 km entfernt liegenden Morowoskaja wurden alle dort befindlichen He 111-Verbände dem Kommodore des KG 55, Oberst Ernst Kühl, als ›Lufttransportführer Morowoskaja‹ unterstellt. In der Hauptsache waren es zunächst die III./KG 4 unter Major Werner Klosinski, die I./KG 100 unter Hptm. Hansgeorg Bätcher, das KG 27 unter Oberstleutnant von Beust und das KG 55, sein eigenes Geschwader.

Morowoskaja, allen Ostfrontfliegern unter Moro bekannt, lag mitten in der Steppe. Regenstürme und tiefliegende Wolken jagten in jenen Novembertagen über die Steppe. Der Boden war aufgeweicht, von einer Startbahn konnte keine Rede sein.
Doch bald wurde aus dem Schneematsch Schneegestöber und steigender Frost. Es war schon ein Wunder, daß die schwarzen Männer die He 111 überhaupt noch einsatzklar bekommen konnten. Nur mühsam erhoben sich die mit Munition, Verpflegung und Kraftstoffbehältern beladenen Maschinen zum Flug nach Stalingrad.
Der Heilige Abend 1942 wird den wenigen, die ihn überlebt haben, unvergeßlich bleiben. Befehle gab es nur noch auf dem Funkwege. Die russischen Panzer standen dicht vor dem Platz, Oberst Kühl erhielt einen Kampfauftrag, an Versorgung war nicht mehr zu denken. Jetzt kämpfte er in eigener Sache gegen die russischen Kräfte.
Es gelang ihm, sich noch bis zum 2. Januar 1943 zu halten, doch dann mußte bei schlechtester Wetterlage, bei völligem qbi aus Moro herausgestartet werden. Nowotscherkassk am Don, 350 km von Stalingrad, 50 km von Rostow entfernt, wurde die neue Basis.
Zur gleichen Zeit lag Panzer- und Artilleriefeuer auf dem mit Ju 52 belegten Flugplatz von Tazinskaja. Die ersten sowjetischen Panzer rollten bereits durch den Ort. In letzter Sekunde entschloß sich General Pflugbeil auf Drängen seines Stabchefs, Oberstlt. Lothar von Heinemann, ebenfalls zum Start nach Nowotscherkassk. Unter Feindbeschuß und fast aufliegenden Wolken starten die Flugzeuge »mitten in den jedem geregelten Flugbetrieb Hohn sprechenden Nebel hinein, in zwei Reihen nebeneinander ... eine fliegerische Leistung!« Es gab Zusammenstöße und Abstürze, aber von 180 Flugzeugen wurden 124 Ju 52 und Ju 86 gerettet.
In der letzten Phase dieses erbarmungslosen Ringens um Stalingrad kam nach Auffrischung in Greifswald am 12. Januar 1943 die II. Gruppe des KG 53 zur Versorgung nach Stalingrad. Gilbert Geisendorfer setzt hier seinen Bericht über den Einsatz der II. Gruppe und seiner eigenen Besatzung bis Mitte März zur Versorgung von Stalingrad und anschließendem Einsatz im Südabschnitt fort:
»Nach kurzem Weihnachtsurlaub zurückgekehrt nach Greifswald, merkten wir bald, daß etwas besonderes in der Luft lag. Bald fand es seine Aufklärung, als uns der Kommandeur Oberstlt. Schultz, in Kenntnis setzte, daß wir einen wichtigen Auftrag auszuführen hätten, und in den nächsten Tagen ging es wieder an die Front.
Am 12. Januar 1943 war es so weit, mit meiner Besatzung fuhr ich mit dem Nachtschnellzug nach Insterburg, übernahm eine frontklare He 111 und startete nach Krakau. Dort Sammlung der Gruppe und Verlesung eines Einsatzbefehls des Reichsmarschalls Göring. Nun

wußten wir es, Stalingrad war zur Festung erklärt worden und sollte aus der Luft versorgt werden, bis der Einschließungsring gesprengt werden konnte.
Im Befehl hieß es unter anderem: ›Ihr meine Transportflieger habt Euch an allen Fronten bewährt, und ich weiß, daß Ihr auch hier Eure Pflicht erfüllen werdet. Stalingrad muß versorgt werden, bis Entsatz von außen kommt. Der Führer hat die höchsten Auszeichnungen für Euch bereitgestellt.‹
Aber wie sah nun diese Versorgung aus: Alles, was nur irgendwie an Verbänden freigestellt werden konnte, ob angeschlagen wie wir, oder voll einsatzfähig, wurde im Raum Kirowograd – Stalino – Woroschilowgrad zusammengezogen. Unser Einsatzhafen wurde Woroschilowgrad, ein gut ausgebauter Platz mit Betonstartbahnen und großen Wohnblocks als Unterkunft. Als Flieger fanden wir es bescheiden – kleine Zimmer für 4–5 Mann, ein Strohlager mit Decken, ein kleiner Kanonenofen. Draußen Temperaturen um −20°C. Wir schliefen in Uniform oder gleich in unserer warmen Fliegerkombination.
Ein großes Problem war, die Maschinen bei diesen extremen Bedingungen immer startklar zu halten bzw. beschädigte Flugzeuge zu reparieren. Unser technisches Personal war mit der FBK (Flughafenbetriebskompanie) samt allen Gerätschaften per Bahn unterwegs, das dauerte ca. 10 Tage bis zum Eintreffen. Die örtlichen Einrichtungen waren überlastet. So hatten wir immer nur 2–3 Tage startklar und zwischen den Einsätzen 2–3 Tage frei, eine Erholungspause, die wir bei der großen physischen und psychischen Belastung gut brauchen konnten. Meist flogen die gleichen erfahrenen Besatzungen, und trotzdem waren die Verluste prozentual hoch. Schon in den ersten 10 Einsatztagen haben wir 5 Besatzungen verloren. Wir versuchten unser möglichstes, aber unsere Kräfte reichten einfach nicht aus.
Als die Lage immer kritischer und bedrohlicher wurde, traf Feldmarschall Milch am 16. Januar 43 mit Sondervollmachten Hitlers in Taganrog ein, um die Versorgung neu zu organisieren.
Gerichtsoffiziere wurden eingesetzt und jede Besatzung nach einem Stalingradeinsatz vernommen. Die Protokolle wurden in das Hauptquartier von Milch geschickt. Beschämend für uns Flieger, als ob wir nicht voll unsere Pflicht erfüllten.
Mein erster Flug in den Kessel Stalingrad fand am 15. Jan. 1943 statt. Am Tag zuvor war die Besatzung Uffz. Dürenbach mit Lt. Dragesitz als Beobachter weggeblieben. An die 300 km mußten über Feindgebiet bis zum Flugplatz Pitomnik im Kessel zurückgelegt werden. Ein kurzes Stück begleiteten uns noch deutsche Jäger, aber dann waren wir auf uns allein gestellt. Unter uns war eine weite weiße Winterlandschaft, der Donbogen und dahinter die rauchenden Trümmer der Stadt Stalin-

grad. Der Flug verlief relativ ruhig, bis wir in 4000 m Höhe in die Nähe des Einschließungsringes kamen. Hier setzte starke Flak-Abwehr ein. Der Flugplatz war gut erkennbar. In steilen Spiralen ging es nach unten, und trotz der vielen frisch zugeschütteten Bombentrichter setzten wir gut auf.

Feldpolizei winkte uns ein, einige andere Flugzeuge standen bereits da, wurden entladen und teilweise bereits wieder mit Verwundeten belegt. Ein geordnetes Bild, das sich aber, wie wir später feststellten, von Stunde zu Stunde änderte.

Auch wir reihten uns ein. Aber als wir die Motoren abstellten und ausstiegen, traf uns die ganze Wucht dieses mörderischen Kampfes. Ein Schlachtengetöse umgab uns. Ständig erfolgten irgendwelche Explosionen, da und dort Brände. Russische Artillerie schoß in den Platz, die Einschläge wirbelten schwarze Erdklumpen auf die weiße Schneedecke und brachten den hart gefrorenen Boden zum Beben. Kommandos waren unterwegs, um die Granattrichter schnell wieder zuzufüllen, Flugzeugwracks lagen herum, dazwischen gefallene Soldaten, auch Flieger in ihren Kombinationen, in Schnee und Eis erstarrt, wie Wachsfiguren. In der Luft das Dröhnen von Flugzeugen, ob Freund, ob Feind, konnte man nicht genau unterscheiden. Jedenfalls versuchten unsere Jäger und Stukas den Luftraum um den Platz abzuschirmen.

Ein erschütterndes Bild, unsere verwundeten Soldaten, die auf den Abtransport warteten. Die Gesichter ausgezehrt und ausdruckslos stumpf. Andere wieder mit flackernden Augen verzweifelt und doch mit einem Funken Hoffnung angesichts der gelandeten Maschine. Die Wunden sind nur notdürftig verbunden, Eiter und Blut dringt durch die Fetzen des Verbandes. Sie schlottern in ihrer dürftigen Uniform in diesem eisigen Sturm. Andere wieder gehen auf ihren Knien, haben kein Schuhwerk und die Füße in Lumpen gewickelt. Am Flugplatzrand sehen wir Feldlazarette, von hier werden Schwerverwundete direkt in die Flugzeuge gebracht.

Zuerst erschien uns allen dieses Inferno so unwirklich, wie ein Schauspiel an dem wir nur am Rande beteiligt sind. Vielleicht waren wir Flieger es auch, denn wir konnten, sofern wir zurückkamen, immer wieder der Hölle entfliehen.

Inzwischen war auch unsere Maschine entladen, mit 15 Verwundeten belegt und, nachdem wir noch Benzin aus den Tanks absaugen ließen, wieder startklar. Wir behielten nur einen Rest Benzin für den Rückflug. Angesichts der Verwundeten brachten wir es nicht fertig, unsere Fallschirme anzulegen. Sollten wir getroffen werden, so wollten auch wir keine Chance haben.

Als wir schon die Motoren laufen hatten, vernahmen wir nochmals ein Krachen und Detonieren um uns herum. Ob es Bomben oder Granaten

waren, wir konnten es nicht genau feststellen, und nachdem wir heil geblieben waren, hieß es nichts wie weg. Mit mir in der Kette flog die Besatzung Lt. Klunker, der 2 Tage später nicht mehr zurückkehrte. Von diesem Einsatz kehrte die Besatzung Uffz. Meier nicht zurück.
Am Abend des gleichen Tages (15. 1.) startete ich nochmals Richtung Kessel mit Ziel Pitomnik. Es war schon dunkel, als ich zur Landung ansetzen wollte. Aber der Platz wurde bereits umkämpft. Es wurden von den Russen Leuchtbomben geworfen, die uns alle Einzelheiten am Boden erkennen ließen, aber auch uns als Zielscheibe für die feindliche leichte Flak bloßstellten. Es fielen Bomben, Granaten schlugen ein, und überall brannte es. Nach einer Stunde gaben wir den Versuch zu landen auf. Am Morgen des nächsten Tages (16. 1.) war der Flugplatz Pitomnik bereits in russischer Hand. Der Feind bemächtigte sich des Funkpeilers und der Platzbefeuerung und errichtete eine Scheinanlage. Es gelang ihm in den nächsten Tagen, mehrere Flugzeugführer zu täuschen die dann noch in Pitomnik landeten.
Auch der Besatzung Lt. Klunker muß es so ergangen sein. Man hörte noch den Funkverkehr: ›Nach der Landung zum Landekreuz zurückrollen.‹
Die Besatzung Uffz. Staib mit Beobachter Uffz. Probst landete am 18. 1. nachts ebenfalls auf Pitomnik, merkte aber ihren Fehler und konnte gleich wieder starten.
Auch ich war an jenem 18. 1. um 14.00 Uhr zum 3. Einsatz nach dem Kessel gestartet. Das Wetter war äußerst schlecht. Meine Besatzung und die Besatzung Lt. Lucherig sollte eigentlich schon am Vormittag starten, aber wegen des schlechten Wetters überließ unser Kommandeur Oberstlt. Schulz die Entscheidung zum Start uns selbst.
Ein Kradfahrer mit Beiwagen brachte meinen Freund Lucherig und mich von der Unterkunft zum Flugplatz. Hier tiefhängende Wolken, ein Schneesturm, der uns fast umwarf. Ein Start wäre sicher gelungen, aber wie wieder landen? Wir lehnten die Verantwortung ab.
Am Nachmittag meldeten die Meteorologen gutes Wetter im Kessel, und so wurde der Start für uns befohlen. Wir starteten im Abstand von einer halben Stunde. Erst Lt. Lucherig, dann ich, dann Uffz. Staib. Wir sollten in Gumrak, nur 12 km von dem nun in russischer Hand befindlichen Platz Pitomnik, landen. Als wir den Kessel erreichten, war es bereits dunkel. Zuvor flogen wir in den Wolken. Im Bereich der Einschließungsfront herrschte klares Wetter. Wir orientierten uns zuerst an der Wolga mit der Stadt Stalingrad und verlangten eine Peilung von Gumrak, die wir auch prompt erhielten. Wir steuerten den angegebenen Kurs und gingen auf 500 m Höhe. Eine Platzbefeuerung ging an und ließ einen großen Platz erkennen. Das konnte nicht Gumrak sein! Ein Vergleich mit der Karte machte uns abermals stutzig, da die Bahn-

linie fehlte, an der der Platz Gumrak lag. Nun wußten wir es genau, es war Pitomnik, und von hier fanden wir dann nach Gumrak. Vom Peiler Pitomnik erhielten wir noch die Anfrage, warum wir nicht landen.
Wir flogen ziemlich tief und konnten nun trotz der Dunkelheit den Platz gut erkennen. Auf dem weiten Schneefeld eine Unzahl schwarzer Bombentrichter. Wir schossen unsere Erkennungsleuchtzeichen, man antwortete vom Boden und zündete 2 Lampen an. Deutlich sahen wir beim Überfliegen in ca. 200 m Höhe auch Flugzeugwracks und wollten angesichts dieser unsicheren Verhältnisse eine Landung nicht riskieren. Die Verpflegungsbomben wurden mit Fallschirm abgesetzt.
Nun lag noch ein weiter Rückflug vor uns. Das Wetter wurde gegen Westen zu wieder schlechter, die Wolken sanken immer tiefer ab, und da wir nicht bei Nacht im Tiefflug fliegen wollten, mußten wir zum Blindflug übergehen. Zuvor versuchten wir noch die Landschaft zu erfassen, um uns zu orientieren, aber nur dunkle Schatten huschten vorbei, und so sehr mein Beobachter Fw. Schmauz und ich versuchten, die Dunkelheit zu durchdringen, kein markanter Punkt war zu erkennen.
Kurz vor dem Platz sollte ein Leuchtfeuer sein, aber nur schwarze Nacht umgab uns. Der Funker versuchte von Woroschilowgrad eine Peilung zu bekommen, doch auf der Funkfrequenz hörte man nur ein Rauschen, Krachen und Quietschen, wie es bei atmosphärischen Störungen nicht anders zu erwarten ist.
Woroschilowgrad hatten wir schon hinter uns gelassen und nach Koppelnavigation Stalino angesteuert, das weiter westlich lag und als Flugsicherungshauptstelle einen stärkeren Peiler hatte. Jedoch auch hier keine Verbindung.
So flogen wir Kurs NW – Richtung Charkow – verlangten vom Peiler Charkow-Nord eine Kursangabe – funkten pan-qdm, was bedeutet, bin in Not, brauche dringend Peilung. Es wurde auch langsam kritisch, die Warnlampen unserer Benzintanks leuchteten auf, nur noch für 20 Minuten Flugzeit Treibstoff. Da meldet sich der Peiler Charkow – gibt uns einen Kurs, aber Landeverbot wegen Schlechtwetters – dann riß der Funkverkehr ab.
Nun mußte die Entscheidung fallen, entweder abspringen oder notlanden.
Vorsichtig gehe ich tiefer, komme in ca. 100 m Höhe aus den Wolken heraus, sehe eine Stadt unter mir. Wir schießen Leuchtkugeln ab, aber nichts rührt sich. Nun kreise ich über der Stadt und bereite mich schon innerlich auf eine Notlandung in der Umgebung vor. Mein Funker Dürnagel bemüht sich weiterhin um eine Peilung. Plötzlich erhält er Antwort und Kursangabe. Zunächst ist dies wie eine Erlösung, aber wir wissen nicht, wie weit wir noch weg sind und ob wir den Platz noch erreichen.

Dann geht plötzlich unter uns eine Platzbefeuerung an, ein Landepfad ist da, wir riskieren nichts mehr und landen buchstäblich mit dem letzten Tropfen Sprit quer zum Leuchtpfad auf unserem Anflugkurs. Erst als wir Boden unter den Füßen haben, sind wir wirklich erleichtert.
Bei der Flugleitung sagte man uns, daß die Platzbefeuerung nur zufällig ausprobiert wurde. Wir sind in Charkow-Rogan gelandet. Funkverkehr hatten wir mit Charkow-Nord, dessen Peiler sich bereits telefonisch gemeldet hatte und nach einer Maschine fragte, mit der der Funkverkehr abriß.
Lt. Lucherig war mit seiner Besatzung von diesem Einsatz nicht mehr zurückgekehrt. Die Besatzung Uffz. Staib landete in Charkow-Nord. Mit etwas mehr Glück hatten sie den Platz direkt angeflogen und somit eineinhalb Stunden Flugzeit gespart.
Am 20. 1. startete ich mit meiner Besatzung zu einem weiteren Versorgungseinsatz mit dem Ziel Gumrak. Es war ein Tageseinsatz. Eine tiefliegende geschlossene Wolkendecke begünstigte das Vorhaben insofern, als wir uns der feindlichen Abwehr zunächst entziehen konnten. Wir flogen über den Wolken an und versuchten eine Peilung zu bekommen, doch ohne Erfolg.
So stießen wir, im Raum des Kessels, gemäß unserer Koppelnavigationszeit durch die Wolkendecke, bekamen in 800 m Erdsicht, aber keinen markanten Orientierungspunkt. Keine Bodenabwehr, also mußten wir schon über das Ziel hinausgestoßen sein. Da tauchten vor uns russische Jäger auf und zwangen uns, wieder in den Wolken zu verschwinden, bevor wir uns noch orientieren konnten.
Dann ein neuer Versuch, aber kaum waren wir in ca. 500 m aus den Wolken heraus, empfingen uns von allen Seiten die Leuchtspuren der leichten Flak. Also mußte das Versteckspiel von neuem beginnen. Erst der 3. Versuch klappte. Wir waren direkt im Kessel, sahen die Stadt Stalingrad mit ihren rauchenden Trümmern und Ruinen, die Bahnlinie nach Gumrak, den Flugplatz und landeten.
Der Platz erschien mir ziemlich klein, Start- und Landebahn war nur in Ost-West-Richtung angelegt und seitlich durch viele Flugzeugwracks auf ca. 80 m eingeengt. Er stand unter Artilleriebeschuß.
Außer uns war kein weiteres Versorgungsflugzeug vorhanden. Man winkte uns ein und begann sofort mit der Entladung und Enttankung. Verwundete wurden herbeigeführt und unter Aufsicht der Feldpolizei im Flugzeug untergebracht. Alles mußte sehr rasch gehen. Ich trieb zur Eile an, da die russische Artillerie nun ein regelrechtes Zielschießen nach uns veranstaltete.
Die Einschläge kamen immer näher, ein Krachen und Toben umgab uns. Wir saßen schon im Flugzeug, die Motoren liefen bereits, als ein neuerlicher Einschlag die Maschine erbeben ließ und die Detonation

sogar den Motorenlärm übertönte. Ich gab Gas, rollte zum Start und wendete in Startrichtung. Da kam über die Bordsprechanlage die Stimme meines Funkers Dürnagel: »Herr Leutnant, nicht starten, der Rumpf ist abgeknickt«, schrie er aufgeregt. Ich sah nach und merkte, daß wir wohl vom letzten Granateneinschlag am Rumpfende stark beschädigt waren. Erst beim Drehen zeigten sich die Folgen, und dies hatte der Funker zum Glück von seinem Beobachtungsstand aus bemerkt.

Die Maschine wurde zur Seite gerollt, die Verwundeten mußten wieder heraus. Viele hatten keinen Zeitbegriff mehr und fragten, wo wir denn gelandet seien.

Als sie merkten, was los war, sahen sie mich mit einem verzweifelten Blick an, und einige begannen zu schluchzen. Sie fühlten sich schon gerettet, und nun war wieder diese Hoffnungslosigkeit und dieses Grauen um sie. Mit ihnen zusammen gingen wir in einen Erdbunker in der Nähe des Start- bzw. Landekreuzes. Wir verteilten unsere Notverpflegung und Zigaretten. Da wurden sie ruhig und starrten stumm vor sich hin. Nur die Schwerverwundeten stöhnten. Das Halbdunkel machte die Situation noch drückender und beklemmender. Auch wir als Flieger spürten dieses Drohen der Schicksalsmacht, die nun auch uns in diese Ausweglosigkeit einbezog.

Die russische Artillerie schoß ununterbrochen. Wenn die Einschläge in der Nähe lagen, bebte der Boden, man spürte den Geruch und den Geschmack von Erde. Ich hielt es in dieser Enge nicht mehr aus und mußte mich draußen umsehen.

Die Wolken hingen immer noch tief, ein scharfer kalter Wind fegte über den Platz. Da, ein Flugzeug – eine He 111 – sie stieß aus den Wolken, suchte nach dem Platz. Ich lief zu meiner Maschine, holte die Leuchtpistole mit der Erkennungsmunition und schoß die Leuchtzeichen in den Himmel. Die Maschine flog nun wieder auf den Platz zu, aber russische Jäger tauchten auf und griffen an.

Plötzlich am Fallschirm hängend einige Versorgungsbomben. Unser Flugzeug entschwindet in den Wolken.

Nach langer Wartezeit wieder Motorengebrumm, wieder eine He 111, sie landet. Meine Besatzung wird aus dem Bunker geholt und mit ihr bewegen sich die Verwundeten, soweit sie gehen können, ins Freie hin zur gelandeten Maschine. Inzwischen warteten dort schon andere Verwundete. Ein Kampf um die Plätze beginnt. Von der Feldpolizei ist niemand zu sehen. Wir setzten uns mit der Besatzung in Verbindung, steigen über die Flächen in die Kanzel ein, ich als letzter in dem Bemühen, die rasenden, verzweifelten Landser zur Vernunft zu bringen, die sich nun am Fahrwerk und an dem Leitwerk festhalten. Die Bodenwanne läßt sich nicht schließen, sie halten sich auch dort fest, ziehen

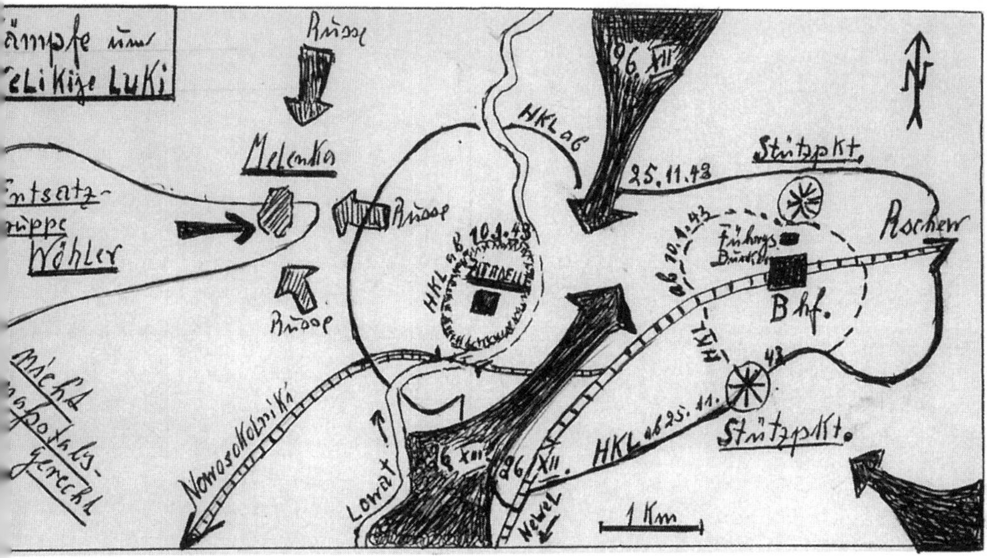

Lage im Einschließungsring Welikije Luki am 25. 11. 42 und am 10. 1. 43 (s. S. 228).

Kampfgeschwader 53
Stab
-1. [illegible] 1943
Nr. .... Az. IIb

KG 53

Der Kommandierende General und Befehlshaber des Luftwaffenkommandos Ost.

H.Qu., den 22.1.1943.

T a g e s b e f e h l !

Die langwierigen und überaus harten Kämpfe um den Stützpunkt Wel.Luki haben ihren Abschluß gefunden. Der Gefechtsverband Wilke und die übrigen im gleichen Raum eingesetzten fliegenden Verbände hatten entscheidenden Anteil an den Erfolgen des unerhört schweren Abwehrkampfes, der stärkste feindliche Kräfte gebunden, von anderen Schlachtfeldern ferngehalten und abgenützt hat.

Die Leistung des Gefechtsverbandes ist vorbildlich gewesen für die Zusammenarbeit innerhalb des Verbandes, vor allem aber für das taktische und kameradschaftliche Zusammenwirken mit dem Heer. Der Einsatz von 4124 Maschinen, der Abschuß von 233 feindlichen Flugzeugen, sprechen ebenso für sich selbst, wie die Versorgung von Wel.Luki durch Abwurf und Lastensegler.

Ich danke allen an dem Ringen um Wel.Luki beteiligten Kampf-, Stuka-, Jagd-, Versorgungs- und Aufklärungsverbänden für das, was sie mit Heldenmut, unermüdlicher Einsatzfreudigkeit und beispielloser Härte trotz widrigster Umstände und häufig schlechtesten Wetterbedingungen geleistet haben, um ihre Kameraden zu befreien und den angreifenden Entsatztruppen den Weg zu bahnen. Ganz besonders möchte ich für alle Zeiten die heldenhaften Taten der Führer der Lastensegler festhalten, die sich freiwillig geopfert haben, um der Besatzung von Wel.Luki in schwerstem Feuer die letzte Hilfe zu bringen.

Das Bewußtsein, der unter allerschwierigsten Bedingungen gegen einen zahlenmäßig vielfach überlegenen Feind kämpfenden Erdtruppe wirksam geholfen zu haben und ihren heldenmütigen Widerstand verlängert zu haben, ist der schönste Lohn aller Mühen und Anstrengungen. Dieses Bewußtsein muß uns auch die schweren Opfer ertragen lassen, die der Gefechtsverband, die Aufklärer und die Lastensegler mit dem Verlust von insgesamt 28 Flugzeugen, 11 Go 242 und 6 DFS 230 erlitten haben.

Den toten und vermissten Kameraden gilt unser aller Dank für ihr fliegerisches Soldatentum, das sie wohl meist mit ihrem Tode besiegelt haben.

Ich weiß, daß die bisher dem Gefechtsverband Wilke unterstellten Verbände trotz des harten Einsatzes der letzten Zeit für neue Aufgaben voll bereit sind.

Das tapfere Kampfgeschwader 53, das aus meinem Befehlsbereich ausscheidet, verabschiede ich mit vollster Anerkennung und meinen besten Wünschen für die Zukunft.

Dem Kommodore des Kampfgeschwaders, Oberst Wilke, danke ich für die hervorragende Führung des Gefechtsverbandes.

Verteiler:
nur im Entwurf.

Oberst Wilke.

v. Greim
General der Flieger.

Tagesbefehl General von Greim 22. 1. 43 (s. S. 228, 2. Abs.).

Oben links: Olt. Lehmann, Staffelkapitän der 2. Staffel (am Steuer), beim Feindflug. Sommer 1942.

Oben rechts: Hauptmann Willmann, Kompanie-Chef 1. F.B.K., Sommer 1942. Korowje Sselo, nach verlorener Wette mit kahlgeschorenem Kopf.

Mitte: Verbandsflug I. Gruppe. Sommer 1942, Nordabschnitt.

Rechts: Besatzung Olt. von Ehren nach dem 200. Feindflug. Winter 1942, Rußland.

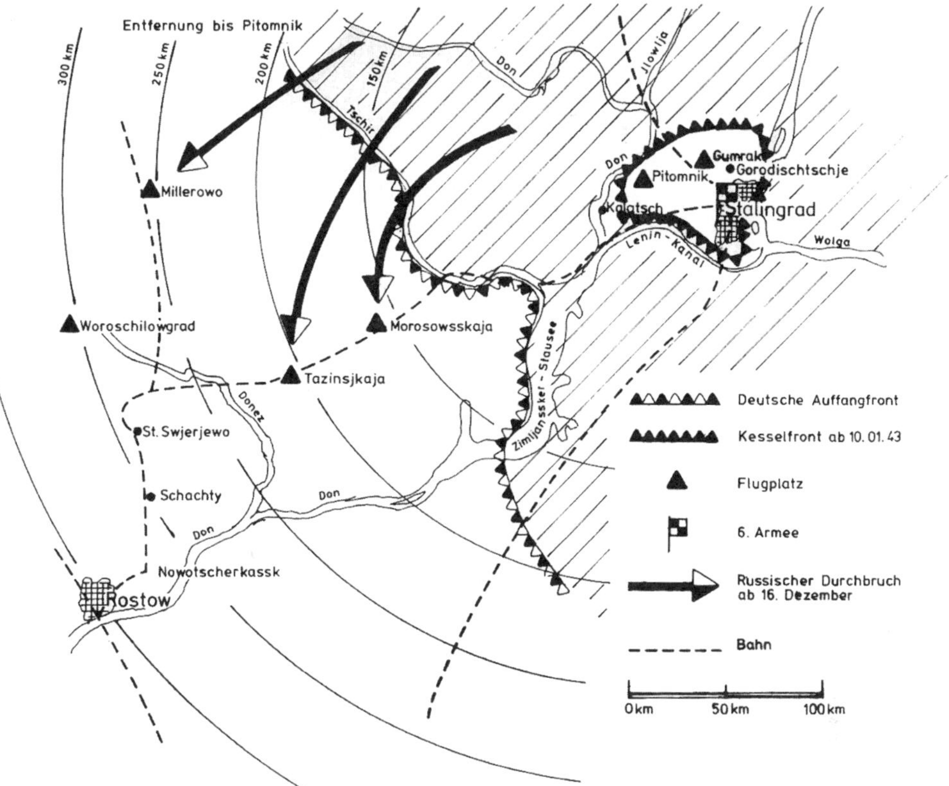

Anflugplätze Stalingrad (s. S. 242).

Der Stalingrad-Kessel (s. S. 242).

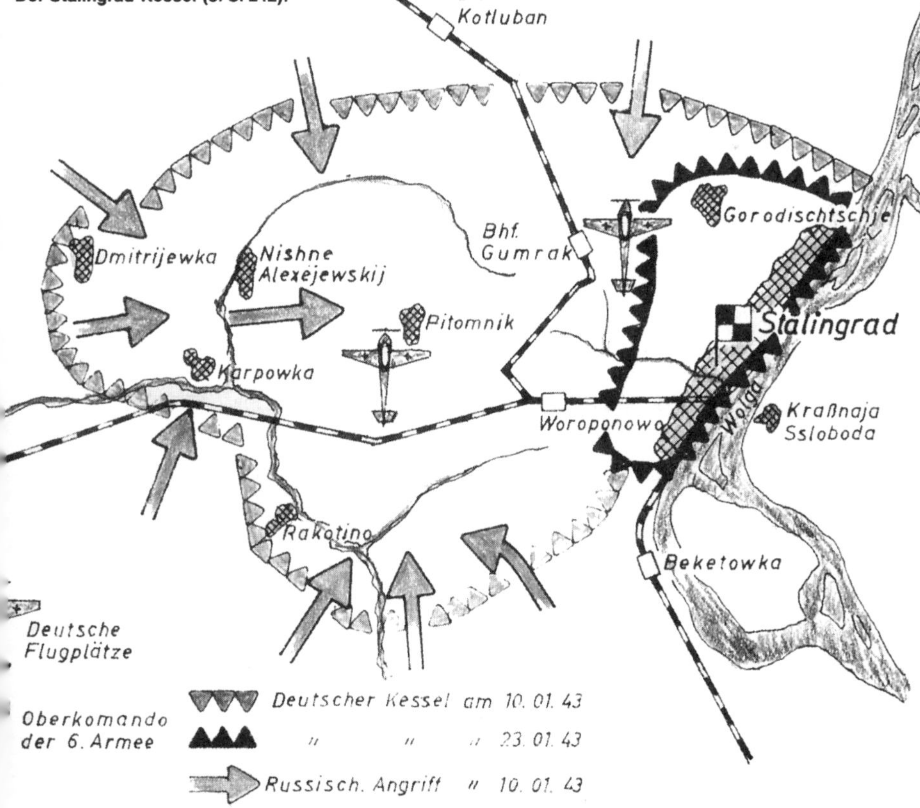

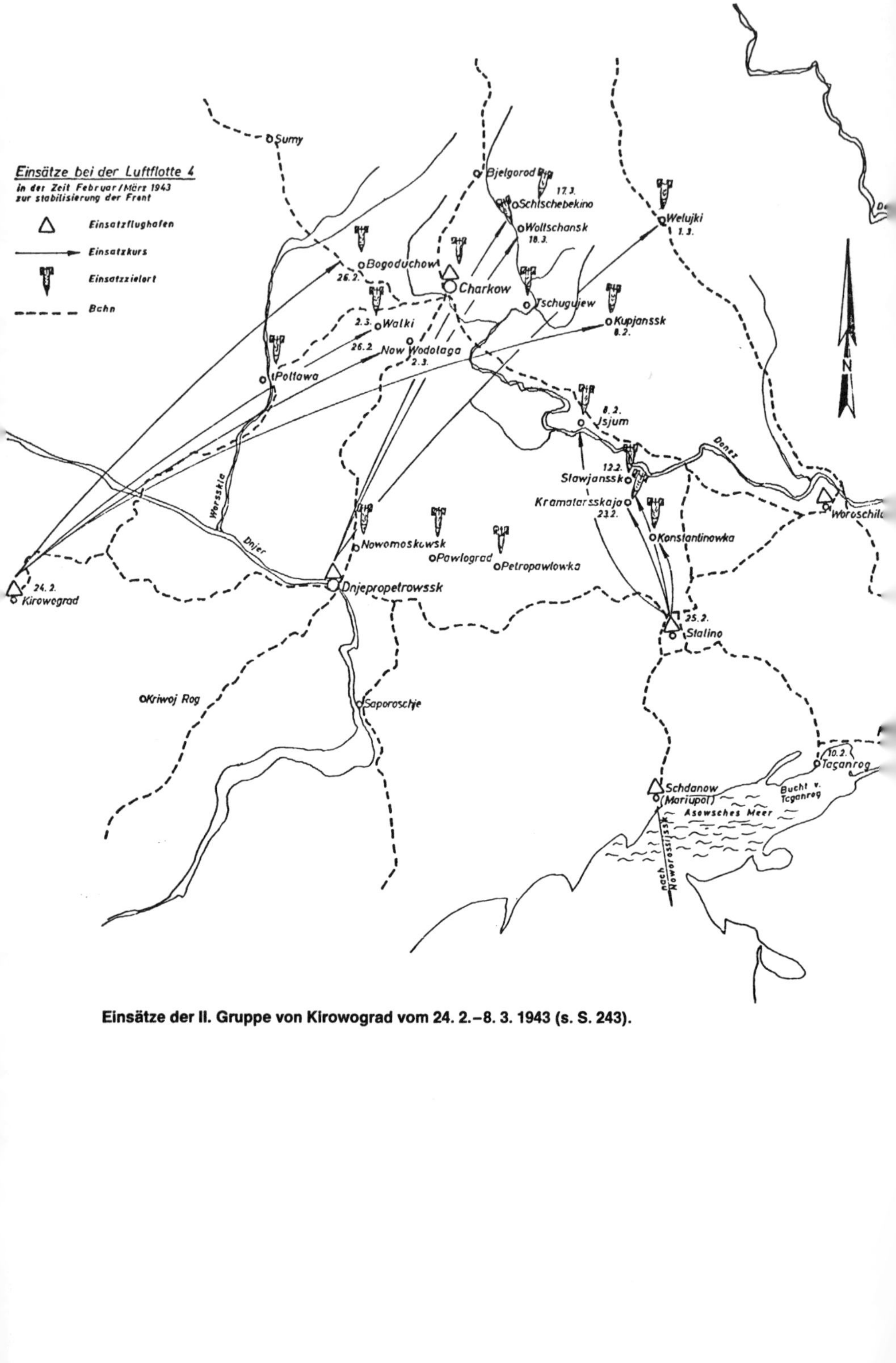

Einsätze der II. Gruppe von Kirowograd vom 24. 2.–8. 3. 1943 (s. S. 243).

andere an den Beinen wieder heraus, während wir schon losrollen.
Der Start glückt und auch die Landung in Woroschilowgrad. Einen Tag später ist der Landeplatz Gumrak in russischer Hand, und im Kessel Stalingrad besteht für unsere Flugzeuge keine Landemöglichkeit mehr. Das tragische Schicksal unserer eingeschlossenen Männer beginnt sich nun auf grausame Art zu erfüllen.
Am 21. 1. mußten wir weiter rückwärts nach Konstantinowka verlegen, weil die Russen bereits kurz vor Woroschilowgrad standen. Von hier flogen wir weiterhin Einsätze mit Verpflegungsbomben, die wir an gekennzeichneten Plätzen im Stadtgebiet von Stalingrad abwarfen. Bei einem dieser Einsätze stürzte am 26. 1. mein Staffelkapitän Hptm. Klein mit seiner Besatzung kurz nach einem Nachtstart ab. Die Blindfluggeräte waren vereist gewesen.
Nur der Beobachter, Uffz. Leitmannstätter, konnte aus 150 m Höhe noch mit dem Fallschirm abspringen und kam mit einem gebrochenen Bein davon. Die anderen haben wir einen Tag später mit militärischen Ehren beigesetzt.
Ich flog noch am 27./28. 1. 1943 einen Nachteinsatz in den Kessel. Gekämpft wurde nur noch im Stadtgebiet, das sich wie ein langer Schlauch von Norden nach Süden längs der Wolga hinzog. Am 25. 1. war es den Russen gelungen, die Stadt in zwei Hälften zu trennen.
Ich flog bei meinen Einsätzen jeweils den nördlichen Kessel an. Hier waren auf einem großen Platz Markierungsfeuer angelegt worden, zwischen denen wir dann aus 200 m Höhe unsere Verpflegungsbomben mit Fallschirmen absetzten. Dann hatten wir noch 10 Säcke mit Brot und sonstiger Verpflegung durch die Bodenluke abzuwerfen, was zeitlich nur bei mehrmaligem Überfliegen in 30–50 m Höhe gelang.
Ein Schauspiel ohnegleichen bot sich uns dar. Ein Lichtermeer auf engstem Raum, Brände, Explosionen. Das Aufblitzen von Artilleriegeschützen, Scheinwerfer, die die Nacht durchdrangen und uns zu erfassen suchten, Leuchtgarben der leichten Flak, die eine Sperre schoß, durch die wir bei jedem Anflug hindurch mußten. Beim Überfliegen der Abwurfstelle gingen Leuchtkugeln hoch, die das ganze Gelände ausleuchteten und uns alle Einzelheiten, auch die Soldaten, deutlich erkennen ließen. Uns erschien alles so gespenstisch, wie ein letztes Zukken und Aufflackern vor einer dunklen Kulisse. Die wahre, harte Wirklichkeit, wie sie den Soldaten am Boden traf, mit all den unermeßlichen Leiden, Entbehrung und Opfern, konnten wir nur erahnen.
Am 30. 1. flog ich bei schlechtem Wetter als Rottenführer, begleitet von der Besatzung Uffz. Staib, meinen letzten Einsatz in die Festung. Kurz nach dem Start wurden wir von 8 russischen Jägern angegriffen. Die Besatzung Staib wurde abgeschossen, konnte aber noch im Feindgebiet notlanden und sich bis zum 4. 2. zu unserer Einheit durchschlagen. Ich

erreichte noch den Kessel und kehrte nach Abwurf der Verpflegungsbomben wohlbehalten zurück.
An diesem Tage wurde Paulus zum Generalfeldmarschall befördert. Er kapitulierte im Südkessel am 31. 1. 1943. Der Nordkessel ergab sich am 2. 2. 1943. Damit fand diese Tragödie ihr Ende. Unsere Gruppe wurde wieder mit neuen Aufgaben betraut.
Es blieb uns nicht viel Zeit, um uns mit diesem Geschehen und diesen Erlebnissen auseinanderzusetzen.«
Die Handzeichnung des Stalingrad-Kessels sowie eine Übersichtskarte der Anflugplätze geben eine grafische Darstellung der Lage wieder.
Die II. Gruppe blieb noch bis Anfang März 1943 im Südabschnitt und Geisendorfer fährt fort:
»Nach dem Fall von Stalingrad war unsere II./KG 53 stark dezimiert. Nur noch 10 Besatzungen standen für den weiteren Einsatz zur Verfügung. Mit der Besatzung Lt. Kornblum und Lt. Dreher gehörte ich mit meiner Besatzung nun schon zu den erfahrenen Hasen, und wir drei Besatzungen hatten jeweils nahezu 200 Feindflüge.
Mit diesem Rest der Gruppe verlegten wir am 6. 2. 43 nach Stalino. Noch wurden alle Kräfte benötigt, um den Durchbruch der russischen Streitmacht bei Stalingrad aufzuhalten und um neue Verteidigungslinien aufzubauen. Insbesondere galt es, den russischen Plan zu vereiteln, die deutsche Kaukasusfront abzuschneiden und einen Weg für die Rückführung unserer Kräfte offenzuhalten.
Der russische Angriff wurde auf breiter Front vorgetragen und erfolgte gegen alle zwischen Woronesch und dem Kaukasus stehenden Truppen. Bereits ab Januar 1943 waren russische Verbände am Don entlang bis zur Donezmündung und weiter am Unterlauf des Don Richtung Rostow vorgestoßen. Unsere Einsätze waren vielseitig. Wir flogen Bombenangriffe auf Truppenbereitstellungen in vorderster russischer Front, Panzeransammlungen sowie Nachschubzentren, Bahnhöfe, Verkehrsknotenpunkte und Hafenanlagen am Schwarzen Meer.
Bei schlechtem Wetter erfolgten Einzeleinsätze, als sogenannte bewaffnete Aufklärung, u. a. Eisenbahnjagd in einem bestimmten Frontabschnitt. Diese waren insofern sehr gefährlich, als wir mit unseren schweren Maschinen im Tiefangriff russische Truppen auch mit Bordwaffen bekämpften, dabei aber der russischen Bodenabwehr verstärkt ausgesetzt waren. Wie oft wurde hierbei unsere Plexiglaskanzel von Gewehrtreffern durchschlagen.
In unserer Angriffsstrategie waren wir sehr beweglich. So flogen wir von Stalino aus zwischen dem 7. und 15. 2. 43 Angriffe in Richtung Norden gegen Truppenansammlungen, Verkehrsknotenpunkte und Bahnhöfe. Besonders eindrucksvoll war der Angriff auf ein Benzinlager in Krassnodar am Kuban.

Vom 15. bis 24. 2. 43 befanden wir uns auf dem Flugplatz Dnjepropetrowsk. Hier befand sich die deutsche Eisenbahnzentrale für den Osten und viel Industrie.
Um die Stadt war ein Sperrgebiet gezogen. Es mußten genau festgelegte Einflugschneisen benutzt werden. Außerhalb dieser Schneisen schoß unsere Flak auf alle Flugzeuge, es sei denn man konnte sich durch Erkennungsleuchtzeichen, im Falle des Verfliegens, kenntlich machen. Einer unserer jungen Nachwuchsbesatzungen wurde dies zum Verhängnis. Sie war bei einem Nachteinsatz bereits überfällig, und wir standen am Platz und warteten. Nach einer Stunde kam eine Maschine an. Sie wurde sofort vom Scheinwerfer erfaßt und befand sich ca. 3000 m hoch. Zunächst gespanntes Abwarten, aber nichts geschieht, kein Erkennungszeichen. Dann schießt die Flak, und nach ein paar Salven ein Treffer. Wie eine leuchtende Fackel stürzt die Maschine ab, es war unsere Besatzung.
Von Dnjepropetrowsk starteten wir unsere Angriffe gegen Poltawa und gegen Osten auf Ortschaften mit Truppen- und Panzeransammlungen im Raum Pawlograd, Nowomoskowsk, Petropawlowka. Nach dem Einsatz im Raum Pawlograd-Mowomoskowsk haben wir, wie so oft, den Funker veranlaßt, den Soldatensender mit Musik einzuschalten. Zufällig wurde die berühmte Göbbelsrede über den totalen Krieg aus dem Berliner Sportpalast übertragen. Es war der 18. 2. 43. Und wer es von unseren Frontfliegern bis zu diesem Zeitpunkt noch nicht mitbekommen hatte, wie ernst nun die Lage nach Stalingrad geworden war, der wurde durch die mit allen Künsten der Dialektik und Rhetorik ausgestatteten Rede belehrt.
Vom 24. 2. bis 8. 3. 43 flogen wir vom Flugplatz Kirowograd Einsätze in den Raum Charkow zur Unterstützung unserer Heeresverbände.
Als schließlich in diesem Raum die russische Offensive zum Stehen gebracht werden konnte und unsere Heeresverbände unterstützt von SS-Panzereinheiten zur Gegenoffensive antraten, verlegten wir am 8. 3. 43 wieder nach Dnjepropetrowsk.
Es war gelungen, Charkow zurückzuerobern und die neu aufgebaute Verteidigungsfront zu halten.
Am 3. 3. 43 verlegten wir zurück zur Luftflotte 1 nach Pleskau.
Alle diese Einsätze nach dem Fall von Stalingrad waren hart. Die russische Luftabwehr war nicht nur an strategisch wichtigen Punkten, sondern auch in ihren vordersten Linien und Angriffskeilen stark und gefährlich.
Zwischen dem 7. 2. und 18. 3. 43 verloren wir die Besatzungen Fw. Beguhn, Uffz. Laun, Uffz. Komm und Olt. Fink.
Ich selbst hatte wieder Glück gehabt. Zweimal wurde mir ein Motor ausgeschossen und zweimal kam ich mit durchschossenem Benzintank

zurück und konnte jedesmal noch glatt landen. Besonders zu erwähnen aus dieser Zeit ist ein Abenteuer der Besatzung Lt. Dreher.
Bei einem Einsatz im Raum südlich Rostow wurde die Maschine durch leichte Flak so stark beschädigt, daß die Besatzung aussteigen mußte. Es muß sehr schnell gegangen sein, denn die Besatzung blieb beisammen, kam auf Feindgebiet in der Nähe einer Kolchose herunter und verschanzte sich hinter einem Schuppen. Als ein russischer Soldat auf einem Pferd anritt, empfingen sie ihn mit gezieltem Pistolenfeuer und konnten sich zunächst in einen nahegelegenen Wald retten. Die einbrechende Dunkelheit kam der Besatzung zur Hilfe. Nach tagelangem Marsch bei Kälte und Schnee konnte sie sich zu den eigenen Linien am Don durchschlagen und traf nach 8 Tagen bei unserer Gruppe ein.«

h) Die Lage nach dem Fall von Stalingrad

Die Schlacht um Stalingrad war verloren. Jetzt brach dort die Front auf einer Breite von 350 km zusammen. Durch kühne Rochaden bremste Manstein den Gegner, und Hitler plante bereits zu Anfang des Jahres 1943, den Gegner wieder anzugreifen. Die schwerste Niederlage, die Deutschland in seiner neueren Geschichte erlitten hatte, ließ sich jedoch nicht verbergen. Drei Bundesgenossen waren in diese Katastrophe mit hineingerissen worden. Als am 13. Mai 1943 auch noch rund 250000 Deutsche und Italiener in Tunesien kapitulierten, bemühte sich Rumäniens Regierungschef bei Mussolini namens der kleinen Dreierpaktsstaaten, Sonderverhandlungen mit dem Westen anzuknüpfen. Italien, Finnland, Ungarn und Rumänien hatten beim Kampf gegen die Sowjets ganze Armeen geopfert. Entweder brachen diese Staaten jetzt zusammen, oder sie scherten aus. Dagegen stand zwar noch die von Roosevelt und Churchill in Casablanca beschlossene ›bedingungslose Kapitulation‹ auch für separate Verhandlungen, aber die Ereignisse gingen darüber hinweg. Hitler, der geplant hatte, die Sowjetunion vor einer Invasion im Westen mattzusetzen, versuchte durch Masseneinberufungen ehemaliger Rotarmisten und anderer europäischer Bevölkerungsteile die Lücken zu schließen. Bevor im Herbst 1944 unter dem Kommando des ehemaligen Generals Andrej Andrejewitsch Wlassow 2 russische Freiwilligendivisionen aufgestellt wurden, dienten bereits 600000 russische und ukrainische Hilfswillige in der Wehrmacht. Es brachte alles nichts mehr. In der letzten großen Schlacht im Osten bei Kursk erlitt die deutsche Armee eine neue schwere Niederlage.
Ab Frühjahr 1943 war die Luftwaffe weit überfordert. In Rußland sowohl als auch im Westen und auch im Mittelmeer stand sie unter ständigem Druck. Die Luftwaffe war für Blitzfeldzüge gedacht. Jetzt hatte

sich die Lage radikal geändert. Es sollte nun zu einem langen Feldzug kommen, auf den die Luftwaffe auch nicht annähernd vorbereitet war, allein schon angesichts des zusammenbrechenden Ausbildungsprogrammes und des Mangels an moderner Ausrüstung. Wir begannen nicht nur zahlenmäßig, sondern auch in der Qualität hinter dem Gegner zu bleiben.

Bestand zu Beginn des Jahres 1943:

Ostfront	1530 Flugzeuge
Westfront und Heimatverteidigung	1445 Flugzeuge
Mittelmeer	855 Flugzeuge

Der für die Flugzeugproduktion verantwortliche Generalfeldmarschall Milch hatte zwar, seit er dieses Amt im Jahre 1941 übernommen hatte, Fortschritte gemacht, das Stückzahlproblem blieb jedoch bestehen. Gebaut wurden vorwiegend weiterhin die bewährten, wenn auch veralteten Bf 109, Bf 110, Ju 87, Ju 88 und He 111.

Der Verlust Afrikas war ein schwerer Rückschlag für die Achsenmächte. Aber die entscheidende Schlacht mußte in Rußland fallen. Als erstes befahl Hitler jetzt eine Offensive mit einer Doppelzangenbewegung in der Mitte der Front im kritischen Raum um die Stadt Kursk, um die Russen dort abzuschneiden.

Dieses Unternehmen hatte für Hitler auch Prestigegründe, es sollte dem Heer die Chance geben, das in Stalingrad verlorene Selbstvertrauen zurückzugewinnen. Es bekam den Namen ›Zitadelle‹.

In einem am 15. April 1943 ausgegebenen Tagesbefehl hatte Hitler erklärt:

»Dieser Angriff ist von entscheidender Bedeutung. Er muß schnell und zu vollem Erfolg führen. Er muß die Initiative für dieses Frühjahr und für diesen Sommer in unsere Hand bringen. Alle Vorbereitungen müssen daher mit allergrößter Sorgfalt und Energie getroffen werden. Die besten Truppen, die besten Waffen, die besten Truppenführer und große Munitionsmengen müssen daher an der Front des Hauptstoßes eingesetzt werden. Jeder Truppenführer und jeder Soldat muß von der entscheidenden Bedeutung dieses Angriffs überzeugt sein. Der Sieg von Kursk muß eine Signalwirkung auf die gesamte Welt haben!«

Von der deutschen Armeeführung wurde eine Heeresgruppe mit 900000 Mann, 10000 Geschützen und 2700 Panzern auf eine Frontbreite von 180 km konzentriert. Göring zog 1800 Kampfflugzeuge zusammen, wovon General Otto Deßloch mit seiner 4. Luftflotte 1100 Kampfflugzeuge zur Unterstützung des südlichen Keils, Generalmajor Paul Deichmann, der die 1. Fliegerdivision befehligte, 700 Kampfflugzeuge zum nördlichen Angriffskeil brachte.

Den Russen blieb diese Truppenkonzentration natürlich nicht verborgen. Sie massierten, zumindest zahlenmäßig, noch stärkere Verbände

an der gleichen Front. Damit war das Schlachtfeld für den größten Panzerzusammenstoß des Krieges bereitet. Diesmal konnten die Russen keine Hilfe von General ›Schlamm‹ und ›Winter‹ erwarten. Die Schlacht von Kursk begann am Morgen des 5. Juli 1943. Die Luftwaffe war sofort mit Beginn stärkstens engagiert. Wie in zahlreichen Kämpfen erprobt, operierten Schlachtflugzeuge und Bomberverbände unmittelbar auf dem Schlachtfeld zur Unterstützung der Panzerkeile.
Doch trotz stärkster Luftunterstützung gewannen die deutschen Panzerspitzen nur wenig an Boden und erlitten durch die russische ›Stalinorgel‹ schwere Verluste. Auch die russische Luftwaffe war keineswegs ausgeschaltet. Stärker als je zuvor war sie öfters sogar in der Lage, zu Zielen im Hinterland der deutschen Front vorzudringen und Truppenansammlungen zu bekämpfen. Die Zangenarmeen des deutschen Angriffs fuhren sich fest. Aus der Verteidigung begannen die Russen ihre Gegenoffensive. Im Mittelabschnitt hatte der Frontverlauf die Form eines großen »S« mit dem deutschen Bogen nach Osten bei Orel und dem russischen Bogen südlich Kursk nach Westen. Am 11. Juli schon griffen die Russen mit starken Panzerverbänden Orel an und machten Geländegewinne. Die Luftflotte 6 griff massiv rund um Orel an in der Hoffnung, die Russen jetzt noch zu stoppen. Diese setzten ihren Vormarsch jedoch durch ein dichtes Waldgebiet fort, wo sie von den deutschen Flugzeugen nicht zu erreichen waren. Dann aber kam der Panzerverband in offenes Feld und gewann schnell nach Westen Raum. Da ihm hier kaum deutsche Truppen gegenüber standen, blieb die einzige Hoffnung auf die Bomben- und Schlachtflugzeuge. In einer den ganzen Tag anhaltenden Schlacht beschossen und bombten Wellen von Flugzeugen die Russen mit dem Erfolg, daß sich die Spitze des russischen Angriffs verlangsamte und die deutschen Truppen Verteidigungsstellungen vorbereiten konnten. Doch solch ein Übermaß an Beanspruchung ging zu Lasten der erfahrenen Besatzungen, der Flugzeuge und des immer wieder auftretenden Mangels an Treibstoff. Vielen Anforderungen nach Luftunterstützung konnte nicht nachgekommen werden.
Für die Russen existierten diese Beschränkungen so gut wie überhaupt nicht. Durch stärksten Druck auf den Orel-Bogen gelang es den Russen, die deutschen Verbände zurückzudrängen. Drei Wochen nach Offensivbeginn, am 23. Juli, war klar zu sehen, daß das ganze Unternehmen ein katastrophaler Fehlschlag war. Es sollte der letzte deutsche Großangriff im Osten gewesen sein.
Im Mittelmeerraum hatten fast zur gleichen Zeit, am 3. Juli 1943, alliierte Großangriffe auf Sizilien begonnen, um dort die Landung vorzubereiten. Diese erfolgte bereits eine Woche später.
Hellmuth Günther Dahms schreibt in Nr. 65 der Zeitschrift »Das

III. Reich«: »Der letzte Großangriff im Osten (Unternehmen Zitadelle) mußte abgebrochen werden, insbesondere auch, weil alliierte Kräfte auf Sizilien fußgefaßt hatten und das italienische Heer kaum noch Widerstand leistete.« Jetzt folgte am 25. Juli 1943 durch den König von Italien die Entlassung Mussolinis. Gleichzeitig wurde dessen Nachfolger beauftragt, mit den Westmächten einen Waffenstillstand auszuhandeln. Hitler erfuhr hiervon und ließ das italienische Heer entwaffnen. Der König floh, und Italien wurde Kriegsschauplatz.
Inzwischen bedrängte Stalin die Alliierten ständig nach einer zweiten Front in Westeuropa. Roosevelt war für seine sogenannte Operation ›Overlord‹ (die alliierte Landung an der Normandieküste) gewesen, während Churchill lieber über den Balkan nach Mitteleuropa vordringen wollte. Schließlich behielt Roosevelt die Oberhand, Ende November 1943 wurde in Teheran beim Treffen mit Stalin entschieden, daß man den Italienfeldzug bis Rom fortsetzen und sich dann ›Overlord‹ zuwenden würde.

i) 1943 – Nordabschnitt – Unternehmen ›Zitadelle‹ – Kesselversorgung Ukraine

Zu Beginn des Jahres 1943 fliegen Geschwaderstab, sowie I. und III. Gruppe weiterhin Unterstützung Nordfront im Raum Welikije Luki, Demjansk, Wolchow, Leningrad, Schiffsbekämpfung Ladogasee, Wolchow-Brücken und Bekämpfung des Nachschubs für Leningrad. Im Frühsommer ist das gesamte Geschwader geschlossen im Einsatz zur Heeresunterstützung bei der Schlacht um Kursk–Orel, dem Unternehmen ›Zitadelle‹. Am Jahresende schließlich wieder Kesselversorgung in der Ukraine.
Am 14. April 1943 übernimmt Major Pockrandt das Geschwader. In seinem Bericht für das Jahr 1943 fährt er fort:
»Die II. Gruppe ist im Januar 1943 zur Versorgung Stalingrads eingesetzt, danach noch einige Wochen im Südabschnitt. März 1943 Rückverlegung der I. Gruppe nach Gablingen zur absolut notwendigen Auffrischung. Es tut gut, mal wieder in der Heimat zu sein. Trotz Verbotes kommen unsere Frauen nach. Wer kann uns dies verdenken! Ich habe beide Augen zugedrückt.
14. April 43: Rückruf nach Korowje-Selo zur Übernahme des Geschwaders. Übergabe durch Wilke im Rahmen des Stabes. Das Vertrauen ehrt mich, die Tatsache selbst überrascht mich vollkommen. Größere personelle Umbesetzungen bei den Kommandeuren.
I. Gruppe übernimmt Hptm. Rauer
II. Gruppe – Schulz-Müllensiefen scheidet aus, Wittmann wird bei RLM angefordert

III. Gruppe – Major Mönch bleibt KDR
IV. Gruppe – Hptm. Grözinger in Orleans-Bricy.
Horste: I. Gruppe nach Gablingen, II. Gruppe Pleskau, danach Auffüllung Gablingen, III. Gruppe Pleskau, IV. Gruppe Orleans-Bricy, Geschwaderstab Korowje-Selo. Zusammensetzung des Geschwaderstabes: Kommodore Pockrandt, Adj. Hptm. Thierig, Major b. Stab Hptm. d. R. Sattler, Ia und Nav-Off. Hptm. Bake, NO und LN-Kp. Chef Hptm. Siebel, TO Olt. Pfister, Meteorologe Reg. Rat Müldner, Reg. R. a. Kr. Meinz, IV a. Auftrag: Weiterhin Heeresunterstützung an der gesamten Nordfront, Angriffe auf die Wolchow-Brücken im geschlossenen Verband. Brücken wurden mehrmals beschädigt, waren aber bald wieder instandgesetzt, Öllager Ladogasee, Bekämpfung des Schiffsverkehrs auf dem Ladogasee in Zusammenarbeit mit Siebelfähren. Angriffe auf Eisenbahnhöfe im Hinterland und auf Panzerwerk Gorki.
Abschuß Kdr. III. Major Mönch, über Ladogasee–Wolchow. Nachfolger wird Allmendinger. Die taghellen Nächte machen uns arg zu schaffen. Russische Nachtjäger.
Sommer 43: Verlegung des Geschwaders in den Mittelabschnitt der Ostfront. Plätze Olsuffjewo, Sechtschinskaya, Brjansk. Heeresunterstützung, Doppelschlacht Orel-Kursk täglich mehrere Einsätze z. T. im geschlossenen Verband. Nach verlorener Schlacht Rückverlegung nach Bobruisk, Puchowitschi, Gomel-Pribitki. Dabei immer wieder Heeresunterstützung und besonders Angriffe auf z. T. große russische Bereitstellungen mit mehr als 1000 Rohren aller Kaliber besonders Stalinorgeln. Die Erfolge bestehen in erster Linie darin, daß die angegebenen Ziele getroffen worden sind. Nur selten kommen anerkennende Meldungen vom Heer über den wirklichen Erfolg. Nach meiner Erinnerung endet diese Rückverlegungsserie in Brest-Litowsk und Pinsk, Versorgung wandernder Kessel Hube, Versorgung Kessel Tscherkassy.
Unterstellung IV. Flg.-Korps General Meister. Verlegung nach Kauen Geschwaderstab und I. Gruppe, Schaulen II. und III. Gruppe. Auffüllung der Gruppen und Ausbildung zur Bekämpfung strategischer Ziele im massierten Nachteinsatz. Außer uns unterstanden dem Korps KG 4 (Zielfindergeschwader), KG 27 und KG 55. Eine Aufgabe, die hoffen ließ, daß wir doch noch einmal zu unserer eigentlichen Verwendung zurückfinden könnten. Aber diese Einsätze hätten viel früher kommen müssen. Auch jetzt brannte es wie immer an allen Fronten im Osten. Und nun wurden gleichzeitig 4 Geschwader mehr oder weniger für eine gewisse Zeit aus dem Einsatz gezogen. Ausbildungszeit wurde mehrmals unterbrochen mit Verlegung auf Plätze in der Ukraine bzw. Bessarabien-Golta-Perwomaisk zur Heeresunterstützung.«
An verschiedenen Stellen wurde bereits auf den Fehler der obersten Führung hingewiesen, es versäumt zu haben, massierte und kontinuier-

liche Einsätze von Kampfverbänden auf die russischen Bahnen weit im Hinterland durchzuführen.
Von Angriffen und Erfolgen auf die Rüstungswerke Gorki und Jaroslawl offensichtlich beeindruckt, hatte sich der Oberbefehlshaber der Luftwaffe erneut entschlossen, den operativen Luftkrieg im Osten vorzubereiten und erteilte hierzu mit Datum vom 26. 11. 1943 folgenden Befehl: »Ich beabsichtige, zur planmäßigen Bekämpfung der russischen Rüstungsindustrie die Masse der im Osten eingesetzten K-Verbände, verstärkt durch Spezialverbände, mit besonderer Treffgenauigkeit unter Führung des General-Kommandos IV. Fliegerkorps zusammenzufassen. Aufgabe dieser Verbände wird es sein, Vernichtungsangriffe gegen die russische Rüstungsindustrie zu führen, um den russischen Massen die Materialmengen an Panzern, Geschützen und Flugzeugen vor Erscheinen an der Front aus der Hand zu schlagen und dem schwer ringenden Ostheer größere Entlastung zu bringen als durch Einsatz auf dem Gefechtsfeld allein.«
Der Luftwaffenstab konnte jedoch mit Datum vom 9. November 1943 nur die Beurteilung abgeben, daß in realistischer Betrachtung der Zeitpunkt für diese Maßnahme von Göring als verpaßt zu betrachten war. Die Evakuierung der russischen Rüstungsindustrie und der Einsatz gegen die russischen Bahnen weit im Hinterland hätte ab Herbst 1941 nach Zerschlagung der sowjetischen Luftwaffe und der Erreichung der Dnjeprlinie erfolgen müssen. Zunahme der Stärke und schließlich zahlenmäßige Überlegenheit der russischen Luftwaffe sowie als Folge der eigenen Rückzüge die Entrückung der großen feindlichen Rüstungsziele hätten die Verhältnisse geändert.
Im Februar verlegte die III. Gruppe nach Dno. Es ist der Nachbarplatz von Pleskau, wo Geschwaderstab und I. Gruppe bereits stationiert waren. Über die von diesen beiden Plätzen geflogenen Einsätze berichtet Ernst Ebeling:
»Nach den Welikije-Luki-Einsätzen flog die III. Gruppe unter Major Mönch von Dno aus ›Straßenjagd‹ auf Kolonnen und Truppen im Raum Cholm-Wolchow, Cholm-Ostaschkow und im Gebiet um Demjansk. Auch hier blieben eigene Verluste durch feindliche Handfeuer- und Maschinenwaffen nicht aus.
Pleskau-Süd war ein für die Verhältnisse in Rußland ebenso wie Dno gut eingerichteter Flugplatz sowohl in bezug auf die Unterkünfte als auch auf die technischen und sonstigen Einrichtungen. So war es den Männern durch gelegentliche Besuche im Soldatenheim Pleskau möglich, wieder etwas Betreuung und Fürsorge zu erleben, obwohl auch in Gostkino und Dno neben gelegentlichen Filmvorführungen gute Wehrbetreuungsgruppen mit namhaften Künstlern aufgetreten waren. Wir erlebten in Pleskau auch die Feiern anläßlich des 30000sten Feindflu-

ges des Geschwaders, zu denen neben dem bei uns Kampffliegern wegen des hervorragenden Jagdschutzes besonders geschätzten Jagdfliegerkommodore Oberst Trautloft und anderen benachbarten Verbandsführern abends auch unser damaliger Fliegerführer, General Rieckhoff, gekommen war. Dies waren ebenso wie Besuche von Generaloberst Keller und Generalfeldmarschall Kesselring seltene Lichtblicke für die ganze Gruppe und besonders auch für das Offizierskorps und seinen schon durch den gemeinsamen Einsatzauftrag festen Zusammenhalt.

Die Abwehrkämpfe des Heeres bei der Räumung des Gebietes um Demjansk und die Abwehrschlacht südlich des Ladogasees machten in stetem Wechsel Angriffe der Gruppe auf Truppenbereitstellungen, auf rollendes Material in Form von Straßen- und Eisenbahnjagd mit Bomben und Bordwaffen auf Bahnhöfe wie Toropez, Schicharewo, Bologoje, Tichwin, Wolchow, Shum, auf die russischen Flugplätze Jedrowo, Jam Chatilowo und nun auch wieder auf Ziele in Leningrad notwendig. Nachdem am 14. April der Kommandeur der I. Gruppe, Major Pockrandt, unser früherer Staffelkapitän der 9. Staffel, Geschwaderkommodore geworden war, wurden am 20. April 1943 in einem Gruppenappell der III./53 die drei Staffelkapitäne, die inzwischen weit über 200 Feindflüge hinter sich gebracht hatten und mit dem Ehrenpokal für besondere Leistungen im Luftkrieg und wie auch andere Besatzungen mit dem Deutschen Kreuz in Gold ausgezeichnet worden waren, zu Hauptleuten befördert. Major Mönch machte das in besonders feierlicher und uns alle ansprechenden Form, er war inzwischen ›unser Gruppenkommandeur‹ geworden.

Neben Angriffen auf Kap Morje, Kap Kobona und Kap Ossinowitsch am Ladogasee wurde die Gruppe im Mai 1943 in Zusammenarbeit mit flakbestückten Siebelfähren auch zur Schiffsjagd bei Nacht auf dem Ladogasee eingesetzt, um den Nachschubverkehr von und nach Leningrad zu stören. Die schon bei Tage guten und von uns entsprechend respektierten Jagdflieger aus Leningrad – angeblich eine französische Staffel – die gelegentlich, wenn sie infolge Beschuß nicht zum Erfolg kamen, unsere Maschinen auch unter Selbstaufopferung rammten, kamen auch nachts bei dem dort hellen Nordhimmel zu Erfolgen.

So wurde bei einem dieser Einsätze auch Major Mönch vermißt. Keine Besatzung hatte einen Luftkampf oder Aufschlagbrand beobachtet. Erst 1955 erfuhren wir von seinem Beobachter, Hauptmann von Volxem, einem Reserve-Offizier und Kapitän auf großer Fahrt, daß ihr Flugzeug durch Jäger in Brand geschossen war. Major Mönch, der nicht in russische Gefangenschaft kommen wollte, lehnte das Aussteigen ab, stellte es der Besatzung jedoch frei. Nur von Volxem gelang der Absprung mit dem Fallschirm. Bald nach dessen Öffnung sah er den

Aufschlagbrand der Maschine. In mehrtägigen Märschen bei Nacht versuchte er die eigenen Linien zu erreichen, wurde aber in der HKL dann doch von russischen Soldaten entdeckt. Er hat in der Gefangenschaft bis 1955 viel Schweres erlebt. Seine Frau hat mit ihren fünf Kindern bis dahin in Ungewißheit gelebt, auch die russische Besatzung in Halle durchgestanden.
Während Major Fabian schon im Jahre 1939/40 Staffelkapitän der 8. Staffel gewesen war und die Gruppe durch und durch kannte, wurde Major Brautkuhl nach wenigen Tagen als Gruppenkommandeur vermißt. Ebenso erging es Major Waldforst, den viele der jungen Besatzungen noch als Staffelkapitän in der Ausbildungsgruppe (IV./53) erlebt hatten. So erhielt die III. Gruppe mit Major Mönch ihren 4. Gruppenkommandeur innerhalb des Jahres 1942. Er kam, wie Brautkuhl und Waldforst aus dem ersten Kriegsjahr mit dem EK 1. Klasse ausgezeichnet, von seiner Tätigkeit bei der Waffenstillstandskommission in Casablanca aus der Wärme Nordafrikas in das winterlich kalte Dno und erlebte hier die schweren und verlustreichen Einsätze bei Welikije Luki mit.
Wie Major Fabian hatte auch der letzte Kommandeur der III./KG 53 sein Amt fast zwei Jahre ausüben können. Der als Staffelkapitän der 1. Staffel in diesem Buch immer wieder erwähnte Hauptmann Allmendinger – einer der ersten mit dem Deutschen Kreuz in Gold ausgezeichneten Soldaten – wird nach Vermittlung seiner Einsatzerfahrungen als Lehrer und Ausbildungsleiter an der Großen Kampffliegerschule in Greifswald und nach Verlegung in Bourges im Juni 1943 neuer und letzter Kommandeur der III./KG 53.
In die ersten Tage seiner Amtsführung fielen zwei besondere Einsätze von 6 bis 7 Stunden Dauer, nämlich der zusammengefaßte Einsatz von Kampffliegerkräften auf das Gummikombinat Jaroslawl (9. 6. 43) und das Panzer- und Motorenwerk in Gorki (10. 6. 43). Erfolgreich waren auch die zusammengefaßten Angriffe von Kampf- und Sturzkampffliegern in den Tagen davor und danach gegen Ziele auf der Halbinsel Kobona, insbesondere auf die Öllager auf Kap Morje, auf den Bahnhof Wolchow und den Flugplatz Lavansari und ganz besonders auf die verschiedenen Brücken über den Wolchow, wo sich das bewährte Jagdgeschwader Trautloft wieder durch hervorragenden Jagdschutz für uns alle auszeichnete.
Neue Notlagen des Heeres machten in den ersten Julitagen die Verlegung der Gruppe nach Osulfjewo erforderlich. Die Einsätze erfolgten vorwiegend auf russ. Truppenbereitstellungen und Artilleriestellungen um Olchowalka, Molotischtschi, Salowka und Stariza und schließlich auf die Bahnhöfe Suchinitschi und Ostaschkow und den Flugplatz Jedrowo.

Nach einem Jahr härtesten Einsatzes war die Gruppe wieder so stark ausgeblutet, der Flugzeugpark so dezimiert, daß eine erneute Auffrischung in der Heimat notwendig wurde. Am 19. 7. 43 erfolgte die Verlegung nach Gablingen bei Augsburg. Wieder wurden noch nicht urlaubsreife Besatzungen und intakte Flugzeuge an die anderen beiden Gruppen abgegeben.
Im Laufe des nächsten halben Jahres wurden die drei Staffelkapitäne, die inzwischen um die 300 Feindflüge und darüber hinter sich gebracht hatten, anderen Verwendungen zugeführt, nachdem vorher schon der in Jahren bewährte Gruppenadjutant, Oberleutnant Gobert, zunächst als Staffelkapitän in die I./KG 53 und dann nach Auszeichnung mit dem Ritterkreuz schweren Herzens in die Generalstabsausbildung gegangen war und durch den aus der früheren Stabsstaffel stammenden Oberleutnant von Ehren ersetzt worden war. Gobert hat die Generalstabsausbildung abgeschlossen, sich dann aber zur Reichsverteidigung gemeldet und ist bei einem seiner ersten Angriffe auf die »fliegenden Festungen« den Fliegertod gestorben. Er war der Bruder des heute so bekannten Schauspielers und Regisseurs Boy Gobert.
Zunächst verließ noch in Pleskau Hauptmann Eicke seine 8. Staffel und wurde durch Hauptmann Pfister, den Technischen Offizier des Geschwaderstabes ersetzt. Eicke hat es bei der IV. Gruppe nicht lange gehalten, er meldete sich zur Nachtjagd und war auf der He 219 und der Me 262 bis zum Kriegsende im Einsatz. Die 9. Staffel wurde durch Hauptmann Bichowski nachbesetzt, einer der wenigen Spanienkämpfer, die es noch im Geschwader gab. Im Januar 44 wurde auch Hauptmann Ebeling als Ia zum Geschwader versetzt; seine 7. Staffel übernahm Oberleutnant Jessen, dessen Hochzeit in Pinneberg im Juli 43 einige Kameraden mitfeiern konnten und am Hochzeitsabend den schweren Angriff der Alliierten auf Hamburg beobachten mußten.
Doch zurück nach Gablingen. Nach Urlaub und Zuführung der neuen Besatzungen und Maschinen begann eine intensive Verbandsflug- und Bombenwurfausbildung.
Auch in der Heimat blieben uns schwere Erlebnisse nicht erspart. Bei einem Gruppenverbandsflug nutzten die deutschen Jäger die Gelegenheit zu Übungsangriffen. Neben Anflügen von hinten, oben, unten und seitlich gingen sie dann auch zu den von ihnen geforderten Angriffsflügen von vorn über und zischten zwischen unseren gestaffelten Ketten hindurch, so daß uns die Haare zu Berge standen. Wir nannten das Gefühl in unserem Jargon ›mit kniefreier Brust und Gänsehaut‹. Und schon passierte es. Einer der Jäger traf frontal auf eine He 111. Außer der Rauchwolke sahen wir nur kleine Trümmer nach unten schweben. Tragischerweise wartete die Frau des Beobachters dieser Maschine am Platz in Gablingen, um nach dem Dienst mit ihm den einjährigen Ge-

burtstag der anwesenden kleinen Tochter zu feiern. – Bei einem der folgenden Gruppenverbandsflüge kollidierten beim Auflösen des Verbandes über dem Platz zwei Maschinen und trudelten ab. Es gab 10 Tote. Eine Besatzung war die des Leutnants Lewitzki. Um die gleiche Zeit verlor die Gruppe anläßlich eines Überführungsfluges zur Werft nach Orleans und Rückführung einer überholten Maschine durch Absturz bei schlechtem Wetter die Besatzung des von der I. Gruppe zu uns versetzten Ritterkreuzträgers Oberleutnant Großendorfer. In der Maschine befanden sich auch verdiente Funktionsfeldwebel der 7. Staffel, denen durch einen eintägigen Frankreichaufenthalt mit der Möglichkeit des Einkaufes für ihre Frauen ein kleiner Dank für ihre treuen Dienste gegeben werden sollte. So führten gute Absichten auch zu schweren Schicksalsschlägen.

Der Verlegungsflug nach Rußland stand wettermäßig unter einem schlechten Stern. Aufliegende Wolken und Schneesturm hielten die Gruppe in Deblin-Irena mehrere Tage fest. Auf dem Weiterflug zum uns zugewiesenen Platz Puchwitschi, nicht weit von Minsk, ging die Besatzung des Unteroffiziers Bayer im Schneesturm verloren. Während Stab, 8. und 9. Staffel den Platz am 5. 12. 43 erreichten, mußte die zuletzt gestartete Staffel in Bobruisk zwischenlanden und erreichte Puchowitschi erst am 8. Dezember. Der außergewöhnlich hohe Schnee ließ in diesen Wochen den Start oft nicht zu. Aber immer, wenn es auch unter Einsatz des fliegenden Personals gelungen war, eine Startbahn und einige kurze Rollwege herzurichten, waren wir in der Luft und wurden zur Entlastung des Heeres auf feindliche Truppenbereitstellungen im Raum Gorodok und zur Nachschubbekämpfung auf der Rollbahn Witebsk-Smolensk eingesetzt.«

Ein Streiflicht von einem Einsatz Silvester 1943 der Besatzung Juditzki, 1. Staffel, liefert der Beobachter Uffz. Lorenzen: »31. 12. 43 Golta, 12.00–14.20 Uhr. Wir wollten schon unsere Silvesterfeier vorbereiten als wir mit vier weiteren Besatzungen zum Gefechtsstand befohlen werden. Einsatz: Eisenbahnjagd bei Wolkenuntergrenze 100 m und Schneefall. Jede Besatzung bekommt einen Streckenabschnitt ostw. Kiew zugewiesen. Unser Abschnitt liegt zwischen Kiew und Neshin. Kurze Flugvorbereitung. Start 12.00 Uhr, Anflug bis zum Dnjepr im Tiefflug mit Sicht. Dann Blindflug bis zu einem markanten Navigationspunkt in der Nähe des Zielraumes. Nach der Koppelzeit stoßen wir durch, haben bei der schlechten Sicht etwas Orientierungsschwierigkeiten und kreuzen schon schräg die Bahnstrecke. Da sehen wir ein Signal bei einem Streckenposten. Wir sind ziemlich am östlichen Ende unseres Abschnittes. Linkskurve und im Tiefstflug neben dem hochgelegenen Bahndamm. Bombenklappen sind auf, Abstand vorgewählt, Kanone fertig. Nach ein paar Minuten taucht ein Schatten vor uns auf.

›Judas‹ (Juditzki) zieht die Maschine auf den Bahndamm, muß noch etwas nachziehen, um in wenigen Metern Höhe über den Zug zu kommen. Wir sehen die Russen auf dem Flakwagen mit hochgeschlagenen Kragen. Da fallen die Bomben, acht mal 250 kg. Klappen zu, Rechtskurve, nach einigen Sekunden sehen wir hinter uns den Horizont hell aufblitzen, die Detonation der Bomben. Rein in die Wolken, Kurs 210°, Landung um 14.20 Uhr in Golta.« Soweit Lorenzen.

Anfang des Jahres 1943 lag nur noch die II. Gruppe im Südabschnitt, aber ihre Tage dort waren gezählt. Mitte März verlegte auch diese Gruppe nach Pleskau, und nunmehr ist das gesamte Geschwader wieder vereinigt. Der damalige Oberleutnant Geisendorfer von der 6. Staffel fährt in seinen Berichten fort:

»Nachdem sich die Lage an der Südfront wieder gefestigt hatte, und es unseren Truppen gelungen war, den Stoß der russischen Streitkräfte aus dem Raum Stalingrad aufzufangen und eine neue Verteidigungsfront aufzubauen, konnte auch unsere Gruppe wieder in den alten Einsatz nach Norden zurückkehren. Es war der 19. März 1943.

Es gab einen feucht-fröhlichen Abschied in unserem Kasino in Dnjepropetrowsk unter Beteiligung einiger deutscher Mädchen von der Eisenbahnzentrale Dnjepropetrowsk.

Es war kein Verlangen nach Betäubung oder Verdrängung der oft erschütternden Erlebnisse für uns junge Offiziere, was uns zu solchen Festen veranlaßte. Wir hatten als junge Menschen einfach auch das Bedürfnis, fröhlich zu sein, und wo konnte man dies besser als im Kameraden- oder Freundeskreis. Der Geist der Kameradschaft, der oft zu Freundschaften vertieft wurde, stand über allem. Diese Kameradschaft und Geselligkeit fand aber auch innerhalb der Besatzungen statt, ohne Unterschied der Dienstgrade. In der Maschine waren wir eine verschworene Gemeinschaft. Fragen der Disziplin und Einsatzbereitschaft lösten sich von selbst.

Nach Verabschiedung durch unseren General Pflugbeil ging es auf Nordkurs – Richtung Pleskau, unserem Einsatzplatz südlich des Peipussees.

Wir landeten bei Nacht und erlebten gleich darauf, bevor wir noch in den Unterkünften waren, einen russischen Bombenangriff auf den Platz, bei dem ein Soldat unserer FBK ums Leben kam.

Während unseres Einsatzes im Süden hatte sich hier in unserem alten Kampfraum einiges verändert. Die Russen waren südlich des Ladogasees durchgebrochen und hatten die Verbindung zur eingeschlossenen Stadt Leningrad wieder hergestellt. Das Gebiet um Demjansk war zur Begradigung der Front aufgegeben worden.

Wir waren nun wieder mit der I. und III. Gruppe unseres Geschwaders vereint und flogen zunächst nur Nachteinsätze auf stark flakgeschützte

strategische Ziele. Flugplatz und Bahnhof Bologoje, Bahnhof Tichwin, Alu-Werk Wolchowstroy, Staudamm Rybinsk und Bahnhof Schum, waren einige der ausgewählten Angriffsziele. Eine Zeitlang flogen wir nur Angriffe auf Leningrad, wobei Fabriken und Kraftwerke an der Newa unser Ziel waren.
Die russische Flakabwehr war bei allen Angriffen äußerst stark. Unübertroffen aber war die Abwehr im Raum Leningrad. Man sprach von 120 überschweren Flakbatterien, wobei zu einer Batterie in der Regel 8 Geschütze zählten.
Einmal starteten wir mit dem ganzen Geschwader, einzeln kurz hintereinander. Auch Oberst Wilke, der Geschwaderkommodore, war dabei. Wir sollten nach Berechnung unseres Flugwetterdienstes das Ziel bei Einbruch der Dämmerung erreichen, aber es war noch hell als wir anflogen, und so erlebten wir die geballte Abwehr besonders eindrucksvoll. Flakwolken verfinsterten buchstäblich den bislang klaren Himmel. ›7/10 Bedeckung‹ würde man in der Fliegersprache sagen.
Mein Beobachter Schmauz und ich sahen uns an. Ich muß wohl ein ziemlich bedenkliches Gesicht gemacht haben, denn er sagte: »Herr Leutnant, es ist besser, Sie schauen nur auf die Instrumente!« Was wohl gut gemeint, aber nicht immer richtig war. Gerade bei den späteren Einzeleinsätzen nachts auf Leningrad mußte man die Flakwolken im Auge behalten. Unsere Angriffshöhe bewegte sich zwischen 6000 und 8000 m, so hoch wie es mit unserer schweren Bombenlast nur ging. Durch die Abstände zwischen den einzelnen Maschinen zog jede eine Vielzahl von Flakbatterien auf sich. Aber die Angriffe sollten die ganze Nacht über andauern, und jede eingeteilte Besatzung flog zwei Einsätze hintereinander. Es war wiederum ein eindrucksvolles Schauspiel. Scheinwerfer leuchteten auf, in ganzen Bündeln versuchten sie uns zu erfassen, was auch meist gelang, dann die Detonation der Flak, Granaten, deren Luftdruck die Maschine manchmal erzittern ließ. Mit allen Tricks an Abwehrbewegungen tasteten wir uns an das Ziel. Zur Orientierung diente eine Karte 1:25000. Die vielen Windungen des Flusses Newa waren gut zu erkennen und eine große Hilfe bei der Zielfindung. Aber was tun, wenn Flakwolken immer näher kommen, wenn plötzlich eine schwarze Wolke von der Größe eines Flugzeuges knapp vor der Kanzel auftaucht und man sie durchfliegt mit dem Gefühl, die nächste Salve muß unweigerlich treffen. Dann lieber noch einmal einen Zielanflug riskieren.
Gerade der Zielanflug ist die kritische Phase. Die Maschine muß völlig ruhig gehalten werden. Kein Schwanken in der Höhe, im Querruder und der Geschwindigkeit, den Meßgeräten der Flakbatterien ausgesetzt. Wer ist schneller, wir mit unserem Zielanflug oder die Flak, bis sie sich eingeschossen hat? Wie sehr kommt es da auf einen guten

Bombenschützen an, und wie lernte ich in solchen Situationen das Können und die Ruhe meines Beobachters Schmauz schätzen. Nur kurze Blicke und ein Zunicken waren zur Verständigung erforderlich.
Was aber, wenn man nachts über Leningrad fliegt und es überkommt einen als Flugzeugführer ein menschliches Bedürfnis und der Druck wird immer größer und ist schließlich nicht mehr auszuhalten? Gewiß gab es dafür besondere Beutel, die wir aber nie benutzten, weil die ganze Prozedur zu unbequem, ja geradezu unmöglich in der Handhabung war. Man denke nur an die Uniform, darüber die Flugkombination noch dazu eingeschnürt von den Gurten des Fallschirms.
Die übrige Besatzung tat sich leichter in der Lösung dieses Problems. Sie begab sich einfach zu den Bombenschächten. Zum Ärger der Flugzeugwarte, die sich wunderten, wenn in der Zündelektrik ein Kurzschluß war.
Während wir nun von Pleskau aus Nacht für Nacht unsere Einsätze nach Leningrad starteten, griffen die Russen wiederum mit Bomben unseren Einsatzplatz an. Als Besatzung hatten wir immer eine Nacht Ruhe, eine Nacht Einsatz. Blieb man ›zu Hause‹, so war es dennoch um die Nachtruhe geschehen.
Wir wohnten in Blockhäusern, ebenerdig. Ich blieb immer im Bett, wenn Alarm war, die Flak zu schießen begann und die Bomben krachten. Meist war der angerichtete Schaden nicht groß. Nur einmal wurde es brenzlig, als durch den Luftdruck der ganze Fensterstock in mein Zimmer fiel.
Kehrte man bei einem solchen russischen Störangriff gerade vom Feindflug zurück, dann wurde uns der Peipussee als Warteraum auf Abruf zugewiesen.
In Pleskau übernahm Olt. Spellig, der von der IV. Gruppe kam, als Nachfolger von Hptm. Klein (gefallen bei Stalingrad) die 6. Staffel, der auch ich als einziger Staffeloffizier angehörte. Es dauerte nicht lange, da sollte auch Olt. Spellig ausfallen. Bei einem unserer Einsätze kam er mit seiner Besatzung nicht zurück. Es war am frühen Abend. Mit unserem Adjutanten Olt. Zabel, Lt. Dreher und Lt. Kornblum wartete ich im Kasino. Wir waren alle sehr niedergeschlagen, waren doch die Verluste in den letzten Wochen groß gewesen und hatten wir so manchen Freund und Kameraden verloren.
Wir erinnerten uns an harte Einsätze, sprachen von kritischen Situationen und von der Unausweichlichkeit und Unberechenbarkeit des Schicksals. Und trotzdem wollten wir einfach nicht glauben, daß Spellig nicht mehr kam.
Die Telefonvermittlung hatte Anweisung uns zu benachrichtigen, falls irgendeine Nachricht eintreffen sollte. Um 03.00 Uhr früh klingelte dann auch das Telefon. Ein Infanteriegefechtsstand meldete sich. Die

Feldwebel Will und Feldwebel Lehner, Ritterkreuz am 22. 5. 1943, Verleihung durch den Kommodore. Rechts: Olt. Werner, Geschwader-TO, während der Auffrischungszeit in Gablingen.

Wie Bild oben, Verleihung vor der angetretenen II. Gruppe KG 53.

Oben links: Die neuen RK-Träger mit Kommodore und Kommandeur. V. l. n. r. Fw. Will, Otl. Pockrandt, Major Wittmann, Fw. Lehner. – Rechts: Olt. Kurt Lehmann, Staffelkapitän der 2. Staffel, Ritterkreuz am 19. 2. 1943.

. . . der Kommandeur der II. Gruppe mit seinen Staffelkapitänen. V. l. n. r. Olt. Kornlbum, 4. Staffel, gef. 27. 11. 44, Olt. Zöllner, 6 St., gef. 5. 11. 1944, Major Wittmann, Kdr. II./KG 53, Olt. Dreher, gef. 4. 3. 1945.

Gefechtsstand der III. Gruppe in Pleskau, Frühjahr 1943. V. l. n. r. (stehend) Major d. R. Kürten, unbekannt, Major Mönch, Kommandeur III. Gruppe, Olt. Pfister, Geschwader-TO.

Flugbesprechung der Besatzung Lt. Engel vor Beginn des 30 000. Feindfluges des Geschwaders im Mai 1943.

30 000. Feindflug. Übergabe eines Geschenkkorbes an die Besatzung Lt. Engel.

Oben: Ansprache an II. Gruppe anläßlich des 30 000. Feindfluges, Mai 1943, Flugplatz Korowje Sselo. V. r. n. l. Kriegsberichter Ollig, Kommodore Major Pockrandt, Geschwader-Adjutant Hauptmann Thierig. Hintergrund: Olt. Lührs, Adjutant I. Gruppe, daneben unbek., Vordergrund Major Rauer, Kdr. I. Gruppe, Hintergrund r. Besatzung L Engel.

Unten links: Frühjahr 1943. Besuch von Oberst Joachim Helbig, Inspizient General der Kampfflieger, Mitte Oberst Wilke, verdeckt Hptm. Thierig, l. unbekannt.

Unten rechts: Besuch von Generalmajor Rieckhoff, Chef des Stabes Luftflotte 1, r. Kommodore Major Pockrandt, Sommer 1943. Anlaß: Besprechung Großangriff auf Wolchowbrücken.

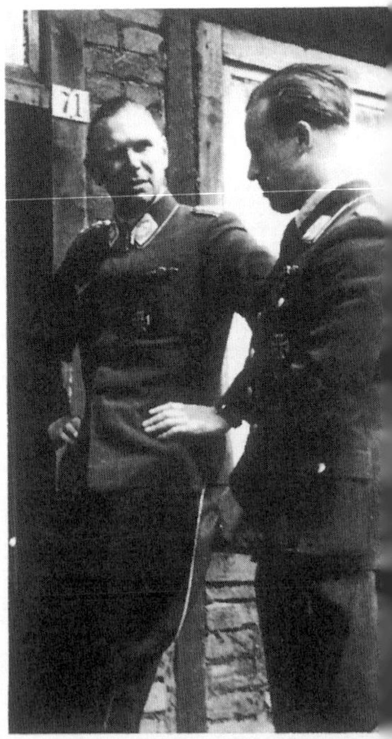

Besatzung Spellig hatte sich zu ihm nach einer Notlandung durchgeschlagen.
Nun dachten wir erst recht an keinen Schlaf. Die Anspannung war vorüber und eine große Alu-Kommiss-Kanne voll mit Rotwein sorgte für weitere Entspannung, bis auch wir durch „Aufschlagbrand" endeten und morgens mit dumpfem Kopf im Kasino erwachten. Als ich morgens mit Kombination und Fallschirm zur Staffel zurückkehrte, hielt der Spieß gerade Morgenappell.
In die Pleskauer Zeit fällt auch die Übergabe des Geschwaders von Oberst Wilke an Oberstleutnant Pockrandt, den Kommandeur der I. Gruppe.
Auch in unserer Gruppe findet ein Wechsel statt. Oberstltn. Schulz wird als Kommandeur einer Fliegerschule in die Heimat versetzt, verläßt uns kurz darauf, und Hptm. Maubach führt stellvertretend die Gruppe.
Inzwischen ist aber unsere ganze Gruppe auffrischungsreif. Wir verlegen im April 1943 auf den Fliegerhorst Gablingen bei Augsburg, wo am 25. Mai Major Wittmann, 1. Ritterkreuzträger des Geschwaders, die II. Gruppe übernimmt. Olt. Zöllner kommt von der IV. Gruppe und übernimmt die 6. Staffel.
Neue Besatzungen stoßen zu uns, und neue Flugzeuge werden zugeteilt. Als älteste Flieger der Gruppe erhalten Lt. Kornblum, Lt. Dreher und ich das ›Deutsche Kreuz in Gold‹ und werden zu Oberleutnanten befördert. Es beginnt eine intensive Schulung der neuen Besatzungen – Verbandsflug – Verbandsbombenabwurf mit Zementbomben am Ammersee – Alpenflüge – Nachtflüge usw., trotz allem eine erholsame Zeit.
Am 15. Juli 1943 ist es so weit. In voller Kampfstärke mit 45 Maschinen und ebensoviel Besatzungen verlegen wir wieder an die Front. Unser neuer Einsatzplatz Olsufjewo, ein großer Platz mit kasernenartigen Steinbauten, lag in der Nähe von Brjansk im Mittelabschnitt der Ostfront.
Hier war die Front wieder in Bewegung gekommen. Von deutscher Seite war die Offensive ›Zitadelle‹ gestartet worden mit dem Ziel, die russischen Streitkräfte im Raum Kursk durch Angriffe von Süden und Norden abzuschneiden und einzukesseln. Um dieses zu verhindern, startete der Russe gleichzeitig einen Angriff nördlich von Kursk aus dem Raum Orel. Mit starken Kräften, Panzern und Infanterie, gelang ihm der Durchbruch.
Wir Flieger wurden wieder zur Unterstützung unserer Infanterie auf frontnahe Ziele, insbesondere Bereitstellungen, Panzer- und Truppenansammlungen, eingesetzt. Bei jedem Wetter flogen wir täglich 2–3 Einsätze. Die russische Bodenabwehr war stark und gefährlich. Bis in

die vordersten Linien führten sie schwere Flakbatterien mit sich, die zielsicher schossen, und uns bereits in den ersten Tagen schwere Verluste zufügten.
Am 31. Juli starteten wir im geschlossenen Verband, angeführt von Kommandeur Major Wittmann, zu einem Angriff auf Staroje. Wir flogen bei gutem Wetter unser Ziel in 4000 m Höhe an. Die schwere Flak schoß wie verrückt und wollte uns abdrängen, aber wir steuerten unbeirrt unser Ziel an. Mein Bombenschütze Schmauz hatte bereits die Bombenklappen aufgedreht, die Bomben scharf gemacht, und mir noch die letzten Kurskorrekturen angegeben. Plötzlich ein Knall, mein Steuerknüppel fällt nach vorne, reagiert nicht mehr. Also Treffer im Leitwerk. Der Bombenschütze löst sofort die Bomben aus. Die Maschine fliegt noch, zunächst geradeaus weiter.
Unsere Bordeigenverständigung ist unterbrochen. Ich versuche die Maschine vorsichtig auf Gegenkurs zu bringen, es gelingt. Das Seitenruder läßt sich über die Kurssteuerung betätigen, sie zu lösen wage ich nicht. Mit dem Trimmruder kann ich die Höhe korrigieren.
Mein Bordmechaniker kommt nach vorne und sagt, wir hätten ein großes Loch durch Volltreffer am Leitwerk. Ich sagte: „Wir versuchen eine Landung mit Hilfe des Trimmruders." Aber da winkt er mit der Bemerkung ab: „Es hängen nach 3 Stück 50-kg-Bomben, die bereits scharf sind halb aus dem Bombenschacht."
Die Bombenklappen sind weggefegt und die Bombenschächte vermutlich durch den Explosionsdruck verbogen.
Also heißt es aussteigen. Der auf dem Kurs liegende frontnahe Einsatzplatz Kratschew wird angesteuert. Hier liegt der berühmte Oberst Rudel mit seinem Stukageschwader. Wir wollen gleich über dem Platz abspringen, denn die Gegend ist stark von Partisanen verseucht, die in allen umliegenden Wäldchen ihre Stützpunkte haben.
Wir sind noch 2000 m hoch. Der Funker und der Heckschütze verlassen durch die Bodenluke die Maschine, der Absprung gelingt. Dann kommt aber noch mein Bordmechaniker Kern nach vorne. Verschmitzt lächelt er. Unser Maskottchen, ein kleiner Matrose am Steuerknüppel baumelnd, darf nicht zurückbleiben. Eine Partyerinnerung an Insterburg. Er stopft ihn in seine Kombination.
So kommt eine kleine Verzögerung in unser Absprungmanöver. Als Bordschütze Kern und Beobachter Schmauz mir noch zuwinken und durch die Luke verschwinden, ist die Reihe an mir.
Die Befürchtung, die Maschine könnte zu trudeln beginnen, wenn ich das Steuer verlasse und nach hinten gehe, bringt mich zu dem Entschluß, durch das Schiebedach über meinem Sitz und über die Fläche auszusteigen.
Zuerst bleibe ich mit dem Kabel meiner Kopfhaube hängen, dann stei-

ge ich auf den Sitz, schwinge das rechte Bein über die Seitenwand nach außen, aber die Maschine stellt sich gleich auf den Kopf, holt Geschwindigkeit auf. Ich werde mit dem Blick zum Leitwerk an die Maschine gepreßt, kann mich nicht mehr lösen.

Aber kein Angstgefühl überkommt mich. Ich kann mir nicht vorstellen, daß es nun aus sein sollte. Ich meine sogar, beim Aufprall würde ich nur weggeschleudert werden und heil davonkommen, aber das war wohl nur Wunschdenken.

Der Druck durch den Fahrtwind wird immer größer, so daß mir die Leisten schmerzen und ich kann es kaum noch in dieser Stellung aushalten. Ich sitze im Reitsitz auf der Seitenwand. Nun muß ich irgendwie handeln. Wohl mehr instinktiv erfasse ich mit der linken Hand mein linkes Bein, das sich noch in der Maschine befindet, ziehe es langsam hoch. Als die Ferse nur etwas aus der Kanzel herausragt, erfaßt der Wind das Bein, reißt es heraus. Ich bin frei, wirble durch die Luft. Nur ein Gefühl der Ruhe und Befreiung umgibt mich. Meine Arme und Beine schlenkern hin und her. Die Augen halte ich geschlossen, warte noch etwas, greife nach dem Kabelgriff um den Fallschirm zu öffnen, und spüre das Herausflattern des Hilfsfallschirms, der den ganzen Schirm mit sich reißt.

Plötzlich ein Ruck in den Gurten, ich schwebe und sehe über mir den geöffneten Schirm. Wie herrlich! Ich meine die Welt neu entdeckt zu haben, genieße den Blick auf Wälder und Felder, treibe auf einige Teiche zu, versuche den Fallschirm zu steuern, es gelingt. Dann rast die Erde auf mich zu, ich falle hin, stehe gleich wieder auf und schaue mich um.

Etwas 50 m vor mir ein Feld, wo russische Frauen arbeiten. Sie lachen. Aus einem Dorf, ca. 300 m entfernt, löst sich ein LKW, er kommt auf mich zu. Männer in Zivil mit Gewehren im Anschlag gehen auf mich los. Ob es Partisanen sind? Da steigt der Fahrer aus, ein O.T.-Mann (Organisation Todt). Er kennt mich als Deutschen, kommt heran und gratuliert. Es war mein 254. Feindflug.

Wir fahren zur Ortschaft, wo eine O.T.-Einheit stationiert ist und Auffangstellungen baut. Ich fühle mich elend. Erst der O.T.-Mann sagt mir, daß ich am Kopf eine Wunde habe; das Blut ist bereits eingetrocknet. Ein Glas Schnaps macht meinen Zustand nicht besser. Im Gegenteil, er kommt mir gleich wieder hoch.

Meine Maschine ist in der Nähe in einen Wald gestürzt. O.T.-Männer reiten hin, werden von Partisanen beschossen und kommen zurück.

Über das Feldtelefon der O.T.-Einheit verständige ich meine Gruppe. Die Vermittlung wurde bereits von meiner Besatzung in Anspruch genommen, so kommt ein Gespräch mit meinen Leuten zusammen, und wir wissen, daß wir alle gut heruntergekommen sind.

Abends werde ich zu einem armenischen Feldbataillon, das von deutschen Offizieren geführt wird, weitergeleitet. Lt. Eicke, ein Bruder von Olt. Eicke aus unserem Geschwader, ist dabei. Wir feiern im Kasino meine geglückte Rettung.
Schließlich bekomme ich ein Bett in einer Bauernkate. Hinter dem Ofen schlafen die russischen Frauen, aber ihr Geschnarche stört mich nicht mehr. Ich bin todmüde.
Am nächsten Tag bringt man mich zum Flugplatz Brjansk, wo mich eine Kuriermaschine unserer Gruppe abholt.
Wieder bei meiner Einheit erfahre ich, daß eine Maschine bei diesem Angriff über dem Ziel abgeschossen wurde und die Besatzung noch über Feindgebiet mit dem Fallschirm absprang. Eine weitere Maschine bekam einen Flaktreffer in die Kanzel, wobei dem FF ein Bein weggerissen wurde. Er starb noch im Flugzeug. Der Beobachter, der den A-B-Schein besaß, konnte aber die Maschine sicher landen. Nach 2 Tagen war ich wieder am Feind, aber Kopfschmerzen und Schwindelgefühl stellten sich ein. Fieber kam hinzu, so daß mir der Stabsarzt Ruhe verordnete.
Dann hieß es, mein Fronteinsatz soll eine Unterbrechung erfahren und ich mit meiner Besatzung zur IV. Gruppe versetzt werden.«
Erwähnt ist der 30000ste Feindflug des Kampfgeschwaders 53. Er wurde geflogen im Mai 1943 von der Besatzung. Lt. Otto Engel, 5. Staffel, und fand seine Würdigung in den damaligen Frontzeitungen ›Der Flieger‹ und ›Flieger, Funker, Kanoniere‹. Lt. Engel wurde am 28. 2. 1945 als Flugzeugführer mit dem Ritterkreuz ausgezeichnet.
Oberst a.D. Herbert Wittmann, Jahrgang 1914 Geburtsort Döllnitz/Oberfranken, Ritterkreuz als Hauptmann und Staffelkapitän am 23. 11. 1941, Eichenlaub als Kommandeur der II./KG 53 am 1. 2. 1945, kehrte nach einjähriger Verwendung an der Luftkriegsschule Fürstenfeldbruck zum Kampfgeschwader 53 zurück und übernahm die II. Gruppe. Hierüber und über den weiteren Einsatz der II. Gruppe im Jahr 1943 berichtet er:
»Nach einer einjährigen Heimatverwendung als Inspektionschef an der Luftkriegsschule Fürstenfeldbruck wieder an der Front. Im Februar 43 besucht mich der Adjutant des KG Legion Condor 53, Hptm. Thierig, in Fürstenfeldbruck und fragt mich, ob ich an einer Verwendung als Gruppenkommandeur im Geschwader interessiert sei. Hier gab es für mich keine weitere Überlegung, es war für mich Ehrensache wieder zu meinem Geschwader zurückzukehren.
So übernahm ich am 25. 5. 1943 als Nachfolger von Oberstltn. Schulz die II./KG Legion Condor 53. Die Übernahme erfolgte in Gablingen, wo die Gruppe zur personellen und materiellen Auffrischung stationiert war.

Am 15. 7. 43 wird die Gruppe wieder an die Ostfront nach Osulfjewo, in der Nähe von Brjansk verlegt. Ich kann bereits in den ersten Tagen feststellen, daß sich die Verhältnisse an der Front dramatisch verändert haben.
Die russische Abwehr war wesentlich verbessert und auch die russische Jagdluftwaffe mit wendigen und kampfkräftigen Flugzeugtypen, wie Mi und Yak setzten uns stark zu.
Was Osulfjewo anbetrifft, war es ein beachtlich großer Flugplatz mit festen Unterkünften, aber bereits nach einem Kilometer im Umkreis waren die russischen Partisanen im Besitz des umliegenden Geländes. Die Fliegerhorstgruppe hatte es sehr schwer, die Versorgungswege offen zu halten. Fast jede Nacht kamen russ. Flugzeuge, um die Partisanen mit Abwurfbehältern zu versorgen und auch unseren Platz mit Bomben anzugreifen.
Die deutsche Luftüberlegenheit begann zu schwinden und Tageseinsätze erforderten Jagdschutz. Hier möchte ich nach meinem Erleben den zuverlässigen Jagdschutz der spanischen Luftwaffe hervorheben.
An der gesamten Heeresfront sieht es nicht gut aus. Die Großoffensive im Raum Kursk hat uns nur wenig Erfolg gebracht und mußte abgebrochen werden. Die Luftaufklärung brachte die klare Erkenntnis, daß der Russe im Mittelabschnitt, besonders vor Moskau, starke Kräfte zusammenzog, was auf eine baldige Offensive in diesem Raum schließen ließ.
So war es denn auch. Ende August griff der Russe sowohl von Süden, aus Richtung Kursk, als auch von Norden, von Rschew an und versuchte, unser Heer in eine Zange zu nehmen.
Wir flogen pausenlos bei jeder Wetterlage, bei Tage und auch Nacht. Je nach Wetterlage fanden die Einsätze in Einzelflügen, Ketten- oder Staffelstärken statt. Überraschend für mich war die Zuverlässigkeit des verbesserten Zielgerätes Lotfe 7 D. Voraussetzung für eine gute Trefferlage ist die frühe Erfassung des Zieles, d. h. je höher der Anflug und je besser die Sicht, um so besser die Bombenlage.
Die erfolgreichste Anflughöhe lag nach meiner Erfahrung bei 5000 m, wobei aber auch hier die russische Flak uns am meisten zusetzte. Die russischen Partisanen nahmen uns bereits bei Start und Landung in Osulfjewo unter Beschuß. So mußte ich selbst nach einem Start, nachdem die Partisanen uns den linken Motor ausgeschossen hatten, mit Bomben notlanden, was zunächst gut ging. Kaum hatten wir das MG ausgebaut und versucht in Richtung einer Versorgungsstraße abzuhauen, wurden wir von Partisanen unter Beschuß genommen. Mein Bordfunker wurde tödlich getroffen, während wir vier anderen uns zu einem Stützpunkt durchschlagen konnten. Unseren toten Kameraden haben wir mit Unterstützung des Stützpunktkommandos heimgeholt

und in Osulfjewo zur letzten Ruhe gebettet.
Dem Russen gelang es, nördlich Orel die deutsche Front zu durchbrechen. An der ganzen Front in diesem Abschnitt setzte sich das Heer der Lage entsprechend ab.
So mußten wir am 10. 9. von Osulfjewo nach Gomel-Süd und bereits am 24. 9. nach Bobruisk zurückverlegen. An allen Abschnitten wurde die Unterstützung durch die Luftwaffe gefordert. Je nach Ziel wurden Maschinen mit Spreng- oder Splitterbomben der verschiedensten kaliber beladen. Kaum war der Einsatzbefehl vom Geschwader telefonisch oder per Fernschreiben eingelaufen, gingen die Befehle für Munitionierung an die Technischen Einheiten. An Hand der Lagekarte besprach der Gruppenkommandeur mit seinen Flugzeugführern und Beobachtern das Ziel, Anflugweg und -höhe sowie Beladung, Bombenabstand und falls notwendig, den Angriff für ein Ausweichziel. – Sofort nach Landung wurde von allen eingesetzten Besatzungen ein Bericht über den Verlauf des Angriffes abgegeben und mit allen Erkenntnissen an das Geschwader durchgegeben.
Das Bodenpersonal arbeitete rund um die Uhr. Technischer Wart, Bombenwart, Waffenwart, Funkwart usw., alle waren ständig im Einsatz, um die Maschinen startklar zu machen und eine hohe Einsatzbereitschaft der Gruppe zu gewährleisten. Von Bobruisk aus griffen wir Ziele im Raume von Kiew und Schitomir an. Die Umstellung auf andere Abschnitte ist für das fliegende Personal schwierig, denn jeder Flugplatz hatte seine Eigenart.
Am 24. 10. 43 Verlegung der II./KG 53 nach Rotmistrowka in der Ukraine. Wieder ein neuer Abschnitt. Von hier erfolgten Entlastungseinsätze für das Heer zur Räumung des Kubanbrückenkopfes. Wir flogen gegen Ziele im Raume Nikolajew und Dnjepropetrowsk und am 22. 11. Verlegung nach Kirowograd.
Besondere Erwähnung bedürfen hier die Versorgungseinsätze des Kessels von Tscherkassy. Ich glaube, daß wir für die eingeschlossenen Heeresverbände bedeutende Unterstützung und Hilfe gebracht und zum Erfolg des Ausbruchs entscheidend beigetragen haben. Bei Tag und bei Nacht wurden bei jeder Wetterlage, meist im Tiefflug, Angriffe geflogen und Versorgungsgüter abgeworfen. Die Gruppe stand in ständiger Funkverbindung mit den eingeschlossenen Heeresverbänden, was für den Erfolg besonders wichtig war. Auf Grund der enorm starken leichten und schweren Flak der Russen waren die Verluste sehr hoch, und von keiner unserer verloren gegangenen Besatzungen haben wir je wieder etwas gehört.
Die II./KG 53 blieb weiterhin der Luftflotte 4 unter General Richthofen unterstellt und erhielt von dort die Einsatzbefehle. Wir verlegten dann von Kirowograd nach Winnitza und flogen weiterhin Versor-

gungseinsätze für Tscherkassy. Der Russe drängte unsere Front weiterhin zurück, und wir mußten bereits am 5. 12. 43 Winnitza räumen und nach Rauchowka verlegen.
Hier ein ganz besonderes Kriegserlebnis. Rauchowka liegt am Bug, ein kleiner Ort nördlich Odessa, aber was wir nicht erwartet haben, der Ort ist ›deutsch‹. Vor rund 200 Jahren waren unsere Schwaben und auch Elsässer nach hier ausgewandert und haben über diese Zeit ihr Deutschtum, ja noch mehr, ihre schwäbische oder elsässische Volksart bewahrt. Die Gruppe wurde auf Privatquartiere bei den deutsch-ukrainischen Bauern verteilt, und damit war unsere Gulaschkanone außer Dienst. Was diese Bevölkerung für uns getan hat, war mehr als Gastfreundschaft, es war ein Opfer in jeder Beziehung. Lehrer, Pfarrer, Müller und Schneider, Schmied und Bauern, wie bei einem deutschen Dorf, haben sich in der Aufnahme übertroffen. Dazu der köstliche ukrainische Wein und last not least auch der Pfirsichschnaps. Hinzu kam, daß alle Mahlzeiten im schwimmenden Sonnenblumenöl zubereitet wurden. Für meinen Gruppenarzt nicht immer zur Freude, denn viele unserer Soldaten haben diese Schlachtschüsseln und Einladungen nicht gut vertragen.
Für unsere Einsätze wurden wir von der Bevölkerung in unvorstellbarer Art unterstützt, in der großen Hoffnung, daß die deutsche Truppe am Bug die Front wieder stabilisiert. Hier darf ich erwähnen, daß diese deutschen Dörfer im Frühjahr 1944 evakuiert wurden und in riesigen Trecks bis in den Warthegau zogen, wo sie später durch die anrückenden Russen furchtbare Schicksale erlebten.«

j) 1944 – Rückzug

Der Generalstabschef der Luftwaffe, Generaloberst Jeschonnek, bei einer Stabsbesprechung im Lw-Hauptquartier in Kalinowka im Juli 1942: »Jeder viermotorige Bomber, den die westlichen Alliierten bauen, macht mich glücklich. . . . . wir werden sie genauso abschießen wie die zweimotorigen. . . .«
In der Nacht zum 31. Mai 1943 hatten tausend 4mot-Bomber vom Typ Stirling und Halifax Köln angegriffen und setzten die Stadt in Brand. Die Abschußziffer kann man mit Null bezeichnen (4%). Der – jedenfalls vorläufige – Gipfel des Schreckens wurde das Unternehmen ›Gomorrha‹. In der Zeit vom 24. 7. bis 3. 8. 43 wurde Hamburg immer wieder angegriffen, in den Feuerstürmen starben 40000 Menschen. Die Zerstörung von Hamburg hatte auch Jeschonnek getroffen. Hitler hatte Vergeltung befohlen, jetzt sollte die V 1 in Erscheinung treten, die in Peenemünde entwickelt wurde. Am 17. 8. 43 wurden die Messer-

schmittwerke in Süddeutschland massiv von der 1. Amerikanischen Luftdivision bombardiert, am gleichen Tag bombardierten 229 amerikanische 4mot die Kugellagerwerke Schweinfurt. In der Nacht darauf warfen 597 britische Bomber zigtonnen auf Peenemünde. Gerade der schwere Angriff auf Peenemünde hat Jeschonnek zutiefst getroffen. Während sein Stab beim Frühstück auf ihn wartete und seine Sekretärin, Frau Kersten, ihren Chef von der Lagebesprechung in Kenntnis setzte, traf Jeschonnek seine Entscheidung. Er legte den Hörer auf und griff zur Pistole. Sein Leben war mit 44 Jahren beendet. Er hinterließ eine schriftliche Nachricht: Zwei seiner Widersacher sollten an seinem Begräbnis nicht teilnehmen, und wörtlich: »Ich kann mit dem Reichsmarschall nicht länger zusammen arbeiten, es lebe der Führer!«
Bereits zwei Jahre zuvor hatte Generalluftzeugmeister Ernst Udet am 17. November 1941 seinem Leben ein Ende gesetzt, als Folge von Zerwürfnissen mit Göring, der ihn fallen ließ. Auf dem Weg zum Staatsbegräbnis für Udet war der General der Jagdflieger, Werner Mölders, im Jahr 1940 als 27jähriger bereits Kommodore eines Jagdgeschwaders, am 22. 11. 1941 in der Nähe von Breslau tödlich abgestürzt.
Zur Lage am Jahresende 1943/44 ist ein kurzer Rückblick notwendig: Im Spätherbst 1943 war im Süden der Ostfront auf breiter Front bis zum Kaukasus die Rote Armee zur großen Offensive angetreten. Charkow wurde erneut von den Russen erobert, am 29. August fiel Taganrog, am 25. 9. erreichte die russische Panzerspitze den Dnjepr zwischen Saporoshje und Dnjepropetrowsk. Der Kubanbrückenkopf ging nach schweren Kämpfen verloren. Im Mittelabschnitt mußten unter sowjetischem Druck am 24. September 1943 Smolensk und Roslawl geräumt werden. Nur im Norden war es verhältnismäßig ruhig.
Im Oktober 1943 griff die Rote Armee wieder im Süden an, konnte bei Melitopol am 23. 10. durchbrechen und die deutschen Kräfte über den Dnjepr werfen. Am 6. 11. 43 fiel Kiew. Hier war die deutsche Front total zerrissen, und russische Panzer rollten nahezu ungehindert nach Westen. Erst ein mit letzter Kraft durchgeführter deutscher Stoß gegen die Südflanke der Russen brachte am 11. 11. 1943 deren Vormarsch vorübergehend zum Stehen.
Dennoch mußten die deutschen Einheiten, oftmals Tag und Nacht am Feind, immer weiter zurück. Deutsche Soldaten, seit Jahren gegen fünf- bis achtfache Übermacht kämpfend, waren am Ende ihrer Kraft. Den Menschenmassen und der Übermacht des Materials aus USA waren sie nicht mehr gewachsen. Immer mehr Städte und Abschnitte gingen verloren.
Im Süden standen in den Herbstkämpfen 1943 die deutschen Verbände noch immer hinter dem Dnjepr ostwärts Nikopol, über Kriwoi Rog bei Tscherkassy ostwärts Brussilow, ostwärts Radomysl und Korosten.

In den Weihnachtstagen 1943 vermochte die Rote Armee westlich Kiew bei Radomysl durchzubrechen, und am 1. Januar 1944 stand der Russe vor Shitomir. Weit und breit war niemand da, der diesen Durchbruch hätte abfangen können. Schon in den nächsten Tagen überschritten die Rotarmisten die alte polnische Grenze. Sie marschierten, fast ohne Widerstand zu finden, immer weiter nach Westen.
An der Ostfront rollten den ganzen Januar 1944 über die sowjetischen Angriffe, die deutschen Truppen zu weiterem Zurückweichen zwingend.
In oftmals unübersichtlichen Kämpfen wurden deutsche Einheiten und Stellungen überflutet und eingeschlossen. Am 18. 2. 44 mußte Staraja Russa, am 21. 2. Cholm aufgegeben werden, am Tag darauf fiel Kriwoi Rog.
Die 1. Ukrainische Front unter Sowjet-Marschall Schukow, die 2. Ukrainische unter Marschall Konjew setzen im März mit Massenangriffen ein. Am 10. 3. fällt Uman, kurz darauf Winniza, am 20. 3. überschreiten sie bei Soroki und Mogilew den Dnjestr. Am 21. 3. Panzerspitze bei Czernowitz. Am 15. 4. fällt Tarnopol, das von den eingeschlossenen Deutschen bis zur letzten Patrone verteidigt wird. Am 7. September 1944 fällt Sewastopol.
Stalin, der Hauptlast müde, welche die Sowjetunion in diesem Kriege zu tragen hatte, drängte immer stärker auf eine aktive Teilnahme des Westens am Kampf gegen Deutschland. Die Materiallieferungen der USA an die Sowjetunion betrugen jetzt schon die gigantische Summe von 9477666000 Dollar und umfaßten von Bedarfs- und Luxusartikeln, Verpflegung und Uniformen, Waffen, Kriegsgerät aller Art bis zum Schweren Wasser, Uranium und Kobalt alles, was es in den USA auch gab. Roosevelt: »Stalin wird mit mir zusammenarbeiten für eine Welt des Friedens und der Demokratie.« Harry Hopkins, Roosevelts Intimus, begeistert für den bolschewistischen Verbündeten im Juni 1942: »Wir sind entschlossen, uns durch nichts daran hindern zu lassen, alles was wir haben, mit Euch zu teilen!« So lieferte damals Amerika auch den damaligen Stand des Atomgeheimnisses an den Bolschewismus aus.

k) Letzter Einsatz im Osten

Um die Jahreswende 1943/44 wird das Geschwader in den ›Auffrischungsstab Ost‹ einbezogen, dem gleichzeitig die Kampfgeschwader 4, 27 und 55 zugeordnet werden. Die Auffrischung dort dient dem Zweck, die Besatzungen für neue Aufgaben vorzubereiten und auszubilden.

Schließlich ist gegen Ende März 1944 diese Ausbildungszeit beendet, und am 31. März 1944 wird der Auffrischungsstab Ost umbenannt in Generalkommando IV. Flieger-Korps, geführt von Generalleutnant Rudolf Meister.
Der operative Luftkrieg im Rahmen des IV. Flieger-Korps war gegen Ziele im Hinterland des Mittel- und Südabschnittes geplant. Doch auch diese Planung fand später nicht ihre Erfüllung. Die Angriffe, die im Rahmen des IV. Flieger-Korps von Ende März bis Mitte August 1944 geflogen wurden, hatten als Ziel nicht die russische Rüstungsindustrie, sondern ausschließlich die Bekämpfung von Verkehrszielen.
Ein großer Erfolg im Rahmen dieser Einsätze wurde noch erzielt bei der Vernichtung eines amerikanischen 4mot-Bomberverbandes, der im Juni 1944 in Poltawa gelandet war. Dann neigte sich der Einsatz im Osten seinem Ende zu, nicht zuletzt bedingt durch Sprit- und Nachschubmangel.
Die Invasion in Frankreich, die am 6. Juni 1944 begonnen hatte, enthob die alliierte Bomberflotte der Zermürbungsangriffe auf die deutschen Städte. Sie konnte sich jetzt auf den neuralgischen Punkt der Kriegswirtschaft konzentrieren, die Treibstoff-Versorgung. Die Produktionsanlagen für synthetischen Treibstoff, die sich über ganz Deutschland verteilten, in Brüx, Böhlen, Leuna, Lützendorf, Zwickau, Magdeburg, Ruhland, Zeitz und Politz erlitten schwerste Schäden.
Jetzt kamen die alliierten Bomberverbände mit ihrem eigenen Jagdschutz. Die Auswirkungen dieser Nacht- und auch Tagangriffe auf die deutschen Raffinerien waren vernichtend. Vom Mai bis September 1944 fiel die Treibstoffherstellung von 195000 Tonnen auf ganze 7000 Tonnen. Da der Monatsverbrauch bei 150000 Tonnen lag, waren die Folgen nun für jedermann, der darum wußte, abzusehen.
Die Fliegerausbildungsschulen wurden geschlossen, Piloten und anderes fliegendes Personal kamen zur Infanterie an die Front. Als nächstes folgte die Auflösung der Bomberverbände, Aufklärungsflüge wurden eingeschränkt, und nur die Jagdfliegereinsätze zur Luftabwehr konnten uneingeschränkt weitergeführt werden. Nur Düsenjäger und Düsenbomber, die nur einfachen, nicht hochgradigen Treibstoff benötigen, waren nicht von der kritischen Treibstofflage abhängig.
Im August 1944 verlegt das KG 53 schließlich an die Westfront in den Raum Verdun – Sedan zur Versorgung eingeschlossener Verbände in der Normandie.
Im August/September 1944 beginnt die Schulung der Besatzungen in Deutschland auf den Einsatz mit Abwurf der V 1 von Flugzeugen. Der damalige Kommodore, Oberstleutnant Pockrandt, setzt seinen bisherigen Bericht fort:
»Am 17. 4. 1944 Rückverlegung nach Litauen und weitere Ausbildung,

am 29. 4. 1944 Verlegung ins Generalgouvernement. Geschwaderstab, I. und III. Gruppe Radom, II. Gruppe Radzyn-Jedlanka. Auf die Plätze also, von denen wir den großen Orlog begonnen hatten. Welcher Weg lag zu diesem Zeitpunkt hinter uns!
Geballte Nachteinsätze ganzer Geschwader auf wichtige Nachschubbahnhöfe mit zum Teil großen Erfolgen. Die Zusammenarbeit mit der Gruppe Graubner KG 4 war großartig, und wir konnten uns oft gegenseitig gratulieren. Verluste gering, trotz stärkster Flak-Abwehr über den Zielen, auch hin und wieder durch Nachtjäger. Wichtigster Einsatz und auch gleichzeitig größter Erfolg auf amerikanische 4mot-Fliegerdivision auf dem Platz Poltawa, die nach Angriffen in Deutschland dort gelandet war. Aufklärung hatte ergeben, daß auf insgesamt 3 Plätzen rund 200 amerikanische Maschinen gelandet waren. Unser Ziel war Poltawa, das nach Durchfliegen einer ausgedehnten Gewitterfront bombardiert wurde. Erfolg war, daß der größte Teil der amerikanischen Flugzeuge in Poltawa beschädigt oder zerstört wurde. Der Platz war ein Flammenmeer. Auf dem Rückflug und bei der Landung in Pinsk zum Tanken waren alle Besatzungen bester Stimmung und fast aus dem Häuschen. Der Ami hatte auch mal eins auf den Hut bekommen. Es tat uns gut. Da nicht alle 3 Plätze getroffen wurden, sollte das Unternehmen in der nächsten Nacht wiederholt werden, aber die Aufklärung ergab, daß sich die Amis abgesetzt hatten, so daß wir sie nicht mehr erreichen konnten. Noch tagelang war dieser Einsatz das Gesprächsthema im Geschwader.
Ende Juli 1944 ist die Unterstellung beim IV. Korps beendet. Verlegung in den ostpreußischen Raum. Geschwaderstab und II. Gruppe nach Jesau, I. nach Heiligenbeil und III. nach Insterburg, Gerdauen und Seerappen. Störangriffe auf Truppenansammlungen, frontnahe Ziele, Weichselbrücken.«
Über den Angriff auf amerikanische 4mot-Bomber, die am 21. 6. 1944 in Poltawa und Mirgorod gelandet waren, mag die folgende Darstellung einen Überblick geben:
»Am 21. Juni 1944 bombardieren 114 amerikanische 4mot-Bomber vom Typ B-17 ›Flying Fotres‹ begleitet von 70 Langstrecken-Jägern P-51 ›Mustang‹ der USAAF das Hydrierwerk Ruhland ca. 120 km südl. Berlin. Sie fliegen jedoch nicht zu ihren Abflugbasen nach England zurück, sondern in Richtung Osten zu den sowjetischen Fliegerhorsten Poltawa, Mirgorod und Pirjatin, die immerhin in einer Entfernung von 2400 km von ihren Absprunghäfen lagen. Aber unsere Luftaufklärung funktionierte noch, sie meldete dem Gefechtsstand des IV. Flieger-Korps in Brest-Litowsk: ca. 140 B-17 in Poltawa, etwa 56 P-51 in Mirgorod gelandet.
Um 15 Uhr traf der Angriffsbefehl des Flieger-Korps ein: ›... noch

heute Nacht sind die Flugplätze Poltawa und Mirgorod anzugreifen...‹
Das Kampfgeschwader 53 ›Legion Condor‹ flog von seinen Absprunghäfen Radom und Radzyn, KG 55 von den Plätzen Deblin, Ulez und Podlodowka, das KG 4 ›General Wever‹ als Pfadfinderverband von Baranowitsche. KG 27 fiel aus.
Nächster Befehl: ›Verlegung vorbereiten! Neues Ziel! Bomben auf den Einsatzhäfen laden, SC 50-Bomben o.V., Splitterbomben, 10% Brandbomben. Bomberstrom-Angriff. Angriffszeit voraussichtlich 0.00 Uhr. KG 27 und KG 53 Ziel Poltawa, KG 55 Ziel Mirgorod. Pfadfinder entsprechend aufteilen, Angriffsführer werden bestimmt. Luftbilder werden zugeflogen.‹
Gegen 16.00 Uhr gibt das IV. Flieger-Korps Zielverteilung und Flugweg bekannt. KG 53 und KG 27 und die II./KG 4 als Zielfinder greifen Poltawa, KG 55 mit III./KG 4 als Zielfinder Mirgorod an. ›Angriffsführer Poltawa‹ Oberstleutnant Pockrandt, Kommodore des KG 53, ›Angriffsführer Mirgorod‹ Oberstleutnant Antrup, Kommodore des KG 55.
Der Beginn des Angriffs wird auf 24.00 Uhr für Poltawa festgelegt, damit bis 02.00 Uhr auf jeden Fall die Front wieder erreicht werden kann. Der Angriff auf Mirgorod 10 Minuten früher. Allein die Strecke über Feindgebiet erfordert eine Flugzeit von 3½ Stunden.
Die Wettervorhersage versprach gute Verhältnisse, 8-10/10 Wolken in 2000 m, auflösend, Ziel wolkenlos, später heller Mond aufkommend.
Ein plötzlicher schwerer Wolkenbruch hatte den Platz des KG 27 jedoch so aufgeweicht, daß eine zeitgerechte Beladung mit Bomben unmöglich wurde. Das Geschwader kam nicht aus dem Platz raus. Die jetzt anstehende Entscheidung war schnell getroffen: Jedes Ziel wird nur von einem Geschwader angegriffen. Der Schwerpunkt des Angriffs war in Frage gestellt.
Ab 20.30 Uhr rollte der Start. Voran die Pfadfinder des KG 4 aus Baranowitsche, dann die KG 53 und 55 aus dem Raum Radom/Deblin.
Kurz nach dem Abflug ziehen alle Flugzeuge in die Wolken und befinden sich bald in einem schweren Gewitter. Blitze zucken, die Luftschraubenkreise leuchten in einem weißen Licht auf, die ganze Flugzeugbegrenzung an Fläche und Leitwerk ist von gleißendem Licht umgeben, Elmsfeuer. Voller elektrischer Spannung ist die Luft, was natürlich Auswirkung auf die Funknavigation hat.
Doch die Zielfinder finden ihr Ziel. Um 23.43 Uhr setzt in der noch stockdunklen Nacht Leutnant Raudenbusch vom KG 4 seine erste Leuchtbombe genau über dem Platz Poltawa. Es ist allerdings fast 10 Minuten zu früh, aber der Zielfinder hatte das Ziel erkannt und wollte es nicht wieder verlieren.

Bereits 2 Minuten später meldet sich um 23.45 Uhr über BZB-Verkehr der Angriffsführer des als Wirkungsverband anfliegenden Kampfgeschwaders 53, Oberstleutnant Pockrandt. Deutlich ist seine Stimme zu hören. Dann, um 23.55 Uhr, 5 Minuten vor Angriffsbeginn, befiehlt der Steuermann ›Fackelzug‹. In wenigen Sekunden ist der Platz durch Leuchtbomben taghell erleuchtet. Dann erfolgt Zielmarkierung und Zielansprache, z. B. ›Grüner Bonbon liegt im Haltepunkt‹. Jetzt gibt Oberstleutnant Pockrandt den Angriff frei: Die Kleinst- und Splitterbomben von 1 und 2 kg schlagen ein, dazwischen Einschläge von schweren Bomben. Ununterbrochen fallen neue Bombenreihen. Es werden auch immer wieder neue Bodenmarkierungen gesetzt. Jetzt fährt es dem ersten Steuermann, Kommandeur der II./KG 4 Major Graubner durch den Kopf: ›Wie ist das möglich, es ist doch nur ein Markierer da‹. Das Rätsel löst sich später. Als um 00.20 Uhr auf die Frage des Angriffsführers, ob noch Wirkungsbesatzungen am Ziel sind, keine Antwort kam, gibt er den Befehl an alle: ›Feierabend‹.
Auf dem Rückflug fällt dem Kommandeur der II./KG 4 auf, daß von dem Angriff auf Mirgorod nichts zu sehen ist.
Später klärt sich alles auf. Durch die zu früh über Poltawa gesetzte Leuchtbombe war ein Teil der anderen Zielfindergruppe unsicher geworden und flog dorthin in der Annahme, es sei Mirgorod. Als dann der Angriffsführer Mirgorod dieses merkte und seine Feststellung traf, daß die für Mirgorod verbliebenen Beleuchter nicht mehr ausreichten, befahl er, ebenfalls Poltawa anzugreifen. Die Tatsache, daß die auf Mirgorod eingesetzten Pfadfinder durch das schwere Gewitter nach Poltawa kamen, mag bei dieser Entscheidung auch eine Rolle gespielt haben.
Gewürdigt wird der Einsatz in einem Schreiben des Oberbefehlshabers der Luftwaffe. Der Kommandierende General des IV. Flieger-Korps schickte ein Schreiben mit folgendem Inhalt:
»Am 21. Juni 1944 fielen gegen 15.00 Uhr, aus England kommend, Nordamerikanische 4motorige Kampfverbände auf sowjetischen Flugplätzen ein. Obgleich die seit den Vormittagsstunden in Ruhe liegenden Verbände – KG 4, KG 53 und KG 55 – erst gegen 15.00 Uhr alarmiert wurden, gelang es diesen Geschwadern in mustergültiger Weise, die Flugbereitschaft so kurzfristig herzustellen, daß noch in dieser Nacht, nach einem unter schwierigen Wetterverhältnissen durchgeführten Anflug und zum Teil über 1000 km unter vorbildlicher Zusammenarbeit der gegen diese Ziele eingesetzten Wegmarkierer, Zielfinder, Zielmarkierer und Zielbeleuchter, ein vernichtender Schlag gegen die nordamerikanischen Verbände geführt werden konnte.

Auf dem Flugplatz Poltawa I wurden von

73 Fortress II
3 Liberator III
4 Lightning
4 Douglas
14 Einmotorigen, Typ unbekannt

laut Bildauswertung zerstört:

41 Fortress II
1 Lightning
3 Douglas
2 Einmotorige, Typ unbekannt und
12 Betriebsstofflager vernichtet.

Mit einer auf dem Luftbild nicht festzustellenden Beschädigung einer weiteren Anzahl von Kampfflugzeugen ist zu rechnen.
Ich spreche den Geschwadern für die bei diesem Einsatz erneut bewiesene Einsatzbereitschaft und für das Draufgängertum der Besatzungen meinen Dank und meine besondere Anerkennung aus. Diese gilt insbesondere den Angriffsführern

Oberstleutnant Pockenrandt, Kommodore KG 53
Oberstleutnant Antrup, Kommodore KG 55,

sowie den 1. Steuermännern

Major Graubner, Kommandeur II./KG 4
Hptm. Luckau, St.-Kptn. 7./KG 4

gez. Meister, Generalleutnant«

Zum Weiterflug der Amerikaner nach Italien (Foggia) konnten am 26. Juni 1944 noch 71 B-17 und 55 Mustang starten.
Die Errichtung einer alliierten Bomberbasis in Rußland, um Deutschland in die Zange zu nehmen, gaben die Vereinigten Staaten auf Grund dieser Angriffe in Poltawa auf. Bomberkräfte in Rußland zu stationieren wurde abgeblasen, solange kein entsprechender Schutz durch Nachtjäger, Flak und Radar zur Verfügung stand.«
Über die Kesselversorgungen und Einsätze der III. Gruppe beim IV. Flieger-Korps fährt der damalige Hauptmann Ernst Ebeling fort:
»Anfang Januar 1944 kam der Geschwaderkommodore, Oberstleutnant Pockrandt, die III. Gruppe besuchen. Bei dieser Gelegenheit erfuhr ich von meiner zum 15. 1. 44 geplanten Versetzung als Ia zum Geschwader. Der Abschied von der 7. Staffel nach über zwei Jahren war nicht leicht, die Staffel aber bei meinem Nachfolger Oberleutnant Jessen in guten Händen.
Die Gruppe war zu dieser Zeit nicht dem Geschwader, sondern für Tageseinsätze der einen, für Nachteinsätze einer anderen Division unterstellt. Bei ca. 12 Einsätzen wurden nach Berichten der Divisionen gute Erfolge zu ihrer Entlastung erzielt. Insbesondere gelang es, eine ganze

Panzerdivision einschließlich ihres Stabes in der Bereitstellung bei Gorodok zu vernichten.
Nach diesen Einsätzen im Raum Witebsk kehrte die Gruppe in den Geschwaderverband zurück. Sie verlegte am 25. 1. 44 zunächst nach Kowno und am 31. Januar weiter nach Schaulen. Sie hatte kaum mit der Ausbildung zum Einsatz im Rahmen des im Entstehen begriffenen IV. Flieger-Korps begonnen, da kam am 9. Februar die Verlegung nach Uman im Südabschnitt der Ostfront zur Versorgung des Kessels bei Tscherkassy mit Unterstellung unter General Seidemann. Dort arbeitete die Gruppe mit der Transportgruppe Ju 52 – Major Baumann – Oberleutnant von Ehren – Hauptmann Klüter zusammen, die die geplante Versorgung sachverständig organisierten, was in ›Kesselsituationen‹ immer schwierig war. Im Kessel waren sämtliche europäischen SS-Freiwilligen-Verbände unter Leon Degrelle eingeschlossen. Sicherlich auch aus diesem Grunde wurden trotz schlechtestem Wetter und unwegsamem Gelände sehr harte Einsatzforderungen gestellt. Die Staffelkapitäne und die Besatzungen haben sich hervorragend geschlagen und ihre Versorgungsbehälter bei Tag und bei Nacht in meist konzentriertem Abwehrfeuer aus 200 Meter Höhe in den Kessel abgeworfen. Auch durch Bombenangriffe auf russische Truppen haben sie zur Entlastung der Eingeschlossenen beigetragen. In der für die schließliche Entsetzung entscheidenden Nacht vom 15./16. Februar 1944 flogen manche Besatzungen trotz stärkster Abwehr bis zu sieben Mal in den Kessel ein. Dabei haben sich die Kommandeurbesatzung Ofw. Haug/Reidelshöfer und die Besatzung Leutnant Rutte besonders ausgezeichnet. Die hervorragende Verbandsführung durch Hptm. Allmendinger und der tapfere Einsatz der Besatzungen wurde durch General Seidemann schriftlich belobt und auch mit Sonderzuwendungen bedacht.
Am 21. Februar erfolgte die Rückverlegung von Uman über Proskurow – Lemberg – Lublin – Bialystock nach Schaulen. Hier wurden die Besatzungen durch Langstreckenübungsflüge bei Tag und Nacht für die geplante Zusammenfassung der Kampffliegerkräfte im Rahmen des IV. Flieger-Korps intensiv auch navigatorisch geschult, um zu versuchen, durch Zerschlagung auch von weit im Hinterland liegenden Rüstungswerken, Flugplätzen und vor allem von Bahnhöfen die Angriffswucht der russischen Dampfwalze noch zu stoppen.
Doch schon am 30. März wird die Gruppe zur Entlastung eines neuen Kessels bei Kamenez-Podolsk über Minsk und Matschulischtsche, wo Versorgungsbehälter geladen werden, nach Mielek verlegt. Von hier und von Lemberg aus erfolgen dann, durch schlechtes Wetter und starke Abwehr behindert, sehr verlustreiche Versorgungsflüge in den Kessel von Kamenez-Podolsk und Angriffe auf erkannte Flakstellungen im Einsschließungsring um Tarnopol. Bei einem dieser etwa 12-15 Ein-

sätze ist neben anderen Verlusten die Besatzung des Hauptmann Pfister nachts mit einer Ju 52 zusammengestoßen. Die Besatzung konnte nur zum Teil abspringen. Der Flugzeugführer Feldwebel Kramer konnte sich zur Gruppe durchschlagen. Der vom Kommandeur eingesetzte Leutnant Miedreich konnte mit Unterstützung eines SS-Stoßtrupps Hauptmann Pfister in erschütterndem Zustand nur noch tot bergen. So fand der verdiente und von seinen Männern verehrte Staffelkapitän der 8. Staffel noch ein ehrenvolles Soldatengrab.

Die III. Gruppe war unter Major Allmendinger als Kommandeur und den neuen Staffelkapitänen wieder fest zusammengewachsen und hielt trotz der schweren Verluste ein hohes und allseits anerkanntes Leistungsniveau. Die Beförderung ihres so erfolgreichen Kommandeurs zum Major war ein äußeres Zeichen solcher Anerkennung und wurde von den Gruppenangehörigen dankbar vermerkt. Die 8. Staffel übernahm der in vielen Jahren des Einsatzes bewährte Oberleutnant Dengg. Am 30. April 1944 kehrte die Gruppe wieder in den Geschwaderverband zurück und nahm nun von Radom aus im Rahmen des IV. Fliegerkorps unter General Meister an den ›Bomberstromeinsätzen‹ der zusammengefaßten Kampffliegerkräfte im Osten erfolgreich teil.

Von Anfang Mai bis Ende Juli wurden nach Ausleuchtung und Markierung des Zieles durch speziell ausgebildete Pfadfinder in Nachtangriffen durch die Geschwader des IV. Fliegerkorps u. a. die Bahnhöfe Sarny, Kiew-Derniza, Prokurow, Bachmatsch, Rowno, Schepetowka, Smerinka, Fastow und Nowosybkow in 3- bis 5stündigen Einsätzen mit Bomben, meist vom Kaliber 250, 500 und 1000 kg belegt.

In der Nacht vom 21. zum 22. Juni war der Kommodore des KG 53 – wie bereits erwähnt – Angriffsführer der Verbände, die einen amerikanischen, aus mehr als 70 Flugzeugen bestehenden Bomberverband in Poltawa am Boden zerstörten. Die Flugzeuge waren in England gestartet, hatten in Berlin ihre Bomben geworfen, sollten wie schon einmal vorher – wo wir sie wegen schlechten Wetters nicht hatten erwischen können – über Deutschland nach Italien und von dort wieder über Deutschland nach England zurückfliegen. Dem Berichter hat nach dem Kriege ein amerikanischer Captain erzählt, daß nur ein einziger Bomber in Poltawa nach Tagen wieder flugfähig gemacht werden konnte. Die Besatzungen seien mit der Bahn über die Türkei zurückgekehrt.

Nach diesem besonderen – natürlich wie alle diese Großangriffe im Wehrmachtsbericht genannten – Erfolge wurden neben dem Flugplatz Gorodischtsche im wesentlichen wieder Bahnhöfe wie Brjansk, Unetscha ostwärts Gomel, Smolensk, Rokitno nordwestlich Kiew, Michalischki ostwärts Wilna, Sarny, Nowosokolniki, Molodetschno, Orscha und Wilna selbst mit Bomben belegt.

Verabschiedung Kommodore Oberst Wilke und Kommandeur II. Gruppe Otl. Schulz-Müllensiefen, Übergabe des Geschwaders an Major Pockrandt April 1943 Korowje Sselo. V. l. Hptm. Thierig, Geschw. Adj., Major Pockrandt, Oberst Wilke, Otl. Schulz-Müllensiefen.

Korowje Sselo Januar 1943. Gemütlicher Abend im Kasino des Geschwaderstabes. V. l. stehend: unbek., sitzend Lt. Neidhard, Hptm. Siebel, Chef Ln-Kp. und Stabs-NO, Olt. Waldhecker Ln-Zug Geschw.-Stab, Major Mönch, Kdr. III., Oberst Wilke Kommodore mit Stabshund Mönch, Major Pockrandt, Major Zahn Kdr. IV., Flg.-Horstkommandant Name unbek., Tptm. Thierig, stehend Reg.R. a. Kr. Meinz, Hptm. Bake, BR Dr. Müldner.

Beförderung zum Hauptmann, Adjutant III. Gruppe Olt. von Ehren heftet ihnen die Sterne an. V. l. Olt. v. Ehren, Olt. Kindt, Olt. Ebeling.

Techn. Personal Geschwaderstabsschwarm. 10. 10. 1943, Mittlere Ostfront.

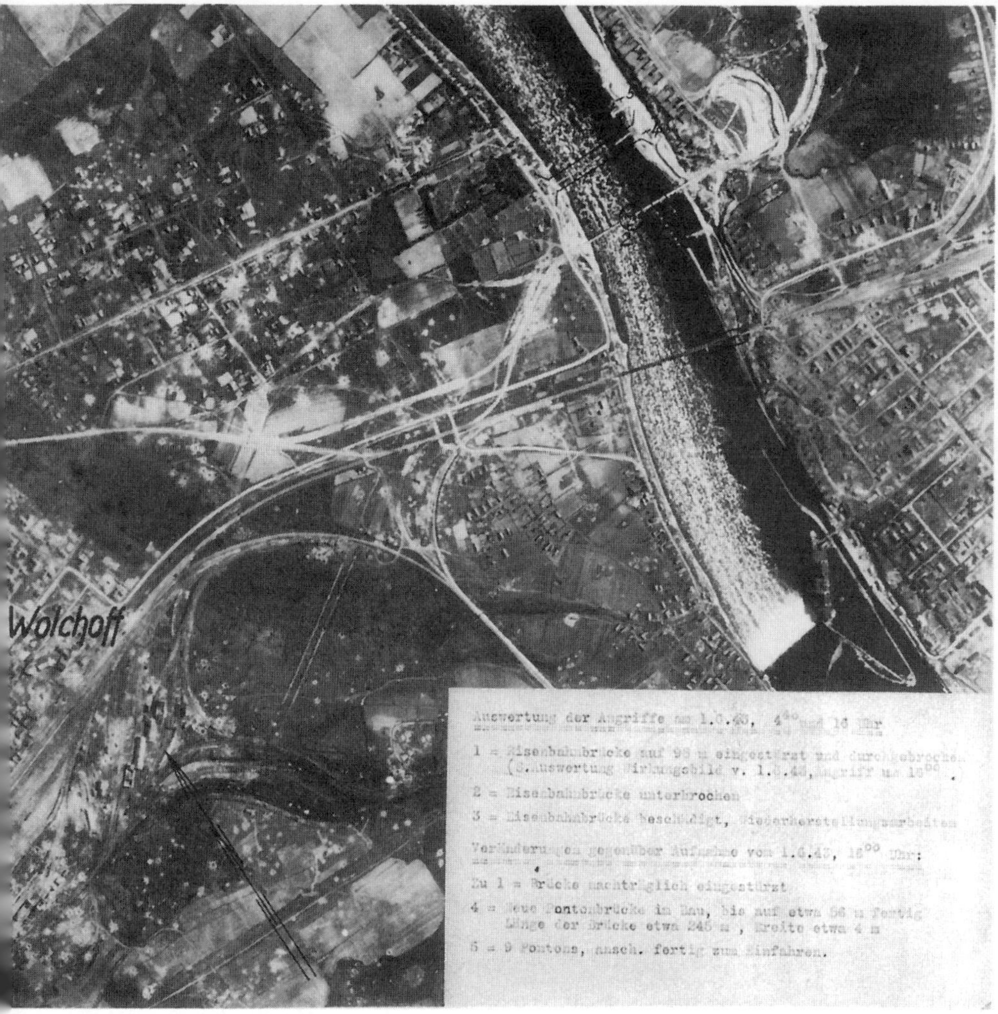

Luftbild Angriff Wolchoff (Wolchow), 1. 6. 43.

Luftbild Angriff Flugplatz Poltawa in der Nacht vom 21./22. 6. 1944.

Die Verbände trafen an den größeren Bahnhöfen, besonders bei wiederholten Angriffen, auf eine konzentrierte Flakabwehr und zunehmend auch auf Nachtjäger. Am 9. Juli zeichnete sich bereits ab, daß auch diese Luftangriffe das Vordringen der russischen Armeen nicht aufzuhalten vermochten. So wurden zwischen diesen echten Kampffliegeraufgaben wieder verlustreiche Versorgungsflüge für eingeschlossene deutsche Truppen in Wilna und für deutsche Panzer bei Minsk eingeschoben. Die Fronten rückten unaufhaltsam näher an das Reichsgebiet. Die Gruppe verlegte nach Grojek, sie flog wieder Angriffe auf die Bahnhöfe Rokitno, Orscha, Wilna und dreimal auf Molodetschno.
Nach der Zerstörung der deutschen Hydrierwerke durch alliierte Luftangriffe wurde nun auch der Flugtreibstoff knapp. Nach der Verlegung nach Jesau erfolgten Einsätze im Juli und Anfang August jeweils von Plätzen, wo noch Kraftstoff vorhanden war, wie Insterburg, Gerdauen und Seerappen. Diese richteten sich im wesentlichen auf die Njemenbrücke bei Prienai und auf die Weichselbrücken südlich Warschau, die schließlich beim 3. Einsatz zerstört wurden.«
Am 16. 1. 44 verlegte die II. Gruppe ebenfalls nach Schaulen.
»Zum Abschied«, so erinnert sich Herbert Wittmann, »gab uns das deutsche Dorf Rauchowka einen halben Zoo an Schweinen, Kälbern, Schafen und Hühnern mit, die z. T. die Verlegung mit der FBK auf der Bahn mitmachten. In Schaulen bedeutet dies eine gute Aufbesserung der Verpflegung. Am 12. 2. 44 nochmals Verlegung nach Proskurow mit dem besonderen Auftrag und Einsatz, den Kessel Tarnopol zu versorgen. Hier war auch eine deutsche Unteroffiziersschule eingeschlossen, die, soweit mir erinnerlich, dank der Luftversorgung sich zu den eigenen Linien durchschlagen konnte. Am 20. 2. ging es zurück nach Schaulen. Schließlich wurde auch Schaulen aufgegeben und im Mai wurde Jesau bei Königsberg neuer Einsatzhafen. Rückverlegungen sind depremierend, und doch hat die Einsatzbereitschaft nicht gelitten. Jeder versuchte auf seine Weise mitzuhelfen, die anrückende russische Front zum Stillstand zu bringen. Im Geschwaderverband flogen wir beim IV. Fliegerkorps unter Generalleutnant Meister Großeinsätze vorwiegend auf Eisenbahnknotenpunkte. Hier haben wir Bomber wohl die eindrucksvollsten und auch wirkungsvollsten Großeinsätze erlebt. Sobald die Beleuchter das Ziel gefunden und ausgeleuchtet hatten, flogen die Bomber es in Kurzabständen an und luden die Last ab. Aber auch diese sehr erfolgreichen Einsätze mußten abgebrochen werden, zumindest für die II. Gruppe, da der Westen, durch die Invasion bedingt, weitere Luftwaffenunterstützung forderte.«

8. INVASION – EINSATZ MIT V 1 – AUFLÖSUNG

a) Invasion

Auf der britischen Insel standen unter dem Oberbefehl von US-General Eisenhower fast drei Millionen alliierter Soldaten, davon mehr als die Hälfte Amerikaner, zum Überfall auf das Festland bereit mit dem Auftrag von Roosevelt, auf dem europäischen Festland zu landen und (sinngemäß) den Sieg über Deutschland im Verein mit den anderen Alliierten zu erringen.

General Eisenhower, der in einem Wohnwagen im Wald bei Southwick House kampierte, beschaffte sich die meteorologisch günstigsten Voraussetzungen für eine Landung, wie niedriger Wasserstand, spät aufgehender Mond. So wurde der Beginn der Invasion auf den 6. Juni 1944 festgelegt.

Schon starteten in England die ersten Transportmaschinen mit Männern der 101. und 182. US-Luftlandedivision. Ab 01.00 Uhr am 6. Juni 1944 begannen sie mit Fallschirmspringern und Lastenseglern die Luftlandeoperation an der Küste. Aber die deutschen Stellen, soweit nicht unmittelbar betroffen, reagierten zunächst absolut passiv, man glaubte nicht an eine Invasion.

Beim Stab der Heeresgruppe B, Rommel, war man in der Nacht vom 5. zum 6. Juni in gehobener Stimmung, der Chef des Stabes, Generalleutnant Dr. Speidel hatte den Schriftsteller Ernst Jünger eingeladen, der aus einem zwanzigseitigen Manuskript den Herren einen Plan verlas, wie Hitler zu beseitigen und der Frieden herbeizuführen sei. (Rommel selbst befand sich zu Hause in Deutschland.) Auch bei den anderen Stäben herrschte völlige Sorglosigkeit. Hitler befand sich zu diesem Zeitpunkt auf dem Berghof. Sein Adjutant Generalmajor Schmundt weckte ihn, nachdem bereits die Schweiz, Schweden und Spanien im Radio die alliierte Landung gemeldet hatten.

Dann endlich war man vom Ernst der Landung überzeugt. Um 15.40 Uhr wurden die zwei für diese Stunde bereitgestellten Panzerdivisionen, die Panzerlehrdivision und die Waffen-SS-Panzerdivision ›Hitlerjugend‹ freigegeben, beides hervorragende Eliteverbände.

Doch die alliierte Landung glückte und fand immer mehr Raum, vor allem in der Normandie. Das Kriegsglück hatte sich gegen die Deutschen entschieden.

Am 17. Juli wurde Generalfeldmarschall Rommel verwundet und Generalfeldmarschall von Kluge, der den Generalfeldmarschall von Rundstedt als Oberbefehlshaber West ablöste, übernahm auch die Heeresgruppe B. Generaloberst der Waffen-SS Paul Hausser führte die 7.

Armee. Doch gegen die Übermacht der Alliierten blieben alle Gegenstöße erfolglos.
In der Nacht vom 31. 7. zum 1. 8. 1944 gelang den Amerikanern der Durchbruch bei Avranches, und ihre starken Panzerkräfte ergossen sich jetzt ins freie Land. Deutsche Panzerangriffe blieben am 7. und 8. August unter schwersten Materialverlusten liegen. Die Amerikaner erreichten am 10. 8. Le Mans. In Brest, Lorient und St. Nazaire wurden deutsche Truppen eingeschlossen, St. Malo fiel nach erbittertem Widerstand bis zum letzten.
Am 15. 8. landeten die Alliierten westlich Toulon, das am 21. 8. fiel, kurz danach fiel auch Marseille.
Südlich von Falaise kämpften starke Kräfte der 7. Armee und die Panzergruppe Eberbach ohne Nachschub, fast gänzlich eingeschlossen. Im letzten Augenblick gelang am 21. August nachts der Ausbruch von Falaise nach Nordosten.
Im Westen drangen die Alliierten immer weiter vor. Am 4. 9. 1944 heftige Kämpfe bei Aachen, am 13. 9. Eindringen in den Westwall südlich Aachen, am 15. 9. Einnahme von Kornelimünster, am 21. 10. ging Aachen verloren.
Am 17. 8. 1944 wurde auch das KG 53 aus dem Osten abgezogen und nach Westen verlegt, um im Abwehrkampf bei der Invasion eingesetzt zu werden. Es wurde zwar nur ein Einsatz von einigen Wochen, er wurde dem Geschwader aber fast zum Verhängnis. Stark zerrupft konnte sich das KG 53 noch einmal zurückziehen, und die Besatzungen kamen (noch) nicht zum Einsatz als Bodentruppe. Es erwartete sie ein Spezialeinsatz. Kommodore Pockrandt fährt fort:
»Nach gelungener Invasion des Feindes, am 17. 8. 1944 Verlegung nach Ostfrankreich im Nachtflug vorbei am gerade angegriffenen Braunschweig, das lichterloh brennt. Fliegerhorste werden Nancy, Sedan und Toul, wo der Geschwaderstab mit einer Gruppe lag. Auftrag: Versorgung eingeschlossener Truppen in der Normandie, Avranches, Falaise usw. In der Abenddämmerung, wenn die letzten Jäger der Alliierten vom Himmel waren, Vorverlegung nach Le Bourget, Beladung und Flug zu den Abwurfzielen, Rückflug zu den Einsatzhorsten. Wir bekamen nach mehr als drei Jahren Osteinsatz zu spüren, was es heißt, bei völliger Luftüberlegenheit des Gegners über eigenem Gebiet überhaupt noch den Auftrag erfüllen zu können. Fliegeralarm gab es eigentlich den ganzen Tag vom Morgen bis zur Abenddämmerung. Gott sei Dank standen die Gegner nicht gar so früh auf, so daß in ruhigen Stunden und in der Nacht wenigstens an den Flugzeugen gearbeitet werden konnte. Wegen der Nachtjäger mußte aber auch dieses bei Dunkelheit geschehen. Deprimierend war der Zustand der zurückflutenden Truppen, eine Tatsache, die wir so hautnah noch nicht erlebt

hatten. Man hatte das Gefühl, als ob es überhaupt kein Halten mehr gab. Die Etappe war mehr oder weniger in Auflösung nach dem Motto: ›Rette sich, wer kann‹. Wie sollte es an der Kampffront nur aussehen? Starke Verluste. Kurz vor Rückverlegungsbefehl wurden alle 3 Plätze aus der Luft angegriffen. In Nancy blieb kaum eine Maschine heil. Nach dem Start in der Morgendämmerung große Verluste durch feindliche Jagdangriffe trotz Tiefflug über Eifel und Hunsrück. Auf den Plätzen Laachen-Speyerdorf und Nidda fanden wir uns zerrupft und abgekämpft wieder. Der Aufenthalt dort dauerte nur wenige Tage, dann ging es weiter in den schlesischen und brandenburgischen Raum. Geschwaderstab und III. Gruppe Freiwaldau, I. Neuhardenberg bei Freienwalde, II. Rappen. Auflösung der I. Gruppe, Besatzungen blieben größtenteils beim Geschwader, soweit sie nicht zur Reichsverteidigung versetzt wurden. Rest wurde zu allen möglichen anderen Truppenteilen versetzt, Fallschirmjäger, Flak usw. Major Rauer wird Horstkommandant auf einem holländischen Horst.«

Näheres vom Einsatz der II. Gruppe berichtet deren Kommandeur, Major Wittmann:

»Wir verlegen von Jesau nach Le Bourget/Paris und werden sofort ohne Ruhepause gegen die anrückenden Amerikaner eingesetzt. Vollkommen neue Frontlage. Einsätze nur bei Nacht, dazu noch bei verworrenen Frontverhältnissen, möglich. Wir fliegen z. T. Bombeneinsätze, zum anderen Versorgungseinsätze. Hinzu kommt eine schlecht organisierte Bodenversorgung. Nach kurzer Zeit weiter zurück auf einen Einsatzhafen in der Nähe von Verdun. Bei allen Einsätzen bei Tag sind wir der starken amerikanischen Jagdwaffe und bei Nacht den englischen Nachtjägern vom Start bis zur Landung ausgesetzt.

Bei der Verlegung im August 1944 von Verdun nach Babenhausen werden, obgleich der Raum frei von feindlichen Flugzeugen gemeldet war, drei Maschinen abgeschossen, darunter auch der Ritterkreuzträger Leutnant Will.«

Über die III. Gruppe fährt der damalige Hauptmann Ebeling fort:

»Nach Tagen, in denen das IV. Flieger-Korps wohl aus Spritmangel nicht mehr eingesetzt und schließlich aufgelöst wurde, verlegt das KG 53 nach Westfrankreich in den Raum Metz – Verdun – Nancy, die III. Gruppe nach Toul, um zur Versorgung der westlich Paris im Raum Falaise – Argentan eingeschlossenen deutschen Truppen eingesetzt zu werden. Hier kam die alliierte Luftüberlegenheit voll zur Geltung. Kurz nach der Landung verlor die I. Gruppe in Nancy fast sämtliche Flugzeuge durch im Tiefflug angreifende Jäger, bevor die Maschinen in die weit um den Platz angeordneten Splitterboxen gerollt waren.

Da es unsinnig gewesen wäre, die langsame und veraltete He 111 noch bei Tage einzusetzen und die Versorgungsbehälter in Creil und vor al-

lem in Le Bourget lagerten, flogen die Besatzungen von ihren Plätzen in der Abenddämmerung dorthin, wurden beladen und starteten mit dem Auftrag, die Behälter im vorgesehenen Raum in ein Dreieck, das durch drei Feuer markiert war, zu werfen. Da es dort überall brannte, hatte der erste Einsatz am 19. 8. 44 nur geringen Erfolg.
Erst als in der folgenden Nacht ein Luftwaffenfunktrupp mit roten und grünen Leuchtfeuern in den Kessel abgesprungen war, konnten die beiden verbliebenen Gruppen ihre Versorgungsbehälter am vorgesehenen Platz abwerfen. – Es war gespenstisch zu erleben, wie während der Beladung auf dem schon teilweise zerstörten Flugplatz Le Bourget, in Paris schon gekämpft wurde und im Raum westlich davon bis zur deutschen Grenze Wehrmachtsgefolge in z. T. panikartiger Flucht Frankreich verließ.«
Über die Versorgung mit Sprit der im Raum Falaise eingeschlossenen Truppen schrieb General der Panzertruppen Eberbach im Jahre 1980 in einem Brief an Ebeling: »Bei Falaise habe ich mit dem II. SS-Panzer-Korps (d. h. mit dem was davon noch übrig war), eine Schneise zum Kessel freigeschlagen. Der Stoß blieb aber im Bomben- und Artilleriehagel drei Kilometer vor dem Kessel liegen. Aber mit dem von der Luftwaffe eingeflogenen Sprit konnten etwa 40 Panzer im Kessel beweglich gemacht werden, die mir entgegenkamen. So sind etwa 80000 Mann aus dem Kessel entkommen. Die Katastrophe war auch so noch groß genug. Aber ohne Luftwaffe hätten wir den Ausbruch kaum geschafft.«

b) Einsatz mit V 1 und Auflösung

Große Hoffnungen hatte die deutsche Führung auf die V 1 als ›Vergeltungswaffe‹ gesetzt, die in Peenemünde an der Ostsee entwickelt wurde. In der Nacht vom 12. Juni 1944, sechs Monate später als ursprünglich geplant, schlug die erste Flugbombe Fi 103 (›V 1‹) in London ein. Insgesamt wurden in dieser Nacht 10 Flugkörper abgeschossen, von denen vier England überhaupt und nur eine die Hauptstadt erreichte. Dann nahm der Beschuß an Umfang zu, und bis Ende des Monats wurden täglich 120 bis 190 Geräte abgeschossen. Am 1. 8. 44 endete die Anfangsphase dieses Einsatzes. Es waren 8564 V1 auf London gestartet worden. Infolge der Eroberung der Abschußbasen durch die Alliierten begann die Luftwaffe die He 111 als ›Fliegende Abschußrampe‹ für die V 1 einzusetzen.
Jetzt bekam das KG 53 seinen Spezialauftrag, und es wurden für diese Aufgabe rund 100 Maschinen eingesetzt. Die V 1 war unter dem Flügel der He 111 zwischen Steuerbordmotor und Rumpf aufgehängt. Um bei

der überwältigenden britischen Abwehr überhaupt eine Erfolgschance zu haben, mußten die Einsätze bei Nacht, in geringer Flughöhe, unterhalb der britischen Radarkette und bei wolkenverhangenem Himmel geflogen werden. Der Anflug erfolgte über See im Tiefflug, etwa 70 km vor dem Ziel wurde auf 500 m gestiegen und dann die Flugbombe gestartet. Im Tiefflug ging es dann zurück zum Einsatzhafen. Die Angriffe waren unter diesen Umständen natürlich unregelmäßig. Die letzte V 1 wurde am 14. Januar 1945 aus der Luft gestartet und explodierte in der Nähe von Hornsey.

Major Wittmann soll hier noch einmal zu Wort kommen. Über den letzten Einsatz der II. Gruppe berichtet er: »Babenhausen ist nur eine Zwischenstation. Nun erleben wir seit Juli 1943 das erste Mal eine kleine Kampfpause auf dem Flughafen Reppen bei Frankfurt a. d. Oder.

Für das Kampfgeschwader wartet eine neue, bis jetzt für Flieger völlig neue Aufgabe. Nachdem die Abschußrampen für die V 1 in Nordfrankreich, Belgien und Holland auf Grund des Vordringens der amerikanischen Armee verlorengingen, soll die V 1 von Flugzeugen gegen England geflogen und auch abgeschossen werden.

Im August werden die Besatzungen für die neue Aufgabe auch praktisch in Peenemünde geschult und das Bodenpersonal, zusätzlich einer Spezialeinheit, in die Wartung, Aufhängung, Betankung usw. eingewiesen.

Ab Oktober 1944 folgt nun der letzte große Opfergang der II./KG 53. Infolge der starken feindlichen Luftangriffe auf allen Flugplätze verlegten wir staffelweise nach Bad Zwischenahn, Unterkunft Westerstede im Ammerland, nach Wittmundhaven und nach Jever. Die Flugzeuge wurden auf diesen Plätzen weit auseinandergezogen, wodurch die Arbeit des Bodenpersonals noch weiter erschwert wurde.

Ab Oktober starten wir nun mit der V 1 gegen England. Auf besonderen Befehl Hitlers soll der Raum London beschossen werden.

Nachdem sich hier die Einsätze der I., II. und III./KG 53 gleichen, will ich mich hier nicht wiederholen.

Der Erfolg ist uns nicht bekannt, die Opfer die wir von August 1944 bis Januar 1945 bei diesen Einsätzen gebracht haben, waren einfach katastrophal. Der Engländer hatte überall in der Nordsee Flakkreuzer und noch mehr Nachtjäger im Einsatz. Letztere verfolgten uns bis zur Landung, und manche Besatzung wurde noch über dem eigenen Platz beim Landeanflug abgeschossen.

Erschwerend kam hinzu, daß unsere jungen Besatzungen kaum Erfahrung für Einsätze im Tiefflug und besonders hier über Wasser hatten.

Ich schließe meinen Bericht für meine II./KG 53 ab. In der Zeit vom Juli 1943 bis zur Auflösung März 1945 war ich mit meinen Männern unausgesetzt an der Front.

Wenn ich nach 40 Jahren aus der Erinnerung diesen Rückblick gegeben habe, kann er nur lückenhaft sein. Was geblieben ist, ist und bleibt die Kameradschaft, und ein unauslöschliches Gedenken unserer Toten und Vermißten.«

Einen Eindruck von den V 1-Einsätzen der III. Gruppe und schließlich vom bitteren Ende vermittelt auch Ebeling, dessen Bericht wie folgt abschließt:

»Das Geschwader wurde am 27. August bei näherrückender Front in die Pfalz, die III. Gruppe nach Laachen-Speyerdorf verlegt, nicht ohne weitere Verluste durch Tag- und Nachtjäger. Durch die Weinbauern und die übrige Bevölkerung wurden die Männer in Privatquartieren sehr freundlich aufgenommen. Hier erfuhren wir von der Entscheidung, daß unser Geschwader nach Schlesien verlegt würde, um für den Einsatz mit der V 1, die nach Verlust Nordfrankreichs nicht mehr bis England reichte, umgerüstet und dann von der Nordseeküste Schleswig-Holsteins und Niedersachsens aus mit der V 1 unter dem Rumpf gegen die britische Insel eingesetzt zu werden.

Am 6. September traf die III. Gruppe in Nieder-Seyfersdorf bei Grottkau in Schlesien ein, die Unterbringung erfolgte bei Bauern in Privatquartieren. In aller Eile wurden die Flugzeuge in Oschatz für diesen Einsatz umgerüstet und die Besatzungen in Peenemünde/Karlshagen umgeschult. Sie warfen über der Ostsee ihre ersten Übungs-V 1. Ende Oktober verlegte die III. Gruppe mit Stab und 8. Staffel nach Schleswig, die 7. und 9. Staffel nach Eggebeck und Leck. Von hier aus erfolgten ab Anfang November 44 wie von den Plätzen Zwischenahn, Jever und Wittmund (II. Gruppe) und Ahlhorn, Varelbusch (I. Gruppe), Geschwaderstab in Zwischenahn, die Einsätze mit der V 1 gegen London, nur einmal am 24. 12. 44 gegen Manchester. Nach einigen Flügen mit Einsatz aller klaren Flugzeuge und erheblichen Verlusten, durfte nur noch bei monddunkler Nacht und gleichzeitig schlechtem Wetter und wegen Kraftstoffmangels nur noch bis zur Höchstzahl von 25 Flugzeugen pro Nacht geflogen werden, um der starken Nachtjagdabwehr zu entgehen.

Die englischen Nachtjäger waren oft schon beim Start, besonders aber bei der Landung an unseren Plätzen, so daß vom Anlassen bis zum Abstellen nach der Landung von allen Besatzungsmitgliedern konzentrierte Mitarbeit und Luftraumbeobachtung gefordert war. Der Flug über See sollte nicht höher als 50 m durchgeführt werden, um von den Nachtjägern und vom Boden nicht angepeilt werden zu können, so daß sicher besonders jüngere Besatzungen nicht nur durch Abschuß bei An- und Abflug, sondern auch durch Wasserberührung verlorengegangen sind. Dies um so mehr, als die an sich langsame He 111 durch die Aufhängung der V 1 hinter dem Schwerpunkt und seitlich und un-

ter dem Rumpf nun noch schwerfälliger und langsamer wurde. Wer bei Tage länger tief über See geflogen ist, kann ermessen, was das bei Nacht und schlechtem Wetter bedeutet, dazu im Kälteschutzanzug und mit Schwimmweste.
Für die III. Gruppe führten die Flüge über Helgoland-Zuidersee zum Ablaufpunkt Funkfeuer Den Helder auf der Insel Texel (dieser galt für alle Maschinen des Geschwaders) bis zum wechselnden Abwurfpunkt der V 1 etwa 70 km vor London. Bei Überfliegen des Ablaufpunktes schaltete der Flugzeugführer an seiner Steuersäule ein ›Log‹, eine Art Kilometerzähler, der rückwärts lief, ein, dessen Logzahl für die Strecke von Den Helder bis zum Abwurfpunkt unter Berücksichtigung des Windes nach Richtung und Stärke, des Steigfluges der Maschine auf 500 m vor dem Abwurf, des Kurvenfluges auf den zukünftigen Kurs der V 1 zum Ziel und auf die Strecke vom Anlassen des Staurohres der V 1 (Logzahl 10) bis zum Abwurf (Logzahl 0) genau berechnet und am Boden eingestellt war. In der V 1 befand sich ein gleiches Log, dessen Zahl vom Abwurfpunkt bis zum Ziel berechnet und eingestellt wurde. Bei Erreichen der Logzahl 0 fuhr die V 1 Sturzflugbremsen aus und stürzte in den Zielraum. Wenn die uns angegebenen Windwerte stimmten, sollte die Treffgenauigkeit einem Kreis von 25 km Radius entsprechen.
Die V 1 verlor nach dem Abwurf zunächst an Höhe, holte dann aber an Geschwindigkeit auf, stieg auf 1500 m und flog dann mit etwa 600 km/h zum Ziel, wenn sie nicht durch Nachtjäger oder Flak abgeschossen wurde.
Die Besatzungen hatten je nach Standort 3- bis 5stündige Flüge mit der unbequemen Seenotausrüstung (Kälteschutzanzug und Schwimmweste) in höchster Anspannung durchzuführen, mußten vor der englischen Küste mühsam auf 500 m steigen, hingen nach Anlassen des Gerätes hell erleuchtet am Himmel, kippten nach Abwurf ab, um möglichst schnell im Tiefflug wieder den Heimathafen zu erreichen. Neben anderen guten Kameraden verlor die Gruppe am Abwurfpunkt den langjährigen bewähren Oberleutnant Werner und beim Landeanflug in Schleswig den Staffelkapitän der 7. Staffel, Hauptmann Jessen, durch feindliche Nachtjäger.
Nach dem einzigen Einsatz auf Manchester am Heiligen Abend (dort oben, wo schon lange keine deutschen Flugzeuge mehr gewesen waren, fuhren die Schiffe hell erleuchtet), erfolgte nur noch ein Einsatz, der letzte auf London am 5. Januar 1945. Das Geschwader blieb in Bereitschaft. Wahrscheinlich war der verbliebene Kraftstoff anderswo notwendiger als für diese Einsätze, die sicher keine entscheidende Bedeutung mehr haben konnten.
Was wird nun? Es heißt, die Kampfgeschwader würden aufgelöst.

Nach Teilnahme einiger Offiziere an einem Panzernahbekämpfungs-Lehrgang beginnt die Ausbildung im Erdeinsatz. Die Lage des Vaterlandes wird immer beängstigender. Nach der mit hoffnungsvollen Worten begonnenen, dann aber gescheiterten Ardennen-Offensive sieht niemand mehr einen Ausweg. Gerüchte, daß die westlichen Mächte mit uns gegen den Osten weiter kämpfen werden, verlieren schnell an Glaubwürdigkeit. Unsererseits bestand dazu die volle Bereitschaft!
Während das Geschwader mit I. und II. Gruppe in Wartestellung gehalten wird, verlegt die III. Gruppe am 17. 2. 45 über Wittstock nach Greifswald. Sie ist als ›Beleuchter‹ für die Einsatzgruppe Oberst Baumbach für die ›Huckepack-Einsätze‹ (Ju 88 mit Sprengstoff, geflogen von einer darauf montierten Bf 109 oder Fw 190) vorgesehen, wird aber dazu aus uns nicht bekannten Gründen nicht mehr abgerufen.
In Greifswald besuchte ich, Ende März noch mit dem Ritterkreuz ausgezeichnet, als Geschwader Ia meine alte Gruppe, in der ich die Masse meiner Einsätze geflogen hatte.
Trotz der ernsten Kriegslage gab es eine bei Fliegern gerade in schweren Situationen übliche fröhliche Feier im Kameradenkreise, die in diesem Bericht etwas zu kurz gekommen sind. So hat die III. Gruppe vier Ritterkreuzträger in ihren Reihen gehabt: Hauptmann Gobert, wie ich nach der Gruppenzugehörigkeit ausgezeichnet, Oberleutnant Großendorfer und Leutnant Juditzki.
Noch im März 1945 wird die 7. Staffel nach Alt-Lönnewitz verlegt, von wo sie zur Versorgung der Kessel Glogau und Breslau eingesetzt wird. Wie das übrige Geschwader wird auch die III. Gruppe im April 1945 aufgelöst. Das fliegende Personal geht meist nach Süddeutschland und ein großer Teil der Gruppe, vor allem das Bodenpersonal, zur Verteidigung der Reichshauptstadt nach Berlin.«
Vom letzten Einsatz mit V 1 bis schließlich zur Auflösung des Geschwaders noch die Erinnerung des Kommodore Oberstleutnant Pockrandt: »Auffüllung der übrigen Frontgruppen durch IV. Gruppe und Umrüstung auf V 1-Einsatz. Unterstellung Ausbildungskommando Graudenz in Karlshagen-Peenemünde. Alle Besatzungen werden dort auf den neuen Einsatz umgeschult. Unterstellung III./KG 3 unter Major Vetter als neue I./KG 53. Diese Gruppe liegt auf drei Plätzen im südoldenburgischen bzw. nordwestfälischen Raum und ist bereits mehrere Wochen im V 1-Einsatz.
Ende September 44 Vorverlegung des gesamten Geschwaders auf sechs weitere Horste von Eggebeck im Norden bis Bad Zwischenahn im Nordwesten. Jede Staffel also auf einem Horst. Geschwader wird verstärkt durch größere Wetterstaffel, eigene Richtfunkverbindung, Nachschub- und Munitionskolonnen V 1, besonders FBK-s V 1, Nachschub-

stab V 1, Binnentanker für V 1-Treibstoff auf Küstenkanal bei Edewecht, 1 Tanker auf der Schlei bei Schleswig.
Unterstellung des Geschwaders einsatzmäßig direkt Führerhauptquartier, sonst 14. oder 15. Fliegerdivision, die im Raum Altenkirchen/Westerwald liegen.
Auftrag: V 1-Beschluß London bei Nacht und auch am Tage bei entsprechend schlechtem Wetter.
Anfang Oktober erster Einsatz mit allen 3 Gruppen auf London. Abwurfraum vor der Themsemündung. Für die meisten Besatzungen der erste Feindflug im Tiefflug über See, und dies bei Nacht. Zwar war ein zusätzlicher elektrischer Höhenmesser in die Maschinen eingebaut, aber die Erfahrung fehlte einfach in jeder Hinsicht. Die Flugkurve des Einsatzfluges sah etwa so aus: Start, Tiefflug über Land wegen der gegnerischen Radarerfassung und der Fernjäger, Anflug über Funkfeuer Den Helder, Kurs auf den Abwurfpunkt im Tiefflug über See. Dieser Punkt mußte vom Navigationsoffizier in engster Zusammenarbeit mit den Meteorologen auf Grund Windrichtung und Stärke genau berechnet und an die Gruppen weitergegeben werden. Als Abwurfraum stand ein Sektor von ca. 30 Grad zur Verfügung, in dem variiert werden konnte. Sodann Steigflug zur vorher berechneten Zeit auf ca. 500 m, wobei die Maschine mit untergehängter V 1 gerade noch mit ca. 1½ m/sec stieg. Horizontalflug und Anlassen des Walterrohrs (pulsierendes Staurohr). In diesem Augenblick flog jede Maschine wie ein hell erleuchteter Omnibus durch die Gegend, wenn auch nur für einige Sekunden, dann Abwurf. Es bedeutete eine große psychische Belastung der Besatzungen, daß praktisch kein Seenotdienst über der Nordsee mehr zur Verfügung stand. Der erste Einsatz brachte keine Verluste. Anscheinend war doch beim Gegner eine gewisse Überraschung wegen der großen Zahl der angreifenden Maschinen eingetreten. Abwehr durch Schiffsflak von Vorpostenbooten in der Themsemündung.
In der Folge jede Nacht Einsätze auf London, nur bei schlechtester Wetterlage auch bei Tag, aber auch nur dann, wenn die Meteorologen geschlossene Wolkendecke in niedriger Höhe voraussagen konnten. Diese Voraussagen selbst waren schon mehr oder weniger ein Kunststück, weil eben außer uns kaum noch jemand gen Westen flog und die Wettermeldungen dementsprechend gering waren. Ich kann heute nicht mehr sagen, woher sie überhaupt noch kamen. Aber vom richtigen Wind und von seiner Stärke hing von vornherein überhaupt jeder erfolgreiche Abwurf der V 1 ab, denn eine Korrektur des Abwurfpunktes war während des Anfluges nicht mehr möglich.
Sehr schnell verstärkte sich die Abwehr im Abwurfraum, vor allem auch durch Nachtjäger. Die Novemberwetterlagen waren auch nicht gerade die schönsten. Die Belastung der Besatzungen wurde immer

größer, da nun auch die Verluste über See stiegen. Fernnachtjagd über den Plätzen sorgte außerdem für große Schwierigkeiten bei Start und Landung. Es hatte sich beim Gegner herumgesprochen, woher die angreifenden Flugzeuge kamen. Man hatte nicht eines der alten Seekampfgeschwader für diesen letzten Einsatz gewählt. Nein, es mußte ein Geschwader sein, das nach England seit Beginn des Rußlandfeldzuges nicht mehr über See geflogen war.
Älteste Besatzungen mit Hunderten von Feindflügen gehen verloren. Die Verluste steigen an. Meine wiederholten Anträge – in Verbindung mit den Erfolgsmeldungen gestellt – an übergeordnete Dienststellen unter dem Hinweis auf die steigenden Verluste auch andere Großstädte Englands angreifen zu können – praktisch hätten wir fast ganz England zumindest verunsichern und belästigen können – werden immer wieder abgelehnt mit dem lapidaren Satz: ›Hitler verlangt einzig und allein den Beschuß Londons.‹ Es ist zum Verzweifeln. Ein einziger Einsatz wird auf Manchester am 24. 12. 44 genehmigt. Dieser wird ausgeführt und bringt insofern für das Geschwader einen vollen Erfolg, als bei diesem Angriff nicht ein einziger Verlust zu verzeichnen ist. Meine Hoffnung, daß sich daraufhin unsere Auffassung durchsetzen würde, trog. London blieb die Devise ganz oben.
Die Reihen lichten sich weiter, Abschüsse durch feindliche Nachtjäger bei der Landung häufen sich. Landebefeuerung kann nur noch für Sekunden angestellt werden, damit die Besatzungen wenigstens die Landebahn kurzfristig sehen. Trotz FuG Lichtenstein, rückwärts in alle He 111 eingebaut, ist es schwer, den Nachtjägern auch während des An- und Abfluges zu entkommen. Leider mußten wir immer wieder von tödlichen Abstürzen alter KG 53er hören, die zur Tag- oder Nachtjagd übergewechselt waren. Dazu die Gesamtlage, die nicht geeignet war, die Stimmung zu heben. Letzter V 1-Einsatz am 5. 1. 45 bei Nacht auf London. Danach die große Ruhe. Wir blieben weiter einsatzbereit, mußten aber infanteristische Ausbildung betreiben, einschließlich Handhabung der Panzerfaust.
Ab Mitte März 1945 begann die Auflösung des Geschwaders. Flugzeuge wurden nach rückwärts verlegt auf alle möglichen Plätze, die z. T. bis zum Rand voller Maschinen aller Art standen. Die Besatzungen wurden aufgelöst und ebenso wie das technische und allgemeine Personal den verschiedensten Verwendungen zugeführt: Flak, Fallschirmjäger, Erdeinsatz an der Elbe und sogar nach Berlin. In diese Zeit fallen noch starke Jabo-Angriffe auf die Horste, dabei schwere Schäden an Flugzeugen und Anlagen. Anfang April ist die Auflösung praktisch beendet bis auf Nachkommandos auf den Horsten, die sich besonders um die Unschädlichmachung der V 1 kümmern müssen. Kein Horstkommandant will sie behalten, läßt aber auch die Sprengung nicht zu.

Teilweise, wie in Zwischenahn, werden sie im Moor versenkt. Was aus den Beständen bei den Munitionskolonnen, den Lagern und aus den Tankern geworden ist, entzieht sich meiner Erinnerung.
Am 8. 4. 45 nach erneutem schwerem Angriff auf Zwischenahn flogen der TO, Hptm. Kindt, und ich in der Dämmerung und aufkommendem Nebel Richtung Stade, wo ich mich zu melden hatte. Ostwärts der Weser mußten wir wegen Sichtorientierung herunter und landeten wohlbehalten noch auf einer Wiese neben einem Marschbauernhof. Wir wurden sehr freundlich empfangen und gut verpflegt. Ein Köm mag auch noch dabei gewesen sein. Morgens früh Abflug nach Stade. Meldung bei der dortigen Division, und weiter ging es mit einem unserer alten Geschwaderfahrer und ebensolchem BMW über Stendal nach Torgau, Meldung bei LP Chef General Meister. Dort auch schon allgemeiner Aufbruch, da der Ami vor der Tür stand. Meister versicherte mir allen Ernstes, daß ich erst einmal auf Eis gelegt sei und dann das erste 4strahlige Kampfgeschwader bekommen würde. Dieses bestand wohl nur auf dem Reißbrett. Mir schwindelte, und ich fragte mich, wer da wohl noch klar sehen würde.
Was dann noch kam, lohnt sich nicht in die Erinnerung zurückgerufen zu werden. Es waren traurige Wochen bis zur Gefangennahme durch die Engländer im Raum Lübeck, wohin ich noch in einer wahren Odyssee gekommen war. Verlassenheit überkam mich. Wo waren all die Kameraden aller Dienstgrade, die von 1940 bis zu diesem Ende zu meinem täglichen Leben gehört hatten? Erst jetzt kam mir zum Bewußtsein, daß ich meine Heimstatt verloren hatte, eine Gemeinschaft von Männern, die zu mir gehörten, zu denen ich aber ebenso immer gehört habe. Die feste Verwurzelung mit diesem Geschwader war einfach zu groß. Dafür bin ich noch heute dankbar. Weit mehr als 40000 Feindflüge hat dieses Geschwader durchgeführt, viele Erfolge erzielt, großen Blutzoll hinnehmen müssen, sich an allen Fronten tapfer geschlagen. Und nun hatte es aufgehört zu existieren. In meinen Gedanken war ich noch immer bei ihm und bei all denen, die mir in den vergangenen Jahren treu zur Seite gestanden und mir bei der Erfüllung meiner Aufgaben geholfen haben. Wenn auch die Erinnerung zum Teil verblaßt ist, die Zeit im Geschwader wird aus meinem Leben nie gelöscht werden können.
Ich gedenke all derer, die in Erfüllung ihrer Pflicht das Beste gaben, was sie hatten – ihr Leben oder ihre Gesundheit.«
Zum Schluß mag für alle, die am Ende dieses Ringens von der Fliegertruppe Abschied nehmen mußten, um im Infanterieeinsatz verwendet zu werden, die Erinnerung des damaligen Kapitäns der 3. Staffel, Hptm. Brandt, einen Eindruck vermitteln:
»Nun ist es doch Tatsache geworden. Für vorläufig noch nicht abseh-

bare Zeit müssen wir unsere treuen Vögel verlassen und wieder zu dem werden, was wir ganz zuerst waren: Infanteristen! Vorläufig heißt der Befehl nur, wir stehen als Personalreserve der Flak zur Verfügung. Was aber hinter diesen nüchternen Worten steht, überschattet schon jetzt die kommenden Ereignisse wie ein drohendes Gewitter.
Brauche ich doch nur einen Blick auf die im Flugbesprechungszimmer ausgehängte Lage-Karte zu werfen. Es ist schon viel, wenn es allen unseren Leuten gelingt, zu den vorgesehenen Verbänden zu gelangen. Der Großteil meiner Flugzeugführer ist nach Hildesheim zu einem Überführungs-Geschwader versetzt, knapp 30 km vor dieser Stadt stehen aber schon die Tommies. Wenn wir noch ein paar Tage warten, sitzen wir im großen Sack Schleswig-Holstein gefangen. Wenn ich mir die letzten Tage und Wochen vor Augen halte, dann muß man weiß Gott seinen ganzen Optimismus zusammennehmen, um noch glauben zu können. Zu schnell ging in den Tagen seit Ostern alles bergab. Der Kommandeur ist seit zwei Tagen versetzt zur Führerreserve.
Ich habe nun den zweiten Teil meiner braven Staffel verabschiedet. Die Bordschützen waren es gestern, heute nun der eigentliche Kern der Staffel, die Flugzeugführer. Wenige Worte nur habe ich gefunden, was gab es da auch noch groß zu sagen. Uns kann keiner mehr etwas erzählen, wir sehen unseren Weg und unser wahrscheinliches Ende auch so. Als wenig später der große Bus des Horstes den Lagerplatz verläßt, steht mir doch das Wasser in den Augen. Die hier jetzt unsere Einheit, unsere Staffel verlassen, sind mehr als nur unsere Kameraden gewesen, es sind Männer, die ausnahmslos durch hundert Gefahren geflogen sind, die hundertfach dem Tod getrotzt haben. Sie sind Deutschlands letzte Reserve. Und sie vertauschen den Steuerknüppel mit der Knarre, mit dem MG im festen Glauben an eine Rückkehr zu unserer Waffe, mit dem Glauben an eine Wendung zum Guten im Herzen. Wißt ihr, die ihr diese letzte Reserve zur Verfügung gestellt bekommt, von ihrem Wert?«
Brandt erinnert sich der infanteristischen Einsätze, die angesichts der Gesamtlage kein geschlossenes Bild mehr geben, um dann in seinen Erinnerungen abzuschließen mit den Worten: »Gedanken stürmen auf mich ein, wirbeln mir in wirrer Folge durch den Kopf. Es ist wie erloschen in mir. Das Feuer, aus dem heraus ich die Kraft zu leben, zum Gestalten der letzten Tage und Monate hatte, ist ausgebrannt.
Was dann folgt, ist in wenigen Worten gesagt. Ein schnelles Wecken, ein Bekanntgeben der Ereignisse, ein letzter Befehl. Um alles zu vermeiden, was jetzt noch zu Verlusten auch nur eines einzigen Mannes führen kann, löse ich die Kompanie auf. Jeder soll versuchen, seine Heimat, seine Angehörigen zu erreichen. Alle Waffen werden unbrauchbar gemacht und im nahen Bach versenkt. Ich mag keinen mehr

ansehen, wende mich ab und lasse erst nach erfolger Meldung der Ausführung der Vernichtung ein letztes Mal antreten. Eine letzte militärische Meldung, ein letztes Mal Soldat.
Ich kann nichts sagen, finde einfach keine Worte, die auch nur entfernt das ausdrücken könnten, was ich empfinde.
Ein paar hundert glanzlose Augen meiner Kompanie, das tränenüberströmte Gesicht Lt. Dietrich's beim Abschied werde ich lange Zeit nicht vergessen, werde ich wohl immer vor mir sehen. Ich selbst finde keine Tränen, wo sollen sie auch herkommen, es ist alles tot in mir.«

IV. Die Kroatenstaffel

Am 25. März 1941 war Jugoslawien dem Dreierpakt beigetreten. Doch schon kurz danach stürzte über Nacht eine Gruppe englandfreundlicher serbischer Offiziere und Politiker, die hinter dem jungen serbischen König Peter II. standen, in der Frühe des 27. März durch einen Putsch die deutschfreundliche Regierung Cvetkovic. König Peter II. setzte den General Simovic als Regierungchef ein, die bisherigen Minister wurden verhaftet, und deutschfeindliche Schüler und Studenten zogen demonstrierend mit jugoslawischen und britischen Fahnen durch Belgrad. Von Churchill bejubelt ordnete König Peter II. am 5. April die Mobilmachung an. Nunmehr landeten auch britische Truppen auf Kreta und in Griechenland. Auf diesen Einkreisungsversuch reagierte Deutschland unmittelbar. Der Einmarsch deutscher Truppen in Jugoslawien begann.

Die deutschen Truppen wurden von Slowenen, Kroaten und den Volksdeutschen jubelnd begrüßt, und noch ehe die jugoslawische Armee zum Kampf kam, war sie völlig zersplittert und über den Haufen gerannt. Am 17. April kapitulierte die jugoslawische Armee bedingungslos.

Bereits am 11. April 1941 hatte der kroatische General Sladko Kvaternik die Gründung des selbständigen Staates Kroatien unter Führung von Dr. Ante Pawelic verkündet.

Der Krieg im Osten gegen den Bolschewismus alarmierte in allen Ländern Europas die Antikommunisten. Bald meldeten sich Freiwillige beim Heer, der Marine und der Luftwaffe aus fast allen europäischen Ländern. So wurden nationale Kampfeinheiten gebildet von Norwegern, Finnen, Schweden, Esten, Letten, Litauern, Dänen, Niederländern, Flamen, Wallonen, Schweizern, Spaniern und Franzosen. Spanien schickte seine Freiwilligen mit der ›Blauen Division‹, und sie kämpfte in den deutschen Truppenverbänden zusammen mit Finnen, Slowaken, Kroaten, Rumänen und Ungarn.

Aus freiwilligen Fliegern des damaligen Kroatien wurde beim KG 53 zunächst die 15. (kroat.) Staffel gebildet, die später durch eine zweite Staffel ergänzt wurde. Aus diesem Anlaß wurde auch das deutsche Ver-

bindungskommando in einen Gruppenstab umgebildet.
Oberst a. D. Gerhard Joachim, damals Major, war Kommandeur der Kroatischen Fliegergruppe. Hier eine kurze Aufzeichnung seiner Erinnerungen:
»Die 15. (kroat.) KG 53 war eine Kampfstaffel, bestehend aus freiwilligen kroatischen Besatzungen einschließlich Staffelkapitän und einem deutschen Verbindungskommando. Ihr Einsatz erfolgte bis November 1942 an der Ostfront. Auf Wunsch der kroatischen Regierung wurde die Staffel im Dezember 1942 von der Ostfront nach Kroatien verlegt mit dem Auftrag, die dort operierenden, bewaffneten kommunistischen Partisanen unter dem späteren jugoslawischen Staatschef Tito zu bekämpfen.
Nach der Verlegung nach Kroatien wurde eine zweite kroatische Staffel aufgestellt und das deutsche Verbindungskommando zu einem Gruppenstab umgebildet. Dieser Gruppenstab bestand aus deutschem Personal. Ihm war ein kroatischer Verbindungsoffizier zugeteilt. Einsatzmäßig war dieser kroatische Verband dem deutschen Fliegerführer Kroatien unterstellt. Von dort erhielt der Gruppenstab seine Einsatz- und gegebenenfalls seine Verlegungsbefehle.
Ausgerüstet war der Verband mit der Do 17. Neben Wetter- und Aufklärungsflügen wurden vorwiegend Angriffsflüge gegen Erdziele (Partisanenansammlungen, Nachschub- und Barackenlager) im Raume Bosnien und Montenegro geflogen. Vereinzelt auch bewaffnete Aufklärung über der Adria. Auch im Erdkampf hat sich die 15. (kroat.)/KG 53 bewährt. Sie wurde 1943 auf dem Flugplatz Agram-Gorica nachts von starken Partisaneneinheiten angegriffen. Der Angriff konnte abgeschlagen werden. Es traten aber mittlere Verluste an Personal und abgestellten Flugzeugen auf.
Ab Mai 1944 zeigten sich vermehrt Aufweichungserscheinungen bei den kroatischen Besatzungen. Die deutsche militärische Führung zog hieraus die Konsequenz und löste den Verband im Sommer 1944 auf. Einzelne Freiwillige wurden mit den noch vorhandenen einsatzfähigen Flugzeugen erneut an die Ostfront verlegt.«

Schaulen, Besichtigung III. Gruppe durch General Meister, kommandierender General IV. Fliegerkorps, Frühjahr 1944. Major Allmendinger, Kommandeur III. Gruppe, meldet.

Mai 1944 in Kauen. Verleihung von 5 Ritterkreuzen durch Gen.Major Meister. V. l. Ofw. Christmann, Olt. Dreher, Hptm. Gobert, Hptm. Zöllner, Olt. Gutmann.

Ritterkreuzverleihung durch General Meister in Kauen an Major Rauer, Kommandeur I. Gruppe, und Olt. Unruh, März 1944.

Oben: Radom Mai 1944. Gruppenbild der 8. Staffel.

Darunter: Radom Mai 1944. Olt. Dengg mit soeben ausgezeichneten Männern der 8. Staffel.

Rechts. Flugzeugmechaniker bei der Arbeit . . . zwischen Landung und Start.

Besatzung Major Joachim auf dem Weg zum Flugplatz. Agram Gorica, Sommer 1943.

Flugplatz Agram Gorica, Sommer 1943.
Besuch von General Erdmann, Major Joachim meldet.

Als Gäste zum Kameradschaftsabend bei der II./KG 53. V. r. Hptm. Tusche, Major Wittmann, Lt. Ackermann, Olt. Zander, unbek.

Flugplatz Sarajewo-Butmir, Sommer 1943.

. . . über Montenegro, Sommer 1943.

He 111 mit V 1 im Flug

Heinkel He 111 mit Fi 103 (V-1) (s. S. 360).

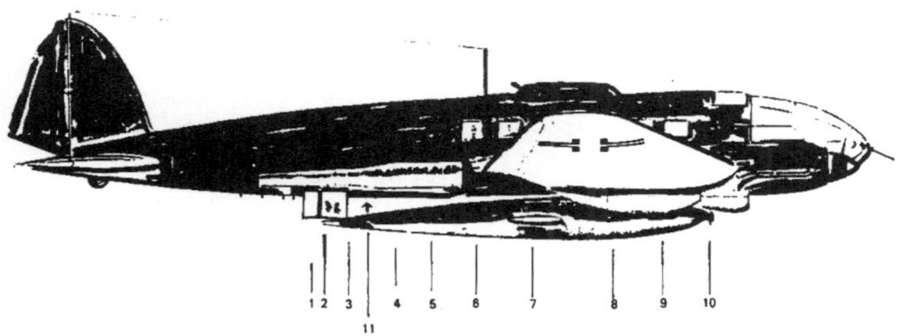

1. Seitenflosse mit Seitenruder
2. Ausstoßöffnung für Propagandamaterial
3. Höhenflosse, Höhenruder mit Abstiegklappe
4. Askaniasteuerung, Schubrohrsteuerung, Höhendose
5. Hinterer zylindrischer } Preßluftbehälter für Steuerung
6. Vorderer kugelförmiger } und Kraftstoffförderung
7. Tragflächen (ohne Querruder, Gerät steuert sich über Rollschieber-Moment um Längsachse; im Rumpf Kraftstofftank für Kerosin)
8. ›Lastraum‹ bis 1000 kg Belastung (TNT, Trialen)
9. Bodenzünder für Flachlandungen
10. Rumpfspitze, immer Askania-Fernkompaß zur Stürzung des Kurskreisels vorne Luftlog und Frontzünder
11. Argus-Schmidt Klappenstaurohr als Antrieb

Flugstrecke V1:	260–300 km
Ve:	560 km/h
Startgewicht:	2200 kg
Auftrieb bei 280 km/h:	etwa 800 kg.

Links: Funktionspersonal der Ln-Komp., Rußland 1943. – Rechts: Olt. Waldhecker, letzter Chef der LN-Kompanie 1943.

Ln-Kompanie während Verlegung von Frankreich nach Polen, Mai 1941.

Hauptmann Artur Pfister, Staffelkapitän der 8. Staffel, abgestürzt am 4. 4. 1944 Tarnopol.

Fliegerhorst Jesau b. Königsberg (Pr.), August 1944. V. l. Major Wittmann, Kdr. II. Gr., Major Grözinger, Kdr. IV. Gr., Otl. Pockrandt, Kommodore, Major Rauer, Kdr. I. Gr., Major Allmendinger, Kdr. II. Gr.

Besatzung Lt. Rutte, Flugplatz Lemberg, Februar 1944. V. l. Uffz. Möller BM, Fw. Blazejovsky BO, Lt. Rutte FF, Uffz. Hanck BF, Ogfr. Lenz BS.

Einsatzbesprechung durch Kdr. III. Gr. Major Allmendinger, r. daneben Lt. Luksch, NO, Radom 1944, beim IV. Fliegerkorps.

Der Kommodore gibt letzte Anweisungen. V. l. Otl. Pockrandt, als Gäste Kdr. IV. Gr. Major Grözinger und der ehem. Kdr. III. Gr. Major Fabian.

Kauen. V. l. n. r. Major Rauer, Major Wittmann, Major Grözinger, Major Allmendinger, Hptm. Ebeling, Major d. R. Kürten.

Übernahme der III. Gruppe des KG 3, Fliegerhorst Ahlhorn. Kommodore Otl. Pockrandt, Major Vetter, Kdr. III./KG 3 (dann I./KG 53). Oktober 1944.

Offizierskorps der I./KG 53 zum Zeitpunkt der Auflösung in Neuhardenberg, September 1944. V. l. n. r. obere Reihe: unbek., Vitting, Neuber, Reiter, Kracht, Samscha, Hansen, Rüsing. Mittlere Reihe: Renk, Olp, Braukmeier, Hullah, Küster, Berner, Rommel, Engel. Untere Reihe: Waldhecker, Mehlhorn, Müller, Brandt, Rauer, Lührs, Weiß.

Die höchstdekorierte Besatzung des KG 53. V. l. FF Lt. Ackermann, Ritterkreuz am 28. 2. 45, BO Major Wittmann Eichenlaub 11. 2. 45, BF Ofw. Steudel, Ritterkreuz 28. 2. 1945.

Links: Die gleiche Besatzung 36 Jahre später. Aufgenommen 29. 5. 1981. V. l. Fritz Steudel, Herbert Wittmann, Georg Ackermann.

Rechts: Hauptmann Ebeling nach Ritterkreuzverleihung am 20. 3. 1945, Bad Zwischenahn.

Wohnbaracke (Finnenhütte) des I. Zuges der Ln-Komp. Rußland, Sommer 1942.

Nachrichten-Zug Jesau auf dem Marsch nach Lille, Sommer 1940. Mastwagen des schweren Senders.

Waldlager bei Orscha, August/Sept. 1941, Stabsnachr.Zug(II). Fernschreibstelle KG 53, im Vordergrund Uffz. Beyer.

IHR SEID UNVERGESSEN

Luftwaffen-Ehrenmal Fürstenfeldbruck

V. Die IV. Gruppe

Wiederholt ist in den Berichten die Versetzung zur IV. Gruppe erwähnt. Was hatte es mit dieser Gruppe auf sich?

Bei der Aufstellung der Luftwaffe hatte man wohl an die Organisation für die personelle Ergänzung der Einsatzverbände gedacht. Es gab ja nach der spezifischen Ausbildung des fliegenden Personals auf den Flugzeugführer-, Luftnachrichten- sowie Fliegerwaffen- und Blindflugschulen die Spezialausbildung bei den Aufklärungs-, Jagdflieger- und Kampffliegerschulen. Hier fand die Zusammenstellung der Besatzungen statt, so daß zum Verband die einsatzfähige Besatzung kam, bzw. kommen sollte. Bis zu diesem Zeitpunkt waren die Soldaten auch dem Chef AW (Ausbildungswesen) unterstellt.

Bald erwies sich diese Lösung jedoch nicht als unbedingt richtig. Besonders fehlte diesen Besatzungen die verbandsspezifische Erfahrung. So bildeten die Geschwader ab Anfang des Jahres 1941 zu ihren meist drei Einsatzgruppen die IV. Gruppe, die dann auch z. B. nach dem Frankreichfeldzug die von den Frontverbänden geräumten Flugplätze belegten und damit teilweise Besatzungstruppen ersparten.

Jetzt bestand auch die Möglichkeit, die Besatzungen im Geschwader unter Berücksichtigung des speziellen Geschwadereinsatzes zusammenzustellen. Einzelne Besatzungsmitglieder, die durch Verlust übriggeblieben waren, wurden zu einer neuen Besatzung zusammengestellt. Es konnten jetzt auch einzelne Männer zu den Geschwadern abkommandiert werden, z. B. fliegendes Stammpersonal von den Schulen. Der Chronist selbst war auf der Luftnachrichtenschule See Dievenow zum Bordfunker ausgebildet und erwarb danach den erweiterten Bordfunkerschein bei der Blindflugschule 7 in Gardemon bei Oslo. Dann ging er als fliegendes Stammpersonal zu Flugzeugführerschulen, wo außer Funk- und Navigationsflügen mit Schülerbesatzungen die Funk- und Peilausbildung der Flugschüler sowie turnusmäßige Funk- und Peilübungen der Fluglehrer durchzuführen waren. Im Jahre 1943 wurde er wunschgemäß zum Einsatzverband versetzt und kam zur IV. Gruppe des KG 53, bei dem er dann nach Zusammenstellung der Besatzung als Bordfunker zum Einsatz an die Ostfront kam und im

V 1-Einsatz bis zur Auflösung des KG 53 schließlich in der letzten Phase des Krieges zum KG 4 nach Königsgrätz versetzt war, das Kesselversorgung nach Breslau flog.
Dr. Joachim Brammer, damals Oberleutnant, kam im Juni 1941 zur 12. Staffel der IV. Gruppe als Beobachter. Er erwarb auch den Flugzeugführerschein, war im Einsatz und kehrte im Dezember 1943 zur IV. Gruppe als Adjutant zurück. Hier dazu seine Erinnerung:
»Vor dem Krieg gab es die IV. Gruppe nicht. Sie ist ein Kind des Krieges, geboren aus zwingender Notwendigkeit.
Das fliegende Personal der Kampfverbände der Luftwaffe wurde in Friedenszeit nach ihrer schulischen Ausbildung den Geschwadern zugeteilt. In deren Staffeln wurden die Flugzeugführer, Bombenschützen, Bordfunker, Bordmechaniker und Bordschützen als Besatzungen im praktischen Flugdienst auf deren Leistungsstand gebracht. So wurde versucht, ein etwa gleiches Leistungsniveau aller Besatzungen der Verbände zu erreichen.
Diese offensichtlich notwendige weitere Ausbildung des Personalnachschubs stellte, wie sich versteht, an die Staffeln erhebliche Anforderungen. Im Kriege zeigte sich schnell, daß den Besatzungen der Staffeln neben ihren Kampfeinsätzen zunehmend sowohl die Zeit als auch die Kraft fehlte, die Ausbildungsarbeit nebenher zu bewältigen. Besatzungsverluste im Einsatz, insbesondere gegen England, verminderten das Ausbildungspotential der Staffeln. Auf der anderen Seite vermehrte sich der Umfang des ausbildungsbedürftigen Personals infolge des verstärkten Nachschubs, um die Lücken zu füllen. Zudem ging es jetzt nicht mehr nur um die Vermittlung von Flugerfahrungen, sondern um die Weitergabe der in den Kampfeinsätzen gewonnenen Fronterfahrungen. Auch zeigte sich insgesamt, daß das Ausbildungsdefizit des Nachschubs jetzt größer wurde.
Es mußte ein neuer Weg gegangen werden. Dabei wurden in den Geschwadern als Ausbildungsgruppen die vierten Gruppen gebildet, in der Regel drei Staffeln, beim KG 53 jedoch vier (10., 11., 12. und 13. Staffel) und einer Flughafenbetriebskompanie. Aus den Einsatzstaffeln 1–9 des Geschwaders wurden ausbildungsbefähigte, im Flug- und Fronteinsatz erfahrene Besatzungen herausgezogen und als sogenannte Lehrbesatzungen den Staffeln der IV. Gruppe als Ausbildungspersonal zugewiesen. In gewissen Zeitabständen wurden diese gegen andere Lehrbesatzungen ausgetauscht und kehrten zu ihren alten Gruppen zurück. Sie bildeten den von den Schulen kommenden Nachschub zu einsatzfähigen Besatzungen aus. Unterstützt wurden sie durch weiteres fronterfahrenes Personal, das etwa nach Verwundung oder sonstigem Ausfall über die Frontfliegersammelstelle Quedlinburg zu den Verbänden zurückkehrte.

Nach Abschluß der Ausbildung wurden die Besatzungen den Einsatzgruppen des Geschwaders zugeführt.
Die IV. Gruppe unseres Geschwaders wurde am 21. März 1941 aufgestellt. Ihr erster Kommandeur war Major Wienholtz, später als Kommandeur der I. Gruppe in Rußland vermißt. Ihm folgte Ende 1941 Major Zahn. Der erste Flugplatz war Vembrechis, nördlich Roubaix, Nähe Lille. Die Unterkünfte waren zum Teil fast schloßartige Gebäude an der Straße Lille/Roubaix. 1943 wurde die Gruppe nach Bricy bei Orléans verlegt. Gruppenkommandeur war jetzt Major Grözinger, Ritterkreuzträger und vordem Staffelkapitän in der I. Gruppe. Wegen der Luftlage über Frankreich wurde die Gruppe Anfang 1944 nach Szolnok an der Theiß in Ungarn verlegt, wo sie bis zu ihrer Auflösung verblieb. Die Ausbildung in der IV. Gruppe war umfassend: Intensiver theoretischer Unterricht, praktisches Üben an den technischen Apparaten, Zieleinrichtungen und Bordwaffen, vielseitiger Einsatz von Simulatoren (Flugtrainer, Peiltrainer, Reschke-Teppich für Zielanflug und Bombenwurf), Bombenwurf und Schießen aus der Luft auf Erd- und Schleppziele, Fliegen bei Tag und Nacht, Starts, Landungen, Überland- und Verbandsflüge.«
Leutnant a. D. Max Parr war als Kapitän und Fl. Obernautiker an die Flugzeugführerschule C8 Wiener-Neustadt als Dienststellenleiter der Navigationsgruppe gekommen. Er hatte fast alle fliegerischen Scheine erworben (Navigationslehrschein, Beobachter-, Flugzeugführer- (A/B), Bordfunker-(I) und Fliegerschützenabzeichen), seine militärische Ausbildung bekommen und war zum Feldwebel KOA ernannt worden. Jetzt wollte er an die Front. Er kam am 7. 6. 1943 zur 13. Staffel der IV. Gruppe des KG 53 nach Orléans-Bricy, wo er für den Fronteinsatz der Besatzung des Flugzeugführers Ofw. Schade als Beobachter eingeteilt wurde. In der Zeit bis zum 27. Oktober 1943 weist sein Flugbuch die Schulungsflüge aus, die für den Fronteinsatz nötig waren. Einige dieser Flüge mögen ein anschauliches Bild geben:

Datum	*Zweck des Fluges*	*Abflug/Uhrzeit*	*Land./Uhrzeit*	*Flugdauer*
9. 6. 43	Kleinorientierung	Bricy 13.26	Bricy 14.30	104 Min.
9. 6. 43	Kleinorientierung	Bricy 14.34	Bricy 16.00	125 Min.
4. 8. 43	Kleinorientierung	Bricy 15.22	Bricy 17.15	153 Min.
5. 8. 43	Kleinorientierung	Bricy 9.57	Bricy 12.34	237 Min.
5. 8. 43	Instrumentenflug	Bricy 14.15	Bricy 15.38	123 Min.
6. 8. 43	Instrumentenflug	Bricy 8.40	Bricy 9.55	115 Min.
9. 8. 43	Kleinorientierung	Bricy 9.24	Bricy 12.45	321 Min.

Und so geht es fort mit Navigationsflügen, Tiefflug, Verbandsflug, Zielanflug, Höhenverlustflug, Nachtplatzflug, Luftschießen, Bombenwerfen, insgesamt 60 Flüge in dieser Zeit.
Die nicht zum Fliegen eingeteilten Soldaten hatten Dienst laut Dienstplan, und der sah z. B. so aus:

Dienstplan der 10. Staffel für Freitag den 4. 4.1941
Offizier v. Wochendienst
Uffz. v. Dienst
Gefr. v. Dienst

7.00 Uhr	Wecken	U. v. D.
8.00 Uhr	Frühstück	Speisesaal
8.30 Uhr	Antreten	Hptfw.
12.00 Uhr	Mittagessen	Speisesaal
13.45 Uhr	Antreten	Hptfw.
18.00 Uhr	Abendessen	Speisesaal

Techn. Personal und Heckschützen

8.45 Uhr	Abfahrt zum Platz
9.00–11.30 Uhr	Techn. Dienst
13.45 Uhr	Abfahrt zum Platz
14.00–17.00 Uhr	Techn. Dienst

Fliegendes Personal

9.30–11.30 Uhr	Techn. Exerzieren: Flugzeugführer
9.30–11.30 Uhr	Peilen: Bombenschützen und Bordfunker
14.00–14.50 Uhr	Funken: Flugzeugführer und Bombenschützen
15.00–16.00 Uhr	Gebrauch v. Signaltafeln: Flugzeugführer, Bombenschützen und Bordfunker
16.15–17.00 Uhr	Sport: Flugzeugführer, Bombenschützen u. Bordfunker

Die Lehrbesatzungen fanden ein weites Feld zur Weitergabe ihrer Flug- und Einsatzerfahrungen. Manche von ihnen, insbesondere Flugzeugführer vermißten dabei allerdings gelegentlich die eigene fliegerische Erfüllung, die sie im Einsatzverband so reichlich gefunden hatten. Flugzeugführer Olt. Gilbert Geisendorfer erzählt aus jener Zeit in der IV. Gruppe, die damals im August 1943 unter Major Grözinger in Orléans lag und dann nach Szolnok verlegte: ›Der Abschied von der Front fiel mir schwer, mußte ich doch meine Kameraden und Freunde verlassen, noch dazu mitten in einem schweren Einsatz. Den Sinn dieser Versetzung wollte ich einfach nicht begreifen, aber ich sollte nun als Lehrbesatzung eine neue Aufgabe bekommen. Ich war der fliegerischen Ausbildung in der 12. Staffel zugeteilt, aber hierbei leider nicht voll ausgelastet. Nur hin und wieder konnte ich selbst an fliegerischen Unternehmungen teilnehmen, sei es, daß ich bei einzelnen Besatzungen mitflog oder mal den Staffelverband anführte. Hierbei konnte ich meine fliegerische als auch meine Fronterfahrung an die Nachwuchsbesatzungen weitergeben.
Nur ist es leider so, daß die Flugerfahrung, insbesondere beim Flugzeugführer, nur in der Praxis erworben werden kann. Hierbei zeigten sich von der schulischen Ausbildung her oft große Mängel, so daß manche Flugzeugführer den Bedingungen, die an sie bei der IV. Grup-

pe gestellt wurden, noch nicht gewachsen waren. So brachte diese schulische Weiterbildung oft noch Verluste oder Ausfälle mit sich.
Ich denke hierbei an einen Flugzeugführer, einen jungen Leutnant aus Nürnberg, der bei einem Nachtüberlandflug mit seiner Besatzung bei Clermont-Ferrand gegen einen Berg flog. Ich hatte die traurige Aufgabe, den Nachlaß seinen Eltern zu überbringen.
Ein anderes Mal hatte ich in Orléans Bereitschaft, als wiederum Nachtüberlandflüge gestartet wurden. Nur noch eine Maschine war in der Luft und nicht mehr allzu weit vom Platz entfernt. Da kam ›Myo‹, das Kennzeichen für Luftgefahr bei Feindanflug, eine Aufforderung zur sofortigen Landung. Kurz darauf sichteten wir unsere Maschine, sie flog den Platz an, aber entgegen der Landerichtung. Der Flugzeugführer verwechselte die Platzbefeuerung, ging in Verlängerung der Perlenkette außerhalb des Platzes nieder und landete. Es war nur ein dumpfes Krachen zu hören, sonst nichts.
Ich fuhr sofort mit dem PKW in die betreffende Richtung. Da kam mir die Besatzung entgegen. Sie hatte Glück gehabt. Mit der Tragfläche wurde ein Hochspannungsmast geknickt, der die halbe Fläche wegriß, gleich darauf wurde das Fahrgestell an einem Bahndamm abgeschert, und dahinter lag die Maschine auf dem Bauch. Der Besatzung war nichts passiert.
Dieser Flugzeugführer zeigte bei einem späteren Tagflug, daß er bei kritischen Situationen völlig den Kopf verlor. Nach einem weiteren erheblichen Flugzeugschaden, den er verursachte, wurde ihm die Frontreife abgesprochen und seine Versetzung veranlaßt.
Zu Anfang des Jahres 1944 wurden die Flugbedingungen in Frankreich immer schwieriger. Feindeinflug bei Tag und Nacht, sowie Angriffe auf Flugplätze, machten einen Schulbetrieb, wie er in der IV. Gruppe betrieben werden sollte, fast unmöglich. Die Gruppe sollte nach Szolnok verlegt werden.
Am 5. 2. 44, dem Vortage des Abfluges, um die Mittagszeit, befand ich mich gerade auf dem Flugplatz, da ertönten die Sirenen: Fliegeralarm! Mit einem PKW verließ ich den Platz, fuhr einige Kilometer in Richtung Orléans-Stadt und blieb auf der Straße stehen. Gleich darauf erschien ein englischer Bomberpulk. In unserem Flakfeuer flog der Verband unbeirrt weiter auf unseren Flugplatz zu. Ich sah die Bomben fallen, erlebte die Detonation, der Verband drehte ab. Es dauerte alles nur einige Minuten.
Ich fuhr zum Platz zurück, sah schon von weitem die Zerstörungen. Am Eingang zum Fliegerhorst lag der Posten tot neben seinem Schilderhaus. Ein großer Bombensplitter hatte seinen Betonunterschlupf in der Mitte durchschlagen. Dann kam ich zu den Gebäuden, fand diese sämtlich beschädigt oder zerstört, jedoch keine Brände. Zwischen den

Gebäuden die überdeckten Splittergräben. Auch über diese hatte sich der Bombenhagel ergossen. Die Ein- bzw. Ausgänge waren zum Teil verschüttet. Man hörte verzweifeltes Schreien. Soldaten waren dabei, die Gräben freizulegen, aber es war eine gefährliche Angelegenheit. Immer wieder explodierten Bomben mit Zeitzündern, und drei unserer Kameraden konnten wir nur noch tot bergen. Auf dem Flugplatz selbst gab es an den Maschinen keine Beschädigungen.
Am nächsten Tag sollte der Start erfolgen. Ich saß schon im Flugzeug, da gab es wieder Fliegeralarm. Mit einigen Maschinen startete ich trotzdem, um nur wegzukommen. Wir landeten wohlbehalten in Wiener-Neustadt.
Hier wurden wir für ca. zwei Wochen festgehalten. Der Flugplatz Szolnok war aufgeweicht und nicht anfliegbar. Der erst später gestartete Rest der Gruppe war in Landsberg/Lech zwischengelandet. Ich blieb vorerst in Wiener-Neustadt, machte hier die Ausbildung mit den Besatzungen weiter und wartete. Aber Szolnok blieb gesperrt. So wurde auch ich vorerst nach Landsberg/Lech beordert.
Hier ging der Flugbetrieb weiter. Und wieder gab es Verluste. Eine Besatzung mit einem Leutnant als Flugzeugführer, aus München stammend, stürzte bei einem Übungsflug (Tiefflug) im Altmühltal tödlich ab.
Eine andere, aus Frankreich kommende Besatzung stürzte beim Landeanflug auf Landsberg/Lech bei schlechtem Wetter ab. Wir waren am Flugplatz, die Wolken hingen tief, man hörte das Motorengeräusch, wir schossen die sog. Radieschen, ein Feuerwerk aus Leuchtraketen als Orientierungshilfe. Aber der Landeanflug wurde anscheinend nicht exakt nach dem Schlechtwetterlandeverfahren durchgeführt. Wir hörten nur noch den Absturz in der Nähe des Platzes.
Nach einer Trauerfeier auf dem Fliegerhorst wurden die Särge der Kameraden in deren Heimatorte überführt.«
Aber das Leben und so auch der Krieg brachten nicht nur Schweiß und Tränen.
Bei jenem von Geisendorfer geschilderten Luftangriff auf den Platz Orléans war, auf welche Weise immer, ein Gebäude in Brand geraten. Es war das vom Fliegerhorst beschlagnahmte Gebäude der Maire (Rathaus) einer kleinen Ortschaft am Platzrand. In dem Gebäude gab es Vorratslager. Die örtliche französische Feuerwehr löschte und löschte. Es fiel dabei auf, daß die wackeren Männer immer ausgelassener wurden. Das Geheimnis war schnell gelüftet. In den Lagerräumen der Gruppe war eine stattliche Menge exquisiten Champagners in den üblichen Gebinden gelagert. In der Hitze des Feuers löste sich hier und da vernehmlich ein zu schwach gesicherter Korken. Diese Musik in ihren Ohren veranlaßte die Feuerwehrmänner, hier rettend einzugreifen und

sich zum Lohne möglichst viel von dem – nicht wohltemperierten – Champagner einzuverleiben.
Der letzte Standort Szolnok war eine malerische an der Theiß gelegene Mittelstadt. Als die Gruppe im Februar 1944 dorthin kam, war Ungarn ein verbündetes, mitkriegführendes, kein besetztes Land.
Überraschend war, daß man dort im Trafik 200er Packungen Memphis u. ä. Zigaretten ohne weiteres kaufen konnte. Der Wochenmarkt quoll über von den Früchten der umgebenden Landwirtschaft. Tüchtige Köche brachten damit Überraschendes zustande.
Als Ungarn am 19. 3. 44 besetzt wurde, um sein weiteres Verbleiben auf unserer Seite zu sichern, verschwanden als erstes die Zigaretten schlagartig vom Markt.
Am 21. März 1944 konnte die IV. Gruppe bei noch voller Ausbildungsarbeit auf ihr dreijähriges Bestehen zurückblicken. Das Ende kam schnell. Nur fünf Monate später, am 20. August 1944, wurde sie aufgelöst. Die Kriegs-, Personal- und Materiallage ließ einen Fortbestand nicht mehr zu. Drohend zeichnete sich der Einmarsch der Roten Armee in Ungarn ab.
Die Besatzungen und sonst im Geschwader weiter benötigtes Personal wurden versetzt, alles übrige zerstreute sich in alle Winde. Drei Tage später fiel Rumänien vom Bündnis ab. Damit war der Weg frei für die Rote Armee nach Ungarn.

Niemand hat größere Liebe
denn die,
Daß er sein Leben läßt
für seine Freunde.

Joh. 15,13

VI. Verluste des Geschwaders

Das Kampfgeschwader Legion Condor 53 verlor im zweiten Weltkrieg insgesamt mindestens 1493 Soldaten
davon etwa 146 Offiziere
891 Unteroffiziere
456 Mannschaften.

Der Stand der Verlustliste ist etwa der bis Ende Januar 1945. Die Liste hat sicherlich Fehler. Diese zu bereinigen wird nur in Zusammenarbeit mit dem Leser möglich sein.

Bedeutung der Abkürzungen:

Ziel/Land	*Verlust durch*	*Funktion*	*Verbleib*
D = Deutschland	A = Absturz	FF = Flugzeugführer	+ = gefallen
E = England	FE = Feindeinwirkung	BO = Beobachter	v = vermißt
F = Frankreich		BF = Bordfunker	
R = Rußland	J = Jäger	BM = Bordmechaniker	
P = Polen	FL = Flak	BS = Bordschütze	
X = Wetterlage, Verlegung, Sonstiges	U = unbekannt, Unfall od. Bombenangriff		

Die Bezeichnung »Absturz« ist nicht genau abzugrenzen, da die meisten Abstürze unter Feindeinwirkung erfolgten.

Stabsstaffel

23. 11. 39	Uffz.	Bormann	F	A	+
23. 11. 39	Uffz.	Wagner	F	A	+
11. 3. 40	Oltn.	Dr. Neef	F	A	+
11. 3. 40	Uffz.	Neumann	F	A	+
11. 3. 40	Uffz.	Werner	F	A	+
11. 5. 40	Oltn.	Schmitz	F	FE	+
11. 5. 40	Ofw.	Beine	F	A	+

11. 5. 40	Fw.	Zeep		F	FE	+
11. 5. 40	Uffz.	Jeschke		F	FE	+
15. 6. 40	Hfw.	Otto Knitsch		D	A	+
15. 6. 40	Fw.	Werner Nest		D	A	+
15. 6. 40	Fw.	Josef Guttenberger		D	A	+
15. 6. 40	Uffz.	Olaf Leßmann		D	A	+
15. 6. 40	Gefr.	Gerhard Görner		D	A	+
15. 9. 40	Uffz.	Heinr. Meyer		E	A	+
15. 9. 40	Fw.	Alois Schweiger		E	A	+
15. 9. 40	Fw.	Arnold Benz		E	A	+
15. 9. 40	Uffz.	Georg Geiger		E	A	+
17. 6. 41	Fw.	Hans Abe			A	+
17. 6. 41	Fw.	Adolf Schorrmann			A	+
17. 6. 41	Uffz.	Peter Janissen			A	+
17. 6. 41	Uffz.	Fritz Schumacher			A	+
13. 7. 41	Olt.	Fr. Wilh.Franke		R	FE	+
26. 7. 41	Fw.	Herbert Häusler		R	A	+
26. 7. 41	Ogefr.	Josef Robold		R	A	+
26. 7. 41	Gefr.	Hans-Georg Schmitz		R	A	+
26. 7. 41	Gefr.	Walter Bresart		R	A	+
26. 7. 41	Gefr.	Hans Tittel		R	A	+
2. 8. 41	Lt.	Hermann Fust		R	A	+
2. 8. 41	Gefr.	Josef Kiegerl		R	A	+
8. 10. 41	Lt.	Günter Felix		R	A	v
8. 10. 41	Fw.	Alfred Herrmann		R	A	v
8. 10. 41	Uffz.	Georg Eiersebner		R	A	v
30. 1. 42	Olt.	Jürgen v. Horn	BO/ St.Kpt.	R	A	v
30. 1. 42	Ofw.	Robert Mayer	FF	R	A	v
30. 1. 42	Ofw.	Hans Ott	BM	R	A	v
30. 1. 42	Fw.	Kurt Flade	BF	R	A	v
30. 1. 42	Uffz.	Heinz Seidel	BS	R	A	v
28. 3. 42	Olt.	Helmut Lorenz	FF	R	A	v
28. 3. 42	Uffz.	Fritz Pust	BF	R	A	v
28. 3. 42	Uffz.	Friedrich Sefert	BS	R	A	v
28. 3. 42	Gefr.	Heinz Großmann	BM	R	A	v
28. 3. 42	Uffz.	Hermann Ehlers	BO	R	A	v
9. 12. 42	Hptm.	Helmut Elder von Kiesling	BO	R	FE	v
10. 2. 43	Uffz.	Jakob Baum		R	FE	+
10. 2. 43	Uffz.	Louis Beck		R	FE	+
10. 2. 43	Uffz.	Andreas Dinkel		R	FE	+
14. 7. 43	Ofw.	Johannes Beneken	FF	R	A	v
14. 7. 43	Uffz.	Walter Hirche	BO	R	A	v
14. 7. 43	Uffz.	Hans Günther	BF	R	A	v
14. 7. 43	Ogefr.	Anton Plodeck	BS	R	A	v
14. 7. 43	Uffz.	Herbert Mansfeld	BS	R	A	v
5. 8. 43	Fw.	Helmut Thiele	BF	R	A	+
5. 8. 43	Uffz.	Kurt Eikmeier	BM	R	A	+
5. 8. 43	Hptm. d. Res.	Fritz Sattler	BS	R	A	+
26. 6. 44	Uffz.	Paul Schlesier		R	FE	v

26. 6.44	Stgefr.	Johannes Baggendorf			R	FE	v
21. 8.44	Ofw.	Willi Rein	FF		F	A	v
21. 8.44	Ofw.	Heinrich Prestel	BO		F	A	v
21. 8.44	Ofw.	Georg Schmeling	BF		F	A	v
21. 8.44	Fw.	Erich Stephan	BS		F	A	v
21. 8.44	Ofw.	Kurt Schrang	BM		F	A	v

I. Gruppe

2. 9.39	Uffz.	Georg Adam	BF	2.	P	FL	+
5. 12.39	Reg.Rt. Wetter-dienst	Wilhelm Endres	–	2.	X	A	+
9. 5.40	Fw.	Otto Siebold	BM	3.	X	A	+
11. 5.40	Olt.	Max Pröbst	BO	1.	F	A	+
11. 5.40	Fw.	Erwin Bühler	BS	3.	F	A	+
11. 5.40	Gefr.	Erwin Plätschke	BS	2.	F	A	+
11. 5.40	Gefr.	Heinz Ahrendt	BF	2.	F	A	+
11. 5.40	Flg.	Karl Gilber	BS	2.	F	A	+
11. 5.40	Flg.	Hubert Hiersemann	BS	2.	F	A	+
12. 5.40	Uffz.	Werner Kortas	BF	2.	F	A	+
12. 5.40	Lt.	Eduard v. Satzenho-fen-Fuchsberg	FF	3.	F	A	+
12. 5.40	Fw.	Georg Stadler	BM	3.	F	A	+
12. 5.40	Gefr.	Siegfried Holbein	BF	3.	F	A	+
14. 5.40	Olt.	Walter Kögl	FF	2.	F	A	+
14. 5.40	Ofw.	Willi Schmidt	BF	2.	F	A	+
14. 5.40	Fw.	Kurt Acker	BM	2.	F	A	+
14. 5.40	Uffz.	Eustach Benkert	BO	2.	F	A	+
14. 5.40	Fw.	Walter Völter	BM	2.	F	A	+
14. 5.40	Flg.	Erhardt Rottger	BS	2.	F	A	+
20. 5.40	Uffz.	Albert Schweighardt	BF	1.	F	A	+
20. 5.40	Fw.	Alfred Bogdanski	FF	2.	F	A	v
20. 5.40	Gefr.	Helmut Berner	BS	2.	F	A	v
20. 5.40	Uffz.	Rudolf Bruckner	BF	2.	F	A	v
20. 5.40	Uffz.	Georg Wild	BM	2.	F	A	v
20. 5.40	Flg.	Eduard Damböck	BS	2.	F	A	v
20. 5.40	Fw.	Herbert Querl	FF	2.	F	A	v
20. 5.40	Uffz.	Alfons Truskowski	BF	2.	F	A	v
20. 5.40	Uffz.	Georg Wißmeier	BM	2.	F	A	+
20. 5.40	Flg.	Oskar Dorer	BS	2.	F	A	+
26. 5.40	Lt.	Serge v. Goertz	BO	2.	F	A	+
27. 5.40	Gefr.	Herbert Hampel	BS	1.	F	A	+
27. 5.40	Olt.	Hans Niklas	BO	1.	F	A	+
27. 5.40	Gefr.	Ernst Tscherne	BS	1.	F	A	+
15. 6.40	Hptm.	Bernhard Schwarz	St. Kpt.	3.	F	A	+
15. 6.40	Lt.	Karl Schoeppler	BO	3.	F	A	+
15. 6.40	Ofw.	Fritz Weiden-hammer	BF	3.	F	A	+
15. 6.40	Fw.	Albert Burger	FF	3	F	A	+

15. 6. 40	Uffz.	Kurt Berninger	BM	3.	F	A	+
15. 6. 40	Uffz.	Karl Berrang	BF	3.	F	A	+
15. 6. 40	Uffz.	Otto Haas	BM	3.	F	A	+
9. 7. 40	Olt.	Willi Kollmer	FF	3.	E	A	+
9. 7. 40	Olt.	Eduard Fritz	BO	3.	E	A	+
9. 7. 40	Uffz.	Franz Huber	BF	3.	E	A	+
9. 7. 40	Uffz.	Ernst Neuburger	BM	3.	E	A	v
9. 7. 40	Gefr.	Walter Stiller	BS	3.	E	A	+
29. 7. 40	Lt.	Otto Kliffgen	FF	2.	E	A	+
29. 7. 40	Fw.	Erhard Knobloch	BO	2.	E	A	+
29. 7. 40	Gefr.	Heinz Fricke	BF	2.	E	A	v
29. 7. 40	Fw.	Martin Eiblmeier	BM	2.	E	A	v
29. 7. 40	Gefr.	Herbert Keil	BS	2.	E	A	+
29. 7. 40	Uffz.	Alexander Anger-meier	FF	3.	E	A	+
29. 7. 40	Fw.	Friedr. Prütting	BO	3.	E	A	+
29. 7. 40	Lt.	Wilh. Schatka	BO	3.	E	A	+
29. 7. 40	Uffz.	Ernst Jendricke	BF	3.	E	A	+
29. 7. 40	Uffz.	Richard Kotz	BM	3.	E	A	+
28. 8. 40	Ofw.	Heinr. Wolter	FF	3.	E	A	+
28. 8. 40	Ofw.	Heinr. Walther	BO	3.	E	A	+
28. 8. 40	Uffz.	Anton Steurer	BF	3.	E	A	+
28. 8. 40	Uffz.	Helmut Heinze	FF	3.	E	A	+
28. 8. 40	Hgefr.	Walter Beerbohm	BM	3.	E	A	+
29. 8. 40	Uffz.	Leo Bolz	BF	1.	E	A	+
29. 8. 40	Uffz.	August Staudt	BM	1.	E	A	+
30. 8. 40	Fw.	Ernst-Erh. v. Kuenheim	BF	3.	E	A	+
30. 8. 40	Fw.	Adolf Saam	BM	3.	E	A	+
30. 8. 40	Ogefr.	Otto Fischer	BS	3.	E	A	+
7. 9. 40	Ofw.	Gerh. Müller	BF	1.	E	A	+
7. 9. 40	Flg.	Hans Hönig	BS	1.	E	A	+
15. 9. 40	Fw.	Friedr. Grotzki	BM	3.	E	A	+
15. 9. 40	Uffz.	Alois Lehner	FF	3.	E	A	+
15. 9. 40	Uffz.	Kurt Röthig	BF	3.	E	A	+
22. 10. 40	Olt.	Karl Müller		2.	E	A	+
22. 10. 40	Ofw.	Gerh. Leibers-berger		2.	E	A	+
22. 10. 40	Ofw.	Karl Zeller		2.	E	A	+
22. 10. 40	Uffz.	Albert Jedelhauser		2.	E	A	+
26. 10. 40	Lt.	Günther Hanau	FF	2.	E	A	v
26. 10. 40	Lt.	Hans Cichy	BO	2.	E	A	+
26. 10. 40	Fw.	Erich Brandt	BF	2.	E	A	v
26. 10. 40	Uffz.	Alfred Schuhbauer	BS	2.	E	A	v
26. 10. 40	Gefr.	Helmut Heuft	BS	2.	E	A	v
9. 11. 40	Uffz.	Rudolf Tinz	BM	3.		U	+
23. 11. 40	Lt.	Joachim v. Warzewski	FF	3.	E	A	+
23. 11. 40	Gefr.	August Lorenz	BO	3.	E	A	+
23. 11. 40	Fw.	Hubert Schopf	BM	3.	E	A	+
6. 12. 40	Fw.	Wilh. Pabst	FF	1.	E	A	+
6. 12. 40	Uffz.	Heinr. Rettig	BO	1.	E	A	+

6. 12. 40	Ofw.	Karl Helber	BF	1.	E	A	+
6. 12. 40	Ofw.	Walter Marbach	BM	1.	E	A	+
16. 1. 41	Uffz.	Hubert Graf	BF	2.	E	A	+
31. 1. 41	Lt.	Wolf Helm	FF	2.	E	A	+
31. 1. 41	Gefr.	Gerh. Hensel	BO	2.	E	A	+
31. 1. 41	Fw.	Reinh. Tässler	BF	2.	E	A	+
31. 1. 41	Gefr.	Willy Wagner	BS	2.	E	A	+
31. 1. 41	Uffz.	Heinrich Schäfer	BS	2.	E	A	+
27. 2. 41	Ofw.	Hans Michalzik	FF	3.	E	A	v
27. 2. 41	Olt.	Hans-Georg Ziegler	BO	3.	E	A	v
27. 2. 41	Fw.	Karl Ziegler	BF	3.	E	A	+
27. 2. 41	Uffz.	Georg Helgert	BM	3.	E	A	v
27. 2. 41	Uffz.	Heinr. Menetzke	BS	3.	E	A	v
4. 5. 41	Lt.	Karl Baller	FF	2.	E	A	+
4. 5. 41	Uffz.	Leo Palubicki	BO	2.	E	A	+
4. 5. 41	Uffz.	Gerh. Stolper	BF	2.	E	A	+
4. 5. 41	Gefr.	Erwin Donner	BM	2.	E	A	+
4. 5. 41	Uffz.	Karl Fleischmann	BS	2.	E	A	+
4. 5. 41	Gefr.	Blasius Regnat	BO	3.	E	A	v
4. 5. 41	Gefr.	Bruno Kauhardt	BF	3.	E	A	+
11. 5. 41	Ofw.	Max Zieringer	BM	1.	E		+
11. 5. 41	Gefr.	Franz Werner	BS	2.	E		+
11. 5. 41	Uffz.	Adold Schurff	BF	3.	E	A	+
11. 5. 41	Ofw.	Helmut Meister	BM	3.	E	A	+
11. 5. 41	Fw.	Edmund Wylezol	BS	3.	E	A	+
23. 6. 41	Hptm.	Otmar Hirschauer	St. Kpt.	3.	R	A	v
23. 6. 41	Fw.	Wilh. Endress	FF	3.	R	A	v
23. 6. 41	Fw.	Heinr. Funke	BO	3.	R	A	v
23. 6. 41	Fw.	Josef Hertle	BF	3.	R	A	v
23. 6. 41	Ofw.	Ernst Bott	BM	3.	R	A	v
28. 6. 41	Ofw.	Albert Becker	BM	1.	R	U	+
31. 7. 41	Olt.	Adolf Kempe	FF	1.	R	A	+
31. 7. 41	Gefr.	Hans Haase	BO	1.	R	A	v
31. 7. 41	Uffz.	Fritz Gaede	BF	1.	R	A	v
31. 7. 41	Uffz.	Hans Rößler	BM	1.	R	A	v
31. 7. 41	Gefr.	Hermann Betz	BS	1.	R	A	v
31. 7. 41	Gefr.	Kurt Jeschke	FF	2.	R	A	v
31. 7. 41	Ogefr.	Alfred Engler	BO	2.	R	A	v
31. 7. 41	Gefr.	Lothar Hüper	BF	2.	R	A	v
31. 7. 41	Fw.	Hermann Kleeth	BM	2.	R	A	v
31. 7. 41	Gefr.	Andreas Schröffel	BS	2.	R	A	v
2. 8. 41	Fw.	Max Brunzel	FF	2.	R	A	+
2. 8. 41	Ogefr.	Heinz Berkenbaum	BO	2.	R	A	+
2. 8. 41	Gefr.	Gerhard Band	BF	2.	R	A	+
2. 8. 41	Gefr.	Alfred Greulich	BS	2.	R	A	+
2. 8. 41	Gefr.	Rudolf Meier	BS	2.	R	A	+
4. 8. 41	Uffz.	Franz Zieger	Wart	1.FBK	R	FE	+
9. 8. 41	Uffz.	Oswald Schliemann	FF	1.	R	A	v
9. 8. 41	Uffz.	Amandus Otruba	BO	1.	R	A	v
9. 8. 41	Uffz.	Albert Wetzel	BF	1.	R	A	v
9. 8. 41	Uffz.	Wilh. Gieselmann	BM	1.	R	A	v

9. 8. 41	Uffz.	Walter Kranich	BS	1.	R	A	v
22. 8. 41	Gefr.	Franz Ruschka	FF	3.	R	A	v
22. 8. 41	Uffz.	Johann Schmid	BO	3.	R	A	v
22. 8. 41	Gefr.	Nikolaus Wand	BF	3.	R	A	v
22. 8. 41	Uffz.	Ludwig Puggel	BM	3.	R	A	v
22. 8. 41	Uffz.	Friedr. Schmidt-mann	BS	3.	R	A	v
9. 9. 41	Gefr.	Hans Schröder	BM	3.	R	FE	+
9. 9. 41	Gefr.	Karl Danielmeyer	BS	3.	R	FE	+
27. 9. 41	Gefr.	Horst Hopt	BO	3.	R	A	+
27. 9. 41	Uffz.	Erwin Schmidt	BF	3.	R	A	+
27. 9. 41	Gefr.	Leopold Trappl	–	2.FBK	R	U	+
5. 10. 41	Fw.	August Wicke	FF	1.	R	A	v
5. 10. 41	Ofw.	Ortwin Schwach	BO	1.	R	A	v
5. 10. 41	Ogefr.	Ernst Scheel	BF	1.	R	A	v
5. 10. 41	Uffz.	Franz Prager	BM	1.	R	A	v
5. 10. 41	Gefr.	Josef Grimm	BS	1.	R	A	v
16. 2. 42	Lt.	Heinr. Leske	BO	1.	R	A	v
16. 2. 42	Ofw.	Willi Thoma	FF	1.	R	A	v
16. 2. 42	Fw.	Erich Schmidt	BF	1.	R	A	v
16. 2. 42	Ogefr.	Fridolin Szymanek	BM	1.	R	A	v
16. 2. 42	Fw.	Peter Jäger	BS	1.	R	A	v
9. 3. 42	Uffz.	Friedr. Schöntag	BM	3.	R	FE	v
18. 3. 42	Uffz.	Franz Ruatti	BO	3.	R	FE	+
22. 3. 42	Ofw.	Rudi Goethel	FF	1.	R	FE	+
25. 3. 42	Fw.	Günter Högel	BO	3.	R	FE	+
30. 3. 42	OTL	Joachim Wienholtz	Gr.Kdeur	I.	R	A	v
30. 3. 42	Olt.	Siegfr. Meyer	FF	I.	R	A	v
30. 3. 42	Ofw.	Karl Saunus	BO	I.	R	A	v
30. 3. 42	Uffz.	Eckhard Pook	BF	I.	R	A	v
30. 3. 42	Uffz.	Karl Kriegler	BM	I.	R	A	v
30. 3. 42	Uffz.	Martin Lehner	BS	I.	R	A	v
6. 4. 42	Uffz.	Fritz Reichhardt	BO	1.	R	FE	+
9. 4. 42	Uffz.	Walter Köller	FF	1.	R	U	v
9. 4. 42	Ogefr.	Franz Hieß	BO	1.	R	U	v
9. 4. 42	Ogefr.	Friedr. Schwerdt-feger	BF	1.	R	U	v
9. 4. 42	Ogefr.	Rudolf Dörfler	BM	1.	R	U	v
9. 4. 42	Gefr.	Harry Teichmann	BS	1.	R	U	v
9. 4. 42	Ofw.	Lothar Neumann	FF	1.	R	FE	+
4. 5. 42	Fw.	Alfred Schön	FF	1.	R	A	v
4. 5. 42	Fw.	Heinz Trenkler	BO	1.	R	A	v
4. 5. 42	Ogefr.	K.-Heinz Ritter	BF	1.	R	A	v
4. 5. 42	Fw.	Georg Rieger	BM	1.	R	A	v
4. 5. 42	Ogefr.	Albert Pletzki	BS	1.	R	A	v
9. 5. 42	Lt.	Volkmar Diersch	FF	3.	R	A	v
9. 5. 42	Uffz.	Jakob Glück	BO	3.	R	A	v
9. 5. 42	Ogefr.	Josef Fürschnaller	BF	3.	R	A	v
9. 5. 42	Uffz.	Josef Grätz	BM	3.	R	A	v
9. 5. 42	Uffz.	Heinz Thiele	BS	3.	R	A	v
2. 6. 42	Ofw.	Erwin Hanft	BM	3.	R	FE	+

9. 6. 42	Lt.	Albert Backhaus	FF	1.	R	A	v
9. 6. 42	Ogefr.	Heinr. Bock	BO	1.	R	A	v
9. 6. 42	Uffz.	Josef Braun	BF	1.	R	A	v
9. 6. 42	Uffz.	Ernst Michalski	BM	1.	R	A	v
9. 6. 42	Uffz.	Ruppert Frank	BS	1.	R	A	v
12. 6. 42	Fw.	Siegfr. Bethke	FF	3.	R	A	v
12. 6. 42	Fw.	Herbert Kirchner	BO	3.	R	A	v
12. 6. 42	Uffz.	Walter Malle	BF	3.	R	A	v
12. 6. 42	Uffz.	Alfons Ganserer	BM	3.	R	A	v
12. 6. 42	Uffz.	Rudolf Anibas	BS	3.	R	A	v
12. 6. 42	Uffz.	Herbert Reinert	FF	3.	R	A	v
12. 6. 42	Fw.	Bernh. Krug	BO	3.	R	A	v
12. 6. 42	Fw.	Jonny Rudolph	BM	3.	R	A	v
12. 6. 42	Ogefr.	Herbert Grünzweig	BS	3.	R	A	v
15. 6. 42	Uffz.	Erwin Maier	FF	3.	R	A	v
15. 6. 42	Uffz.	Erich Kempff	BO	3.	R	A	v
15. 6. 42	Uffz.	Herbert Grunwald	BF	3.	R	A	v
15. 6. 42	Uffz.	Ludwig Scheungrab	BM	3.	R	A	v
15. 6. 42	Ogefr.	Karl Schwind	BS	3.	R	A	v
26. 6. 42	Uffz.	Gerhard Jirowetz	BS	1.	R	FE	+
11. 8. 42	Lt.	Horst Krüger	FF	3.	R	FE	+
14. 8. 42	Gefr.	Erich Berger	Kraftf.	1.FBK	R	U	+
16. 8. 42	Fw.	Karl-H. Lang	FF	3.	R	A	v
16. 8. 42	Gefr.	Werner Fahlbusch	BO	3.	R	A	v
16. 8. 42	Uffz.	Alfons Zinke	BF	3.	R	A	v
16. 8. 42	Uffz.	Eugen Simmendinger	BM	3.	R	A	v
16. 8. 42	Ogefr.	Reinh. Eckert	BS	3.	R	A	v
25. 9. 42	Uffz.	Willi Liebermann	BO	2.	R	A	+
25. 9. 42	Uffz.	Gottfr.Kollenz	BF	2.	R	A	+
25. 9. 42	Uffz.	Georg Rentsch	BS	2.	R	A	v
25. 9. 42	Uffz.	Albert Baranowski	BS	2.	R	A	+
9. 10. 42	Olt.	Lienh. Fuchs	FF	I.	R	A	v
9. 10. 42	Ofw.	Josef Kurz	BO	I.	R	A	v
9. 10. 42	Fw.	Rudolf Schneider	BF	I.	R	A	v
9. 10. 42	Uffz.	Johann Hempen	BM	I.	R	A	v
9. 10. 42	Flg.	Hermann Jürries	BS	I.	R	A	v
16. 10. 42	Fw.	Max Schaff	FF	2.	R	A	v
16. 10. 42	Fw.	Fritz Rink	BO	2.	R	A	v
16. 10. 42	Uffz.	Heinz Laurentsch	BF	2.	R	A	v
16. 10. 42	Fw.	Friedr. Wolz	BM	2.	R	A	v
16. 10. 42	Uffz.	Heinr. Engelbarts	BS	2.	R	A	v
8. 11. 42	Gefr.	Wilhelm Müller	BS	1.	R	U	v
9. 11. 42	Fw.	Ernst Rauth	FF	2.	R	A	+
9. 11. 42	Uffz.	Otto Leipe	BO	2.	R	A	+
9. 11. 42	Ogefr.	Georg Maschke	BF	2.	R	A	+
9. 11. 42	Gefr.	Heinr. Jasper	BM	2.	R	A	+
9. 11. 42	Gefr.	Walter Kassuba	BS	2.	R	A	+
3. 12. 42	Uffz.	Hans-Joach. Geyer	BO	1.	R	A	+
3. 12. 42	Uffz.	Johann Blome	BF	1.	R	A	+
3. 12. 42	Ogefr.	Willi Rautenberg	BM	1.	R	A	+
3. 12. 42	Gefr.	Karl Blaha	BS	1.	R	A	+

25. 12. 42	Fw.	Heinr. Wehrmann	BM	2.	R	U	+
28. 12. 42	Ofw.	Heinr. Buchholz	FF	1.	R	A	v
28. 12. 42	Hptm.	Ernst Gehrke	BO	1.	R	A	v
28. 12. 42	Fw.	Arno Groß	BO	1.	R	A	v
28. 12. 42	Ofw.	Georg Geltinger	BM	1.	R	A	v
28. 12. 42	Ogefr.	Alfred Bergmann	BS	1.	R	A	v
30. 12. 42	Fw.	Willi Strunk	FF	2.	R	A	+
30. 12. 42	Olt.	Siegfr. Rehle	BO	2.	R	A	+
30. 12. 42	Uffz.	Siegfr. John	BF	2.	R	A	+
30. 12. 42	Fw.	Georg Urban	BM	2.	R	A	+
30. 12. 42	Uffz.	Werner Linde	BS	2.	R	A	+
1. 1. 43	Lt.	Jürgen Schalke	FF	2.	R	A	v
1. 1. 43	Ofw.	Walter Bachler	BO	2.	R	A	v
1. 1. 43	Uffz.	Heinz Pahlke	BS	2.	R	A	v
1. 1. 43	Uffz.	Wolfgang Mayer	BM	2.	R	A	v
1. 1. 43	Uffz.	Heinz Menzel	BS	2.	R	A	v
1. 1. 43	Ofw.	Xaver Donhauser	FF	3.	R	A	v
1. 1. 43	Uffz.	Fritz Maaß	BO	3.	R	A	v
1. 1. 43	Uffz.	Karl Schmidt	BF	3.	R	A	v
1. 1. 43	Ogefr.	Rudolf Wicher	BM	3.	R	A	v
1. 1. 43	Gefr.	Helmut Günther	BS	3.	R	A	v
2. 1. 43	Lt.	Ernst König	FF	2.	R	A	+
2. 1. 43	Uffz.	Erwin Wiczorek	BO	2.	R	A	+
2. 1. 43	Uffz.	Heinz Müller	BM	2.	R	A	+
2. 1. 43	Uffz.	Alfred Abel	BS	2.	R	A	+
5. 4. 43	Uffz.	Rudolf Bick	FF	3.	D	U	+
5. 4. 43	Uffz.	Otto Dimter	BO	3.	D	U	+
5. 4. 43	Uffz.	Fritz Koehler	BF	3.	D	U	+
5. 4. 43	Ogefr.	Norbert Wolniczak	BM	3.	D	U	+
5. 4. 43	Gefr.	Alfred Hilger	BS	3.	D	U	+
27. 5. 43	Uffz.	Karl Kestel	FF	2.	R	A	v
27. 5. 43	Uffz.	Hans Gegner	BO	2.	R	A	v
27. 5. 43	Gefr.	Günther Brand-stätter	BF	2.	R	A	v
27. 5. 43	Ogefr.	Wilh. Otto	BM	2.	R	A	v
27. 5. 43	Gefr.	Hermann Krafft	BS	2.	R	A	v
30. 5. 43	Ofw.	Willi Pflüger	FF	1.	R	A	v
30. 5. 43	Uffz.	Erich Zellner	BO	1.	R	A	v
30. 5. 43	Ogefr.	Rudolf Braunschuh	BF	1.	R	A	v
30. 5. 43	Ogefr.	Otto Maak	BS	1.	R	A	v
30. 5. 43	Ogefr.	Walter Müller	BS	1.	R	A	v
5. 6. 43	Lt.	K.-Heinz Andreesen	FF	1.	R	A	+
5. 6. 43	Uffz.	Werner Zöllner	BO	1.	R	A	+
5. 6. 43	Fw.	Werner Zorn	BF	1.	R	A	+
5. 6. 43	Ogefr.	Paul Zilinka	B. Wart	1.	R	A	+
5. 6. 43	Gefr.	Eugen Danielowski	BS	1.	R	A	+
7. 7. 43	Uffz.	Ernst Tiersch	FF	2.	R	A	v
7. 7. 43	Uffz.	Eberhard Speck	BO	2.	R	A	v
7. 7. 43	Uffz.	Ferdinand Heinzl	BF	2.	R	A	v
7. 7. 43	Uffz.	Karl Paul	BM	2.	R	A	v
7. 7. 43	Ogefr.	Karl Jostmeier	BS	2.	R	A	v

8. 7. 43	Uffz.	Heinz Bernhard	BF	I.	R	FE	+
10. 7. 43	Lt.	Heinr. Schäfer	FF	2.	R	A	v
10. 7. 43	Uffz.	Karl Wehrum	BO	2.	R	A	v
10. 7. 43	Uffz.	Rudolf Steinkogler	BF	2.	R	A	v
10. 7. 43	Ofw.	Hans Schilling	BM	2.	R	A	+
10. 7. 43	Gefr.	Gerhard Pajonk	BS	2.	R	A	+
14. 7. 43	Uffz.	Otto Riehl	FF	2.	R	A	+
14. 7. 43	Fw.	Wilh. Sprenger	BO	2.	R	A	+
14. 7. 43	Uffz.	Oswald Jäckel	BM	2.	R	A	+
14. 7. 43	Uffz.	Hubert Mayer	BS	2.	R	A	+
14. 7. 43	Uffz.	Johann Mayer	FF	3.	R	J	v
14. 7. 43	Fw.	Rudi Weißbach	BO	3.	R	J	v
14. 7. 43	Uffz.	Gerhard Härtl	BF	3.	R	J	+
28. 7. 43	Ofw.	Eberhard Burmeister	FF	3.	R	A	v
28. 7. 43	Gefr.	Werner Kühne	BO	3.	R	A	v
28. 7. 43	Uffz.	Paul Wolff	BF	3.	R	A	v
28. 7. 43	Ogefr.	Richard Köhler	B. Wart	3.	R	A	v
28. 7. 43	Uffz.	Fridolin Domig	BS	3.	R	A	v
3. 8. 43	Uffz.	Josef Eppich	BM	3.	R	FE	+
9. 8. 43	Lt.	Albrecht Schneidewind	FF	2.	X	A	+
9. 8. 43	Uffz.	Rudolf Reimold	BO	2.	X	A	+
9. 8. 43	Uffz.	Oskar Kruta	BF	2.	X	A	+
9. 8. 43	Uffz.	Rudolf Geissler	BM	2.	X	A	+
9. 8. 43	Ogefr.	Heinr. Zube	BS	2.	X	A	+
9. 8. 43	Fw.	Erwin Obuch	FF	2.	X	A	+
9. 8. 43	Ogefr.	Hans Wenzel	BO	2.	X	A	+
9. 8. 43	Uffz.	Hartwig Engelmann	BF	2.	X	A	+
9. 8. 43	Uffz.	Heinrich Pudzich	1. Wart	2.	X	A	+
9. 8. 43	Uffz.	Rudolf Werner	Bo. Wart	2.	X	A	+
9. 8. 43	Uffz.	Franz Wolf	1. Wart	2.	X	A	+
9. 8. 43	Uffz.	Franz Dominik	Bo. Wart	2.	X	A	+
29. 8. 43	Uffz.	Karl-H. Koch	BM	3.	R	FE	+
12. 9. 43	Flg.	Karl Fischer	FBK	1.	R	U	+
18. 9. 43	Uffz.	Waldemar Lauhoff	FF	2.	R	A	+
18. 9. 43	Gefr.	Walter Eberle	BM	2.	R	A	+
22. 12. 43	Lt.	August Warter	FF	I.	R	A	+
31. 12. 43	Ofw.	Herbert Engel	FF	2.	R	A	v
31. 12. 43	Uffz.	Josef Wagner	BO	2.	R	A	v
31. 12. 43	Uffz.	Franz Burggraf	BF	2.	R	A	v
31. 12. 43	Uffz.	Peter Büttner	BM	2.	R	A	v
31. 12. 43	Uffz.	Herbert Reimann	BS	2.	R	A	v
31. 12. 43	Ofw.	Arnold Stork	FF	3.	R	A	v
31. 12. 43	Uffz.	Gerhard Adler	BO	3.	R	A	v
31. 12. 43	Fw.	Heinrich Gesenhues	BF	3.	R	A	v
31. 12. 43	Uffz.	Heinrich Roß	BM	3.	R	A	v

31. 12. 43	Uffz.	Fritz Unterweger	BS	3.	R	A	v
29. 1. 44	Lt.	Heinz Neumann	FF	1.	X	A	+
29. 1. 44	Gefr.	Wilh. Dragon	BO	1.	X	A	+
29. 1. 44	Uffz.	Johann Mühlbacher	BF	1.	X	A	+
29. 1. 44	Uffz.	Kurt David	BM	1.	X	A	+
29. 1. 44	Uffz.	Erich Werner	BS	1.	X	A	+
9. 2. 44	Lt.	Wilhelm Kamp	FF	2.	R	A	v
9. 2. 44	Ogefr.	Hardi Fortuniak	BO	2.	R	A	v
9. 2. 44	Uffz.	Werner Speer	BF	2.	R	A	v
9. 2. 44	Ogefr.	Walter Strotz	BM	2.	R	A	v
9. 2. 44	Ogefr.	Hubert Spohr	BS	2.	R	A	v
14. 2. 44	Uffz.	Hans-Dieter Junker	FF	3.	R	A	v
14. 2. 44	Uffz.	Otto Zapf	BO	3.	R	A	v
14. 2. 44	Uffz.	Karl Böttcher	BF	3.	R	A	v
14. 2. 44	Uffz.	Walter Schikore	BM	3.	R	A	v
14. 2. 44	Gefr.	Werner Gassewitz	BS	3.	R	A	v
21. 2. 44	Ogefr.	Hans Willim	FBK	1.	R	U	+
3. 3. 44	Fj.Fw.	Paul Zoelzer		3.	R	U	+
8. 4. 44	Ogefr.	Artur Kausch	BS	2.	R	FE	+
9. 4. 44	Uffz.	Robert Wahn	BS	1.	R	A	+
9. 4. 44	Uffz.	Kurt Bregel	BM	1.	R	A	+
29. 4. 44	Uffz.	Franz Lichtenauer	BF	1.	R	A	+
29. 4. 44	Uffz.	Josef Vocht	BS	1.	X	A	+
29. 4. 44	Ogefr.	Heinz Jordan	BS	1.	X	A	+
29. 4. 44	Gefr.	Hans Neumerkel	BS	1.	X	A	+
4. 6. 44	Ogefr.	Horst Geisendorf	BS	1.	X	A	+
26. 6. 44	Fw.	Günther Weniger	FF	3.	R	A	v
26. 6. 44	Uffz.	Georg Birkhahn	BO	3.	R	A	v
26. 6. 44	Uffz.	Gustav Hammer	BF	3.	R	A	v
26. 6. 44	Uffz.	Rolf Ramm	BM	3.	R	A	v
26 6. 44	Fw.	Hermann Löwen-berg	B. Wart	3.	R	A	v
27. 6. 44	Lt.	Wilhelm Walker	FF	1.	R	A	v
27. 6. 44	Uffz.	Gerhard Bülow	BF	1.	R	A	v
27. 6. 44	Uffz.	Wilhelm Hoffmann	B. Wart	1.	R	A	v
27. 6. 33	Uffz.	Johann Czech	B. Wart	1.	R	A	v
9. 7. 44	Uffz.	Rolf Niemann	FF	2.	R	A	v
9. 7. 44	Ogefr.	Horst Matschke	BO	2.	R	A	v
9. 7. 44	Fw.	Otto Bührer	BF	2.	R	A	v
9. 7. 44	Fw.	Benno Bastian	BM	2.	R	A	v
9. 7. 44	Gefr.	Herbert Wilke	BS	2.	R	A	v
10. 7. 44	Uffz.	Alfred Herr	FF	3.	R	A	v
10. 7. 44	Ogefr.	Robert Hatzfeld	BO	3.	R	A	v
10. 7. 44	Uffz.	Rudolf Potuzak	BF	3.	R	A	v
10. 7. 44	Ogefr.	Hans-Gerd Kind	BM	3.	R	A	v
10. 7. 44	Uffz.	Karl Daniel	BS	3.	R	A	v
10. 7. 44	Uffz.	Günther Geheb	BF	2.	R	FE	+
10. 7. 44	Uffz.	Otto Schneider	BM	2.	R	FE	+
10. 7. 44	Uffz.	Leopold Kandera	BS	2.	R	FE	+
22. 7. 44	Ofw.	Heinz-Jürgen Fritz	FF	3.	R	A	+

22. 7. 44	Fw.	Max Geiger	BO	3.	R	A	+
26. 7. 44	Uffz.	Ernst Uhl	FF	3.	R	A	+
26. 7. 44	Ogefr.	Johann Wagner	BO	3.	R	A	+
26. 7. 44	Ogefr.	Joachim Nadler	BM	3.	R	A	+
18. 8. 44	Fw.	Friedr. Kropp	FF	1.	R	A	+
18. 8. 44	Uffz.	Fritz Josties	BO	1.	R	A	+
18. 8. 44	Uffz.	Julius Endress	BF	1.	R	A	+
18. 8. 44	Ogefr.	Heinr. Göhry	BM	1.	R	A	+
18. 8. 44	Uffz.	Hans Kohn	BS	1.	R	A	+
30. 8. 44	Uffz.	Adolf Wägner	Kr. Fahr.	1.	D	U	+
5. 9. 44	Ogefr.	Werner Amende	1. Wart	3.	D	U	+
21. 10. 44	Uffz.	Albert Fleischmann	FF	3.	E	A	+
21. 10. 44	Uffz.	Erhard Rothe-Oswald	BO	3.	E	A	+
21. 10. 44	Fw.	Alfred Urban	BF	3.	E	A	+
23. 10. 44	Ogefr.	Walter Hasler	BS	1.	E	FE	+
25. 10. 44	Fw.	Karl Proksch	BF	3.	E	FE	+
25. 10. 44	Ofw.	Othmar Hämmerle	FF	2.	E	A	v
25. 10. 44	Ofw.	Georg Stolp	BO	2.	E	A	v
25. 10. 44	Fw.	Werner Jakobs	BF	2.	E	A	v
25. 10. 44	Uffz.	Kurt Gütlein	BS	2.	E	A	v
25. 10. 44	Ogefr.	Werner Oberbeck	BS	2.	E	A	v
10. 11. 44	Ofhr.	Wilhelm Jansen	FF	3.	E	A	v
10. 11. 44	Fhr.	Rudolf Großmann	BO	3.	E	A	v
10. 11. 44	Uffz.	Artur Sterzing	BF	3.	E	A	v
10. 11. 44	Ogefr.	Erich Krüger	BS	3.	E	A	v
10. 11. 44	Ogefr.	Walter Rydzy	BM	3.	E	A	v
10. 12. 44	Uffz.	Günter Lis	FF	1.	E	A	v
10. 12. 44	Ofhr.	Kurt Ternier	BO	1.	E	A	v
10. 12. 44	Fhr.	Fritz Brugger	BF	1.	E	A	v
10. 12. 44	Uffz.	Waldemar Vahle	BS	1.	E	A	v
10. 12. 44	Fw.	Fritz Knep	BS	1.	E	A	v
3. 1. 45	Fw.	Heinz Kowalski	FF	2.	E	A	+
3. 1. 45	Ogefr.	Hans Olm	BO	2.	D	A	+
3. 1. 45	Ofw.	Gerhard Täschner	BF	2	E	A	+
3. 1. 45	Gefr.	Wilh. Kirchhoff	BS	2.	D	A	+
3. 1. 45	Flg.	Herbert Rose	BM	2.	E	A	+

II. Gruppe

11. 5. 40	Uffz.	Karl Kramer	FF	4.	F	U	v
11. 5. 40	Uffz.	Ernst Hermann	BM	4.	F	U	v
11. 5. 40	Uffz.	Paul Volz	FF	4.	F	A	+
11. 5. 40	Uffz.	Leonhard Bierfelder	BO	4.	F	A	+
11. 5. 40	Uffz.	Richard Lyschik	BF	4.	F	A	+
11. 5. 40	Uffz.	Max Dudzinski	BM	4.	F	A	+
11. 5. 40	Gefr.	Ernst Stäudner	BS	4.	F	A	+
12. 5. 40	Fw.	Manfred Siegle	BO	4.	F	U	+

12.	5. 40	Uffz.	Paul Andreae	BF	4.	F	U	+
12.	5. 40	Uffz.	Heinr. Moosbrugger	BM	4.	F	U	+
12.	5. 40	Uffz.	Hermann Schien	BS	4.	F	U	+
26.	5. 40	Fw.	Martin Unold	FF	6.	F	A	+
26.	5. 40	Uffz.	Reinhold Berner	BO	6.	F	A	+
26.	5. 40	Fw.	Walter Hardecker	BF	6.	F	A	+
26.	5. 40	Fw.	Georg Spatscheck	BM	6.	F	A	+
26.	5. 40	Gefr.	Hermann Guhl	BS	6.	F	A	+
1.	6. 40	Fw.	Artur Nöss	FF	4.	F	J	+
1.	6. 40	Fw.	Hans Kaltenbach	BO	4.	F	J	+
1.	6. 40	Gefr.	Otto Müller	BF	4.	F	J	+
1.	6. 40	Uffz.	Emil Heimann	BM	4.	F	J	+
1.	6. 40	Gefr.	Engelbert Plötz	BS	4.	F	J	+
12.	7. 40	Fw.	Georg Freitag	BO	4.	F	U	+
12.	7. 40	Uffz.	Albert Dombrowski	BF	4.	F	U	+
12.	7. 40	Fw.	Paul Krink	BM	4.	F	U	+
12.	7. 40	Gefr.	Wilhelm Ledl	BS	4.	F	U	v
27.	7. 40	Fw.	Willy Herrberger	FF	4.	F	U	v
27.	7. 40	Uffz.	Richard Wolfhard	BO	4.	F	U	v
27.	7. 40	Fw.	Paul Kurz	BF	4.	F	U	v
27.	7. 40	Gefr.	Rolf Schewitzer	BM	4.	F	U	v
27.	7. 40	Uffz.	Josef Schorpp	BS	4.	F	U	v
30.	7. 40	Gefr.	Anton Brucher	FBK	4.	F	U	v
15.	8. 40	Fw.	Karl Ranft	BM	6.	E	A	+
15.	8. 40	Gefr.	Walter Holzwarth	BS	6.	E	A	+
18.	8. 40	Major	Reinhold Tamm	Kdr.	II.	E	A	+
18.	8. 40	Ofw.	Kurt Heine	FF	II.	E	A	v
18.	8. 40	Lt.	Walter Ludmann	BO	II.	E	A	+
18.	8. 40	Ofw.	Alois Rusch	BF	II.	E	A	v
18.	8. 40	Fw.	Erhardt Rasche	BM	II.	E	A	+
18.	8. 40	Gefr.	Klemens Kahl	BS	II.	E	A	v
28.	8. 40	Lt.	Hans Simon	FF	4.	E	A	+
28.	8. 40	Fw.	Gerhard Maaß	BO	4.	E	A	+
28.	8. 40	Uffz.	Johann Horn	BF	4.	E	A	+
28.	8. 40	Uffz.	Hermann Ries	BS	4.	E	A	+
28.	8. 40	Flg.	Hans Palkowski	BS	4.	E	A	+
28.	8. 40	Uffz.	Reinhold Stroth-mann	FF	5.	E	A	+
28.	8. 40	Hptm.	Harry Neumann	BO	5.	E	A	+
28.	8. 40	Uffz.	Gustav Schlotter-beck	BM	5.	E	A	+
28.	8. 40	Gefr.	Wilhelm Kreckel	BS	5.	E	A	+
28.	8. 40	Uffz.	Theodor Schütze	FF	6.	E	A	+
28.	8. 40	Uffz.	Eduard Kreupl	BO	6.	E	A	+
28.	8. 40	Gefr.	Horst Niehbuhr	BF	6.	E	A	+
28.	8. 40	Uffz.	Alois Strohmenger	BM	6.	E	A	+
28.	8. 40	Gefr.	Nikolaus Viertler	BS	6.	E	A	+
30.	8. 40	Ofw.	Thomas Dietrich	BO	II.	E	A	+
30.	8. 40	Fw.	Hans Beffart	FF	II.	E	A	v
30.	8. 40	Ofw.	Walter Ostertag	BO	II.	E	A	+
30.	8. 40	Uffz.	Ludwig Brock	BF	II.	E	A	+
30.	8. 40	Uffz.	Hans Frank	BM	II.	E	A	+

30. 8. 40	Gefr.	Karl Schmiedl	BS	II.	E	A	v
30. 8. 40	Fw.	Fritz Eckert	FF	II.	E	A	+
7. 9. 40	Ogefr.	Peter Neumann	BF	5.	E	U	+
15. 9. 40	Fw.	Andreas Graßl	BS	6.	E	A	+
15. 9. 40	Uffz.	Herbert Lange	BF	6.	E	A	+
15. 9. 40	Gefr.	Erich Sailler	BS	6.	E	A	+
15. 9. 40	Fw.	Ottmar Maier	BM	6.	E	A	+
15. 9. 40	Fw.	Edgar Rinderhagen	BO	6.	E	A	+
15. 9. 40	Gefr.	Alfred Hoffmann	BS	6.	E	A	+
1. 10. 40	Uffz.	Wilhelm Wagner	FF	5.	E	U	v
1. 10. 40	Gefr.	Karl Möhlenhoff	BO	5.	E	U	v
1. 10. 40	Gefr.	Erwin Günther	BF	5.	E	U	v
1. 10. 40	Uffz.	Hans König	BM	5.	E	U	v
1. 10. 40	Gefr.	Thomas Petroll	BS	5.	E	U	v
4. 10. 40	Fw.	Karl Streller	BM	5.	D	U	+
9. 10. 40	Gefr.	Otto Kielwein	BS	5.	E	U	+
5. 11. 40	Olt.	Helmut Bannert	FF	4.	E	A	+
5. 11. 40	Gefr.	Georg Werder	BO	4.	E	A	+
5. 11. 40	Uffz.	Eduard Zahn	BF	4.	E	A	+
5. 11. 40	Uffz.	Willi Göhring	BM	4.	E	A	+
5. 11. 40	Gefr.	Herbert Schmitz	BS	4.	E	A	+
10. 11. 40	Lt.	Hubert Janta	FF	6.	E	A	+
10. 11. 40	Uffz.	Manfred Schloss-bauer	BO	6.	E	A	+
10. 11. 40	Gefr.	Jürgen Meyer	BF	6.	E	A	+
10. 11. 40	Fw.	Gerhard Ritter	BM	6.	E	A	+
15. 11. 40	Lt.	Karl Swata	FF	5.	E	A	v
15. 11. 40	Uffz.	Josef Mutzl	BF	5.	E	A	+
15. 11. 40	Fw.	Heinr. Engelken	BM	5.	E	A	+
21. 11. 40	Gefr.	Artur Hagspiel	FF	4.	E	A	v
21. 11. 40	Gefr.	Wilhelm Stieger	BO	4.	E	A	v
21. 11. 40	Ogefr.	Bruno Volkmann	BF	4.	E	A	v
21. 11. 40	Gefr.	Rudolf Deutsch	BM	4.	E	A	+
21. 11. 40	Ogefr.	Hugo Löffler	BS	4.	E	A	+
21. 11. 40	Lt.	Hugo Seefried	FF	6.	E	A	+
21. 11. 40	Gefr.	Franz Schuhmacher	BO	6.	E	A	v
21. 11. 40	Ogefr.	Karl Burner	BF	6.	E	A	v
21. 11. 40	Uffz.	Gerhard Bürger	BM	6.	E	A	v
21. 11. 40	Hptm.	Franz Schiffer	BS	6.	E	A	+
6. 12. 40	Fw.	Alfred Weiss	FF	5.	D	A	+
29. 12. 40	Olt.	Rudolf Weber	FF	5.	E	A	+
29. 12. 40	Lt.	Walter Mahle	BO	5.	E	A	+
29. 12. 40	Uffz.	Franz Lehmann	BF	5.	E	A	+
29. 12. 40	Uffz.	Karl Weiss	BM	5.	E	A	+
21. 1. 41	Fw.	Heinrich Sticht	FF	4.	E	U	v
21. 1. 41	Gefr.	Franz Ahrer	BO	4.	E	U	+
21. 1. 41	Uffz.	Horst-Joachim Schwarz	BF	4.	E	U	v
21. 1. 41	Uffz.	Bernhard Lang	BM	4.	E	U	v
21. 1. 41	Uffz.	Helmut Schenk	BS	4.	E	U	v
3. 2. 41	Lt.	Max Petry	FF	6.	E	A	+
3. 2. 41	Gefr.	Robert Massarsch	BO	6.	E	A	v

3. 2. 41	Uffz.	Herbert Wordelmann	BF	6.	E	A	v
3. 2. 41	Fw.	Hermann Bock	BM	6.	E	A	v
3. 2. 41	Gefr.	Eugen Kaiser	BS	6.	E	A	+
23. 2. 41	Lt.	Peter Ficker	FF	5.	E	A	+
23. 2. 41	Gefr.	Erich Kowalewski	BO	5.	E	A	+
23. 2. 41	Uffz.	Otto Müller	BF	5.	E	A	+
23. 2. 41	Gefr.	Kurt Himmel	BS	5.	E	A	+
18. 4. 41	Uffz.	Leo Kubla		6.	F	U	+
20. 4. 41	Lt.	Wilfried Bönisch	FF	5.	E	A	+
20. 4. 41	Gefr.	Rudolf Eickmeier	BO	5.	E	A	+
20. 4. 41	Uffz.	Rudolf Bornstedt	BF	5.	E	A	+
26. 4. 41	Lt.	Josef Buchtmeier	FF	4.	E	A	+
26. 4. 41	Uffz.	Siegfried Kaufmann	BO	4.	E	A	+
26. 4. 41	Fw.	Gerhard Knöbel	BM	4.	E	A	+
9. 5. 41	Fw.	Werner Scheer	FF	9.	E	U	v
9. 5. 41	Uffz.	Ruppert Lackner	BO	9.	E	U	v
9. 5. 41	Ogefr.	Herbert Sohnert	BF	9.	E	U	+
9. 5. 41	Fw.	Oskar Schneider	BM	9.	E	U	v
9. 5. 41	Gefr.	Heinz Kurth	BS	9.	E	U	+
9. 5. 41	Gefr.	Willi London	BO	6.	E	U	+
9. 5. 41	Gefr.	Johannes Kaminski	BF	6.	E	U	+
9. 5. 41	Gefr.	Hans Stieglitz	BM	6.	E	U	+
9. 5. 41	Gefr.	Hermann Decker	BS	6.	E	U	+
9. 5. 41	Uffz.	Günter Reinelt	FF	4.	E	U	+
9. 5. 41	Uffz.	Jakob Kalle	BF	4.	E	U	+
9. 5. 41	Ogefr.	Rudolf Lorenz	BM	4.	E	U	+
9. 5. 41	Gefr.	Heinr. Wulf	BS	4.	E	U	+
24. 6. 41	Gefr.	Fritz Huschke	BF	4.	R	FE	+
29. 6. 41	Uffz.	Franz Paisdzior	FF	6.	R	U	v
29. 6. 41	Gefr.	Theophil Wind	BS	6.	R	U	v
29. 6. 41	Gefr.	Heinz Obst	BS	6.	R	U	v
1. 7. 41	Gefr.	Karl Löffler	BS	5.	R	U	v
1. 7. 41	Uffz.	Heinrich Fleckner	FF	5.	R	A	v
1. 7. 41	Lt.	Georg-Wilhelm Mayer	BO	5.	R	A	v
1. 7. 41	Gefr.	Willi Dümer	BF	5.	R	A	v
1. 7. 41	Gefr.	Johann Papez	BM	5.	R	A	v
1. 7. 41	Ogefr.	Bernhard Thihatmer	BS	5.	R	A	v
1. 7. 41	Gefr.	Hans Vowinkel	Kr. Ber.	5.	R	A	v
1. 7. 41	Uffz.	Ernst Bochmann	BS	4.	R	J	+
2. 7. 41	Ogefr.	Heinz Rüssmann	BS	5.	R	A	+
24. 7. 41	Uffz.	Ludwig Baron	FF	4.	R	A	+
24. 7. 41	Lt.	Kurt Sachse	BO	4.	R	A	+
24. 7. 41	Gefr.	Horst Bührle	BF	4.	R	A	+
24. 7. 41	Uffz.	Karl Schmelzle	BS	4.	R	A	+
12. 10. 41	Lt.	Hans Obernhübner	FF	6.	R	A	v
12. 10. 41	Uffz.	Hermann Stark	BO	6.	R	A	v
12. 10. 41	Gefr.	Johannes Rogoll	BF	6.	R	A	v
12. 10. 41	Uffz.	Willi Kraus	BM	6.	R	A	v
14. 10. 41	Ogefr.	Kurt Hoppe	BS	6.	R	A	v

14. 10. 41	Fw.	Heinz Bendrian	BO	4.	R	A	+
18. 10. 41	Fw.	Willi Manske	FBK	4.	R	U	+
23. 10. 41	Uffz.	Heinz Wittkamp	FF	6.	R	A	+
23. 10. 41	Fw.	Max Ziselsberger	BS	6.	R	A	+
23. 10. 41	Uffz.	Xaver Böck	BF	6.	R	A	+
23. 10. 41	Gefr.	Klaus Petasch	BS	6.	R	A	+
23. 10. 41	Gefr.	Helmut Häusler	BS	6.	R	A	+
29. 10. 41	Lt.	Dietrich Thüme	FF	II.	R	A	+
29. 10. 41	Gefr.	Helmut Handlos	BO	II.	R	A	+
29. 10. 41	Gefr.	Herbert Siering	BF	II.	R	A	+
29. 10. 41	Fw.	Wilhelm Kuhfeld	BM	II.	R	A	+
29. 10. 41	Gefr.	Alfred Neumann	BS	II.	R	A	+
22. 11. 41	Ofw.	Richard Blomenhofer	FF	4.	R	A	v
22. 11. 41	Uffz.	Walter Wilhelm	BO	4.	R	A	v
22. 11. 41	Uffz.	Alfred Hahn	BF	4.	R	A	v
22. 11. 41	Fw.	Friedrich Maier	BM	4.	R	A	v
22. 11. 41	Uffz.	Friedrich Vogt	BS	4.	R	A	v
26. 11. 41	Ofw.	Bernhard Menke	FF	5.	R	A	+
26. 11. 41	Hptm.	Willi Peters	BO	5.	R	A	v
26. 11. 41	Ofw.	Erich Hahn	BF	5.	R	A	+
26. 11. 41	Ofw.	Reinhold Rüther	BM	5.	R	A	+
26. 11. 41	Fw.	Gerhard Hentschel	BM	5.	R	A	+
19. 12. 41	Olt.	Karl Bonfeld	FF	5.	R	A	v
19. 12. 41	Uffz.	Martin Donat	BO	5.	R	A	v
19. 12. 41	Uffz.	Wilh. Berndt	BF	5.	R	A	v
19. 12. 41	Uffz.	Ferdinand Schwabe	BM	5.	R	A	v
19. 12. 41	Gefr.	Herbert Wolf	BS	5.	R	A	v
30. 12. 41	Lt.	Paul Tewes	FF	5.	R	U	v
30. 12. 41	Uffz.	Wilh. Mattke	BS	5.	R	U	v
30. 12. 41	Ogefr.	Jakob Witte	BF	5.	R	U	v
30. 12. 41	Uffz.	Helmut Schuh	BM	5.	R	U	v
30. 12. 41		Anton Dietz	S.Führ.		R	U	v
30. 12. 41	Uffz.	Johann Schuml	BS	4.	R	A	+
30. 12. 41	Gefr.	Erich Aussenegg	BM	4.	R	A	+
30. 12. 41	Uffz.	Paul Paruschke	BS	4.	R	A	+
17. 1. 42	Uffz.	Eugen Kircher	FBK	4.	R	FE	v
17. 1. 42	Uffz.	Johann Freitag	FBK	4.	R	FE	v
21. 1. 42	Uffz.	Hans Blunck	BM	5.	R	FE	+
22. 1. 42	Uffz.	Felix Fuchs	FBK	5.	R	U	+
27. 1. 42	Fw.	Herbert Oerke		II.	R	FE	+
7. 2. 42	Uffz.	Otto Zieger	FF	6.	R	A	v
7. 2. 42	Uffz.	Karl Zilcher	BO	6.	R	A	v
7. 2. 42	Uffz.	Klaus Schüffler	BF	6.	R	A	v
7. 2. 42	Uffz.	Hans Ebert	BM	6.	R	A	v
7. 2. 41	Uffz.	Robert Müller	BS	6.	R	A	v
27. 2. 42	Uffz.	Max Neuberger	FBK	5.	R	U	+
17. 3. 42	Uffz.	Heinz Thiele	BS	4.	R	FE	+
18. 3. 42	Gefr.	Walter Sternberg		5.	R	FE	+
18. 3. 42	Gefr.	Franz Ronkartz		5.	R	FE	+
25. 3. 42	Lt.	Arno Diehl	FF	6.	R	A	+
25. 3. 42	Gefr.	H.-Joach. Schneider	BO	6.	R	A	+

25. 3. 42	Uffz.	Wilh. Daliber	BF	6.	R	A	+
25. 3. 42	Uffz.	Eduard Deiss	BM	6.	R	A	+
25. 3. 42	Gefr.	Paul Marx	BS	6.	R	A	+
30. 3. 42	Hptm.	Justus Trüber	FF	6.	R	A	+
30. 3. 42	Fw.	Heinr. Zeiss	BO	6.	R	A	+
30. 3. 42	Fw.	Erwin Schober	BF	6.	R	A	+
30. 3. 42	Ofw.	Christ. Kühnemund	BM	6.	R	A	+
30. 3. 42	Uffz.	Anton Reithner	BS	6.	R	A	+
23. 4. 42	Ofw.	Karl Beutel	BM	5.	R	FE	+
30. 5. 42	Uffz.	Heinr. Haar	FBK	II.	R	E	+
22. 6. 42	Lt.	Arnim Lohsen	FF	4.	R	A	v
22. 6. 42	Uffz.	Arnold Krosta	BS	4.	R	A	v
22. 6. 42	Uffz.	Kurt Rosanowski	BF	4.	R	A	v
22. 6. 42	Uffz.	Johann Reinfelder	BM	4.	R	A	v
22. 6. 42	Gefr.	Innozenz Merschroth	BS	4.	R	A	v
7. 8. 42	Ofw.	Fritz Fern	FF	5.	R	A	+
7. 8. 42	Uffz.	Leopold Widenski	BF	5.	R	A	+
7. 8. 42	Ogefr.	Eugen Heimer	BS	5.	R	A	+
29. 9. 42	Lt.	Helmut Winkler	FF	5.	R	A	v
29. 9. 42	Gefr.	Georg Glossner	BO	5.	R	A	v
29. 9. 42	Uffz.	Hermann Muchow	BF	5.	R	A	v
29. 9. 42	Uffz.	Karl Müller	BM	5.	R	A	v
29. 9. 42	Gefr.	Edmund Bieda	BS	5.	R	A	v
3. 10. 42	Ofw.	Waldemar Teige	FF	6.	R	A	+
29. 10. 42	Uffz.	Karl-Heinz Depmeier	FF	4.	R	A	+
29. 10. 42	Gefr.	Fritz Rudolph	BO	4.	R	A	+
29. 10. 42	Gefr.	Heinz Neumann	BF	4.	R	A	+
29. 10. 42	Gefr.	Willi Hübers	BM	4.	R	A	+
29. 10. 42	Gefr.	Walter Fontius	BS	4.	R	A	+
30. 10. 42	Uffz.	Hans Siefen	BO	5.	R	A	v
30. 10. 42	Uffz.	Herbert Rücker	BF	5.	R	A	+
30. 10. 42	Ogefr.	Josef Trost	BM	5.	R	A	+
30. 10. 42	Gefr.	Alfred Schneider	BS	5.	R	A	+
21. 11. 42	Lt.	Fritz Klinkel	FF	5.	R	A	v
21. 11. 42	Uffz.	Herbert Mergner	BF	5.	R	A	v
21. 11. 42	Uffz.	Walter Näder	BM	5.	R	A	v
21. 11. 42	Fw.	Vinzenz Wallerich	BS	5.	R	A	v
29. 11. 42	Ofw.	Wilh. Baumgarten	FF	4.	R	A	+
29. 11. 42	Uffz.	Johannes Goldammer	BO	4.	R	A	+
29. 11. 42	Fw.	Josef Köberle	BF	4.	R	A	+
29. 11. 42	Uffz.	Gerhard Anders	BS	4.	R	A	+
14. 1. 43	Uffz.	Heinz Duvenbeck	FF	5.	R	A	v
14. 1. 43	Uffz.	Friedr. Pross	BF	5.	R	A	v
14. 1. 43	Uffz.	Johann Stock	BM	5.	R	A	v
14. 1. 43	Uffz.	Otto Heindl	BS	5.	R	A	v
15. 1. 43	Fw.	Robert Meyer	FF	5.	R	A	v
15. 1. 43	Gefr.	Herbert Horster	BO	5.	R	A	v
15. 1. 43	Uffz.	Max Hermann	BF	5.	R	A	v
15. 1. 43	Ogefr.	Josef Wittmann	BS	5.	R	A	v

15.	1. 43	Uffz.	Karl Rühl	BS	5.	R	A	v
16.	1. 43	Lt.	Karl Klunker		6.	R	A	v
16.	1. 43	Gefr.	Aloys Schlarb		6.	R	A	v
16.	1. 43	Uffz.	Hans Kelker		6.	R	A	v
16.	1. 43	Gefr.	Walter Bremann		6.	R	A	v
16.	1. 43	Gefr.	Wolfg. Grimmer		6.	R	A	v
18.	1. 43	Lt.	Franz Luchesig		6.	R	A	v
18.	1. 43	Uffz.	Franz Lorrain		6.	R	A	v
18.	1. 43	Uffz.	Walter Pfeiffer		6.	R	A	v
18.	1. 43	Uffz.	Hans Osten		6.	R	A	v
27.	2. 43	Olt.	Walter Fink	FF	4.	R	A	+
27.	2. 43	Ofw.	Artur Lindig	BO	4.	R	A	+
27.	2. 43	Fw.	Horst Bielaczek	BF	4.	R	A	+
27.	2. 43	Fw.	Karl Moeckel	BM	4.	R	A	+
27.	2. 43	Gefr.	Eduard Berg	BS	4.	R	A	+
26.	1. 43	Hptm.	Richard Klein	FF	4.	R	A	+
26.	1. 43	Uffz.	Mathes Egle	BF	4.	R	A	+
26.	1. 43	Uffz.	Heinz Tiede	BM	4.	R	A	+
26.	1. 43	Uffz.	Fritz Reissner	BS	4.	R	A	v
11.	2. 43	Fw.	Ernst Boguhn	FF	4.	R	A	v
11.	2. 43	Uffz.	Wilh. Seng	BO	4.	R	A	v
11.	2. 43	Uffz.	Ernst Ferber	BF	4.	R	A	v
11.	2. 43	Uffz.	Anton Hülzer	BM	4.	R	A	v
11.	2. 43	Uffz.	Hans-Werner Kühn	BS	4.	R	A	v
25.	2. 43	Uffz.	Herbert Laun	FF	5.	R	A	+
25.	2. 43	Ogefr.	Ernst Kapeller	BO	5.	R	A	+
25.	2. 43	Uffz.	Rudolf Kraus	BF	5.	R	A	v
25.	2. 43	Gefr.	Rudolf Tille	BM	5.	R	A	+
25.	2. 43	Gefr.	Werner Jursch	BS	5.	R	A	+
3.	3. 43	Fw.	Heinz Kraft	FF	4.	R	FE	+
3.	3. 43	Uffz.	Gerhard Komm	FF	5.	R	A	+
3.	3. 43	Ogefr.	Gerhard Wacker-barth	BO	5.	R	A	+
3.	3. 43	Uffz.	Gerd Holnthoner	BF	5.	R	A	+
3.	3. 43	Gefr.	Theodor Ziaja	BM	5.	R	A	+
3.	3. 43	Uffz.	Eugen Wirsching	BS	5.	R	A	+
19.	3. 45	Uffz.	Heinz Bielefeld		6.	R	FE	+
28.	6. 43	Uffz.	Fritz Klemp	BF	4.	D	A	+
28.	6. 43	Ogefr.	Eckhard Schmitt	BM	4.	D	A	+
28.	6. 43	Lt.	Siegfried Germann	FF	4.	D	A	+
28.	6. 43	Uffz.	Kurt Höhnel	BO	4.	D	A	+
28.	6. 43	Ogefr.	Willi Koch	BF	4.	D	A	+
28.	6. 43	Ogefr.	Fritz Danielowski	BM	4.	D	A	+
28.	6. 43	Ogefr.	Reinhold Butt-schereit	BS	4.	D	A	+
28.	6. 43	Lt.	Karl Wolf	FF	6.	D	A	+
28.	6. 43	Ogefr.	Gerhard Kalinowski	BO	6.	D	A	+
28.	6. 43	Ogefr.	Heinr. Fiedler		6.	D	A	+
28.	6. 43	Olt.	Karl Novy	FF	5.	D	A	+
28.	6. 43	Uffz.	Adolf Zechner	BO	5.	D	A	+
28.	6. 43	Uffz.	Josef Schomaker	BF	5.	D	A	+
28.	6. 43	Uffz.	Heinr. Clausius	BM	5.	D	A	+

28.	6. 43	Ogefr.	Alois Priesner	FF	5.	D	A	+
28.	6. 43	Uffz.	Joseph Kümpel	BO	5.	D	A	+
28.	6. 43	Gefr.	Norbert Wingender	BF	5.	D	A	+
28.	6. 43	Ogefr.	Alfred Feickert	BM	5.	D	A	+
26.	7. 43	Uffz.	Helmut Dondera	BF	II.	R	A	+
31.	7. 43	Uffz.	Heinz Noweck	FF	5.	R	A	+
31.	7. 43	Lt.	Hans von Borries	FF	5.	R	A	v
31.	7. 43	Fw.	Werner Priebe	BO	5.	R	A	v
31.	7. 43	Uffz.	Franz Podobinski	BF	5.	R	A	v
31.	7. 43	Uffz.	August Höllwerth	BM	5.	R	A	v
31.	7. 43	Ogefr.	Gerh. Grossklass	BS	5.	R	A	v
31.	8. 43	Uffz.	Alfred Wagner	FF	5.	R	A	+
7.	9. 43	Uffz.	Herbert Godlinski		4.	R	U	+
15.	9. 43	Uffz.	Herbert Daun	FF	4.	R	A	v
15.	9. 43	Uffz.	Bruno Preuss	BO	4.	R	A	v
15.	9. 43	Ofw.	Wolf Leibrand	BF	4.	R	A	v
15.	9. 43	Uffz.	Franz Hütter	BM	4.	R	A	v
15.	9. 43	Uffz.	Edmund Göbel	BS	4.	R	A	v
20.	9. 43	Uffz.	Rudolf Martin	FF	5.	R	A	+
29.	9. 43	Lt.	Günter Betten	BO	5.	R	A	+
20.	9. 43	Uffz.	Gerhard Romeike	BF	5.	R	A	+
20.	9. 43	Ogefr.	Erich Marks	BM	5.	R	A	+
20.	9. 43	Fw.	Kurt Krusch	BO	5.	R	A	+
20.	9. 43	Uffz.	Wilh. Schmerzbeck	BF	5.	R	A	+
20.	9. 43	Ogefr.	Alfons Issing	BM	5.	R	A	+
20.	9. 43	Gefr.	Theod. Steinhauer	BS	5.	R	A	+
3.	10. 43	Lt.	Herbert Dulkies	FF	5.	R	A	v
3.	10. 43	Gefr.	August Menke	BO	5.	R	A	v
3.	10. 43	Fw.	Heinz Wurster	BF	5.	R	A	+
3.	10. 43	Ogefr.	Karl Friedr. Dose	BM	5.	R	A	v
3.	10. 43	Gefr.	Joh. Unterburger	BS	5.	R	A	+
7.	10. 43	Lt.	Günter Rheingans	BO	6.	R	A	+
7.	10. 43	Ogefr.	Paul Klinkner	BF	6.	R	A	+
7.	10. 43	Uffz.	Georg Doletschek	BM	6.	R	A	+
7.	10. 43	Ogefr.	Jürgen Nissen	BS	6.	R	A	+
10.	10. 43	Olt.	Gottfried Kössl	FF	4.	R	A	+
26.	11. 43	Uffz.	Eduard Cichas	FF	4.	R	A	v
26.	11. 43	Fw.	Heinz Below	BO	4.	R	A	v
26.	11. 43	Uffz.	Werner Brüsewitz	BF	4.	R	A	v
26.	11. 43	Ogefr.	Willi Schönhoff	BM	4.	R	A	v
26.	11. 43	Uffz.	Hans Strässer	BS	4.	R	A	v
30.	10. 43	Uffz.	Gerhard Vogt	FF	II.	R	A	+
30.	10. 43	Ofw.	Emil Riffel	BM	II.	R	A	+
30.	11. 43	Uffz.	Jakob Wagner	BO	II.	R	A	v
30.	11. 43	Uffz.	Herbert Reiker	BF	II.	R	A	v
22.	12. 43	Uffz.	Albert Meissner		II.	R	A	+
31.	12. 43	Lt.	Herbert Wiedenhöft	FF	4.	R	A	v
31.	12. 43	Uffz.	Alfred Büchker	BO	4.	R	A	v
31.	12. 43	Uffz.	Erwin Pötz	BF	4.	R	A	v
31.	12. 43	Ogefr.	Gottfried Opp	BM	4.	R	A	v
31.	12. 43	Uffz.	Gottfr. Hintenaus	BS	4.	R	A	v
8.	1. 44	Uffz.	Herbert Finger	FF	4.	R	A	v

8. 1.44	Lt.	Robert Loewenich	BO	4.	R	A	v
8. 1.44	Fw.	Alfred Erbe	BF	4.	R	A	v
8. 1.44	Ogefr.	Hans Pedrotti	BM	4.	R	A	v
8. 1.44	Uffz.	Bruno Cattoi	BS	4.	R	A	v
25. 1.44	Uffz.	Hermann Morgen-thal	FF	5.	R	A	v
25. 1.44	Lt.	Max Albertsen	BO	5.	R	A	v
25. 1.44	Uffz.	Robert Litschen	BF	5.	R	A	v
25. 1.44	Ogfr.	Berthold Narzi	BM	5.	R	A	v
25. 1.44	Ogfr.	Karl Möbius	BS	5.	R	A	v
25. 1.44	Lt.	Ludwig Dietz	FF	4.	R	A	+
25. 1.44	Ogefr.	Mathias Baur	BO	4.	R	A	+
25. 1.44	Uffz.	Karl Hess	BF	4.	R	A	+
25. 1.44	Ogefr.	Wilh. Domscheid	BM	4.	R	A	+
25. 1.44	Gefr.	Wolfg. Behm	BS	4.	R	A	+
14. 2.44	Ogefr.	Friedr. Hoedel	BS	5.	R	FE	+
31. 3.44	Uffz.	Ed. Kirchhofer	BO	4.	R	FE	+
10. 4.44	Uffz.	Karl Stummer	FF	4.	R	A	v
10. 4.44	Uffz.	Otto Langer	BO	4.	R	A	v
10. 4.44	Uffz.	Helmut Striegel	BF	4.	A	A	v
10. 4.44	Uffz.	Willi Schuba	BM	4.	R	A	v
10. 4.44	Uffz.	Mathias Imberi	BS	4.	R	A	v
1. 6.44	Fw.	Gerh. Auerswald	FF	6.	R	A	v
1. 6.44	Lt.	Rudolf Hill	BO	6.	R	A	v
1. 6.44	Uffz.	Gottfr. Bröder-ecker	BF	65.	R	A	v
1. 6.44	Fw.	Erich Kalisch	BS	6.	R	A	v
11. 6.44	Gefr.	Josef Henn	BF	4.	R	A	v
11. 6.44	Ogefr.	Günther Sparschuh	BM	4.	R	A	v
11. 6.44	Gefr.	Georg Diss	BS	4.	R	A	v
21. 6.44	Uffz.	Otto Schneider	BM	4.	R	A	v
5. 7.44	Fw.	Herbert Schulz	FF	6.	R	A	v
5. 7.44	Gefr.	Josef Salvenmoser	BO	6.	R	A	v
5. 7.44	Gefr.	Friedr. Meyer	BF	6.	R	A	v
5. 7.44	Uffz.	Julius Gaukler	BM	6.	R	A	v
7. 7.44	Uffz.	Alfred Speer	BS	6.	R	A	v
10. 7.44	Olt.	Werner Schulze	FF	6.	R	A	v
10. 7.44	Ogefr.	Kurt Brodmerkel	BO	6.	R	A	v
10. 7.44	Ogefr.	Rudolf Wörmann	BF	6.	R	A	v
10. 7.44	Ogefr.	Herbert Funke	BM	6.	R	A	v
10. 7.44	Flg.	Ernst Lind	Hpt. Naut.	6.	R	A	v
21. 7.44	Fw.	Hans Fremgen	FF	5.	R	A	v
21. 7.44	Fhj. Uffz.	Robert Haas	BO	5.	R	A	v
21. 7.44	Ogefr.	Ernst Wilking-hoff	BF	5.	R	A	v
21. 7.44	Uffz.	Fritz Weber	BM	5.	R	A	v
21. 7.44	Uffz.	Aug. Werner Böttel	BS	5.	R	A	v
20. 8.44	Ofw.	Erhard Klein	FF	5.	X	A	+
20. 8.44	Ogefr.	Willi Tennagels	BO	5.	X	A	+
20. 8.44	Ogefr.	Wilhelm Kupke	BF	5.	X	A	+

20. 8. 44	Fw.	Heinrich Gräsel	BM	5.	X	A	+
20. 8. 44	Uffz.	Paul Fiekens	BS	5.	X	A	+
28. 8. 44	Uffz.	Xaver Roder	FF	4.	X	A	+
28. 8. 44	Uffz.	Karl Rath	BO	4.	X	A	+
28. 8. 44	Uffz.	Karl Meyer	FF	4.	X	A	+
28. 8. 44	Uffz.	Rudolf Strieder	BM	4.	X	A	+
28. 8. 44	Ogefr.	Manfr. Fromm-hold-Treu	BM	4.	X	A	+
28. 8. 44	Fw.	Augustin Hübner	Wa-Wart	4.	X	A	+
28. 8. 44	Uffz.	Johann Bischof	1. Wart	4.	X	A	+
28. 8. 44	Uffz.	Kurt Förster	Wa-Wart	4.	X	A	+
28. 8. 44	Ogefr.	Hermann Schachte-beck	Schr.	4.	X	A	+
28. 8. 44	Ogefr.	Hans Schultze	BO	4.	X	A	+
28. 8. 44	Lt.	Klaus Lüpke	BO	6.	X	A	+
28. 8. 44	Uffz.	Herbert Heller	BF	6.	X	A	+
28. 8. 44	Uffz.	Ludwig Loch	BW	6.	X	A	+
28. 8. 44	Uffz.	Friedr. Bialas	1. Wart	6.	X	A	+
28. 8. 44	Ogefr.	Christof Esser	BF	5.	X	A	+
28. 8. 44	Lt.	Fritz Will	FF	6.	X	A	+
28. 8. 44	Ogefr.	Herm. Deubner	1. Wart	6.	X	A	+
28. 8. 44	Fw.	Johann Scholl	FF	6.	X	A	v
28. 8. 44	Fw.	Waldemar Geyer	BO	6.	X	A	v
28. 8. 44	Uffz.	Ernst Brenner	BF	6.	X	A	v
28. 8. 44	Ogefr.	Heinrich Mette	BM	6.	X	A	v
28. 8. 44	Fw.	Franz Nowack	BS	6.	X	A	v
28. 8. 44	Ogefr.	Max Keilberg	1. Wart	6.	X	A	v
28. 8. 44	Uffz.	Ernst Hopf	R/S Wart	6.	X	A	v
28. 8. 44	Uffz.	Helmut Hartmann	W-Wart	6.	X	A	v
28. 8. 44	Uffz.	Manfred Böhmerle	FF	6.	X	A	v
28. 8. 44	Ogefr.	Günther Kling-beil	BO	6.	X	A	v
28. 8. 44	Uffz.	Erich Schmidt	BF	6.	X	A	v
28. 4. 44	Ogefr.	Friedrich Fah-renbach	BM	6.	X	A	v
28. 8. 44	Ogefr.	Johann Groschan	BS	6.	X	A	v
28. 8. 44	Uffz.	Emil Ostermann	1. Wart	6.	X	A	v
28. 8. 44	Fw.	Bernhard Sedl-maier	Wa-Wart	6.	X	A	v
28. 8. 44	Uffz.	Robert Hermann	BS	6.	X	A	v
28. 8. 44	Ogefr.	Karl-H. Kutsch	Schr.	6.	X	A	v
31. 10. 44	Fw.	Theodor Warwas	BO	4.	E	A	v
31. 10. 44	Uffz.	Julius Magin	BO	4.	E	A	v

31. 10. 44	Uffz.	Wilhelm Simon	BF	4.	E	A	v
31. 10. 44	Uffz.	Kurt Brendler	BM	4.	E	A	v
31. 10. 44	Ogefr.	Wolfgang Müller		4.	E	AA	v
5. 11. 44	Hptm.	Heinz Zöllner	FF	4.	E	A	v
5. 11. 44	Ofw.	Karl Christmann	BO	4.	E	A	v
5. 11. 44	Fw.	Erich Schneider	BF	4.	E	A	v
5. 11. 44	Ofw.	Fritz Marhoun	BM	4.	E	A	v
5. 11. 44	Fw.	Leonhard Doll-meier	BS	4.	E	A	v
5. 11. 44	Ofw.	Fritz Jost	FF	4.	E	A	v
5. 11. 44	Uffz.	Alfred Hoffmann	BO	4.	E	A	v
5. 11. 44	Uffz.	Paul Schmidt	BF	4.	E	A	v
5. 11. 44	Fw.	Franz Breimeier	Wart	4.	E	A	v
5. 11. 44	Uffz.	Joh. Pöllhuber	BS	4.	E	A	v
5. 11. 44	Ofw.	Paul Flir	FF	5.	E	A	v
6. 11. 44	Ogefr.	Fritz Plöger	BO	5.	E	A	v
6. 11. 44	Ogefr.	Willi Marr	BF	5.	E	A	v
6. 11. 44	Uffz.	Hermann Ander-gassen	BF	5.	E	A	v
6. 11. 44	Uffz.	Herbert Hübsch	BS	5.	E	A	v
5. 11. 44	Lt.	Heinz Redde	FF	6.	E	A	v
5. 11. 44	Ogefr.	Herbert Jung	BO	6.	E	A	v
5. 11. 44	Fw.	Leo-Peter Weinand	BF	6.	E	A	v
5. 11. 44	Uffz.	Erich Bogen	BM	6.	E	A	v
5. 11. 44	Ogefr.	Richard Par-zinski	BS	6.	E	A	v
6. 11. 44	Uffz.	Walter Schulz	FF	4.	E	A	v
6. 11. 44	Ogefr.	Günther Kudszus	BO	4.	E	A	v
6. 11. 44	Ogefr.	Werner Gassner	BF	4.	E	A	v
6. 11. 44	Uffz.	Helmut Reimann	BM	4.	E	A	v
6. 11. 44	Uffz.	Karl Kuchler	BS	4.	E	A	v
14. 11. 44	Uffz.	Georg Fiebig	BS	4.	E	A	+
19. 11. 44	Fw.	Rudolf Ripper	FF	5.	E	A	v
19. 11. 44	Uffz.	Klaus Henkel	BO	5.	E	A	v
19. 11. 44	Ogefr.	Günter Jaeger	BF	5.	E	A	v
19. 11. 44	Ogefr.	Hans-Horst Prochnow	BM	5.	E	A	v
19. 11. 44	Ogefr.	Johann Prochaska	BS	5.	E	A	v

III. Gruppe

23. 10. 39	Gefr.	Hans Kronier		7.		U	+
23. 10. 39	Gefr.	Helmut Baumann		7.		U	+
23. 10. 39	Gefr.	Eduard Hopper-diestel		7.		U	+
11. 5. 40	Gefr.	Richard Müller	BO	9.	F	U	+
11. 5. 40	Uffz.	Johann Zink	BS	9.	F	U	+
11. 5. 40	Ogefr.	Arthur Friebe	BF	9.	F	U	+
11. 5. 40	Gefr.	Franz Scholz	BS	9.	F	U	+
19. 5. 40	Gefr.	Erhard Gabler	BS	9.	F	U	v

19. 5. 40	Gefr.	Erich Ikert	BS	9.	F	U	+
19. 5. 40	Fw.	Hans Janker	FF	7.	F	U	+
19. 5. 40	Uffz.	Martin Männer	BO	7.	F	U	+
19. 5. 40	Uffz.	Horst Marotzki	BF	7.	F	U	+
19. 5. 40	Ofw.	Anton Gutschik	BM	7.	F	U	+
19. 5. 40	Fw.	Ludwig Mauter	BM	9.	F	U	+
1. 6. 40	Uffz.	Gerhard Leppin	FF	9.	F	U	+
14. 6. 40	Uffz.	Werner Scharfscheer	BS	8.	F	U	+
15. 6. 40	Uffz.	Josef Antholzner	BS	III.	F	U	+
10. 7. 40	Uffz.	Reimund Hoog	FF	7.	E	U	+
10. 7. 40	Lt.	Konrad Kupfer	BO	7.	E	U	+
10. 7. 40	Fw.	Emil Kunz	BF	7.	E	U	v
10. 7. 40	Fw.	Willi Erb	BS	7.	E	U	v
12. 7. 40	Lt.	Helmut von Brocke	BO	III.	E	U	+
12. 7. 40	Fw.	Bernh. Wlazlack	BF	III.	E	U	+
12. 7. 40	Gefr.	Albert Mehringer	BS	III.	E	U	+
12. 7. 40	Uffz.	Heinz Zittwitz	BO	8.	E	U	+
12. 7. 40	Gefr.	Hellmut Tonn	BS	8.	E	U	+
12. 7. 40	Gefr.	Eugen Wagner	BS	8.	E	U	+
18. 8. 40	Lt.	Rudolf Woldmann	BO	8.	E	U	v
18. 8. 40	Uffz.	Gustav Gropp	FF	8.	E	U	v
18. 8. 40	Uffz.	Heinz Damm	BF	8.	E	U	v
18. 8. 40	Uffz.	Josef Schmitt	BF	8.	E	U	v
18. 8. 40	Gefr.	Wilhelm Damke	BS	8.	E	U	v
18. 8. 40	Fw.	Josef Wild	BM	8.	E	U	+
21. 8. 40	Fw.	Otto Henkel	FF	9.	E	U	v
21. 8. 40	Hptm.	Georg Pfeiffer	St. Kptn.	9.	E	U	v
21. 8. 40	Gefr.	Fritz Nußbaum	BS	9.	E	U	v
21. 8. 40	Uffz.	Hans Kiauk	BF	9.	E	U	v
21. 8. 40	Gefr.	Kurt Christ	BS	9.	E	U	v
24. 8. 40	Major	Karl Ritscherle	BO	III.	E	U	+
24. 8. 40	Uffz.	Ludwig Dorn	BS	7.	E	U	+
24. 8. 40	Uffz.	Otto Schmieding	BM	7.	E	U	+
24. 8. 40	Gefr.	Willy Göllnitz	BS	7.	E	U	v
24. 8. 40	Olt.	Gerhard Huhn	FF	9.	E	U	+
24. 8. 40	Fw.	Gottfr. Ultsch	BO	9.	E	U	+
24. 8. 40	Ofw.	Josef Schmid	BF	9.	E	U	+
24. 8. 40	Fw.	Walter Jagher	BM	9.	E	U	+
24. 8. 40	Flg.	Erich Salomo	BS	9.	E	U	+
27. 8. 40	Lt.	Ullrich Weber	FF	III.	E	A	+
27. 8. 40	Uffz.	Anton Lehrhuber	BS	III.	E	A	+
27. 8. 40	Gefr.	Walter Eisenhöfer	BF	III.	E	A	+
27. 8. 40	Flg.	Wilh. Federling	BS	III.	E	A	+
30. 8. 40	Gefr.	Leo Stilp	BS	7.	E	U	+
30. 8. 40	Gefr.	Fritz Rieß	BS	7.	E	U	+
30. 8. 40	Fw.	Hans Pallauf	BO	7.	E	U	+
5. 9. 40	Fw.	Erwin Agner	BS	7.	E	U	+
5. 9. 40	Uffz.	Rudolf Armbruster	BM	7.	E	U	+

5. 9.40	Gefr.	Alexius Nowotny	BS	7.	E	U	+
5. 9.40	Fw.	Karl Strobl	BM	7.	E	U	+
5. 9.40	Uffz.	Fritz Bolz	FF	7.	E	U	+
5. 9.40	Fw.	Hermann Bohn	BS	7.	E	U	+
5. 9.40	Uffz.	Karl Bickl	BF	7.	E	U	v
5. 9.40	Uffz.	Fritz Rosen-berger	BS	7.	E	U	v
5. 9.40	Gefr.	Kurt Haak	BS	7.	E	U	v
9. 9.40	Fw.	Ernst Wendorff	BM	III.	E	U	+
9. 9.40	Fw.	Wilhelm Wenninger	BM	III.	E	U	+
9. 9.40	Fw.	Willi Döring	BS	III.	E	U	+
9. 9.40	Ofw.	Ernst Pflüger	BF	8.	E	U	+
20. 11.40	Ofw.	Wilh. Weide	FF	8.	E	U	+
20. 11.40	Fw.	Herbert Hebig	BO	8.	E	U	+
20. 11.40	Fw.	Peter Wester	BS	8.	E	U	+
28. 1.41	Uffz.	Andreas Bergmann		9.	D	U	+
19. 2.41	Lt.	Werner Fischer	FF	9.	P	A	+
19. 2.41	Uffz.	Otto Fischer	FF	9.	P	A	+
19. 2.41	Uffz.	Karl Bernklau	BS	9.	P	A	+
10. 3.41	Hptm.	Harry Giersch	FF	7.	R	A	+
10. 3.41	Fw.	Hermann Schmenger	BS	7.	R	A	+
23. 6.41	Uffz.	Gerhard Schulz	BS	9.	R	U	+
29. 6.41	Gefr.	Joachim Dom-browski	BF	9.	R	U	v
29. 6.41	Fw.	Jakob Burghardt	BS	9.	R	U	v
29. 6.41	Uffz.	August Rothbauer	BS	9.	R	U	v
30. 6.41	Lt.	Hans Bauer	FF	9.	R	U	v
30. 6.41	Uffz.	Max Zink	BO	9.	R	U	+
30. 6.41	Gefr.	Walter Böhme	BF	9.	R	U	v
30. 6.41	Ogefr.	Josef Mondel	BS	9.	R	U	v
30. 6.41	Gefr.	Manfred Wagner	BS	9.	R	U	v
1. 7.41	Ogefr.	Rudolf Nitzsche	FF	9.	R	U	v
1. 7.41	Gefr.	Franz Meister	BO	9.	R	U	v
1. 7.41	Gefr.	Franz Leonards	BF	9.	R	U	v
1. 7.41	Ogefr.	Günther Minke	BS	9.	R	U	v
1. 7.41	Gefr.	Richard Wißmüller	BS	9.	R	U	v
2. 7.41	Fw.	Josef Niggemann	FF	9.	R	U	v
2. 7.41	Gefr.	Erwin Zabel	BO	9.	R	U	+
2. 7.41	Uffz.	Paul Weck	BF	9.	R	U	v
2. 7.41	Gefr.	Heinz Haase	BS	9.	R	U	v
2. 7.41	Uffz.	Fritz Hütter	BS	9.	R	U	+
17. 7.41	Fw.	Josef Söller	FF	7.		FL	+
17. 7.41	Uffz.	Ernst Goltermann	BO	7.	R	FL	+
17. 7.41	Gefr.	Hans-Jürgen Reismann	BF	7.	R	FL	+
17. 7.41	Gefr.	Josef Hauser	BS	7.	R	FL	+
17. 7.41	Gefr.	Gustav Michel	BS	7.	R	FL	+
31. 7.41	Gefr.	Heinz Wittorf	BO	7.	R	J	+
31. 8.41	Olt.	Irmfried Leonhardt	FF	7.	R	FL	+
31. 8.41	Ofw.	Leonh. Ebenbeck	BO	7.	R	FL	+
31. 8.41	Fw.	Helmut Rosenberg	BM	7.	R	FL	+

1. 9. 41	Ogefr.	Ernst Menke	BF	9.	R	FL	+
2. 10. 41	Ofw.	Herm. Kindinger	BS	8.	R	FL	v
2. 10. 41	Gefr.	Hans Jais	BS	8.	R	FL	v
7. 10. 41	Fw.	August Kunz	FF	7.	R	U	v
7. 10. 41	Gefr.	Rudolf Rausch	BO	7.	R	U	v
7. 10. 41	Uffz.	Herbert Loh	BF	7.	R	U	v
7. 10. 41	Uffz.	Herbert Weil	BS	7.	R	U	v
7. 10. 41	Ogefr.	Kurt Snidt	BS	7.	R	U	v
22. 10. 41	Uffz.	Hermann Puschmann	BS	7.	R	U	v
23. 10. 41	Uffz.	Alfred Willnauer	BS	7.	R	U	v
23. 10. 41	Lt.	Georg Gade	FF	8.	R	U	v
23. 10. 41	Gefr.	Edwin Wagner	BO	8.	R	U	v
23. 10. 41	Uffz.	Hans Bräunlich	BF	8.	R	U	v
23. 10. 41	Fw.	Paul Hagedorn	BS	8.	R	U	v
23. 10. 41	Uffz.	Hugo Röllig	BS	8.	R	U	v
23. 10. 41	Lt.	Reinh. Puschmann	FF	7.	R	U	v
23. 10. 41	Ofw.	Werner Zartz	BO	7.	R	U	v
23. 10. 41	Uffz.	Helmut Klos	BF	7.	R	U	v
23. 10. 41	Uffz.	Louis Hommel	BM	7.	R	U	v
23. 10. 41	Olt.	Oswald Gäbler	FF	7.	R	U	v
23. 10. 41	Uffz.	Heinrich Rudolf	BO	7.	R	U	v
23. 10. 41	Ofw.	Fritz Bayer	BF	7.	R	U	v
23. 10. 41	Uffz.	Adolf Hammann	BS	7.	R	U	v
23. 10. 41	Uffz.	Carl-H. Glaser	BS	7.	R	U	v
23. 10. 41	Fw.	Gustav Bode	FF	z.	R	U	v
23. 10. 41	Uffz.	Josef Rommel	BO	7.	R	U	v
23. 10. 41	Uffz.	Kurt Richter	BF	7.	R	U	v
15. 11. 41	Fw.	Franz Grave	FF	8.	R	U	v
15. 11. 41	Uffz.	Theo Markgraf	BO	8.	R	U	v
15. 11. 41	Uffz.	Werner Groppler	BF	8.	R	U	v
15. 11. 41	Uffz.	Friedrich Schmid	BS	8.	R	U	v
15. 11. 41	Ogefr.	Josef Hanisch	BS	8.	R	U	v
	Flg.	Heinz Margraf	FBK	7.	R	U	+
8. 1. 42	Uffz.	Erich Birkenhauer	BO	8.	R	FE	+
15. 1. 42	Fw.	August Puff	BS	7.	R	FL	+
15. 1. 42	Lt.	Gerhard Bumann	FF	9.	R	U	v
15. 1. 42	Gefr.	Fritz Rahn	BO	9.	R	U	v
15. 1. 42	Gefr.	Helmut Sabel	BF	9.	R	U	v
15. 1. 42	Uffz.	Jakob Keck	BS	9.	R	U	v
15. 1. 42	Ogefr.	Theodor Spielmann	BS	9.	R	U	v
18. 3. 42	Gefr.	Gerhard Beckmann	Ln-Kp.		R	FE	+
7. 5. 42	Gefr.	Helmut Gross		8.	D	FE	+
30. 5. 42	Fw.	Willi Fuhlendorf	FBK	7.	R	FE	+
29. 7. 42	Lt.	Willy Krieger	FF	7.	E	U	v
29. 7. 42	Uffz.	Otto Buhr	BO	7.	E	U	+
29. 7. 42	Uffz.	Werner Groth	BF	7.	E	U	v
29. 7. 42	Uffz.	Erich Michel	BS	7.	E	U	v
29. 7. 42	Gefr.	Josef Mayer	BS	7.	E	U	v
5. 8. 42	Major	Walter Brautkuhl	Gr. Kdr.	III.	E	U	+
5. 8. 42	Uffz.	Karl Worms	BO	7.	E	U	+

5. 8. 42	Uffz.	Werner Ißleib	BM	7.	E	U	+
5. 8. 42	Ofw.	Andreas Classen	FF	7.	E	U	v
5. 8. 42	Uffz.	Franz Behrens	BF	7.	E	U	v
5. 8. 42	Uffz.	Walter Knoppik	BO	8.	E	U	+
5. 8. 42	Fw.	Hans Birkmeier	BS	8.	E	U	+
5. 8. 42	Fw.	Heinz Gilowitz	FF	8.	E	U	v
5. 8. 42	Ofw.	Rudolf Butz	BO	8.	E	U	v
5. 8. 42	Uffz.	Walter Haustein	BF	8.	E	U	v
5. 8. 42	Uffz.	Kurt Schulze	BS	8.	E	U	v
5. 8. 42	Gefr.	Hans Müller	BS	8.	E	U	v
9. 8. 42	Uffz.	Horst Große-Heitmeier	FF	7.	E	U	v
9. 8. 42	Gefr.	Günter Grüßner	BO	7.	E	U	v
9. 8. 42	Ogefr.	Wolfgang Richter	BF	7.	E	U	v
9. 8. 42	Ogefr.	Ferdinand Dolesal	BS	7.	E	U	v
9. 8. 42	Uffz.	Albin Kielmann	BM	7.	E	U	v
19. 8. 42	Uffz.	Wolfgang Zimmer	FF	8.	R	A	+
19. 8. 42	Gefr.	Ludwig Reinhardt	BO	8.	R	A	+
19. 8. 42	Uffz.	Anton Depfenhard	BF	8.	R	A	+
19. 8. 42	Gefr.	Horst Siedler	BS	8.	R	A	+
19. 8. 42	Gefr.	Hans Hass	BS	8.	R	A	+
19. 8. 42	Olt.	Heinz Berkemann	FF	8.	E	U	v
19. 8. 42	Ofw.	Otto Kiesl	BO	8.	E	U	v
19. 8. 42	Uffz.	Werner Kiburg	BF	8.	E	U	v
19. 8. 42	Uffz.	Rudolf Brösdorf	BM	8.	E	U	v
19. 8. 42	Uffz.	Ernst Nüsser	BS	8.	E	U	v
28. 8. 42	Gefr.	Friedrich Pucig	BS	8.	R	J	+
12. 9. 42	Uffz.	Max Friedrich	FBK	7.	R	U	+
13. 9. 42	Hptm.	Hans Waldforst	FF	III.	R	FL	+
13. 9. 42	Ofw.	Valentin Mayr	BS	III.	R	FL	v
13. 9. 42	Gefr.	Edmund Fiks	BS	III.	R	FL	v
1. 10. 42	Lt.	Rudolf Pohle	FF	7.	R	A	+
1. 10. 42	Uffz.	Walter Neumann	BO	7.	R	A	+
1. 10. 42	Gefr.	Herbert Klich	BS	7.	R	A	+
5. 10. 42	Uffz.	Edwin Wagner	FF	8.	R	FL	v
5. 10. 42	Uffz.	Otto Niemeyer	BO	8.	R	FL	v
5. 10. 42	Gefr.	Philipp Strohm	BS	8.	R	FL	+
29. 11. 42	Uffz.	Friedr. Hildebrand	BS	9.	R	FE	+
29. 11. 42	Fw.	Heinrich Fenn	FF	8.	R	FE	+
29. 11. 42	Ogefr.	Reinhard Schüler	BO	8.	R	FE	+
8. 12. 42	Uffz.	Erwin Löpsinger	FF	8.	R	U	v
8. 12. 42	Gefr.	Rudolf Voß	BO	8.	R	U	v
8. 12. 42	Gefr.	Karl-H. Thormann	BF	8.	R	U	v
8. 12. 42	Gefr.	Karl Drefin	BS	8.	R	U	v
8. 12. 42	Ogefr.	Erich Hübschmann	BS	8.	R	U	v
25. 12. 42	Fw.	Hermann Gasser	BO	8.	R	U	v
25. 12. 42	Uffz.	Fritz Rudolff	BS	8.	R	U	v
25. 12. 42	Ofw.	Franz Türk	FF	8.	R	U	+
25. 12. 42	Ofw.	Albin Müller	BF	8.	R	U	+
25. 12. 42	Uffz.	Rolf Jakobs	BS	8.	R	U	+
25. 12. 42	Fw.	Bruno Mrozek	FF	7.	R	U	v
25. 12. 42	Uffz.	Paul Söll	BO	7.	R	U	v

25. 12. 42	Gefr.	Franz Müller	BF	7.	R	U	v
25. 12. 42	Gefr.	Ludwig Huber	BS	7.	R	U	v
25. 12. 42	Gefr.	Herbert Kepka	BS	7.	R	U	v
1. 1. 43	Gefr.	Eduard Merz	FF	9.	R	U	v
1. 1. 43	Lt.	Siegfried Heilsberg	BO	9.	R	U	v
1. 1. 43	Uffz.	Josef Koll	BF	9.	R	U	v
1. 1. 43	Uffz.	Georg Heinrich	BS	9.	R	U	v
1. 1. 43	Uffz.	Siegfried Leist	BS	9.	R	U	v
9. 1. 43	Lt.	Detlef Schulze	FF	8.	R	U	v
9. 1. 43	Gefr.	Gerhard Fischer	BO	8.	R	U	v
9. 1. 43	Uffz.	Paul Bingenheimer	BF	8.	R	U	v
9. 1. 43	Ogefr.	Anton Ruppert	BS	8.	R	U	v
9. 1. 43	Ogefr.	Rudolf Zill	BS	8.	R	U	v
28. 1. 43	Gefr.	Karl-Heinz Brix	BO	9.	R	FL	+
28. 1. 43	Uffz.	Josef Hartmann	BF	9.	R	FL	+
28. 1. 43	Gefr.	Heinr. Müller	BS	9.	R	FL	+
28. 1. 43	Ogefr.	Helmut Dornbach	BS	9.	R	FL	+
17. 2. 43	Uffz.	Helmut Matz	FF	8.	R	U	v
17. 2. 43	Lt.	Siegfried Eckert	BO	8.	R	U	v
17. 2. 43	Gefr.	Alfred Magiera	BF	8.	R	U	v
17. 2. 43	Fw.	Karl Hermann	BS	8.	R	U	v
17. 2. 43	Uffz.	Helmut Braunshausen	BS	8.	R	U	v
9. 3. 43	Ogefr.	Helmut Börner	BS	8.	R	FL	+
22. 3. 43	Ofw.	Johann Nowak	FF	9.	R	U	v
22. 3. 43	Uffz.	Helmuth Droß	BO	9.	R	U	v
22. 3. 43	Uffz.	Hans Wiebusch	BF	9.	R	U	v
22. 3. 43	Uffz.	Walter Naddig	BS	9.	R	U	v
22. 3. 43	Gefr.	August Grühnendahl	BS	9.	R	U	v
26. 3. 43	Fw.	Erich Zippert	FF	9.	R	U	v
26. 3. 43	Uffz.	Paul Wagner	BO	9.	R	U	v
26. 3. 43	Uffz.	Erich Roehrig	BF	9.	R	U	v
26. 3. 43	Uffz.	Herbert Grützner	BS	9.	R	U	v
26. 3. 43	Uffz.	Helmuth Stenzaly	BS	9.	R	U	v
26. 3. 43		Hans-Joachim Kunze	Kr. Ber.	9.	R	U	v
27. 3. 43	Fw.	Richard Kayser	FF	8.	R	U	v
27. 3. 43	Hptm.	Franz Freyer	BO	8.	R	U	v
27. 3. 43	Uffz.	Walter Mann	BF	8.	R	U	v
27. 3. 43	Ogefr.	Gerhard Kauss	BS	8.	R	U	v
27. 3. 43	Ogefr.	Herbert Fleischer	BS	8.	R	U	v
21. 4. 43	Fw.	Georg Wobig	FF	9.	R	FL	+
26. 5. 43	Uffz.	Siegfried Thomas	FF	9.	R	J	+
26. 5. 43	Uffz.	Harry Wermbter	BF	9.	R	J	+
26. 5. 43	Uffz.	Hubert Franz	BS	9.	R	J	+
26. 5. 43	Uffz.	Fritz Römer	BF	9.	R	J	+
27. 5. 43	Major	Hubert Mönch	Gr. Kdr.	7.	R	U	v
27. 5. 43	Lt.	Karl-Anton van Volxen	BO	7.	R	U	v

27. 5. 43	Ofw.	Paul Altrock	BF	7.	R	U	v
27. 5. 43	Ofw.	Helmut Stuhr	BM	7.	R	U	v
27. 5. 43	Gefr.	Friedr. Ständig	BS	7.	R	U	v
30. 5. 43	Ofw.	Götz Werner	BS	9.	R	J	+
5. 6. 43	Uffz.	Erwin Seeber	BS	8.	R	J	+
10. 6. 43	Uffz.	Wolfgang Miram	BF	8.	R	FE	+
13. 6. 43	Olt.	Horst Weißert	FF	9.	R	U	v
13. 6. 43	Uffz.	Walter Schröter	BO	9.	R	U	v
13. 6. 43	Ogefr.	Gerhard Walzel	BS	9.	R	U	+
13. 6. 43	Ogefr.	Werner Asselmeyer	BS	9.	R	A	+
13. 6. 43	Ofw.	Josef Iblher	FF	9.	R	A	v
13. 6. 43	Uffz.	Andreas Emmerling	1. Wart	9.	R	A	v
18. 6. 43	Uffz.	Heinr. Klare	BS	7.	R	FL	+
21. 6. 43	Uffz.	Eugen Merz	BF	9.	R	FL	+
5. 7. 43	Uffz.	Herbert Beuche	BO	8.	R	J	v
5. 7. 43	Fw.	Willi Riek	BF	8.	R	J	v
5. 7. 43	Uffz.	Herbert Linssen	BS	8.	R	J	v
5. 7. 33	Uffz.	Hans Klaus	BS	8.	R	J	v
8. 7. 43	Uffz.	Kurt Friebe	BO	8.	R	U	+
9. 7. 43	Lt.	Martin Ney	FF	8.	X	A	+
9. 7. 43	Uffz.	Erich Perplies	BF	8.	X	A	+
11. 10. 43	Lt.	Werner Lewitzki	FF	9.	X	A	+
11. 10. 43	Ogefr.	Franz Nuber	BO	9.	X	A	+
11. 10. 43	Uffz.	Reinhard Gräble	BF	9.	X	A	+
11. 10. 43	Uffz.	Josef Otzipka	BS	9.	X	A	+
11. 10. 43	Ogefr.	Josef Sumser	BS	9.	X	A	+
11. 10. 43	Uffz.	Franz Martin	1. Wart	9.	X	A	+
3. 10. 43	Ofw.	Jan Recke	FF	8.	X	A	+
17. 11. 43	Lt.	Erich Klöbel	FF	7.	X	A	+
17. 11. 43	Uffz.	Walter Moje	BO	7.	X	A	+
17. 11. 43	Uffz.	Hans Reiling	BF	7.	X	A	+
17. 11. 43	Ogefr.	August Hupe	BS	7.	X	A	+
17. 11. 43	Ogefr.	Anton Ihrlich	BS	7.	X	A	+
17. 11. 43	Ofw.	Paul Burmester	FF	7.	X	A	+
17. 11. 43	Ofw.	Helmut Lindemann	BO	7.	X	A	+
17. 11. 43	Uffz.	Walter Knobloch	BF	7.	X	A	+
17. 11. 43	Olt.	Hans Großendorfer	BO	7.	X	A	+
17. 11. 43	Ofw.	Fritz Hartenstein	BO	7.	X	A	+
30. 11. 43	Uffz.	Ernst Baier	FF	7.	X	A	+
30. 11. 43	Gefr.	Gottfr. Michel	BO	7.	X	A	+
30. 11. 43	Uffz.	Heinz Winkler	BF	7.	X	A	+
30. 11. 43	Ogefr.	Günter Barbig	BS	7.	X	A	+
30. 11. 43	Ogefr.	Paul Blosch	BS	7.	X	A	+
30. 11. 43	Fw.	Adolf Steiner	Ger. Verw.	7.	X	A	+
30. 11. 43	Ogefr.	Karl Vanek	1. Wart	7.	X	A	+
30. 11. 43	Gefr.	Walter Eichhoff	Waff.-Wart	3. FBK	X	A	+

15. 12. 43	Ogefr.	Karl Redinger	BS	7.	R	FE	+
15. 12. 43	Uffz.	Oskar Szucsits	FF	9.	R	FL	+
15. 12. 43	Ofw.	Rolf Mehlsauer	BO	9.	R	FL	+
15. 12. 43	Uffz.	Walter Leis	BF	9.	R	FL	+
15. 12. 43	Gefr.	Franz Konrad	BS	9.	R	FL	+
15. 12. 43	Gefr.	Johann Radl	BS	9.	R	FL	+
21. 2. 44	Fw.	Helmut Gerdes	BS	8.	X	A	+
21. 2. 44	Uffz.	Kurt Seelow	BS	8.	X	A	+
16. 2. 44	Uffz.	Gerhard Lübbe	BS	III.	R	U	+
16. 2. 44	Fw.	Alois Kasper	FF	III.	R	U	+
16. 2. 44	Uffz.	Heinz Fischer	BO	III.	R	U	+
16. 2. 44	Fw.	Wilhelm Thöne	BF	III.	R	U	+
16. 2. 44	Fw.	Franz Steimer	BS	III.	R	U	+
21. 2. 44	Fw.	Kurt Lange	FF	8.	X	A	+
21. 2. 44	Uffz.	Ferdinand Groß	BO	8.	X	A	+
21. 2. 44	Fw.	Heinrich Brink-hoff	BF	8.	X	A	+
21. 2. 44	Ofw.	Albert Ziesenböck	BO	8.	X	A	+
21. 2. 44	Ofw.	Johann Ullrich	1. Wart	8.	X	A	+
21. 2. 44	Fw.	Otto Wolters	Rech. F.	8	X	A	+
16. 3. 44	Uffz.	Walter Hempe	BO	7.	R	A	+
21. 3. 44	Uffz.	Ottomar Fischer	FF/LS	9.	R	A	+
21. 3. 44	Uffz.	Werner Wörlein	BS	9.	R	A	+
31. 3. 44	Uffz.	Walter Telle	BS	7.	R	U	v
31. 3. 44	Ogefr.	Thomas Lübben	BS	7.	R	U	v
31. 3. 44	Uffz.	Hans Klinken-berg	BS	7.	R	U	v
31. 3. 44	Ogefr.	Clemens Kappen	BS	7.	R	U	+
31. 3. 44	Uffz.	August Diehl	FF	7.	R	U	v
31. 3. 44	Uffz.	Rolf Mahr	BO	7.	R	U	v
31. 3. 44	Uffz.	Hans Weidner	BF	7.	R	U	v
31. 3. 44	Uffz.	Heinz Wernicke	BO	8.	R	J	+
31. 3. 44	Fhj. Fw.	Josef Genß	BF	7.	R	FL	+
31. 3. 44	Uffz.	Gottfried Endt	BO	7.	R	FL	+
5. 4. 44	Uffz.	Fritz Krull	FF	9.	R	A	+
5. 4. 44	Uffz.	Kurt Kruke-meyer	BO	7.	R	A	+
5. 4. 44	Uffz.	Karl Henninger	BF	9.	R	A	+
5. 4. 44	Flg.	Bruno Möding	BM	9.	R	A	+
11. 4. 44	Uffz.	Otto Keßler	FF	7.	R	U	v
11. 4. 44	Ogefr.	Harry Fischer	BO	7.	R	U	v
11. 4. 44	Ogefr.	Erich Grieß-mayer	BF	7.	R	U	v
11. 4. 44	Ogefr.	Werner Matiske	BS	7.	R	U	v
11. 4. 44	Uffz.	Bernhard Lönneker	FF	8.	R	U	v
11. 4. 44	Ogefr.	Gerhard Trippner	BO	8.	R	U	v
11. 4. 44	Ogefr.	Friedrich Oster-mann	BF	8.	R	U	v
11. 4. 44	Ogefr.	Günter Mau	BS	8.	R	U	v

11. 4. 44	Ogefr.	Helmut Petschulat	BS	8.	R	U	v
11. 5. 44	Uffz.	Werner Krumbholz	FF	7.	R	U	v
11. 5. 44	Ogefr.	Franz Meixner	BO	7.	R	U	v
11. 5. 44	Uffz.	Alfred Dehner	BF	7.	R	U	v
11. 5. 44	Fhj. Fw.	Fr. Wilh. Raffauf	BS	7.	R	U	v
11. 5. 44	Gefr.	Fritz Borchert	BS	7.	R	U	v
28. 5. 44	Uffz.	Karl Schenk	FF	9.	R	U	v
28. 5. 44	Ogefr.	Udo-Hans Dressler	BO	9.	R	U	v
28. 5. 44	Uffz.	Otto Mayer	BF	9.	R	U	v
28. 5. 44	Ogefr.	Florian Lorenz	BM	9.	R	U	v
28. 5. 44	Ogefr.	Max Schmidt	BS	9.	R	U	v
11. 6. 44	Uffz.	Werner Schede	FF	9.	R	A	+
11. 6. 44	Uffz.	Arnold Wandzik	BO	9.	R	A	+
11. 6. 44	Uffz.	Ernst Bauer	BF	9.	R	A	+
11. 6. 44	Ogefr.	Günter Neuhaus	BS	9.	R	A	+
11. 6. 44	Gefr.	Franz Wenzel	BS	9.	R	A	+
9. 7. 44	Ofw.	Ernst Henseleit	FF	9.	R	A	v
9. 7. 44	Uffz.	Otto Finkener	BO	9.	R	A	v
9. 7. 44	Uffz.	Paul Lengfeld	BF	9.	R	A	v
9. 7. 44	Uffz.	Peter Sandlöbes	BM	9.	R	A	v
9. 7. 44	Uffz.	Gottfried Pelz	BS	9.	R	A	v
1. 8. 44	Uffz.	Heinz Bergander	BO	7.	R	J	+
19. 8. 44	Uffz.	Eugen Finis	FF	7.	F	U	v
19. 8. 44	Fw.	Josef Wittmann	BO	7.	F	U	v
19. 8. 44	Gefr.	Günther Herbst	BF	7.	F	U	v
19. 8. 44	Uffz.	Erhard Schmalenberger	BS	7.	F	U	v
19. 8. 44	Ogefr.	Günther Menzel	BS	7.	F	U	v
20. 8. 44	Gefr.	Hanspeter Stephan	FF	9.	F	A	+
20. 8. 44	Ogefr.	Horst Dunst	BO	9.	F	A	+
21. 8. 44	Fw.	Rudolf Muschinski	FF	9.	F	U	v
21. 8. 44	Uffz.	Hermann Linke	BO	9.	F	U	v
21. 8. 44	Uffz.	Gustav Steinhofer	BF	9.	F	U	v
21. 8. 44	Uffz.	Lothar Fittkau	BS	9.	F	U	v
21. 8. 44	Uffz.	Heinz Gebhardt	BS	9.	F	U	v
22. 8. 44	Uffz.	Franz Lechner	FF	8.	F	A	v
22. 8. 44	Ogefr.	Josef Ziegler	BO	8.	F	A	v
22. 8. 44	Uffz.	Walter Hünlich	BF	8.	F	A	v
22. 8. 44	Gefr.	Albert Sames	BS	8.	F	A	v
23. 12. 44	Uffz.	Robert Rösch	FF	7.	E	A	+
23. 12. 44	Ofhr.	Alfred-Ernst Scholz	BO	7.	E	A	+
23. 12. 44	Ogefr.	Herbert Köchle	BF	7.	E	A	+
23. 12. 44	Uffz.	Werner Müller	BS	7.	E	A	+
23. 12. 44	Uffz.	Hanns Gumz	BS	9.	E	FE	+
24. 12. 44	Uffz.	Herbert Neuber	FF	7.	E	U	v
24. 12. 44	Ofw.	Heinrich Kock	BO	7.	E	U	v
24. 12. 44	Uffz.	Fritz Reinhardt	BF	7.	E	U	v
24. 12. 44	Fw.	Otto Wieland	BM	7.	E	U	v
24. 12. 44	Ogefr.	Oswald Pfaffhausen	BS	7.	E	U	v

3.	1. 45	Ogefr.	Hubert Türks	BS	7.	E	A	+
3.	1. 45	Uffz.	Gerhard Tanner	BF	7.	E	FE	+
5.	1. 45	Uffz.	Emil Rydwal	BF	9.	E	A	+
5.	1. 45	Ofw.	Richard Mann	BS	9.	E	A	+
5.	1. 45	Lt.	Kurt Neuber	FF	7.	E	U	v
5.	1. 45	Fw.	Oskar Köhler	BO	7.	E	U	v
5.	1. 45	Fw.	Henry Aehlig	BF	7.	E	U	v
5.	1. 45	Uffz.	Bruno Burow	BS	7.	E	U	v
5.	1. 45	Uffz.	Adam Becker	BS	7.	E	U	v
5.	1. 45	Hptm.	Siegfried Jessen	FF	9. St.Kpt.	E	J	+
5.	1. 45	Ofw.	Alfred Beyer	BO	9.	E	J	+
5.	1. 45	Uffz.	Wolfgang Gast	BF	9.	E	J	+
5.	1. 45	Fw.	Hermann Fresken	BS	9.	E	J	+
5.	1. 45	Uffz.	Gerhard Franke	BS	9.	E	J	+

IV. Gruppe

9.	6. 40	Uffz.	Karl Leichenauer	FBK	4.	D	U	+
9.	6. 40	Gefr.	Joseph Stippel	FBK	4.	D	U	+
24.	5. 41	Olt.	Hubertus Macha	FF	12.	D	U	+
24.	5. 41	Ogefr.	Reinhold Bulling	BO	12.	D	U	+
24.	5. 41	Uffz.	Fritz Schmidt	BF	12.	D	U	+
24.	5. 41	Fw.	Otto Köhler	BM	12.	D	U	+
24.	5. 41	Gefr.	Alwin Siewert	BS	12.	D	U	+
25.	5. 41	Lt.	Wilhelm Tanke	FF	12.	F	U	+
26.	5. 41	Uffz.	Walter Keil	FF	12.	D	U	+
26.	5. 41	Gefr.	Hans Gebhardt	BO	12.	D	U	+
26.	5. 41	Gefr.	Ludwig Pfisterer	BF	12.	D	U	+
26.	5. 41	Gefr.	Rolf Borgsdorf	BS	12.	D	U	+
4.	6. 41	Flg.	Erwin Löhrke		11.	F	U	+
9.	6. 41	Uffz.	Richard Wächter	FF	11.	D	A	+
9.	6. 41	Uffz.	Hermann Wahn	BO	11.	D	A	+
9.	6. 41	Gefr.	Rudolf Zimmer	BF	11.	D	A	+
9.	6. 41	Uffz.	Herbert Weltchen	BS	11.	D	A	+
17.	6. 41	Lt.	Hayo Müller	FF	11.	X	U	+
20.	6. 41	Uffz.	Paul Schulte-Schrepping	FF	12.	F	A	+
20.	6. 41	Gefr.	Johann Wenth	BO	12.	F	A	+
20.	6. 41	Uffz.	Heinrich Siebert	BF	12.	F	A	+
20.	6. 41	Gefr.	Gerhard Dunkel	BO	12.	F	A	+
28.	7. 41	Lt.	Heinrich Egermann	FF	12.	F	A	+
28.	7. 41	Gefr.	Fritz Scheithauer	BO	12.	F	A	+
28.	7. 41	Gefr.	Egidius Rieger	BF	12.	F	A	+
28.	7. 41	Gefr.	Richard Müller	BS	12.	F	A	+
10.	8. 41	Gefr.	Werner Ay	BS	11.	F	U	+
8.	10. 41	Fw.	Stefan Breg	BO	10.	D	A	+
8.	10. 41	Gefr.	Günther Trautmann	BS	10.	D	A	+
14.	10. 41	Lt.	Hermann v. Schleich	FF	10.	D	A	+

14. 10. 41	Ogefr.	Alfred Fuchs	BO	10.	D	A	+
14. 10. 41	Ogefr.	Richard Raßl	BF	10.	D	A	+
14. 10. 41	Flg.	Georg Wietschorke	BS	10.	D	A	+
23. 10. 41	Fw.	August Specht	San.	IV.	F	U	+
29. 1. 42	Lt.	Hermann Weger	FF	12.	D	A	+
29. 1. 42	Ofw.	Wilhelm Meißner	BO	12.	D	A	+
29. 1. 42	Ogefr.	Georg Hagmeyer	BF	12.	D	A	+
14. 2. 42	Fw.	Karl Selzan	FF	12.	F	A	+
14. 2. 42	Gefr.	Walter Tydecks	BO	12.	F	A	+
14. 2. 42	Gefr.	Karl Gaßmann	BF	12.	F	A	+
14. 2. 42	Uffz.	Rudolf Just	BS	12.	F	A	+
14. 2. 42	Gefr.	Georg Schulz	BS	12.	F	A	+
7. 5. 42	Uffz.	Kurt Hätscher	FF	11.	D	A	+
7. 5. 42	Gefr.	Rudolf Wentigmann	BO	11.	D	A	+
7. 5. 42	Gefr.	Walter Schimansky	BF	11.	D	A	+
7. 5. 42	Ogefr.	Willibald Lugerbauer	BS	11.	D	A	+
10. 8. 42	Uffz.	Benedikt Bloier	FF	10.	D	A	+
10. 8. 42	Uffz.	Reinhold Karg	BO	10.	D	A	+
04. 1. 42	Gefr.	Johann Wohlmacher	Kr. Fah.	10.	F	U	+
11. 4. 41	Ogefr.	Helmut Rösler	Kr. Fah.	IV.	D	U	+
25. 8. 42	Fw.	Erwin Hoffmann	FF	10.	D	A	+
25. 8. 42	Uffz.	Wilhelm Haase	BO	10.	D	A	+
25. 8. 42	Fw.	Sigmund Weber	BF	10.	D	A	+
25. 8. 42	Uffz.	Franz Klindt	BS	12.	D	A	+
25. 8. 42	Gefr.	Albert Gerl	BS	10.	D	A	+
12. 11. 42	Lt.	Helmut Henkel	FF	11.	D	A	+
12. 11. 42	Ofw.	Wilhelm Oelker	FF	11.	D	A	+
12. 11. 42	Gefr.	Hans Raffel	BS	11.	D	A	+
22. 11. 42	Uffz.	Heinz Pieske	FF	10.	D	A	+
22. 11. 42	Uffz.	Adolf Jauernig	BF	10.	D	A	+
22. 11. 42	Ogefr.	Erwin Rapp	1. Wart	10.	D	A	+
14. 12. 42	Lt.	Helmut Karschewski	FF	12.	F	A	+
14. 12. 42	Uffz.	Franz Gütl	BO	12.	F	A	+
14. 12. 42	Gefr.	Werner Kollosche	BF	12.	F	A	+
8. 1. 43	Gefr.	Hermann Peischl	FF	11.	F	A	+
8. 1. 43	Ogefr.	Kurt Abramowitsch	BO	11.	F	A	+
8. 1. 43	Gefr.	Friedrich Langeloth	BF	11.	F	A	+
8. 1. 43	Gefr.	Karl Kolbeck	BS	11.	F	A	+
8. 1. 43	Gefr.	Fritz Rademacher	BS	11.	F	A	+
5. 2. 43	Ogefr.	Walter Schwald	Four.	IV.	F	U	+
7. 2. 43		Hans Usinger	Prüfm.	IV.	F	U	+
7. 2. 43	Olt.	Erich Horn	FF	12.	F	A	+
30. 3. 43	Uffz.	Johann Junker	FF	11.	F	FE	+
30. 3. 43	Uffz.	Hans Geister	BF	11.	F	FE	+
5. 5. 43	Uffz.	Johann Ruff	FF	10.	D	A	+
5. 5. 43	Ogefr.	Fritz Schutzbach	BO	10.	D	A	+
5. 5. 43	Ogefr.	Jakob Giroldstein	BF	10.	D	A	+

5. 5. 43	Ofw.	Ernst Bsdurek	BM	10.	D	A	+
5. 5. 43	Ogefr.	Gerhard Schneider	BS	10.	D	A	+
15. 6. 43	Uffz.	Johann Zimmer	FF	12.	F	A	+
15. 6. 43	Fw.	Waldemar Günther	BO	12.	F	A	+
15. 6. 43	Gefr.	Willibald Häntschel	BF	12.	F	A	+
15. 6. 43	Ogefr.	Albert Peissl	BM	12.	F	A	+
15. 6. 43	Ogefr.	Jakob Kessler	BS	12.	F	A	+
12. 7. 43	Uffz.	Alfred Stengel	FF	13.	F	A	+
12. 7. 43	Fw.	Erwin Koch	BO	13.	F	A	+
12. 7. 43	Gefr.	Gerhard Schwarz	BF	13.	F	A	+
12. 7. 43	Uffz.	Rudolf Lehmann	BM	13.	F	A	+
26. 7. 43	Lt.	Herbert Gerling	FF	13.	F	A	+
26. 7. 43	Uffz.	Heinz Kranhold	BO	13.	F	A	+
26. 7. 43	Gefr.	Günther Glaser	BM	13.	F	A	+
18. 8. 43	Uffz.	Herbert Schwedt	Kü. Uffz.	13.	F	U	+
2. 9. 43	Lt.	Kurt Emmrich	FF	12.	F	A	+
2. 9. 43	Uffz.	Helmut Kohler	BO	12.	F	A	+
12. 12. 43	Lt.	Johann Renner	FF	13.	F	A	+
12. 12. 43	Uffz.	Viktor Lowak	BF	13.	F	A	+
12. 12. 43	Ofw.	Wilhelm Polacek	BM	13.	F	A	+
22. 12. 43	Uffz.	Karl Moser	FF	10.	F	J	+
22. 12. 43	Gefr.	Otto Müller	BO	10.	F	J	+
22. 12. 43	Gefr.	Walter Höhne	BM	10.	F	J	+
22. 12. 43	Ogefr.	Robert Schneele	BF	10.	F	J	+
24. 1. 44	Fhr.	Dieter Hartmann	FF	12.	F	A	+
24. 1. 44	Gefr.	Hubert Fleischmann	BO	12.	F	A	+
24. 1. 44	Gefr.	Manfred Topp	BF	12.	F	A	+
24. 1. 44	Uffz.	Artur Gauer	BM	12.	F	A	+
5. 2. 44	Lt.	Franz Schottmüller	FF	12.	F	U	+
5. 2. 44	Uffz.	Dagobert Schnetzler	BF	12.	F	U	+
5. 2. 44	Ofw.	Willi Engel	BF	12.	F	U	+
3. 3. 44	Fhj.Uffz.	Hubert Strobel	FF	10.	D	A	+
3. 3. 44	Gefr.	Ernst Döring	BO	10.	D	A	+
3. 3. 44	Gefr.	Ludwig Kalmar	BF	10.	D	A	+
3. 3. 44	Gefr.	Helmut Heinrich	BS	10.	D	A	+
18. 4. 44	Uffz.	Alfred Engler	FF	12.	D	A	+
18. 4. 44	Gefr.	Horst Kopp	BO	12.	D	A	+
26. 4. 44	Ofw.	Emil Kreuger	FF	11.	D	A	+
26. 4. 44	Gefr.	Dietrich Schmidt	BO	11.	D	A	+
26. 4. 44	Ogefr.	Heinz Zoschke	BF	11.	D	A	+
26. 4. 44	Ogefr.	Herbert Becker	BS	11.	D	A	+
26. 4. 44	Ogefr.	Alfred Degelmann	BM	11.	D	A	+
2. 6. 44	Fw.	Georg Uch	FBK	IV.	X	U	+
2. 6. 44	Ogefr.	Walter Lippig	FBK	IV.	X	U	+
2. 6. 44	Gefr.	Karl Knogl	BF	10.	X	U	+
10. 7. 44	Gefr.	Friedrich Ohm	BF	11.	X	U	+
25. 7. 44	Gefr.	Willi Reich	FF	11.	X	A	+
25. 7. 44	Ofw.	Willi Schmeißner	BO	11.	X	A	+
25. 7. 44	Gefr.	Josef Götz	BO	11.	X	A	+

Kroatenstaffel

16. 7. 42	Olt.	Iwan Boko	FF	15.	R	FL	v
16. 7. 42	Lt.	Mato Kreitner		15.	R	FL	v
16. 7. 42	Stfw.	Julije Batalo		15.	R	FL	v
16. 7. 42	Ofw.	Wjeskoslav Medić		15.	R	FL	v
25. 8. 42	Olt.	Vladimir Smidt	FF	15.	R	A	+
25. 8. 42	Ufw.	Stjepan Ruzić	BO	15.	R	A	+
25. 8. 42	Ofw.	Nikola Pawlowić	BF	15.	R	A	+
25. 8. 42	Fw.	Pavao Gregurić	BS	15.	R	A	+
28. 1. 43	Lt.	Nikola Pindulić	FF	15.	R	U	v
28. 1. 43	Stfw.	Ferdinand Mekus	BO	15.	R	U	v
28. 1. 43	Ofw.	Ernst Gumhold	BF	15.	R	U	v
28. 1. 43	Ofw.	Dragan Dür	BS	15.	R	U	v

VII. Die Ritterkreuzträger des KG Legion Condor 53

Dienstgrad	Name	verliehen am	als	Einheit	gefallen bzw. verstorben

Eichenlaub zum Ritterkreuz

Major	Herbert Wittmann	11. 2. 1945	BO/Gr.Kdr.	II. Gruppe	

Ritterkreuz

Lt.	Georg Ackermann	28. 2. 1945	FF	II. Gr.Stab	
Ofw.	Karl Christmann	5. 4. 1944	BO	6. Staffel	5. 11. 44
Lt.	Wilhelm Döring	19. 2. 1943	BO	2. Staffel	3. 8. 55
Olt	Johann Dreher	5. 4. 1944	FF	5. Staffel	4. 3. 45
Hptm.	Ernst Ebeling	20. 3. 1945	FF/Ia	Geschw.Stab	
Lt.	Otto Engel	28. 2. 1945	FF	5. Staffel	
Hptm.	Ludwig Grözinger	25. 11. 1942	FF/St.Kpt.	3. Staffel	15. 2. 45
Olt.	Hans Grossendorfer	19. 4. 1944	BO	7. Staffel	20. 11. 43
Olt.	Heinz Gutmann	5. 4. 1944	FF	3. Staffel	3. 3. 45
Olt.	Alois Hulha	17. 3. 1945	BO	6. Staffel	
Lt.	Georg Juditzki	9. 11. 1944	FF	I. Gr.Stab	
Hptm.	Ernst-Ascan Gobert	27. 4. 1944	FF/St.Kp.	2. Staffel	2. 11. 44
Olt.	Dietrich Kornblum	9. 6. 1944	FF/St.Kpt.	4. Staffel	27. 11. 44
Olt.	Rudolf Küster	17. 3. 1945	FF	6. Staffel	
Olt.	Kurt Lehmann	19. 2. 1943	FF/St.Kpt.	2. Staffel	
Fw.	Franz Lehner	22. 5. 1943	BO	6. Staffel	
Olt.	Wolfgang Lührs	24. 10. 1944	FF/St.Kpt.	2. Staffel	20. 4. 45
Ofw.	Franz Mund	17. 3. 1945	BO	6. Staffel	
Major	Karl Rauer	29. 2. 1944	BO/Kdr.	I. Gruppe	? 1945
Olt.	Siegfried Rehle	19. 2. 1943	BO	2. Staffel	30. 12. 42
Ofw.	Willi Rein	5. 9. 1944	FF	5. Staffel	
Ofw.	Walter Richter	28. 2. 1945	BM	5. Staffel	
Ofw.	Fritz Steudel	28. 2. 1945	BF	II. Gr.Stab	
Ofw.	Waldemar Teige	7. 6. 1942	FF	6. Staffel	3. 10. 42
Olt.	Curt Unruh	29. 2. 1944	FF	2. Staffel	
Otl.	Paul Weitkus	18. 9. 1941	BO/Kdore		

Fw.	Fritz Will	22. 5. 1943	FF	6. Staffel	28. 8. 44
Hptm.	Herbert Wittmann	23. 11. 1941	BO/St.Kpt.	Stabsst.	
Hptm.	Heinz Zöllner	5. 4. 1944	FF/St.Kpt.	6. Staffel	5. 11. 44

Verliehen nach der Geschwaderzugehörigkeit

Oberstltn.	Gustav Wilke	24.5.1940	Kdr.	Kampf-gruppe z.b.V. 11
Oberstltn.	Werner Kolsinski	9.6.1944	BO	Kommodore KG 4
Lt.	Arnold Döring	17. 4. 1945	FF	10./NJG 3

BF = Bordfunker BM = Bordmechaniker BO = Beobachter FF = Flugzeugf.

VIII. Stellenbesetzung KG 53

Kommodore

Oberst Deßloch	1936–1937
Oberst Zoch	1937–1939
Oberst Erich Stahl	1. 8. 1939–Dez. 1940
Oberst Paul Weitkus	15. 12. 1940–31. 10. 1942
Oberst Karl-Eduard Wilke	1. 11. 1942–31. 3. 1943
Oberstleutnant Fritz O. Pockrandt	14. 4. 1943–April 1945 (Aufl.)

Gruppenkommandeure

I./KG 53

Oberstleutnant Holzhauser	1937
Oberstleutnant Karl Mehnert	1938–10. 5. 1940
Oberstleutnant Erich Kaufmann	16. 5. 1940–Dez. 1941
Major Joachim Wienholtz	1941–30. 3. 1942
Major Fritz O. Pockrandt	11. 4. 1942–13. 4. 1943
Major Karl Rauer	17. 4. 1943–Sept. 1944
Major Martin Vetter	15. 10. 1944–April 1945 (Aufl.)

II./KG 53

Major Reinhold Tamm	23. 7. 1940–18. 8. 1940
Major Hans Steinweg	18. 9. 1940–1941
Oberstleutnant Hans Bader	25. 7. 1941–
Oberstleutnant Schulz-Müllensiefen	Mai 1942–14. 4. 1943
Major Herbert Wittmann	25. 5. 1943–März 1945 (Aufl.)

III./KG 53

Oberstleutnant Behrend	1938
Major Friedrich Edler von Braun	1939–1940
Major Willi Rohrbacher	1940
Major Richard Fabian	Febr. 1941–April 1942
Major Walter Brautkuhl	5. 8. 1942
Major Hans Waldforst	17. 8. 1942–13. 9. 1942
Major Hubert Mönch	21. 10. 1942–27. 5. 1943
Major Emil Allmendinger	24. 6. 1943–18. 3. 1945 (Aufl.)

IV./KG 53

Major Joachim Wienholtz	April 1941–Dez. 1941
Major Andreas Zahn	4. 12. 1941–April 1943
Major Ludwig Grözinger	April 1943–20. 8. 1944 (Aufl.)

Staffelkapitäne

Stabsstaffel

Hauptmann Ulrich Kerber	1. 5. 1938–30. 6. 1939
Hauptmann Herbert Wittmann	1. 7. 1939–14. 10. 1941
Hauptmann Jürgen von Horn	14. 10. 1941–März 1942

1. Staffel

Major Friedrich Edler von Braun	1939
Major Fritz Winkler	1. 12. 1939–August 1940
Hauptmann Emil Allmendinger	1. 9. 1940–Dez. 1941
Hauptmann Karl Rauer	14. 2. 1942–16. 4. 1943
Hauptmann Roth	Febr. 1944–Mai 1944
Hauptmann Werner Brandt	1944–Sept. 1944

2. Staffel

Hauptmann Herbold	1939
Hauptmann Joachim Wienholtz	1940
Major Karl Wolfien	14. 5. 1940
Oberleutnant Jacobi	1941
Hauptmann Kurt Lehmann	19. 5. 1942–1943
Oberleutnant Ernst-Ascan Gobert	1. 3. 1943–23. 11. 1943
Oberleutnant Wolfgang Lührs	24. 11. 1943–Sept. 1944
Hauptmann Horst Zander	Sept. 1944–April 1945

3. Staffel

Hauptmann Fritz Winkler	1936–1939
Major Alarich Hofmann	1939–1940
Hauptmann Bernhard Schwarz	1940–15. 6. 1940
Hauptmann Werner Hörenz	20. 8. 1940–16. 4. 1941
Hauptmann Otmar Hirschhauer	1941–23. 6. 1941
Hauptmann Ludwig Grözinger	1941
Hauptmann Heinz Gutmann	27. 8. 1943–19. 7. 1944
Hauptmann Kettel	
Oberleutnant Müller (Janusch)	1944–Sept. 1944
Hauptmann Werner Brandt	15. 10. 1944–April 1945

4. Staffel

Hauptmann Karl Wolfien	1939
Hauptmann Hans Waldforst	15. 2. 940 - 20. 04. 1941
Hauptmann Rinza	Juni 1941 - 18. 2. 1942
Hauptmann Richard Klein	Mai 1942 - 26.1.1943
Hauptmann Franz-Josef Maubach	29.1. 1943
Oberleutnant Gerhard Zabel	Sept. 1943 - 18. 2. 1944
Hauptmann Dietrich Kornblum	19. 2. 1944
Hauptmann Heinz Rehfeld	15. 11. 1944

5. Staffel

Hauptmann Ferdinand Muggenthaler	1939
Hauptmann Hubert Mönch	1. 7. 1939–31. 1. 1941
Hauptmann Köhler	1942
Hauptmann Erhard Schier	15. 11. 1944

6. Staffel

Hauptmann Fritz O. Pockrandt	10. 10. 1940–30. 11. 1940
Hauptmann Waldemar Mund	30. 11. 1940–1941
Hauptmann Andreas Zahn	1. 6. 1941–3. 12. 1941
Hauptmann Heinz Thierig	12. 5. 1942 - Dez. 1942
Hauptmann Walter Spellig	Dez. 1942 - 15. 3. 1943
Hauptmann Heinz Zöllner	11. 6. 1943–26. 9. 1943
Hauptmann Wilhelm Bautz	15. 11. 1944–April 1945

7. Staffel

Hauptmann Heinz Zorn	1938–1940
Oberleutnant Irmfried Leonhardi	1940–31. 8. 1941
Oberleutnant Oswald Gäbler	1941–23. 10. 1941
Hauptmann Ernst Ebeling	Oktober 1941–15. 1. 1944
Hauptmann Siegfried Jessen	14. 1. 1944–1944
Hauptmann August Lauerer	15. 11. 1944–10. 1. 1945
Hauptmann Kurt Bausek	10. 1. 1945–Auflösung

8. Staffel

Hauptmann Richard Fabian	1939–1. 9. 1940
Hauptmann Joachim Wienholtz	1940
Major Willi Haster	Okt. 1941
Leutnant Berkemann	1941 (interim)
Oberleutnant Heinz Eicke	20. 6. 1942–2. 5. 1943
Hauptmann Artur Pfister	Juli 1943–4. 4. 1944
Hauptmann Josef Dengg	15. 11. 1944–April 1945

9. Staffel

Major Franz Reuss	1939–1940
Hauptmann Georg Pfeiffer	21. 8. 1940
Hauptmann Waldemar Mund	10. 10. 1940–30. 11. 1940
Hauptmann Fritz O. Pockrandt	1. 9. 1940–10. 4. 1942 (ztw. 6. St., s. o.)
Hauptmann Kurt Kindt	20. 6. 1942–17. 7. 1943
Hauptmann Alfred Bischowski	3. 8. 1943–Nov. 1944
Hauptmann Siegfried Jessen	Nov. 1944–5. 1. 1945
Hauptmann August Lauerer	10. 1. 1945–April 1945

10. Staffel

Hauptmann Gerhard Joachim	26. 3. 1941–20. 12. 1941
Hauptmann Alfred Bischowski	15. 1. 1942–2. 8. 1943
Hauptmann Kurt Kindt	18. 7. 1943–25. 7. 1944

11. Staffel

Hauptmann Karl Rauer	26. 3. 1941–14. 2. 1942
Hauptmann Kurt Lehmann	15. 6. 1943

12. Staffel

Oberleutnant Kobel	1943
Hauptmann Kurt Lehmann	1943
Hauptmann Heinz Eicke	3. 5. 1943

13. Staffel

Oberleutnant Franz-Josef Maubach	29. 1. 1943
Oberleutnant Johannes Kowoll	15. 7. 1943
Hauptmann Walter Spellig	15. 2. 1944–25. 7. 1944

15. (kroat.) Staffel
(später erweitert um eine 2. Staffel und Gruppenstab beim deutschen Verbindungskommando)

Kommandeur:

Major Gerhard Joachim	Dez. 1942–Augs. 1944 (Auflösung)

Ln-Kp (mot) KG 53

Oberleutnant Lessing	1940–17. 2. 1942
Hauptmann Siebel	18. 2. 1942–März 1943
Oberleutnant Heinz Waldhecker	März 1943–Auflösung

Flughafenbetriebskompanien

1. FBK

Hauptmann Harald Lange	1938–3. 7. 1939
Oberleutnant Albert Hufenreuter	Juli 1939–April 1940
Oberleutnant Werner Willmann	

2. FBK

Hauptmann Samscha	
Hauptmann Franz Landl	1. 12. 1939–14. 1. 1941

3. FBK

Hauptmann Otto Krug	1940

4. FBK

Hauptmann Dipl.-Ing. Krebs	1938–Oktober 1940
Hauptmann Theiß	1940–1942
Major Georg Flauger	März 1942–Januar 1943

5. FBK

Major Georg Pick	16. 2. 1940
Major Georg Flauger	20. 3. 1942–10. 5. 1942

7. FBK

Hauptmann Georg Pfeiffer	1939–1940
Hauptmann Seissler	1941–Auflösung

8. FBK

Hauptmann Werner Klosinski	1939
Hauptmann Sattler	1941

9. FBK

Hauptmann Koch

IX. Der V 1-Einsatz des KG 53

Als Einleitung dieses Abschnittes diene ein Zitat aus dem Vorwort von Generalmajor a. D. Dr.-Ing. e. h. Walter R. Dornberger zu dem Buch von Ernst Klee und Otto Merk: ›Damals in Peenemünde‹ (1963).

»In Peenemünde erstand in den Jahren 1936 bis 1937 die erste wirklich große Raketenversuchsstelle der Welt... Von einer Belegschaft von nicht mehr als 80 Mann im Jahre 1936 vergrößerte sich die Angestellten- und Arbeiterzahl auf ungefähr 15000 im Jahr 1943... Wenn wir heute... an diese in der Geschichte der Technik einmalige Zeit in Peenemünde zurückdenken und erleben, wie auf beiden Seiten des Eisernen Vorhanges die mächtigsten Völker der Erde in ersten Schritten das verwirklichen, was damals in Peenemünde ausgedacht und als Entwicklungsphase formuliert wurde, so kann dies Geschehen die alten Peenemünder ebenso wie das deutsche Volk nur mit Stolz, aber auch mit einer gewissen Trauer erfüllen.«

Ab Anfang des Jahres 1944 bereits sollte England, insbesondere London, mit der Flugbombe Fi 103 (V 1) unter Beschuß genommen werden. Die Bodenorganisation wurde in Nordfrankreich ab 1943 mit 8 Großstellungen und 96 Feldstellungen gebaut. Die verbunkerten Abschußrampen mußten gut getarnt sein. Für den Stellungsbau wurden 35000 Arbeiter beschäftigt, hauptsächlich Franzosen.

In den Wäldern und Obstgärten im Raum Dünkirchen-Abbeville-Tocqueville wurden die Abschußrampen installiert und sollten bereits Ende des Jahres 1943 einsatzbereit sein. Jedoch erst 6 Monate später als geplant, am 12. Juni 1944, traf die erste Flugbombe London. Der Anfang lief nicht ganz programmgemäß, weil viele Abschußrampen immer noch nicht einsatzbereit waren. Es konnten nur 10 Flugkörper gestartet werden, wovon lediglich vier England und eine gar nur London erreichten. Doch nach drei Tagen Verzögerung funktionierte der Abschuß mit 120 bis 190 Geräten täglich. Das Flakregiment 155 unter Oberst Wachtel bediente die Rampen und hielt die Salvenfolge zunächst auch durch. Nachdem jedoch durch die alliierten Truppen eine Rampe nach der anderen erobert wurde, verringerte sich die Schußfolge immer mehr, und Anfang September 1944 schließlich endete diese

›Hauptoffensive‹ ganz, nachdem 8617 Abschüsse erfolgt waren mit der Bilanz, daß 6725 Flugkörper auf Kurs gingen, wovon 3463 durch Jäger, Flak und Ballonsperren zum Absturz gebracht wurden, 3262 England und hiervon 2340 London erreichten.
Die Eroberung der Abschußbasen hatte zur Folge, daß jetzt die Luftwaffe als »fliegende Abschußrampe« die He 111 einzusetzen begann. Mit dieser Aufgabe wurde als einziges Geschwader das KG 53 mit einem Einsatz von rund 100 Maschinen betraut.
Hauptmann a. D. Zander erinnert sich als damaliger Staffelkapitän: »Wir flogen Hitlers Wunderwaffe! Die 2. Staffel ›Legion Condor‹ 53 lag auf dem Fliegerhorst in Ahlhorn. Das fliegende Personal war im oldenburgischen Großenkneten in Privatquartieren untergebracht. Das Verhältnis zur Bevölkerung war hervorragend, die Unterbringung einmalig.
Die He 111-Bomber standen je mit einem V 1-Gerät beladen in getarnten Flugzeugboxen am Rande des Fliegerhorstes Ahlhorn.
Zwischen rechter Tragfläche und Flugzeugrumpf hing das 2200 Kilogramm schwere V 1-Gerät. Doppelposten sicherten und bewachten die bestückten He 111-Flugzeuge.
Am 16. September 1944 war der Einsatz der Gruppe befohlen. Zum Schutze gegen eventuelle feindliche Tieffliegerangriffe waren links und rechts der Straße Großkneten-Ahlhorn Einmannschutzlöcher ausgeworfen worden.
Mit den Worten: ›Kameraden, heute Einsatz gegen London‹, eröffnete der Staffelkapitän die Flugbesprechung, ›denkt daran, die He 111 ist einseitig beladen, trimmt eure Maschinen entsprechend und hebt erst ab, wenn ihr genügend Fahrt habt!‹
Das Wetter im Abwurfraum und hier am Platz war denkbar schlecht, Wolkenhöhe 200–400 m, leichter Regen, Wind aus 110/130 Grad mit 40 km/h. Nach Einbruch der Dunkelheit sollte sich die Wolkendecke leicht anheben.
Die Logzahl der Geräte war auf 4800 eingestellt und die Steuerung der V 1 überprüft.
Die Maschine des Staffelführers startete um 20.45. Die weitere Startfolge: jeweils alle 5 Minuten folgte eine weitere Maschine.
Flugweg: Ahlhorn – Funkfeuer Den Helder – Funk/Leitstrahl Themsemündung – London
Abwurfhöhe: 500 m über NN
Die ›Wunderwaffe V 1‹ hatte eine Länge von 7,73 m und eine Spannweite von 4,90 m. Das Gesamtgewicht betrug etwa 2200 kg, davon waren 500 kg Treibstoff. An einer V 1 wurden etwa 280 Arbeitsstunden aufgebracht, sie kostete seinerzeit einige tausend Reichsmark.
Von dem V 1-Gerät (Fi 103) konnten etwa 1000 kg Sprengstoff mehr

als 250 Kilometer weit transportiert werden. Die Marschgeschwindigkeit lag bei etwa 600 km/h, bei einer Flughöhe von 200–2000 m. Das intermittierende Strahlrohr (›Klappenstaurohr‹) benötigte für den Verbrennungsvorgang die größere Sauerstoffdichte der unteren Luftschichten.
Bei Logzahl 0 erfolgte das Ausklinken der V 1. Dabei ging das Triebwerk auf Vollast.
Die V 1 flog gen Westen – nach London.
Das werfende Flugzeug gab der V 1 vor dem Abschuß die grobe Flugrichtung. Den genauen Flugweg bestimmte die vorher eingestellte, zweidimensionale Kurssteuerung. Die Flugstrecke war durch die Menge des Treibstoffes bestimmt. Ein an der Spitze des V 1-Gerätes befestigter kleiner Propeller, der ein Zählwerk antrieb, bestimmte den Abkippunkt der V 1. Die vorher errechnete und eingestellte Umdrehungszahl betätigte bei ›0‹ das Höhenruder so, daß die V 1 unter einem vorher gegebenen Winkel zur Erde abkippte.
Die Wirkung dieser Flugbombe war mehr moralischer als zerstörender Art. Man hörte das brabbelnde Düsengeräusch, dann sah man die Flamme des Strahlrohres und zuletzt die Bombe selber. Man wußte aber nie, wann die V 1 abkippen würde. Überwiegend wurde das Gerät vom Flugzeug aus in den Wolken ausgelöst. Es marschierte dann auch weiter in den Wolken. Damit wurde der moralische Schock noch größer, zumal eine Tonne Sprengstoff eine gewaltige Detonation verursachte.
Nach der geglückten Invasion glaubte die englische Bevölkerung, daß damit auch die Luftangriffe vorüber seien. Der Schock war erheblich, als mit einem Male Bomben wahllos und ohne Vorwarnung vom Himmel fielen.«
Bei der überwältigenden britischen Abwehr mußten die Angriffe fast ausnahmslos bei Nacht, in geringer Flughöhe, unterhalb der britischen Radarkette und bei schlechtem Wetter geflogen werden. Diese, unter den gegebenen Umständen unregelmäßig durchgeführten V 1-Angriffe begannen am 16. September 1944 und endeten im Verband des KG 53 am 5. Januar 1945. Die letzte aus der Luft gestartete V 1 überhaupt explodierte am Morgen des 14. Januar in der Nähe von Hornsey am Nordrand von London.
Das Ergebnis der Fernbombenangriffe von He 111-Bombern aus war insgesamt recht mäßig. Im Zeitraum des Geschwadereinsatzes wurden 1200 V 1 von Flugzeugen gestartet, 638 überquerten die englische Küste, 72 wurden von Jägern, 331 von Flak, insgesamt also 403 abgeschossen; unzerstört blieben 235, und hiervon erreichten nur 66 ihr Ziel London.
Die Kehrseite des V 1-Einsatzes von Flugzeugen aus war aber auch,

daß England für die Abwehr 2800 Flakgeschütze, etwa 2000 Sperrballone und 11 Jagdgeschwader einsetzen mußte, die so der Front entzogen wurden.
Die He 111 war für den V 1-Einsatz umgerüstet worden. Mit der Last des Flugkörpers war sie überladen. Das ging natürlich zu Lasten der Flugeigenschaften, jedoch war trotz erheblicher Verluste und Überbeanspruchung fast bis zuletzt eine Steigerung der Einsatzmaschinen möglich.

Einsatzstärken KG 53 44/45:

	Stab	I./KG 53	II./KG 53	III./KG 53
20. Okt.	2/0	21/13	40/11	15/0
20. Nov.	2/2	26/21	22/15	29/20
20. Dez.	2/2	40/28	36/27	39/28
20. Jan.	1/1	37/25	33/29	30/24

1. Zahl = Ist
2. Zahl = Einsatzbereit.

Die Staffeln starteten von folgenden Plätzen:

Geschwaderstab:	Bad Zwischenahn
1. Staffel:	Varelbusch
2. Staffel:	Ahlhorn
3. Staffel:	Vechta
4. Staffel:	Bad Zwischenahn
5. Staffel:	Jever
6. Staffel:	Wittmund
7. Staffel:	Leck
8. Staffel:	Schleswig
9. Staffel:	Eggebeck

Abschließend zum Thema V 1 soll Leutnant a. D. Walter Stich zu Wort kommen, der im Februar 1939 zum Geschwader gekommen war: »Ich hatte viele Entwicklungskommandos, das letzte beim V 1-Luftabwurf, wo ich in Niemegk Mark Brandenburg am Erdmagnetischen Observartorium Anschlußmessungen für die Einstellung des Kompaßmagenten der V 1 machte. Mit Beginn des V 1-Einsatzes wurde ich Log-Offizier bei der III. Gruppe. Das V 1-Gerät hatte die Bezeichnung Fieseler Fi 103, taktische Bezeichnung FZG 76 (Flakzielgerät). Die ehemalige 1. FBK KG 53, Friedensstandort Ansbach, war ab Sommer 1944 unter schweren Verlusten im Erdabschuß in Artois und Flandern eingesetzt.
Die III./KG 53 war im Luftabwurf ab Oktober 1944 eingesetzt. Dazu bekam jede Staffel einen FZG-Rüstzug, der die V 1 von der Industrie übernahm, betankte und ›ausklopfte‹. Wegen der Kompaßsteuerung mußte das Gerät vor dem Beladen auf den späteren Kurs gelegt und an einem magnetisch ruhigen Ort längere Zeit erschüttert werden (Vibra-

tor oder Gummikammer), um die Eisenmoleküle auszurichten. Weiter erhielten die Staffeln sog. Log-Offiziere, die vor dem Start die Schußwerte (Ablaufkurs Träger He 111 vom Festpunkt, Ablaufstrecke und Laufstrecke) nach Ziellage und Windverhältnissen berechnen.«
Zur Ausrüstung der He 111 mit Fi 103 (V 1) siehe Abbildung Seite 305 mit Bilderklärung.
Was wurde aus der V 1? Hierzu mögen zwei Zitate aus dem Buch von Werner Baumbach ›Zu spät‹ etwas aussagen:
»Die V 1 und V 2 haben in den Nachkriegsjahren Weiterentwicklungen besonders in den USA und in Rußland ausgelöst. Ein großer Teil der deutschen V 2-Wissenschaftler arbeitet als geschlossene Gruppe in Texas auf dem großen White Sands Raketenflugplatz weiter. Nach dem Kriege äußerte der amerikanische Präsident Harry S. Truman, daß der Wert dieser deutschen Erfindungen überhaupt nicht in Dollars auszudrücken sei.«
»Den Russen ist viel Material über die V 1 in die Hände gefallen, aus dem der komplette Stand dieser Technik abgeleitet werden kann. Der Konstrukteur des V 1-Antriebes, des ›Argusrohrs‹, Dr. Diedrich, hatte die Absicht, die Treibstoffbasis der V 1 auf billigste Kohlenstaubemulsionsöle umzustellen, nachdem die ersten orientierenden Versuche mit reinem Kohlenstaub im Jahre 1944 gelungen waren. Es ist anzunehmen, daß die Ergebnisse dieser Versuche in Rußland bekannt sind, da die Entwicklungsabteilung für das V 1-Triebwerk ebenso wie die Werkstätten und die Erprobungsstände in Peenemünde den Russen in die Hände gefallen sind. Es ist bekannt, daß der technische Direktor der Firma Argus sich in Rußland befindet.«
Die ausführliche Behandlung dieses Abschnittes dient lediglich der erschöpfenden Darstellung vom V 1-Einsatz des KG 53.

X. Der Truppenarzt

Die Luftwaffenführung war bei Aufstellung der fliegenden Verbände davon ausgegangen, daß eine bodenständige truppenärztliche Versorgung bei den Fliegerhorsten dem Bedarf genügte. Mit Kriegsbeginn stellte sich jedoch bald heraus, daß für den fliegenden Verband, der in ständiger Bewegung ist und oft auf kaum ausgebaute Plätze verlegt werden mußte, der eigene Arzt mit Sanitätsdienst unerläßlich war. So erhielten bald nach Kriegsbeginn die Gruppen ihren eigenen Arzt mit einem entsprechenden Sanitätsdienst. Ressortbezeichnung in der Gruppe war Abteilung IV b.

Dr. Gustav Mehlhorn, der kurz nach Kriegsbeginn die Stelle des Truppenarztes bei der I. Gruppe des KG 53 übernahm und diese bis zur Auflösung des Verbandes auf allen Einsätzen der Gruppe innehatte, führte Tagebuch. Einige Auszüge hieraus mögen den Einsatz des Truppenarztes veranschaulichen.

»Bevor der Krieg im September 1939 anfing, wurde ich als bodenständiger Horstarzt nach Roth b. Nürnberg auf dem Fliegerhorst einberufen. Ich hatte dort außer den bodenständigen Einheiten und deren Familienangehörigen auch die Zivilisten und die Werftarbeiter zu betreuen. Es waren immer so rund 6000 Personen. Und dazu kamen die verschiedenen Verbände, die da einfielen. Zu damaliger Zeit hatten die Kampfverbände noch keinen eigenen Truppenarzt und wurden vom bodenständigen Horstarzt mitbetreut. Erst später wurden dann die Stellen, die ich beim KG 53 inne hatte, eingerichtet.

Die ersten Eintragungen in meinem Tagebuch über die I./KG 53 stammen vom 25. Februar 1940, einem Sonntag. Die neue Kampftruppe fiel in meiner Abwesenheit hier ein.

Sonntag, 10. 3. 1940

Den ganzen Vormittag fliegerärztliche Untersuchung gemacht. Nachmittags werte ich die Ergebnisse aus. Am 16. 3. zur 3. Staffel Unterricht über Höhenatmung. Dort findet ein Richtfest statt mit allerlei Genüssen und Darbietungen. Dann folgt Höhenuntersuchung für mich selbst. Mir gelang es immerhin in 8000 m Höhe 12 Minuten durchzuhalten. Vom 18. 3.–23. 3. 1940 zu einem fliegerärztlichen Lehrgang nach Jüter-

bog kommandiert. Vom ganzen Luftgau 13 ist außer mir nur der Stabsarzt Dr. Gerber aus Straubing kommandiert.
Sonntag, 21. 4. Roth.
Am Freitag der vergangenen Woche Vortrag vor den Offizieren über die medizinischen Probleme des Höhenfluges. Am nächsten Tag erschien der Oberarzt Dr. Müller mit Geräten zur Lehruntersuchung auf Höhenwirkung. Die ganze Woche, auch am Sonntag, haben wir von früh bis spät untersucht. Gestern ist er abgereist, nachdem er das ganze fliegende Personal untersucht hatte.
Sonntag 28. 4. 40: Am Freitagabend war in der Stadthalle wieder ein KdF-Abend, die Darbietungen waren ziemlich mager. Gestern früh hat eine He 111 eine Bauchlandung gemacht.
Fliegerhorst Roth, Freitag den 10. Mai 1940. Seit heute morgen rollt der Angriff des deutschen Heeres durch Holland, Belgien, Luxemburg. Reichsminister Dr. Göbbels verliest heute morgen die Memoranden an diese drei Staaten, worin die angebliche Schuld von Holland und Belgien, die gegen Deutschland für die Westmächte gearbeitet haben, dargelegt wird. Als ich am Nachmittag nach Roth komme, ist dort allerhand los. Die Gruppe hat verlegt.
Gelchsheim, den 11. Mai 1940 Samstag.
In dieser Nacht habe ich meinen Kommandierungsbefehl als Truppenarzt zur I./KG 53, also der Gruppe, die bisher in Roth lag, erhalten.
Damit ist der letzte Hoffnungsstrahl auf eine baldige Hochzeit erloschen. Am Nachmittag kommt eine Ju 52 und holt den Oberleutnant Weber und mich ab. In einer halben Stunde sind wir in Gelchsheim, unserem neuen Feldflughafen. Er besteht aus einem Gutshof und einem großen freien Feld, sonst nichts. Meine Unterkunftsfrage wird schnell und einfach gelöst: in das Zimmer des hier beheimateten Horstarztes werden noch ein Bett und Schrank gestellt. Es ist sehr eng, aber die Gruppe kann mir noch weniger bieten. In den Baracken schlafen 9 Offiziere auf Strohsäcken in einer Stube, ohne einen Schrank zu besitzen. Die Revierstube ist sehr klein, dient gleichzeitig als Geschäftszimmer, Behandlungsraum und Schlafraum für drei Mann. Gegen Roth scheint es am Anfang scheußlich primitiv, aber es hat dabei den Odem der Front.
Bei meiner Ankunft herrscht große Erregung, 4 Maschinen sind heute nicht vom Feindflug zurückgekehrt, darunter der Kommandeur Oberstleutnant Mehnert mit der ganzen Führungskette.
Einsatzhafen Gelchsheim Pfingstsonntag den 12. Mai 1940.
Ich bin heute morgen gerade beim Einräumen meiner Klamotten, als die Gruppe vom Feindflug zurückkehrt. Zwei Maschinen sind wieder abgeschossen, dabei die von Lt. Frh. v. Satzenhofen-Fuchsberg. Außerdem hat einer einen Handschuß, ein anderer einen Schulterschuß und

der dritte Erfrierungen beider Hände. Die Maschine von Hauptmann Schwarz hat 60 Treffer, die von Olt. Sauer 80 Treffer erhalten. Beide Maschinen haben je einen Jäger abgeschossen, und sind wohlbehalten hier gelandet. Olt. Sauer sogar mit stehender rechter Latte.

E-Hafen Gelchsheim, Pfingstmontag den 13. Mai 1940.

Heute morgen war Ruhe. Der Leithorstarzt von Giebelstadt kam zur Besichtigung. Erst um 12.00 Uhr startet die Gruppe zum Feindflug. Kein Ausfall, keine Verwundung. Am Nachmittag fahre ich mit acht Mitgliedern der Besatzung Sünderhauf, die vorgestern zwischen den Linien notlanden mußte und sich durchgeschlagen hat, nach Würzburg in die Klinik. Einer hat eine Splitterverletzung am rechten Auge, ein anderer am rechten Unterschenkel.

E-Hafen Gelchsheim, 14. Mai 1940.

Die Gruppe hat vormittags Ruhe und zieht um in bessere Quartiere. Am Nachmittag Einsatz. Ziele: Verdun und Sedan. Am Nachmittag kommt der Materialfeldwebel vom Luftgau und bringt mir meine Sanitätsausrüstung. Er wird dann gleich Zeuge, was hier los ist. Die Gruppe kommt schwer zerrupft zurück. Zwei Maschinen, Major Wolfien und Lt. Anders, sind abgeschossen worden. Gestern abend saß ich mit dem Major noch im Kasino, er sprach am Fernsprecher mit seiner Frau und sagte lachend, sie solle sich keine Sorgen machen. Nun führt der 28jährige Hptm. Schwarz die Gruppe. Zwei weitere Maschinen müssen in Giebelstadt heruntergehen, die eine mit Motorschaden, die andere mit zerschossenem Fahrwerk, wobei letztere eine Bruchlandung hinlegt. Die Maschine von Schwarz hat mehrere Flaktreffer, der Bordmechaniker hat drei Splitter im rechten Bein. Ich fahre mit ihm ins Krankenhaus nach Aub. Der dort ansässige Kollege Dr. Braun ist ein sehr netter Mann. Wir röntgen gleich, und ich assistiere ihm dann bei der Entfernung der Splitter.

E-Hafen Gelchsheim Mittwoch den 15. Mai 1940.

Vormittags wird die Gruppe nicht eingesetzt, ich fahre nach Aub und besuche den Verwundeten im Krankenhaus. Am Nachmittag wird Einsatz geflogen. Die Maschinen kommen ohne Verluste heim. Die erste Kette mit Olt. Allmendinger wird zum Nachtflug eingesetzt.

E-Hafen Gelchsheim Freitag den 17. Mai 1940.

Heute morgen kommt der Verlegungsbefehl. Es soll in Richtung Aschaffenburg gehen. Ich packe schnell meinen Koffer und warte. Schweinewetter – Sturm und Regen. Verlegung heute nicht mehr.

E-Hafen Groß-Ostheim, Samstag den 18. Mai 1940.

Heute morgen wird verladen und gepackt, Start ist auf 10.00 Uhr festgelegt. Ich fliege in einer Ju 52. Adjutant Olt. Großholz berichtet über die militärische Lage. Dann kommt ein Anruf, daß wir sofort wieder zurück müssen. Auf dem Rückflug erfahren wir den Grund: Unsere

Truppen sind so weit vorgestoßen, daß Nachschubschwierigkeiten eintraten. Es werden deshalb sofort alle verfügbaren Ju 52 eingesetzt. Nach dem Mittagessen bringt uns ein LKW zum Leithorstarzt. Die Apotheke dort räumen wir gehörig aus und bekommen von der freundlichen Schwester noch ein Stück Kuchen. Die Gruppe ist am Nachmittag zum Feindflug gestartet. Nach Einsatz gegen Eisenbahnziele kehrt die Gruppe ohne Verluste mit allen 18 eingesetzten Maschinen zurück.
E-Hafen Groß-Ostheim, Sonntag den 26. Mai 1940.
Der Vormittag läppert so dahin mit ein paar Dienstgeschäften. Mittags ist Einsatz auf einen Flugplatz bei Paris. Alle Maschinen kommen unverrichteter Dinge zurück wegen schlechtem Wetter.
E-Hafen Groß-Ostheim 1. Juni 1940, Sonnabend.
Um 05.30 Uhr werde ich aus dem Bett geholt, es ist Bereitschaftsstufe I und baldiger Einsatz befohlen, aber gegen 06.30 Uhr wird alles wieder abgeblasen. Mit Eisenberger und Böcklein, meinen Sanitätsleuten verbringe ich den Vormittag mit dem Einpacken unserer soeben fertig gewordenen Sanitätskiste und der Aufnahme des notwendigen Materials. Nachmittags ist dann doch noch Einsatz, und abends kehren unsere Maschinen zurück. Lt. Siegfried ist mit seiner Maschine von Schweizer Jägern abgeschossen worden, und die meisten Maschinen haben nicht unerhebliche Treffer. Ein Heckschütze hat Glassplitter im Auge, die ich entferne.
E-Hafen Groß-Ostheim Freitag, 7. Juni 1940.
Um 04.00 Uhr muß ich schon wieder raus, weil die Maschinen vom nächtlichen Feindflug zurückkommen. Als alles gesund und munter wieder da ist, haue ich mich nochmal hin.
E-Hafen Groß-Ostheim, 15. Juni 1940.
Start bei diesigem Wetter im Einzelflug. Über Ziel wolkenlos, für die feindlichen Jäger ein gefundenes Fressen. Drei Maschinen sind ausgeblieben mit Hpt. Schwarz, Olt. Wegener und Lt. Schöppler.
E-Hafen Groß-Ostheim, Donnerstag den 20. Juni 1940.
Seit zwei Tagen stehen meine Koffer gepackt bereit zur Verlegung. Die Gruppe soll nach Charleville verlegt werden. Das Vorkommando ist seit Tagen dort und organisiert, aber für uns zieht es sich immer noch hin. Ein Flug wird für mich organisiert, aber kurz vor dem Start kommt der Befehl: ›Alles abgeblasen, Vorkommando zurück.‹
Fliegerhorst Groß-Ostheim, Samstag den 22. Juni 1940.
Die Franzosen haben den Waffenstillstandsvertrag unterschrieben. Ich fahre bei der II. Gruppe in Schallhausen vorbei, den Kollegen Dr. Bekker treffe ich nicht an und rolle weiter nach Langendiebach zum Leithorstarzt, um mir noch einige Sachen zu organisieren. Eisenberger und Böcklein nehme ich mit.
Fliegerhorst Groß-Ostheim, Sonntag den 23. Juni 1940.

Die Gruppe sitzt nun schon seit Tagen in Paris, und so ist auch heute wieder nichts los. Olt. Dr. Knipping und ich beschließen mit meinem kleinen Adler nach Mainz zu fahren. Inspektor Zaus und Waffenmeister Bayer schließen sich an. In Mainz ist heute alles festlich geschmückt wegen der 500-Jahr-Feier für Gutenbergs Erfindung der Buchdruckerkunst. Um 01.00 Uhr nachts kommt ein Fernschreiber, daß bis zum 1. Juli 1940 Ruhe befohlen ist. Ich freue mich unheimlich. Mein Entschluß steht fest: In diesen 8 Tagen wird geheiratet.
Fliegerhorst Wevelghem, Dienstag 2. Juli 1940.
Morgens muß ich beizeiten raus. Meine Klamotten sind schnell gepackt. Um 11.00 Uhr ist Start mit der guten alten Ju. Großholz fliegt die Maschine selbst. Der Horst ist ein ausgebauter belgischer Fliegerhorst. Die Ausstattung der Zimmer vorzüglich, fließend warm und kalt Wasser, Mahagonitäfelung, Schlaraffiamatratzen im Bett. Ich richte mich ein und nehme Verbindung auf mit dem Horstarzt Oberarzt Dr. Kennen. Am Nachmittag fahren wir in die Stadt, um in der Praxis des geflüchteten belgischen Arztes ein Ausweichrevier einzurichten.
Am Abend steigt im Kasino eine Wiedersehensfeier mit dem aus der Gefangenschaft zurückgekehrten Lt. Siegfried und Olt. Hufenreuter. Als wir so beim letzten Erzählen sind, tut sich die Tür auf und Olt. Knipping kommt mit verbundenem Kopf zur Tür herein. Als Kolonnenführer mit meinem von Insp. Zaus gesteuerten Adler Trumpf Junior war ihnen bei Cambrai ein Mercedes in die Seite gebumst, mein Wagen sei hinüber, Zaus Rippenbrüche. Mein San.-Uffz. Eisenberger und Dr. Knipping wurden auf die Straße geschleudert, wobei Eisenberger eine Gehirnerschütterung und Dr. Knipping Platzwunden am Kopf davontrugen. Zaus und Eisenberger lagen im Lazarett in Cambrai. Für mich ist das großes Pech, weil erstens Eisenberger ausfällt, den ich dringend brauche, und dann ist mein schöner Wagen hin.
Fliegerhorst Wevelgheim, 3. Juli 1940 Mittwoch.
In Olt. Willmann, Kompaniechef der 1. FBK, ist mir ein Retter in der Not entstanden. Er fährt heute in die Gegend von Dünkirchen, lädt mich zum Mitfahren ein und stellt mir die Beschaffung eines neuen PKW in Aussicht. Zu Tausenden stehen Kraftwagen an den Straßenrändern in allen Größen und mit allen Graden der Zerstörung. Manche unversehrt, andere wieder vollkommen verbrannt. Am Kanal stehen die Wagen so eng verkeilt, daß man über die Trümmer hinwegklettern muß. Unter einem umgestürzten LKW befindet sich ein einigermaßen brauchbarer PKW Ford Präfect, Rechtssteuerung, der für mich mitgenommen wird. Dann geht es zurück nach Wevelghem.
Fliegerhorst Wevelghem, 4. Juli 1940.
Auf diesem Platz, auf dem einstmals Richthofen lag, haben wir ein herrliches Leben. Die Maschinen und das fliegende Personal sind noch

in Groß-Ostheim, hier ist nur der Stab und das Vorkommando. So lasse ich mir vom Stab einen Wagen mit Fahrer geben, um Insp. Zaus und Uffz. Eisenberger in Cambrai zu besuchen.
Fliegerhorst Wevelghem, Freitag, den 5. Juli 1940.
Olt. Willmann kommt mit dem Beute-Ford an, um ihn mir als neues Dienstfahrzeug zu übergeben. Der Wagen ist kaum wiederzuerkennen, sauber angespritzt mit rotem Kreuz versehen, macht er sich wie neu.
Fliegerhorst Wevelghem, Samstag, den 6. Juli 1940.
Hptm. Landel, Kompaniechef der 2. FBK, lädt heute Dr. Knipping, Dr. Kennen und mich zu einer Fahrt nach Dünkirchen ein. Weil er der Besitzer eines BMW ist, freuen wir uns, aber er fährt wie eine ... Wir fahren über Ypern nach Langemark und besuchen die Gedenkstätte. Dann treten wir hinaus in das weite Quadrat des Eichenhains, in dem Tausende der besten deutschen Jugend liegen. Mich erfaßt eine tiefe Ehrfurcht.
Wevelghem, 9. Juli 1940.
Heute fliegt die Gruppe im Einzeleinsatz gegen Tanklager an der Humbermündung bei Hull. Von den eingesetzten sechs Maschinen kommt die vom Olt. Kollmer als Flugzeugführer und Olt. Fritz als Beobachter nicht mehr zurück.
Fliegerhorst Wevelghem, Donnerstag, den 11. Juli 1940.
Gestern hat mein neuer Sanka seine Jungfernfahrt bei uns gemacht. Ich fahre mit ihm nach Cambrai und hole meinen alten Eisenberger ab. Da seine Gehirnerschütterung erst 8 Tage alt ist, fahre ich mit dem sehr gut gefederten Wagen sehr vorsichtig, so daß dem Uffz. Eisenberger der Transport gar nichts ausmacht. Er liegt ja hier auf der herrlich weichen Schlaraffiamatratze viel besser als auf dem harten Feldbett des Kriegslazarettes Cambrai. Ein Gefreiter vom Gruppenstab hat sich das Nasenbein gebrochen. Da ich das hier nicht einrichten kann benutze ich die günstige Gelegenheit, Gent kennenzulernen. Im dortigen Kriegslazarett ist eine Fachstation.
Vitry en Artois, Freitag, den 12. Juli 1940.
In der letzten Nacht ist tatsächlich der Verlegungsbefehl gekommen. General Kesselring war vor einiger Zeit hierhergekommen und hatte die zu geringe Tarnung des Platzes beanstandet. So packen wir denn am Vormittag unsere Sachen zusammen. Schade um die schöne Unterkunft und die schönen Betten. Um 14.00 Uhr ist Aufstellung der Kraftfahrzeugkolonnen. Ich fahre meinen Ford selber, den Sanka fährt der Prüfmeister Wirrel. San. Uffz. Eisenberger muß noch liegen wegen seiner Gehirnerschütterung und hat es sich im Sanka bequem gemacht. Vitry en Artois ist eine trostlose Gegend, vollkommen eben ohne Baum und Strauch. Es liegt zwischen Douai und Arras. Am Rollfeld ist gar nichts vorhanden, wir halten dort zunächst, bis uns die Quartiere zuge-

wiesen sind, und schauen uns dort um. Direkt an der Landstraße liegt ein großer freier Platz, rings herum die roten Lampen, die die Fläche als Rollfeld kennzeichnen. Eine Wellblechbaracke am Westrand dient der Flugleitung als Unterkunft. Um den Platz herum liegt 2-cm-Flak. Das Dorf Vitry macht aus der Entfernung gar nicht so einen schlechten Eindruck. Erst beim Beziehen der Unterkünfte stellen wir fest: Ein dreckiges, armseliges Dorf. Für den Gruppenstab stehen zwei nebeneinanderstehende größere Häuser zur Verfügung. In dem nördlichen ist der Gefechtsstand, wo sich im 1. Stock mein Dienstzimmer befindet. In dem anderen Haus sind die Offiziersunterkünfte. Mein Dienstzimmer enthält einen Tisch, einen Stuhl und einen alten Kleiderschrank. Mein Schlafzimmer ist nur ausgerüstet mit einem breiten französischen Familienbett und einem Heiligenbild. Sofort wird organisiert, Waschbekken, Tisch, Stühle usw. Ein kümmerlicher Laden gegenüber Wevelghem. Trostlos.
Vitry en Artois, Montag den 15. Juli 1940.
Das Horstrevier ist in einem Haus direkt am Bahnhof Vitry, auch ein primitiver Laden. Aber der Horstarzt Dr. Onken ist ein ganz netter Kerl, Oldenburger. Am Samstag war ich mit der 3. Staffel in Douai. Die Stadt ist in manchen Teilen restlos zerstört, die Bewohner sind nur zu einem kleinen Teil wieder da. Nur ganz wenige Läden sind geöffnet. Außer ein paar Rasierklingen gibt es nichts zu kaufen, nicht eine Tasse Kaffee ist aufzutreiben. In dem einstmals vornehmen Hotel, das jetzt aber halbwegs zusammengefallen ist, bekommen wir wenigstens einen Apéritif. Gestern mußte ich den Horst hüten, weil der Kollege Onken zu seinem in der Nähe liegenden Bruder wollte. Heute mache ich eine Quartierbegehung und gebe einige Anweisungen. Am Nachmittag habe ich einen Kranken nach Arras einzuliefern. Die Stadt hat ziemlich gelitten, der Bahnhof ist ziemlich verbogen, Stadtteile sind vollkommen zerstört, andere dagegen wieder unversehrt. Viel los ist in Arras noch nicht. Das Kriegslazarett befindet sich in der Mädchenschule. Es ist ein alter klosterartiger Bau. Es gibt dort eine Mordsüberraschung: Die Ärzte sind alles Nürnberger und Erlanger Kollegen. Dr. Jordan, Dr. Schubert von der Chirurgie in Erlangen, Dr. Heuman, Dr. Heuler, Dr. Lützel usw. usw. alle aus Erlangen. Es gibt ein Mords-Hallo.
Vitry en Artois, Freitag den 9. August 1940.
Gestern kam mein Urlaubsgesuch genehmigt vom Korps-Arzt zurück, aber Major Kaufmann sagte mir, er könne mich aus truppendienstlichen Gründen nicht fortlassen. Geht es los?
Gestern stieg das Abschiedsfest von der 2. Staffel. Die nur noch aus drei Besatzungen bestehende Staffel wird zur Auffrischung und Ausbildung zusammen mit der 2. Flughafenbetriebskompanie nach Giebelstadt verlegt. Heute morgen macht die 3. Staffel einen Verbandsflug

zur Küste. Ich nehme daran teil und klettere zu Oberleutnant Steinmann in die Kiste. Es starten fünf Maschinen. Wir machen zunächst den rechten Kettenhund, später an der Kanalküste die Führungsmaschine der 2. Kette. Ich habe meinen Fotoapparat dabei und knipse feste drauf los, liege vorn in der Kanzel und habe eine schöne Sicht. Es ist wolkig, aber völlig klar. Wir fliegen über Lille nach Ostende, dann etwas auf den Kanal hinaus und an der Küste entlang bis Dünkirchen. Als wir die englische Küste deutlich vor uns sehen, drehen wir ab. Ich vertausche meine Kamera mit dem MG, aber der Tommy rührt sich nicht. Vor Calais drehen wir landeinwärts ab und landen bald wieder in Vitry.

Gestern war ich am Rollfeld, weil drei Maschinen zu Störangriffen starteten. Am Abend war ein Varietéabend, aber gerade als ich hin gehen wollte, wurde ich zum Horstrevier gerufen. Der Horstarzt war natürlich wieder noch nicht da und so mußte ich einen kleinen Franzosenbengel, der vom Auto überfahren worden war, zusammenflicken.

Nürnberg, den 12. August 1940, Montag.

Als Entschädigung für den in die Binsen gegangenen Urlaub hat mir Major Kaufmann gestattet, zwei Tage wenigstens nach Hause zu fliegen.

Vitry en Artois, 1. September 1940, ein Sonntag.

Eine tolle Woche liegt hinter mir, d. h. hinter uns allen. In der Nacht auf Montag wurden 8 Maschinen auf die großen Öllager bei Hull an der Humbermündung angesetzt. Alle kamen wohlbehalten zurück, hatten aber die Wirkung ihrer Bomben wegen einer starken Wolkendecke nicht beobachten können. Am Montag war ich mit Kranken und Schreibkram in Lille zur fachärztlichen Untersuchung. In der Nacht auf Dienstag wurden 10 Maschinen auf Hull angesetzt. Es wurden zahlreiche Brände beobachtet. In der Nacht zum Mittwoch wurden 10 Maschinen auf die Rüstungszentren bei Derby eingesetzt. Im Schein der zahlreichen Brände wurden Lagerhallen und dergleichen erkannt. Gegen 23.00 Uhr kam von der Fluko die Meldung, daß der Tommy in Dünkirchen große Ölvorräte der Kriegsmarine in Brand geworfen habe. Kurz nach drei Uhr morgens kommen unsere Maschinen zurück, nur die A1 + CL mit Besatzung Flugzeugführer Ofw. Wolter, Beobachter Ofw. Walther stürzt beim Einkurven zur Landung aus etwa 180 m Höhe ab und geht sofort in Flammen auf. Der Nebel ist inzwischen so dick geworden, daß ich mit dem Wagen ohne Scheinwerfer nicht hinkomme, lande im Chausseegraben, hole mir den Sanka und bleibe im Rübenacker stecken. Inzwischen hat die Feuerwehr den Brand abgelöscht und mitgeteilt, daß alle fünf Besatzungsmitglieder tot seien. Früh um 07.00 Uhr fahre ich denn mit einem Bergungskommando raus und bringe die so gut bekannten Kameraden, die wüste Schädelzertrümmerungen und Knochenbrüche erlitten haben, ins Leichenhaus nach Arras. Am Nachmittag fahre ich nochmals hin um mit dem Pfarrer die Beschaffung der Särge und mit dem Pathologen die Sektion zu besprechen. In der Nacht auf Donnerstag werden 10 Maschinen auf Rüstungswerke bei Sheffield eingesetzt. Die Sicht ist auch wieder diesig. So hat sich ein Flugzeugführer in der Höhe verschätzt und bekommt beim Einkurven Bodenberührung. Gottseidank brennt die Maschine nicht. Da die Unfallstelle dicht an dem am Ortsrand vorbeiführenden Bahndamm liegt, sind wir schnell zur Stelle und können unter großen Mühen den Flugzeugführer Uffz. Brederer-Mayer und den Beobachter Uffw. Büksch noch lebend unter der völlig zertrümmerten Maschine hervorziehen. Die beiden müssen mit Metallsägen und Beilen in qualvollen Minuten des Bangens aus den Wirren langsam befreit werden. Sie bekommen von mir einen Notverband und werden nach Arras ins Luftwaffenlazarett gebracht. Der Funker und der Mechaniker sind tot und werden im Morgengrauen von mir mit einem Bergungskommando nach Arras ins Leichenhaus gebracht. Am Sonntagnachmittag haben wir die sieben Kameraden in Arras beigesetzt. Während der Trauerfeierlichkeiten waren auch einige Kameraden wieder auf einen Flugplatz nordwestlich von London eingesetzt. Von diesem Flug kehrte die A1 + IL mit Lt. Lorisch nicht mehr zurück. In der Nacht zum Samstag wurden 4 Maschinen mit gutem Erfolg nach Hull geschickt.

Vitry en Artois, den 7. September 1940.

Wieder liegt eine bewegte Woche hinter mir, in der ich nicht zum Schreiben kam.

Als Vergeltungsmaßnahmen für dauernde Angriffe britischer Flieger auf zivile Ziele im Reich wurden auch bei uns in der darauffolgenden Nacht 8 Maschinen nach London geschickt.

Am Freitag Nachmittag fuhr ich mit Olt. Ziegler nach Arras, um seine verstauchte Hand sicherheitshalber röntgen zu lassen. Als ich zurückkam, war Oberstabsarzt Prof. von Willemshofen, mein Korps-Arzt, da. Er besichtigte meinen Laden und haute dann mit seiner Me 108 wieder ab. Als ich heute vormittag bei der 3. Staffel meine fliegerärztliche Untersuchung mache, kommt auf einmal der Befehl, daß heute Nachmittag Großeinsatz auf London sei. Schnell werden die Vorbereitungen getroffen, die beiden anderen Gruppen verlegen zu uns. 27 Maschinen starten. Mir krampft sich das Herz zusammen. Mit Ach und Krach bringt jetzt das ganze Geschwader nur noch 27 Maschinen auf die Beine. Was war das doch für eine Zeit, als im Frankreichfeldzug Tag für Tag diese Anzahl von Flugzeugen von jeder Gruppe gestellt wurde. Daran merkt man die Stärke der Verluste. Die Kisten kommen alle gut aus dem Platz; als sie aber zurückkommen, wird uns himmelangst. Bei dreien steht eine Latte, eine kommt mit vollkommen zerschossenem Fahrwerk, aus sieben Maschinen wird rot geschossen, das heißt, daß Verwundete an Bord sind oder die Maschine in Not ist. Ich sause von Flugzeug zu Flugzeug, lege Notverbände an, gebe dem Sanitätspersonal Anweisungen. Bereits beim Anflug hatte der Beobachter von der Besatzung Sünderhauf durch Flaksplitter große Fleischwunden an beiden Unterschenkeln erlitten. Die schwersten Verletzungen jedoch trug der Flugzeugführer Fw. Sünderhauf davon, ihm wurde der rechte Oberschenkelknochen völlig zerschmettert. Trotz dieser schweren Verletzungen und irrsinnigen Schmerzen hat er den Vogel im Verband bis ans Ziel geflogen und blieb auch beim Rückflug bis zum Horst im Verband. Als ich zu ihm in die Maschine kletterte und den Verband richtig anlege, kommt eine andere Maschine mit stehender Latte rein. Ein Zusammenprall wäre kaum zu verhindern gewesen, weil wir mitten auf dem Rollfeld stehen, worauf Sünderhauf die Maschine noch einmal anläßt und sie zum Werkstattzug auf die Seite stellt. Dann holen wir ihn mit viel Mühen heraus und legen ihn in den Sanka. Die übrigen Verwundeten werden noch gesichtet und mit dem Sanka nach Arras in das Luftwaffenlazarett gebracht. Als dann der Rummel vorbei ist, sitzen wir alle aufatmend im Kasino. Nach 3 Stunden kommt die Nachricht, daß der kommandierende General Sünderhauf das EK I verliehen und ihn sofort zum Oberfeldwebel befördert hat. Außerdem hat er ihn für den vom Reichsmarschall gestifteten Ehrenpokal vorgeschlagen. Nun wollen wir bloß hoffen, daß dem tapferen Kerl das Bein erhalten bleibt.«

Mit Wirkung vom 1. 10. 1940 wurde Dr. Mehlhorn zum Oberarzt befördert. Er erlebte alle Einsätze der I. Gruppe in Frankreich, insbesondere auch bei der Schlacht um England als deren Truppenarzt mit. Bei Verlegung der I. Gruppe im Juni 1941 nach Rußland blieb Dr. Mehlhorn, inzwischen zum Stabsarzt befördert, bei dieser, ebenso bei nochmaliger Rückkehr nach Frankreich anläßlich der Invasion 1944. Im Sept./Okt. 1944 schließlich wird die I. Gruppe in Neuhardenberg aufgelöst.

Es bleibt noch anzumerken, daß Dr. Mehlhorn in der Zeit seiner Tätigkeit beim KG 53 eine wissenschaftliche Arbeit geschrieben hat, über den »Druckausgleich im Mittelohr beim Fliegen«. Diese Arbeit wurde am 11. 10. 1944 in der Zeitschrift Luftfahrtmedizin veröffentlicht.

Dr. Mehlhorn kam bei Kriegsende in Bad Aibling in amerikanische Gefangenschaft und wurde nach elf Monaten entlassen. Er ist seit 1949 Obmann der Ärzteschaft im Landkreis Roth.

XI. Die Geschwadernachrichtenkompanie – LnKp (mot) KG 53

Nachrichtenmäßig wurden die Kampfgeschwader durch die Ln-Stellen der Fliegerhorste betreut. Doch schon kurz nach Kriegsbeginn ergab sich die Notwendigkeit, auch eigene Luftnachrichtenkompanien bei den Geschwadern aufzustellen. So wurden teilweise bisherige Ln-Stellen in Ln-Züge (mot) umgestellt und in LnKp (mot) zusammengefaßt.
Die Ln-Kompanie unterstand direkt dem Geschwaderkommodore, lediglich fachliche Weisungen kamen vom Nachrichtenführer der Fliegerdivision oder des Fliegerkorps. Der Kompaniechef war gleichzeitig Geschwader-NO (Nachrichtenoffizier).
Die Ln-Züge ermöglichten die nachrichtenmäßige Versorgung der Gruppe. Infolge der Abhörgefahr beim Funkverkehr wurden die Verbände möglichst über Fernschreib- und Fernsprechverbindungen geführt. Waren diese Leitungen jedoch gestört, überlastet oder nicht vorhanden, wurde Bodenfunkverkehr betrieben. Darüber hinaus wurde im Tastverkehr über Kurzwelle Verbindung mit den Flugzeugen in der Luft gehalten. So konnten Erfolgsmeldungen oder Nachrichten besonderer Art mit den Verbandsführern auf kürzestem Weg von und zum Gefechtsstand gelangen.
Die LnKp (mot) des KG 53 blieb auch nach der Auflösung des Geschwaders im April 1945 voll intakt. Nachdem sie noch der letzten deutschen Reichsregierung unter Großadmiral Dönitz zur Verfügung gestanden hatte, erfolgte ihre Auflösung gleichzeitig mit der Entlassung aus der Internierung im August 1945.
Brigadegeneral a. D. Heinz Waldhecker, damals Oberleutnant und Chef der Ln-Kompanie des KG 53 schildert in anschaulicher, erschöpfender Weise deren Weg:
»Vom Juni 1940 an führte die Luftnachrichtentruppe dem Geschwader Zug um Zug Soldaten aus den verschiedenen Verwendungsbereichen des Fernmeldedienstes – damals Nachrichtenwesen genannt – zu, die dann im Raum Lille-Roubaix zu einer geschwadereigenen Einheit zusammengestellt werden sollten. Ein Teil kam von Schwerin, die Funker waren vor allem aus Bernau bei Berlin, die Fernsprecher und Fernschreiber überwiegend aus Jesau in Ostpreußen. Mit der Zuführung

eines vollständigen Nachrichtenzuges aus Schleswig im Dezember 1940 konnte schließlich die Aufstellung im wesentlichen abgeschlossen werden. Die Kompanie blieb in ihrer ursprünglichen Zusammensetzung, wenn man von dem Ausscheiden des I. Zuges und der Zuführung des Nachrichtenzuges III./KG 3 gegen Ende des Krieges absieht, bis 1945 erhalten.

Landsmannschaftlich waren überwiegend Nord-, Mittel- und Ostdeutschland vertreten; es gab nur wenige Süddeutsche und Österreicher. Die Gesamtstärke betrug, solange das Geschwader über alle fliegenden Teile gemäß Kriegsgliederung verfügte, etwa 350 Soldaten: 5 bis 7 Offiziere, 1 technischer Beamter, etwa 85 Unteroffiziere und wenigstens 250 Mannschaften. Alle zugewiesenen Aufgaben konnten personell erfüllt werden.

Die neuen Geschwadernachrichtenkompanien waren stets verfügbar, weil sie dem Geschwaderkommodore für den Einsatz uneingeschränkt unterstanden. Sie zeigten sich bald in der Lage, auch unter erschwerten Bedingungen, sich ganz auf die Bedarfslage des Verbandes als integrierter Geschwaderteil zuverlässig und wendig einzustellen. Die Ln-Truppe blieb für den personellen und materiellen Ersatz zuständig, auch bestand ein fachliches Weisungs- und Inspektionsrecht für den jeweils örtlich zuständigen Nachrichtenführer (Nafü).

Die LnKp (mot) KG 53 war vom Zeitpunkt ihrer Aufstellung an einsatzbereit. Das war vor allem darauf zurückzuführen, daß ihr im wesentlichen ausgesuchtes Spitzenpersonal zugeführt war.

Seit April 1941 liefen bei der Kompanie vorbereitende Maßnahmen für die Verlegung des Geschwaders in den Osten, Aufstockung des Gerätebestandes, auf manchmal nicht ganz legalen Wegen weit über das eigentlich Zustehende hinaus, was sich später als sehr segensreich erweisen sollte. Ausgedehnte Kolonnenmärsche dienten zur Kraftfahrerschulung, intensiven technischen und betrieblichen Weiterbildung des Fernmeldepersonals.

Die Zeit in Frankreich wurde später im Osten in der Erinnerung als paradiesisch erklärt. Von den Chateaux rouge und blanc in Mouveaux, Vitry und Vendeville, den Unterkunftsbereichen der Züge wurde viel geschwärmt. Als es schließlich vom 2. bis 5. Juni 1941 mit der Bahn von Tourcoing zunächst in den Raum von Warschau und dann im Kfz-Marsch zu den verschiedenen Feldflughäfen ging, hinterließ die Kompanie noch bis in den Winter hinein einen Funktrupp in Mouveaux. Einer der Funker berichtet, daß er vermittels verschlüsselter Funksprüche zur zusätzlichen Versorgung der Kameraden im Osten mit ›Mangelware‹ veranlaßt wurde.

Die Versorgung geschah dann beim regelmäßigen Personalaustausch im Bahntransport, wobei einmal eine Lieferung Parfüm ›Soir de Paris‹

im Gepäck zerbrach, was schon im Zug angenehm auffiel. Dann aber, im eisigen Chatalowka, soll noch wochenlang die halbe Kompanie die Nähe des Überbringers gesucht haben, um an seinen duftenden Sachen zu schnuppern und sich vergangener Annehmlichkeiten der Westfront zu erinnern.

In Rußland erfuhr die Kompanie sogleich, was dieser Krieg in Wirklichkeit bedeuten sollte. Sie war mit den Gruppen des Geschwaders meist über große Räume und Entfernungen disloziert. Die Züge der Kompanie, bei jeder Gruppe einer, der Stabsnachrichtenzug beim Geschwaderstab, bildeten fortan die eigentlichen Zellen des Einsatzes. Sie wurden von der Kompanie locker geführt, ein Personalaustausch fand kaum statt. Die Zugführer waren überwiegend Leutnante und Oberleutnante mit Bordfunker- und Peilfluglehrerausbildung. Erst gegen Ende des Krieges sollte die Kompanie wieder zusammenfinden.

Der Kompaniechef Olt. Lessing wurde am 18. 2. 42 durch Hauptmann Siebel abgelöst, der aus dem Stabsdienst des Reichsluftfahrtministeriums kam, später zum Ministerium zurückging und 1945 bei den Kämpfen in Berlin gefallen ist. Sein Nachfolger beim Geschwader als letzter Kompaniechef und Geschwadernachrichtenoffizier wurde ich im März 1943.

Viele Nachrichtenoffiziere, die immer darauf drängten, als Bordfunker mitzufliegen, was die Besatzungen meist nur zuließen, wenn der eigene Bordfunker krank war, sind von Feindflügen nicht zurückgekehrt. Es handelte sich durchweg um qualifizierte Offiziere, die nicht nur bei ihren Zügen, sondern auch bei den Gruppenstäben viel Anerkennung gefunden haben. In ihrer Eigenschaft als Gruppen-NO, wie sie kurz genannt wurden, haben sie durchweg in Zweitfunktion am regelmäßigen Gefechtsstanddienst zur Ablösung der Ia-Offiziere teilgenommen.

Die Führung des Nachrichtenzuges belastete sie nur wenig, weil jeder Soldat gewohnt war, selbständig und ohne besondere Kontrolle seinen verantwortungsvollen Fachdienst zu leisten. Das galt nicht nur für die fachlich oft hervorragenden Unteroffiziere, sondern auch für die Mehrzahl der Spezialisten im Mannschaftsdienstgrad, den allmählich »uralt« werdenden sprichwörtlichen Obergefreiten, die schließlich an ihren Geräten nichts mehr erschüttern konnte. Man kann sagen, daß in dieser Kompanie die vielzitierte Auftragstaktik Wirklichkeit des Alltagsdienstes war.

Die Züge stellten sich in ihren einzelnen Fachtrupps recht differenziert dar. Die Gruppen verfügten mit ihnen über je einen schweren und einen leichten Kurzwellen-Funktrupp, einen Fernsprechvermittlungstrupp, einen Feldkabelbautrupp, einen Langwellenfunktrupp, einen Abstimmtrupp, – alle vollmotorisiert. Der Stabsnachrichtenzug beim Geschwader verfügte zusätzlich über einen Navigationsfunkpeiltrupp,

einen Funkempfangstrupp, zwei leichte Leuchtfeuertrupps, einen leichten Funktrupp Kzw/Lgw, drei FFK-Fernsprechbautrupps, drei Fernschreibanschlußtrupps, einen Sammlerladetrupp und einen Kfz-Instandsetzungstrupp. Die Zahl der Kraftfahrzeuge betrug nie weniger als 80. Dazu kamen etliche Spezialanhänger und Kräder; oft besaß die Kompanie mehr als 100 Fahrzeuge.
Die Hauptfunktionen dieser umfangreichen Ausstattung sind ebenso leicht darzustellen, wie es für die Spezialisten in den Nachrichtentrupps schwierig war, sie unter den Bedingungen des Lebens im Felde zu erfüllen.
Der zu belegende Fliegerhorst war mit dem Fernsprechkabelmaterial so zu erschließen, daß alle Teile des Geschwaders oder einer oder mehrerer Gruppen ihre Anschlüsse erhalten konnten. Dazu stützte man sich natürlich primär auf die örtliche Ln-Stelle ab, wo sie vorhanden war, doch ging es auch ohne sie. Eine Vermittlung, gelegentlich auch zwei, wurden aufgebaut, daran angeschlossen auch die zugewiesenen Fernleitungen des allgemeinen Fernmeldesystems der Luftwaffe, wohl dem besten, das irgendeiner Streitkraft in diesem Kriege zur Verfügung gestanden hat.
In ähnlicher Weise erfolgten die Anschlüsse der Fernschreibmaschinen, diese besonders beim Geschwaderstab, wo nötig aber auch zur Verstärkung der Fernschreibstellen der Fliegerhorste.
Mit den Sendern und Empfängern der Funktruppe unterhielt das Geschwader einen internen, Drahtverbindungen überlagernden Funksternverkehr. Daneben waren sie in die übergeordneten Funksysteme der Kommandobehörden eingeführt, und schließlich unterhielten sie die Boden-Bordverbindungen zu den eingesetzten Flugzeugen für taktische und Flugsicherungszwecke. Alles geschah im aufwendigen verschlüsselten Tastverkehr, nur der Boden-Bordverkehr wurde zunehmend auch im Funksprechverkehr abgewickelt.
Besonderes Einfühlungsvermögen erforderten Ausbau und Betrieb der Gefechtsstände.
Der Dauerbetrieb in all diesen Tätigkeiten konnte nur durch eine vorzügliche Ersatzteilbevorratung und Werkstätten mit hoher Kapazität durchgehalten werden. Nicht zu vergessen ist, daß die ganze elektronische und mechanische Technik zumeist vermittels eigener Stromversorgungsaggregate betrieben werden mußte.
Der administrative Zusammenhang der Kompanieteile wurde durch einen Kompaniestab mit seinen Filialen in den Zügen sichergestellt.
Weithin unbekannt war – und ist –, daß ein funktionsgerechtes Fernmeldesystem einschließlich dessen, was man heute als Software bezeichnet, auch damals sorgfältige, oft recht komplexe ständige Planungsarbeit voraussetzte.

Verlegungen waren Einsatzschwerpunkte der Kompanie. Fernmelder waren immer die ersten auf den neuen Plätzen und Gefechtsständen. Funk- und Fernsprechbautrupps wurden dorthin meist im Lufttransport vorgeschickt, um beschränkte Einsatzbereitschaft zu erreichen. Der Rest der Züge folgte dann im meist beschwerlichen Landmarsch, später als Treibstoff knapp wurde, auch im Eisenbahntransport, nicht selten durch von Partisanen beherrschte Gebiete mit mannigfachen Zwischenfällen. Jedem Kompanieangehörigen sind diese abenteuerlichen Verlegungen in allen Jahreszeiten durch die Weite des Ostens, immer unter drängendem Zeitdruck, in unauslöschlicher Erinnerung. Nicht selten geschah es, daß, wenn der Fernmeldeausbau am neuen Platz beendet war, die fliegende Gruppe und der Stab gar nicht nachkamen, weil neue Einsatzvorhaben das Geschehen längst überholt hatten. Einige Male sahen sich Vorauskommandos der Kompanie in Kesseln, mußten ausgeflogen werden, oder mit dem Heer ausbrechen, oder sie wurden von sowjetischen Durchbrüchen überrascht. Besonders das Geschehen um Chatalowka ist für manche in dieser Hinsicht ein düsterer Höhepunkt in der Erinnerung. Die in den fünf Kriegsjahren von der Kompanie erstellten und betriebenen Fernmeldeanlagen und Einrichtungen waren oft Meisterleistungen technischer Improvisation und unerschöpflichen Einfallsreichtums. Und wenn alles richtig fertig war, dann kam der unvermeidliche Verlegungsbefehl. Schmerzlich empfunden wurde dann der Abbau, oft genug die eigenhändige Zerstörung dieser Anlagen und Einrichtungen und Behelfsunterkünfte.

Als im März 1945 fast alles zu Ende schien, endete mit der Auflösung des Geschwaders die Geschichte der Nachrichtenkompanie nämlich keineswegs. Ihr stand noch Ungeahntes bevor.

Der Geschwaderauflösungsbefehl sah für die LnKp nicht mehr und nicht weniger vor, als daß sie sich von den verschiedenen Standorten der Züge an der Nordseeküste nach Linz in Österreich auf den Weg machen möge, um dort die 2. Fallschirmjägerdivision zu verstärken.

Tatsächlich wurde dann am 6. April 1945 abends der Stabsnachrichten- und der II. Zug von Zwischenahn in Marsch gesetzt. Der Bahntransport fand aber schon im niedersächsischen Scheeßel ein vorläufiges Ende.

Im Kfz-Marsch überquerten wir die Elbe bei Lauenburg und richteten uns in den dunklen Wäldern des Elbostufers bei Boitzenburg ein. Hier sagte man uns, General Heyser baue dort die Verteidigungslinie von Hamburg bis Dömitz auf. Es hieß, daß das Luftflottenkommando Reich irgendwo in der Nähe sein sollte. Wir fanden es auch und wurden dort beim Ia des höheren Nafü, Major Gralka, später Generalmajor in der Bundeswehr, mit Freuden unverzüglich vereinnahmt.

Alle noch bestehenden Teile der Kompanie trafen zwischen dem 22.

und 26. April schließlich in Heidekamp bei Reinfeld, unweit Lübeck, zusammen, bezogen dort Ortsquartiere und übernahmen die Fernmeldestellen des Luftflottenkommandos.
H. Willborn erinnert sich an diese Tage: ›Für den Höh.Nafü der Luftflotte Reich waren wir ein Geschenk des Himmels. Wir empfingen Funksprüche aus dem Führerbunker. So wurde Generaloberst Ritter von Greim als Nachfolger des entthronten Reichsmarschalls nach Berlin beordert mit Anweisungen für seinen Einflug nach Berlin durch Hanna Reitsch.‹
Oberleutnant H. Kutzner war in jenen Tagen Offizier vom Funkdienst bei Herold 7. Seine Erinnerung: ›Herold 7 war die Funkbrücke für Luftflotte Reich und alles, was sich noch ihrer bediente, zum Führerbunker und allen Führungsstellen (Süddeutscher Raum – Obersalzberg, Marine im Norden). Ich übermittelte Funksprüche – natürlich alles verschlüsselt – die ich nur kurz einsehen konnte, deren Tragweite ich nicht ermessen und deren Inhalt ich noch weniger verstehen konnte. Einmal übermittelte Göring, daß die Zeit der Führerweisung für seine Nachfolge gekommen sei und wollte sich die Funktionsunfähigkeit Hitlers bestätigen lassen. Himmler gab Anweisung, Göring aufzuspüren und festzusetzen – und umgekehrt.‹
Unsere Funker haben dann auch Hitlers wohl letzten Einsatzbefehl an die Luftwaffe aufgenommen. Inhalt etwa: »Luftflotte Reich greift mit allen verfügbaren Kräften ab Morgengrauen Feindspitzen ... an«. Ich erinnere mich nicht, in welcher Nacht der Spruch aufgenommen wurde, im Gefechtsstand wurde er jedenfalls dem Olt. Willborn von einem schlaftrunkenen Oberst höchst unwillig und mit spitzen Fingern abgenommen.
In der Nacht zum 2. Mai hörten wir das Artilleriefeuer zur Vorbereitung des englischen Überganges der Engländer über die Elbe. Olt. Willborn kommt von der Funkstelle Herold 7 mit neuestem Funkspruch aus Berlin: Hitler ist gefallen.
Verlegung am 3. Mai nach Ulsnis an der Schlei. Dort Vernichtung der Geheimunterlagen. Der Tommy ist in Schleswig. Wir erwarten ihn am Sonntag, dem 6. Mai.
Das Luftflottenkommando liegt nun in einem Waldstück bei Missunde, direkt an der Schlei. Wir richten uns in einiger Entfernung in einem schönen trockenen Eichen-Buchenwald in Ornum-Holz, an ein Gehöft angelehnt, ein.
Es folgte so etwas wie Wallensteins Lager. Kein Tommy ließ sich blikken, schönstes Wetter, reichlich Verpflegung, abends brannten die Lagerfeuer. Die Trupps besetzten nach festem Dienstplan die Fernmeldestellen in Missunde, vor dem Kompaniebereich stand noch immer ein Posten mit Gewehr. Das kurze Idyll endete abrupt. Am 7. Mai

abends wird der Kompaniechef zur Luftflotte bestellt. Ich vernehme diesen erstaunlichen Auftrag für die LnKp (mot) KG 53: Großadmiral Dönitz wünscht Herstellung direkter Funkverbindungen zu den Waffenstillstandsdelegationen der Wehrmacht bei den Hauptquartieren Marschall Schukows in Potsdam, Feldmarschall Montgomerys in Lüneburg und General Eisenhowers bei Krefeld (LnKp KG 53 macht das schon).
Ich nehme von der provisorischen Reichsregierung gesiegelte Marschpapiere mit dem Auftrag für unsere dafür abzustellenden schweren Funktrupps entgegen. Wer um Gottes Willen, soll nun zu den Russen gehen? Ich beschließe, daß wir es mit Streichhölzern auslosen. Das Orakel legt fest: Olt. Willborn geht mit seinem Zug zu Schukow, Olt. Kutzner zu Eisenhower und ich zu Montgomery. Noch in der Nacht kommt die erlösende Nachricht: Das Vorhaben Potsdam fällt aus. So übernimmt Horst Willborn am Morgen des 8. Mai die Restkompanie. Heinz Kutzner und ich gehen in gemeinsamer Kolonne, etwa ein Dutzend Fahrzeuge, vorweg mein guter BMW mit riesigem Holzvergaser am Heck, gen Süden.
Vor Quickborn verlassen wir das noch unbesetzte Restreich, MG-Stellungen der Division »Großdeutschland« markieren den Punkt. Gleich darauf, der erste Halt, englische Sperrposten: Unser Dönitz-Papier erweist sich tatsächlich als Sesam, öffne dich.
Die Kolonne erreicht über die Elbbrücken Lüneburg, schließlich das englische Hauptquartier auf dem »Victory Hill«, einem Heidehügel. Ein riesiges Heerlager aus Zelten, in dessen Mitte die kleine deutsche Enklave mit General Kienzl und wenigen Offizieren einer Entwaffnungsdelegation.
Es ging ihnen nicht sehr gut. Sie hatten, während ringsum bei den Tommys abgekocht und gebruzelt wurde, seit 3 Tagen kein Wasser bekommen. Als ich in das mir zugewiesene Zelt kam, hockte da ein Oberst und rasierte sich sorgfältig mit Rotwein, davon hatten sie genug.
Ich hatte auch bald genug, denn ich erfuhr, daß uns die Aufnahme einer Funkverbindung nach Flensburg keinesfalls gestattet würde. Als das klar war und man undeutlich vom nächstgelegenen Gefangenenlager sprach, bat ich unter Berufung auf das Völkerrecht um freies Geleit für meine Kolonne dorthin, woher wir hergekommen waren, zum Sitz der provisorischen Reichsregierung in Flensburg. Es dauerte etwas, aber – wir konnten es kaum fassen – die Briten akzeptierten. Ich meldete mich bei dem schweigsamen General Kienzl ab. Er hat Tage darauf seinem Leben ein Ende gemacht. Am 11. Mai rollten wir wieder über die Wilhelmsburger Elbbrücke.
Der Rest ist schnell berichtet. Die Kompanie blieb im festen Zusam-

menhalt in den schönen Sommermonaten dieses Jahres 1945 in ihrem Waldlager beisammen. Es mangelte an nichts, und die Hauptsache war, daß uns Kriegsgefangenschaft oder Internierung erspart blieb.
Es gab längst keinen Fernmeldebetrieb mehr in Missunde. Wir gaben Stück für Stück der Ausrüstung ab. Am 6. August packte der I. Zug, Kutzner und Willborn begleiteten ihn bis vor das Entlassungslager. Die LN-Helferinnen waren längst in Rendsburg und warteten in der großen Flak-Kaserne auf ihre Entlassung.
An einem der letzten Augusttage verabschiedete ich auch den Stabsnachrichten- und den II. Zug zur Entlassung. Am Lagertor sahen Willborn und ich still den Fahrzeugen nach, die langsam in strömendem Regen den Blicken entschwanden.
Nun konnten auch wir drei Offiziere die Uniform ausziehen, am 29. August war es soweit. Am 6. September verabschiedeten wir uns ohne viel zu sagen voneinander.
Als letztem Chef sei mir, der 12 Jahre später noch einmal eine ganz ähnlich strukturierte Fernmeldekompanie der neuen Luftwaffe zwei Jahre lang führen sollte, ein wertendes Wort erlaubt.
Diese Geschwadernachrichtenkompanie war ein »Haufen«, auf den das Geschwader sich verlassen konnte. Sie hat ihren für das KG 53 bedeutungsvollen, wenn auch wenig spektakulären Auftrag in diesem unseligen Krieg voll erfüllt.«

Anhang

DER SPANISCHE BÜRGERKRIEG 1936–39 – DIE DEUTSCHE ›LEGION CONDOR‹ IN SPANIEN – DIE GUERNICA-LEGENDE. ZITATE UND KOMMENTARE.

Pierre Broué und Emile Témime: Revolution und Krieg in Spanien. Auszüge und Vorbesprechung aus dem ›Vorwärts‹ vom 11. 12. 1975.
»Das Spanien vom Anfang des 20. Jahrhundert war in der westlichen Welt ein von der Vergangenheit erdrücktes Land. 70% der Bevölkerung waren in der Landwirtschaft beschäftigt, der Spanier arbeitete mit den Geräten des Mittelalters. Die Hektarerträge waren die niedrigsten in Europa, 20% des anbaufähigen Bodens blieben unbebaut. Die wenige Industrie hatte die Stufe der Manufaktur kaum hinter sich gelassen. Ein Anachronismus war auch die spanische Kirche mit ihren 80000 Geistlichen, Mönchen und Nonnen. In ihrer gesellschaftlichen Rangstellung und Struktur war die Armee etwas Einmaliges. Sie wurde, als es galt, die letzten Reste des spanischen Kolonialreiches zu verteidigen, immer geschlagen, konnte sich aber trotzdem auf dem Kriegsschauplatz der Innenpolitik als selbständige politische Macht behaupten. Es war für diese Armee schon fast eine Ehrensache, die Regierung zu stürzen und Militärs an ihre Stelle zu setzen. Machten doch die durch ständige Niederlagen gedemütigten Offiziere die jeweilige Regierung für diese Niederlagen verantwortlich.
Überraschend brachte der Wahlausgang vom 16. 2. 1936 einen gewaltigen Sieg der linken Volksfront mit 267 von 351 Sitzen. Unmittelbar nach diesen Wahlen nahm der Bürgerkrieg seinen Anfang. Auf der rechten Seite befürchtete man einen bewaffneten Aufstand der Marxisten, die Linke verdächtigte die Militärs der Vorbereitung eines Staatsstreiches. Heute aber steht fest, daß die damalige spanische Regierung wußte, was die Militärs vorhatten. In diesem Juli 1936, den die Militärs für ihren Aufstand vorgesehen hatten, bestimmte die Gewalt den Alltag, die spanische Regierung schaute ohnmächtig zu. Nicht ein Tag verging ohne Zusammenstöße, Schüsse, Morde, Demonstrationen und Straßenschlachten. Streiks erschütterten das schon so arme Land.
In Marokko aber fühlte sich die Armee wie immer zu Hause, die Offiziere von Marokko wußten auch als erste, was sie wollten. Dazu kam, daß die marokkanischen Truppen sich aus den Bewohnern des Rifgebirges zusammensetzen, die als zuverlässige Krieger galten. Ihnen zur Seite stand die sogenannte spanische Fremdenlegion ›Terico‹, in der allerdings überwiegend Spanier dienten. Am 18. 7. gab die Regierung zu, Teile der Armee hätten sich erhoben, die Confederación National de Trabajo und Unión General de Trabajadores riefen den Generalstreik aus. Die Regierung verlor in kürzester Zeit die Handlungsfähigkeit, die Macht lag in den Händen des Militärs, der Komitees und Milizen. Priester

und Mönche wurden festgenommen, eingekerkert und in Massen erschossen. Alle Konfessionsschulen wurden geschlossen.
Anfang August führten die Generale auf dem Festland nur schwache Truppenverbände ins Feld, zusammen knapp 33000 Soldaten. Ihnen standen die Milizen und die Truppen gegenüber, die der Republik die Treue hielten. Auf beiden Seiten fehlte Geld, Waffen und Kriegsmaterial. Die Milizen zeigten ein chaotisches Durcheinander.
Das war die Ausgangslage zum spanischen Bürgerkrieg. Im September wurde dann die kommunistische Partei und Partit Socialista Unificat Catalunya zu dem entscheidenden Faktor im politischen Leben des republikanischen Spaniens. Die Zahl der Mitglieder stieg von 30000 in 1936 auf 1 Million in 1937. Bereits Ende Juli 1936 hatten die Beauftragten der kommunistischen Internationale Parteileitung und Parteiorganisation fest in die Hand genommen.
Schließlich treffen am 12. Oktober 1936 die ersten Sowjetwaffen und Sowjetinspekteure im republikanischen Spanien ein. Sowjetflugzeuge landen am 2. November in Cartagena.
Im November 1936 folgen ihnen 6500 deutsche Soldaten, die in Cadiz an Land gehen und später Legion Condor genannt werden. Ebenfalls im November treffen starke italienische Einheiten in Spanien ein, unter denen sich viele Südtiroler befinden. Die Zahl der in Spanien kämpfenden Italiener wird mit 40000 bis 60000 angegeben. Die Zahl der Deutschen lag bei 7000, von denen etwa 1000 als Ausbilder und Berater tätig waren.
Neben den Sowjetmilitärs war eine andere Kategorie ausländischer Helfer von besonderer Bedeutung: die in der Sowjetunion geschulten ausländischen Kommunisten. Sie kommandierten die Einheiten der ›Internationalen Brigade‹, etwa 30000 Mann, bei denen auch um die 10000 Deutsche kämpften. Viele Veteranen dieser internationalen Brigade erlangten nach dem Krieg hohe Ämter in kommunistischen Ländern, so die DDR-Prominenz Rau und Staimer.
Auf der Seite der Generale gab es drei politische Kräfte: die Monarchisten, von denen sich der Karlistenchef Fal Conde wegen Hochverrats nach Portugal absetzte. Weiterhin die Requetés (Konservative) und die Falangisten, die die soziale Frage in den Mittelpunkt gerückt hatten und somit fortschrittlich wirkten. Zur Überbrückung dieser Gegensätze schuf Franco seine Einheitspartei, und machte sich zum alleinigen Führer.
Nach wechselseitigem Kriegsglück fällt Katalonien mit der kampflosen Einnahme von Barcelona am 26. Januar 1939, am 28. März besetzen Francotruppen ebenfalls kampflos Madrid. Vorher brach noch ein zweiter Bürgerkrieg unter den Republikanern im Raum Madrid-Valencia aus.
Im republikanischen Lager hatte so mancher auf Versöhnung gewartet, doch es kam keine. Die Unterdrückung des politischen Gegners hörte mit dem Krieg nicht auf. Den Spaniern wurde Abscheu vor der roten Revolution und auch jedem Liberalsystem eingeträufelt, wurde doch auch jede Arbeit liberalen Denkens von der Kirche verurteilt. Die Falangisten aber warteten immer noch auf ihr nationales und zugleich soziales Regime. Und Pierre Broué und Emile Témine stellen in ihrem Buch ausdrücklich fest, der Staat Francos sei nie faschistisch gewesen.
Wenn es aber einen Verdienst Francos um sein Land gibt, so den, daß Franco, der sich schon im Bürgerkrieg als geschickter Jongleur bewiesen hat, die verschiedenen Interessen des letzten Krieges für sich auszunutzen wußte. Es blieb nur bei einer Geste des politischen Good Will. Und so war der Einsatz der ›Blauen Division‹ unter Muños Grandez ein geschickter Schachzug im Kalkül, mit dem er die deutsche Öffentlichkeit besänftigte und die Kriegstreiber im eigenen Lager zum Schweigen brachte.« (so der ›Vorwärts‹ vom 11. 12. 1975)

Konrad Zuse: Der Computer, mein Lebenswerk.
»... In diesem Kreis fand ich dann auch meine Freunde, die mir beim Bau der ersten Modelle halfen... Einer war Angehöriger der ›Legion Condor‹, des deutschen Expeditionskorps beim spanischen Bürgerkrieg. Die jungen Menschen dieser Legion fühlten sich dort in Spanien ebenso als Vorkämpfer eines freien Europa, wie sich heute die Amerikaner in Vietnam als Vorkämpfer einer freien Welt betrachten. Solche Rollen sind aber immer undankbar. Es hätte sicher wesentlich mehr zu einem einheitlichen europäischen Geist beigetragen, wenn wir Deutsche den Dingen in Spanien ihren Lauf gelassen hätten. Entweder hätten dann die anderen Europäer gesehen, wie ein altes europäisches Kulturland kommunistisch wird, oder sie hätten sich zu einer wirksamen Abwehrreaktion zusammenschließen müssen. In mancher Beziehung waren wir Deutsche unserer Zeit um eine Generation voraus. Dabei bestand allerdings ein Unterschied: Es wäre im damaligen Deutschland nicht möglich gewesen, daß Proteste gegen die Beteiligung am Spanienfeldzug stattgefunden hätten, ähnlich den Protestmärschen in Washington gegen den Vietnam-Krieg. Wenn meine Freunde mich fragten, wann denn meine Maschine endlich fertig würde, sagte ich scherzhaft: ›Wenn Franco Madrid erobert hat‹, was tatsächlich so ungefähr zutraf.«

Karl Otto Hoffmann: LN – Die Geschichte der Luftnachrichtentruppe.
»... Am 25. 4. wurden mehrere Orte westlich Vergara (Elorrio) genommen und am 25. 4. brach die gegnerische Front zusammen, südostwärts Bilbao war sie in 25 km Breite aufgerissen worden. Der neue Vorstoß richtete sich unter Einsatz starker Luftstreitkräfte nach Nordwesten gegen Guernica, dort sollte eine wichtige Brücke zerstört werden. Am 27. befand sich das Gefechtsquartier des Befehlshabers in Zarauz, der Gefechtsstand in Deva, beide Orte schon an der Küste westlich San Sebastian gelegen. Vom Gefechtsstand aus wurden die Flugzeuge einzeln von ihren Plätzen gerufen und zum Einsatz geleitet. Am 28. 4. fiel Durango und am 29. 4. wurde Guernica genommen. Ein am 26. 4. 1937 durchgeführter Luftangriff auf die religiöse Hauptstadt der Basken Guernica soll den Gegner 1654 Tote und 889 Verwundete gekostet haben. Mehrere Wellen He 111, Do 17 und Ju 52-Bomber, so wird berichtet... trafen damit den Verkehrsknoten- und Versorgungsstützpunkt hart... Der erste Bericht darüber erschien in der Londoner Zeitung ›Star‹ eingereicht von dem freien Mitarbeiter der internationalen Presse, George Lowther Steer. Von hier aus nahmen die Berichte ihren Weg durch die internationale Presse und fanden später ihren Niederschlag in dem Gemälde Picassos Guernica und H. Kestens Erzählung Die Kinder von Guernica. Alles das war gegen Deutschland und Franco-Spanien gerichtet... Der französische General Duval schrieb 1938 über die Lehren des Spanienkrieges: ›Die Bestürzung der Basken verriet sich in den Schmähungen, mit denen sie die Nationalen wegen der Zerstörung durch Artillerie und Flugzeuge überhäuften, deren unglückliche Opfer Durango und Guernica waren. Im Falle Guernica kann keinesfalls behauptet werden, daß die Stadt vor der Ankunft des Feindes geräumt worden war‹. Steers Berichte, die sich oft widersprachen und dabei steigerten, gaben einer Gruppe ausländischer Journalisten Anlaß, 5 Tage danach Guernica zu besichtigen. Sie berichteten, daß nirgendwo schwere Zerstörungen zu finden seien. Britische Militärfachleute, unter ihnen der bekannte britische Kriegsflieger Wing Commander Sir Archibald James stellten nach ihrem Besuch in Guernica fest, daß nicht mehr als zwölf leichte Bomben geworfen worden seien, in keinem Teil der Stadt seien Spuren von Brandbomben festzustellen gewesen... Sicher ist im ›Fall Guernica‹, daß das Angriffsziel ein militärisches Objekt war...«

Wilfried von Oven, Hitler und der Spanische Bürgerkrieg.

»... Sperrle verließ nach siegreichem Abschluß der baskisch-asturischen Kampagne seinen Posten als Befehlshaber der Legion Condor voller Bitterkeit, die keine Anerkennungs- und Dankschreiben und keine Auszeichnungen (u. a. Militärverdienstkreuz mit Brillanten) mildern konnte. Weder die Sieger in Nürnberg noch die Entnazifizierer in München konnten ihm das ›Kriegsverbrechen‹ von Guernica anhängen. Beide mußten ihn freisprechen, obwohl die baskische Exilregierung den Fall Guernica beim Internationalen Militärtribunal vorgebracht hatte... Nicht nur das Nürnberger Siegertribunal, sondern auch vorher schon jede andere internationale Körperschaft offizieller Art hatte es abgelehnt, sich mit Guernica zu befassen... Bei den Siegern war das leicht verständlich, da ihr Luftkriegsgewissen nach Dresden, Hiroshima und Nagasaki zu heftig schlug, um mit einer Lappalie wie Guernica an offene Wunden zu rühren...«

Fernsehsendung ›Guernica – Pablo Picasso und die Politik‹
III. Programm 12. 4. und 11. 10. 1981

»... Pablo Picasso hat das Bild 1937 nach der Bombardierung von Guernica gemalt... Das Thema ist die elementare Vernichtung von Mensch und Tier... Picasso 1937 in Paris zu dem mit ihm befreundeten spanischen Schriftsteller Rafael Alberti: ›Ich arbeite an einem großen Werk im Auftrage der spanischen Republik für den spanischen Pavillon zur Pariser Weltausstellung...‹ ... Picasso geht es nie um die Frage ›Held oder Verbrecher‹ – der Krieg ist das Verbrechen... Die deutsche Legion in Spanien waren angeblich Freiwillige, in Wahrheit aber hinkommandierte Berufssoldaten... Guernica selbst war am 26. April 1937 nur noch 20 km von den Angriffsspitzen der Franco-Truppen entfernt. Sie stießen von Südosten vor. Guernica wurde Frontgebiet. Oberleutnant Karl von Knauer war Kapitän einer Staffel der K 88, der Kampfgruppe der Legion Condor. Knauer: ›Am 26. April 1937 bekam ich als Staffelkapitän der 1./K 88 den Auftrag, die Brücke von Guernica anzugreifen. Meine 1./K 88 mit mir am Steuer als Führungsmaschine, an Bord befand sich der Kommandeur Major Fuchs, flog von Nord nach Süd von der Biskaya kommend bei dunstigem Wetter und leichter Windversetzung von Ost nach West das Ziel an...‹ ... Der Auftrag lautete: Zerstörung der Renteria-Brücke, die direkt am Stadtrand lag und eine wichtige Verbindungslinie zur Kampffront darstellte, und Zerstörung der Zufahrtsstraßen zu dieser Brücke... Der damalige republikanische Hauptmann Joseba Elosegi: ›Am Tag der Bombardierung befand ich mich schon am Vorabend in Guernica... Damals war ich gerade mit meiner Kompanie, deren Chef ich war, hier angekommen... Meine Kompanie hatte schwere Verluste erlitten und bestand nur noch aus etwa 100 Mann, davon verloren wir durch die Bombardierung noch 35 Mann... Es hat ungefähr 250 Tote gegeben...‹ Reporter: ›Sie wissen, daß die Kommunisten von 1500 Toten sprechen‹. Elosegi: ›Die Zahl stimmt nicht, das ist falsch‹. ... Picassos ›Guernica‹ bedeutete den Linken 1937 ›dekadente Kunst‹, die Rechten hielten es für ›entartet‹... Für den Vorsitzenden der baskischen Nationalpartei Professor Javier Arzalluz ist Franco der Hauptschuldige an der Zerstörung von Guernica... Picassos Schrei gegen Vernichtung und Mord gilt heute ebenso für Korea und Vietnam, für Rotterdam und Coventry, Dresden oder Hiroshima...«

Adolf Galland, Die Ersten und die Letzten.

»... In den ersten Monaten ihres Einsatzes hatten die Condor-Bomber den Auftrag erhalten, eine Straßenbrücke zu zerstören, über die die Roten ihre Truppen und große Mengen von Kriegsmaterial in die zäh verteidigte Hafen-

und Industriestadt Bilbao schafften. Der Angriff erfolgte unter ungünstigen Sichtverhältnissen ... Als sich der Qualm der Einschläge verzog, stellte man fest, daß die Brücke unversehrt geblieben war, die angrenzende Ortschaft jedoch allerlei abbekommen hatte. Dabei war zwar auch Kriegsmaterial in der von den Roten belegten Ortschaft vernichtet worden, doch mußte das Ganze als Mißerfolg gewertet werden. Um so mehr als der oberste Grundsatz unserer Kampfführung der war, den Feind rücksichtslos zu vernichten, die Zivilbevölkerung aber nach Möglichkeit zu schonen ... Gerade zur Zeit meines Eintreffens in Spanien herrschte hierüber in der Legion einige Niedergeschlagenheit ... Man sprach nicht gern von Guernica. Die Gegenseite dafür desto mehr. Die Roten schlugen aus dem Vorfall beträchtliches Propagandakapital. Zeitungskorrespondenten aller befreundeten demokratischen Mächte wurden nach Guernica gebracht. Bald las man in der Weltpresse von New York bis Paris riesige Schlagzeilen: ›Infamer Überfall deutscher Luftpiraten auf friedliche spanische Stadt‹, ›Offene Stadt Guernica von Boche-Fliegern vernichtet‹, ›Empörungsschrei der zivilisierten Welt: Guernica‹. Und in der Tat wurde Guernica, das keine offene Stadt und auch nicht Angriffsziel, sondern ein bedauerlicher Irrtum war, wie er später im Zweiten Weltkrieg sich ungezählte Male auf beiden Seiten wiederholte, zum Inbegriff deutscher Ruchlosigkeit und Barbarei. Selbst heute nach Rotterdam und Warschau, nach Hamburg, Kassel, Rothenburg und Berlin, ja selbst nach dem Grauen von Dresden, geistert Guernica noch durch den Hintergrund deutschfeindlicher Ressentiments.«

Flugplätze des KG 53

Agram (Zagreb)
Agram – Gorica
Agram – Lucko
Ahlhorn
Alt – Lönnewitz
Ansbach
Bad Zwischenahn
Bobruisk
Brjansk
Chartres
Dnjepropetrowsk
Dno
Eggebeck
Evreux le Courdray
Frankfurt Rhein-Main
Freiwaldau
Gablingen b/Augsburg
Gelchsheim
Gelnhausen
Gerdauen
Giebelstadt
Gomel – Pribitki
Gostkino
Greifswald
Grojek b/Radom
Großostheim
Heiligenbeil
Insterburg
Jagel b/Schleswig
Jesau b/Königsberg
Jever
Kauen (Kowno)
Kirowograd
Konstantinowka
Korowje Sselo
Landsberg am Lech
Langendiebach/
Gelnhaussen
Le Bourget
Leck
Liegnitz
Lille / Süd – Vendeville
Lüben / Schlesien
Manching / Ingolstadt
Miedzyrzee
Mielek
Minsk – Dubinskaya
Nancy
Neudorf
Ödheim
Orscha
Orleans – Bricy
Olsufjewo b/Brjansk
Pleskau – Süd
Proskurow
Puchowitschi
Radom
Radzyn – Jedlanka
Rauchowka
nördl. Odessa
Reppen
Rogoznica
Roth b/Nürnberg
Rotmistrowka
Sarajevo – Butmir
Schatalowka Ost und
West
Schaulen
Schönfelde
Schönwalde
Schwäbisch Hall
Sedan
Seerappen
Seschtschinskaja
Smolensk – Nord
Stalino
Szolnok
Toul
Uman
Varelbusch
Vechta
Vitry en Artois
Wambrechies b/Lille
Nord
Wevelghem
Winnitza
Wittmund
Woroschilowgrad
Zellnhausen

Namenverzeichnis

Quellennachweis

Ulf Balke: *Kampfgeschwader 100 ›Wiking‹, Stuttgart 1981*

Georg Brütting: *Das Buch der deutschen Fluggeschichte,* 3. Band, Stuttgart

Georg Brütting: *Das waren die deutschen Kampfflieger-Asse 1939–1945, Stuttgart 1975*

Bundesarchiv-Militärarchiv-Freiburg

Bundesarchiv Kornelimünster

Richard Collier: *The City That Wouldn't Die,* London 1959

»Das III. Reich« Sammeldokumentation John Jahr Verlag Hamburg Nr. 32, 33 und 65, Sonderhefte ›Die deutsche Luftwaffe 1914–1941‹ und ›Die deutsche Luftwaffe 1941–1945‹

Wolfgang Dierich: *Kampfgeschwader 51 ›Edelweiß‹,* Stuttgart 1975

Wolfgang Dierich: *Kampfgeschwader 55 ›Greif‹,* Stuttgart 1975

Adolf Galland: *Die Ersten und die Letzten,* München 1953

Karl Gundelach: *Kampfgeschwader ›General Wever 4‹,* Stuttgart 1978

Karl Otto Hoffmann: *Ln – Die Geschichte der Luftnachrichtentruppe,* Band I 1965, Neckargemünd, Band II, Teil 1 1968

Kens – Nowarra: *Die deutschen Flugzeuge 1933–1945,* München 1972

Erich Kern: *Von Versailles nach Nürnberg,* Göttingen 1967

Bernhard von Loßberg: *Im Wehrmachtsführungsstab,* Hamburg 1950

Herbert Molloy Mason: *Die Luftwaffe,* Wien-Berlin 1973

Wilfred von Oven: *Hitler und der Spanische Bürgerkrieg,* Tübingen 1978

Alfred Price: *Bildbuch der deutschen Luftwaffe 1933–1945,* Oldenburg 1975

Peter Supf: *Das Buch der deutschen Fluggeschichte, 2. Band,* Stuttgart

Karl Heinz Völker: *Die deutsche Luftwaffe,* Stuttgart 1967

Karl Heinz Völker: *Dokumente und Dokumentarfotos zur Geschichte der deutschen Luftwaffe,* Stuttgart 1968

Peter Young und Richard Natkiel: *Der große Atlas zum II. Weltkrieg,* London S.W.4. 7TA 1973